유튜브 선생님에게 배우는

유·선·배 GTQ 일러스트
1급 합격노트 (ver. Adobe CC)

저자 직강 **무료 동영상 강의** 제공

빠른 합격을 위한 맞춤 학습 전략을
무료로 경험해 보세요.

| 혼자 하기 어려운 공부, 도움이 필요할 때 | 체계적인 커리큘럼으로 공부하고 싶을 때 | 온라인 강의를 무료로 듣고 싶을 때 |

조인명 선생님의 쉽고 친절한 강의,
지금 바로 확인하세요!

 스마일컴쌤

2026 시대에듀 유선배 GTQ 일러스트 1급 합격노트
(ver. Adobe CC)

Always **with you**

사람의 인연은 길에서 우연하게 만나거나 함께 살아가는 것만을 의미하지는 않습니다.
책을 펴내는 출판사와 그 책을 읽는 독자의 만남도 소중한 인연입니다.
시대에듀는 항상 독자의 마음을 헤아리기 위해 노력하고 있습니다. 늘 독자와 함께하겠습니다.

저 자 조 인 명

경력사항
- 現 대학교, 직업훈련기관, 기업체, 공무원 강의
- 「스마일컴쌤」 유튜브 채널 운영

자격사항
직업능력개발훈련교사, GTQ 포토샵 1급, GTQ 일러스트 1급,
웹디자인개발기능사, 컴퓨터활용능력 1급, 전자출판기능사 등

자격증·공무원·금융/보험·면허증·언어/외국어·검정고시/독학사·기업체/취업
이 시대의 모든 합격! 시대에듀에서 합격하세요!
www.youtube.com ➜ '스마일컴쌤' 검색 ➜ 구독

편집진행 노윤재·최은서 | **표지디자인** 김도연 | **본문디자인** 김예슬·장성복

PREFACE 머리말

시험 준비와 더불어
단시간에 디자인 스킬을 마스터하여
실무에 바로 응용할 수 있습니다

급작스러운 팬데믹 상황 속 모든 것이 멈춰 버린 2020년 2월의 어느 날, 계속되던 강의가 멈추게 되어 당혹스러운 건 나뿐만이 아니었다. 학업을 지속하던 학생들, 경제 활동 중인 직장인들은 혼란스러운 날의 연속이었다. 문득 이대로 가만히 있으면 안 되겠다는 생각이 들어 돌파구를 찾던 중 내가 가지고 있는 소소한 지식을 나눌 수 있는 방법을 고민하게 되었다. '필요한 누군가가 언제든 참고할 수 있도록 유튜브 채널을 개설해 보자.'라는 마음으로 온라인 강의 활동을 시작하였다. 그렇게 시작한 유튜브 강의가 교재 출판으로까지 마주하게 되는 날이 오고야 말았다.

그래픽 디자인은 정보를 시각화하여 재창조해 내는 무한한 상상력을 요하는 분야이다.

주위를 둘러보라. 디자인이 아닌 것이 없을 정도이다.

본 교재는 단시간에 디자인 스킬을 마스터하여 실무에 바로 응용할 수 있도록 준비되었다. GTQ 일러스트는 그래픽 디자인에 약간의 관심이 있는 분들이라면 누구나 도전해 볼 수 있는 자격증이다.

머릿속에 있는 여러분들의 이야기를 일러스트레이터라는 매력적인 툴을 이용하여 크리에이티브하게 펼쳐내는 시작점이 되길 바란다.

스마일컴쌤 조인명

이 책의 구성과 특징

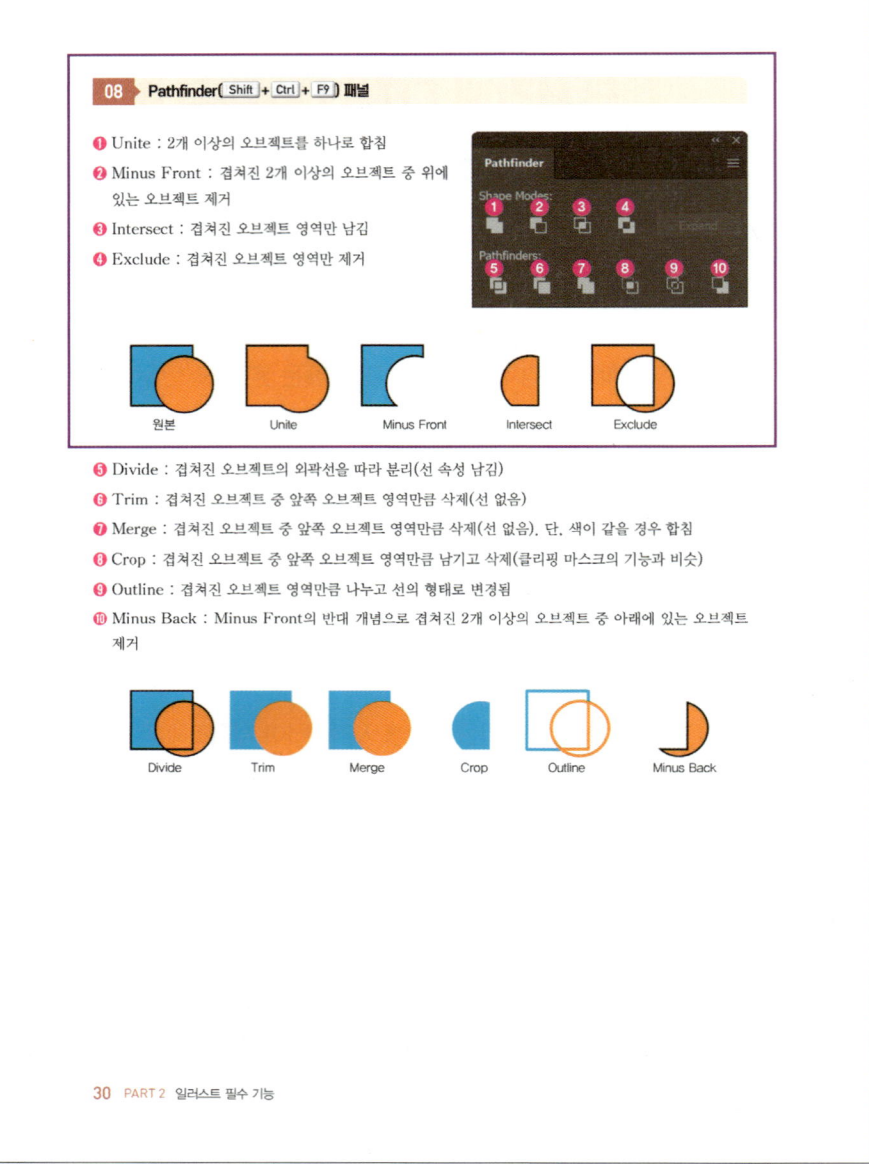

1 기초부터 차근차근 툴 익히기

일러스트레이터를 처음 다뤄보는 분도 이해할 수 있도록 툴 사용의 기초부터 차근차근 수록했습니다.

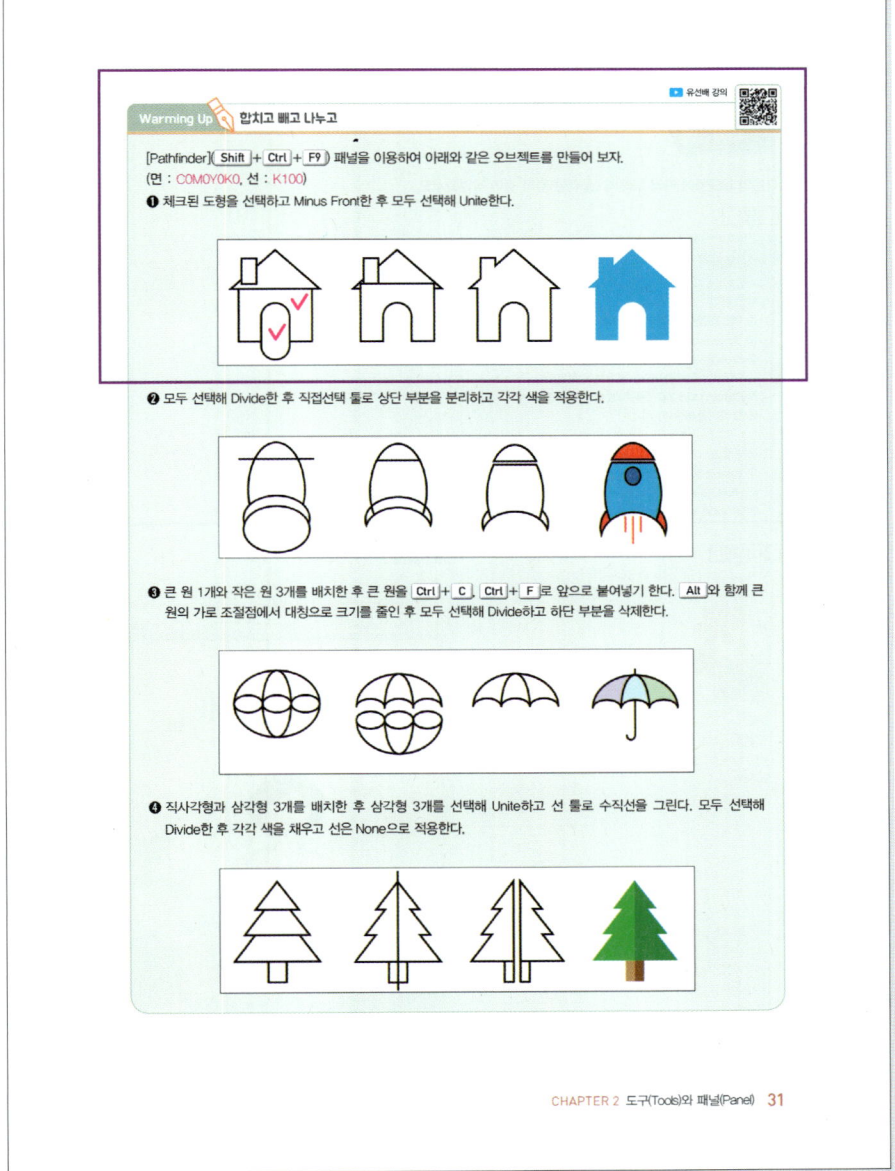

2 Warming Up 문제로 실력 쑥쑥

툴 사용을 익힌 후 직접 사용하고 적용해 볼 수 있도록 Warming Up 문제를 수록했습니다. 공부한 내용을 바로바로 작업에 적용해 봄으로써 쑥쑥 자라는 실력을 경험해 보세요! 또한, 저자 직강 무료 동영상 강의를 쉽고 편하게 시청할 수 있도록 QR을 수록하였으니, 각 문제에 알맞은 강의를 연결하여 공부해 보세요.

이 책의 구성과 특징

3 눈에 쏙 들어오는 출력형태

최근 유형을 100% 반영한 문제!
실제 시험을 보듯이 시험지와 같은 구성으로 작성된 문제지를 보며 실전 능력을 향상시킬 수 있습니다. 문제를 풀면서 실전 감각을 익히고 동영상 강의로 작업과정을 보면서 복습해 보세요.

4 한눈에 보는 작업과정

작업을 시작하기 전 작업 순서를 미리 생각해 봄으로써 체계적인 작업을 수행할 수 있습니다.

이 책의 구성과 특징

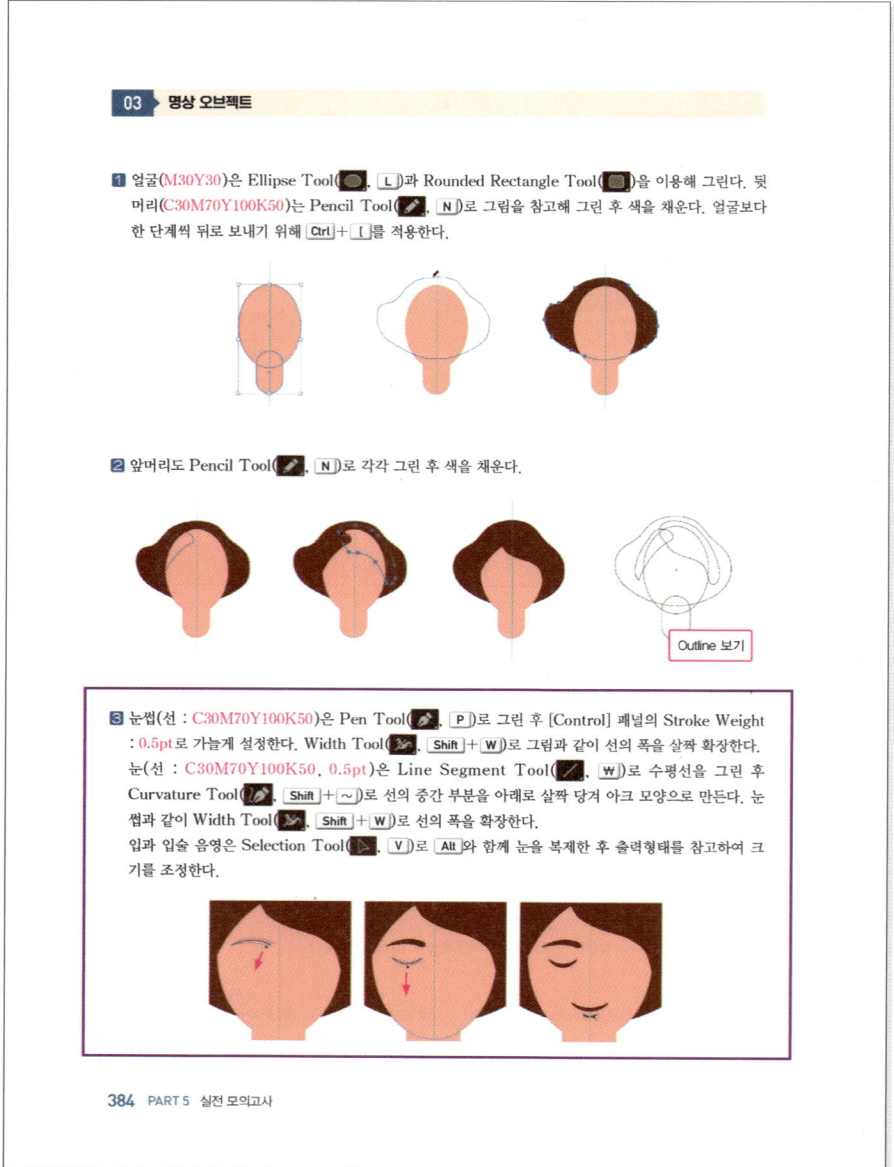

5 작업과정 따라 하기

상세하게 설명된 작업과정을 따라 하기만 해도 실력이 쑥쑥!
시험 시간이 부족한가요? 수록된 단축키를 사용해 보고 손에 익힘으로써 자연스레 작업 시간을 단축할 수 있습니다.

예제 파일 및 부록 실습 자료 다운로드받는 방법

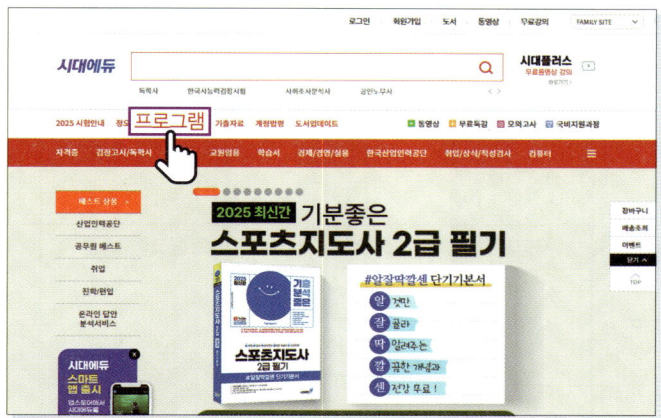

1

www.sdedu.co.kr/book에 접속 후 화면 상단에 있는 「프로그램」을 누릅니다.

2

검색창에 「2026 유선배 GTQ 일러스트 1급」을 검색합니다.

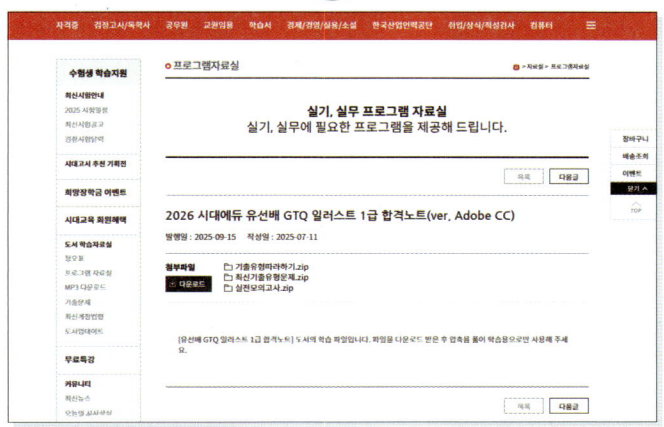

3

첨부파일을 다운로드받습니다.

시험안내

※ 정확한 시험일정 및 세부사항에 대해서는 시행처에서 반드시 확인하시기 바랍니다.

◉ 응시료 및 응시자격

구분	1급	2급	3급	응시자격
일반접수	31,000원	22,000원	15,000원	제한 없음
군장병접수	25,000원	18,000원	12,000원	

◉ 검정방법

등급	문항 및 시험방법	시험시간	합격기준	프로그램 버전
1급	① BI, CI 디자인 ② 패키지, 비즈니스디자인 ③ 광고디자인	90분	100점 만점 70점 이상	Adobe Illustrator CS6, CC(영문)
2급	① 기본 툴 활용 ② 문자와 오브젝트 ③ 어플리케이션 디자인	90분	100점 만점 60점 이상	
3급	① 기본 툴 활용 ② 응용 툴 활용 ③ 어플리케이션 디자인	60분	100점 만점 60점 이상	

◉ 시험일정(2025년 기준)

회차	온라인 원서접수	시험일	성적공고
제1회 GTQi 정기시험	(24.)12.26.~01.02.	01.25.	02.21.~02.28.
제2회 GTQi 정기시험	01.22.~01.31.	02.22.	03.14.~03.21.
제3회 GTQi 정기시험	02.19.~02.26.	03.22.	04.11.~04.18.
제4회 GTQi 정기시험	03.26.~04.02.	04.26.	05.16.~05.23.
제5회 GTQi 정기시험	04.23.~04.30.	05.24.	06.20.~06.27.
제6회 GTQi 정기시험	05.28.~06.04.	06.28.	07.18.~07.25.
제7회 GTQi 정기시험	06.25.~07.02.	07.26.	08.18.~08.25.
제8회 GTQi 정기시험	07.23.~07.30.	08.23.	09.12.~09.19.
제9회 GTQi 정기시험	08.27.~09.03.	09.27.	10.24.~10.31.
제10회 GTQi 정기시험	09.24.~10.02.	10.25.	11.14.~11.21.
제11회 GTQi 정기시험	10.22.~10.29.	11.22.	12.19.~12.26.
제12회 GTQi 정기시험	11.26.~12.03.	12.27.	(26.)01.16.~01.23.

이 책의 차례

1권 핵심 기능

PART 1   GTQ 일러스트 시험 소개

CHAPTER 1 수험자 유의사항 및 답안 작성요령   3

CHAPTER 2 시험! 이렇게 준비한다.   6

PART 2   일러스트 필수 기능

CHAPTER 1 화면구성 및 저장   13

CHAPTER 2 도구(Tools)와 패널(Panel)   18

CHAPTER 3 메뉴(Menu)   67

PART 3   기출유형 따라 하기

CHAPTER 1 기출유형 따라 하기   95

이 책의 차례

2권 기출 공략

PART 4 　최신 기출유형문제

CHAPTER 1 기출유형문제 1회	3
CHAPTER 2 기출유형문제 2회	56
CHAPTER 3 기출유형문제 3회	105
CHAPTER 4 기출유형문제 4회	153
CHAPTER 5 기출유형문제 5회	203

PART 5 　실전 모의고사

CHAPTER 1 실전 모의고사 1회	253
CHAPTER 2 실전 모의고사 2회	298
CHAPTER 3 실전 모의고사 3회	349
CHAPTER 4 실전 모의고사 4회	403
CHAPTER 5 실전 모의고사 5회	453

유튜브 선생님에게 배우는

유선배

PART 1
GTQ 일러스트 시험 소개

CHAPTER 1 수험자 유의사항 및 답안 작성요령

CHAPTER 2 시험! 이렇게 준비한다.

 유선배 GTQ 일러스트 1급 합격노트
이 시대의 모든 합격! 무료 동영상 강의와 함께 합격하세요!
www.youtube.com ➔ '스마일컴쌤' 검색 ➔ 구독

CHAPTER 1 수험자 유의사항 및 답안 작성요령

수험자 유의사항

- 수험자는 문제지를 받는 즉시 응시하고자 하는 **과목 및 급수가 맞는지 확인**한 후 수험번호와 성명을 작성합니다.
- 파일명은 본인의 "수험번호-성명-문제번호"로 공백 없이 정확히 입력하고 답안 폴더(내 PC\문서\GTQ)에 파일 저장규칙(ai 파일 포맷)으로 저장해야 하며, **'다른 파일 형식으로 저장하였을 경우'** 0점 처리됩니다.
- 답안 문서 파일명이 "수험번호-성명-문제번호"와 일치하지 않거나, **'답안 파일을 전송하지 않는 경우'** 답안 파일 미제출로 불합격 처리됩니다.
- 수험자 정보와 저장한 파일명, 저장 위치가 다를 경우 전송이 되지 않으므로, 주의하시길 바랍니다.
- 답안 작성 중에도 **주기적으로 '저장'과 '답안 전송'**을 이용하여 감독위원 PC로 답안을 전송하셔야 합니다(작업한 내용을 저장하지 않고 답안을 전송할 경우 이전의 저장내용이 전송되오니 이 점 반드시 유념하시기 바랍니다).
- 모든 수험자는 동일한(초기화된) 환경에서 시험이 시작되며 '작업환경 설정'은 시험 시간 내에 진행합니다(시험 시작 전 '작업환경 설정' 불가, 소프트웨어 이상 유무만 확인).
- 답안 문서를 지정된 경로 외의 다른 보조기억장치에 저장하는 행위, 지정된 시험 시간 외에 작성된 파일을 활용한 행위, 기타 허용되지 않은 프로그램(이메일, 메신저, 게임, 네트워크, 윈도우계산기, 스톱워치 등) 이용 시 부정행위로 간주되어 **자격기본법 제32조에 의거 본 시험 및 국가공인 자격시험을 2년간 응시할 수 없습니다.**
- 시험 중 부주의 또는 고의로 시스템을 파손한 경우와 〈수험자 유의사항〉에 기재된 방법대로 이행하지 않아 생기는 불이익은 수험자의 책임임을 알려 드립니다.
- 시험을 완료한 수험자는 최종적으로 저장한 답안 파일이 전송되었는지 확인한 후 감독위원의 지시에 따라 문제지를 제출하고 퇴실합니다.

❶ 시험 당일 반드시 수험표, 신분증, 필기구를 지참한다.

❷ 입실 시 수험자 PC의 일러스트 프로그램을 실행시킨 후 키보드, 마우스, 모니터 등의 작동 여부를 살펴본다.

❸ 시험 10분 전부터 감독관의 안내에 따라 'KOAS 수험자용'을 실행시켜 절차에 따라 접속한다.

❹ 시험지를 받으면 수험번호와 이름을 기입한다.

❺ 파일명은 '내 PC\문서\GTQ' 폴더에 .ai 파일 포맷으로 '수험번호-성명-문제번호'를 공백 없이 입력한 후 저장과 전송까지 실행한다.

❻ 중요한 작업이 끝날 때마다 [File]-[Save] 또는 Ctrl + S 를 눌러 수시로 저장한다.

답안 작성요령

- 온라인 답안 작성 절차
  수험자 등록 ⇒ 시험 시작 ⇒ 답안 파일 저장 ⇒ 답안 전송 ⇒ 시험 종료
- 배점은 총 100점으로 이루어지며, 점수는 각 문제별로 차등 배분됩니다.
- 각 문제는 주어진 《조건》에 따라 작성하고, 《조건》을 지키지 못했을 경우에는 0점 또는 감점 처리됩니다.
- 문제 《조건》에 크기와 색상, 두께의 지정이 없을 경우 《출력형태》를 참고하여 작업해 주시기 바랍니다.
- **문제 《조건》과 《출력형태》에서 차이가 발생할 경우 문제에서 지정한 《조건》에 따라 작업해 주시기 바랍니다.**
- 《조건》에서 주어진 단위는 'mm(밀리미터)'입니다. 눈금자는 작성하지 않으며, 그 외는 출력형태(레이아웃, 색상, 문자, 규격 등)와 같이 작업하십시오.
- 문제 《조건》에 서체의 지정이 없을 경우 한글은 굴림이나 돋움, 영문은 Arial로 작업하십시오(단, 그 외에 제시되지 않은 문자 속성을 기본값으로 작성하지 않은 경우는 감점 처리됩니다).
- Color Mode(색상 모드)는 별도의 처리 조건이 없을 시 CMYK로 작업하십시오.
- 조건에서 제시한 기능을 임의로 합치거나 각 기능에 대한 속성을 해지할 경우 해당 요소는 0점 처리됩니다.

❶ [File]-[New]를 선택하고 [New Document] 대화상자가 나오면 'Print'를 선택한다. 우측의 PRESET DETAILS에 파일 이름을 입력하고 기본 단위는 'mm(밀리미터)'로 설정한 후 Width/Height를 입력한다. Color Mode는 CMYK 색상 모드로 설정한다.

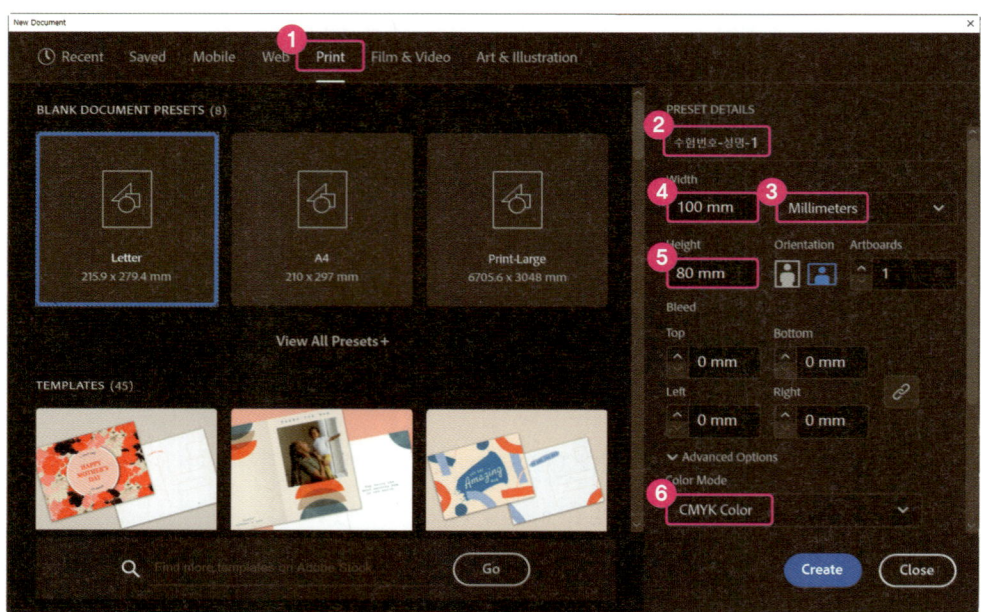

Plus @

Color Mode를 CMYK Color로 설정해도 [Swatches] 패널이 RGB로 보이는 경우가 발생할 수 있다. 이때 [New Document] 창에서 [Print]를 먼저 클릭하고 정보를 입력하면 CMYK로 보이게 된다.

❷ 문제 조건에 서체의 지정이 없을 경우 한글은 굴림이나 돋움, 영문은 Arial로 작업한다. 만약 제시된 조건 중 Arial Bold로 작성해야 할 때 상단 [Control] 패널에서 해당 서체를 찾을 수 없다면, 도큐먼트의 텍스트를 선택한 후 마우스 오른쪽 버튼을 클릭하고 [Font]에서 'Arial Bold'를 찾는다.

❸ 제시된 선의 속성이 있을 경우 [Object]-[Expand]하여 확장하면 감점이다. 반드시 선의 속성을 알 수 있게 작업한다. 단, 면의 속성이지만 선으로 그려야 작업이 편한 경우는 [Object]-[Expand]해도 된다.

❹ 제시된 조건 중 Blend 기능을 이용하여 작업해야 할 경우 [Object]-[Expand]를 적용한다면 속성을 해지하였기에 해당 요소는 0점 처리된다. 일반 오브젝트를 그릴 때 Blend나 Envelop 기능을 이용하였다면 [Object]-[Expand]를 적용하여 속성을 없앤다.

CHAPTER

2

시험! 이렇게 준비한다.

문제 1　**BI, CI 디자인**　　　　　　　　　　　　　　　**25점**

다음의 《조건》에 따라 아래의 《출력형태》와 같이 작업하시오.

조건			
파일저장규칙	AI	파일명	문서₩GTQ₩수험번호-성명-1.ai
		크기	100 × 80mm

1. 작업 방법
   ① 도형 변형 툴과 Pathfinder 기능을 활용하여 오브젝트를 작성한다.
   ② 그 외 《출력형태》 참조

2. 문자 효과
   ① Fresh Brewed (Times New Roman, Italic, 17pt, C0M0Y0K0)

'실전모의고사1회-1.ai'

❶ 답안은 '수험번호-성명-1.ai' 파일로 저장한다.

❷ [View]-[Rulers]-[Show Rulers](Ctrl + R)를 눌러 눈금자를 꺼낸다.

❸ 색상은 [Swatches] 패널이나 도형들을 나열해 주어진 색을 채운다.

❹ 오브젝트를 주어진 조건에 맞게 그린다.

❺ 선의 두께와 Opacity 값을 확인하며 작업한다.

❻ 그래디언트의 색상 값과 방향이 정확한지 확인한다.

❼ 면의 속성이지만 선으로 그려야 작업이 편한 경우는 [Object]-[Expand]를 적용한다.

❽ 텍스트 입력 시 다른 오브젝트에 의해 가려져 있지 않은지 확인한다.

❾ 제시된 조건 이외의 오브젝트는 삭제한 후 반드시 저장하고 전송까지 마무리한다.

문제 2 패키지, 비즈니스디자인   35점

다음의 《조건》에 따라 아래의 《출력형태》와 같이 작업하시오.

조건

파일저장규칙	AI	파일명	문서₩GTQ₩수험번호-성명-2.ai
		크기	160 × 120mm

1. 작업 방법
   ① 복주머니에는 Pattern을 활용하여 작성한다(패턴 등록 : 동심원).
   ② 부채에는 Clipping Mask를 적용한다.
   ③ Brush는 《출력형태》를 참고하여 작성한다.
   ④ Effect는 《출력형태》를 참고하여 작성한다.
   ⑤ 그 외 《출력형태》 참조

2. 문자 효과
   ① A Lucky Bag (Arial, Italic, 12pt, C0M0Y0K0)
   ② Traditional Item (Times New Roman, Regular, 12pt, C90M50)

'실전모의고사4회-2.ai'

❶ 답안은 '수험번호-성명-2.ai' 파일로 저장한다.

❷ [View]-[Rulers]-[Show Rulers](Ctrl + R)를 눌러 눈금자를 꺼낸다.

❸ 여러 개의 오브젝트를 그려야 할 경우, 가이드라인으로 영역을 나누어 레이아웃을 설정한 후 작업한다.

❹ 색상은 [Swatches] 패널이나 도형들을 나열해 주어진 색을 채운다.

❺ 오브젝트를 주어진 조건에 맞게 그린다.

❻ 선의 두께와 Opacity 값을 확인하며 작업한다.

❼ 그래디언트의 색상 값과 방향이 정확한지 확인한다.

❽ 면의 속성이지만 선으로 그려야 작업이 편한 경우는 [Object]-[Expand]를 적용한다.

❾ 텍스트 입력 시 다른 오브젝트에 의해 가려져 있지 않은지 확인한다.

❿ 두 줄 이상의 텍스트 입력 시 [Paragraph] 패널의 가운데 맞춤 등을 확인한다.

⓫ Pattern 적용 시 Scale이나 Rotate의 회전 방향 등이 정확한지 확인한다.

⓬ Clipping Mask 시 불필요한 오브젝트가 함께 Clipping 되지 않았는지 확인한다.

⓭ 그림자 적용 시 모두 그룹화(Ctrl + G)한 상태에서 적용하여야 한다. 그렇지 않으면 포함된 오브젝트 하나하나에 그림자가 모두 적용되기 때문이다.

⓮ 제시된 조건 이외의 오브젝트는 삭제한 후 반드시 저장하고 전송까지 마무리한다.

문제 3 광고디자인 (40점)

다음의 《조건》에 따라 아래의 《출력형태》와 같이 작업하시오.

조건

파일저장규칙	AI	파일명	문서₩GTQ₩수험번호-성명-3.ai
		크기	210 × 297mm

1. 작업 방법
   ① 《참고도안》은 직접 제작한 후 Symbol로 활용한다(심볼 등록 : 디퓨저).
   ② 'Take a break', 'HEALING TIME' 문자에 Envelope Distort를 적용한다.
   ③ Brush는 《출력형태》를 참고하여 작성한다.
   ④ Effect는 《출력형태》를 참고하여 작성한다.
   ⑤ Clipping Mask를 이용하여 디자인을 정리한다.
   ⑥ 그 외 《출력형태》 참조

2. 문자 효과
   ① Take a break (Arial, Regular, 25pt, M70)
   ② HEALING TIME (Times New Roman, Regular, 55pt, C100M100)
   ③ Breathe in deeply (Times New Roman, Italic, 30pt, C90M70Y30K20)

'실전모의고사3회-3.ai'

참고도안

출력형태

❶ 답안은 '수험번호-성명-3.ai' 파일로 저장한다.

❷ [View]-[Rulers]-[Show Rulers](Ctrl + R)를 눌러 눈금자를 꺼낸다.

❸ 여러 개의 오브젝트를 그려야 할 경우, 가이드라인으로 영역을 나누어 레이아웃을 설정한 후 작업한다.

❹ 색상은 [Swatches] 패널이나 도형들을 나열해 주어진 색을 채운다.

❺ 오브젝트를 주어진 조건에 맞게 그린다.

❻ 선의 두께와 Opacity 값을 확인하며 작업한다.

❼ 그래디언트의 색상 값과 방향이 정확한지 확인한다.

❽ 면의 속성이지만 선으로 그려야 작업이 편한 경우는 [Object]-[Expand]를 적용한다.

❾ 텍스트 입력 시 다른 오브젝트에 의해 가려져 있지 않은지 확인한다.

❿ 두 줄 이상의 텍스트 입력 시 [Paragraph] 패널의 가운데 맞춤 등을 확인한다.

⓫ Blend를 설정할 경우 중간 단계의 개수가 맞는지 선의 두께 및 색상을 정확히 확인한다.

⓬ Brush를 적용할 경우 브러시의 종류와 두께, 색상을 정확히 확인한다.

⓭ Symbol 등록 시 심볼 이름을 정확히 입력하였는지 확인한다.

⓮ 출력형태에 맞는 심볼의 배치, 불투명, 색상변화가 되었는지 확인한다.

⓯ 그림자 적용 시 모두 그룹화(Ctrl + G)한 상태에서 적용하여야 한다. 그렇지 않으면 포함된 오브젝트 하나하나에 그림자가 모두 적용되기 때문이다.

⓰ Clipping Mask 시 불필요한 오브젝트가 함께 Clipping 되지 않았는지 확인한다.

⓱ 작업 시 필요에 따라 오브젝트에 [Object]-[Lock]-[Selection](Ctrl + 2)을 선택하고 작업했다면 Clipping Mask하기 전 [Object]-[Unlock All](Alt + Ctrl + 2)로 해제한 후 Clipping Mask 한다(오브젝트를 영역 바깥쪽에 그린 경우 Lock 설정이 되어 있다면 Clipping Mask가 되지 않음).

⓲ 제시된 조건 이외의 오브젝트는 삭제한 후 반드시 저장하고 전송까지 마무리한다.

유튜브 션생님에게 배우는
유선배

PART 2
일러스트 필수 기능

CHAPTER 1 화면구성 및 저장

CHAPTER 2 도구(Tools)와 패널(Panel)

CHAPTER 3 메뉴(Menu)

 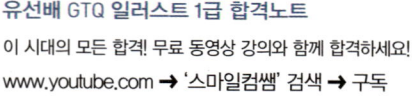 

유선배 GTQ 일러스트 1급 합격노트
이 시대의 모든 합격! 무료 동영상 강의와 함께 합격하세요!
www.youtube.com ➜ '스마일컴쌤' 검색 ➜ 구독

CHAPTER 1

화면구성 및 저장

01 시작화면 둘러보기

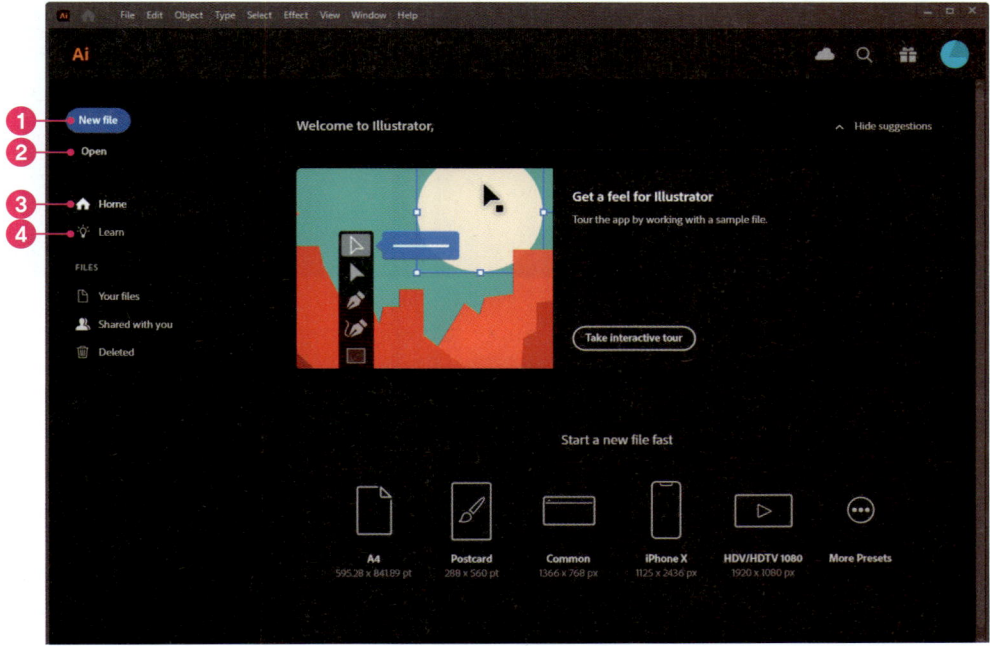

❶ New File : New Document를 만들 수 있는 창을 표시한다(Ctrl + N).

❷ Open : 저장된 일러스트 파일 등을 열 수 있다(Ctrl + O).

❸ Home : 위의 그림처럼 시작화면이 보인다.

❹ Learn : Step by Step으로 따라 할 수 있는 학습지원 영상을 표시한다.

Plus @

처음 실행하면 나타나는 [Home] 화면을 패스하고 싶다면 [Edit]-[Preferences]-[General](Ctrl + K)을 선택한 후 'Show The Home Screen When No Documents Are Open'에 체크를 해제하고 다시 시작한다.

02 New Document

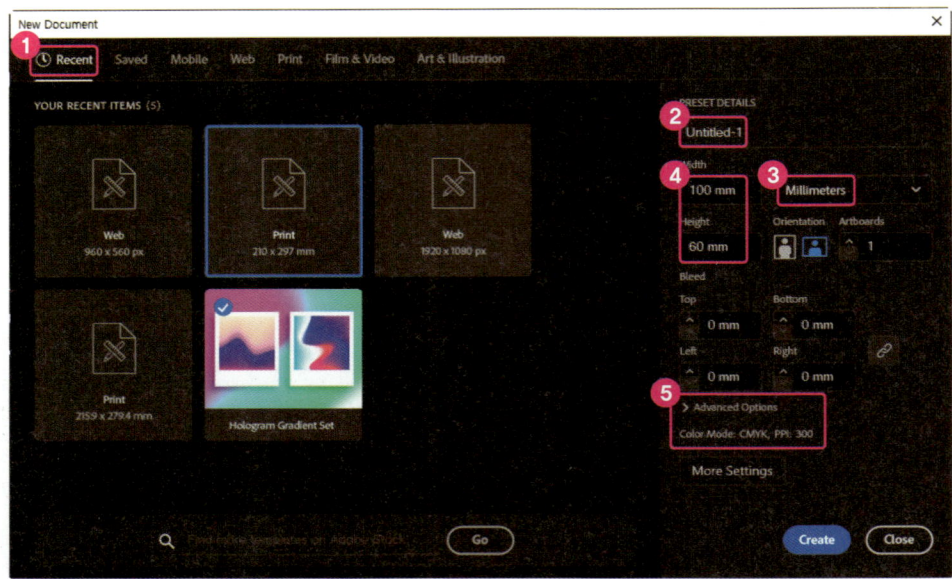

❶ Recent : 최근 작업화면뿐만 아니라 프린트 모바일 등 정형화된 작업을 할 수 있는 작업화면을 선택할 수 있다.

❷ 파일 이름을 입력한다. 입력하지 않고 저장하면 Untitled-1의 Default 이름으로 저장된다.

❸ 단위를 설정한다. 시험에서는 출력용 사이즈인 Millimeters로 선택한다.

❹ 가로/세로의 정해진 사이즈를 입력한다.

❺ Advanced Options : Color Mode(CMYK), PPI(300)

> **Plus@**
>
> **Color Mode**
> - CMYK : 인쇄작업을 위한 컬러 모드로 파란색(Cyan), 자주색(Magenta), 노란색(Yellow), 검정색(Key=Black)의 네 가지 잉크가 섞여 색을 만들어 내며 섞으면 섞을수록 어두워진다.
> - RGB : 웹을 위한 컬러 모드로 빛의 3원색인 빨강(Red), 녹색(Green), 파랑(Blue)을 사용하며 색을 섞으면 섞을수록 밝아진다.

> **Plus@**
>
> **PPI(Pixel Per Inch)**
> 가로/세로 1인치 안의 픽셀의 수를 의미하며 모니터 해상도의 단위로 사용한다. 기본 300ppi로 작업한다.

> **Plus α**
>
> [File]–[New] 화면을 CS6 이하 버전으로 변경하려면 [Edit]–[Preferences]–[General](Ctrl + K)을 선택한 후 'Use legacy "File New" interface'에 체크하고 다시 시작한다.

03 화면구성

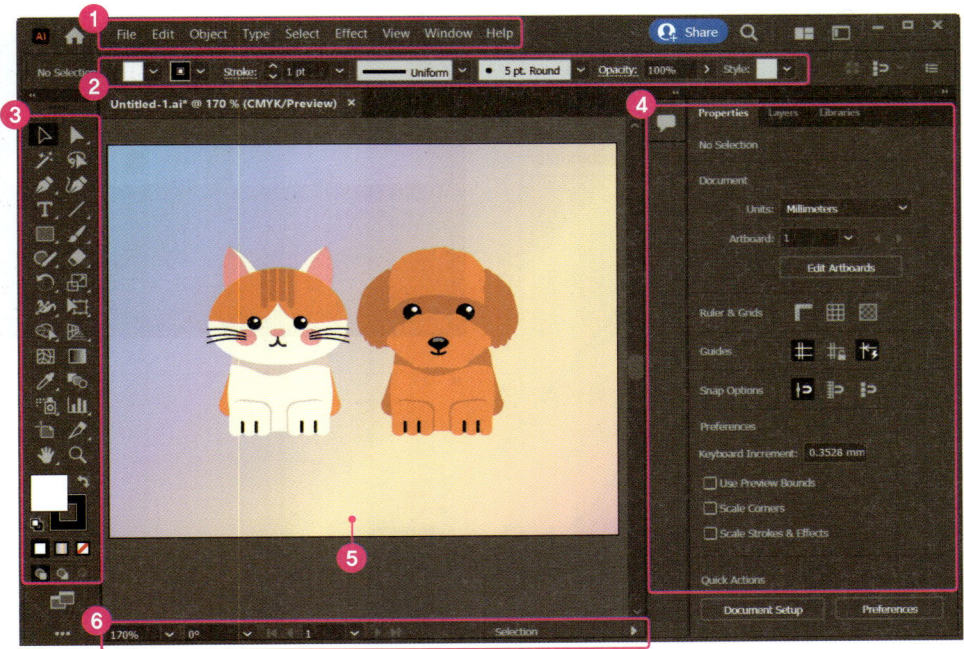

❶ **메뉴표시줄(Menu)** : 기능별로 분류되어 해당 메뉴를 누르면 하위메뉴에서 선택할 수 있다.

❷ **컨트롤 패널(Control)** : 면과 선의 색, 두께, 투명도 등을 조절할 수 있으며 선택한 오브젝트의 속성에 따라 추가적인 옵션 설정이 가능하다([Window]–[Control]로 표시하거나 숨길 수 있음).

❸ **도구상자(Toolbars)** : Toolbar라고도 부르며 CC2020 버전부터 최소의 'Basic' 도구상자로 변경되었다. 필요에 따라 'Advanced'로 변경해 작업할 수 있다.

❹ **패널(Panel)** : 선택한 툴에 대한 색상, 스타일, 선의 두께 등을 조절할 수 있으며 모든 패널은 [Window] 메뉴에서 관리한다.

❺ **작업화면(Document)** : 실질적인 작업이 이루어지는 곳으로, 여러 개의 아트보드를 포함할 수 있으며 개별 인쇄도 가능하다.

❻ **상태 표시줄** : 작업 중인 문서의 비율, 사용 중인 도구 등의 정보를 표시한다.

> **Plus α**
>
> 작업화면을 Reset하려면 [Window]-[Workspace]-[Reset Essentials Classic]을 선택한다.
> 나만의 작업화면을 저장하려면 [Window]-[Workspace]-[New Workspace]로 저장해 사용한다.

04 일러스트레이터의 파일 저장

1 작업을 마친 후 [File]-[Save](Ctrl + S) 또는 [Save As](Shift + Ctrl + S)를 선택한다. 'Save on your computer or to Creative Cloud' 대화상자에서 (Save on your computer)를 클릭한다.

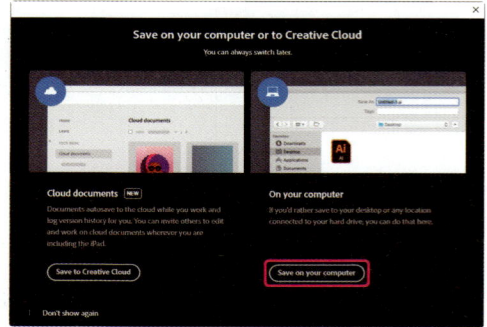

2 '내 PC₩문서₩GTQ' 폴더에 '수험번호-성명-문제번호'로 입력한 후 저장한다.

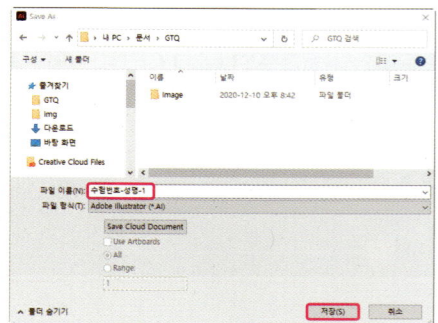

3 [Illustrator Options] 대화상자에서 Version : Illustrator CC(Legacy)에 체크한 후 (OK)를 클릭한다.

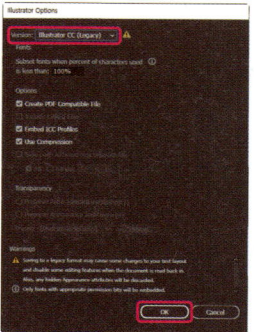

4 하위 버전 저장에 따른 메시지가 뜨면 계속 OK 를 클릭한다.

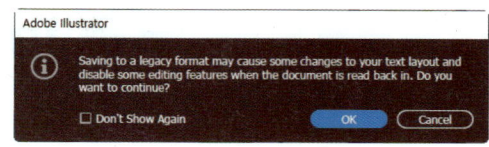

> **Plus @**
>
> **다양한 파일 저장**
>
> | | |
> |---|---|
> | [File]-[Save As] 파일 형식에서 'Adobe PDF' 저장 | PDF는 대부분의 시스템에서 가장 안정적으로 열리는 파일이며 전자책이나 배포용 문서로 저장할 때 사용한다. |
> | [File]-[Save As] 파일 형식에서 'Illustrator EPS' 저장 | EPS(Electronic Publishing System)의 약자로 일러스트 파일을 안정적으로 인쇄할 때 사용하는 인쇄용 파일 형식이다. |
> | [File]-[Export] | 내보내기 메뉴로 JPEG, PNG, PSD 파일 등으로 내보내기 할 수 있다. |

CHAPTER 2

도구(Tools)와 패널(Panel)

01 도구상자(Toolbars)

CC2020 버전부터 'Basic'으로 초기 설정되어 있으며 기존 버전과 같은 도구를 원한다면 [Window]－[Toolbars]－[Advanced]로 확장한다.

 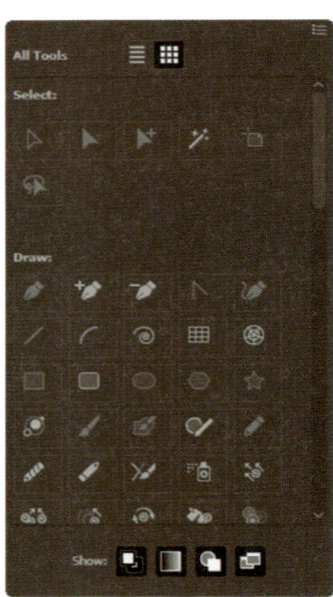  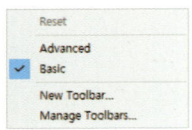

Plus@

인터페이스의 밝기 조정은 [Edit]－[Preferences]－[User Interface](Ctrl + K)에서 선택할 수 있다.

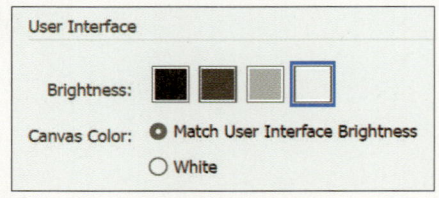

02 도구상자(Toolbars)의 소개(Advanced Tools)

중요 단축키(붉은색) 위주로 익히면 실무에서도 버전에 상관없이 자유롭게 드로잉할 수 있다. 영문인 상태에서만 단축키가 적용된다.

Plus α

도구상자의 정렬

상단의 ❮❮ 를 클릭하면 도구상자를 두 줄 ↔ 한 줄로 변경할 수 있다.

Q. 단축키가 먹통이에요!
A. 영문 단축키가 동작하지 않을 때는 한글로 설정되어 있는 경우일 수 있습니다. 이 경우 모니터 좌측 상단 코너를 보면 그림과 같이 한글 자음( )이 입력된 것을 볼 수 있습니다. 이때 한/영 키를 다시 누르면 단축키가 동작합니다.

Q. 툴박스가 사라졌어요!
A. [Window]-[Toolbars]를 클릭하거나 Tab 키를 누르면 툴박스와 패널들이 나타나고 사라집니다.

03 선택 관련 툴

1 Selection Tool(, V)

가장자리에 나타나는 Bounding Box로 오브젝트를 선택, 이동, 회전할 수 있다. 만약 Bounding Box가 나타나지 않는다면 [View]-[Show Bounding Box](Shift + Ctrl + B)를 적용한다.

선택 시 사용하면 편리한 단축키
- 오브젝트 크기 조정 시 Bounding Box의 모서리에서 Shift 와 함께 조절하면 종횡비를 유지하며 조절할 수 있다.

• 오브젝트 이동 시 [Shift] 와 함께 드래그하면 수직/수평의 방향으로 이동된다.

• 오브젝트 복제 시 [Alt] 와 함께 드래그하면 복제된다. 이때 [Alt] + [Shift] 와 함께 드래그하면 수직/수평으로 복제된다.

2 Direct Selection Tool(▶ , A)

특정 기준점(Anchor Point)을 선택하여 일부분을 변형하거나 삭제할 때 사용한다.

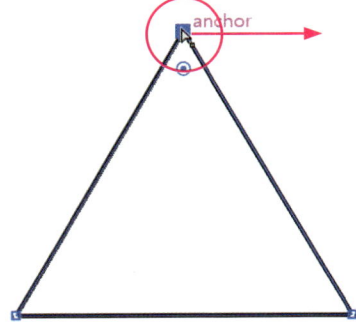
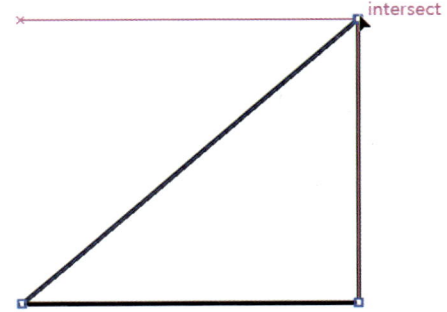

❸ Group Selection Tool(▶+)

여러 그룹(Ctrl + G)으로 묶여 있는 오브젝트 중 그 안에서의 소그룹 선택에 용이하다.

❹ Magic Wand Tool(🪄, Y)

같은 속성(면 색, 선 색)을 가진 오브젝트를 빠르게 선택해 준다. 툴을 더블 클릭하면 같은 선이나 두께 등의 설정에 따라 빠르게 선택할 수 있다.

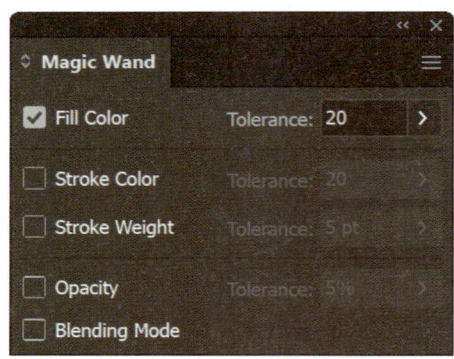 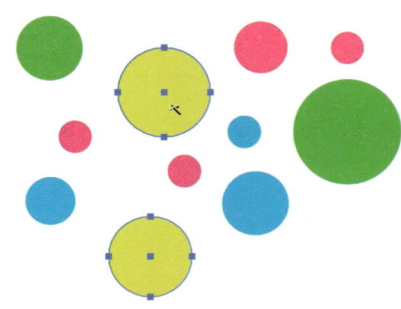

❺ Lasso Tool(🪢, Q)

복잡한 오브젝트에서 특정 기준점(Anchor Point)을 드래그로 감싸 선택할 때 사용한다. Lasso Tool로 그림과 같이 기준점을 드래그하여 감싼 후 Direct Selection Tool(▶, A)로 이동하여 변화를 줄 때 사용한다.

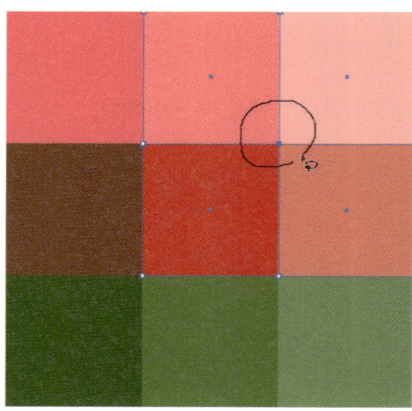 

04 도형 툴

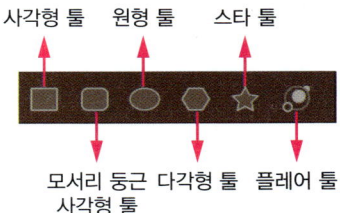

- 도형 툴을 선택한 후 아트보드의 빈 공간을 클릭하면 옵션 대화상자가 나타나 도형의 크기나 면 수, 포인트 수 등을 입력하여 그릴 수 있다.
- 도형의 대화상자를 이용하지 않고 드래그하며 키보드의 방향키(←, →, ↑, ↓)와 함께 면의 수나 모서리의 곡률을 변경할 수 있다.
- Alt + Shift 와 함께 그리면 중심에서부터 커지는 정도형을 그릴 수 있다.

1 Rectangle Tool(▢ , M)

CC 버전 이상은 Live Corners(곡률 활성화)가 있으므로 직사각형을 모서리가 둥근 사각형으로 쉽게 변경할 수 있다.

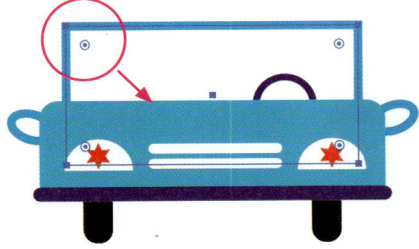

Plus α

Live Corners(곡률 활성화) `CC 버전 이상`

코너에 곡률을 주려면 Live Corners(곡률 활성화)를 조정해 둥글게 처리한다.

Direct Selection Tool(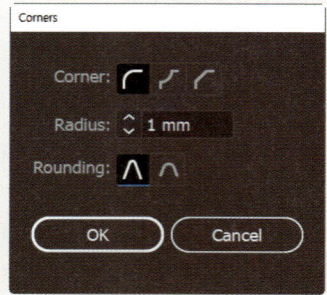)로 Live Corner 하나를 더블 클릭하면 아래와 같은 대화상자가 열린다. 코너의 모양, 반지름 등을 입력하여 곡률을 표현해 준다.

전체적인 곡률은 [Window]-[Transform] 패널이나 [Properties] 패널에서 관리한다.

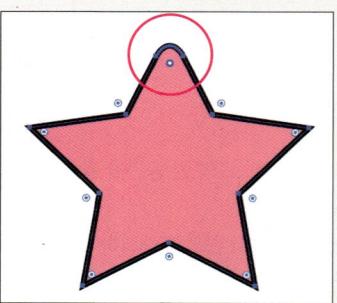

05 선형 툴

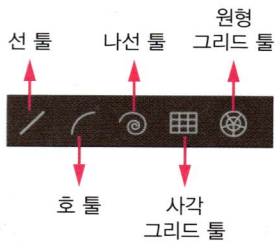

- 선 툴을 선택하고 아트보드의 빈 공간을 클릭하면 옵션 대화상자가 나타나 선의 길이, 각도 등을 입력하여 그릴 수 있다.
- 나선 툴의 대화상자를 이용하지 않고 드래그하며 키보드의 방향키(↑, ↓)와 함께 나선의 반지름, 방향 등을 변경할 수 있다.
- 사각이나 원형 그리드 툴 대화상자를 이용하지 않고 드래그하며 키보드의 방향키(←, →, ↑, ↓)와 함께 분할될 가로/세로 선의 개수를 설정할 수 있다.

1 Line Segment Tool(/ , ₩)

드래그로 직선을 그리며 Shift 와 함께 그리면 수직/수평/45도 선을 그릴 수 있다.

① Length : 선의 길이

② Angle : 선의 각도

③ Fill Line : 면 색을 채울지의 여부 선택

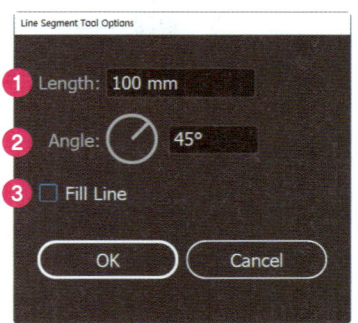

2 모든 선의 속성을 담당하는 [Stroke] 패널

① Weight : 선의 두께
② Cap : 열린 패스의 끝점의 모양 조절
③ Corner : 닫힌 패스의 꼭짓점의 모양 조절
④ Align Stroke : 패스의 위치
⑤ Dashed Line : 점선의 설정으로 dash는 점선의 길이, gap은 간격
⑥ a. Preserves exact dash and gap lengths : 각 모서리의 기준에 상관없이 전체적인 점선의 수치대로 표현
　b. Aligns dashes to corners and path ends, adjusting lengths to fit : 각 모서리를 기준으로 하여 전체적인 점선의 수치대로 표현

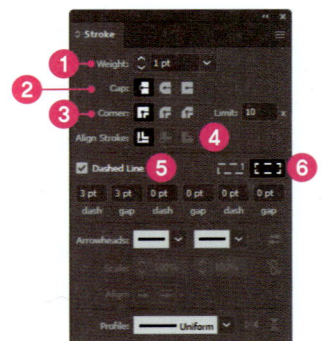

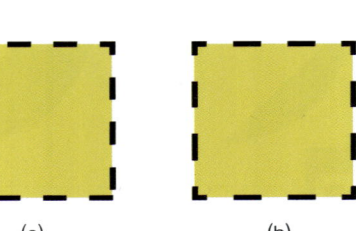

(a)　　　　　　(b)

CHAPTER 2 도구(Tools)와 패널(Panel) **25**

3 Arc Tool( ) : 아트보드를 클릭하거나 툴을 더블 클릭해 나오는 대화상자에서 호의 길이나 축의 방향 등을 설정할 수 있다. Shift 와 함께 그리면 가로/세로 정비율의 원호를 그릴 수 있다.

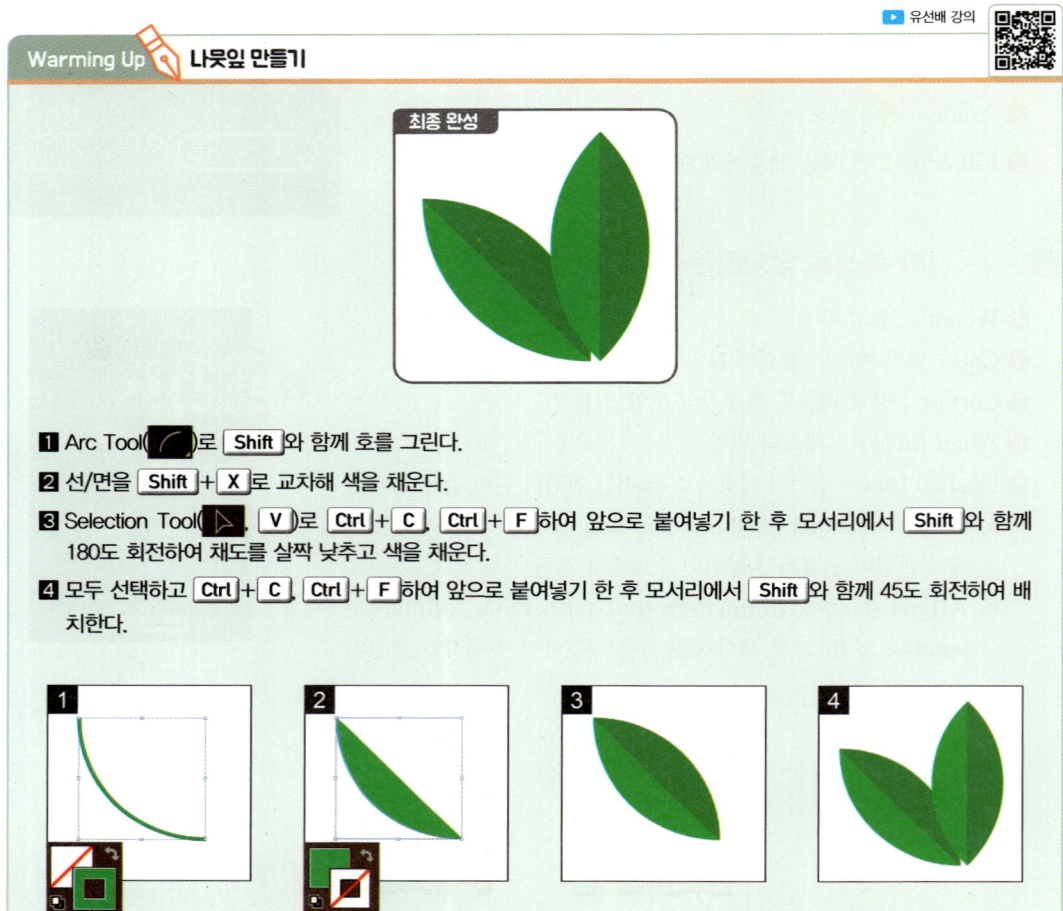

Warming Up 나뭇잎 만들기

1 Arc Tool( )로 Shift 와 함께 호를 그린다.
2 선/면을 Shift + X 로 교차해 색을 채운다.
3 Selection Tool( ), V 로 Ctrl + C , Ctrl + F 하여 앞으로 붙여넣기 한 후 모서리에서 Shift 와 함께 180도 회전하여 채도를 살짝 낮추고 색을 채운다.
4 모두 선택하고 Ctrl + C , Ctrl + F 하여 앞으로 붙여넣기 한 후 모서리에서 Shift 와 함께 45도 회전하여 배치한다.

4 Spiral Tool( ) : 나선 모양을 그려주며 모양을 바꿔 그리려면 툴 대화상자를 이용한다.

① Radius : 나선의 반지름
② Decay : 정원에 가깝게 말려 그려지는 정도(정원 100%)
③ Segments : 기준점 사이의 선분의 개수
④ Style : 방향 설정

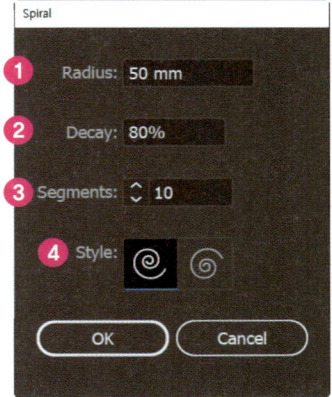

Plus @

Decay의 변화

Decay 100%   Decay 99%   Decay 90%   Decay 80%

활용 예

5 Rectangular Grid Tool(▦) : 사각형 안에 그리드 선을 그릴 때 사용하며 툴 대화상자를 이용하여 그리드 선의 개수를 수정할 수 있다.

6 Polar Grid Tool(✸) : 원형 안에 그리드 선을 그려준다.

- ❶ Default Size : 가로세로 원의 크기
- ❷ Concentric Dividers : 가로 선의 분할 개수
- ❸ Radial Dividers : 세로 선의 분할 개수
- ❹ Fill Grid : 면 색의 적용 여부

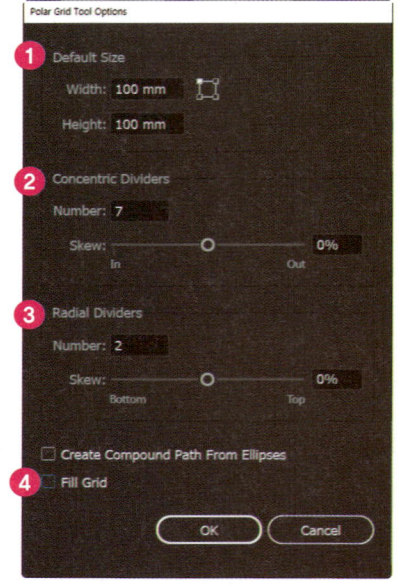

06 오브젝트의 정렬(Align) 패널

2개 이상의 오브젝트를 정렬하기 위해 사용되는 패널로 빠르고 다양하게 정렬할 수 있다. [Window]−[Align](Shift + F7)을 클릭하여 패널을 나타낼 수 있다.

- ❶ Align Objects : 수평/수직 정렬
- ❷ Distribute Objects : 수평/수직 배분
- ❸ Distribute Spacing : 오브젝트 간의 간격
- ❹ Align To : 정렬 기준의 설정(Align to Artboard 등)

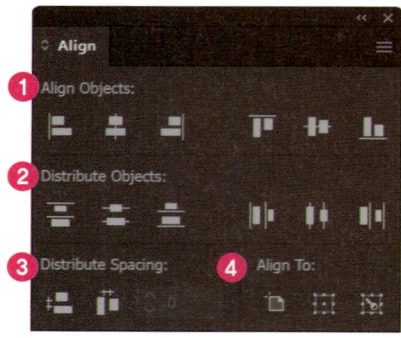

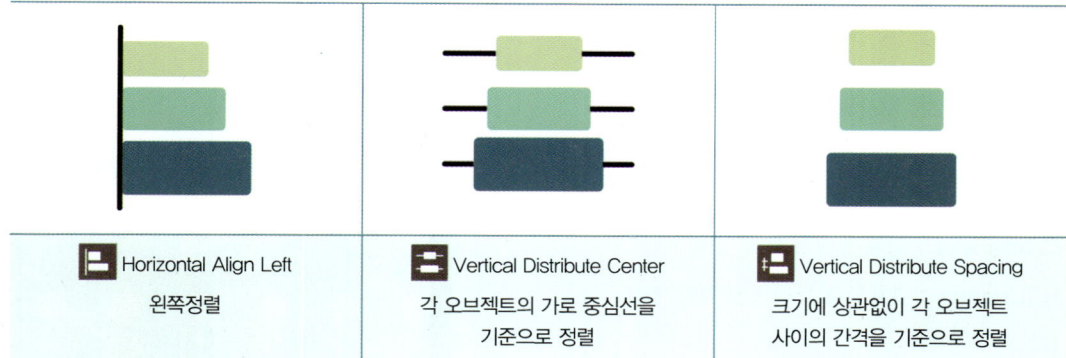

07 오브젝트의 배열(Arrange)

2개 이상의 오브젝트의 위치를 앞/뒤로 배열할 경우에 사용한다. [Object]−[Arrange] 또는 마우스 오른쪽 버튼을 클릭하여 Arrange한다.

❶ Bring to Front(`Shift`+`Ctrl`+`]`) : 선택한 오브젝트를 맨 앞으로 이동

❷ Bring Forward(`Ctrl`+`]`) : 선택한 오브젝트를 한 단계 앞으로 이동

❸ Send Backward(`Ctrl`+`[`) : 선택한 오브젝트를 한 단계 뒤로 이동

❹ Send to Back(`Shift`+`Ctrl`+`[`) : 선택한 오브젝트를 맨 뒤로 이동

Q & A

Q. [Align]과 [Arrange]의 차이점이 무엇인가요?

A. [Align]은 오브젝트들의 수평에서의 X, Y축의 정렬을 의미하며 [Arrange]는 Z축의 깊이에 대한 배열입니다. [Align]으로 정렬한 후 [Arrange]로 배열하면 됩니다.

08 Pathfinder(Shift + Ctrl + F9) 패널

❶ Unite : 2개 이상의 오브젝트를 하나로 합침
❷ Minus Front : 겹쳐진 2개 이상의 오브젝트 중 위에 있는 오브젝트 제거
❸ Intersect : 겹쳐진 오브젝트 영역만 남김
❹ Exclude : 겹쳐진 오브젝트 영역만 제거

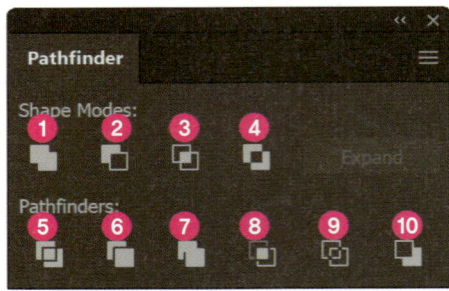

 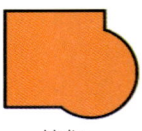   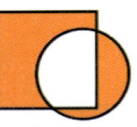
원본　　　　Unite　　　　Minus Front　　　Intersect　　　Exclude

❺ Divide : 겹쳐진 오브젝트의 외곽선을 따라 분리(선 속성 남김)
❻ Trim : 겹쳐진 오브젝트 중 앞쪽 오브젝트 영역만큼 삭제(선 없음)
❼ Merge : 겹쳐진 오브젝트 중 앞쪽 오브젝트 영역만큼 삭제(선 없음). 단, 색이 같을 경우 합침
❽ Crop : 겹쳐진 오브젝트 중 앞쪽 오브젝트 영역만큼 남기고 삭제(Clipping Mask의 기능과 비슷)
❾ Outline : 겹쳐진 오브젝트 영역만큼 나누고 선의 형태로 변경됨
❿ Minus Back : Minus Front의 반대 개념으로 겹쳐진 2개 이상의 오브젝트 중 아래에 있는 오브젝트 제거

  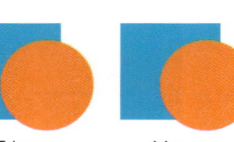   
Divide　　　Trim　　　Merge　　　Crop　　　Outline　　　Minus Back

 **Warming Up** 합치고 빼고 나누고

[Pathfinder](Shift + Ctrl + F9) 패널을 이용하여 아래와 같은 오브젝트를 만들어 보자.
(면 : C0M0Y0K0, 선 : K100)

❶ 체크된 도형을 선택하고 Minus Front한 후 모두 선택해 Unite한다.

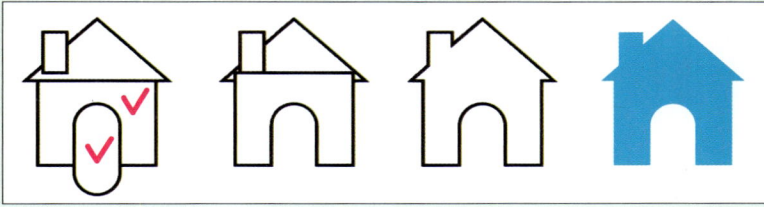

❷ 모두 선택해 Divide한 후 직접선택 툴로 상단 부분을 분리하고 각각 색을 적용한다.

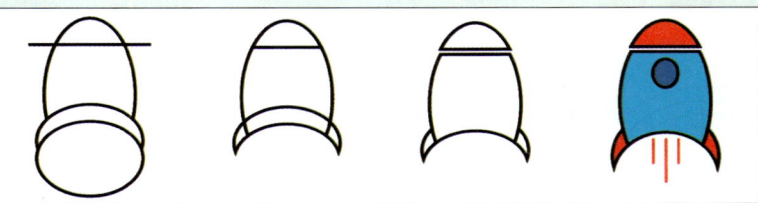

❸ 큰 원 1개와 작은 원 3개를 배치한 후 큰 원을 Ctrl + C , Ctrl + F 로 앞으로 붙여넣기 한다. Alt 와 함께 큰 원의 가로 조절점에서 대칭으로 크기를 줄인 후 모두 선택해 Divide하고 하단 부분을 삭제한다.

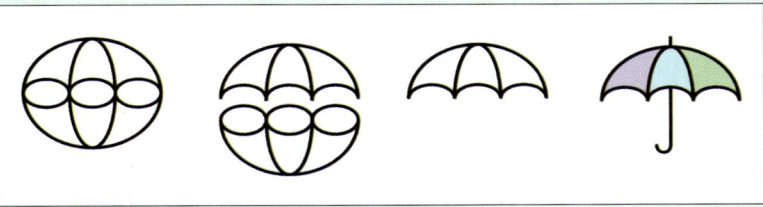

❹ 직사각형과 삼각형 3개를 배치한 후 삼각형 3개를 선택해 Unite하고 선 툴로 수직선을 그린다. 모두 선택해 Divide한 후 각각 색을 채우고 선은 None으로 적용한다.

 무지개 만들기

 유선배 강의

최종 완성

1 Polar Grid Tool( )로 빈 공간을 클릭해 대화상자가 나오면 Width : 100mm, Height : 100mm, Concentric Dividers Number : 7, Radial Dividers Number : 2, Fill Grid에 체크한 후 (OK)를 클릭한다.

2 Direct Selection Tool(, A)로 그림과 같이 선택해 Delete 하여 반원을 만든다.

3 Selection Tool(, V)로 전체 선택한 후 회전한다.

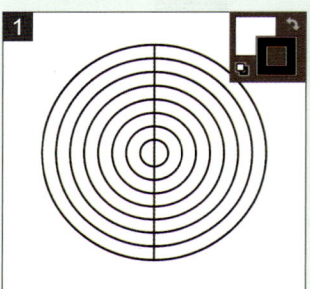
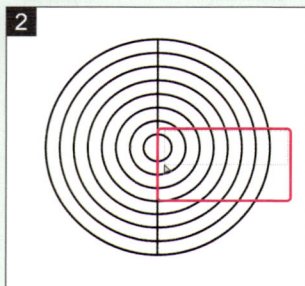
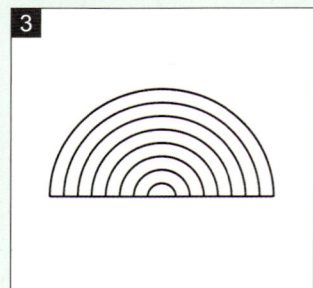

4 [Pathfinder](Shift + Ctrl + F9) 패널의 'Divide'로 분리한다. Direct Selection Tool(, A)로 해당 면 색을 채운다.

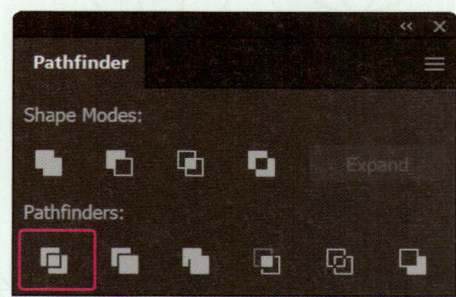

09 펜 툴

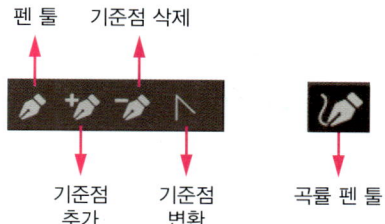

자유로운 드로잉을 하기 위해 편리한 툴이 바로 펜 툴이다. 기준점, 방향선, 방향점으로 이루어져 있으며 이것을 패스라고 한다. 이 패스들이 모여 하나의 오브젝트를 만든다.

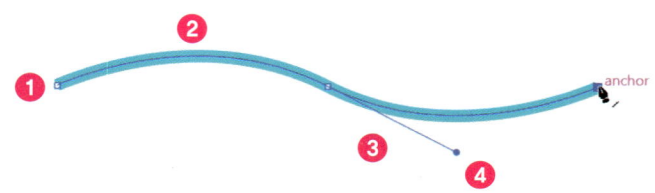

❶ 기준점(Anchor Point) : 하나의 패스의 모양을 결정짓는 기준이 되는 점
❷ 선분(Segment) : 기준점과 기준점 사이를 잇는 선분
❸ 방향선(Direct Line) : 곡선의 방향을 결정짓는 선
❹ 방향점(Direct Point) : 핸들이라고도 부르며 방향선을 수정할 경우 사용

1 Pen Tool(, P)

패스(Path) : 2개 이상의 세그먼트(선분)로 연결되며 패스의 종류는 열린 패스와 닫힌 패스로 나뉘고 수정할 수 있다.
- 열린 패스(Open Path) : 시작점과 끝점이 연결되지 않은 열린 상태의 패스
- 닫힌 패스(Close Path) : 시작점과 끝점이 하나로 연결된 상태의 패스

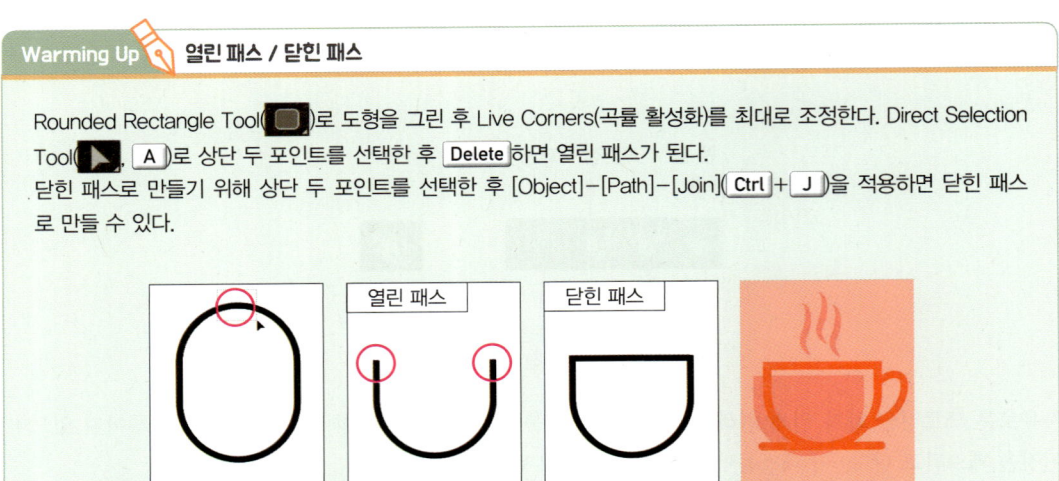

2 Pen Tool의 다양한 형태

- : 아직 그려지지 않은 새로운 시작점을 알린다. 만약 Caps Lock 키가 켜진 경우는 'ㄨ' 모양이 표시된다.

- : 닫힌 패스의 형태로 마무리할 때 처음 시작점으로 돌아오면 'O' 모양이 표시되며 클릭과 동시에 닫힌 패스로 마무리된다.

- : 패스 중간이 끊어진 경우 다시 연결하고자 할 때 나타나는 모양이다. 클릭(직선) 또는 드래그(곡선)로 시작할 수 있다.

- : 기존 오브젝트의 선분(Segment) 위의 기준점(Anchor Point)을 추가할 수 있다(=).

- : 기존 오브젝트의 선분(Segment) 위의 기준점(Anchor Point)을 삭제할 수 있다(-).

Warming Up — Pen Tool 다루기

- **선 그리기**

    [View]-[Show Grid](Ctrl + ` )로 설정한 후 그리면 조금 더 정확한 곡선을 그릴 수 있다. 그리드에 맞추어 그리기 위해 [View]-[Snap to Grid]( Shift + Ctrl + `)를 적용한다.

    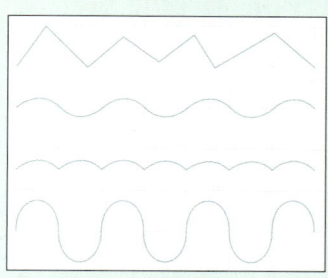

- **직선 그리기**

    첫 점을 클릭한 후 그 다음 지점에서 클릭, 클릭으로 원하는 선을 그린다. 마지막은 Ctrl +빈 공간 클릭으로 마무리한다.

    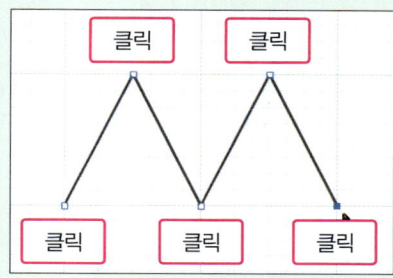

- **완만한 곡선 그리기**

    첫 점을 클릭한 후 두 번째 지점에서 우측 하단으로 드래그하여 위쪽으로 볼록한 곡선을 만든다.

    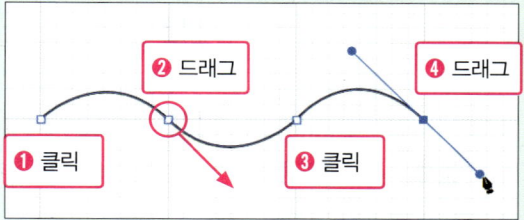

- **한쪽 방향의 완만한 곡선 그리기**

    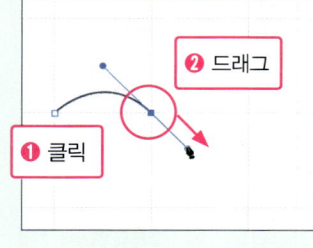 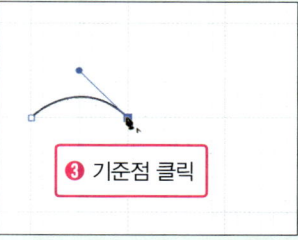 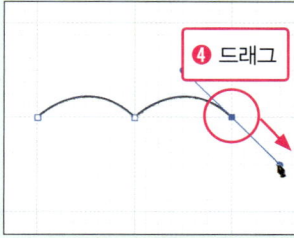

• 위/아래 볼록한 곡선 그리기

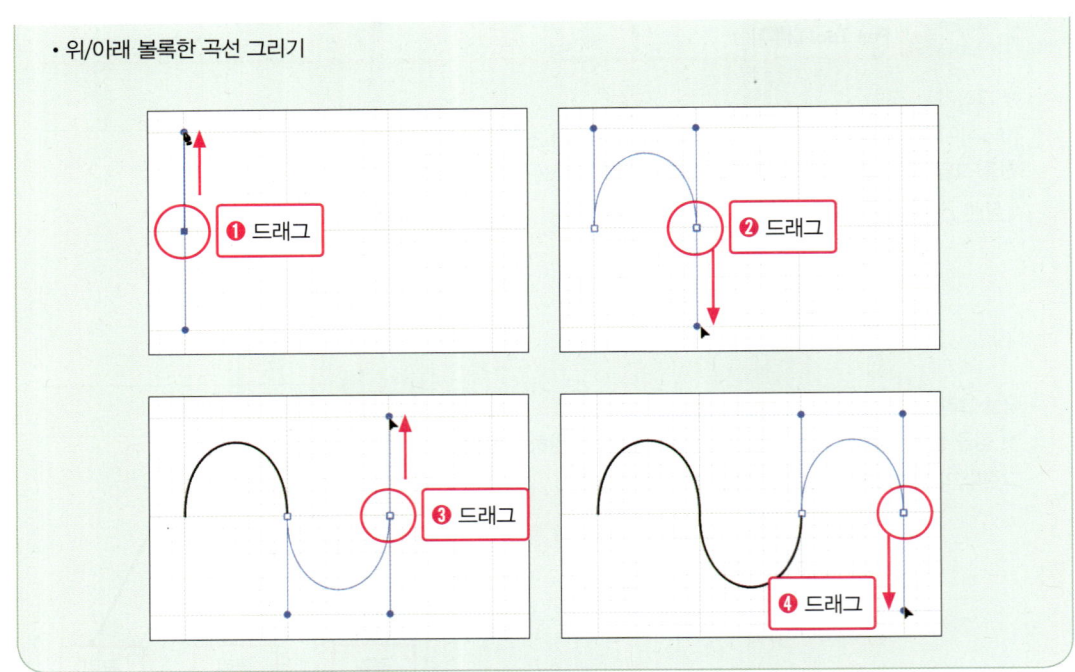

3 Add Anchor Point Tool(, =) / Delete Anchor Point Tool(, -)

패스 위에 클릭하여 기준점을 추가하거나 삭제할 수 있다.

Add Anchor Point Tool(, =)로 직사각형 하단 포인트를 클릭한 후 Direct Selection Tool(, A)로 위쪽으로 이동하여 리본을 만든다.

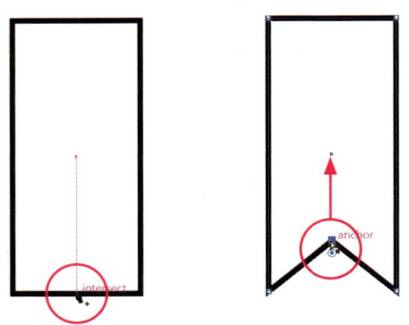

4 Anchor Point Tool(, Shift + C)

꼭짓점을 곡선으로, 곡선을 꼭짓점으로 변환해 준다.
Anchor Point Tool(, Shift + C)로 상단 포인트를 클릭하면 꼭짓점으로 변환된다. Direct Selection Tool(, A)로 위쪽으로 이동하여 물방울 모양을 만든다.

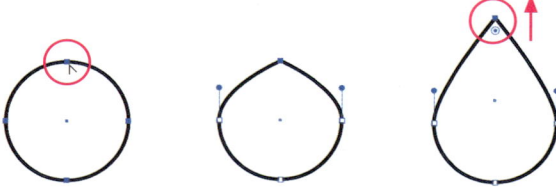

5 Curvature Tool(, Shift + ~)

CC2015 버전에서 새롭게 추가된 기능으로 곡률 펜 툴이라고 부른다. 직선을 그리듯 클릭, 클릭만으로 곡선을 부드럽게 만들 수 있다.

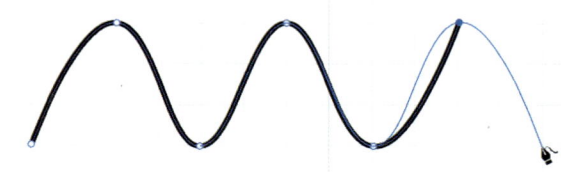

만약 아래 그림처럼 더블 클릭하면 꼭짓점으로 전환되어 볼록한 곡선을 만들 수 있다.

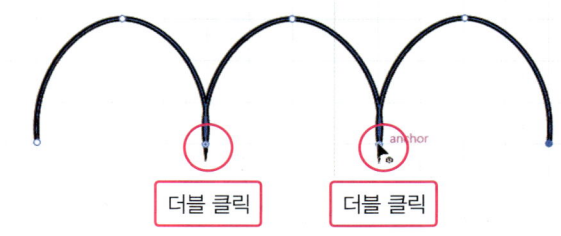

10 연필 툴

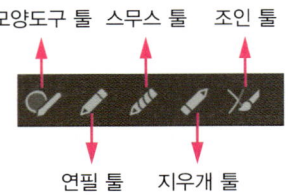

1 Shaper Tool()

CC2015 버전에서 새롭게 추가된 기능이다. 연필 툴과 사용방법은 같으나 도형의 모양을 자유롭게 그리면 기본도형의 형태가 만들어진다.

다른 기능으로는 겹쳐진 도형들을 Shaper Tool로 지그재그의 형태로 그리면 하나로 합쳐지거나 뺄 수 있다. 선택 툴로 더블 클릭하거나 마우스 오른쪽 버튼을 클릭해 'Isolate Selected Group'을 누르면 'Shaper Group'의 형태로 관리되어 원본이 유지된다. Esc 나 ⇦ 화살표로 빠져나올 수 있다.

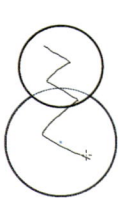  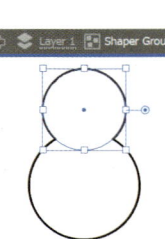 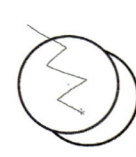 

2 Pencil Tool(, N)

툴을 더블 클릭하면 그림과 같은 [Pencil Tool Options]가 나타난다. 패스의 부드러움 정도나 패스의 선이 이어지는 정도 등을 설정할 수 있다.

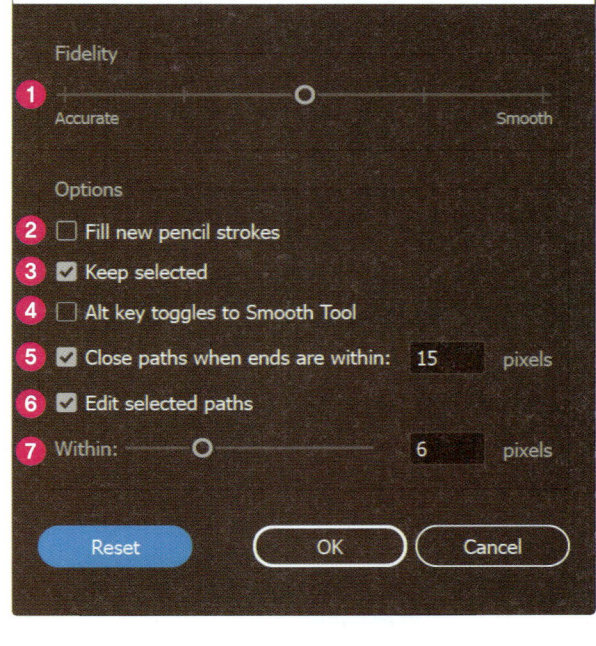

❶ Smooth 쪽에 가까울수록 부드럽게 그려짐

❷ 면 색을 채울지의 여부 선택

❸ 그리고 난 다음 패스의 선택 여부를 결정

❹ 체크할 경우 Alt 를 누르는 동안 Smooth Tool의 기능을 함

❺ 시작점에 끝점이 입력한 픽셀 안쪽으로 들어오면 자동으로 닫힌 패스로 연결됨

❻ 그리고 난 다음 이어서 편집할 수 있음

❼ Within의 픽셀의 입력값이 커지면 기존선 옆에 새롭게 그릴 경우 기존 패스에 연결되고, 입력값이 작아질수록 기존 선에 가까이 그려도 연결되지 않아 머리카락 등의 표현에 유용함

3 Smooth Tool( )

거친 패스를 부드럽게 하거나 꼭짓점을 곡선으로 만들어 준다.

4 Path Eraser Tool( )

연결된 패스를 끊거나 불규칙한 점선 등을 만들 때 사용한다.

5 Join Tool( )

가까이 있는 두 기준점(Anchor Point)을 연결하듯이 드래그해주면 열린 패스를 닫힌 패스로 이어 준다.
선택 툴로 두 포인트를 선택한 후 [Object]-[Path]-[Join](Ctrl + J)을 클릭해도 닫힌 패스로 만들어 준다.

11 ▶ 브러시 툴

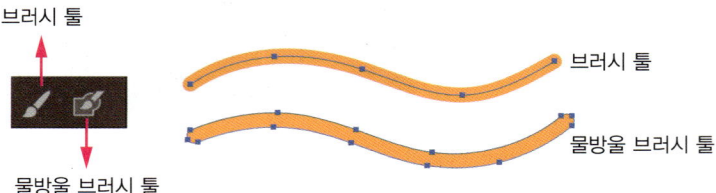

브러시는 선의 속성을 가지고 있으며, 물방울 브러시는 선으로 그렸지만 결과는 면의 속성으로 변경된다.

1 Brush Tool(, B)

연필 툴의 사용방법과 같으며 부드러운 터치의 드로잉이 가능하다. [Window]-[Brushes](F5) 패널을 통해 다양한 획을 선택할 수 있고 나만의 브러시를 만들어 사용할 수 있다.

[Brushes] 패널
❶ Brush Libraries Menu : 카테고리별로 다양한 브러시 제공
❷ Libraries Panel : 브러시를 검색할 수 있으며, Adobe Stock을 통해 브러시를 추가할 수 있음
❸ Remove Brush Stroke : 이미 적용된 브러시의 속성 제거
❹ Options of Selected Object : 적용된 브러시의 옵션 변경
❺ New Brush : 새로운 브러시 등록
❻ Delete Brush : 등록된 브러시 삭제
❼ 추가 브러시 메뉴 : ❶~❻의 기능은 물론 다양한 '보기' 등의 추가 메뉴 설정

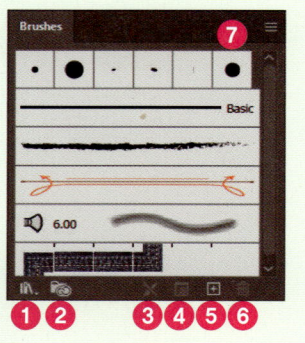

[Brush Libraries Menu]의 종류

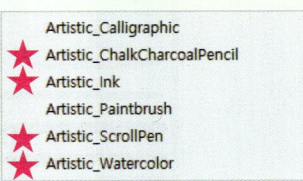

❶ Arrows : 화살표 형태의 브러시로 구성되어 지시 등이 필요한 요소에 활용

▼ Arrows_Special

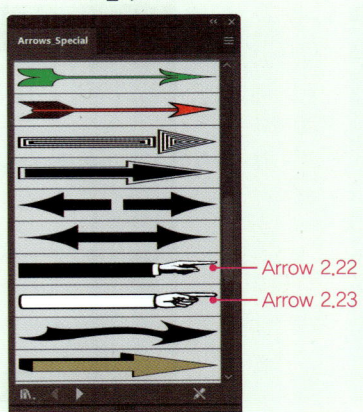

❷ Artistic : 예술적인 붓의 획 느낌의 브러시로 크레파스의 거친 효과와 수묵화와 같은 부드러운 터치 등 다양한 효과를 나타낼 수 있음

▼ Artistic_ChalkCharcoalPencil ▼ Artistic_Paintbrush

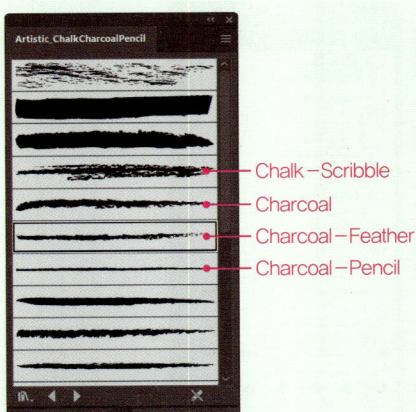

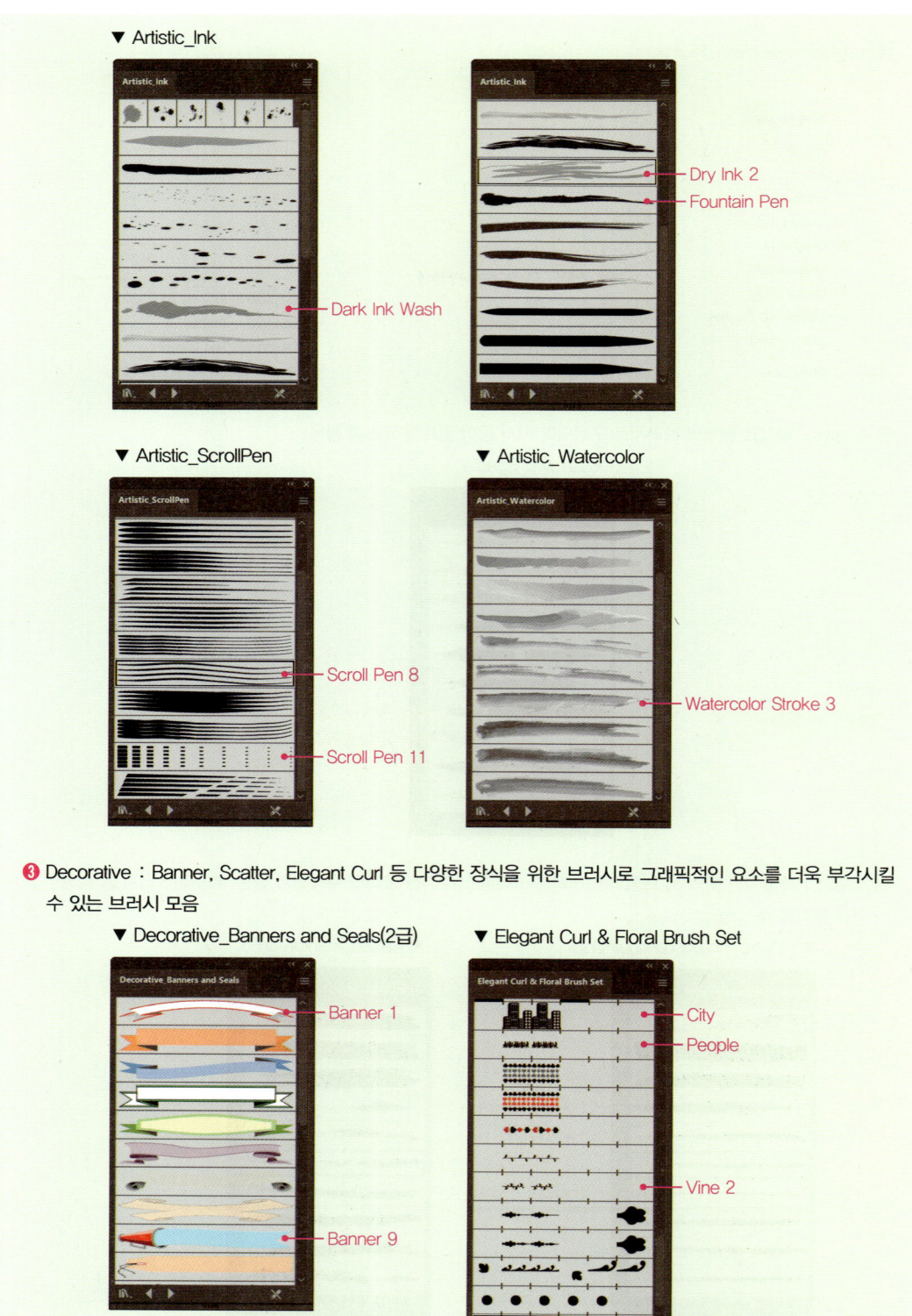

❸ Decorative : Banner, Scatter, Elegant Curl 등 다양한 장식을 위한 브러시로 그래픽적인 요소를 더욱 부각시킬 수 있는 브러시 모음

▼ Decorative_Scatter

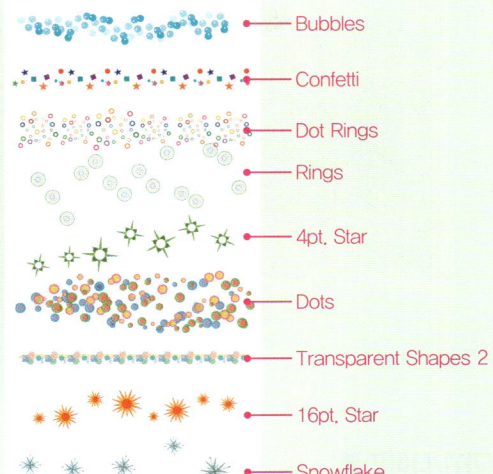

그 외 Vector Packs와 같은 강렬한 획의 느낌을 이용한 브러시는 캘리그래픽에 많이 사용되고 있으며 상세페이지나 배너 등의 요소로 많이 찾는 효과들이다.

Vector Packs > Grunge brushes vector pack
Vector Packs > Hand Drawn brushes vector pack

활용 예

Artistic > Artistic_ChalkCharcoalPencil > Chalk-Scribble

Artistic > Artistic_ChalkCharcoalPencil > Charcoal-Pencil

Artistic > Artistic_Watercolor > Watercolor Stroke 3
Artistic > Artistic_Ink > Fountain Pen

② Blob Brush Tool(, Shift + B)

선이 아닌 면의 형태로 그려지며 브러시의 크기는 '[: 점점 작게,] : 점점 크게'로 조절할 수 있다.

12 지우개/가위/나이프 툴

① Eraser Tool(, Shift + E)

패스를 지우는 툴로 선을 지울 때는 패스 부분이 자연스럽게 삭제되지만, 선과 면으로 구성된 도형을 지울 때는 닫힌 패스의 형태로 지워진다. 지우개의 크기는 '[: 점점 작게,] : 점점 크게'로 조절할 수 있다.

2 Scissors Tool(✂, C)

패스 위를 가위 툴로 클릭, 클릭하면 직선의 형태로 자를 수 있으며 열린 패스가 된다.

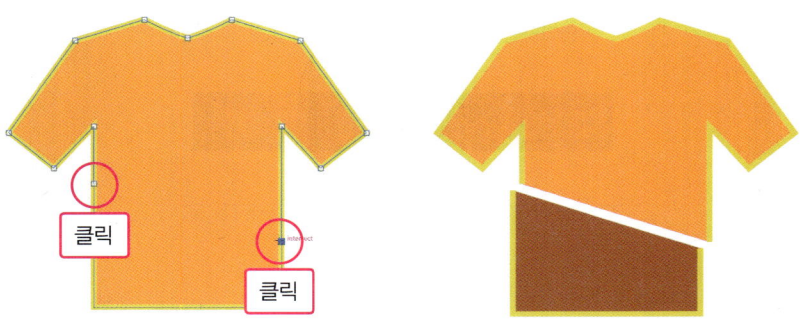

3 Knife Tool(🔪)

자유로운 곡선의 형태로 오브젝트를 자를 때 사용하며 닫힌 패스의 형태로 자를 수 있다. 단, 선으로만 되어 있는 경우는 자를 수 없다.

13 타입 툴

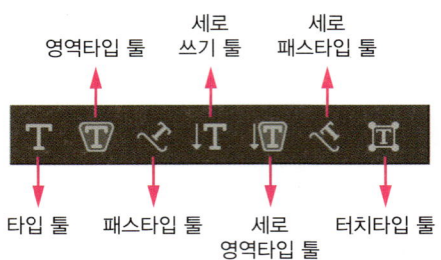

다양한 종류의 형태로 문자를 입력할 수 있다. [Character] 패널에서 Font를 선택할 경우 VAR( )이라고 되어 있는 문자는 가변글꼴의 형태로 [Character] 패널이나 [Properties] 패널에서 두께나 기울기 등을 변형할 수 있다.

[Character] 패널

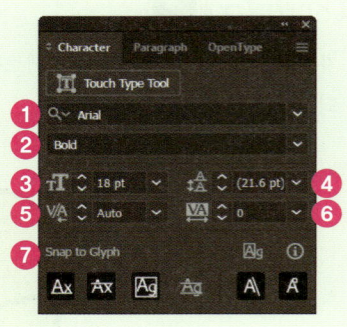

① Font : 글꼴을 선택하거나 입력할 수 있으며, 우측의 목록 상자를 누르면 더 많은 글꼴을 검색하거나 정렬할 수 있음
② Font Family : Italic, Bold 등 설정
③ Font Size : 글자 크기 설정
④ Leading : 줄과 줄 사이의 간격
⑤ Kerning : 알파벳을 나열할 경우 사이가 벌어지는 것을 방지하기 위해 값을 입력하면 점점 좁아지게 할 수 있음
⑥ Tracking : 글자와 글자 사이의 간격
⑦ Snap to Glyph(CC2021 이상) : 오브젝트를 알파벳 대/소문자 등에 맞추어 세밀하게 정렬할 때 사용. [View]-[Snap to Glyph]를 체크하여 설정

[Paragraph] 패널

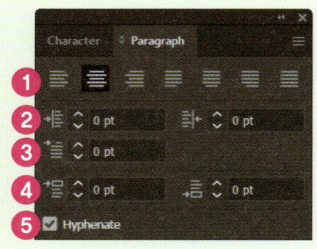

① 문장의 수평 방향 정렬

Align left   Justify all lines

② Left indent : 왼쪽 여백 설정
③ First-line left indent : 첫 줄 들여쓰기의 값 설정
④ Space before paragraph : 문단 윗 간격 설정
⑤ Hyphenate : 긴 영단어가 넘쳐 아래로 내려갈 경우 하이픈(-)으로 이어줌

1 Type Tool(T , T)

빈 공간을 클릭하면(CC2019) 'Lorem ipsum'이라는 텍스트가 자동으로 입력된다. 이것은 그래픽적인 요소에 중점을 둔 의미 없는 텍스트로, 원하는 텍스트를 바로 입력한 후 Esc 나 Ctrl + Enter 를 누르면 입력이 완료된다.

Lorem ipsum

Plus @

'Lorem ipsum'을 표시하고 싶지 않다면 [Edit]-[Preferences](Ctrl + K)의 [Type] 탭을 클릭한 후 'Fill New Type Objects With Placeholder Text'의 체크를 해제한다.

2 Area Type Tool(T)

도형 안의 패스 영역을 텍스트로 채운다.

오브젝트를 Ctrl + C , Ctrl + F 로 앞으로 붙여넣기 한 후 Area Type Tool을 선택하여 도형에 가져다 댄다. 동그라미 모양으로 변경되었을 때 클릭하고 텍스트를 입력하여 영역 안을 채운다.

Plus @

오브젝트를 복사해 놓지 않으면 클릭하는 순간 배경이 사라지며 투명한 상태로 텍스트만 채워진다.

3 Type on a Path Tool( )

펜 툴, 연필 툴, 브러시 툴 등을 이용해 패스를 그린 후 Type on a Path Tool로 클릭하여 패스를 따라 텍스트를 입력한다.

4 Vertical Type Tool(T)

세로쓰기 입력 도구이다.

5 Vertical Area Type Tool(T)

도형 안의 패스 영역에 세로 텍스트를 채운다.

6 Vertical Type on a Path Tool( )

패스를 따라 세로로 텍스트를 입력한다.

7 Touch Type Tool(, Shift + T)

낱글자로 입력하지 않고도 하나하나 클릭해 이동/회전/대소문자 전환까지 자유롭게 조절할 수 있다.

Warming Up 타이포그래피의 필수! Create Outline

▶ 유선배 강의

최종 완성

1. 텍스트를 입력한 후 마우스 오른쪽 버튼을 클릭하고 'Create Outlines'(Shift + Ctrl + O)를 적용하여 패스의 형태로 만든다.
2. Line Segment Tool(/ , ₩)로 사선을 그린 후 Selection Tool(▶ , V)을 이용해 Alt 와 함께 드래그하여 복제하고 Ctrl + D 를 눌러 3번 더 복제한다. 모두 선택한 후 라인을 기준으로 분리하기 위해 [Pathfinder](Shift + Ctrl + F9) 패널의 'Divide'를 적용한다.
3. Direct Selection Tool(▷ , A)로 해당 부분을 선택해 원하는 색을 입힌다. 모두 선택한 후 텍스트에 굴곡을 주기 위해 [Object]-[Envelope Distort]-[Make with Mesh](Alt + Ctrl + M)를 적용한 후 Rows : 4, Columns : 4를 입력하고 OK 를 클릭한다. 그림을 참고해 선택영역으로 설정한 후 아래쪽 방향키로 적절히 이동한다.
4. 우측 부분도 그림과 같이 선택영역으로 설정한 후 아래쪽 방향키로 적절히 이동한다. Mesh의 속성을 없애기 위해 [Object]-[Expand]를 적용한다.

Q & A

Q. 'Arial'체는 있는데 'Bold'가 나타나지 않아요.

A. 상단 [Control] 패널의 Font에서 'Arial Bold'를 찾을 수 없다면 도큐먼트의 해당 텍스트에서 마우스 오른쪽 버튼을 클릭한 후 'Font'에서 검색합니다.

14 회전/대칭 툴

회전 툴 ← → 대칭 툴

회전 또는 대칭할 오브젝트를 선택하고 해당 툴을 더블 클릭하면 오브젝트의 중심을 기준으로 회전/대칭할 수 있다. 기준점을 변경하려면 오브젝트를 선택한 후 원하는 기준점을 Alt 와 함께 클릭하여 회전 또는 대칭한다. [Object]-[Transform]의 메뉴를 이용해도 된다.

1 Rotate Tool(, R)

❶ Angle : 회전할 각도 입력(예 60 또는 360/6)

❷ Options : 오브젝트에 패턴이 있을 경우 패턴과 오브젝트 중 선택해 회전

❸ Preview : 미리보기로 확인 가능

❹ Copy : 원본은 그대로 둔 채 회전된 오브젝트를 복사하고 싶을 때 사용. Ctrl + D 를 눌러 반복해서 복제 가능

활용 예

Warming Up 꽃잎 회전

Selection Tool(, V)로 꽃잎을 선택한 후 Rotate Tool(, R)로 하단의 중심점을 Alt 와 함께 클릭하면 대화상자가 나온다. Angle : 60을 입력하고 Preview에 체크해 미리보기 한 후 Copy 를 클릭한다. 규칙적인 복제를 위해 Ctrl + D 를 4번 누른다.

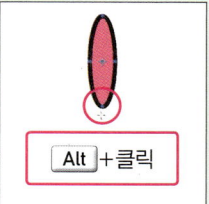 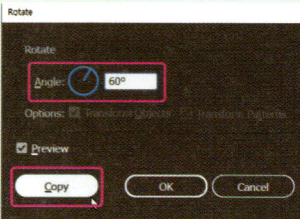  

2 Reflect Tool(, O)

❶ Horizontal/Vertical/Angle : 수평/수직, 특정 각도를 기준으로 대칭

❷ Options : 오브젝트에 패턴이 있을 경우 패턴과 오브젝트 중 선택하여 대칭

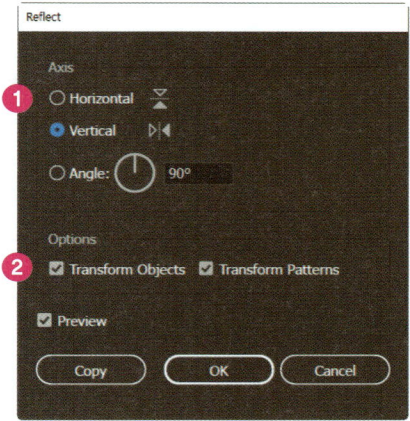

Warming Up 나뭇잎 대칭

Selection Tool(, V)로 나뭇잎을 선택한 후 Reflect Tool(, O)로 줄기 끝부분의 중심점을 Alt 와 함께 클릭하면 대화상자가 나온다. 'Vertical'에 체크하고 Preview에 체크해 미리보기를 한 다음 Copy 를 클릭한다.

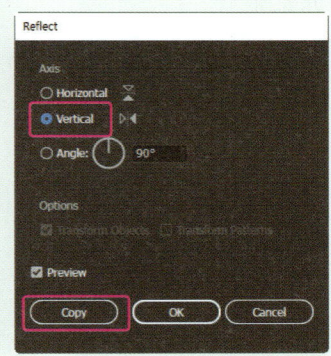

다른 방법은 Reflect Tool(, O)을 선택한 후 줄기 끝부분을 클릭해 중심점을 이동시킨다. Shift 와 함께 좌측에서 우측으로 드래그하면 좌우 대칭이 되며 복제하기 위해서는 마지막에 Alt 를 누르면 된다.

15 스케일/기울기/리셰이프 툴

기울기 툴
스케일 툴   리셰이프 툴

오브젝트의 크기를 변형하려면 먼저 변형하려는 오브젝트를 선택한 후 더블 클릭해서 나오는 대화상자나 마우스를 이용해 변형할 수 있다. 직접선택 툴을 이용하여 특정 기준점만 선택해 크기조절을 할 수도 있다. [Object]-[Transform]을 이용해도 된다.

1 Scale Tool(, S)

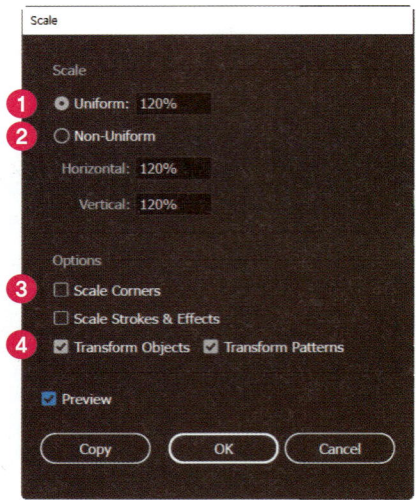

입력한 비율대로 크기를 조절하거나 기준점을 두어 크기를 조절한다.

❶ Uniform : 입력한 비율대로 크기 조절

❷ Non-Uniform : 가로/세로 다른 비율로 조절

❸ 크기를 조절하는 동안 모서리(Corner), 선(Stroke), 효과(Effect) 등의 조절 여부 설정

❹ 오브젝트에 패턴이 있을 경우 패턴과 오브젝트 중 선택하여 크기 조절

Warming Up 당근~ 당근~

최종 완성

❶ Rounded Rectangle Tool( )로 곡률을 최대화해 그린 후 Direct Selection Tool(, A)로 두 포인트를 선택한다.

2 Scale Tool(⬚, S)로 중심에 기준점을 클릭한 후 위쪽 방향으로 드래그하며 모양을 만든다.

3 당근의 무늬는 Line Segment Tool(／, ₩)로 선을 그린 후 두께를 다르게 주어 표현한다. [Stroke](Ctrl)+ F10) 패널에서 Cap : Round Cap.으로 설정한 후 Alt 와 함께 무늬를 복제하여 당근꼭지 부분을 만든다. 당근꼭지 부분을 Selection Tool(▶, V)로 모두 선택하고 Shift + Ctrl + [로 맨 뒤로 보낸 후 마무리한다.

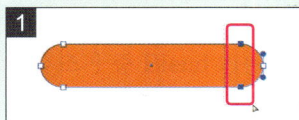

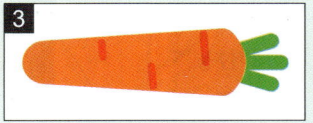

2 Shear Tool(⬚)

오브젝트에 기울기를 주어 변형한다.

3 Reshape Tool(⬚)

선이나 면의 일부분을 변형하고자 할 때 사용한다. Direct Selection Tool(▶, A)과는 약간의 차이점이 있다. Direct Selection Tool로 두 포인트를 선택한 후 이동하면 '절대적'으로 이동되지만 Reshape Tool로 이동하면 '상대적'으로 부드러운 모양으로 변형되는 것을 알 수 있다.

원본　　　　　　　　　Direct Selection Tool　　　　　　　　　Reshape Tool

4 Free Transform Tool

오브젝트를 자유롭게 변형하는 툴로, 변형할 오브젝트를 Direct Selection Tool로 선택한 후 Free Transform Tool을 클릭하면 그림과 같은 옵션이 나타난다.

- Constrain : 자유변형 시 종횡비 유지 여부
- Free Transform : 자유변형
- Perspective Distort : 원근감 왜곡
- Free Distort : 왜곡

Warming Up — 사다리꼴 오브젝트

Rectangle Tool로 사각형을 그린 후 Direct Selection Tool로 하단 두 포인트를 선택한다. Perspective Distort Tool로 안쪽으로 드래그해 좁힌다(Scale Tool과 사용법 유사).

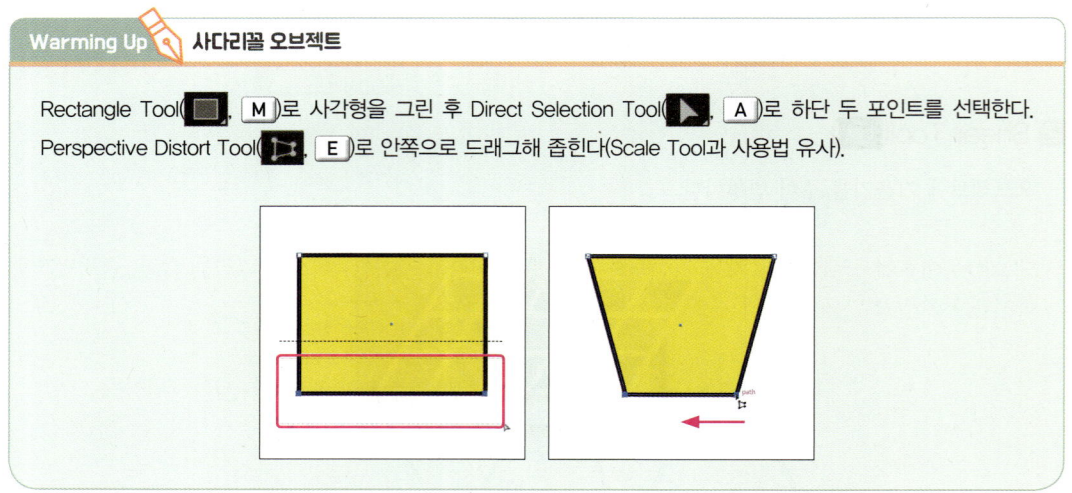

16 폭 툴, 워프 툴 등

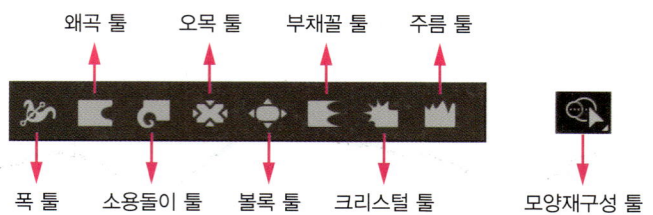

- 왜곡 툴
- 오목 툴
- 부채꼴 툴
- 주름 툴
- 폭 툴
- 소용돌이 툴
- 볼록 툴
- 크리스털 툴
- 모양재구성 툴

오브젝트의 선 두께를 조절하거나 뒤틀고, 팽창, 수축 또는 다양한 형태로 왜곡시키는 툴이다. 브러시의 크기는 Alt + Shift 와 함께 대각선으로 드래그해 크기를 조절한다.

1 Width Tool(🔧, Shift + W)

오브젝트의 선의 폭을 확장해 준다. Alt 와 함께 드래그하면 한쪽 방향만 확장할 수 있다.

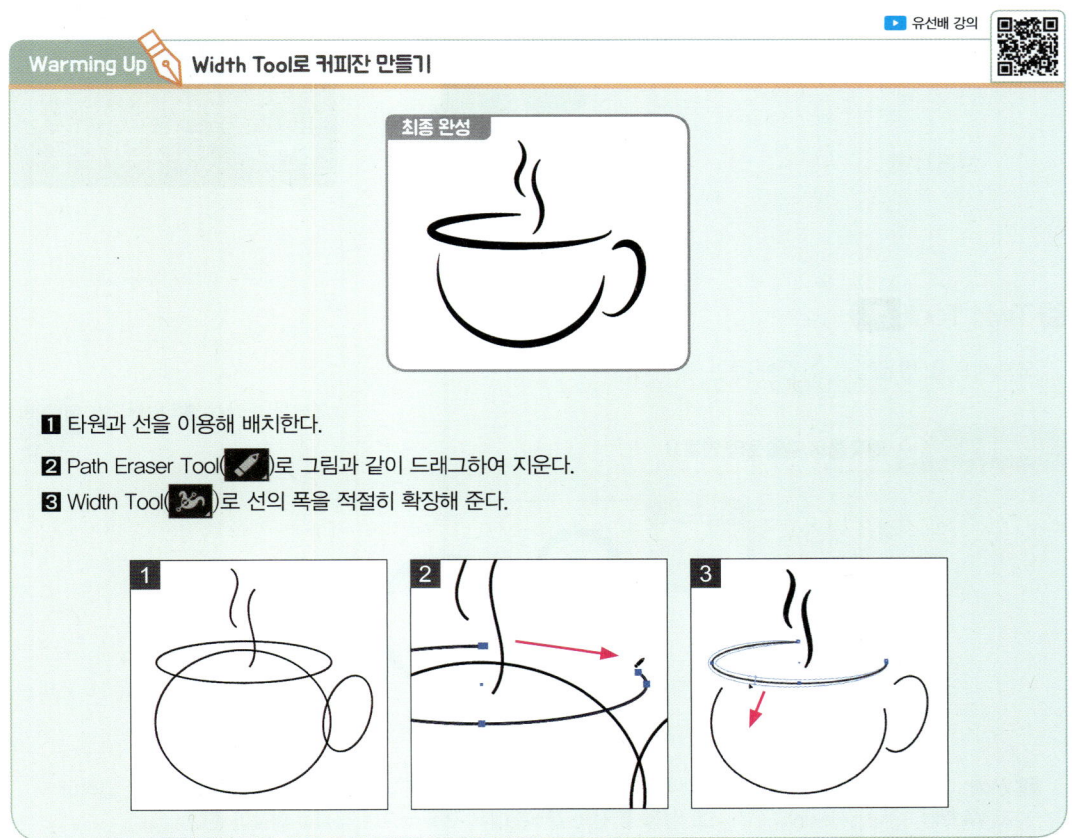

Warming Up — Width Tool로 커피잔 만들기

1 타원과 선을 이용해 배치한다.
2 Path Eraser Tool(✏️)로 그림과 같이 드래그하여 지운다.
3 Width Tool(🔧)로 선의 폭을 적절히 확장해 준다.

2 Warp Tool(, Shift + R)

오브젝트를 왜곡시키는 툴로, 더블 클릭해 옵션 창에서 브러시의 크기 등을 조절한다.

❶ Width/Height : 브러시의 가로/세로 크기 조절
❷ Detail : 왜곡 영역 디테일의 정도
❸ Simplify : 수치가 100에 가까울수록 단순하게 표현됨

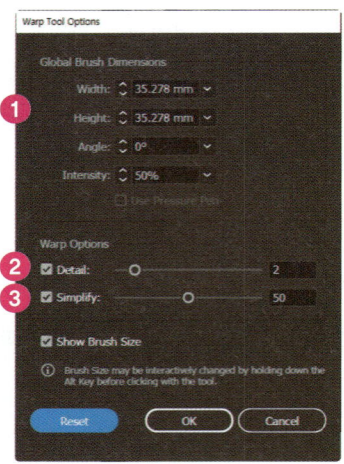

3 Twirl Tool( )

오브젝트를 빙글빙글 휘감아 주는 툴이다.

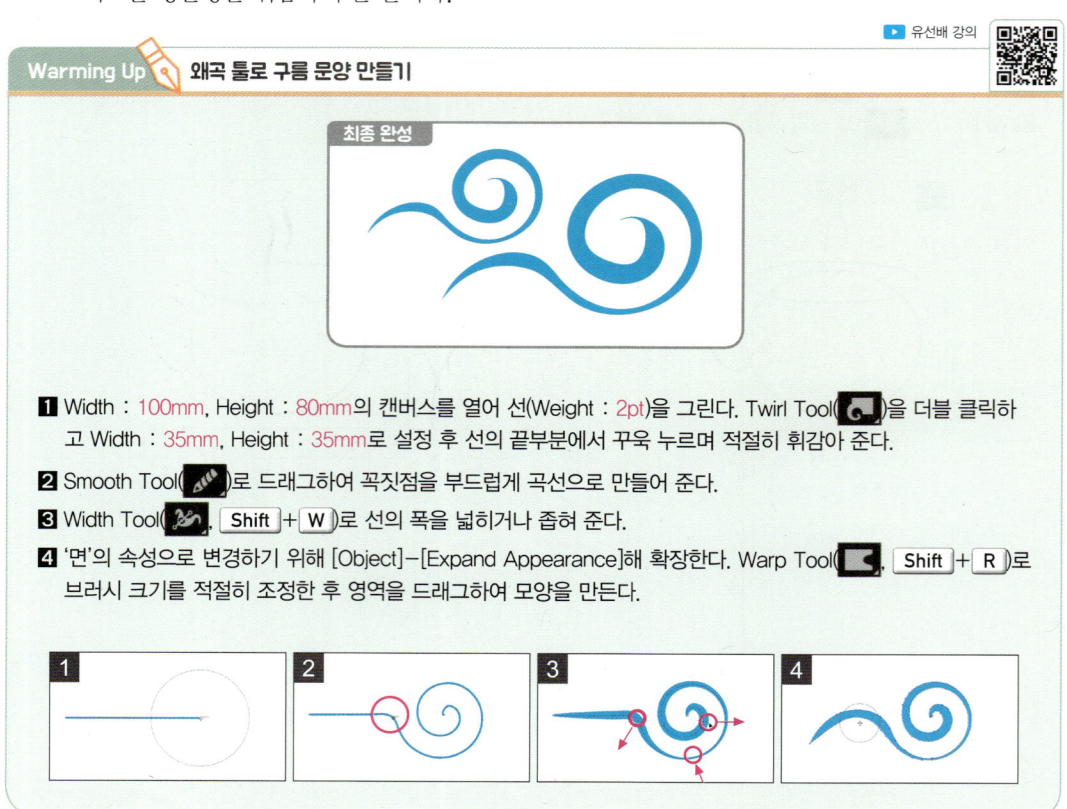

Warming Up 왜곡 툴로 구름 문양 만들기

■ Width : 100mm, Height : 80mm의 캔버스를 열어 선(Weight : 2pt)을 그린다. Twirl Tool( )을 더블 클릭하고 Width : 35mm, Height : 35mm로 설정 후 선의 끝부분에서 꾹 누르며 적절히 휘감아 준다.

■ Smooth Tool( )로 드래그하여 꼭짓점을 부드럽게 곡선으로 만들어 준다.

■ Width Tool(, Shift + W)로 선의 폭을 넓히거나 좁혀 준다.

■ '면'의 속성으로 변경하기 위해 [Object]-[Expand Appearance]해 확장한다. Warp Tool(, Shift + R)로 브러시 크기를 적절히 조정한 후 영역을 드래그하여 모양을 만든다.

4 Wrinkle Tool(▨)

오브젝트에 불규칙한 주름을 생성하는 툴이다. 위/아래로 생성되기 때문에 가로 형태의 주름을 원한다면 세로로 만든 후 회전해야 한다.

5 Shape Builder Tool(▨, Shift + M)

[Pathfinder]와 유사한 결과를 나타내는 툴로 사용법이 편리하여 빠르게 원하는 오브젝트를 합치고 뺄 수 있다. 만약 제거하고 싶다면 Alt 를 누른 상태로 선택하면 제거된다.

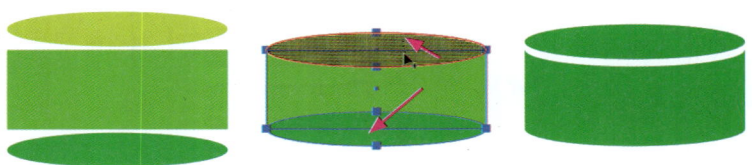

Warming Up — Shape Builder Tool로 캣타워 만들기

최종 완성

1 세로 가이드라인을 그린 후 도형 툴을 이용해 Alt 와 함께 중심에서부터 그려 그림과 같이 배치한다.

2 Selection Tool(▨, V)로 오브젝트를 모두 선택한 후 Shape Builder Tool(▨, Shift + M)로 합치고 싶은 부분을 드래그해 한 파트씩 합친다.

3 나머지 부분도 그림과 같이 완성한다.

4 스크레처 부분은 타원을 만든 후 Direct Selection Tool( ), A 로 상단의 한 포인트를 선택해 Delete 한 후 복제하여 완성한다.

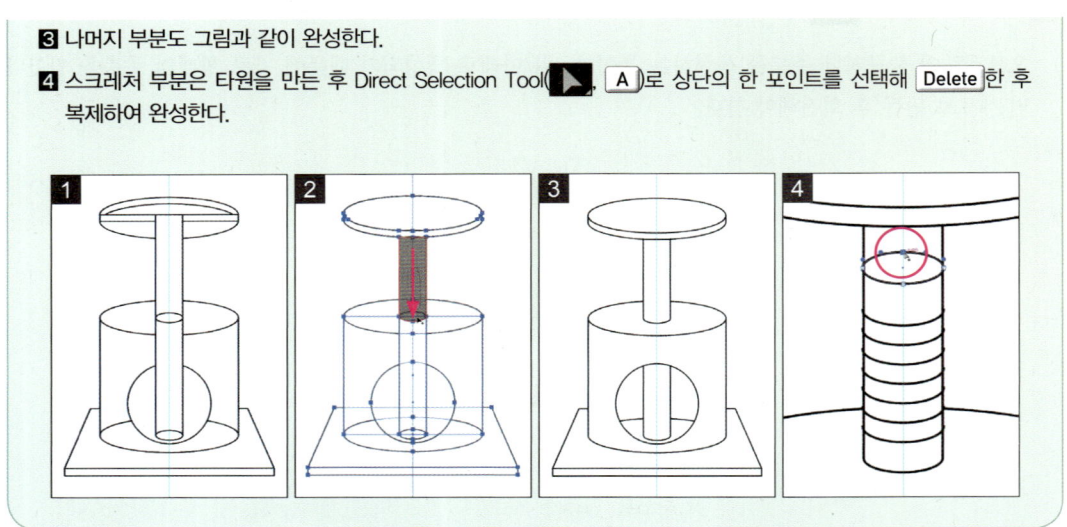

6 Blend Tool(, W)

2개 이상의 오브젝트 사이의 중간 단계를 생성해 주는 툴로 색상이나 모양을 점진적으로 변화시켜 준다. 적용방법은 Blend Tool을 클릭하고 오브젝트를 하나씩 순서대로 클릭, 클릭해 생성한 후 툴을 더블 클릭해 나타나는 옵션을 이용하여 더욱 다양하게 연출한다.

❶ Spacing
- Smooth Color : 총 255단계로 이루어진 부드러운 색상으로 생성됨
- Specified Steps : 원하는 중간 단계가 입력된 값만큼 생성됨
- Specified Distance : 각 중간 단계의 거리값을 입력해 그에 해당하는 오브젝트가 생성됨

❷ Orientation
- Align to Page : 생성된 오브젝트들이 패스의 방향과 상관없이 기존의 방향을 유지하여 정렬됨
- Align to Path : 생성된 오브젝트들이 패스의 방향으로 정렬됨

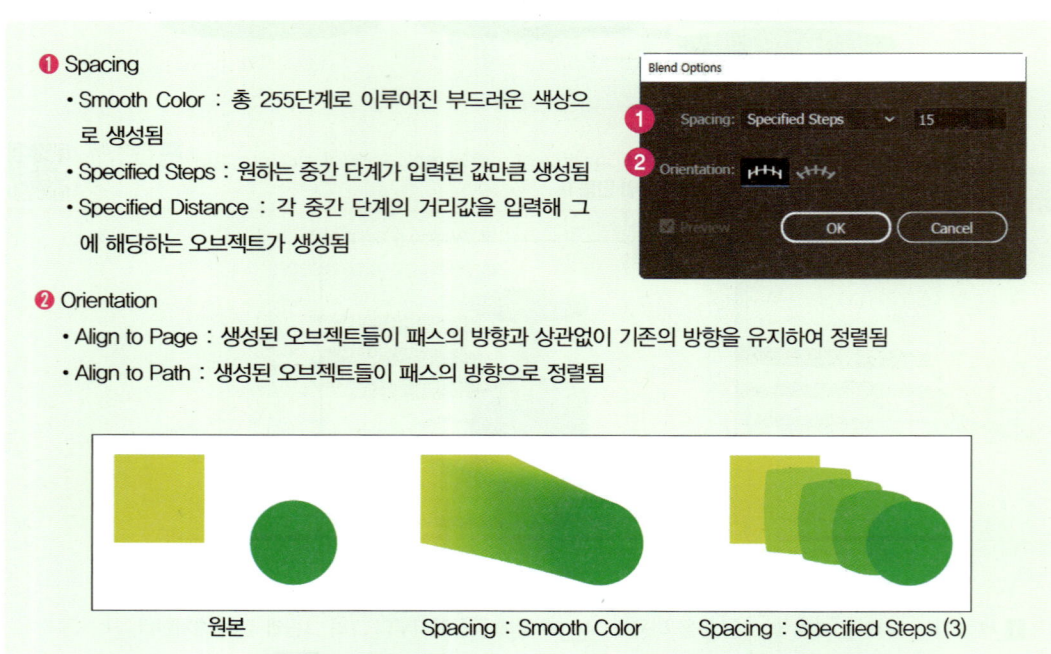

[Object]-[Blend] 메뉴

❶ Make : 2개 이상의 오브젝트 사이의 중간 단계 생성
❷ Release : 적용된 Blend 효과 해제
❸ Blend Options : Blend Tool을 더블 클릭했을 때와 같은 옵션
❹ Expand : 블렌드를 독립적인 오브젝트로 확장(그룹화 되어 있음)

❺ Replace Spine : 그려진 패스를 따라 Blend 재설정

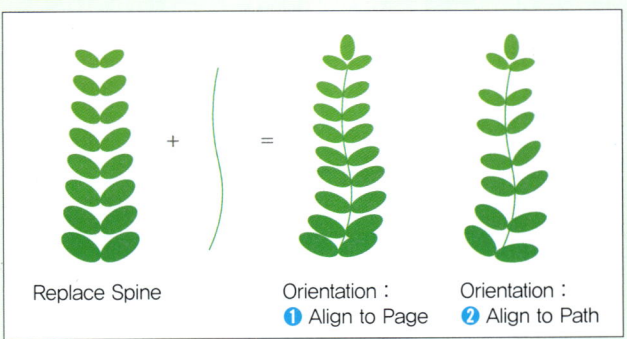

❻ Reverse Spine : Blend의 좌/우 위치 변경
❼ Reverse Front to Back : Blend의 앞/뒤 순서 변경

활용 예

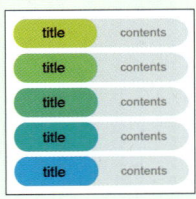

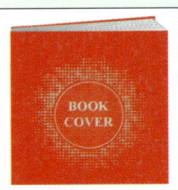

Warming Up 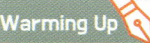 Blend로 책 내지 만들기

유선배 강의

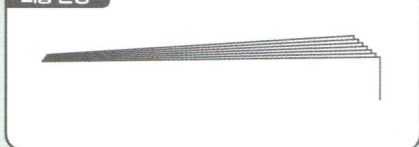

1. Pen Tool(✏️ , P)로 그림(면 : C0M0Y0K0, 선 : K100)과 같이 만든다.
2. Selection Tool(▶ , V)로 Alt 와 함께 드래그하여 아래로 복제한 후 Direct Selection Tool(▷ , A)로 그림과 같이 변형한다.
3. 두 오브젝트 사이의 중간 단계 생성을 위해 Selection Tool(▶ , V)로 모두 선택한 후 [Object]-[Blend]-[Make](Alt + Ctrl + B)를 선택한다.
4. 중간 단계의 개수를 늘리기 위해 Blend Tool(🔁 , W)을 더블 클릭해 대화상자에서 Spacing : Specified Steps (5)로 변경한다. 독립적인 오브젝트로 만들기 위해 [Object]-[Expand]해 확장한다.

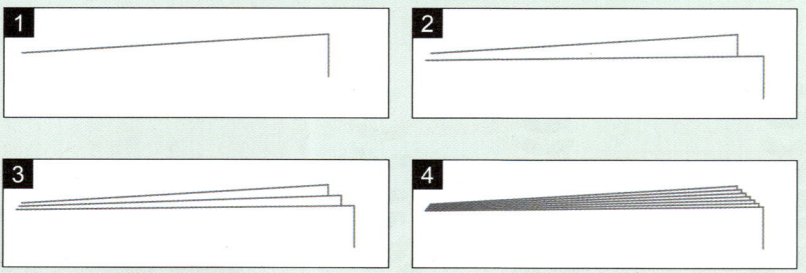

17 심볼 툴과 패널

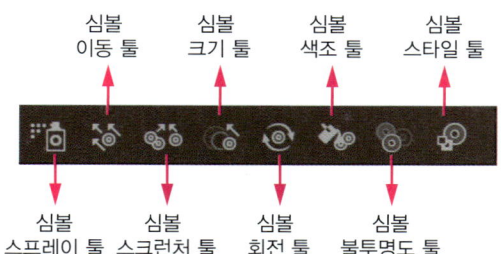

반복되는 오브젝트를 Symbol Panel에 등록하여 흩뿌려 주며 다양한 배경의 효과를 표현할 수 있다. 심볼 툴의 크기에 따라 주변 심볼들도 상대적으로 영향을 받는다. 심볼 툴의 크기 조절은 심볼 툴을 더블 클릭하여 Diameter의 수치를 조절하면 된다.

❶ Symbol Libraries Menu : 다양한 심볼의 종류를 살펴볼 수 있음
❷ Place Symbol Instance : 선택한 심볼을 도큐먼트에 가져올 수 있음
❸ Break Link to Symbol : 도큐먼트에 등록된 심볼을 [Symbols] 패널의 원본과 연결 해제
❹ Symbol Options : 어떤 Type으로 등록되었는지 알 수 있으며 수정할 수 있음
❺ New Symbol : 새로운 심볼을 등록할 수 있고, 오브젝트를 심볼 패널에 드래그하여 등록할 수 있음
❻ Delete Symbol : 기존 심볼 삭제

1 Symbol Sprayer Tool(, Shift + S)

[Symbol]에 미리 등록해 둔 심볼을 흩뿌려 추가한다. Alt 와 함께 클릭하면 제거된다.

2 Symbol Shifter Tool( )

배치된 심볼들의 위치를 이동할 수 있다.

3 Symbol Scruncher Tool( )

배치된 심볼들을 모아준다. Alt 와 함께 드래그하면 분산된다.

4 Symbol Sizer Tool( )

심볼들의 크기를 크게 한다. `Alt`와 함께 클릭하면 작아진다.

5 Symbol Spinner Tool( )

심볼들의 회전 방향을 다양하게 한다.

6 Symbol Stainer Tool( )

[Swatches] 패널의 색을 선택한 후 특정 심볼을 클릭하여 색상을 변경한다.

7 Symbol Screener Tool( )

심볼의 투명도를 조절할 수 있다. `Alt`와 함께 클릭하면 다시 선명해진다.

8 Symbol Styler Tool( )

심볼에 [Window]-[Graphic Styles]에 등록된 그래픽 스타일을 적용할 수 있다.

18 색상 관련 툴과 패널

1 Fill and Stroke

❶ Fill and Stroke(`X`) : 면 색과 선 색을 지정하는 툴로 더블 클릭해 Color Picker 대화상자에서 지정할 수 있음

❷ Swap Fill and Stroke(`Shift`+`X`) : 면과 선의 색을 교차시키고 싶을 때 사용

❸ Default Fill and Stroke(`D`) : 기본 색상인 '면 : C0M0Y0K0, 선 : K100'의 색으로 지정

❹ Color : 단색 적용

❺ Gradient : 그라데이션 적용

❻ None : 색을 제거함

2 [Color](F6) 패널

색상 값을 입력하거나 슬라이드를 조절하여 색상을 만든다. 우측 상단의 메뉴를 클릭하면 RGB 등 여러 색상 모드로 전환할 수 있다.

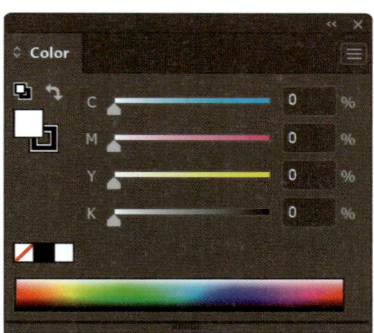

3 [Swatches] 패널

자주 사용하는 색상을 등록해 놓고 사용할 수 있으며 내가 만든 패턴이나 그래디언트도 등록해 사용할 수 있다. 좌측 하단의 Swatch Libraries Menu( )를 클릭하면 종류별로 색상 팔레트가 분류되어 있어 참고하면 유용하다.

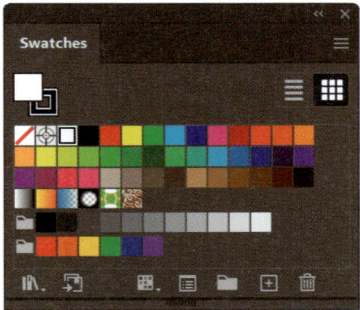

Plus@

[Swatches] 패널의 색은 상단 [Control] 패널에서도 선택할 수 있다. [Control] 패널이 없다면 [Window]-[Control]을 선택한다.

> **Plus α**
>
> 모든 패널은 [Window] 메뉴에서 관리하니 숨겨진 패널은 이 메뉴에서 찾는다.

④ [Gradient](Ctrl+F9) 패널 : 두 가지 이상의 색이 점진적으로 펼쳐지는 그래디언트를 적용한다.

❶ Type : 그래디언트 스타일 지정(Linear, Radial, Freeform Gradient(CC2019) 등)

❷ Stroke : 선의 그래디언트 스타일(선이 활성화되었을 때 나타남)

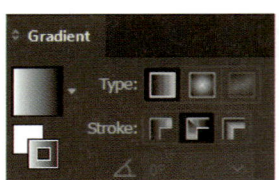
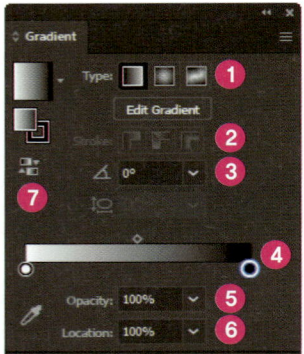

❸ Angle : 그래디언트의 각도 조절. Gradient Tool(, G)에서도 각도를 조절할 수 있음

❹ 그래디언트 조절 바 : 동그란 슬라이더를 더블 클릭한 후 색을 지정함. 좌우로 이동하거나 아래로 드래그하여 삭제할 수 있음

❺ Opacity : 투명도 조절을 원하는 슬라이더를 선택한 후 값을 입력

❻ Location : 슬라이더의 위치 변경

❼ Reverse Gradient : 역방향 그래디언트를 만듦

> **Plus α**
>
> CC 버전 이상에서는 면에서의 그래디언트뿐만 아니라 선에도 적용된다. 선의 그래디언트 종류도 다양하게 적용된다.

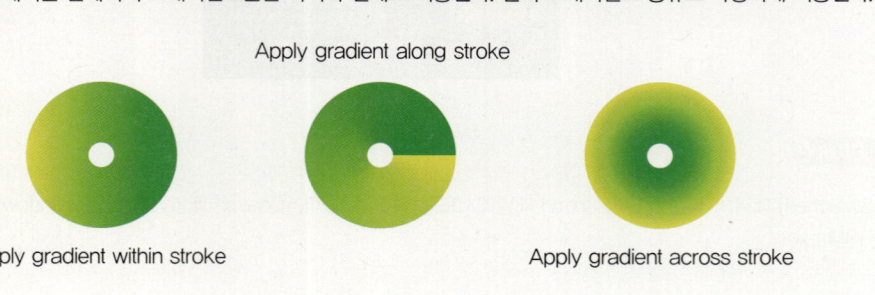

Warming Up  Gradient로 고리 만들기

최종 완성

1. Ellipse Tool(, L)로 빈 공간을 클릭해 10mm×10mm의 원을 만든 후 면 : None, Stroke Weight : 5pt로 설정한다.

2. [Gradient](Ctrl + F9) 패널에서 Type : Radial Gradient로 선택한 후 Stroke : Apply gradient across stroke로 설정하여 고리 모양으로 만든다. 패널에서 좌측 색상 슬라이더를 더블 클릭하여 C0M0Y0K0의 색을, 우측 색상 슬라이더를 더블 클릭하여 Swatches에서 K50의 색을 선택한다.

3. Selection Tool(, V)로 Alt 와 함께 드래그해 복제한다. Scissors Tool(, C)로 그림과 같이 두 군데의 패스를 클릭해 끊는다.

4. Selection Tool(, V)로 안쪽 부분의 선을 선택한 후 Shift + Ctrl + [를 적용하여 맨 뒤로 보낸다.

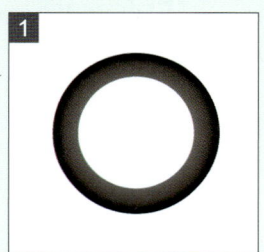

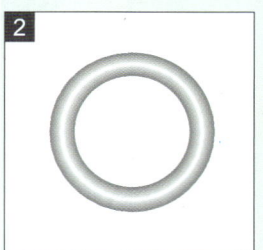

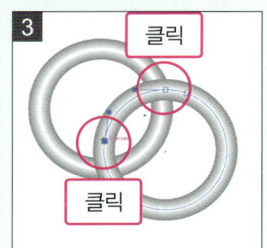

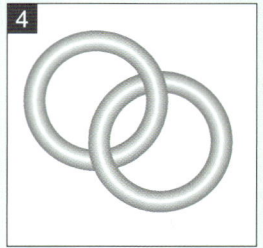

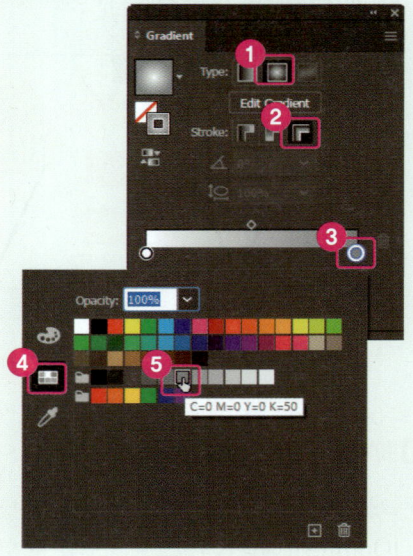

CHAPTER 2 도구(Tools)와 패널(Panel)

5 Eyedropper Tool(, I)

오브젝트 색의 속성을 복사해 원하는 오브젝트에 적용하는 툴이다.

Warming Up Eyedropper Tool로 색상 추출하기

1 직사각형을 나열해 원하는 색을 채우고 삼각형과 타원으로 그림과 같이 배치한다.
2 Selection Tool(, V)로 Shift 와 함께 타원을 전체선택한 후 Eyedropper Tool(, I)로 첫 번째 색을 클릭하면 선이 사라지면서 면의 속성으로만 채워진다.
3 Ctrl + C , Ctrl + F 로 앞으로 붙여넣기 하고 위쪽 방향키로 5번 정도 이동한 후 Eyedropper Tool(, I)로 두 번째 색을 클릭하여 색을 채운다.
4 Ctrl 과 함께 삼각형을 클릭한 후 마지막 색을 클릭해 색을 채운다.

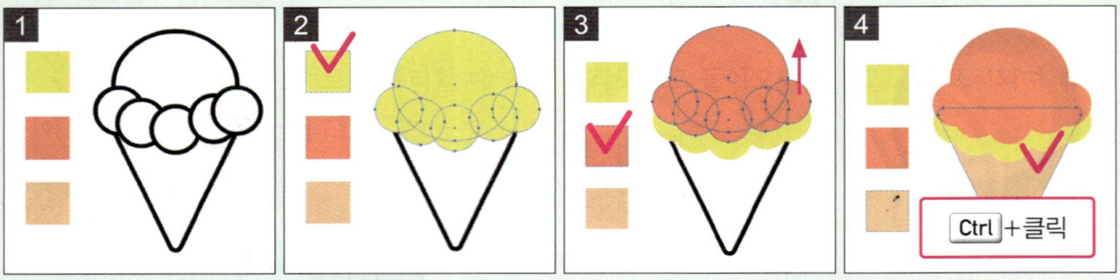

6 Mesh Tool(, U)

그물망 형태로 이루어진 Gradient로 망점을 이용해 입체감을 표현할 수 있어 효과적이다. [View]-[Outline](Ctrl + Y)으로 확인할 수 있다.

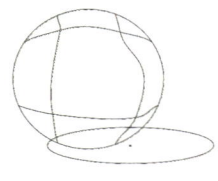
Outline 보기

Preview 보기

CHAPTER 3

메뉴(Menu)

01 [File] 메뉴

문서를 만들고, 저장하고, 인쇄하는 메뉴로 구성되어 있다.

❶	New...	Ctrl+N
	New from Template...	Shift+Ctrl+N
❷	Open...	Ctrl+O
❸	Open Recent Files	▶
	Browse in Bridge...	Alt+Ctrl+O
	Close	Ctrl+W
	Close All	Alt+Ctrl+W
	Save	Ctrl+S
❹	Save As...	Shift+Ctrl+S
	Save a Copy...	Alt+Ctrl+S
	Save Selected Slices...	
	Version History	
	Save as Template...	
	Revert	F12
	Search Adobe Stock...	
❺	Place...	Shift+Ctrl+P
❻	Export	▶
	Export Selection...	
	Package...	Alt+Shift+Ctrl+P
	Scripts	▶
❼	Document Setup...	Alt+Ctrl+P
❽	Document Color Mode	▶
	File Info...	Alt+Shift+Ctrl+I
	Print...	Ctrl+P
	Exit	Ctrl+Q

❶ New : 새로운 문서를 열어줌

❷ Open : 기존의 문서를 열어줌

❸ Open Recent Files : 최근 작업했던 문서들을 보여줌

❹ Save As : '다른 이름으로 저장'은 '.AI' 파일 이외에도 '.PDF', '.EPS' 등 다양한 확장자로 저장할 수 있음

❺ Place : 현재 문서에 다른 형태('.JPG', '.PDF', '.EPS' 등)의 파일을 가져와 편집할 수 있음

❻ Export : '내보내기'라고도 부르며 '.DWG', '.JPG', '.PDF', '.PSD' 등의 형식으로 내보낼 수 있음
❼ Document Setup : 현재 작업하고 있는 파일의 단위, Bleed(여백) 등을 재편집할 수 있음
❽ Document Color Mode : 'CMYK', 'RGB' 컬러를 선택할 수 있음

> **Plus @**
>
> [File]-[New] 화면을 CS 버전으로 변경하려면 [Edit]-[Preferences]-[General](Ctrl + K)을 선택한 후 'Use legacy "File New" interface'에 체크하고 다시 시작한다.

02 [Edit] 메뉴

오브젝트의 편집을 담당하는 메뉴이며 단축키와 환경설정을 관리한다.

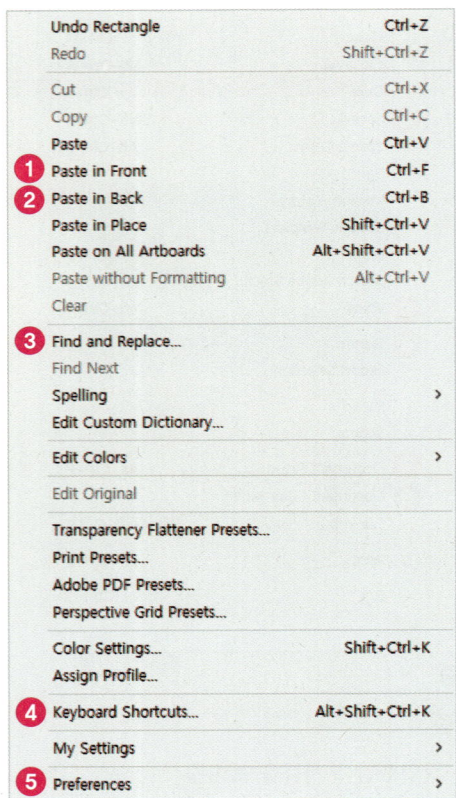

❶ Paste in Front(Ctrl + F) : 오브젝트를 바로 앞으로 붙여넣음
❷ Paste in Back(Ctrl + B) : 오브젝트를 바로 뒤로 붙여넣음
❸ Find and Replace : 도큐먼트 안의 특정 텍스트를 찾아 바꿀 수 있음

❹ Keyboard Shortcuts : 단축키를 나에게 맞게 변경하고 관리할 수 있음

❺ Preferences(Ctrl + K) : 환경설정에 관련된 메뉴들로 구성되어 있음

03 [Object] 메뉴

오브젝트 제작에 가장 많이 사용되는 메뉴이며 오브젝트의 정렬, 그룹, 패스, 블렌드, 클리핑 마스크 등의 다양한 기능들이 있다. 마우스 오른쪽 버튼을 클릭해 나오는 바로가기 메뉴로도 다수의 기능들을 실행할 수 있다.

❶ Transform(이동) : 오브젝트의 이동/회전/대칭/크기/기울기 등을 조절하는 메뉴로, 도구상자 (Toolbars)의 해당 툴을 더블 클릭했을 때 나타나는 옵션

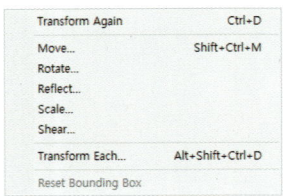

- Move : 가로/세로/거리와 각도를 입력하여 이동할 수 있다. Copy 를 클릭한 후 반복적인 복사인 Ctrl + D 를 누르면 돌출문자를 만들 수 있다.
  Horizontal : 0.1mm / Vertical : 0.1mm /
  Distance : 0.1mm / Angle : −45°

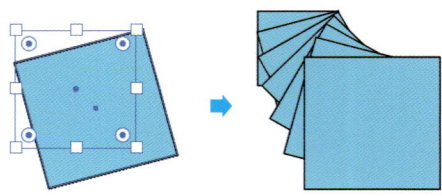

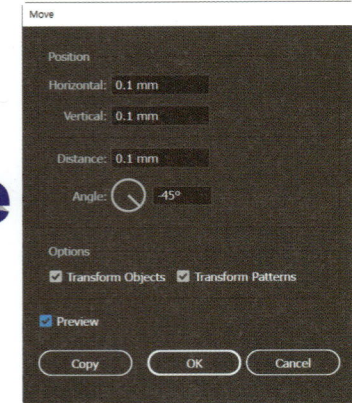

- Rotate : 오브젝트를 회전한다.
- Reflect : 오브젝트를 대칭한다.
- Scale : 오브젝트의 크기를 입력한 비율에 맞게 조절한다.
- Shear : 오브젝트의 기울기를 조절한다.
- Transform Each : Scale/Move/Rotate 등의 다양한 옵션을 설정하여 이동/복사할 수 있다.
  Scale : Horizontal(110%) / Vertical(110%)
  Move : Horizontal(2mm) / Vertical(2mm)
  Rotate : Angle(15°)

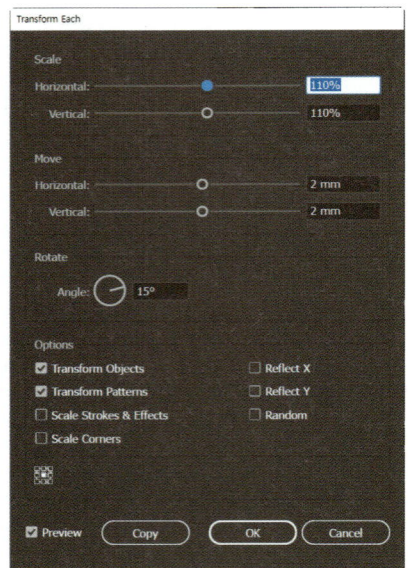

❷ Arrange(배열) / Align(정렬) : 2개 이상의 오브젝트 사이의 배열과 정렬 담당

❸ Group(그룹) / Ungroup(그룹 해제) : 오브젝트를 그룹화하고 해제할 수 있음. 그룹화한 상태에서 더블 클릭한 후 Isolated Area(고립된 영역)에서 수정할 수 있음

❹ Lock(잠금) / Unlock All(잠금 해제) : 배경 오브젝트나 손 그림을 따라 그릴 경우, 잠근 상태로 작업하면 효율적임

❺ Hide(감추기) / Show All(보이기) : 작업 오브젝트를 잠시 감추거나 모두 보이게 함

❻ Expand : 선을 면의 속성으로 확장할 때 사용하는 메뉴

❼ Expand Appearance : 역할은 Expand와 같고 [Properties] 패널에 나타난 속성(Effect나 Brush 등)의 값을 확장할 경우 사용하는 메뉴

❽ Crop Image : CC2017 버전에서 새롭게 추가된 기능으로 [File]－[Place] 등의 메뉴로 가져오기 한 이미지의 일부분을 자를 수 있음. [Properties] 패널의 'Quick Actions : Crop Image'와 같음

❾ Rasterize : 벡터(Vector)를 비트맵(Bitmap) 이미지로 전환

❿ Create Gradient Mesh : 행과 열의 메쉬 포인트를 정해 주거나 Appearance나 Highlight를 직접 지정해 메쉬 포인트를 생성해 줌. 도구상자(Toolbars)의 Mesh Tool(▨, U)은 사용자가 원하는 부분에 직접 메쉬 포인트를 찍어 입체감을 줌

⓫ Path
- Join : 끊긴 2개의 기준점을 이어줌
- Average : 패스 끝부분의 기준점을 다양한 옵션으로 연결해 줌. Direct Selection Tool(▶, A)로 평균점으로 연결할 점을 드래그로 선택한 후 [Object]－[Path]－[Average]를 적용

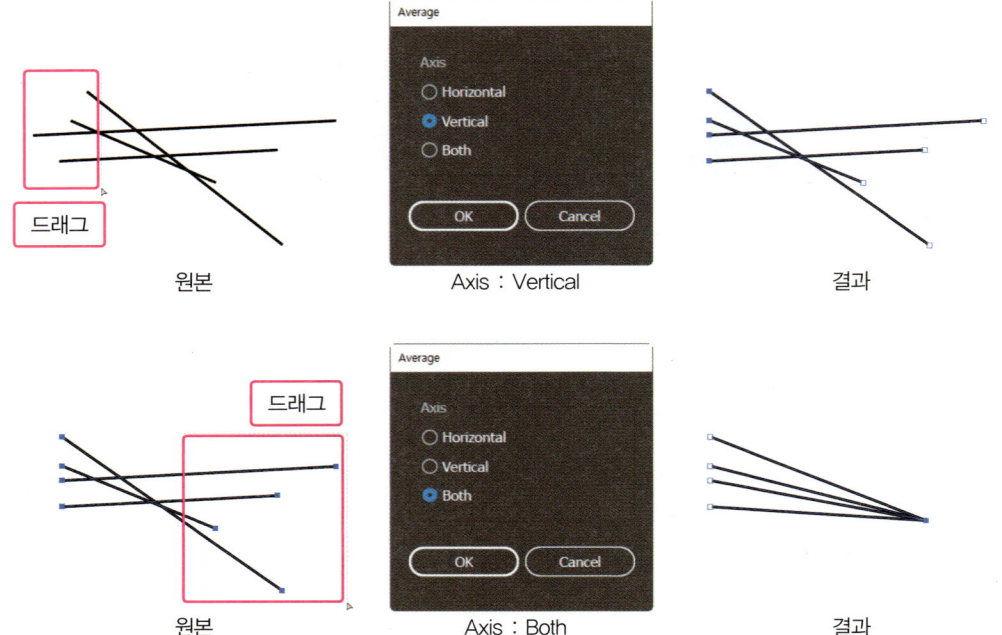

- Outline Stroke : 선의 속성을 면의 속성으로 변경

'Expand Appearance' VS 'Outline Stroke'
두 오브젝트에 [Effect]-[Stylize]-[Drop Shadow]를 적용하였다.

두 오브젝트를 아래와 같은 기능으로 적용한 후 Ungroup 하였다.

[Object]-[Expand Appearance]　　　[Object]-[Path]-[Outline Stroke]

'Expand Appearance'를 적용한 오브젝트는 선, 면, 그림자와 같이 속성 부분이 따로따로 분리되어 한 번 더 'Expand'를 적용해야 선이 면으로 변경된다. 'Outline Stroke'를 적용한 오브젝트는 바로 선이 면으로 변경되지만 그림자의 속성은 사라지는 것을 볼 수 있다.

- Offset Path : 기존 오브젝트에서 일정 거리만큼 패스를 이동시킴

Ctrl + C , Ctrl + F 로 앞으로 붙여넣기 해 크기를 늘린 후 선과 면을 교차시켜 외곽선을 만들어준 경우

[Object]-[Path]-[Offset Path]
Offset : 1mm
선과 면을 교차시켜 외곽선을 만들어준 경우

[Offset Path] 옵션
❶ Offset : 패스의 이동 거리를 입력한다.
❷ Joins : 모서리 옵션(Miter/Round/Bevel)
❸ Miter limit : 각의 한계치

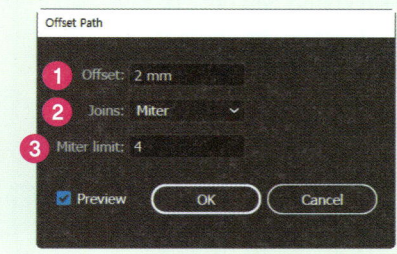

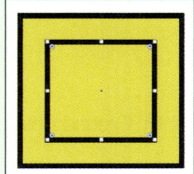

Offset : 2
Joins : Miter
Miter limit : 4

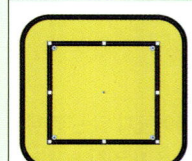

Offset : 2
Joins : Round
Miter limit : 4

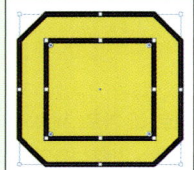

Offset : 2
Joins : Bevel
Miter limit : 4

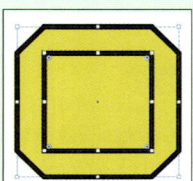

Offset : 2
Joins : Miter
Miter limit : 1

- Simplify : CC2020 버전에서 새롭게 추가된 기능으로 복잡한 패스의 기준점(Anchor Point)을 줄여 단순하게 만듦. 패스의 기준점(Anchor Point)이 많으면 컴퓨터의 속도가 느려질 수 있고 수정이 복잡해 단순화해야 함

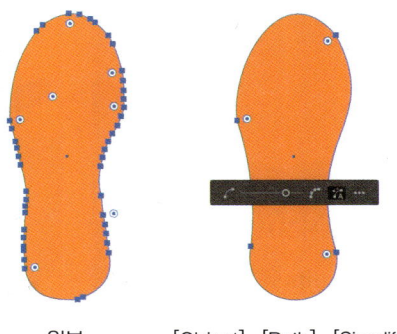

원본   [Object]-[Path]-[Simplify]

❷ Shape
- Convert to Shape : 패스의 형태로 변경된 오브젝트를 Live Corners(곡률 활성화)가 활성화된 Shape로 전환

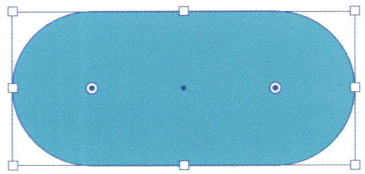

- Expand Shape : 패스의 형태로 변경되며 Live Corners(곡률 활성화)가 비활성화됨

Plus α

Live Corners(곡률 활성화)를 최대로 해 가로, 세로의 크기가 줄어들지 않는 경우가 발생했을 때 'Expand Shape'를 선택하면 Live Corners(곡률 활성화)는 비활성화되며 크기 조절이 자유롭다.
Direct Selection Tool(, A)을 선택하면 Live Corners(곡률 활성화)에서 조절할 수 있다.

'Expand Shape'를 실행했을 때   'Convert to Shape'를 실행했을 때

❸ Gen Shape Fill (Beta) : '생성형 모양 채우기'는 프롬프트 필드에서 채우기에 대한 설명을 입력하고 스타일에 맞는 디테일과 색상을 설정하면 오브젝트를 생성해 준다. 모양, 강도 및 세부 묘사의 옵션이 사용 가능하다.

안쪽 유리병 오브젝트를 선택한 후 [Object]－[Gen Shape Fill (Beta)]을 클릭하여 프롬프트 입력

Prompt : healthy salads and fruits

Plus@

Contextual Task Bar에서 입력한 예시

Prompt : Cat
Content Type : Icon
Color and Tone : Color Presets(Black and White)

Prompt : The three-colored cat is resting near a tree
Content Type : Subject

Prompt : The three-colored cat is resting near a tree
Content Type : Scene

❹ **Pattern** : 배경 등에 사용하는 반복적인 작업은 패턴으로 등록한 후 다양한 옵션을 설정하여 만들 수 있으며, 패턴 오브젝트를 [Swatches] 패널에 드래그로 등록하여 작업할 수 있음

❶ **Pattern Tile Tool** : 패턴 영역이 Bounding Box로 선택되어 수정할 수 있음

❷ **Name** : 패턴에 이름 입력

❸ **Tile Type** : 패턴의 종류 선택

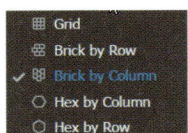

❹ **Brick Offset** : 'Brick by Row'나 'Brick by Column'을 선택했을 경우 나타나는 옵션으로 어긋나는 정도 조절

❺ **Width / Height** : 패턴 영역의 크기 조절

❻ **Size Tile to Art** : 패턴 크기에 맞는 타일 사이즈로 조절

❼ **Move Tile with Art** : 패턴 타일과 패턴 영역을 동시에 이동할 수 있음

❽ 'Size Tile to Art'가 활성화된 경우에 나타나며 패턴과의 간격을 조절해 더욱 다양한 효과를 연출할 수 있음. '−' 값으로 입력될 경우는 패턴이 포개져 표현됨
❾ Overlap : 패턴끼리 상하좌우의 겹치는 우선순위 선택
❿ Copies : 패턴 타일의 미리보기 개수 선택
⓫ Dim Copies to : 미리보기 패턴 타일의 투명도 조절
⓬ Show Tile Edge : 패턴 영역을 보여줌
⓭ Show Swatch Bounds : 반복되는 최소의 패턴 타일을 보여줌

Tile Type

▲ Grid

▲ Brick by Row

▲ Brick by Column

▲ Hex by Column

▲ Hex by Row

Plus α

[Window]−[Pattern Options]와 같은 기능이다.

Warming Up 정육면체 패턴 만들기

1. 환경설정(Ctrl + K)의 [Guides & Grid] 탭에서 Gridline every : 10mm, Subdivisions : 8을 입력한 후 OK 를 클릭한다. [View]-[Snap to Grid]를 선택한 후 [View]-[Show Grid](Ctrl + ')를 적용한다.
2. Rectangle Tool(, M)로 그리드에 맞게 3개의 사각형을 그린 후 적절한 색을 채운다.
3. Direct Selection Tool(, A)로 그림과 같이 드래그한 후 아래쪽 방향키를 두 번 내린다.
4. Direct Selection Tool(, A)로 그림과 같이 상단 두 포인트를 드래그한 후 화살표 방향으로 이동해 정육면체를 만든다.

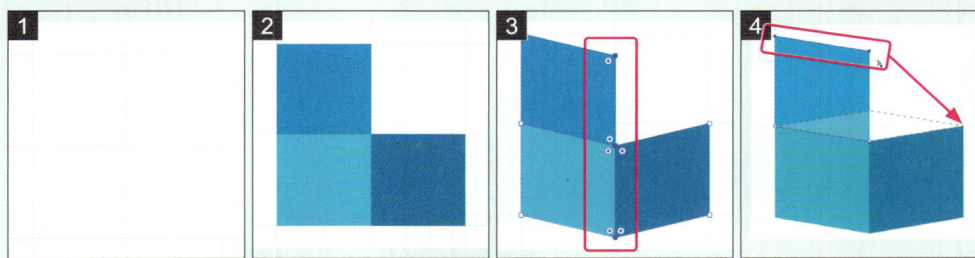

5. Selection Tool(, V)로 모두 선택해 [Swatches] 패널에 드래그해 패턴을 등록시킨다.

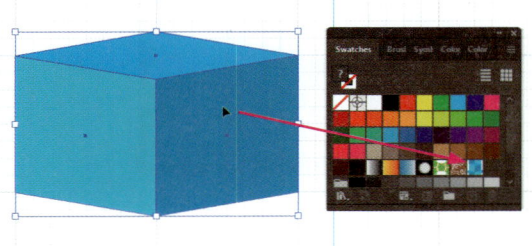

6. 적용시킬 오브젝트(임의의 직사각형 100×100mm)를 그린 후 [Swatches] 패널의 패턴을 더블 클릭한다.

7 [Pattern Options] 창에서 값을 설정한 후 Esc 로 빠져나온다.
- Tile Type : Brick by Row
- Size Tile to Art에 Check
- H Spacing : 0mm, V Spacing : −2.5mm

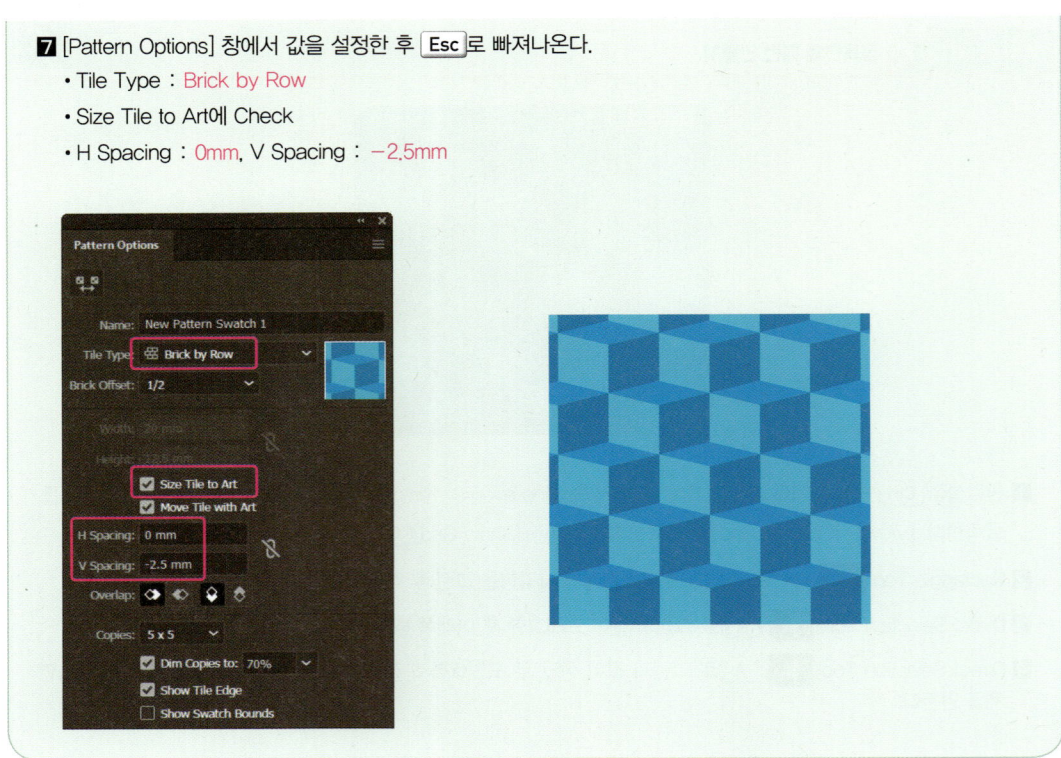

⓯ Repeat : CC2021 버전에서 새롭게 추가된 기능으로 'Radial/Grid/Mirror' 중 하나를 선택한 후 [Repeat Options]에서 다양하게 변화를 줄 수 있음

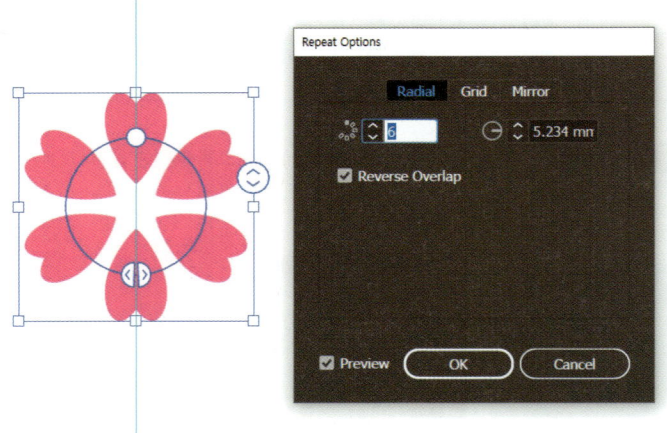

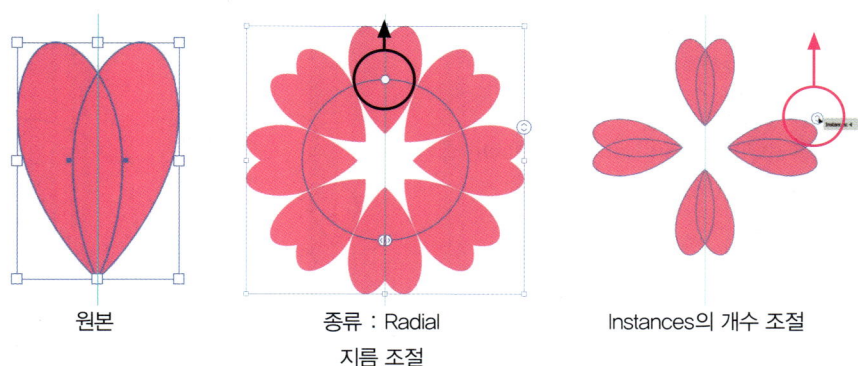

원본 　　　종류 : Radial 　　　Instances의 개수 조절
　　　　　지름 조절

> **Plus α**
> [Object]-[Repeat]-[Release]를 누르면 해제된다.

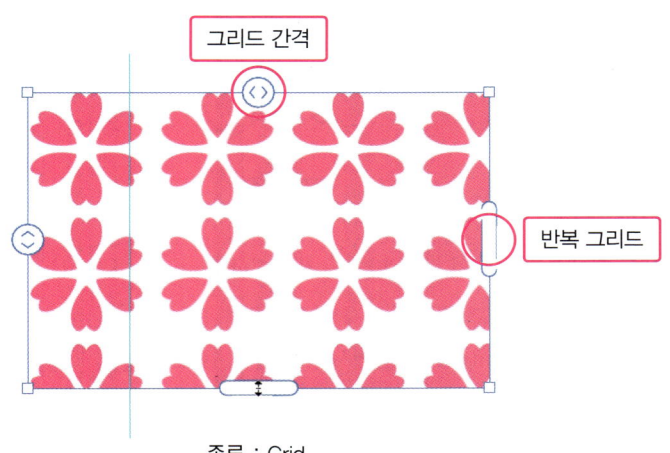

종류 : Grid

⓰ **Intertwine** : 오브젝트의 부분 재배열 기능으로 빠르고 쉽게 오브젝트를 겹칠 수 있는 기능

⑰ Objects on Path : 경로상의 개체 도구를 사용하여 복수의 개체를 곡선 또는 직선의 경로에 클릭 한 번으로 부착해 다양한 메뉴로 정렬 가능

❶ 물방울 오브젝트를 모두 선택
❷ [Object]－[Objects on Path]－[Attach] 클릭
❸ 'Click on target path'를 정원을 선택

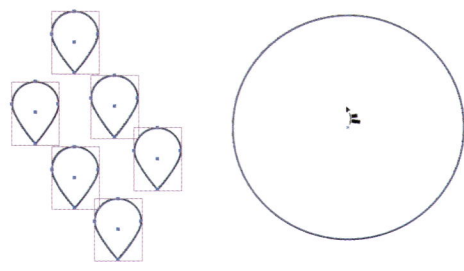

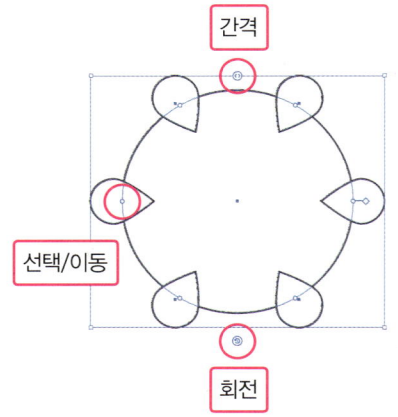
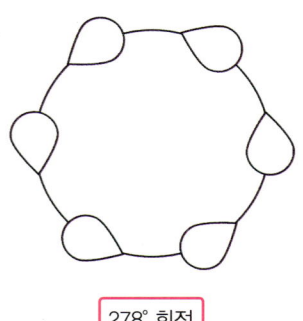
278° 회전

간격 조정

⑱ Blend : 2개 이상의 오브젝트 사이의 중간 단계를 생성함(Blend Tool 참고)

⑲ Envelope Distort : 문자나 오브젝트를 자유자재로 왜곡해 주는 기능
　• Make with Warp : 상단 [Control] 패널에서도 수정할 수 있음(Alt + Shift + Ctrl + W)

❶ Edit Envelope : [Control] 패널에서 Envelope 수정 가능
❷ Edit Contents : Envelope 기능을 유지하며 텍스트 편집 가능
❸ Style : Arc를 비롯해 다양한 왜곡 스타일이 있음
❹ Horizontal/Vertical : 수평/수직의 방향 설정
❺ Bend : 구부러지는 정도 설정. 음수값을 입력하면 반대 방향으로 구부러짐
❻ Distortion : Horizontal/Vertical 방향의 뒤틀어짐의 정도 설정

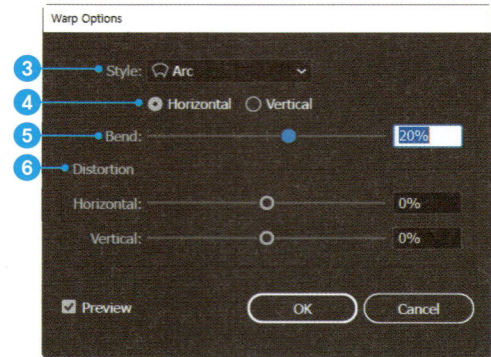

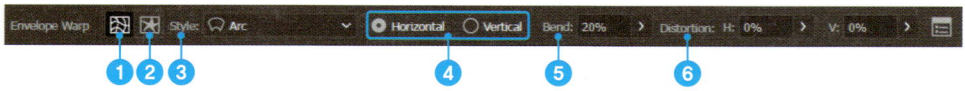

COFFEE BREAK

원본

COFFEE BREAK

Style : Arc
Bend : 20%

COFFEE BREAK

Style : Arc Upper
Bend : 30%

COFFEE BREAK

Style : Arch
Bend : −30%

COFFEE BREAK

Style : Bulge
Bend : 30%

COFFEE BREAK

Style : Flag
Bend : 40%

COFFEE BREAK

Style : Arc
Bend : 0%
Distortion Horizontal : 50%
Distortion Vertical : −10%

- Make with Mesh : 그물망의 형태로 만들어지며 직접선택 툴로 선택하여 왜곡할 수 있음
- Make with Top Object : 텍스트가 맨 위의 오브젝트의 형태로 감싸지며 독특한 효과를 줌

- Release : Envelope Distort 기능을 해제해 원래의 상태로 만들어 줌
- Expand : 뒤틀어진 상태 그대로 패스의 형태로 만들고, 원래의 상태로 되돌릴 수 없음
- Edit Contents : Envelope Distort 기능을 유지하며 텍스트를 편집할 수 있음

⑳ **Image Trace** : 비트맵(Bitmap) 이미지를 벡터(Vector) 이미지로 변환시켜 주는 기능

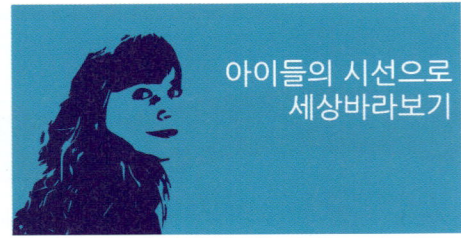

㉑ **Text Wrap** : 텍스트가 이미지와 어우러지도록 표현하는 기능

㉒ **Clipping Mask** : 맨 위의 오브젝트로 아래에 있는 오브젝트들을 가리는 마스크 효과. 주로 작업의 마지막에 용지 밖으로 나간 부분들을 정리하는 기능으로 사용하며 GTQ 일러스트의 필수 기능

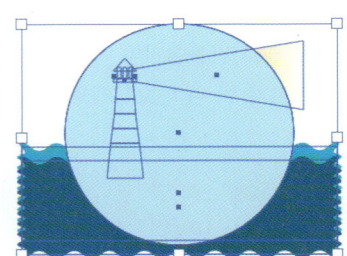

❷ Compound Path : 떨어져 있는 오브젝트나 텍스트를 하나의 오브젝트처럼 인식하기 위해 사용하는 기능

텍스트를 입력하고 마우스 오른쪽 버튼을 클릭하여 'Create Outlines'(Shift + Ctrl + O)를 적용한 후 패스의 형태로 만들고 그룹 해제(Shift + Ctrl + G)한다. 선택 툴로 알파벳을 모두 선택한 후 'Compound Path'(Ctrl + 8)를 적용한다. 배경과 함께 모두 선택하고 'Make Clipping Mask'(Ctrl + 7)를 적용한다.

Q. 텍스트에 클리핑 마스크를 적용하면 마지막 글자만 클리핑 마스크가 적용돼요!

A. 'Create Outlines'(Shift + Ctrl + O)를 적용한 텍스트가 하나의 오브젝트처럼 인식하지 못하기 때문입니다. 'Compound Path'(Ctrl + 8)를 적용하거나 [Pathfinder] 패널에서 Alt 와 함께 Unite(■)를 누른 후 Expand 합니다. 마지막으로 모두 선택하고 'Make Clipping Mask'(Ctrl + 7)를 적용합니다.

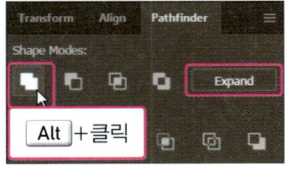 

04 [Type] 메뉴

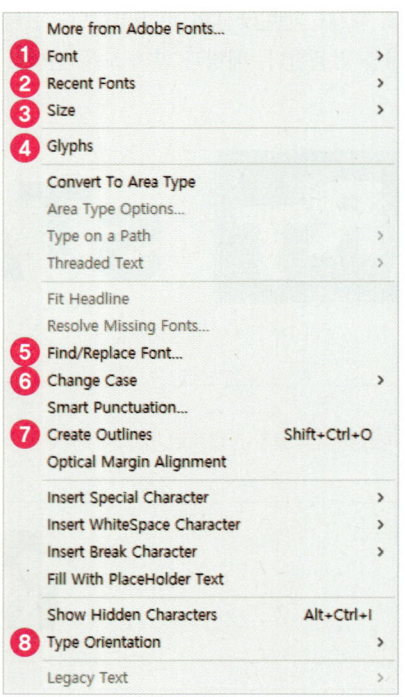

❶ Font : 글꼴 설정

❷ Recent Fonts : 최근 사용한 글꼴을 볼 수 있음

❸ Size : 글꼴 크기 설정

❹ Glyphs : 특수문자 삽입

❺ Find/Replace Font : 도큐먼트 안에 있는 특정 글꼴을 찾아 원하는 글꼴로 대체

❻ Change Case : 모두 대문자, 모두 소문자, 첫 글자만 대문자 등으로 변환

❼ Create Outlines(Shift + Ctrl + O) : 텍스트의 속성을 없애고 패스로 전환. 타이포그래피의 필수 툴

❽ Type Orientation : 가로쓰기/세로쓰기로 전환

05 [Select] 메뉴

❶ All : 모든 오브젝트 선택

❷ Deselect : 선택한 오브젝트의 선택 해제

❸ Inverse : 선택한 오브젝트를 반전시켜 선택하지 않은 오브젝트 선택

❹ Next Object Above : 현재 오브젝트보다 한 단계 위에 위치한 오브젝트 선택

❺ Next Object Below : 현재 오브젝트보다 한 단계 아래에 위치한 오브젝트 선택

❻ Same : 선택된 오브젝트의 특정 속성(Fill Color, Stroke Weight 등)과 같은 오브젝트를 빠르게 선택. 오브젝트가 복잡하게 겹쳐져 있을 경우 Same 기능을 이용하여 색 변경 등을 빠르게 할 수 있음

❼ Object : 선택된 오브젝트 중 같은 속성(Brush Strokes, Clipping Mask 등)이 적용된 오브젝트만 선택

06 [Effect] 메뉴

기존 오브젝트의 형태를 유지한 상태로 다양한 효과들을 연출할 수 있다. [Properties] 패널 또는 [Appearance] 패널에서 적용한다.

❶ **3D and Materials** : CC2022 버전에서 Extrude & Bevel이 새롭게 추가되었으며 패널로 분리되어 다양한 재질과 조명까지 매핑할 수 있음. 기존 메뉴는 3D(Classic) 이하에 배치

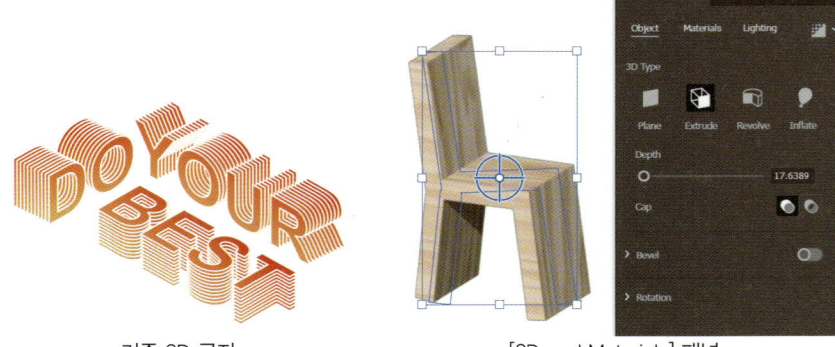

| 기존 3D 글자 | [3D and Materials] 패널 |

❷ **Crop Marks** : 명함 등의 디자인 시 재단선 표시

❸ **Distort & Transform** : 기존 오브젝트의 도형은 그대로 유지한 채 변형 및 왜곡해 주는 효과로, 크기를 조절할 때 모양과 테두리의 영향을 받음. 변형된 모양을 유지하려면 [Object]-[Expand Appearance]를 적용하여 패스의 형태로 만들어야 함

• Pucker & Bloat : 오브젝트를 오목 또는 볼록하게 만드는 효과

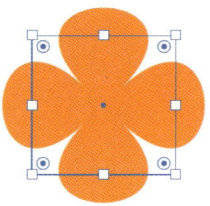
▲ 정사각형 : 80%

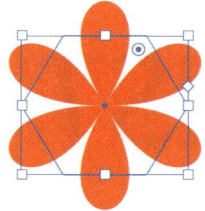
▲ 육각형 : 100%

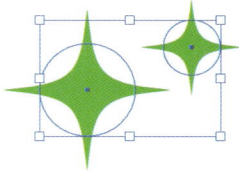
▲ 정원 : −73%

Q. 적용된 Effect를 해제하고 싶어요.

A. [Effect]의 수정과 삭제는 [Properties] 패널의 [Appearance]에서 나타난 fx를 클릭해 수정합니다. CS6 버전은 [Window]−[Appearance]를 선택하여 수정 및 삭제할 수 있습니다.

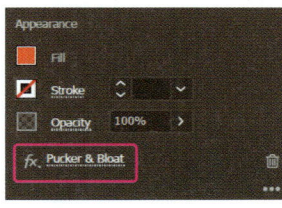

• Roughen : 오브젝트의 가장자리를 거칠게 표현해 주는 효과
• Transform : 크기와 이동, 회전까지 특정 값을 적용해 오브젝트를 변형할 수 있음. [Object]−[Transform]−[Transform Each]의 기능과 유사하나 이 Transform은 'Copies' 옵션에 값을 입력해 출력형태 예상

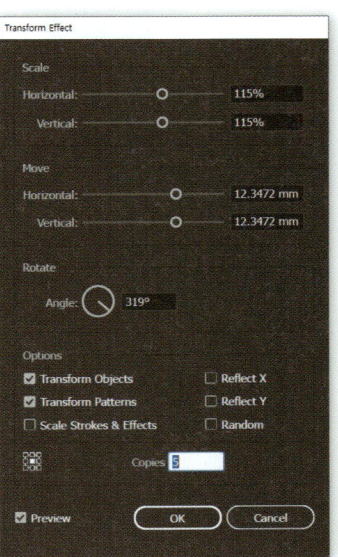

• Twist : 오브젝트를 S자의 형태로 비트는 효과

• Zig Zag
  ❶ Size : 수치가 높을수록 뾰족해짐
  ❷ Relative(상대적) / Absolute(절대적) : Relative에 체크하면 영향을 적게 받음
  ❸ Ridges per segment : 세그먼트 사이의 꼭짓점 개수
  ❹ Points : Smooth(부드러운) 또는 Corner(뾰족한)

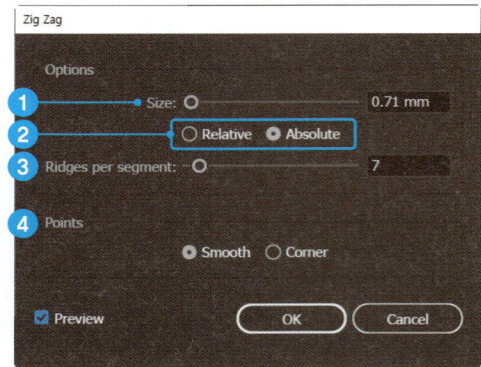

❹ **Stylize** : 그림자, 외부광선 등 독특한 효과 연출. 포토샵의 레이어스타일과 유사함

Drop Shadow

Feather

Inner Glow

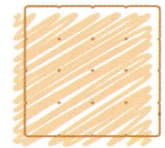

Outer Glow

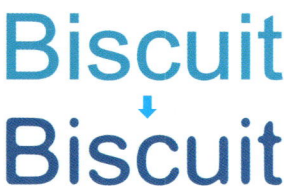

Round Corners

Scribble

07 [View] 메뉴

화면상에 보이는 미리보기, 눈금자, 가이드 등의 유무를 나타내 주는 편리한 메뉴로, 단축키를 잘못 눌러 갑자기 사라지는 현상이 자주 발생하니 정확히 구분해두기 바란다.

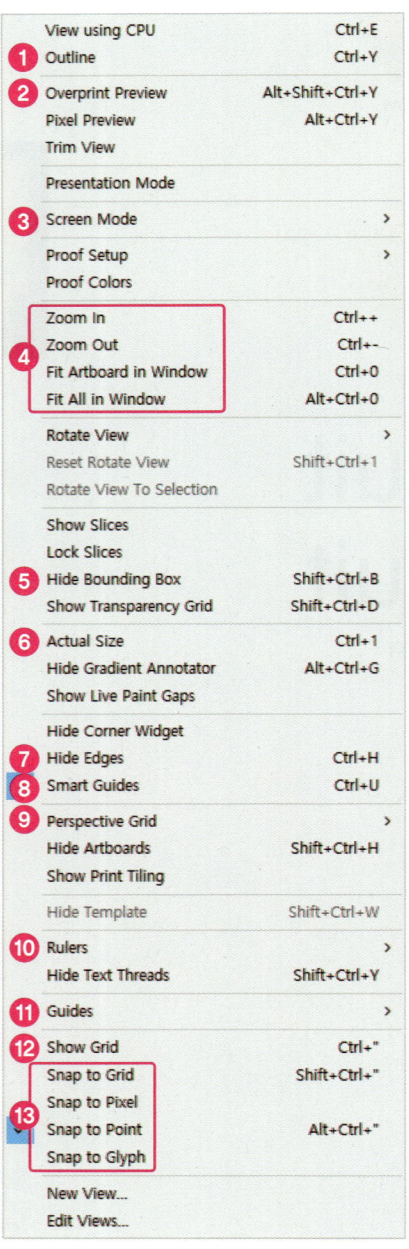

❶ Outline / Preview : 작업 중인 오브젝트의 패스만 보여줌

❷ Overprint Preview : 중복 프린트 여부를 확인할 수 있으며, 도큐먼트 이외의 여백까지 흰색으로 변경

❸ Screen Mode : '전체화면 보기'로 `F` 키를 누르면 아래의 메뉴가 순서대로 전환됨
- Normal Screen Mode
- Full Screen Mode with Menu Bar
- Full Screen Mode

Plus@

도구상자(Toolbars) 하단의 Change Screen Mode(`F`)와 같다.

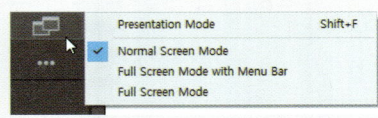

❹ • Zoom In / Zoon Out : 화면 확대/축소. `Alt`+마우스 휠 위/아래 스크롤 가능
- Fit Artboard in Window : 작업 중인 문서를 아트보드에 맞춤
- Fit All in Window : 모든 문서(아트보드 개수 2개 이상)를 작업화면에 맞춤

❺ Hide Bounding Box(`Shift`+`Ctrl`+`B`) : 선택 툴로 오브젝트를 선택할 경우 가장자리에 생기는 Bounding Box가 사라짐

❻ Actual Size(`Ctrl`+`1`) : 작업 중인 문서를 100%로 볼 수 있음

❼ Hide Edges(`Ctrl`+`H`) : 직접선택 툴로 오브젝트를 선택할 경우 보이는 기준점(Anchor Point)이 사라짐

❽ Smart Guides(`Ctrl`+`U`) : 오브젝트를 그리고, 배치하고, 정렬할 경우 교차점이나 안내선 등을 보여주어 보다 정확하게 배치하고 그릴 수 있음

❾ Perspective Grid : 원근감 격자 툴(▦)로 작업할 때 격자 툴을 지우거나 소실점의 개수 등을 변경할 경우 사용

❿ Rulers : `Ctrl`+`R`의 단축키를 가지고 있으며 눈금자를 보이고 숨길 수 있음

⓫ Guides : `Ctrl`+`;`의 단축키를 가지고 있으며 오브젝트를 그릴 경우 기준이 되는 부분을 가이드로 그려 놓고 작업할 수 있음. 가이드를 보이고 숨기고 잠그고 지울 수 있음

⓬ Show Grid : `Ctrl`+`'`의 단축키를 가지고 있으며 격자를 보이고 숨길 수 있음. 격자에서 작업할 경우 사용하며 평소에는 숨김

⓭ Snap : 다양한 기준에 맞춤
- Snap to Grid : 격자에 맞추기
- Snap to Pixel : 픽셀에 맞추기
- Snap to Point : 기본적으로 체크되어 있으며 오브젝트를 그릴 경우 기준점에 맞춤
- Snap to Glyph : 입력된 문자에 맞출 경우 사용

08 [Window] 메뉴

모든 패널을 관리하며 작업영역을 초기화시키고 나만의 작업환경을 만들 수 있다.

❶ Workspace : 작업화면의 패널 등을 초기화하기 위해서는 [Window]－[Workspace]－[Reset Essentials], ❷, ❸을 모두 나타나게 하기 위해서는 [Window]－[Workspace]－[Reset Essentials Classic]

❷ Control : 상단 [Control] 패널이 나타남

❸ Toolbars : 'Basic'으로 보이는 도구상자 (Toolbars)를 'Advanced'로 변경

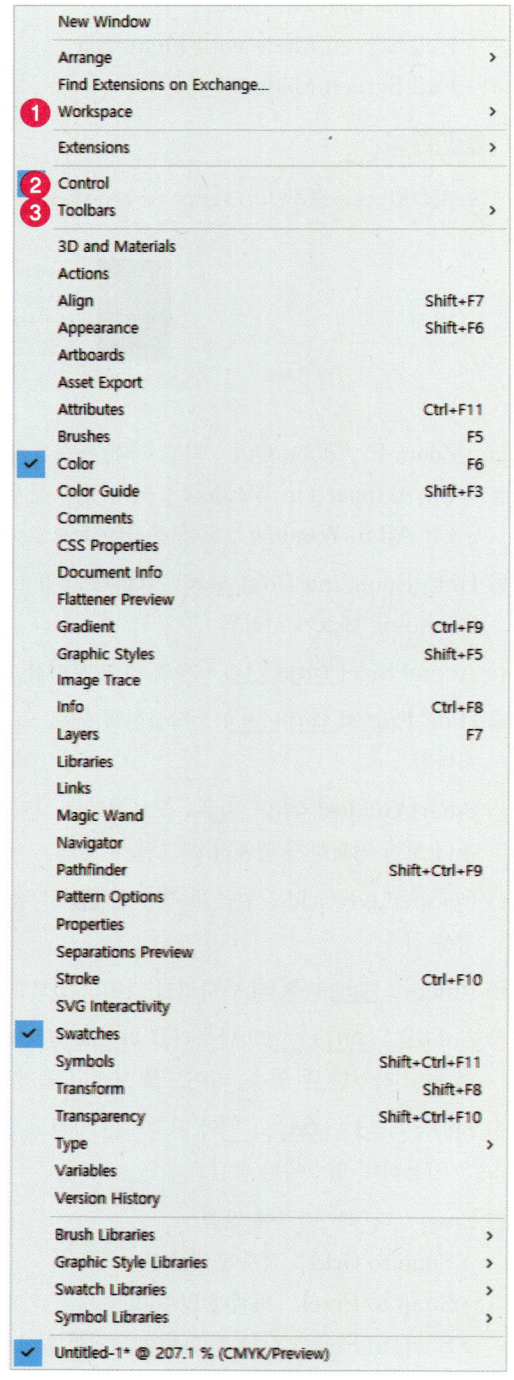

유튜브 선생님에게 배우는

유선배

PART 3
기출유형 따라 하기

CHAPTER 1 기출유형 따라 하기

 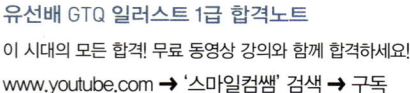 

유선배 GTQ 일러스트 1급 합격노트
이 시대의 모든 합격! 무료 동영상 강의와 함께 합격하세요!
www.youtube.com ➜ '스마일컴쌤' 검색 ➜ 구독

CHAPTER 1

기출유형 따라 하기

급수	문제유형	시험시간	수험번호	성명
1급	A	90분		

수험자 유의사항

- 수험자는 문제지를 받는 즉시 응시하고자 하는 과목 및 급수가 맞는지 확인한 후 수험번호와 성명을 작성합니다.
- 파일명은 본인의 "수험번호-성명-문제번호"로 공백 없이 정확히 입력하고 답안 폴더(내 PC\문서\GTQ)에 파일 저장규칙(ai 파일 포맷)으로 저장해야 하며, '다른 파일 형식으로 저장하였을 경우' 0점 처리됩니다.
- 답안 문서 파일명이 "수험번호-성명-문제번호"와 일치하지 않거나, '답안 파일을 전송하지 않는 경우' 답안 파일 미제출로 불합격 처리됩니다.
- 수험자 정보와 저장한 파일명, 저장 위치가 다를 경우 전송이 되지 않으므로, 주의하시길 바랍니다.
- 답안 작성 중에도 주기적으로 '저장'과 '답안 전송'을 이용하여 감독위원 PC로 답안을 전송하셔야 합니다(작업한 내용을 저장하지 않고 답안을 전송할 경우 이전의 저장내용이 전송되오니 이 점 반드시 유념하시기 바랍니다).
- 모든 수험자는 동일한(초기화된) 환경에서 시험이 시작되며 '작업환경 설정'은 시험 시간 내에 진행합니다(시험 시작 전 '작업환경 설정' 불가, 소프트웨어 이상 유무만 확인).
- 답안 문서를 지정된 경로 외의 다른 보조기억장치에 저장하는 행위, 지정된 시험 시간 외에 작성된 파일을 활용한 행위, 기타 허용되지 않은 프로그램(이메일, 메신저, 게임, 네트워크, 윈도우계산기, 스톱워치 등) 이용 시 부정행위로 간주되어 자격기본법 제32조에 의거 본 시험 및 국가공인 자격시험을 2년간 응시할 수 없습니다.
- 시험 중 부주의 또는 고의로 시스템을 파손한 경우와 〈수험자 유의사항〉에 기재된 방법대로 이행하지 않아 생기는 불이익은 수험자의 책임임을 알려 드립니다.
- 시험을 완료한 수험자는 최종적으로 저장한 답안 파일이 전송되었는지 확인한 후 감독위원의 지시에 따라 문제지를 제출하고 퇴실합니다..

답안 작성요령

- 온라인 답안 작성 절차
  수험자 등록 ⇒ 시험 시작 ⇒ 답안 파일 저장 ⇒ 답안 전송 ⇒ 시험 종료
- 배점은 총 100점으로 이루어지며, 점수는 각 문제별로 차등 배분됩니다.
- 각 문제는 주어진 《조건》에 따라 작성하고, 《조건》을 지키지 못했을 경우에는 0점 또는 감점 처리됩니다.
- 문제 《조건》에 크기와 색상, 두께의 지정이 없을 경우 《출력형태》를 참고하여 작업해 주시기 바랍니다.
- **문제 《조건》과 《출력형태》에서 차이가 발생할 경우 문제에서 지정한 《조건》에 따라 작업해 주시기 바랍니다.**
- 《조건》에서 주어진 단위는 'mm(밀리미터)'입니다. 눈금자는 작성하지 않으며, 그 외는 출력형태(레이아웃, 색상, 문자, 규격 등)와 같게 작업하십시오.
- 문제 《조건》에 서체의 지정이 없을 경우 한글은 굴림이나 돋움, 영문은 Arial로 작업하십시오(단, 그 외에 제시되지 않은 문자 속성을 기본값으로 작성하지 않은 경우는 감점 처리됩니다).
- Color Mode(색상 모드)는 별도의 처리 조건이 없을 시 CMYK로 작업하십시오.
- 조건에서 제시한 기능을 임의로 합치거나 각 기능에 대한 속성을 해지할 경우 해당 요소는 0점 처리됩니다.

문제 1   BI, CI 디자인
25점

다음의 《조건》에 따라 아래의 《출력형태》와 같이 작업하시오.

조건

파일저장규칙	AI	파일명	문서₩GTQ₩수험번호-성명-1.ai
		크기	100 × 80mm

1. 작업 방법
   ① 도형 변형 툴과 Pathfinder 기능을 활용하여 오브젝트를 작성한다.
   ② 그 외 《출력형태》 참조

2. 문자 효과
   ① SAFETY (Arial, Bold, 16pt, C80M70Y40K30)

출력형태

K60 → K10,
M20Y70,
C80M70Y30,
C80M70Y30K30,
M40Y100
[Stroke]
C80M70Y30K30, 1pt,
K100, 2pt

문제 2 패키지, 비즈니스디자인
35점

▶ 유선배 강의

다음의 《조건》에 따라 아래의 《출력형태》와 같이 작업하시오.

조건

파일저장규칙	AI	파일명	문서₩GTQ₩수험번호-성명-2.ai
		크기	160 × 120mm

1. 작업 방법
   ① 구명재킷에는 Pattern을 활용하여 작성한다(패턴 등록 : 닻).
   ② 구명튜브는 Clipping Mask를 적용한다.
   ③ Brush는 《출력형태》를 참고하여 작성한다.
   ④ Effect는 《출력형태》를 참고하여 작성한다.
   ⑤ 그 외 《출력형태》 참조

2. 문자 효과
   ① Life jacket (Arial, Italic, 12pt, Y100)
   ② COAST GUARD (Times New Roman, Bold, 16pt, C80M50)

출력형태

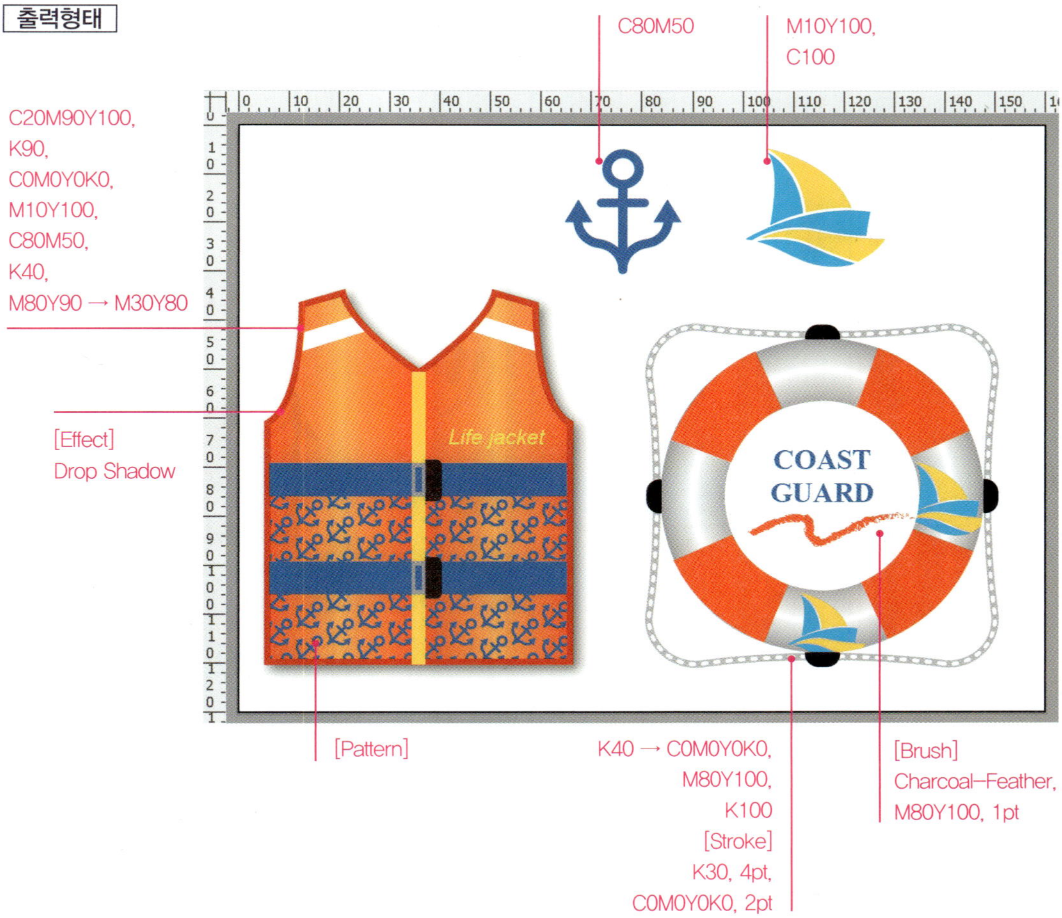

C80M50

M10Y100, C100

C20M90Y100,
K90,
C0M0Y0K0,
M10Y100,
C80M50,
K40,
M80Y90 → M30Y80

[Effect]
Drop Shadow

[Pattern]

K40 → C0M0Y0K0,
M80Y100,
K100
[Stroke]
K30, 4pt,
C0M0Y0K0, 2pt

[Brush]
Charcoal-Feather,
M80Y100, 1pt

문제 3 광고디자인
40점

다음의 《조건》에 따라 아래의 《출력형태》와 같이 작업하시오.

조건

파일저장규칙	AI	파일명	문서\GTQ\수험번호-성명-3.ai
		크기	210 × 297mm

1. 작업 방법
   ① 《참고도안》은 직접 제작한 후 Symbol로 활용한다(심볼 등록 : 메가폰).
   ② 'Pride and mission', '"노고에 감사 드립니다."' 문자에 Envelope Distort를 적용한다.
   ③ Brush는 《출력형태》를 참고하여 작성한다.
   ④ Effect는 《출력형태》를 참고하여 작성한다.
   ⑤ Clipping Mask를 이용하여 디자인을 정리한다.
   ⑥ 그 외 《출력형태》 참조

2. 문자 효과
   ① Pride and mission (Arial, Bold, 45pt, C20M100Y100K10)
   ② 119 (Arial, Italic, 25pt, C0M0Y0K0)
   ③ "노고에 감사 드립니다." (궁서, 20pt, C0M0Y0K0)

참고도안

K10, K20, M100Y100, M60Y30

출력형태

210 × 297mm
[Mesh] M20Y60, Y10

C0M0Y0K0

[Blend] 단계 : 15
[Stroke]
C0M0Y0K0, 1pt →
M20Y60, 3pt

M30Y30, M90Y90, M100Y100K30, C10M60Y100, M50Y100, M30Y100, Y30, K80, K100, K40
[Stroke]
K80, 6pt, C20M80Y100, 1pt, K100, 1pt
[Effect] Drop Shadow

C20M20Y70
[Brush]
People, C60M30Y20, 1pt, Opacity 70%

[Symbol]

C60M30Y20K50 → C60M30Y20

유선배 강의

문제 1 BI, CI 디자인

완성 파일 : 기출유형따라하기-1.ai

한눈에 보는 작업과정

배지 → 경찰 → 리본과 텍스트

01 새 캔버스 설정 및 저장

1 새 캔버스를 만들기 위해 [File]−[New]를 선택하여 단위 : Millimeters, Width : 100mm, Height : 80mm, Color Mode : CMYK로 설정한 후 Create 를 클릭한다.

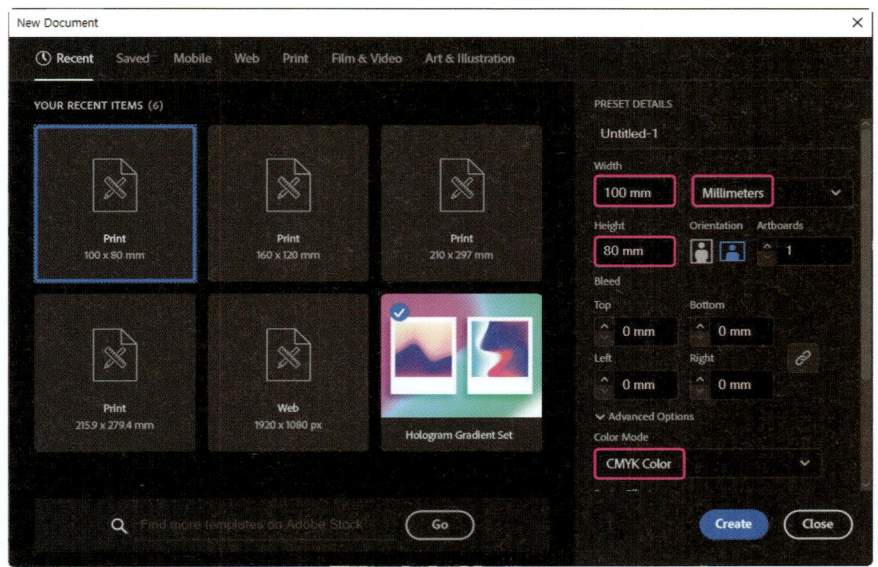

CHAPTER 1 기출유형 따라 하기 99

2 [View]−[Rulers]−[Show Rulers](Ctrl+R)를 선택해 눈금자를 꺼낸다(좌측 상단의 영점 확인). 영점이 맞춰지지 않은 경우 그림과 같이 좌측 상단 부분의 눈금자 교차 부분에서 드래그하여 캔버스의 시작 부분에 Smart Guides를 참고하여 맞추거나 교차 부분을 더블 클릭한다.

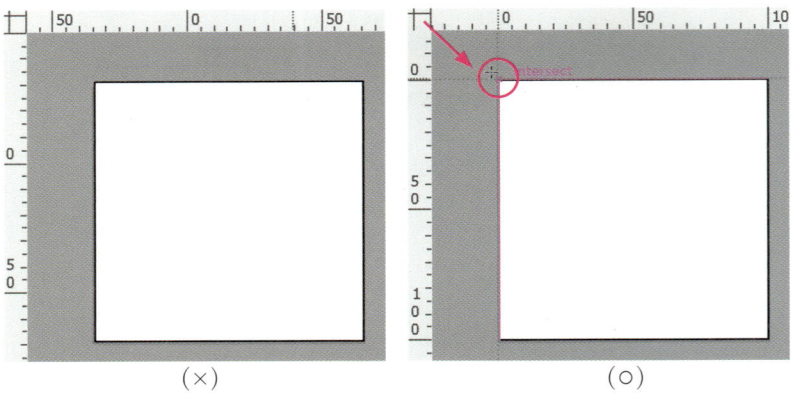

(×)　　　　　　　(○)

Plus@

[View]−[Smart Guides](Ctrl+U)를 적용하여 Smart Guides를 활성화하면 작업 중 중심점과 정렬 등을 맞추는 데 용이하다.

3 CC2020 버전 이상이라면 도구상자가 'Basic'으로 되어 있고, 상단에 [Control] 패널이 나타나지 않는다. [Window]−[Workspace]−[Essentials Classic]으로 한 번에 나타낼 수 있다.

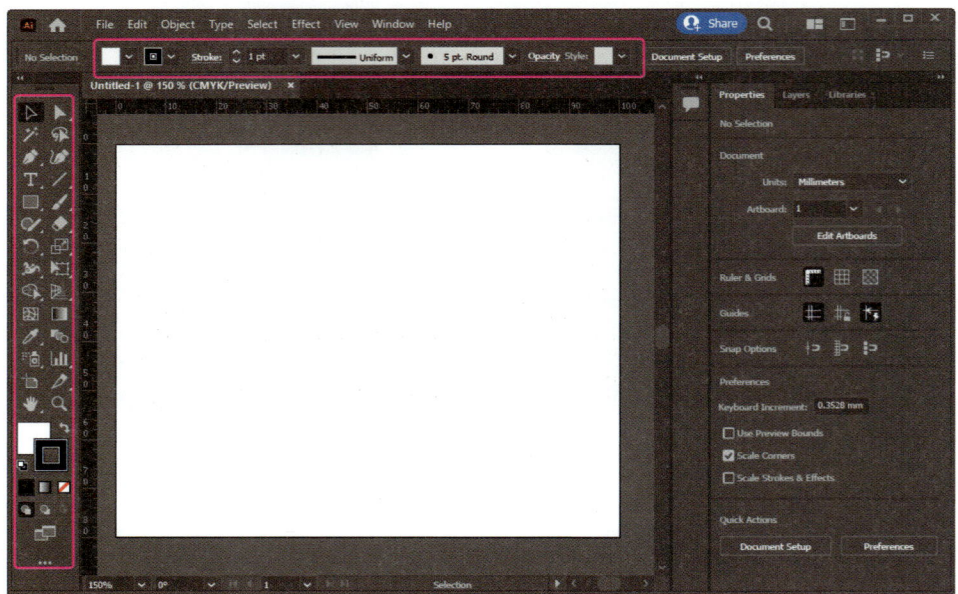

4 작업 파일을 저장하기 위해 [File]-[Save As]에서 Save on your computer 를 선택한 후 '내 PC₩문서
₩GTQ' 하위 폴더에 파일 이름을 '수험번호-성명-1.ai'로 입력하고 저장한다.

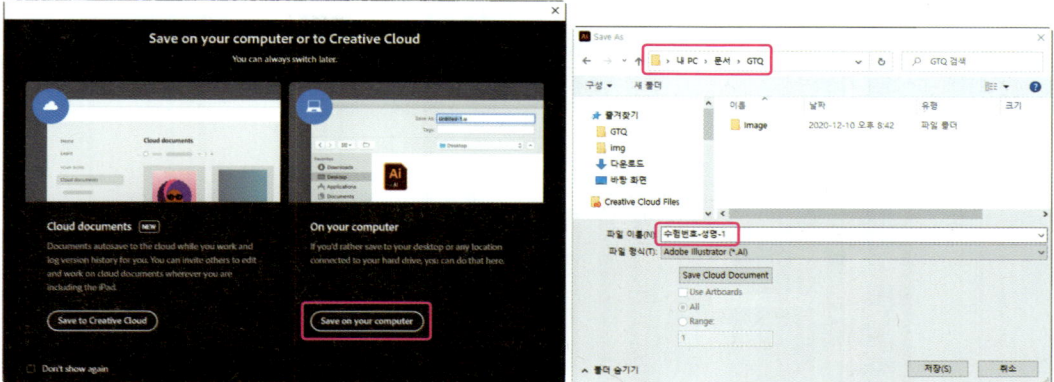

5 [Illustrator Options] 대화상자에서 Version : Illustrator CC(Legacy)에 체크한 후 OK 를 클릭
한다. 하위 버전으로 저장했을 경우 Legacy format에 대한 메시지가 뜨면 계속 OK 를 클릭한다.

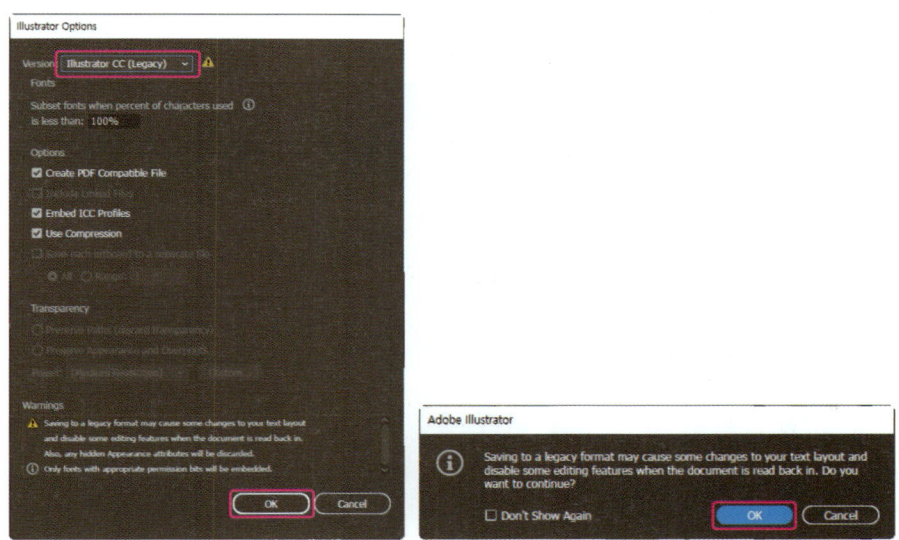

6 작업에 앞서 제시된 색을 [Swatches] 패널 또는 도형들을 나열해 색상을 등록해 놓는다.

[Swatches] 패널에 등록하는 방법
① [Window]-[Swatches]를 클릭해 우측의 패널에 드래그하여 추가시킨다.
② 임의의 도형 하나를 그린 후 [Swatches] 패널 하단 메뉴의 'New Color Group(📁)'을 클릭해 알기 쉽게 이름을 입력한다. (생략 가능)

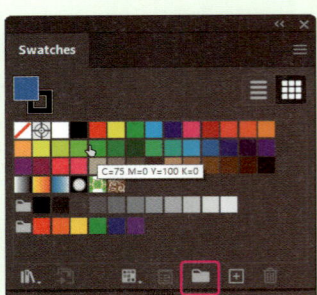
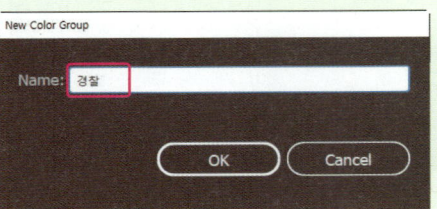

③ 폴더가 추가되었다면 하단 메뉴의 'New Swatch(➕)'를 클릭한다. M50Y50의 색을 입력한다고 가정하면 M : 50을 입력하고 Tab ⇄ 키로 아래로 이동한 후 Y : 50을 입력하고 Enter 를 누르거나 OK 를 클릭한다.

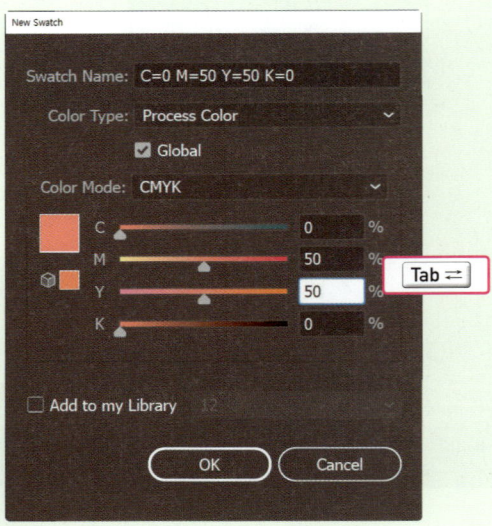

④ 만약 추가한 색이 다른 곳에 있다면 드래그하여 원하는 곳으로 이동할 수 있고, 필요 없는 폴더나 색을 휴지통으로 드래그하여 삭제할 수 있다.

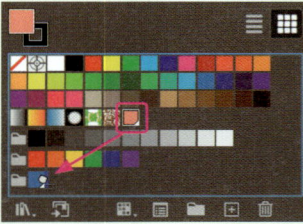
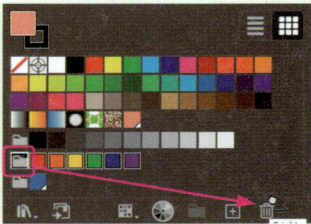

도형에 색을 채워 나열하는 방법

① Rectangle Tool(▢, M)로 해당 오브젝트 옆의 여백에 사각형을 나열한다. 먼저 각 사각형에 문제에 제시된 CMYK 색상을 [Window]-[Color] 패널이나 [Fill & Stroke] 툴을 이용해 적용한다.

② Selection Tool(▶, V)로 색을 입힐 오브젝트를 선택하고 Eyedropper Tool(🖉, I)을 선택하여 해당하는 색의 사각형을 클릭해 오브젝트에 적용한다. 다른 오브젝트로 이동할 경우 Ctrl과 함께 다른 오브젝트를 클릭하고 해당하는 색의 사각형을 클릭하여 채운다.

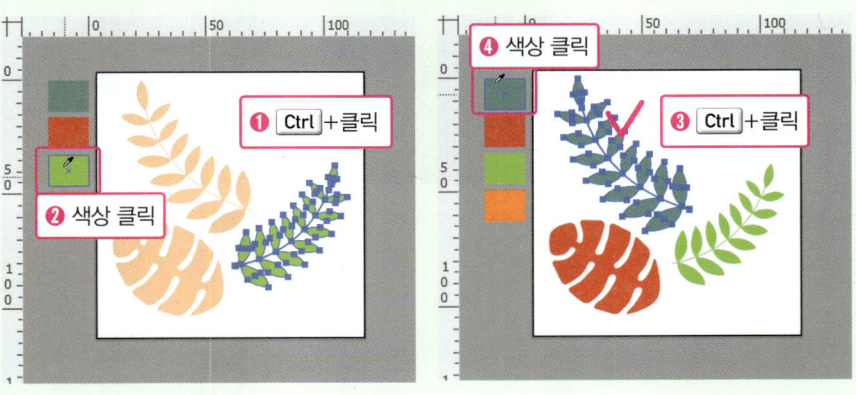

Plus @

똑같은 툴을 반복하여 사용할 경우 다른 오브젝트로 빠르게 이동하기 위해 Ctrl을 누른 상태로 오브젝트를 클릭하면 같은 툴을 유지한 채 오브젝트만 이동할 수 있다.

7 오브젝트별로 가이드라인을 표시하고 작업하면 좋다. Ctrl + R 로 눈금자를 보이게 한 후 가로/세로 눈금자에서 드래그하여 기준위치를 설정한다. 회전이나 그룹으로 인해 가이드라인까지 선택되는 것을 방지하기 위해 [View]−[Guides]−[Lock Guides](Alt + Ctrl + ;)로 잠근다. 불필요할 경우 [View]−[Guides]−[Clear Guides]하여 지우거나 [View]−[Guides]−[Hide Guides](Ctrl + ;)로 숨긴다.

Plus@

기본설정을 CMYK로 했음에도 불구하고 [Swatches] 패널의 색이 RGB로 나타나는 경우가 있다.

[File]−[New]를 선택하고 해당 사이즈를 입력한 후 만든다.
('Print'로 선택하면 시험조건과 같이 인쇄단위 : mm, 해상도 : 300ppi, Color Mode : CMYK로 기본설정됨)

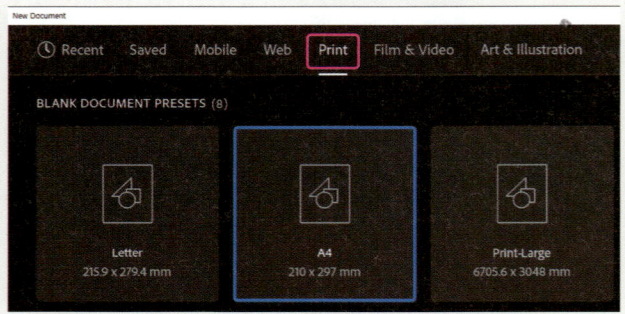

[Swatches] 패널의 색이 CMYK로 보이는 것을 확인할 수 있다.

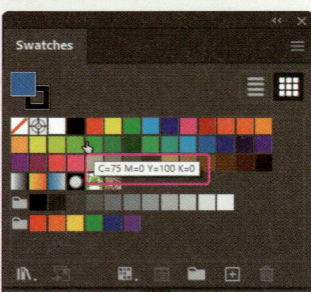

02 배지 오브젝트

1 수직 눈금자에서 가이드라인을 꺼내 10mm / 90mm 위치에 각각 그린 후 중앙 50mm 위치에 가이드라인을 하나 더 그린다.

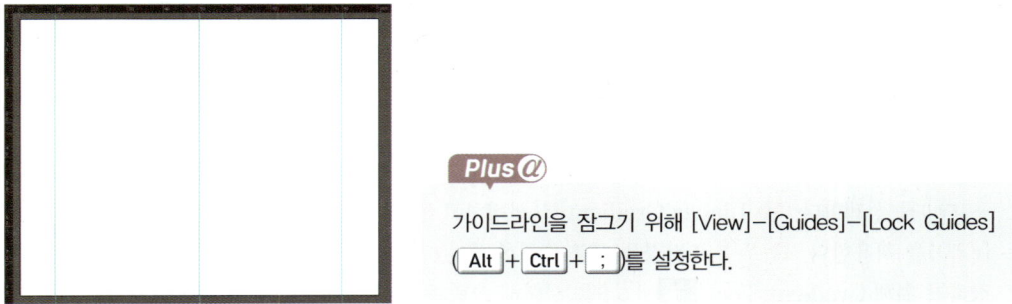

2 Pen Tool(, P)을 선택한 후 중앙의 가이드라인에서 시작해 그림과 같이 반만 그린다.

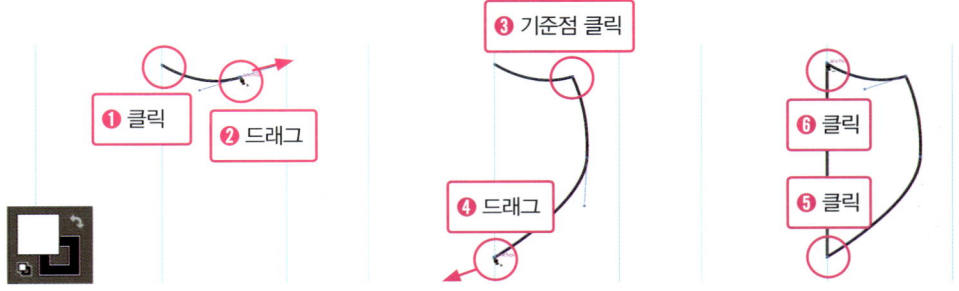

3 Direct Selection Tool(, A)로 각 기준점이나 방향선 등을 수정한다. 대칭복사하기 위해 Ctrl +오브젝트를 클릭한 후 Reflect Tool(, O)로 중심을 Alt +클릭해 기준점을 잡고 Axis : Vertical, Copy 를 클릭한다.

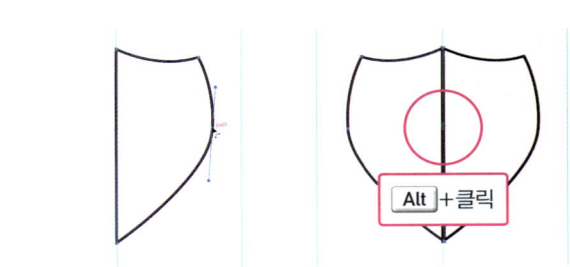
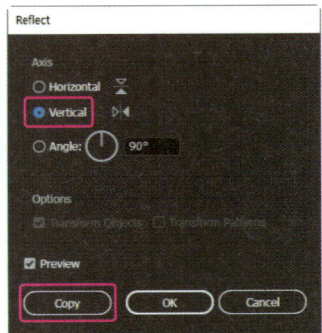

4 Section Tool(, V)로 모두 선택한 후 [Pathfinder](Shift + Ctrl + F9) 패널의 'Unite'로 합친다.

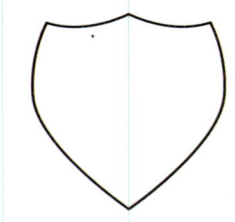
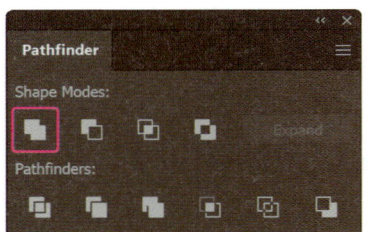

5 그래디언트를 적용하기 위해 선 : None으로 설정하고 면을 선택한 후 [Window]−[Gradient](Ctrl + F9)를 선택한다. ❶ 'Linear Gradient'를 선택하고 ❷ 하단의 좌측 조절점을 더블 클릭한 후 ❸ 색(K60)을 적용한다. ❹ 우측 조절점을 더블 클릭한 후 ❺ 색(K10)을 적용한다. 그래디언트의 방향을 수정하기 위해 Gradient Tool(, G)을 선택해 그림과 같이 드래그하여 모양을 만든다.

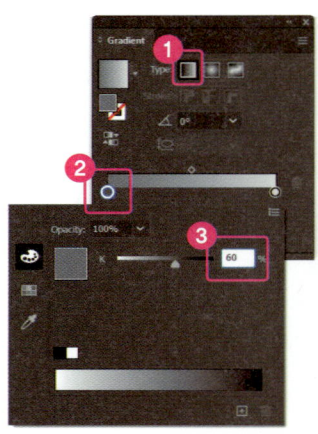
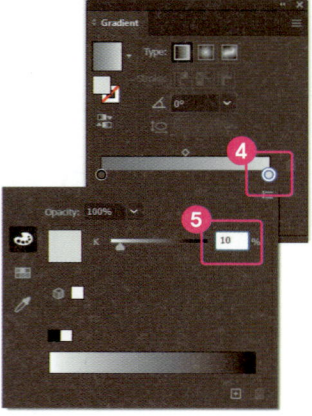
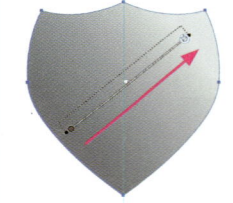

6 안쪽으로 들어가게 표현하기 위하여 [Object]−[Path]−[Offset Path]를 선택한다. Offset : −3mm를 입력한 후 (OK)를 클릭한다. 그래디언트 방향을 수정하기 위해 Gradient Tool(, G)을 선택한 후 그림과 같이 드래그하여 모양을 만든다.

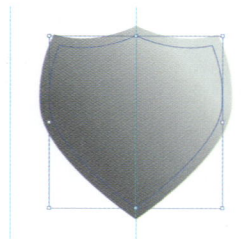
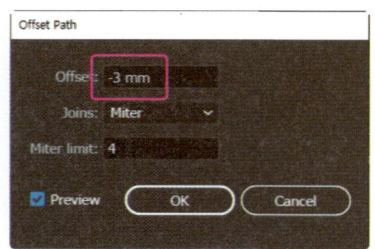

7 안쪽으로 한 번 더 들어가게 표현하기 위해 [Object]−[Path]−[Offset Path]를 선택한다. Offset : −1mm로 입력한 후 OK 를 클릭하고 색(M20Y70)을 채운다.

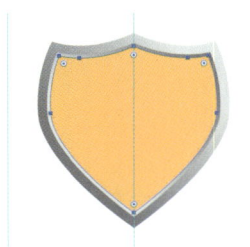 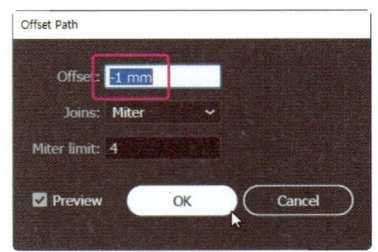 

03 경찰 오브젝트

1 모자(C80M70Y30)를 만들기 위해 Polygon Tool( )로 빈 공간을 클릭한 후 Sides : 7을 입력하고 OK 를 클릭한다. Selection Tool(, V)로 크기를 조절한 후 색을 채운다.

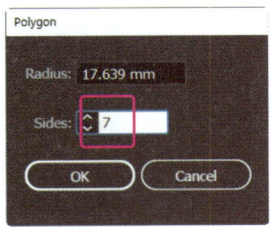  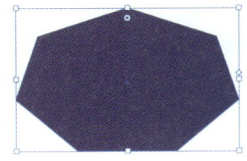

2 Ctrl + C , Ctrl + B 로 뒤로 붙여넣기 한 후 위쪽 방향키(↑)를 4번 정도 누르고 해당 색 (C80M70Y30K30)을 채운다. 양 끝을 앞쪽 오브젝트에 맞추기 위해 Alt 와 함께 대칭으로 줄인다.

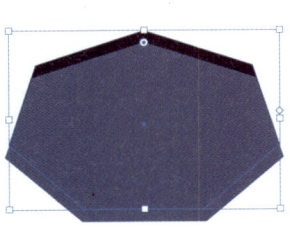 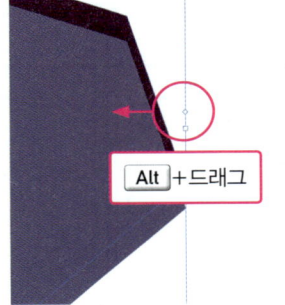 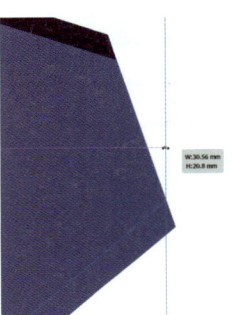

> **Plus α**
>
> [View]-[Outline](Ctrl + Y)으로 확인할 수 있다. 원래대로 되돌리려면 [View]-
> [Preview](Ctrl + Y)한다.

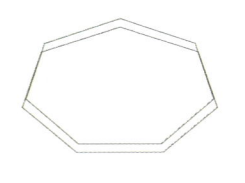

3 모자의 배지를 만들기 위해 노란 배경을 선택한 후 Ctrl + C , Ctrl + F 로 앞으로 붙여넣기 한다. 맨 앞으로 보내기 위해 마우스 오른쪽 버튼을 클릭하고 [Arrange]-[Bring to Front](Shift + Ctrl +])를 적용한 후 모서리에서 크기를 조정한다. 반으로 분리하기 위해 Line Segment Tool(/ , W)로 수직선을 그린 후 Selection Tool(▶ , V)로 Shift 와 함께 배지를 선택하여 [Pathfinder] (Shift + Ctrl + F9) 패널의 'Divide'로 분리한다. Direct Selection Tool(▶ , A)로 빈 공간을 클릭한 후 배지의 좌측 부분만 선택하여 색(M40Y100)을 채운다.

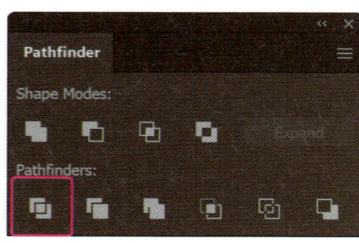

4 모자의 챙 부분은 Ellipse Tool(○ , L)과 Rectangle Tool(▢ , M)을 가이드 중심부터 Alt 와 함께 그린다. Curvature Tool(✏ , Shift + ~)로 그림과 같이 직사각형의 중심에서 위쪽으로 살짝 올린다.

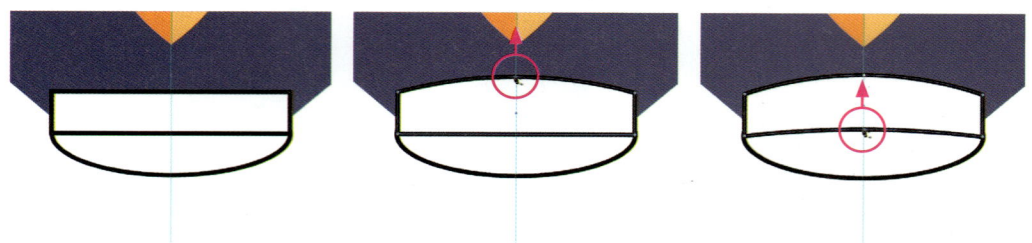

> **Plus α**
>
> CS6 이하 버전 사용자는 Direct Selection Tool(▶ , A)로 위쪽 선을 하나 선택한 후 Reshape Tool(⚐)로 중심에서 위쪽으로 살짝 이동해 곡선을 만든다.

5 직사각형(M20Y70)을 3과 같은 방법으로 반으로 분리한 후 좌측 부분만 선택해 색(M40Y100)을 채운다. Selection Tool(, V)로 빈 공간을 한 번 클릭한 후 직사각형 오브젝트를 하나 더 복제하기 위해 Alt 와 함께 위쪽 방향으로 살짝 드래그하여 색(C80M70Y30K30)을 채운다.

6 안경은 Pen Tool(, P)로 다음과 같이 그린다. Direct Selection Tool(, A)로 특정 기준점(Anchor Point)이나 방향선 등을 선택하여 모양을 만든다.

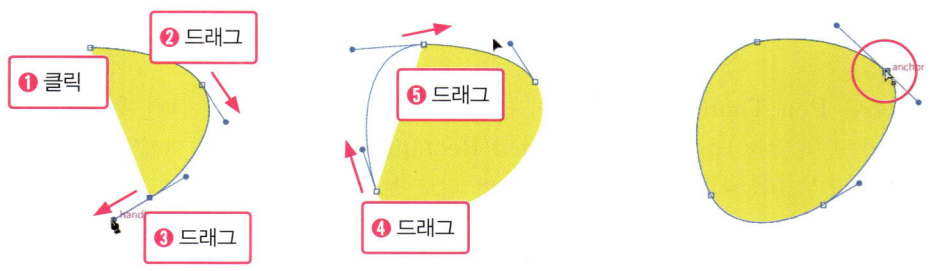

7 Selection Tool(, V)로 빈 공간을 클릭한 후 대칭복사하기 위해 오브젝트를 선택한다. Reflect Tool(, O)로 중심을 Alt +클릭하여 기준점을 잡고 Axis : Vertical, Copy 를 클릭한 후 해당 색(C80M70Y30K30)을 채운다.

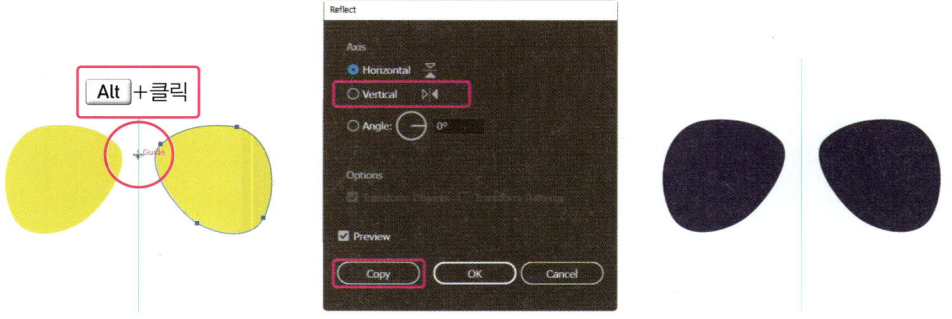

CHAPTER 1 기출유형 따라 하기 109

8 Line Segment Tool(, W)을 이용해 가이드라인 중심에서 Alt 와 함께 드래그하여 브리지(선 : C80M70Y30K30, 1pt)를 만든다. Selection Tool(, V)로 Alt 와 함께 아래로 드래그하여 복제한다. Curvature Tool(, Shift + ~)로 중심에서 위쪽으로 살짝 이동해 곡선을 만든다.

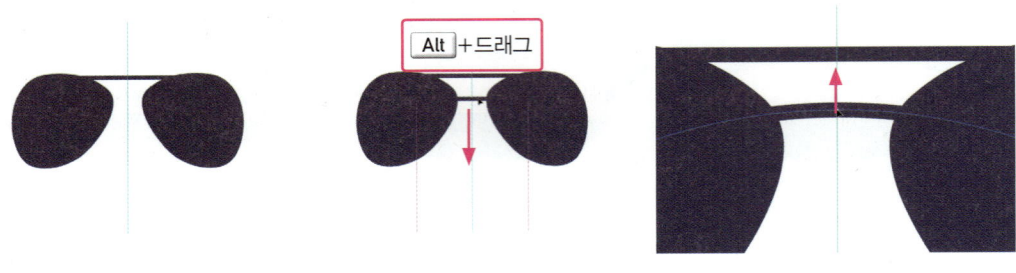

Plus@
CS6 이하 버전은 Reshape Tool로 중앙에 점을 추가해 Direct Selection Tool로 위쪽으로 살짝 이동해 곡선을 만든다.

9 유니폼은 Pen Tool(, P)을 이용하여 클릭, 클릭으로 반쪽만 그린 후 색(C80M70Y30, C80M70Y30K30)을 채운다. Rounded Rectangle Tool( )로 어깨와 소매를 만든 후 색(C80M70Y30K30)을 채운다. 소매를 맨 뒤로 보내기 위해 마우스 오른쪽 버튼을 클릭한 후 [Arange]-[Send to Back](Shift + Ctrl + [ )을 적용한다.

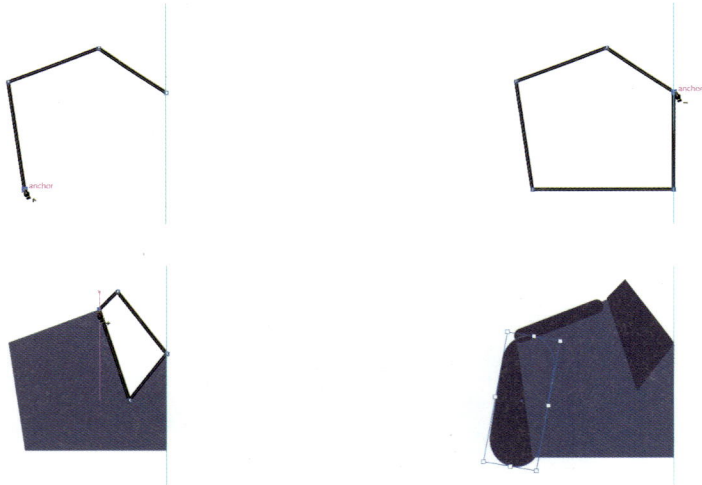

⑩ 대칭복사하기 위해 Selection Tool(, V)로 오브젝트를 모두 선택한 후 Reflect Tool(, O)로 중심을 Alt +클릭해 기준점을 잡고 Axis : Vertical, Copy 를 클릭한다.

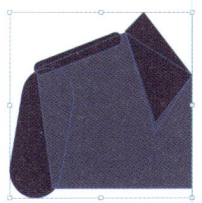
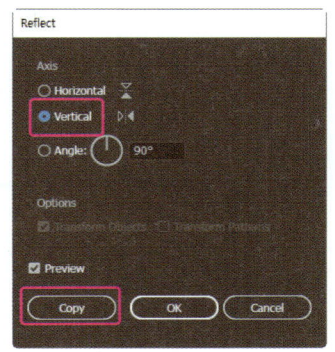

⑪ Rectangle Tool(, M)로 중앙에 단추 라인을 그린 후 Selection Tool(, V)로 모자의 배지를 Alt 와 함께 드래그하여 복제한다. 맨 앞으로 보내기 위해 마우스 오른쪽 버튼을 클릭한 후 [Arrange] - [Bring to Front](Shift + Ctrl +])를 적용한다. 모두 선택해 그룹화(Ctrl + G)한다.

⑫ 유니폼을 배지의 배경 안에 들어가도록 하기 위해 노랑색 배경을 Ctrl + C , Ctrl + F 로 앞으로 붙여 넣기 한다. 배경을 맨 앞으로 보내기 위하여 마우스 오른쪽 버튼을 클릭한 후 [Arrange] - [Bring to Front](Shift + Ctrl +])를 적용한다. Shift 와 함께 유니폼의 끝 부분을 선택한 후 마우스 오른쪽 버튼을 클릭하고 'Make Clipping Mask'를 적용한다.

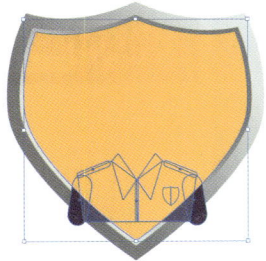

04 리본과 텍스트

1. 리본(면 : M20Y70, 선 : K100, 2pt)을 만들기 위해 Rectangle Tool(■, M)로 직사각형을 그린다. Add Anchor Point Tool(✎, =)로 그림과 같이 좌측 중간 패스를 클릭하여 기준점(Anchor Point)을 추가한 후 Direct Selection Tool(▶, A)로 우측으로 이동한다.

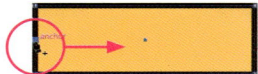 

2. Selection Tool(▶, V)로 리본을 선택한 후 Ctrl + C , Ctrl + F 로 앞으로 붙여넣기 하고 모서리에서 Shift 와 함께 180도 회전한다.
   리본의 길이를 늘리기 위해 Direct Selection Tool(▶, A)로 그림과 같이 선택한 후 우측으로 이동해 늘린다. Pen Tool(✎, P)로 접히는 부분(M40Y100)을 만들고 모서리 부분을 깔끔하게 하기 위해 [Window]−[Stroke](Ctrl + F10) 패널에서 Weight : 2pt, Corner : Round Join으로 선택한다.

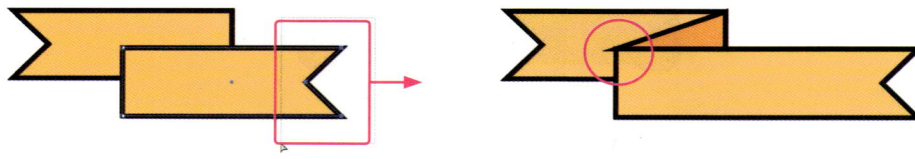

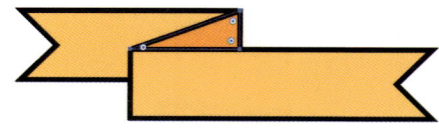 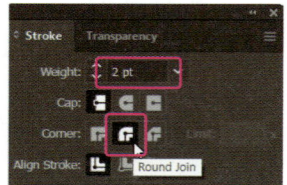

❸ Star Tool(★)로 별 모양(C80M70Y30K30)을 추가하고 텍스트를 입력하기 위해 Type Tool(T, T)로 빈 캔버스를 클릭한 후 SAFETY를 입력한다. Ctrl + A 로 전체선택한 후 [Window]-[Type]-[Character](Ctrl + T) 패널에서 Font : Arial, Style : Bold, Size : 16pt, Color : C80M70Y40K30으로 설정한다.

❹ Selection Tool(▶, V)을 선택한 후 출력형태를 참고하여 배치한다.

05 저장하고 전송하기

1 불필요한 도형은 삭제하고 가이드라인이 보이지 않도록 [View]−[Guides]−[Hide Guides](Ctrl +;)한다. [File]−[Save] 또는 [File]−[Save As]한 후 Save On Your Computer 를 선택하여 '내 PC₩문서₩GTQ' 폴더에 "수험번호−성명−1"로 저장한다.

2 [Illustrator Options] 대화상자가 나오면 Version : Illustrator CC(Legacy)로 체크한 후 OK 를 클릭한다. 하위 버전 저장에 따른 메시지가 뜨면 계속 OK 를 클릭한다.

3 시험장의 작업표시줄에 나타나는 'Koas 수험자용'을 클릭해 우측의 답안 전송 을 클릭한 후 해당하는 번호에 체크한다. 하단의 답안 전송 을 클릭한 후 닫기 를 누르면 최종 전송된 답안으로 채점이 이루어진다.

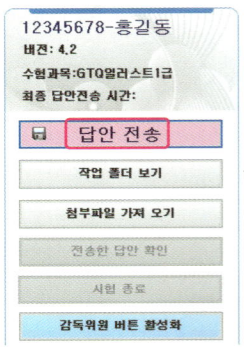
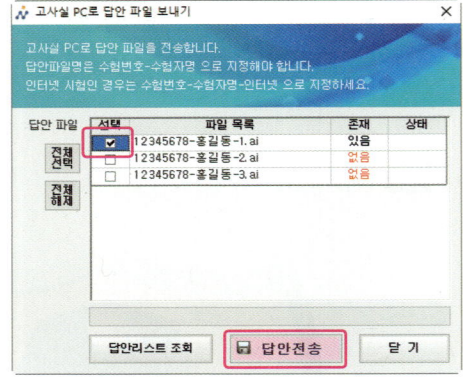

✓ Check Point !

		O	X
01	출력형태를 제외한 나머지 오브젝트는 삭제했나요?		
02	해당 오브젝트를 출력형태의 위치에 배치했나요? (눈금자와 가이드라인 참고해 확인)		
03	작업 중 생성된 가이드라인을 Ctrl + ; 으로, 그리드를 Ctrl + ' 로 숨겼나요?		
04	Gradient가 적용된 오브젝트의 색상과 방향을 출력형태에 맞게 적용했나요?		
05	출력형태에 제시된 '선'의 두께는 정확히 설정되었나요?		
06	결과가 '면'의 속성인 오브젝트를 '선'의 속성으로 그렸을 경우 'Expand' 처리했나요?		
07	제시된 조건 이외의 오브젝트를 편의에 의해 Blend나 Envelope Distort의 기능으로 완성했을 경우 'Expand' 처리했나요?		
08	텍스트 작업 시 Font Family가 Bold인 경우 변경되어 있나요?		
09	오브젝트의 불투명도(Opacity) 값이 정확히 설정되었나요?		
10	저장을 먼저 한 후 답안 전송으로 마무리하였나요? (중요한 작업 완료 후 수시로 저장과 전송 가능)		

문제 2 패키지, 비즈니스디자인

완성 파일 : 기출유형따라하기-2.ai

한눈에 보는 작업과정

Pattern (닻) → Clipping Mask (배) → Pattern 적용 (구명재킷) → Clipping Mask 적용 (구명튜브)

01 새 캔버스 설정 및 저장

1 새 캔버스를 만들기 위해 [File]-[New]를 선택하여 Width : 160mm, Height : 120mm, Color Mode : CMYK로 설정한 후 새 캔버스를 연다.

2 [View]-[Rulers]-[Show Rulers](Ctrl + R)를 선택해 눈금자를 꺼낸다(좌측 상단의 영점 확인).

3 [File]-[Save As]를 선택하고 Save On Your Computer 를 클릭한다. '내 PC₩문서₩GTQ' 하위 폴더에 파일 이름을 '수험번호-성명-2.ai'로 입력한 후 'Illustrator CC(Legacy)' 버전으로 저장한다.

4 도구상자가 모두 보이는지, 상단의 [Control] 패널이 있는지 체크한다.

> **Plus @**
>
> [Window]-[Workspace]-[Essentials Classic]으로 한 번에 도구상자와 [Control] 패널을 나타낼 수 있다.

5 작업에 앞서 제시된 색을 [Swatches] 패널이나 도형들을 나열해 색상을 등록해 놓는다.

6 오브젝트별로 가이드라인을 표시하고 작업하면 좋다.

02 닻 오브젝트

1 가이드라인을 수평 눈금자에서 드래그해 35mm 정도에 맞춘다.

닻(C80M50)은 Line Segment Tool( , W)로 그린 후 [Window]−[Stroke](Ctrl + F10) 패널에서 Weight : 5pt, Cap : Round Cap을 적용한다. Ellipse Tool( , L)로 Smart Guide를 참고해 Alt + Shift 와 함께 중심에서부터 드래그하여 정원을 그린다.

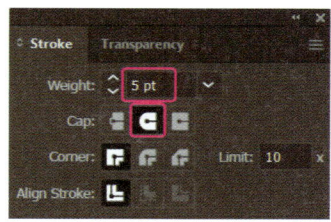

2 Pen Tool(, P)로 그림을 참고하여 그린 후 Polygon Tool( )로 빈 공간을 클릭하여 Sides : 3을 입력한다. 면과 선의 색을 교차 적용하려면 'Swap Fill and Stroke'(Shift + X)를 사용한다.

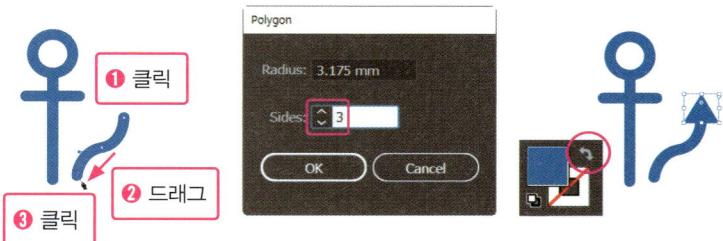

3 대칭복사하기 위해 Selection Tool(, V)로 삼각형과 곡선 오브젝트를 선택한다. Reflect Tool (, O)로 중심을 Alt +클릭해 기준점을 잡고 Axis : Vertical, Copy 를 클릭한다. '선'을 '면'의 속성으로 변경하기 위해 [Object]−[Expand]해 확장한 후 Selection Tool(, V)로 모두 선택해 그룹화(Ctrl + G)한다.

 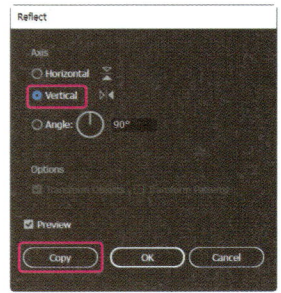

Plus@

[Object]-[Expand]는 선의 속성을 면의 속성으로 변경하기 위한 것이다.
[View]-[Outline](Ctrl + Y)으로 확인할 수 있으며, 원래대로 되돌리려면 [View]-[Preview](Ctrl + Y)한다.

'선'일 경우 | '면'일 경우

---

03 배 오브젝트

1 배(임의의 색)는 Pen Tool(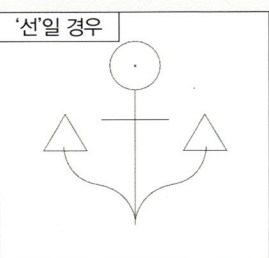, P)로 그린다. Direct Selection Tool(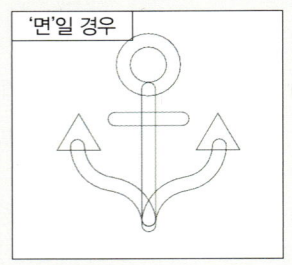, A)로 기준점(Anchor Point)을 선택한 후 방향선이나 방향점 등을 수정하여 모양을 만든다.

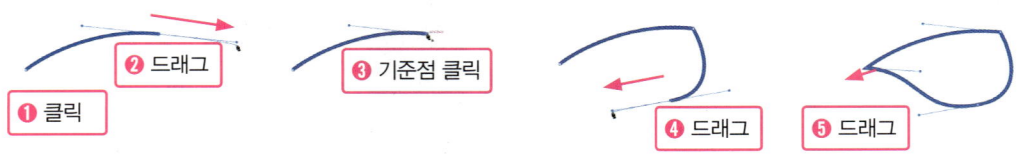

2 가로지르는 곡선을 Pen Tool(, P)로 그린다. Selection Tool(, V)로 Alt 와 함께 드래그해 복제한 후 출력형태를 참고해 회전한다.

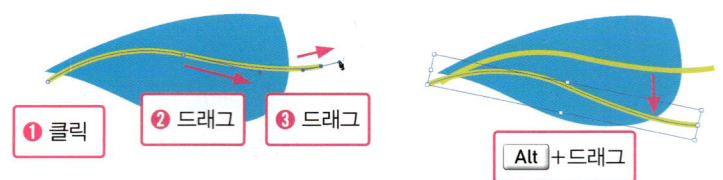

3 2개의 선을 Shift 와 함께 선택한 후 상단 [Control] 패널의 Stroke Weight : 2pt로 설정한다. '면'의 속성으로 변경하기 위해 [Object]−[Expand]해 확장한다. 겹쳐진 부분만 제외시키기 위해 모두 선택한 후 [Pathfinder](Shift + Ctrl + F9) 패널의 'Minus Front'를 적용한다.

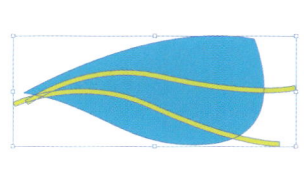
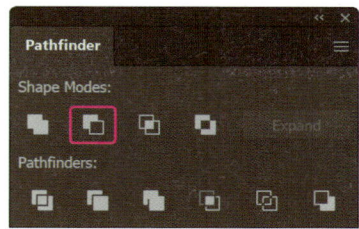
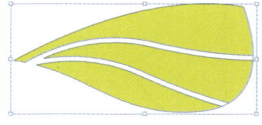

Plus ⓐ
[Object]−[Expand]로 확장해야 보이는 두께만큼의 간격을 만들 수 있다.

4 Direct Selection Tool(▶ , A)로 색(M10Y100, C100)을 채운다. 그림과 같이 기준점(Anchor Point)을 선택하여 변형한다. 아래 기준점을 곡선으로 변경하기 위해 Live Corners(곡률 활성화)를 클릭한 후 다시 한 번 클릭하여 이동하면 해당 포인트만 곡률을 조정할 수 있다.

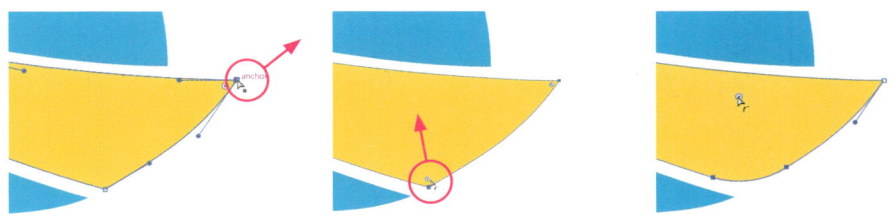

5 배의 닻 부분(M10Y100, C100)도 앞의 내용과 같은 방법으로 만든다.

04 구명재킷 오브젝트와 Pattern 등록 및 적용

1. 가이드라인을 수직 눈금자에서 드래그하여 70mm 정도에 맞춘 후 Pen Tool( ), P)을 이용하여 구명재킷(C20M90Y100)을 그린다.

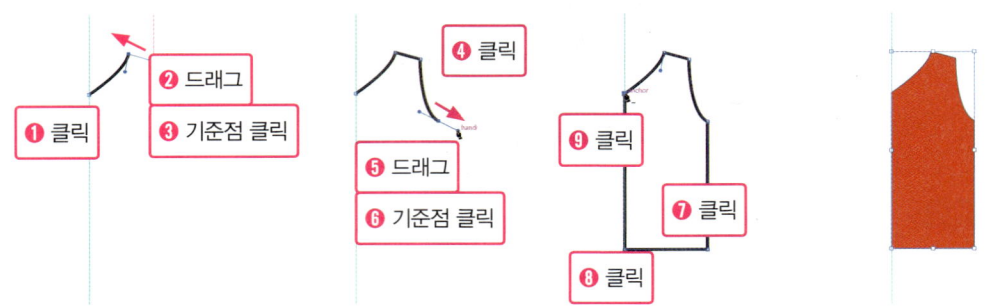

Plus@

가이드라인에 Lock이 걸려 있지 않은 상태로 회전이나 패스파인더를 실행하면 가이드라인까지 함께 적용되는 경우가 있으므로 잠그기 위해 [View]-[Guides]-[Lock Guides](Alt + Ctrl + ;)한다.

2. 일정 간격을 안쪽으로 작게 만들기 위해 [Object]-[Path]-[Offset Path]를 선택한다. Offset : -1mm를 입력하고 OK 를 클릭한 후 임의의 색을 채운다.

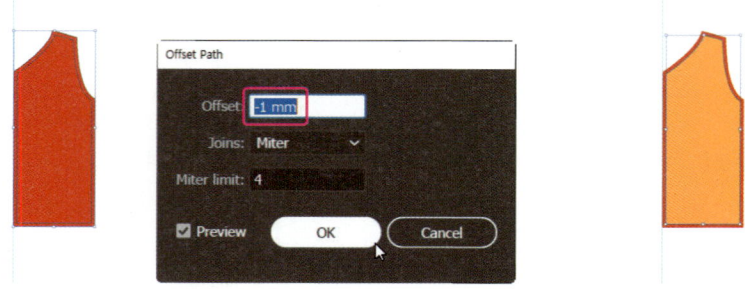

3 흰색 무늬(C0M0Y0K0)를 만들기 위해 주황색 오브젝트를 Ctrl + C , Ctrl + F 로 앞으로 붙여넣기 하여 복제한다. Line Segment Tool(, W)로 2개의 선을 그린 후 Selection Tool(, V)로 Shift 와 함께 2개의 선과 주황색 오브젝트를 선택하고 [Pathfinder](Shift + Ctrl + F9) 패널의 'Divide'로 분리한다. Direct Selection Tool(, A)로 빈 공간을 클릭하고 흰색 영역만 선택한 후 색을 채운다. 나머지 위, 아래 주황색을 선택한 후 Delete 한다.

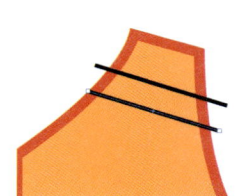 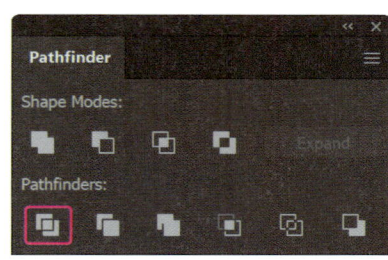 

4 복제해 놓았던 주황색 원본을 선택한 후 그래디언트를 적용하기 위해 [Window]−[Gradient](Ctrl + F9)에서 ❶ 'Linear Gradient'를 선택한다. ❷ 좌측 조절점을 더블 클릭한 후 ❸ CMYK로 변경하기 위해 우측의 메뉴( )를 선택하고 ❹ CMYK에서 색(M80Y90)을 적용한다. 나머지 적용을 위해 ❺ 중간 조절점을 더블 클릭한 후 색(M30Y80)을 적용하고 ❻ 우측 조절점을 더블 클릭한 후 ❸, ❹를 반복해 색(M80Y90)을 적용한다.

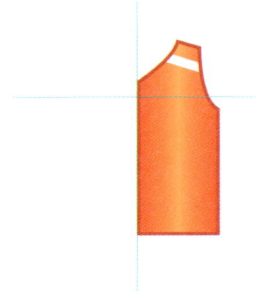 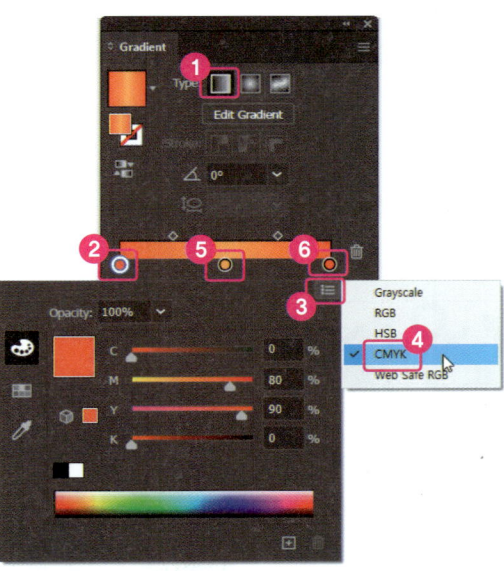

5 대칭복사하기 위해 Selection Tool(, V)로 오브젝트를 모두 선택한다. Reflect Tool(, O)로 중심을 Alt +클릭해 기준점을 잡고 Axis : Vertical, Copy 를 클릭한다.

6 패턴을 등록하기 위해 Selction Tool(, V)로 미리 만들어 놓은 '닻'을 [Swatches] 패널에 드래그하여 등록시킨다.

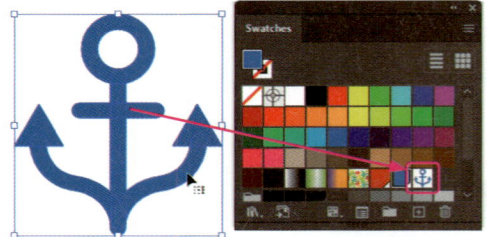

> **Plus@**
> 패턴이 추가되지 않을 경우 폴더 부분에 드래그하지 않고 기본색이 있는 윗부분으로 드래그하면 추가된다.

7 패턴을 편집하려면 빈 캔버스를 한 번 클릭한 후 [Swatches] 패널의 등록된 패턴을 더블 클릭한다. 중심 패턴 하나를 선택 영역으로 잡은 후 모서리에서 살짝 회전해 출력형태와 유사하게 만든다. Name : 닻, Tile Type : Brick by Column을 설정한 후 상단의 'Done'으로 빠져나온다.

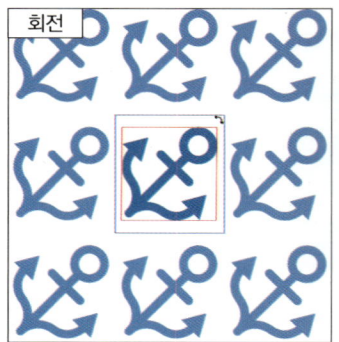

> **Plus ⓐ**
>
> 기본 오브젝트가 선택된 상태에서 [Swatches] 패널의 등록된 패턴을 더블 클릭하면 기본 오브젝트에 패턴이 적용된다.

8 패턴을 적용하기 위해 Rectangle Tool(■, M)로 직사각형(임의의 색)을 그린 후 [Swatches] 패널에 등록했던 패턴을 선택해 채운다. 크기 조정을 위해 Scale Tool(⬚, S)을 더블 클릭한 후 Options : Transform Objects 체크 해제, Transform Patterns 체크, Uniform : 20%, Preview를 체크하여 확인하고 OK 를 클릭한다.

  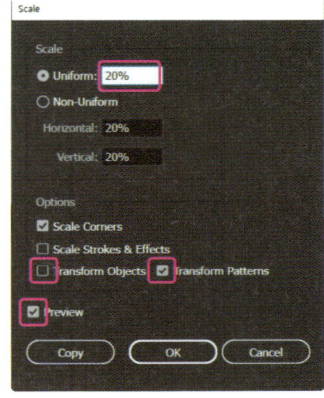 

> **Plus ⓐ**
>
> 'Transform Objects'에 체크되어 있다면 패턴과 오브젝트 모두 작아진다.

09 Rectangle Tool(■, M)로 지퍼(M10Y100)와 벨트(C80M50)를 그려준 후 출력형태를 참고하여 배치한다.

10 Rectangle Tool(■, M)로 조절링(K40, C80M50)을 그린 후 Rounded Rectangle Tool(■)로 버클(K90)을 그린다. Direct Selection Tool(▶, A)로 그림과 같이 두 포인트를 선택한 후 Delete 하여 완성한다.

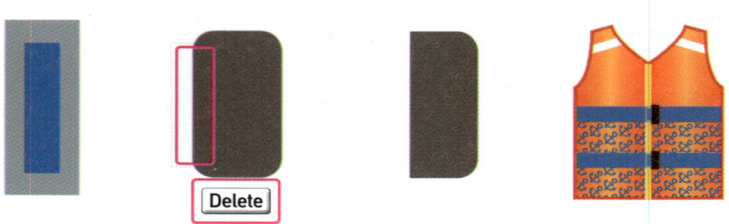

11 텍스트를 입력하기 위해 Type Tool(T, T)로 빈 캔버스를 클릭한 후 Life jacket을 입력한다. Ctrl + A로 전체선택하고 [Window]-[Type]-[Character](Ctrl + T) 패널에서 Font : Arial, Style : Italic, Size : 12pt, Color : Y100으로 설정한다. Selection Tool(▶, V)을 선택한 후 출력형태를 참고하여 배치한다.

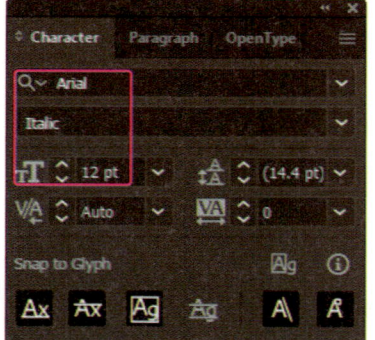

⓬ Selection Tool(, V)로 모두 선택해 그룹화(Ctrl + G)한다. 그림자 적용을 위해 [Effect]−[Stylize]−[Drop Shadow]를 선택한 후 Opacity : 50%, X Offset : 1mm, Y Offset : 1mm, Blur : 1mm로 설정한다.

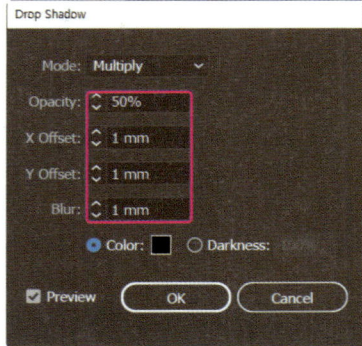

05 구명튜브 오브젝트와 Clipping Mask 적용

❶ 가이드라인을 수평 눈금자에서 드래그해 35mm에 맞추고 수직 눈금자에서 드래그해 70mm에 맞춘 후 우측 부분에 드로잉한다.

❷ Ellipse Tool(, L)로 빈 공간을 클릭한 후 Width : 50mm, Height : 50mm의 정원(M80Y100)을 그린다. [Window]−[Stroke](Ctrl + F10) 패널에서 Weight : 36pt, Dashed Line 체크, dash : 60pt, gap : 60pt, 모서리 옵션을 'Aligns dashes to corners and path ends, adjusting lengths to fit'으로 적용한다.

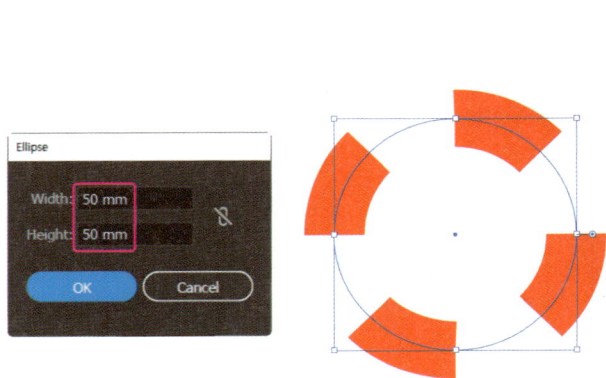
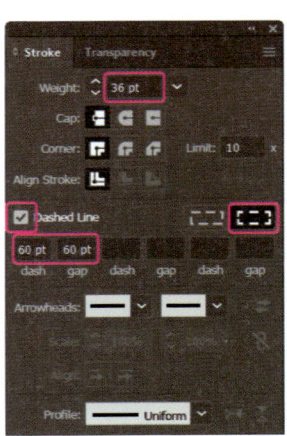

CHAPTER 1 기출유형 따라 하기 125

Plus@

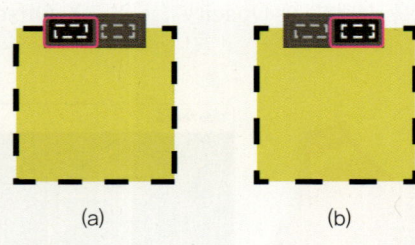

(a)   (b)

a. Preserves exact dash and gap lengths : 각 모서리의 기준에 상관없이 전체적인 점선의 수치대로 표현한다.
b. Aligns dashes to corners and path ends, adjusting lengths to fit : 각 모서리를 기준으로 하여 전체적인 점선의 수치대로 표현한다.

3 그래디언트를 위해 주황색 점선 오브젝트를 Ctrl + C , Ctrl + B 로 뒤로 붙여넣기 한다. [Window]-[Stroke](Ctrl + F10) 패널에서 Dashed Line 체크 해제한 후 임의의 선 색(회색 계열) 으로 변경한다. '선'을 '면'의 속성으로 변경하기 위해 [Object]-[Expand]해 확장하고, 위쪽의 주황 점선 오브젝트도 [Object]-[Expand]해 확장한다.

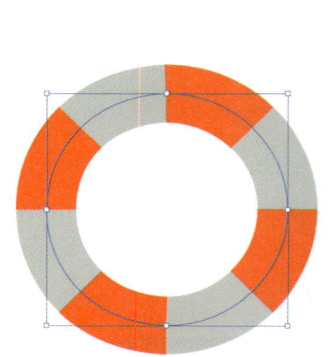 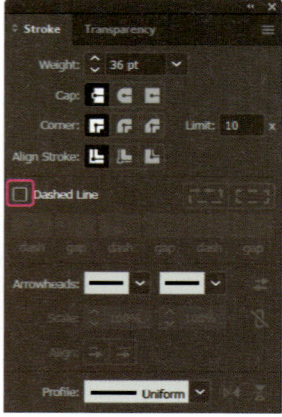 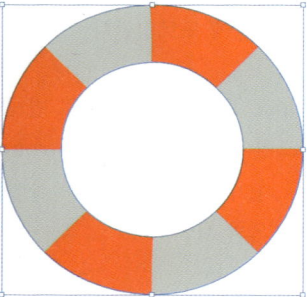

Plus@

[Object]-[Expand]가 사용되지 않을 경우 [Object]-[Path]-[Outline Stroke]를 이용해도 된다.

4 출력형태를 참고하여 점선 오브젝트를 회전한 후 회색의 오브젝트에 그래디언트를 적용하기 위해 [Window]-[Gradient](Ctrl + F9)에서 ❶ 'Radial Gradient'를 선택한다. ❷ 하단의 좌측 조절점을 그림과 같이 이동한 후 더블 클릭하고 ❸ 색(K40)을 적용한다. ❹ 중간 조절점을 추가해 더블 클릭하고 색(C0M0Y0K0)을 적용한 후 ❺ 우측 조절점을 더블 클릭하고 색(K40)을 적용한다.

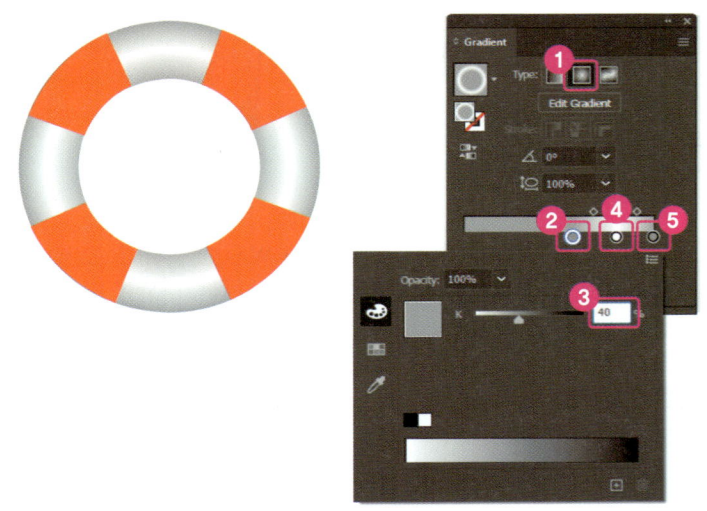

Plus@

C0M0Y0K0은 K0과 같은 색이므로 K0으로 입력할 수 있다.

5 Rectangle Tool(, M)로 Alt + Shift 와 함께 중심에서부터 드래그하여 정사각형을 그린 후 가로/세로 가이드라인을 그린다. 사각형에 곡률을 주기 위해 [Effect]-[Distort & Transform]-[Pucker & Bloat]를 선택한 후 값을 -12%로 입력하고 OK 를 클릭한다. 이펙트의 속성을 없애고 패스로 변경하기 위해 [Object]-[Expand Appearance]를 적용한다.

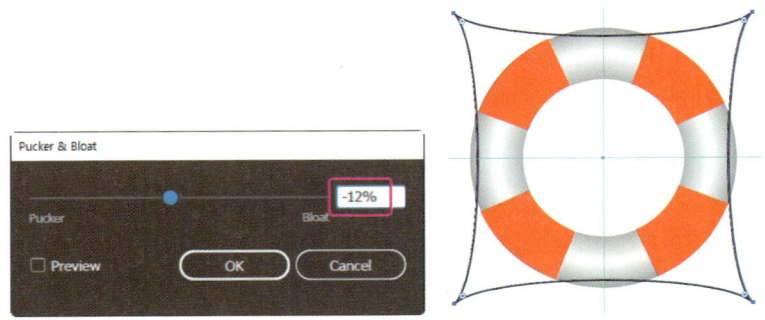

CHAPTER 1 기출유형 따라 하기 127

6 Direct Selection Tool(, A)로 Live Corners(곡률 활성화)를 안쪽으로 드래그하여 모양을 만든다.

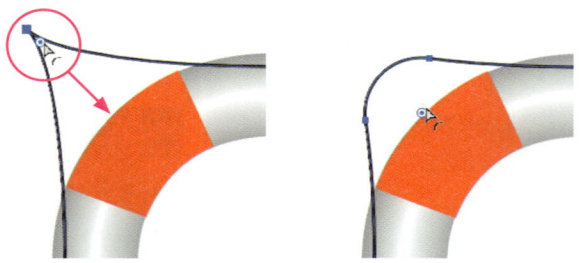

7 선(K30)은 [Window]―[Stroke](Ctrl + F10) 패널에서 Weight : 4pt로 설정한 후 Ctrl + C , Ctrl + F 로 앞으로 붙여넣기 한다. 위쪽 선(C0M0Y0K0)은 Weight : 2pt, Cap : Round Cap, Dashed Line 체크, dash : 2pt, gap : 5pt를 적용한다.

8 Clipping Mask를 적용하기 위해 Selection Tool(, V)로 배 오브젝트를 Alt 와 함께 복제해 알맞게 배치한다. 뒤로 배치된 배 오브젝트를 맨 앞으로 보내기 위해 마우스 오른쪽 버튼을 클릭한 후 [Arrange]― [Bring to Front](Shift + Ctrl +])를 적용한다.
회색 그래디언트를 선택하고 Ctrl + C , Ctrl + F 로 앞으로 붙여넣기 한 후 마우스 오른쪽 버튼을 클릭하여 [Arrange]― [Bring to Front](Shift + Ctrl +])를 적용한다. Shift 와 함께 배를 선택한 후 [Object]―[Clipping Mask]―[Make](Ctrl + 7)를 적용한다.

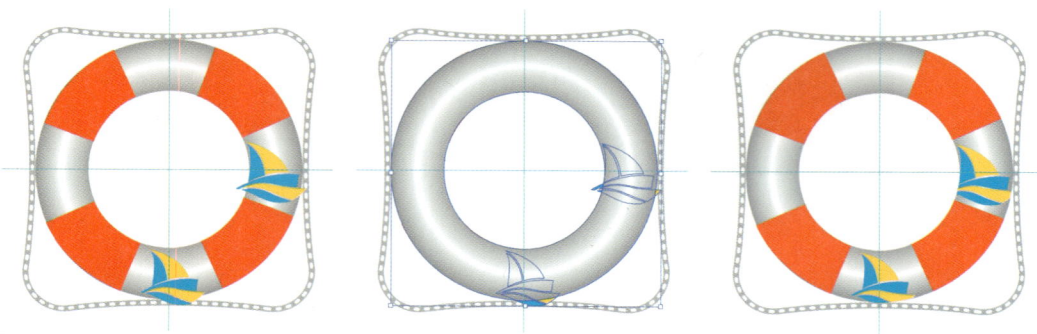

⑨ 연결 고리(K100)는 Rounded Rectangle Tool( )로 그린 후 Direct Selection Tool(, A)로 하단 두 포인트를 선택하여 Delete 한다.

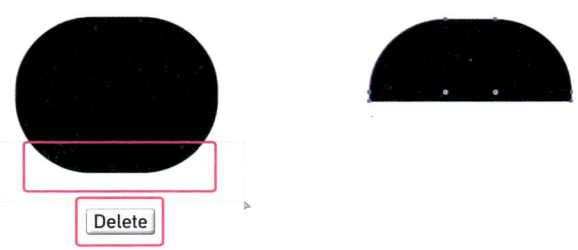

⑩ Selection Tool(, V)로 상단에 배치한다. Rotate Tool(, R)로 가이드 중심을 Alt +클릭하여 기준점을 잡고 Angle : 90을 입력한 후 Copy 를 클릭한다. 반복하기 위해 Ctrl + D 를 2번 실행한다.

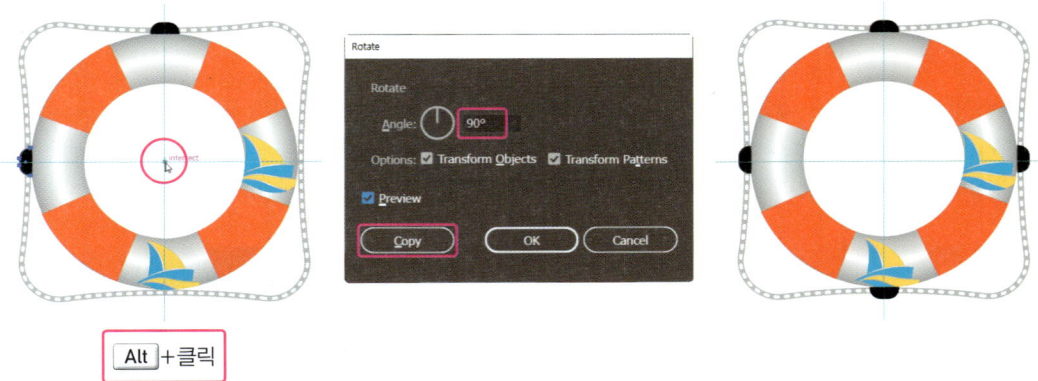

06 텍스트와 Brush 적용

1 텍스트를 입력하기 위해 Type Tool(`T`, `T`)로 빈 캔버스를 클릭해 COAST GUARD를 입력한다. `Ctrl`+`A`로 전체선택하여 [Window]-[Type]-[Character](`Ctrl`+`T`) 패널에서 Font : Times New Roman, Style : Bold, Size : 16pt, Color : C80M50으로 설정한 후 [Paragraph] 패널에서 가운데 맞춤을 적용한다. Selection Tool(`▶`, `V`)을 선택한 후 출력형태를 참고해 배치한다.

 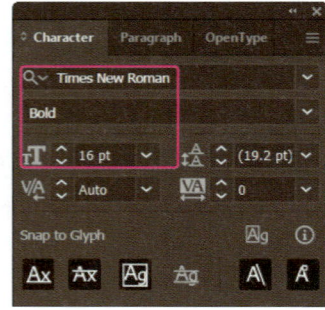 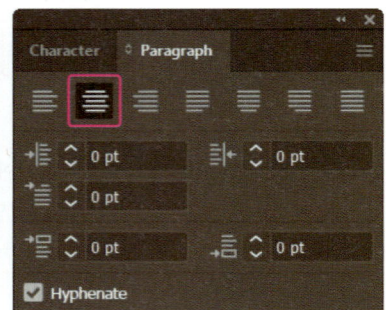

2 브러시(M80Y100, 1pt)를 적용하기 위해 Pencil Tool(`✏`, `N`)로 그림과 같이 자유곡선을 그린다. [Window]-[Brushes](`F5`) 패널을 열고 패널 하단의 `📚`를 클릭해 Artistic > Artistic_ChalkCharcoalPencil > Charcoal-Feather를 적용하고 Stroke Weight : 1pt로 설정한다.

  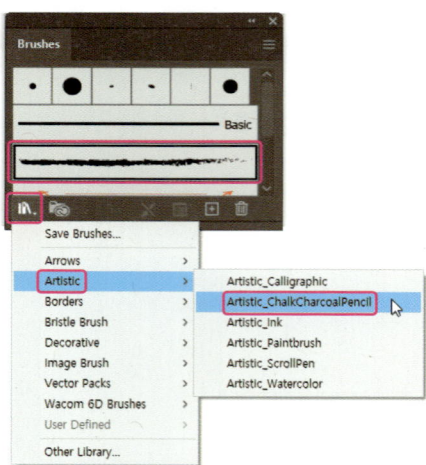

③ 출력형태를 참고해 배치한다.

07 저장하고 전송하기

① 불필요한 도형은 삭제하고 가이드라인이 보이지 않도록 [View]-[Guides]-[Hide Guides](Ctrl + ;)한다. [File]-[Save] 또는 [File]-[Save As]한 후 (Save On Your Computer)를 선택하여 '내 PC\문서\GTQ' 폴더에 "수험번호-성명-2"로 저장한다.

② [Illustrator Options] 대화상자에서 Version : Illustrator CC(Legacy)로 체크한 후 (OK)를 클릭한다. 하위 버전 저장에 따른 메시지가 뜨면 계속 (OK)를 클릭한다.

③ 시험장의 작업표시줄에 나타나는 'Koas 수험자용'을 클릭해 우측의 답안 전송 을 클릭한 후 해당하는 번호에 체크한다. 하단의 답안 전송 을 클릭한 후 닫기 를 누르면 최종 전송된 답안으로 채점이 이루어진다.

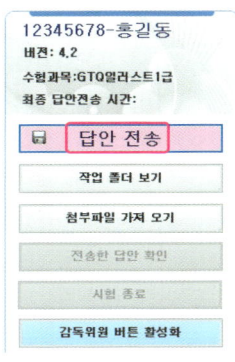
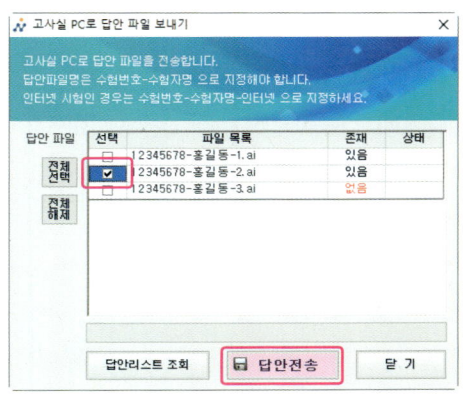

Check Point !

		O	X
01	출력형태를 제외한 나머지 오브젝트는 삭제했나요?		
02	해당 오브젝트를 출력형태의 위치에 배치했나요? (눈금자와 가이드라인 참고해 확인)		
03	작업 중 생성된 가이드라인을 Ctrl + ; 으로, 그리드를 Ctrl + ' 로 숨겼나요?		
04	Gradient가 적용된 오브젝트의 색상과 방향을 출력형태에 맞게 적용했나요?		
05	출력형태에 제시된 '선'의 두께는 정확히 설정되었나요?		
06	결과가 '면'의 속성인 오브젝트를 '선'의 속성으로 그렸을 경우 'Expand' 처리했나요?		
07	제시된 조건 이외의 오브젝트를 편의에 의해 Blend나 Envelope Distort의 기능으로 완성했을 경우 'Expand' 처리했나요?		
08	텍스트 작업 시 Font Family가 Bold인 경우 변경되어 있나요?		
09	오브젝트의 불투명도(Opacity) 값이 정확히 설정되었나요?		
10	저장을 먼저 한 후 답안 전송으로 마무리하였나요? (중요한 작업 완료 후 수시로 저장과 전송 가능)		

문제 3 광고디자인

완성 파일 : 기출유형따라하기-3.ai

01 새 캔버스 설정 및 저장

1 새 캔버스를 만들기 위해 [File]-[New]를 선택하여 Width : 210mm, Height : 297mm, Color Mode : CMYK로 설정한 후 새 캔버스를 연다.

2 [View]-[Rulers]-[Show Rulers](Ctrl+R)를 선택해 눈금자를 꺼낸다(좌측 상단 영점 확인).

3 [File]-[Save As]를 선택하고 Save On Your Computer 를 클릭한다. '내 PC₩문서₩GTQ' 하위 폴더에 파일 이름을 '수험번호-성명-3.ai'로 입력한 후 'Illustrator CC(Legacy)' 버전으로 저장한다.

4 도구상자가 모두 보이는지, 상단의 [Control] 패널이 있는지 체크한다.

Plus @

[Window]-[Workspace]-[Essentials Classic]으로 한 번에 도구상자와 [Control] 패널을 나타낼 수 있다.

5 작업에 앞서 제시된 색을 [Swatches] 패널이나 도형들을 나열해 색상을 등록해 놓는다.

6 오브젝트별로 가이드라인을 표시하고 작업하면 좋다.

02 Mesh로 배경 만들기

1 배경(M20Y60)은 Rectangle Tool(■, M)로 빈 공간을 클릭해 대화상자가 나오면 Width : 210mm, Height : 297mm를 입력한 후 Selection Tool(▶, V)로 캔버스에 맞게 배치한다.

Plus α

직사각형을 캔버스의 영점에 정확히 맞추려면 [Window]-[Transform] 패널에서 고정점을 좌측 상단으로 클릭한 후 X : 0mm, Y : 0mm로 입력한다.

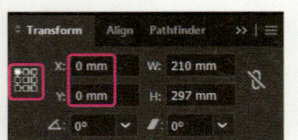

2 Mesh Tool(, U)로 출력형태를 참고해 두 부분(Y10)에 클릭한 후 해당하는 색을 채운다. 출력형 태를 참고하여 기준점(Anchor Point)을 이동해 모양을 만든 후 배경을 고정시키기 위해 [Object]-[Lock]-[Selection](Ctrl + 2)을 클릭한다.

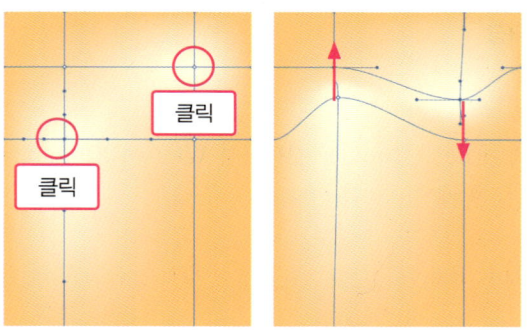

Plus α

오브젝트 잠금 : [Object]-[Lock]-[Selection](Ctrl + 2)
오브젝트 잠금 해제 : [Object]-[Unlock All](Alt + Ctrl + 2)

Plus α

Mesh를 수정하려면 Mesh Tool(, U)이나 Direct Selection Tool(▶, A)로 수정하고 싶은 기준점(Anchor Point)을 선택해 삭제 또는 색을 변경한다.

03 구름과 건물, 곡선 오브젝트

1 구름(C0M0Y0K0)을 그리기 위해 수평 눈금자에서 드래그하여 75mm에 가이드라인을 위치한다. 가이드라인을 고정시키기 위해 [View]-[Guides]-[Lock Guides](Alt + Ctrl + ;)한다.

2 Pencil Tool(, N)로 그림과 같이 드래그하여 자유곡선을 그리면서 가이드라인 부분에서 Shift 와 함께 계속 드래그하면 가이드라인을 따라 수평으로 마무리할 수 있다.
Selection Tool(, V)로 Alt 와 함께 드래그하여 복제한 후 배치한다.

3 하단 곡선은 Ellipse Tool(, L)로 Alt 와 함께 드래그하여 중심부터 커지는 타원을 만든다. 그래디언트를 적용하기 위해 [Window]-[Gradient](Ctrl + F9)에서 ❶ 'Linear Gradient'를 선택한다. ❷ 하단의 좌측 조절점을 더블 클릭하고 ❸ CMYK로 변경하기 위하여 우측의 메뉴( )를 선택한 후 ❹ CMYK를 누르고 색(C60M30Y20K50)을 적용한다. 나머지 적용을 위해 ❺ 우측 조절점을 더블 클릭한 후 ❸, ❹를 반복해 색(C60M30Y20)을 적용한다. 그래디언트의 방향을 수정하기 위해 Gradient Tool(, G)을 선택한 후 출력형태를 참고하여 드래그한다.

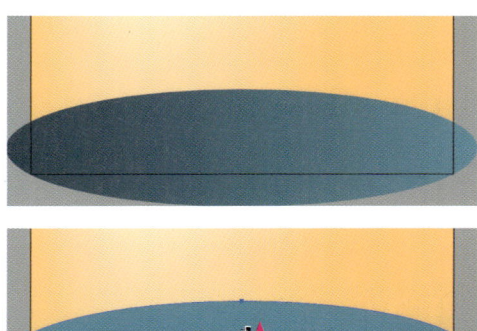
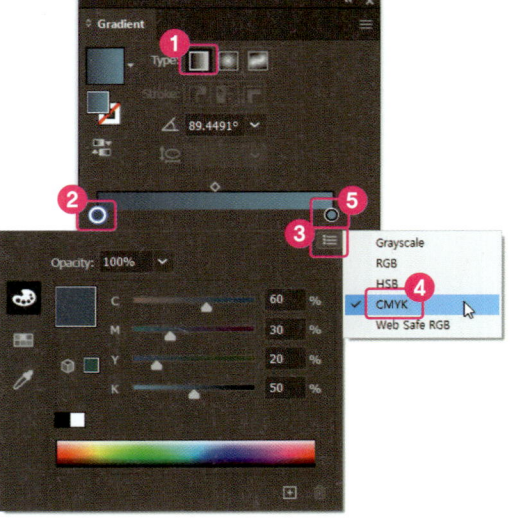

4 건물(C20M20Y70)은 Rectangle Tool(■ , M)로 하단을 그린 후 Selection Tool(▶ , V)로 Alt + Shift 와 함께 위쪽으로 드래그하여 복제한다. 우측 조절점에서 Alt 와 함께 드래그해 좌우 대칭으로 크기를 점차 줄여나간다.

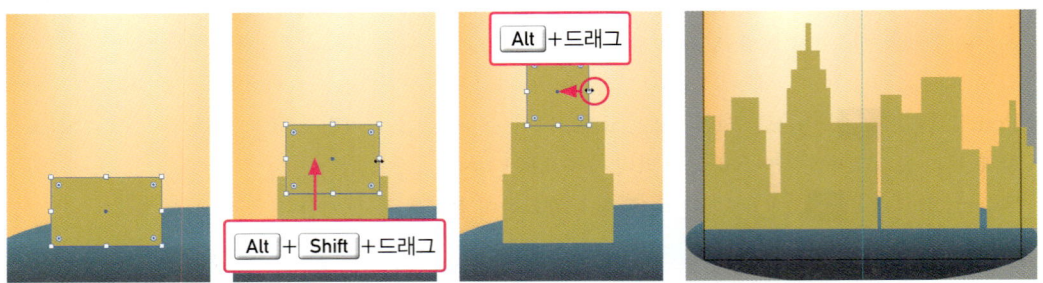

5 건물을 모두 선택하고 그룹화(Ctrl + G)한다. 하단의 타원을 선택하여 맨 앞으로 보내기 위해 마우스 오른쪽 버튼을 클릭한 후 [Arrange]-[Bring to Front](Shift + Ctrl +])를 적용한다.

Plus@

배경을 고정시키기 위해 모두 선택하여 [Object]-[Lock]-[Selection](Ctrl + 2)을 선택한다.
마지막 Clipping Mask를 하기 전에 [Object]-[Unlock All](Alt + Ctrl + 2)로 Lock을 풀어준다.

04 소방관 오브젝트

1 ❶ 세로 눈금자에서 가이드라인을 중앙에 그린 후 얼굴(면 : M30Y30, 선 : K80, 6pt)은 Rounded Rectangle Tool( )로 곡률을 최대화하여 만든다. '선'을 '면'의 속성으로 변경하기 위해 [Object]-[Expand]해 확장한다. ❷ 눈썹(K80)은 Rectangle Tool(, M)로 그린 후 Direct Selection Tool(, A)로 끝부분의 기준점(Anchor Point)을 선택하여 조절한다. ❸ 눈(K80)은 Ellipse Tool(, L)로 그린다.

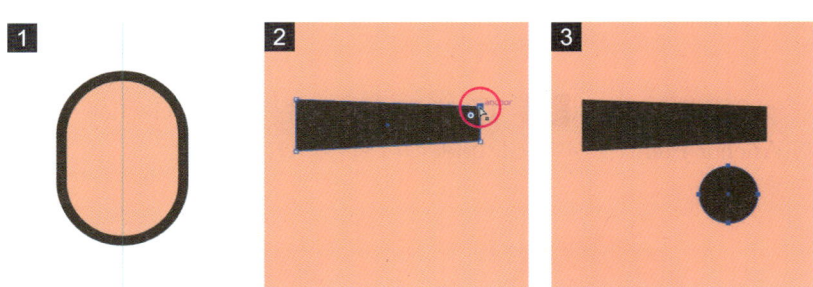

2 Selection Tool(, V)로 눈썹과 눈을 Shift 와 함께 모두 선택한다. 대칭복사하기 위해 오브젝트를 선택한 후 Reflect Tool(, O)로 중심을 Alt +클릭하여 기준점을 잡고 Axis : Vertical, Copy 를 클릭한다.

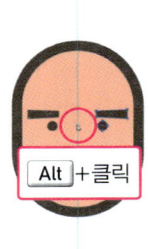
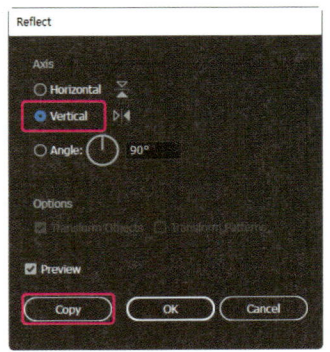

Plus@

[Object]-[Expand]를 하면 '선'이 '면'의 속성으로 변경된다. Shift + Ctrl + G 로 그룹 해제해 분리하면 확인할 수 있다.

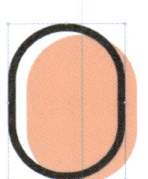

❸ 입(K80)은 Ellipse Tool(⬭, L)로 가이드라인에서 Alt 와 함께 작게 하나를 그린 후 크게 하나를 더 그린다. Selection Tool(▸, V)로 Shift 와 함께 선택하고 [Window]−[Pathfinder](Shift + Ctrl + F9) 패널의 'Minus Front'를 적용한다. 얼굴을 모두 선택해 그룹화(Ctrl + G)한다.

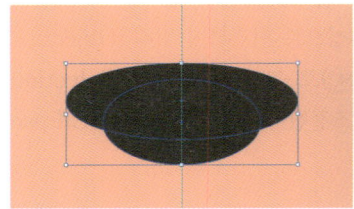
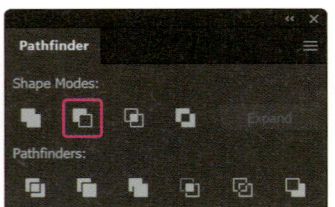
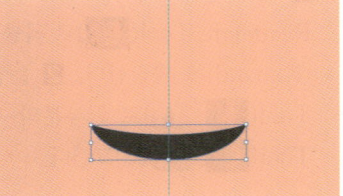

❹ 헬멧(M90Y90)은 Ellipse Tool(⬭, L)로 타원을 그린 후 Direct Selection Tool(▸, A)로 하단 기준점(Anchor Point)을 선택하고 Delete 하여 반원을 만든다.

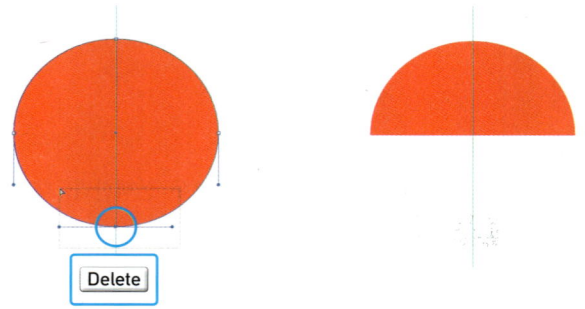

❺ Selection Tool(▸, V)로 크기를 조절한 후 Direct Selection Tool(▸, A)로 상단 기준점 (Anchor Point)을 선택해 양쪽의 방향점을 Shift 와 함께 각각 늘린다.

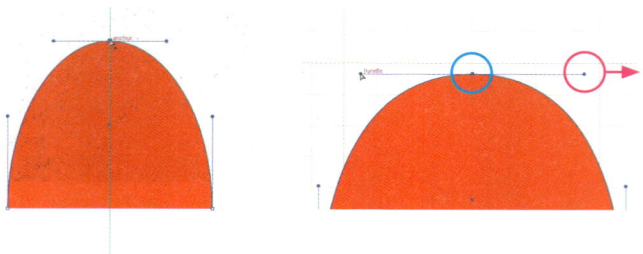

Plus @

좌우 대칭을 맞추기 위해 [View]−[Show Grid](Ctrl + ')를 보이게 하고 작업한다.

6 Selection Tool(　, V)로 헬멧을 선택하고 Ctrl + C , Ctrl + F 로 앞으로 붙여넣기 한 후 가로 조절점을 Alt 와 함께 대칭으로 줄이고 색(M100Y100K30)을 채운다.
Ellipse Tool(　, L)로 타원을 그린 후 Direct Selection Tool(　, A)로 그림과 같이 상/하 기준점(Anchor Point)을 Shift 와 함께 복수로 선택하여 아래쪽 방향키(↓)를 5번 정도 내려 모양을 완성한다.
Selection Tool(　, V)로 헬멧을 모두 선택해 그룹화(Ctrl + G)한다.

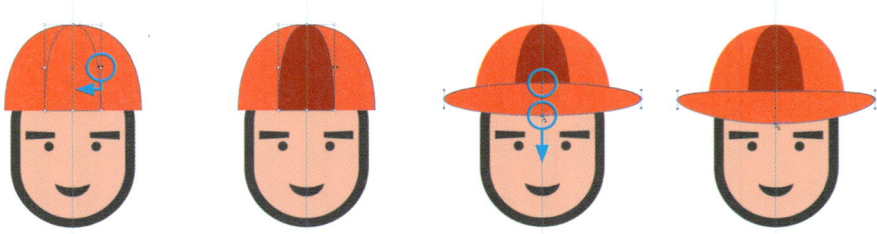

7 목 부분(C10M60Y100)은 Rounded Rectangle Tool(　)로 그린 후 맨 뒤로 보내기 위해 마우스 오른쪽 버튼을 클릭하여 [Arrange]−[Send Backward](Ctrl + [ )를 눌러 한 단계씩 뒤로 보낸다.

8 목 커버(K100)는 Pencil Tool(　, N)로 그림과 같이 그리고 대칭복사하기 위해 오브젝트를 선택한다. Reflect Tool(　, O)로 중심을 Alt +클릭해 기준점을 잡고 Axis : Vertical, Copy 를 클릭한다. Selection Tool(　, V)을 선택한 후 Shift 로 목 커버를 모두 선택한다. 맨 뒤로 보내기 위해 마우스 오른쪽 버튼을 클릭한 후 [Arrange]−[Send Backward](Ctrl + [ )를 눌러 한 단계씩 뒤로 보낸다.

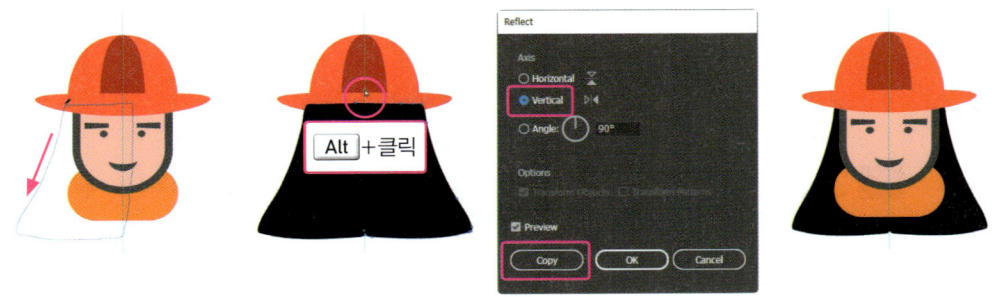

9 방화복 상의(M50Y100)는 Pen Tool(, P)로 그린다.

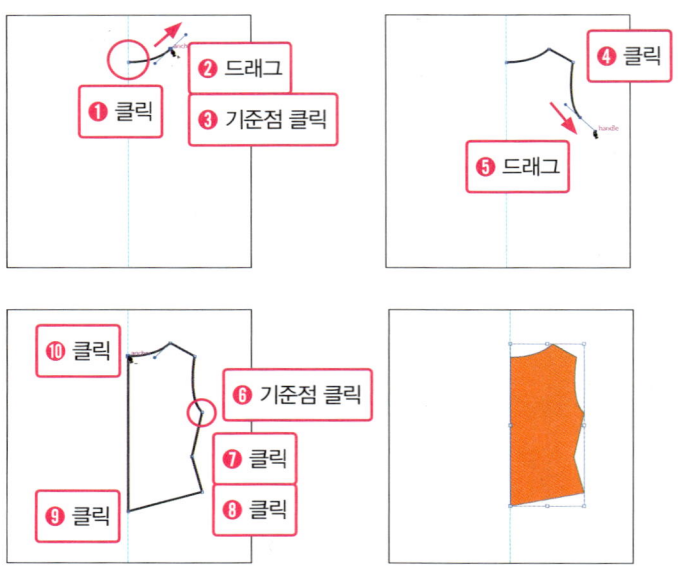

10 하의(C10M60Y100)는 Rectangle Tool(, M)로 그린다. 자연스럽게 연출하기 위해 Warp Tool(, Shift + R)을 더블 클릭해 Width : 20mm, Height : 20mm 정도로 설정하여 오브젝트의 형태를 그림과 같이 변형한다. Rectangle Tool(, M)로 작은 사각형(K80)을 그린 후 위와 같이 반복한다.

Selection Tool(, V)로 하의를 모두 선택한 후 그룹화(Ctrl + G)하여 회전한다. 맨 뒤로 보내기 위해 마우스 오른쪽 버튼을 클릭한 후 [Arrange]-[Send Backward](Ctrl + [ )를 눌러 한 단계씩 뒤로 보낸다.

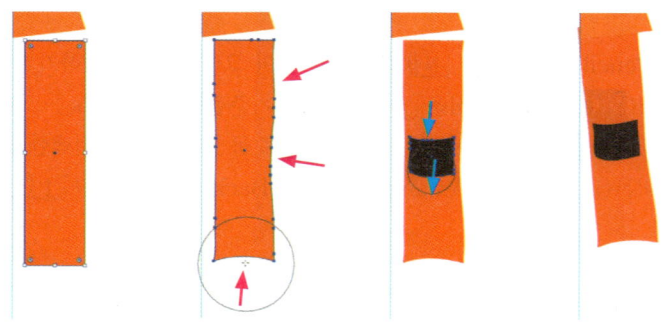

> **Plus@**
> Warp Tool(, Shift + R)의 크기는 Alt + Shift 를 누른 상태에서 화면을 클릭한 채 마우스를 대각선으로 드래그하면 종횡비가 유지되며 브러시의 크기를 조절할 수 있다.

11 신발(K80)은 Rounded Rectangle Tool(■)로 그린 후 Direct Selection Tool(▶, A)로 기준점(Anchor Point)을 이동하여 모양을 만든다. 마지막으로 Smooth Tool(✐)로 패스를 드래그, 드래그하여 부드럽게 만든다.

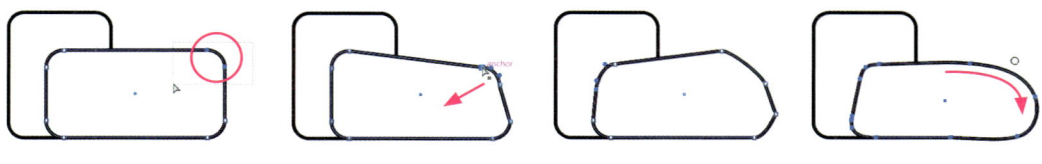

Plus @

Smooth Tool(✐)을 이용하여 패스를 드래그해 주면 패스의 개수도 줄어들고 부드러워진다.

12 신발을 모두 선택한 후 색을 채우고 그룹화(Ctrl + G)한다. 맨 뒤로 보내기 위해 마우스 오른쪽 버튼을 클릭한 후 [Arrange]-[Send Backward](Ctrl + [)를 눌러 한 단계씩 뒤로 보낸다.

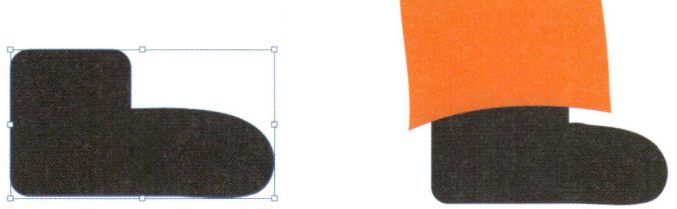

13 안전무늬(M30Y100, Y30)를 표시하기 위해 Rectangle Tool(■, M)로 사각형을 그린 후 Curvature Tool(✐, Shift + ~)로 드래그하여 곡선을 만든다.
Ctrl + C, Ctrl + F로 앞으로 붙여넣기 한 후 세로 조절점으로 Alt 와 함께 대칭으로 줄인다.

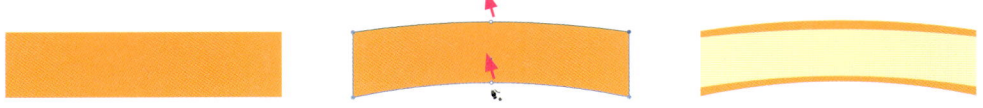

14 Selection Tool(, V)로 Alt 와 함께 하나를 복제해 두고 다리에 안전무늬를 배치한다. 바지와 맞추기 위해 특정 기준점만 옭아매는 Lasso Tool(, Q)을 이용해 감싼 후 Direct Selection Tool(, A)로 이동해 모양을 완성한다.

15 Selection Tool(, V)로 상하의를 모두 선택한 후 Reflect Tool(, O)로 중심을 Alt +클릭해 기준점을 잡고 Axis : Vertical, Copy 를 클릭한다. 복제해 두었던 안전무늬를 Selection Tool(, V)로 복제하여 14와 같이 조절한 후 상의에 배치한다.

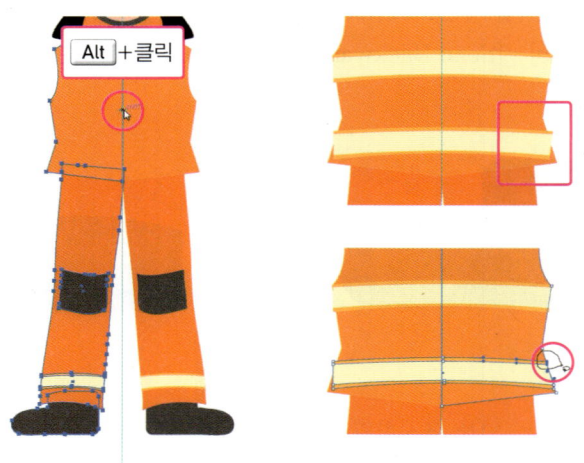

16 Rectangle Tool(, M)로 지퍼 부분(C10M60Y100)을 만든 후 Ctrl + [를 눌러 한 단계씩 뒤로 보낸다. 벨트 부분(K80)도 Pen Tool(, P)로 어깨 부분을 그린 후 Rectangle Tool(, M)로 나머지를 배치한다. Direct Selection Tool(, A)로 기준점(Anchor Point)을 선택해 수정한다. 어깨 부분을 대칭복사하기 위해 오브젝트를 선택하고 Reflect Tool(, O)로 중심을 Alt + 클릭해 기준점을 잡은 후 Axis : Vertical, Copy 를 클릭한다.

17 팔(C10M60Y100)은 Pen Tool(, P)로 그린 후 맨 뒤로 보내기 위해 마우스 오른쪽 버튼을 클릭하고 [Arrange]-[Send Backward](Ctrl + [ )를 눌러 한 단계씩 뒤로 보낸다. 다리 부분에 만들어 두었던 안전무늬를 복제해 14와 같이 올가미 툴로 수정한다.

⑱ 장갑(K80)은 Pencil Tool( ), N)로 그린 후 색을 채운다. 맨 뒤로 보내기 위해 마우스 오른쪽 버튼을 클릭한 후 [Arrange]-[Send Backward](Ctrl + [ )를 눌러 한 단계씩 뒤로 보낸다.

⑲ 호스(면 : M30Y100, 선 : C20M80Y100, 1pt)는 Rounded Rectangle Tool( )로 그린 후 Selection Tool(, V)로 Alt 와 함께 2개 더 복제해 배치하고 그림과 같이 크기를 조정한다.

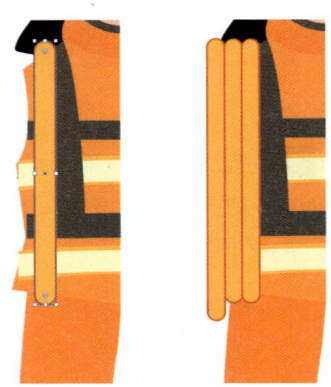

⑳ 호스입구는 Rectangle Tool(, M)로 사각형(면 : K80, 선 : K100, 1pt)을 그린다. Direct Selection Tool(, A)로 하단 두 포인트를 Shift 와 함께 선택하고 Scale Tool(, S)로 바깥쪽으로 드래그해 넓힌다. Rounded Rectangle Tool( )로 위/아래에 배치한 후 색(면 : K40, 선 : K100, 1pt)을 채운다.

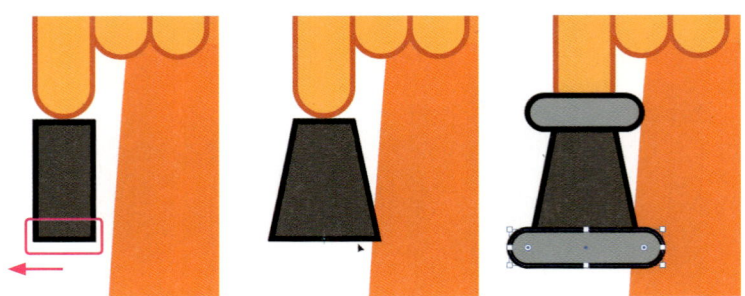

21 소매(C10M60Y100)는 Pencil Tool(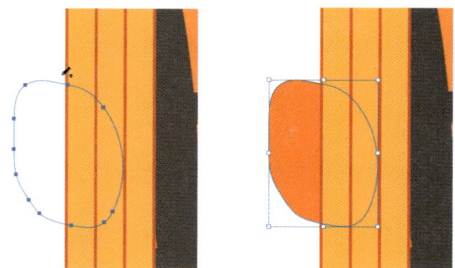)로 그린 후 색을 채운다. 맨 뒤로 보내기 위해 마우스 오른쪽 버튼을 클릭한 후 [Arrange]-[Send Backward](Ctrl + [ )를 눌러 한 단계씩 뒤로 보낸다.

22 Pencil Tool(, N)로 손 부분(K80)과 엄지손가락(K80)을 따로 그린다. 엄지손가락만 뒤로 보내기 위해 마우스 오른쪽 버튼을 클릭한 후 [Arrange]-[Send Backward](Ctrl + [ )를 적용하여 한 단계씩 뒤로 보낸다.

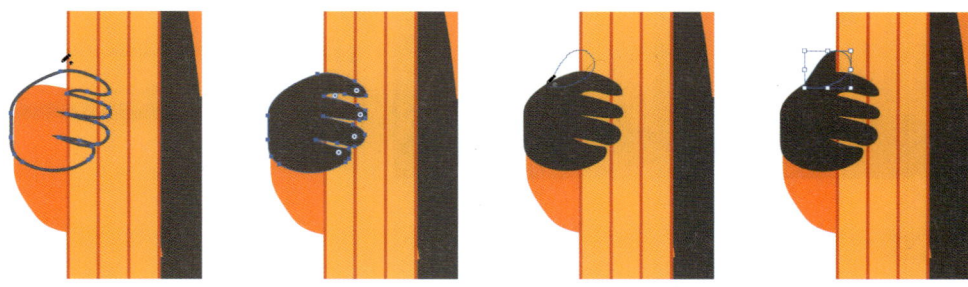

Plus@

따로 그려도 겹쳐 그려지는 것을 방지하기 위해 Pencil Tool(, N)을 더블 클릭하고 Within : 0 pixels로 설정한 후 그리면 합쳐 그려지지 않는다.

23 소방관 오브젝트를 그룹화(Ctrl + G)한 후 그림자를 적용하기 위해 [Effect]-[Stylize]-[Drop Shadow]를 선택하고 Opacity : 50%, X Offset : 1mm, Y Offset : 1mm, Blur : 1mm로 설정한다.

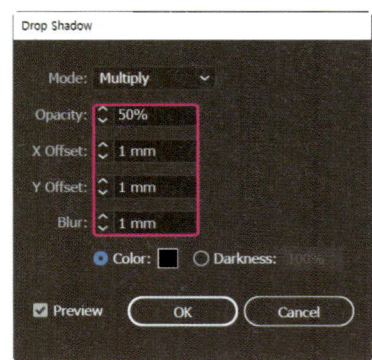

05　Brush와 Blend 적용

1 브러시(C60M30Y20, 1pt, Opacity 70%)를 표현하기 위해 Line Segment Tool(, W)로 왼쪽에서 오른쪽으로 수평선을 그린다. [Window]-[Brushes](F5) 패널을 열고 패널 하단의 를 클릭해 Decorative > Elegant Curl & Floral Brush Set > People을 선택한 후 Stroke Weight : 1pt로 설정한다. 상단 [Control] 패널의 불투명도를 Opacity : 70%로 설정한다.

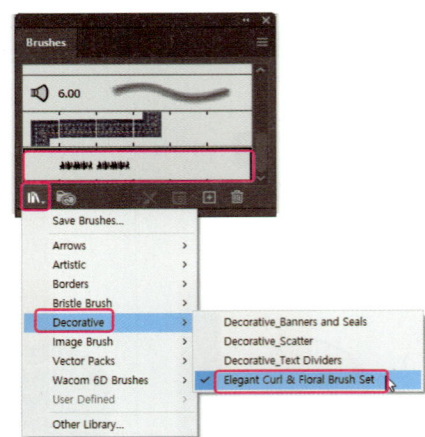

Plus @

브러시의 특성상 오른쪽에서 왼쪽으로 그릴 경우 뒤집어진다.

Plus @

불투명도(Opacity)는 [Properties] 패널 또는 [Window]-[Transparency] 패널에서 적용할 수 있다.

❷ Blend를 적용하기 위해 Pencil Tool(, N)을 더블 클릭한 후 Smooth를 선택하고 (OK)를 클릭한다. 아래와 같이 자연스러운 곡선(C0M0Y0K0, 1pt → M20Y60, 3pt)을 그린다.

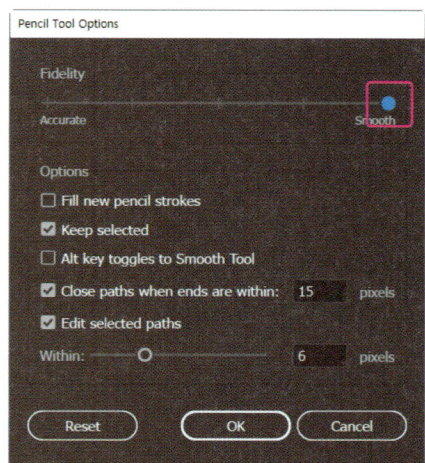

❸ ① Selection Tool(, V)로 두 곡선을 선택한 후 [Object]−[Blend]−[Make](Alt + Ctrl + B)를 적용한다. ② 단계를 조정하기 위해 Blend Tool(, W)을 더블 클릭하여 Spacing : Specified Steps, 15로 적용한 후 (OK)를 클릭한다. ③ 소방관 오브젝트를 맨 앞으로 보내기 위해 마우스 오른쪽 버튼을 클릭한 후 [Arrange]− [Bring to Front](Shift + Ctrl +])를 적용한다.

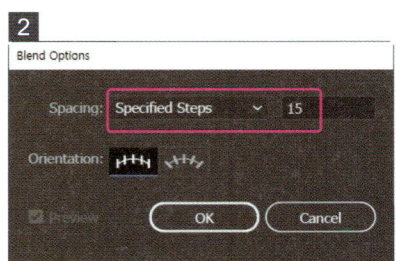

Plus @

[Object]−[Blend]−[Blend Options]를 이용해도 된다.

06 심볼 오브젝트 '메가폰'

1 Ellipse Tool(, L)로 타원(K10)과 Rounded Rectangle Tool( )로 모서리가 둥근 사각형 (M100Y100)을 그린다. Rectangle Tool(, M)로 2개의 세로로 긴 사각형(K10)을 그려 배치한 후 몸통에 해당하는 직사각형(K10)을 그린다.
Add Anchor Point Tool(, =)로 그림과 같이 기준점을 추가한다.

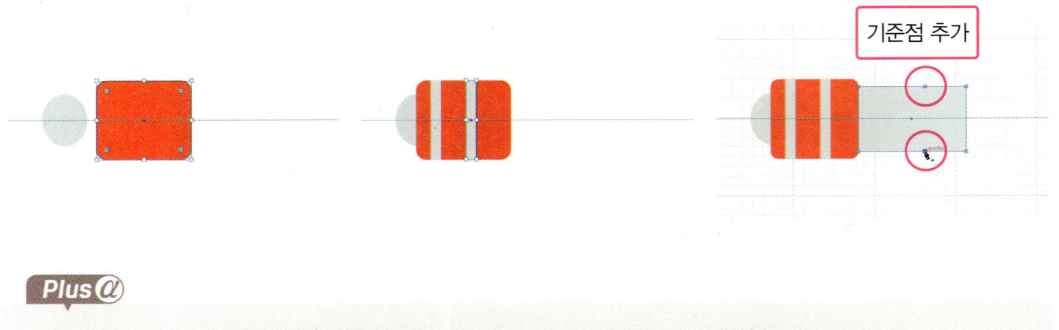

기준점 추가

Plus α

기준점을 정확히 추가하기 위해 [View]–[Show Grid](Ctrl + ')를 보이게 하고 작업한다.

2 Direct Selection Tool(, A)로 그림과 같이 두 군데 기준점을 Shift 와 함께 선택한 후 Scale Tool(, S)로 바깥쪽으로 확장한다.

3 중간 포인트를 Direct Selection Tool(, A)로 Shift 와 함께 선택한 후 상단 [Control] 패널의 Anchor Point 옵션에서 Convert : 'Convert selected anchor points to smooth'( )를 클릭해 곡선을 만든다.

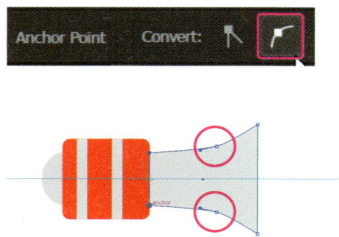

4 Line Segment Tool(　, W)로 수평선을 그리고 Selection Tool(　, V)로 바로 아래 오브젝트와 함께 선택한 후 [Window]−[Pathfinder](Shift + Ctrl + F9) 패널의 'Divide'로 분리한다. Direct Selection Tool(　, A)로 빈 공간을 클릭한 후 아래 오브젝트를 선택하여 색(K20)을 채운다. Rounded Rectangle Tool(　)로 앞부분(M100Y100, M60Y30)을 그려 배치한다.

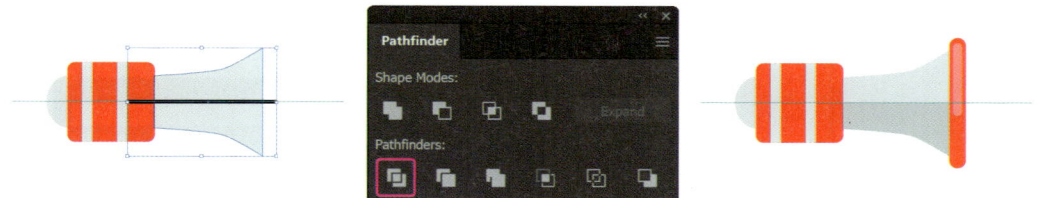

5 손잡이(M100Y100)는 Pen Tool(　, P)로 그린 후 [Window]−[Stroke](Ctrl + F10) 패널에서 Weight : 10pt, Cap : 'Round Cap'으로 적용한다. '선'을 '면'의 속성으로 변경하기 위해 [Object]−[Expand]해 확장한다. Selection Tool(　, V)로 모두 선택해 그룹화(Ctrl + G)한다.

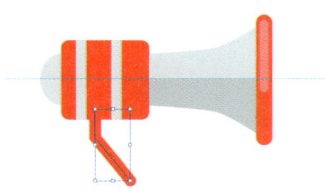 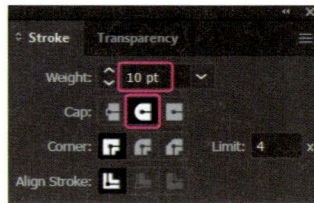 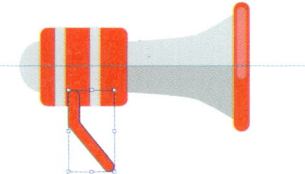

07 Symbol 등록과 적용

1 메가폰을 [Symbols] 패널에 등록하기 위해 [Window]-[Symbols](Shift+Ctrl+F11)를 열고 드래그하여 추가한다. [Symbol Options] 대화상자에서 Name : 메가폰으로 입력한 후 OK 를 클릭한다.

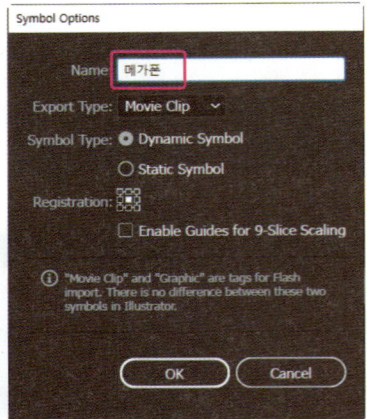
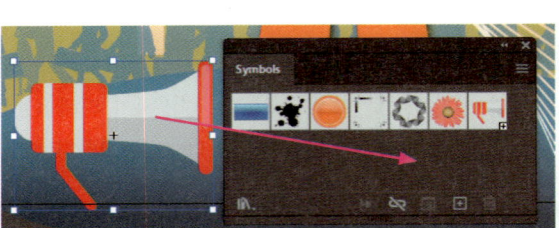

2 Symbol을 적용하기 위해 Selection Tool(, V)로 원본 Symbol을 선택한 후 Symbol Sprayer Tool(, Shift + S)로 출력형태를 참고해 클릭, 클릭하여 배치한다.

> **Plus@**
>
> Symbol Sprayer Tool 적용 시 여러 개의 Symbol이 추가되었을 경우 Alt 와 함께 클릭하면 삭제된다.
>
>

3 ❶ Symbol의 크기를 조절하기 위해 Symbol Sizer Tool( )을 사용한다. 클릭, 클릭으로 점점 크게, Alt 와 함께 클릭하면 작아진다. ❷ Symbol의 위치 조절은 Symbol Shifter Tool( )로 드래그하며 ❸ Symbol의 기울기는 Symbol Spinner Tool( )로 시계방향, 반시계방향으로 회전한다. ❹ Symbol의 색상 변화를 위해 Symbol Stainer Tool( )을 선택한 후 [Swatches] 패널에서 해당 색(파랑, 노랑)을 선택하고 해당 Symbol을 클릭한다. ❺ Symbol Screener Tool( )로 투명도를 적용한 후 마무리한다.

4 심볼을 대칭복사하기 위해 오브젝트를 선택한 후 Reflect Tool(, O)로 캔버스 임의의 중간 부분을 Alt +클릭하여 기준점을 잡고 Axis : Vertical, Copy 를 클릭한다.

색상 변화를 위해 Symbol Stainer Tool( )을 선택한 후 [Swatches] 패널에서 해당 색(녹색)을 선택하여 적용한다. Symbol Screener Tool( )로 투명도를 적용한 후 마무리한다.

Plus α

심볼을 선택하지 않은 상태에서 심볼의 기능을 적용하려면 그림과 같은 메시지가 뜬다.

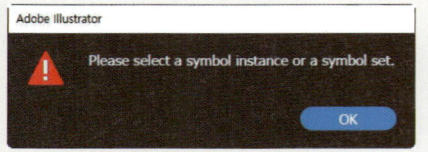

08 텍스트 입력

1. Type Tool(T, T)로 빈 캔버스를 클릭한 후 Pride and mission을 입력한다. Ctrl + A로 전체 선택한 후 [Window]-[Type]-[Character](Ctrl + T) 패널에서 Font : Arial, Style : Bold, Size : 45pt, Color : C20M100Y100K10으로 설정한다.

2. [Object]-[Envelope Distort]-[Make with Warp](Alt + Shift + Ctrl + W)를 선택한 후 [Warp Options] 대화상자에서 Style : Arc Upper, Bend : 25%를 입력한 후 OK 를 클릭한다.

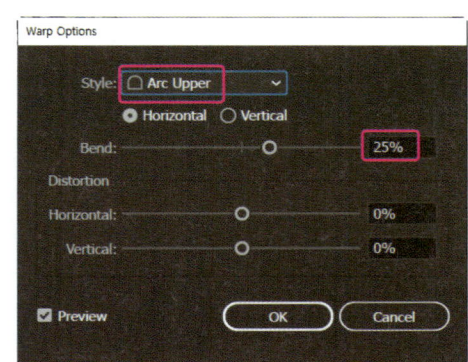

3. Type Tool(T, T)로 빈 캔버스를 클릭해 "노고에 감사 드립니다."를 입력한다. Ctrl + A로 전체 선택한 후 [Window]-[Type]-[Character](Ctrl + T) 패널에서 Font : 궁서, Size : 20pt, Color : C0M0Y0K0으로 설정한다.

4. [Object]-[Envelope Distort]-[Make with Warp](Alt + Shift + Ctrl + W)를 선택한 후 [Warp Options] 대화상자에서 Style : Flag, Bend : −40%를 입력하고 OK 를 클릭한다.

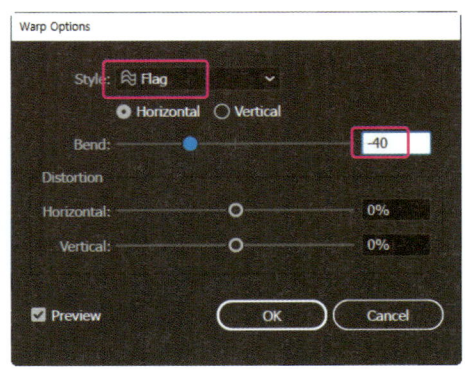

Plus α

텍스트를 한글로 입력했을 때 단축키가 적용되지 않는 경우가 발생할 수 있다. 이럴 때는 한/영 키를 눌러 영문인 상태로 설정하면 된다.

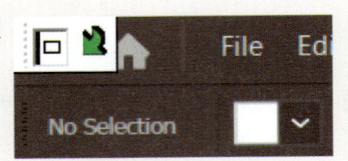

5 Type Tool(T , T)로 빈 캔버스를 클릭한 후 119를 입력한다. Ctrl + A 로 전체선택하고 [Window]-[Type]-[Character](Ctrl + T) 패널에서 Font : Arial, Style : Italic, Size : 25pt, Color : C0M0Y0K0으로 설정한다.

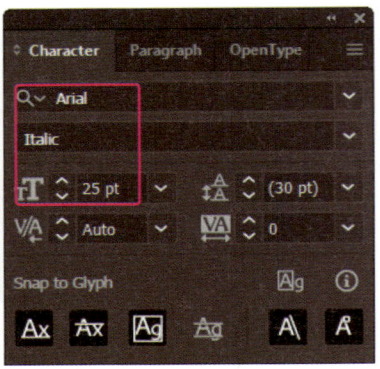

09 Clipping Mask로 마무리하기

1 잠겨 있는 오브젝트를 풀기 위해 [Object]-[Unlock All](Alt + Ctrl + 2)한다.

2 Rectangle Tool(■ , M)로 빈 공간을 클릭한 후 Width : 210mm, Height : 297mm를 입력하고 (OK)를 클릭한다. Selection Tool(▶ , V)로 캔버스 끝에 딱 맞추고 캔버스에 있는 모든 오브젝트를 선택한 후 마우스 오른쪽 버튼을 클릭하여 'Make Clipping Mask'를 적용한다.

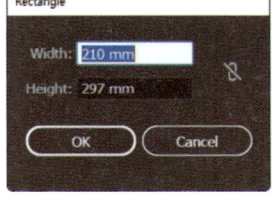
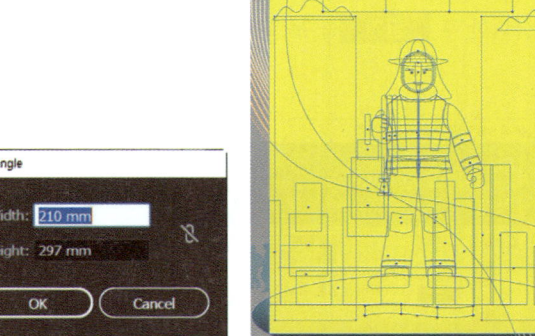

Plus@

직사각형을 캔버스의 영점에 정확히 맞추려면 [Window]-[Transform] 패널에서 고정점을 좌측 상단으로 클릭한 후 X : 0mm, Y : 0mm로 입력한다.

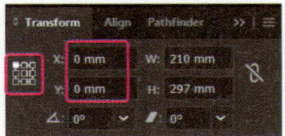

Plus@

Clipping Mask 적용 : [Object]-[Clipping Mask]-[Make](Ctrl + 7)
Clipping Mask 해제 : [Object]-[Clipping Mask]-[Release](Alt + Ctrl + 7)

Plus@

Clipping Mask 안쪽의 오브젝트를 수정하기 위하여 Selection Tool(▶ , V)로 더블 클릭하면 Isolated Area(고립된 영역)로 들어가게 되며 그 안에서 수정할 수 있다. 수정 완료 시 Esc 나 화살표를 눌러 빠져나온다.

10 저장하고 전송하기

1 불필요한 도형은 삭제하고 가이드라인이 보이지 않도록 [View]-[Guides]-[Hide Guides](Ctrl +;)한다. [File]-[Save] 또는 [File]-[Save As]한 후 Save On Your Computer 를 선택하여 '내 PC₩문서₩GTQ' 폴더에 "수험번호-성명-3"으로 저장한다.

2 [Illustrator Options] 대화상자에서 Version : Illustrator CC(Legacy)로 체크한 후 OK 를 클릭한다. 하위 버전 저장에 따른 메시지가 뜨면 계속 OK 를 클릭한다.

3 시험장의 작업표시줄에 나타나는 'Koas 수험자용'을 클릭해 우측의 답안 전송 을 클릭한 후 해당하는 번호에 체크한다. 하단의 답안 전송 을 클릭한 후 닫기 를 누르면 최종 전송된 답안으로 채점이 이루어진다.

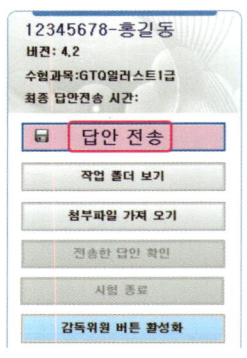
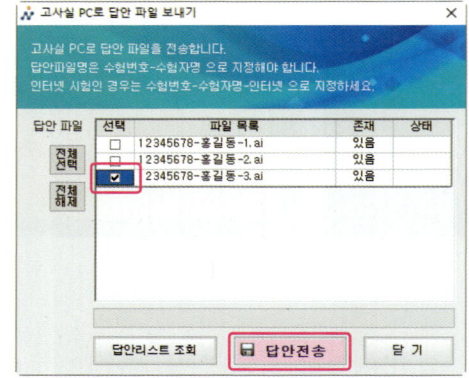

✅ Check Point !

		○	×
01	출력형태를 제외한 나머지 오브젝트는 삭제했나요?		
02	해당 오브젝트를 출력형태의 위치에 배치했나요? (눈금자와 가이드라인 참고해 확인)		
03	오브젝트에 'Lock'이 되어 있는 경우 'Unlock All(Alt + Ctrl + 2)'했나요?		
04	작업 중 생성된 가이드라인을 Ctrl + ; 으로, 그리드를 Ctrl + ' 로 숨겼나요?		
05	Gradient가 적용된 오브젝트의 색상과 방향을 출력형태에 맞게 적용했나요?		
06	결과가 '면'의 속성인 오브젝트를 '선'의 속성으로 그렸을 경우 'Expand' 처리했나요?		
07	제시된 조건 이외의 오브젝트를 편의에 의해 Blend나 Envelope Distort의 기능으로 완성했을 경우 'Expand' 처리했나요?		
08	텍스트 작업 시 Font Family가 Bold인 경우 변경되어 있나요?		
09	오브젝트의 불투명도(Opacity) 값이 정확히 설정되었나요?		
10	마지막 단계에서 Clipping Mask하여 마무리되었나요?		

유튜브 선생님에게 배우는

GTQ 일러스트
|1급| 합격노트

디자인 능력을 갖춘 개발자가 가치를 더 인정받는 시대입니다. 이 책은 일러스트레이터 자격증에 초점을 맞춘 책이긴 하지만, 프로그래머들이 일러스트레이터를 이해하는 데도 큰 도움을 줄 것입니다. 오랜 시간 강의로 다진 저자만의 노하우가 담겨 있는 이 책으로 일러스트레이터 자격증과 디자인 툴 활용 능력이라는 두 마리 토끼를 잡아 보세요.

마이크로소프트 MVP, 프론트앤드 개발자 **김도균 님**

자격증 공부뿐 아니라 실무를 빠르게 배우고자 하는 사람들에게 도움이 되는 도서입니다. UI디자인을 할 때 일러스트 교육 과정이 필수적인데, 유튜브 영상만큼이나 꼼꼼하고 세심한 설명을 담은 도서가 기대됩니다.

'디자이너에 의한 디자이너를 위한 실무코딩(HTML+CSS)' 저자, 엄레이 대표 **엄태성 님**

GTQ 일러스트 자격증을 준비하는 분들에게 단비와 같은 도서입니다. 기초를 다지고 빠르게 익혀 자격증을 취득할 수 있으며, 오랜 기간 강의한 풍부한 경험과 다양한 노하우가 담긴 책이라 기대가 됩니다.

루씨의 UXUI디자인 채널 운영, 디자이너, 강사 **박수진 님**

지식을 아는 것과 가르치는 것은 다릅니다. 일러스트레이터를 현장에서 활용하는 방법을 정확히 알고, 자격증에 대비할 수 있도록 케이스별 실무 예제로 설명해 줍니다. 명확하고 쉽게 익힐 수 있는 방법을 유튜브를 통해 전달하고 있고 교재에도 그대로 녹아 있으리라 생각됩니다.

교사, 숨터교육 대표 **우정호 님**

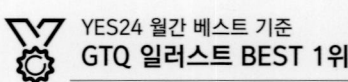

YES24 월간 베스트 기준
GTQ 일러스트 BEST 1위

2023년 1~5월
2024년 4월
2025년 3~4월

주관 및 시행처 한국생산성본부

2026

유튜브 **선생님**에게 **배**우는

무료 동영상 강의 제공
스마일컴쌤 검색!

BEST SELLER 1위
산출근거 후면 표기

예제 파일 및 부록 실습 자료 제공

저자 ― 조인명

쳐자직강 무료강의!

Graphic Technology Qualification illustration

GTQ 일러스트
|1급| 합격노트
2권 기출 공략

ver. Adobe CC

따라 하기 쉽게 풀어쓴 상세한 설명

저자 직강 유튜브 무료 동영상 강의 제공

본 도서는 **항균잉크**로 인쇄하였습니다.

시대에듀

합격생 후기 언급량 1위
수험생들이 가장 많이 검색한 시대에듀

전과목 전강좌 0원

전 교수진 최신 강의 **100% 무료**

지금 바로 1위 강의 100% 무료 수강하기 GO »

*노무사 합격후기/수강후기 게시판 김희향 언급량 기준
*네이버 DataLab 검색어 트렌드 조회결과(주제어: 업체명+법무사 / 3개 업체 비교 / 2016.05~2025.05)

유튜브 선생님에게 배우는

유·선·배 GTQ 일러스트
1급 합격노트 (ver. Adobe CC)

저자 직강 **무료 동영상 강의** 제공

빠른 합격을 위한 맞춤 학습 전략을
무료로 경험해 보세요.

혼자 하기 어려운 공부, 도움이 필요할 때	체계적인 커리큘럼으로 공부하고 싶을 때	온라인 강의를 무료로 듣고 싶을 때

 조인명 선생님의 쉽고 친절한 강의,
지금 바로 확인하세요!

 스마일컴쌤

시험안내

※ 정확한 시험일정 및 세부사항에 대해서는 시행처에서 반드시 확인하시기 바랍니다.

응시료 및 응시자격

구분	1급	2급	3급	응시자격
일반접수	31,000원	22,000원	15,000원	제한 없음
군장병접수	25,000원	18,000원	12,000원	

검정방법

등급	문항 및 시험방법	시험시간	합격기준	프로그램 버전
1급	❶ BI, CI 디자인 ❷ 패키지, 비즈니스디자인 ❸ 광고디자인	90분	100점 만점 70점 이상	Adobe Illustrator CS6, CC(영문)
2급	❶ 기본 툴 활용 ❷ 문자와 오브젝트 ❸ 어플리케이션 디자인	90분	100점 만점 60점 이상	
3급	❶ 기본 툴 활용 ❷ 응용 툴 활용 ❸ 어플리케이션 디자인	60분	100점 만점 60점 이상	

시험일정(2025년 기준)

회차	온라인 원서접수	시험일	성적공고
제1회 GTQi 정기시험	(24.)12.26.~01.02.	01.25.	02.21.~02.28.
제2회 GTQi 정기시험	01.22.~01.31.	02.22.	03.14.~03.21.
제3회 GTQi 정기시험	02.19.~02.26.	03.22.	04.11.~04.18.
제4회 GTQi 정기시험	03.26.~04.02.	04.26.	05.16.~05.23.
제5회 GTQi 정기시험	04.23.~04.30.	05.24.	06.20.~06.27.
제6회 GTQi 정기시험	05.28.~06.04.	06.28.	07.18.~07.25.
제7회 GTQi 정기시험	06.25.~07.02.	07.26.	08.18.~08.25.
제8회 GTQi 정기시험	07.23.~07.30.	08.23.	09.12.~09.19.
제9회 GTQi 정기시험	08.27.~09.03.	09.27.	10.24.~10.31.
제10회 GTQi 정기시험	09.24.~10.02.	10.25.	11.14.~11.21.
제11회 GTQi 정기시험	10.22.~10.29.	11.22.	12.19.~12.26.
제12회 GTQi 정기시험	11.26.~12.03.	12.27.	(26.)01.16.~01.23.

예제 파일 및 부록 실습 자료 다운로드받는 방법

1
www.sdedu.co.kr/book에 접속 후 화면 상단에 있는 「프로그램」을 누릅니다.

2
검색창에 「2026 유선배 GTQ 일러스트 1급」을 검색합니다.

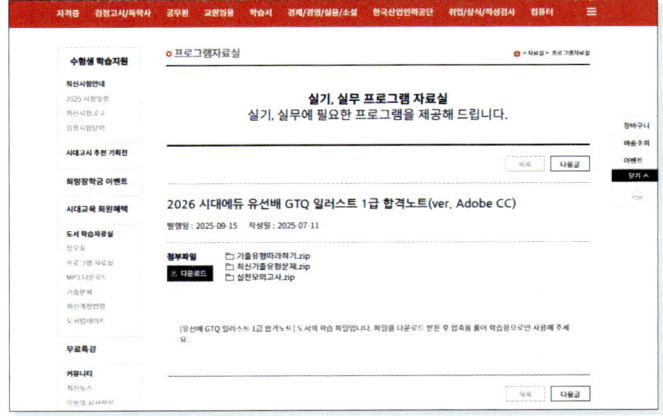

3
첨부파일을 다운로드받습니다.

이 책의 차례

2권 기출 공략

PART 4 최신 기출유형문제

CHAPTER 1 기출유형문제 1회	3
CHAPTER 2 기출유형문제 2회	56
CHAPTER 3 기출유형문제 3회	105
CHAPTER 4 기출유형문제 4회	153
CHAPTER 5 기출유형문제 5회	203

PART 5 실전 모의고사

CHAPTER 1 실전 모의고사 1회	253
CHAPTER 2 실전 모의고사 2회	298
CHAPTER 3 실전 모의고사 3회	349
CHAPTER 4 실전 모의고사 4회	403
CHAPTER 5 실전 모의고사 5회	453

유튜브 선생님에게 배우는
유선배

PART 4
최신 기출유형문제

CHAPTER 1 기출유형문제 1회
CHAPTER 2 기출유형문제 2회
CHAPTER 3 기출유형문제 3회
CHAPTER 4 기출유형문제 4회
CHAPTER 5 기출유형문제 5회

 **유선배 GTQ 일러스트 1급 합격노트**
이 시대의 모든 합격! 무료 동영상 강의와 함께 합격하세요!
www.youtube.com ➡ '스마일컴쌤' 검색 ➡ 구독

CHAPTER 1

기출유형문제 1회

급수	문제유형	시험시간	수험번호	성명
1급	A	90분		

수험자 유의사항

- 수험자는 문제지를 받는 즉시 응시하고자 하는 **과목 및 급수가 맞는지 확인**한 후 수험번호와 성명을 작성합니다.
- 파일명은 본인의 "수험번호-성명-문제번호"로 공백 없이 정확히 입력하고 답안 폴더(내 PC₩문서₩GTQ)에 파일 저장규칙(ai 파일 포맷)으로 저장해야 하며, '다른 파일 형식으로 저장하였을 경우' 0점 처리됩니다.
- 답안 문서 파일명이 "수험번호-성명-문제번호"와 일치하지 않거나, '답안 파일을 전송하지 않는 경우' 답안 파일 미제출로 불합격 처리됩니다.
- 수험자 정보와 저장한 파일명, 저장 위치가 다를 경우 전송이 되지 않으므로, 주의하시길 바랍니다.
- 답안 작성 중에도 주기적으로 '저장'과 '답안 전송'을 이용하여 감독위원 PC로 답안을 전송하셔야 합니다(작업한 내용을 저장하지 않고 답안을 전송할 경우 이전의 저장내용이 전송되오니 이 점 반드시 유념하시기 바랍니다).
- 모든 수험자는 동일한(초기화된) 환경에서 시험이 시작되며 '작업환경 설정'은 시험 시간 내에 진행합니다(시험 시작 전 '작업환경 설정' 불가, 소프트웨어 이상 유무만 확인).
- 답안 문서를 지정된 경로 외의 다른 보조기억장치에 저장하는 행위, 지정된 시험 시간 외에 작성된 파일을 활용한 행위, 기타 허용되지 않은 프로그램(이메일, 메신저, 게임, 네트워크, 윈도우계산기, 스톱워치 등) 이용 시 부정행위로 간주되어 **자격기본법 제32조에 의거 본 시험 및 국가공인 자격시험을 2년간 응시할 수 없습니다.**
- 시험 중 부주의 또는 고의로 시스템을 파손한 경우와 〈수험자 유의사항〉에 기재된 방법대로 이행하지 않아 생기는 불이익은 수험자의 책임임을 알려 드립니다.
- 시험을 완료한 수험자는 최종적으로 저장한 답안 파일이 전송되었는지 확인한 후 감독위원의 지시에 따라 문제지를 제출하고 퇴실합니다.

답안 작성요령

- 온라인 답안 작성 절차
  수험자 등록 ⇒ 시험 시작 ⇒ 답안 파일 저장 ⇒ 답안 전송 ⇒ 시험 종료
- 배점은 총 100점으로 이루어지며, 점수는 각 문제별로 차등 배분됩니다.
- 각 문제는 주어진 《조건》에 따라 작성하고, 《조건》을 지키지 못했을 경우에는 0점 또는 감점 처리됩니다.
- 문제 《조건》에 크기와 색상, 두께의 지정이 없을 경우 《출력형태》를 참고하여 작업해 주시기 바랍니다.
- **문제 《조건》과 《출력형태》에서 차이가 발생할 경우 문제에서 지정한 《조건》에 따라 작업해 주시기 바랍니다.**
- 《조건》에서 주어진 단위는 'mm(밀리미터)'입니다. 눈금자는 작성하지 않으며, 그 외는 출력형태(레이아웃, 색상, 문자, 규격 등)와 같게 작업하십시오.
- 문제 《조건》에 서체의 지정이 없을 경우 한글은 굴림이나 돋움, 영문은 Arial로 작업하십시오(단, 그 외에 제시되지 않은 문자 속성을 기본값으로 작성하지 않은 경우는 감점 처리됩니다).
- Color Mode(색상 모드)는 별도의 처리 조건이 없을 시 CMYK로 작업하십시오.
- 조건에서 제시한 기능을 임의로 합치거나 각 기능에 대한 속성을 해지할 경우 해당 요소는 0점 처리됩니다.

문제 1 | BI, CI 디자인
25점

다음의 《조건》에 따라 아래의 《출력형태》와 같이 작업하시오.

조건

파일저장규칙	AI	파일명	문서\GTQ\수험번호-성명-1.ai
		크기	100 × 80mm

1. 작업 방법
   ① 도형 변형 툴과 Pathfinder 기능을 활용하여 오브젝트를 작성한다.
   ② 그 외 《출력형태》 참조

2. 문자 효과
   ① HAPPY BATHING (Times New Roman, Bold, 15pt, C0M0Y0K0)

출력형태

M20Y20,
C30M70Y80K30,
M40Y20,
M60Y80,
C60M30,
C80M70,
C40,
K70, K100,
C0M0Y0K0,
Y10 → C30K10
[Stroke]
C50M10Y20, 1pt

문제 2 패키지, 비즈니스디자인
35점

유선배 강의

다음의 《조건》에 따라 아래의 《출력형태》와 같이 작업하시오.

조건

파일저장규칙	AI	파일명	문서₩GTQ₩수험번호-성명-2.ai
		크기	160 × 120mm

1. 작업 방법
   ① 비누상자에는 Pattern을 활용하여 작성한다(패턴 등록 : 꽃다발).
   ② 세제통에는 Clipping Mask를 적용한다.
   ③ Brush는 《출력형태》를 참고하여 작성한다.
   ④ Effect는 《출력형태》를 참고하여 작성한다.
   ⑤ 그 외 《출력형태》 참조

2. 문자 효과
   ① SUPER WASH (Arial, Bold Italic, 22pt, C100M90, C90M30Y100)
   ② SOAP (Arial, Bold, 13pt, C40M40Y100)

출력형태

M20Y100, M70Y100, M80Y100K20, Y70, K100, C0M0Y0K0

C40M20Y80, C40M50, C80M90, C30M100, C10M60

C20, K10,
C90Y100 → C30Y40,
C100M90,
C40,
C50Y50, Opacity 60%

[Brush]
Charcoal – Feather,
C0M0Y0K0, 1pt

[Effect]
Drop Shadow

[Pattern]
C50M30Y30, C30M10Y10, Y20, C70M30, C50, C30M30Y100, C10Y100, C60M80 → M20Y80K10, C0M0Y0K0
[Stroke] C0M0Y0K0, 1pt

문제 3 광고디자인
40점

다음의 《조건》에 따라 아래의 《출력형태》와 같이 작업하시오.

조건

파일저장규칙	AI	파일명	문서₩GTQ₩수험번호-성명-3.ai
		크기	210 × 297mm

1. 작업 방법
    ① 《참고도안》은 직접 제작한 후 Symbol로 활용한다(심볼 등록 : 청소도구).
    ② 'ADVANCED SERVICE', '편안한 서비스! 최대 만족!' 문자에 Envelope Distort를 적용한다.
    ③ Brush는 《출력형태》를 참고하여 작성한다.
    ④ Effect는 《출력형태》를 참고하여 작성한다.
    ⑤ Clipping Mask를 이용하여 디자인을 정리한다.
    ⑥ 그 외 《출력형태》 참조

2. 문자 효과
    ① ADVANCED SERVICE (Arial, Bold, 45pt, C90M40Y50K20)
    ② Clean & Steam (Times New Roman, Regular, 25pt, C0M0Y0K0)
    ③ 편안한 서비스! 최대 만족! (돋움, 15pt, K100)

참고도안

K20,
C60Y30K10,
C100M90K10,
M20Y80,
C10M40Y90,
C30M30,
C80M80Y20

C0M0Y0K0,
C40M20K10,
C10 → C50M10,
Y100

M20Y20,
C40M60Y80K30,
C80M30Y40,
K100, K30, K50,
M20Y80
[Stroke]
K100, 1pt

C40M60Y80,
C10M50Y70,
C0M0Y0K0, K40,
C80M40Y100 →
C50Y90

[Brush]
Bubbles, 1.5pt,
Opacity 70%

출력형태

210 × 297mm
[Mesh]
C50Y10, C10Y50

[Blend] 단계 : 15
[Stroke] C0M0Y0K0, 1pt
→ C50M10, 3pt

K90

[Effect]
Drop Shadow

[Symbol]

문제 1 BI, CI 디자인

완성 파일 : 기출유형문제1회-1.ai

한눈에 보는 작업과정

샤워커튼 → 샤워와 욕조 → 리본과 텍스트

01 ▶ 새 캔버스 설정 및 저장

1 새 캔버스를 만들기 위해 [File]−[New]를 선택하여 Width : 100mm, Height : 80mm, Color Mode : CMYK로 설정한 후 새 캔버스를 연다.

2 [View]−[Rulers]−[Show Rulers](Ctrl + R)를 선택해 눈금자를 꺼낸다(좌측 상단 영점 확인).

3 작업 파일을 저장하기 위해 [File]−[Save As]에서 '내 PC\문서\GTQ' 하위 폴더에 파일 이름을 '수험번호−성명−1.ai'로 입력한 후 'Illustrator CC(Legacy)' 버전으로 저장한다.

4 도구상자가 모두 보이는지, 상단의 [Control] 패널이 있는지 체크한다.

> **Plus @**
>
> [Window]−[Workspace]−[Essentials Classic]으로 한 번에 도구상자와 [Control] 패널을 나타낼 수 있다.

5 작업에 앞서 제시된 색을 [Swatches] 패널이나 도형들을 나열해 색상을 등록해 놓는다.

6 오브젝트별로 가이드라인을 표시하고 작업하면 좋다.

02 샤워커튼 오브젝트

1 Rectangle Tool(　, M)로 직사각형(Y10 → C30K10)을 그린다. 그래디언트를 적용하기 위해 [Window]-[Gradient](Ctrl+F9)를 선택한 후 ❶ 'Radial Gradient'를 선택하고 하단의 ❷ 좌측 조절점을 더블 클릭한다. ❸ CMYK로 변경하기 위해 우측의 메뉴(　)를 선택한 후 ❹ CMYK를 누르고 색(Y10)을 적용한다. 나머지 적용을 위해 우측 조절점을 더블 클릭한 후 ❸, ❹를 반복해 색(C30K10)을 적용한다.

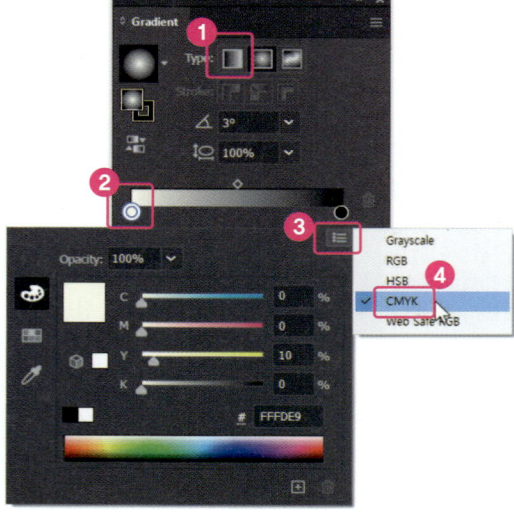

Plus@

Gradient Tool(　, G)을 더블 클릭해도 패널이 나타난다.

2 물결 모양을 만들기 위해 [Effect]-[Distort & Transform]-[Zig Zag]를 클릭한 후 Size : 0.7mm, Ridges per segment : 13, Points : Smooth로 변경한 후 OK 를 클릭한다. Effect된 오브젝트를 패스의 형태로 변경하기 위해 [Object]-[Expand Appearance]를 적용한다.

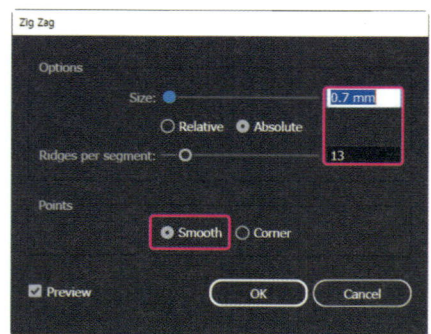

Plus@

[Effect]에서 적용한 경우 패스의 형태로 변경하려면 [Object]-[Expand]가 아닌 [Expand Appearance]가 활성화된다.

Plus@

[Effect]에서 적용한 효과를 수정하려면 [Apperarance] 패널이나 [Properties](CC~) 패널에서 수정할 수 있다.

3 Line Segment Tool(, W)로 그림과 같이 수직선을 2개 그린다. Selection Tool(, V)로 모두 선택한 후 [Pathfinder](Ctrl + Shift + F9) 패널의 'Divide'로 분리한다. Shift + Ctrl + G 로 그룹을 해제한 후 불필요한 부분을 Delete 로 삭제한다.

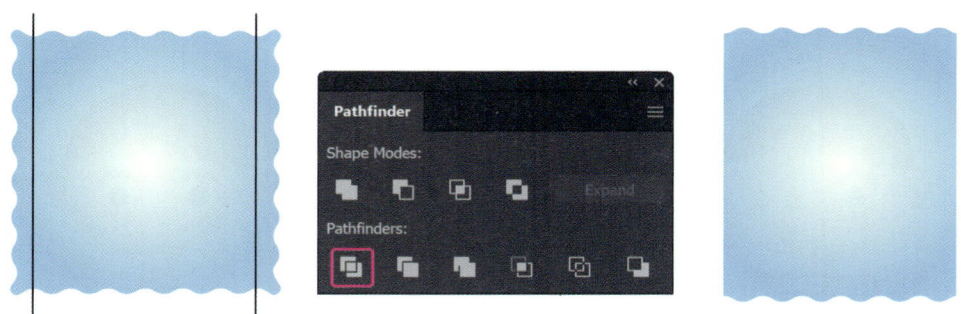

03 샤워와 욕조 오브젝트

1 세로 눈금자에서 드래그하여 가이드라인으로 중심선을 만든다. 얼굴, 목, 귀(M20Y20)는 Ellipse Tool(, L)과 Rectangle Tool(, M)을 이용해 그린다. 머리(C30M70Y80K30)는 Pen Tool(, P)로 그림을 참고해 그린다.

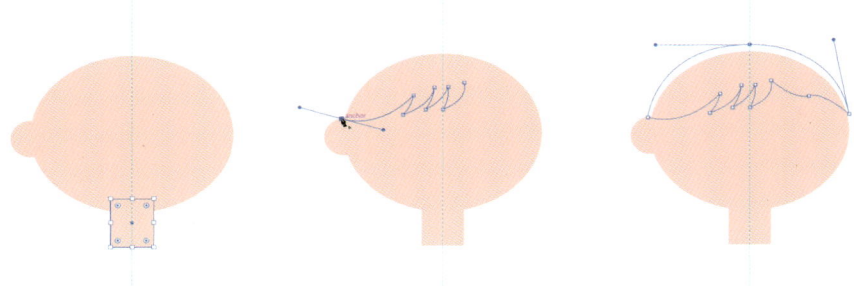

2 눈썹(C30M70Y80K30)은 Ellipse Tool( , L)로 타원 2개를 겹친 후 아래쪽 타원의 가로 폭을 넓혀 두 개를 전체선택하고 [Pathfinder](Shift + Ctrl + F9) 패널의 'Minus Front'를 적용한다.

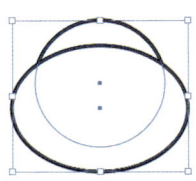 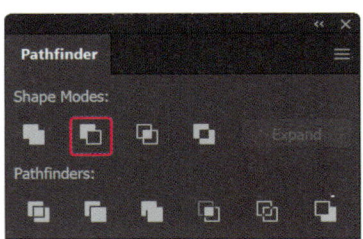

3 눈(C0M0Y0K0, K100)과 볼터치(M40Y20)는 Ellipse Tool(, L)로 그린다. Selection Tool(, V)로 귀, 눈썹, 눈, 볼터치를 모두 선택한 후, Reflect Tool(, O)로 가이드 중심을 Alt +클릭해 기준점을 잡고 Axis : Vertical, Copy 를 클릭한다.

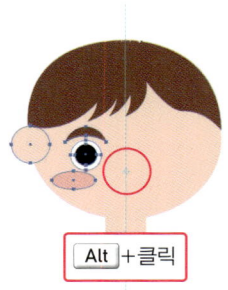 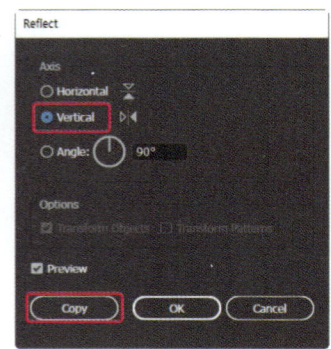 

4 입과 코는 Selection Tool(, V)로 눈썹을 Alt 와 함께 드래그하여 복제하고 그림과 같이 아래의 조절점을 위쪽으로 드래그하여 뒤집는다.

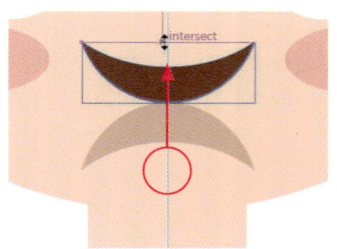 

5 몸통(M20Y20)은 Rectangle Tool(, M)로 그린 다음 Live Corners(곡률 활성화)를 드래그해 최대의 곡률을 준다. 팔(M20Y20)은 Pen Tool(, P)로 그림을 참고해 그린다.

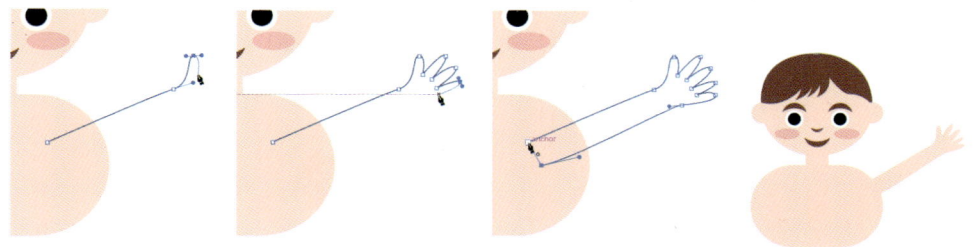

6 거품(C40)은 Ellipse Tool(, L)로 그린 후 Alt 와 함께 드래그하여 복제한다. Selection Tool(, V)로 모두 선택 후 그룹화(Ctrl + G)한다. 팔을 Alt 와 함께 드래그하여 복제하고 맨 앞으로 보내기 위해 마우스 오른쪽 버튼을 클릭 후 [Arrange]−[Bring to Front](Shift + Ctrl +])를 적용한다. 흰 거품(C0M0Y0K0)도 같은 방법으로 복제하고 맨 앞으로 보낸다. 이미지를 참고하여 회전시키고 머리 위에 배치한다.

7 욕조(M60Y80)는 Rectangle Tool(, M)로 그린 다음 Direct Selection Tool(, A)로 하단의 두 포인트를 선택한다. Scale Tool(, S)로 바깥쪽에서 안쪽으로 줄인 후 Direct Selection Tool(, A)로 Live Corners(곡률 활성화)를 안쪽으로 움직여 적절히 곡률을 준다.

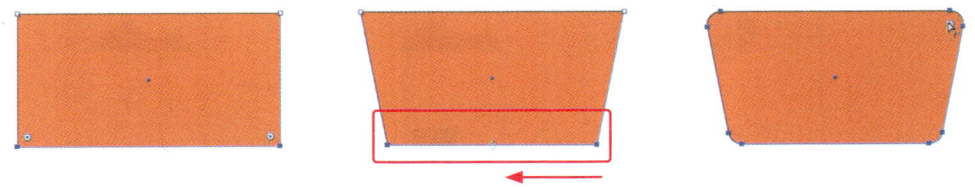

⑧ 욕조 고정대(K70)는 Pencil Tool(✏️, N)로 그림과 같이 자유곡선을 그린다. Reflect Tool(◨,
O)로 ⑧을 참고해 욕조의 중심을 Alt+클릭해 기준점을 잡고 Axis : Vertical, Copy 를 클릭한
다. 샤워기(C60M30)는 Blob Brush Tool(🖌, Shift+B)을 더블 클릭하여 Size : 4pt로 설정한
후 출력형태를 참고해 그린다. Ctrl+오브젝트를 클릭한 후 Ctrl+[를 눌러 욕조보다 뒤로 보낸다.

Plus α

Blob Brush Tool(🖌, Shift+B)의 크기는 '[: 점점 작게,] : 점점 크게'로 조절할 수 있다.

Plus α

[Window]-[Layers](F7) 패널을 이용해 레이어의 배열을 변경할 수 있다.

⑨ 샤워기 헤드(C80M70, C60M30)는 Ellipse Tool(⬭, L)로 그린다. 반원을 만들기 위해 Direct
Selection Tool(▶, A)로 원의 하단 사분점 부분을 선택한 후 Delete 한다. Rounded Rectangle
Tool(⬜)로 샤워기 헤드 부분을 그려 마무리한다.

⑩ 물줄기(선 : C50M10Y20)는 Line Segment Tool(╱, W)로 그림과 같이 그린다. 점선을 표현하
기 위해 [Window]-[Stroke](Ctrl+F10) 패널에서 Weight : 1pt, Dashed Line 체크, dash :
5pt, gap : 5pt를 적용한다. Selection Tool(▶, V)로 Alt 와 함께 복사해 회전한다.

 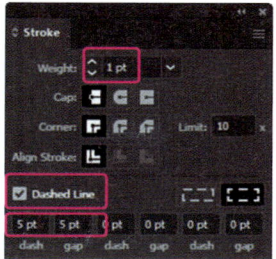

11 바닥(C40)을 표현하기 위해 Ellipse Tool(◯ , L)로 그린 다음 Selection Tool(▶ , V)로 Alt 와 함께 복사해 크기를 다르게 배치한다. Shift 와 함께 바닥의 원 두 개를 선택하고 마우스 오른쪽 버튼을 클릭한 후 [Arrange]-[Send to Back](Shift + Ctrl + [ )을 적용한 다음 Ctrl +] 를 눌러 한 단계 앞으로 보낸다.

04 리본과 텍스트

1 직사각형(M60Y80, C80M70) 두 개를 그린다. 리본의 끝을 들어가게 표현하기 위해 Add Anchor Point Tool(✏️ , =)로 좌측 중간 부분을 클릭한 후 기준점(Anchor Point)을 추가하고 Direct Selection Tool(▶ , A)로 선택해 우측으로 이동한다.

 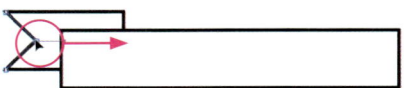

❷ Pen Tool(✒, P)로 접히는 부분(K70)을 만들어 준다. Selection Tool(▶, V)로 리본 끝 부분을 회전한다. 대칭복사하기 위해 해당 오브젝트를 선택한 후 Reflect Tool(▷|◁, O)로 사각형 중심점을 Alt+클릭해 기준점을 잡고 Axis : Vertical, Copy 를 클릭한다. 만약 앞으로 배치되었다면 뒤로 보내기 위해 마우스 오른쪽 버튼을 클릭 후 [Arrange]−[Send Backward](Ctrl+[)를 클릭한다.

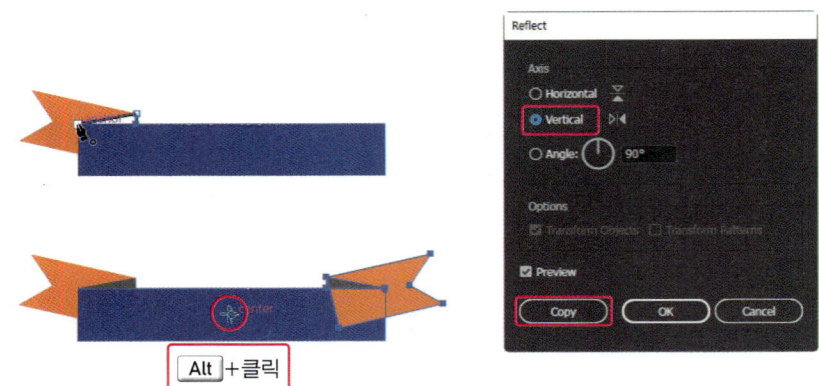

❸ 텍스트를 입력하기 위해 Type Tool(T, T)로 빈 캔버스를 클릭한 후 HAPPY BATHING을 입력한다. Ctrl+A로 전체선택한 후 [Window]−[Type]−[Character](Ctrl+T) 패널에서 Font : Times New Roman, Style : Bold, Size : 15pt, Color : C0M0Y0K0으로 설정한다. Selection Tool(▶, V)을 선택한 후 출력형태를 참고하여 배치한다.

05 저장하고 전송하기

1 불필요한 도형은 삭제하고 가이드라인이 보이지 않도록 [View]-[Guides]-[Hide Guides](Ctrl + ;)한다. [File]-[Save] 또는 [File]-[Save As]한 후 Save On Your Computer 를 선택하여 '내 PC₩문서₩GTQ' 폴더에 "수험번호-성명-1"로 저장한다.

2 [Illustrator Options] 대화상자에서 Version : Illustrator CC(Legacy)로 체크한 후 OK 를 클릭한다. 하위 버전 저장에 따른 메시지가 뜨면 계속 OK 를 클릭한다.

3 시험장의 작업표시줄에 나타나는 'Koas 수험자용'을 클릭해 우측의 답안 전송 을 클릭한 후 해당하는 번호에 체크한다. 하단의 답안 전송 을 클릭한 후 닫기 를 누르면 최종 전송된 답안으로 채점이 이루어진다.

✓ Check Point !

		O	X
01	출력형태를 제외한 나머지 오브젝트는 삭제했나요?		
02	해당 오브젝트를 출력형태의 위치에 배치했나요? (눈금자와 가이드라인 참고해 확인)		
03	작업 중 생성된 가이드라인을 Ctrl + ; 으로, 그리드를 Ctrl + ' 로 숨겼나요?		
04	Gradient가 적용된 오브젝트의 색상과 방향을 출력형태에 맞게 적용했나요?		
05	출력형태에 제시된 '선'의 두께는 정확히 설정되었나요?		
06	결과가 '면'의 속성인 오브젝트를 '선'의 속성으로 그렸을 경우 'Expand' 처리했나요?		
07	제시된 조건 이외의 오브젝트를 편의에 의해 Blend나 Envelope Distort의 기능으로 완성했을 경우 'Expand' 처리했나요?		
08	텍스트 작업 시 Font Family가 Bold인 경우 변경되어 있나요?		
09	오브젝트의 불투명도(Opacity) 값이 정확히 설정되었나요?		
10	저장을 먼저 한 후 답안 전송으로 마무리하였나요? (중요한 작업 완료 후 수시로 저장과 전송 가능)		

문제 2 패키지, 비즈니스디자인 완성 파일 : 기출유형문제1회-2.ai

한눈에 보는 작업과정

Clipping Mask
(오리) → Pattern
(꽃다발) → Clipping Mask 적용
(타일과 세제통) → Pattern 적용
(비누 상자)

01 새 캔버스 설정 및 저장

1 새 캔버스를 만들기 위해 [File]-[New]를 선택하여 Width : 160mm, Height : 120mm, Color Mode : CMYK로 설정한 후 새 캔버스를 연다.

2 [View]-[Rulers]-[Show Rulers](Ctrl + R)를 선택해 눈금자를 꺼낸다(좌측 상단 영점 확인).

3 작업 파일을 저장하기 위해 [File]-[Save As]에서 '내 PC\문서\GTQ' 하위 폴더에 파일 이름을 '수험번호-성명-2.ai'로 입력한 후 'Illustrator CC(Legacy)' 버전으로 저장한다.

4 도구상자가 모두 보이는지, 상단의 [Control] 패널이 있는지 체크한다.

Plus @

[Window]-[Workspace]-[Essentials Classic]으로 한 번에 도구상자와 [Control] 패널을 나타낼 수 있다.

5 작업에 앞서 제시된 색을 [Swatches] 패널이나 도형들을 나열해 색상을 등록해 놓는다.

6 오브젝트별로 가이드라인을 표시하고 작업하면 좋다.

02 오리 오브젝트

1 출력형태를 참고하여 가이드라인을 설정한다. 오리(M20Y100)는 Pen Tool(, P)로 그림을 참고해 그린다.

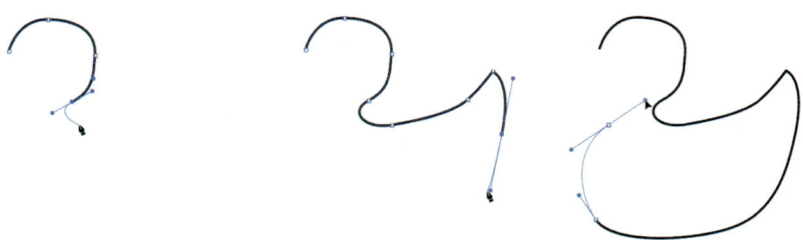

2 오리주둥이(M80Y100K20)와 날개(M70Y100)도 그림을 참고해 그린다. 오리주둥이는 하나를 그린 후 Selection Tool(, V)로 Alt 와 함께 위로 드래그해 복제한 후 색(M70Y100)을 변경한다. 눈(K100, C0M0Y0K0)과 볼터치(Y70)는 Ellipse Tool(, L)을 이용해 만든다.

03 ▶ 꽃다발 오브젝트

1 Line Segment Tool(/ , W)로 줄기(C40M20Y80, 2pt)를 만든 후 '선'을 '면'의 속성으로 변경하기 위해 [Object]−[Expand]해 확장한다. Ellipse Tool(◯ , L)로 타원(C40M50)을 그려 회전한 후 Reflect Tool(▷◁ , O)로 줄기의 중심을 Alt +클릭해 기준점을 잡고 Axis : Vertical, Copy 를 클릭한다.

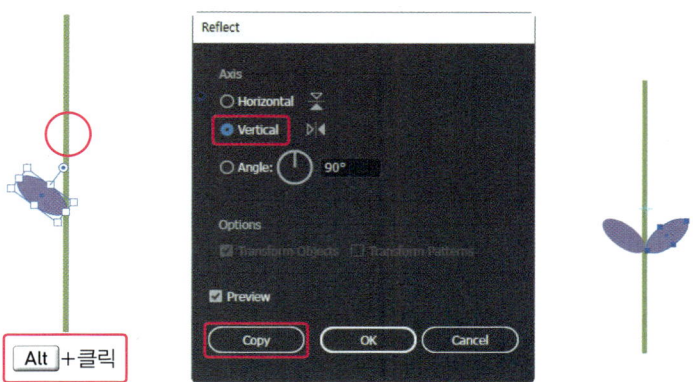

2 Selection Tool(▷ , V)로 꽃잎 두 개를 선택하여 Alt 와 함께 드래그해 위쪽으로 복제한다. Alt + Shift 와 함께 꼭짓점에서 중심을 기준으로 크기를 줄인 다음 색(C80M90)을 적용한다. 네 개의 꽃잎을 선택하고 Alt 와 함께 드래그해 위쪽으로 복제한 다음 Ctrl + D 로 규칙적으로 복사한다. 마지막으로 꽃잎을 하나 복사해 그림과 같이 회전하여 배치한다.

❸ 구부러진 꽃을 표현하기 위해 줄기와 꽃잎을 모두 선택한 후 [Object]-[Envelope Distort]-[Make with Warp](Alt + Shift + Ctrl + W)를 적용한다. [Warp Options] 대화상자에서 Style : Arc, Vertical, Bend : -30%를 입력하고 OK 를 클릭한다. 면의 속성으로 변경하기 위해 [Object]-[Expand]해 확장한다.

 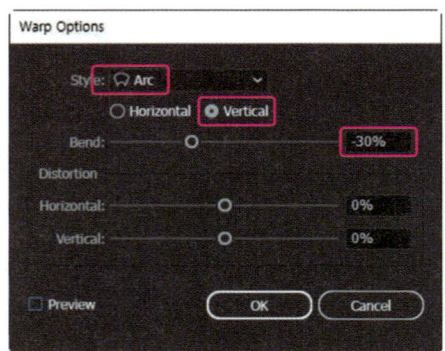 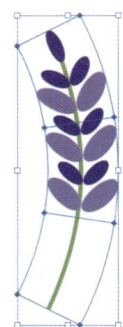

❹ Pen Tool(, P)로 그림을 참고해 초록 잎(C40M20Y80)을 추가한다. Selection Tool(, V)로 모두 선택한 후 그룹화(Ctrl + G)한다. 대칭복사하기 위해 살짝 회전시킨 후 Reflect Tool(, O)로 가이드 중심을 Alt +클릭해 기준점을 잡고 Axis : Vertical, Copy 를 클릭한다.

 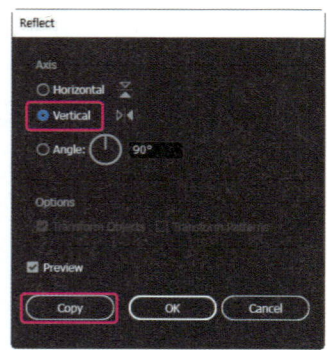 

5 리본(C30M100, C10M60)은 Pen Tool(, P)로 그림을 참고해 그린다. Reflect Tool( ), O)로 가이드 중심을 Alt +클릭해 기준점을 잡고 Axis : Horizontal, Copy 를 클릭한다.

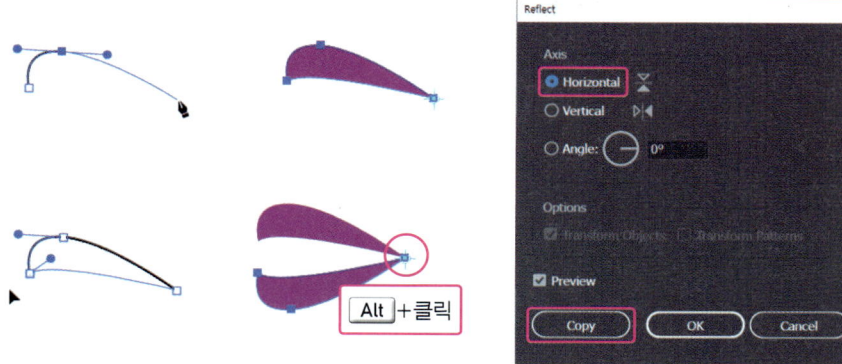

6 Selection Tool(, V)로 회전해 모양을 만든 다음 Pen Tool(, P)로 리본 꼬리(C10M60)를 그린다.

7 Reflect Tool(, O)로 중심을 Alt +클릭해 기준점을 잡고 Axis : Vertical, Copy 를 클릭한다. Ellipse Tool(, L)로 작은 원(C30M100)을 그려 리본을 완성한다.

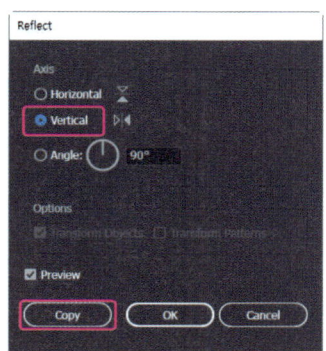

04 타일과 세제통 오브젝트 및 Clipping Mask

1 Rectangle Tool(■, M)로 캔버스를 클릭하여 Width : 10mm, Height : 10mm의 정사각형 (C20, K10)을 만든다. Selection Tool(▶, V)로 Alt 와 함께 오른쪽으로 드래그해 기준을 맞추고 규칙적으로 복제하기 위해 Ctrl + D 를 5번 실행한다.

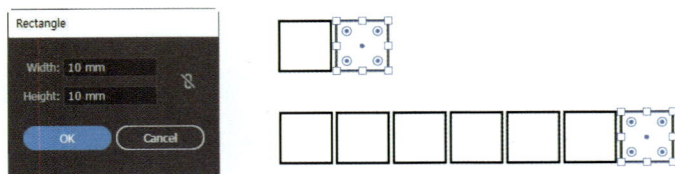

2 한 줄을 전체선택한 후 Alt 와 함께 대각선 방향으로 드래그해 붙여넣은 다음 마지막 도형을 앞으로 이동해 색을 변경한다. 두 줄을 전체선택하고 Alt 와 함께 아래 방향으로 드래그해 맞춘 후 모두 선택하고 그룹화(Ctrl + G)한다.

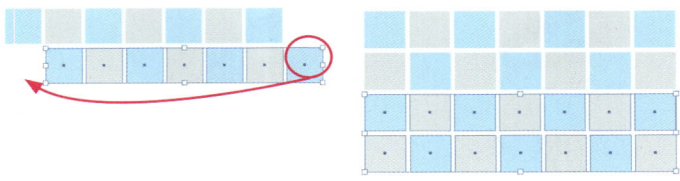

3 세제통(C90Y100 → C30Y40)은 Rectangle Tool(■, M)로 그린 다음 Add Anchor Point Tool(✒, =)로 기준점을 두 군데 추가한다. Direct Selection Tool(▶, A)로 출력형태를 참고해 변형한다.

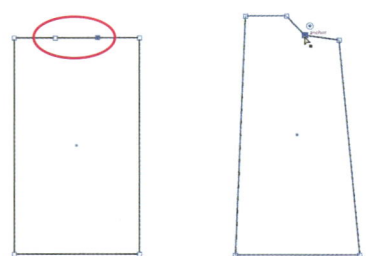

4 ❶ Curvature Tool(✏️, Shift + ~)로 그림과 같이 양옆을 드래그로 볼록하게 만든다. ❷ Direct Selection Tool(▶, A)을 선택한 후 Live Corners(곡률 활성화)가 나타나면 하단 두 포인터를 Shift 와 함께 선택해 둥글게 한다. ❸ 한 군데만 곡률을 주려면 Live Corners(곡률 활성화)를 클릭 후 이어서 한 번 더 클릭한 후 이동하면 가능하다. ❹ 나머지도 같은 방법으로 곡률을 준다.

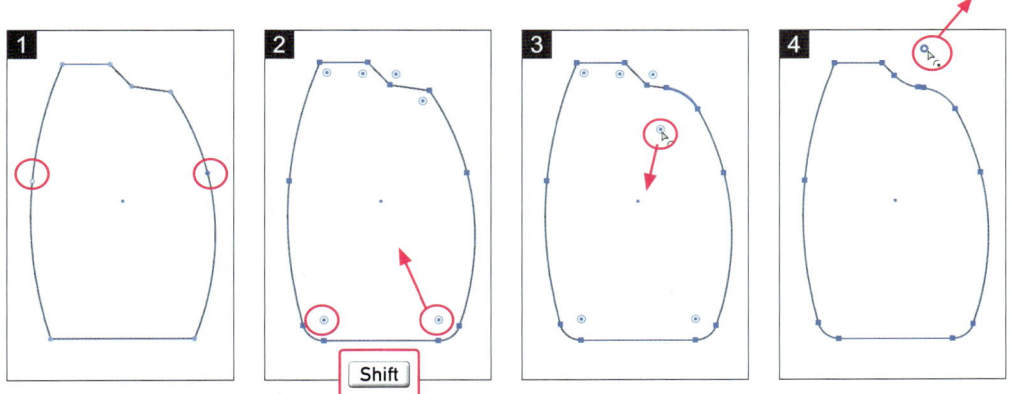

5 Ellipse Tool(⬤, L)로 타원을 그린 후 [Object]-[Path]-[Offset Path]를 선택한다. Offset : -3mm를 입력하고 OK 를 클릭한다. Selection Tool(▶, V)로 두 개의 원을 Shift 와 함께 선택하고 회전한 후 손잡이에 구멍을 내기 위해 세제통을 포함해 전체선택한다. Shape Builder Tool(🔍, Shift + M)로 Alt 와 함께 타원 안쪽을 클릭하면 구멍이 생긴다.

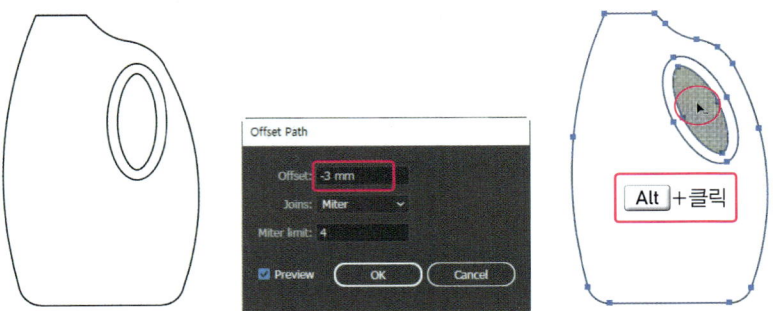

6 그래디언트를 적용하기 위해 [Window]-[Gradient](Ctrl + F9)를 선택한 후 ❶ 'Linear Gradient'를 선택하고 하단의 ❷ 좌측 조절점을 더블 클릭하여 색(C90Y100)을 적용한다. ❸ 우측도 더블 클릭해 같은 색(C90Y100)을 적용한다. ❹ 슬라이더 중간 부분에 색을 추가하기 위해 아래쪽 부분을 클릭하여 추가한 다음 조절점을 더블 클릭해 색(C30Y40)을 추가한다.

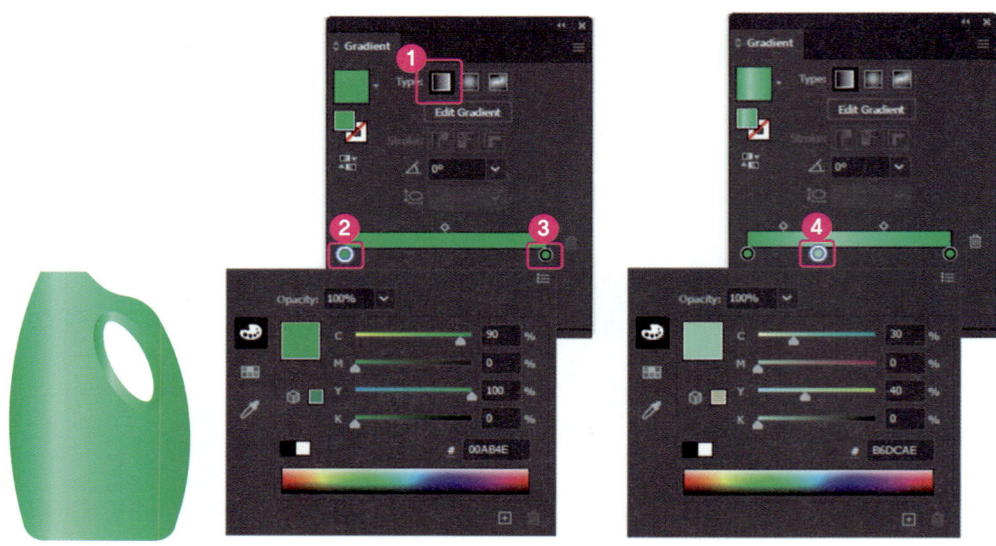

Plus@

Gradient Tool(, G)을 더블 클릭해도 패널이 나타난다.

7 상표(C100M90)를 만들기 위해 Selection Tool(, V)로 세제통만 선택한 후 [Object]-[Path]-[Offset Path]를 선택하고 Offset : -6mm를 입력한 후 (OK)를 클릭한다.

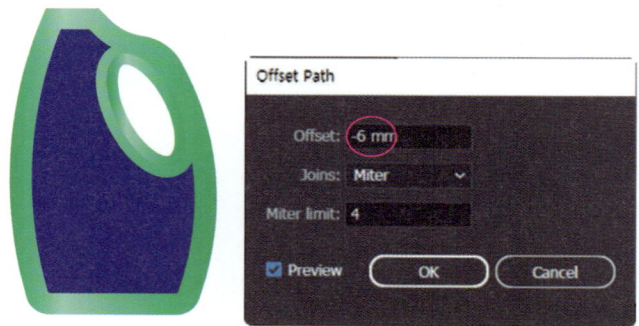

8 Warp Tool(　, Shift + R)로 크기를 조절한 다음 바깥쪽에서 안쪽으로 드래그하며 모양을 만든다. 패스의 수가 많아진 경우 [Object]-[Path]-[Simplify]한다. 조금 더 부드럽게 하기 위해 Smooth Tool(　)로 드래그하여 매끄럽게 한다. 안쪽 영역(C40)은 [Object]-[Path]-[Offset Path]를 선택하고 Offset : -2mm를 입력한 후 (OK)를 클릭한다.

Plus ⓐ

Warp Tool(　, Shift + R)의 크기는 더블 클릭하거나 Alt + Shift 를 누른 상태에서 마우스를 대각선으로 드래그하면 종횡비가 유지되며 크기 조절을 할 수 있다.

9 위의 뚜껑(C100M90)은 Rectangle Tool(　, M)로 그린다. Ellipse Tool(　, L)로 직사각형의 중심에서 Alt 와 함께 그린 후 위아래에 배치한다.

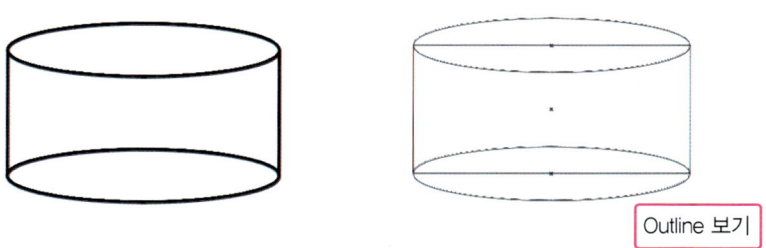

Outline 보기

⑩ 세로무늬(C40)는 Rectangle Tool(▢, M)로 그린다. Selection Tool(▶, V)로 Alt 와 함께 오른쪽으로 하나를 복사하고 규칙적으로 복제하기 위해 Ctrl + D 를 8번 실행한다. 모두 선택한 후 [Object]-[Envelope Distort]-[Make with Warp](Alt + Shift + Ctrl + W)를 적용한다. [Warp Options] 대화상자에서 Style : Arch, Horizontal, Bend : -15%를 입력하고 OK 를 클릭한다. 일반 속성으로 변경하기 위해 [Object]-[Expand]해 확장한다.

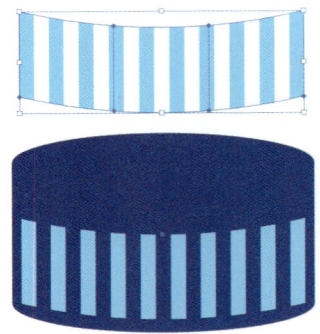
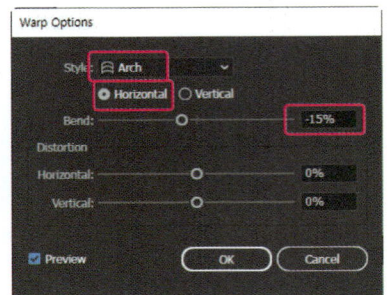

⑪ 세제 입구 부분(C100M90)은 원통 부분만 Shift 와 함께 선택한 후 Alt 와 함께 복제해 크기를 줄여 배치한다.

⑫ 덮개(C50Y50, Opacity 60%)는 Rectangle Tool(▢, M)로 그린다. Direct Selection Tool(▷, A)로 하단 두 포인트를 선택한 후 Scale Tool(⬚, S)로 안쪽에서 바깥쪽으로 늘린다. Ellipse Tool(◯, L)로 하단에 타원을 그려 모두 선택한 후 [Pathfinder](Shift + Ctrl + F9) 패널의 'Unite'로 합친다.

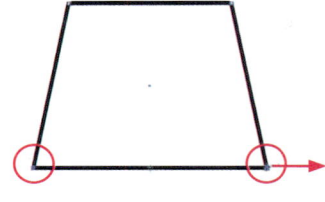

13 윗부분에 곡률을 주기 위해 Direct Selection Tool(, A)을 선택한다. Live Corners(곡률 활성화)가 나타나면 상단의 두 포인터를 Shift 와 함께 선택해 안쪽으로 드래그하며 곡률을 적용한다. 색(C50Y50)을 적용하고 상단 [Control] 패널의 Opacity를 60%로 설정한다.

14 Clipping Mask를 적용하기 위해 **1** Selection Tool(, V)로 오리를 Alt 와 함께 복제해 알맞게 배치한 후 맨 앞으로 보내기 위해 Shift + Ctrl +] 를 적용한다. **2** 라벨 안쪽 부분을 선택한 후 Ctrl + C , Ctrl + F 로 앞으로 붙여넣기 하고 맨 앞으로 보내기 위해 Shift + Ctrl +] 를 적용한다. **3** 복사한 라벨 안쪽 부분과 오리 두 마리를 Shift 와 함께 선택하고 [Object]-[Clipping Mask]-[Make](Ctrl + 7)를 적용한다(마우스 오른쪽 버튼 클릭 이용 가능).

15 모두 선택한 후 그룹화(Ctrl + G)한다. 그림자 적용을 위해 [Effect]-[Stylize]-[Drop Shadow]를 선택한 후 Opacity : 50%, X Offset : 1mm, Y Offset : 1mm, Blur : 1mm를 적용한다.

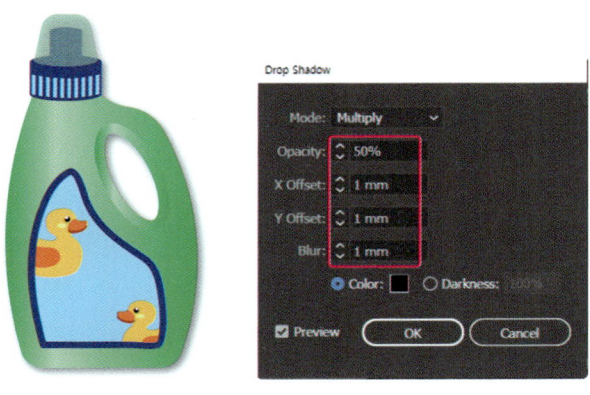

16 브러시를 적용하기 위해 Ellipse Tool(●, L)로 타원(선 : C0M0Y0K0)을 그린다. [Window]−[Brushes](F5) 패널을 열고 패널 하단의 아이콘을 클릭해 Artistic > Artistic_ChalkCharcoalPencil > Charcoal−Feather를 선택한다. Stroke Weight : 1pt로 설정한다.

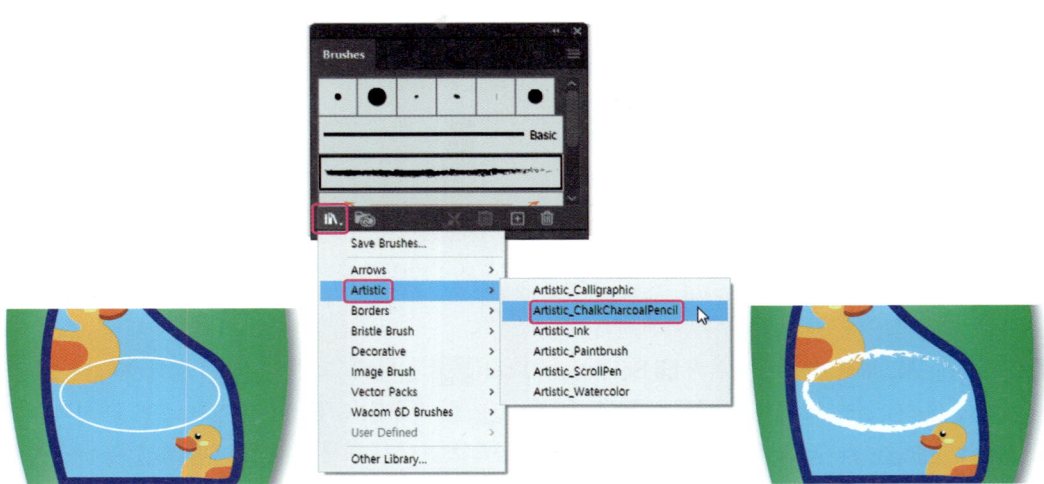

17 Type Tool(T , T)로 빈 캔버스를 클릭한 후 SUPER WASH를 입력한다. Ctrl + A 로 모두 선택하고 [Window]−[Type]−[Character](Ctrl + T) 패널에서 Font : Arial, Style : Bold Italic, Size : 22pt, Color : C100M90, C90M30Y100으로 설정한 후 [Paragraph] 패널에서 가운데 맞춤을 적용한다.

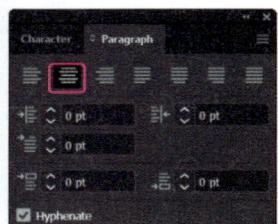

05 비누 상자 오브젝트와 Pattern 적용

1 안쪽 상자(C50M30Y30, C30M10Y10, Y20)는 Rectangle Tool(■, M)로 세 개의 직사각형을 그린다. Direct Selection Tool(▶, A)로 중간 세 포인트를 드래그하여 선택하고 우측 하단으로 이동한다. 상단 두 포인트를 드래그하여 선택한 후 뚜껑을 덮는 모습으로 만든다. 바깥쪽 상자를 만들기 위해 모두 선택한 후 복사해 놓는다.

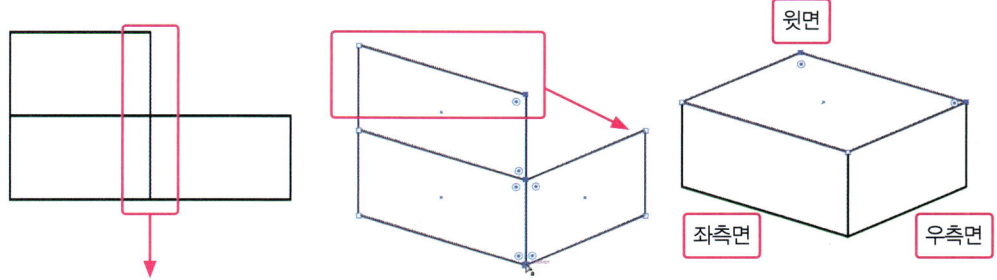

2 Selection Tool(▶, V)로 윗면(Y20)을 Shift 와 함께 아래로 내린 다음 맨 뒤로 보내기 위해 Shift + Ctrl + [를 적용한다. 좌측면(C50M30Y30)을 선택한 후 Ctrl + C , Ctrl + F 로 앞으로 붙여넣기 하고, 우측으로 이동한 후 맨 뒤로 보내기 위해 Shift + Ctrl + [를 적용한다. 모두 선택한 후 그룹화(Ctrl + G)한다.

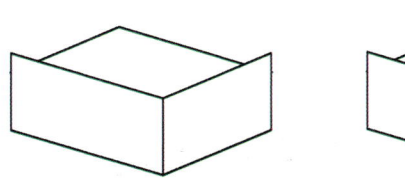 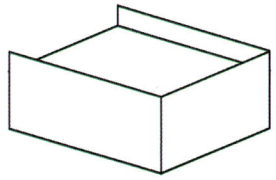

3 복사해 놓았던 직육면체를 이용해 바깥쪽 상자(C70M30, C50)를 만든다. 우측면을 삭제한 후 그룹화 해 놓은 안쪽 상자를 Shift 와 함께 크기를 살짝 줄여 안쪽으로 넣는다. 어색한 두 군데를 2를 참고하여 채워준다.

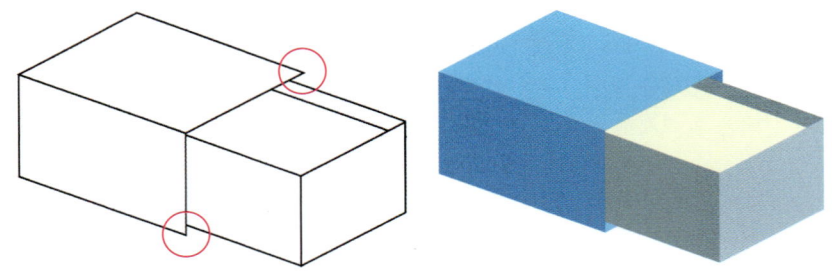

4 비누(C10Y100, C30M30Y100)는 Ellipse Tool( ), L)로 타원을 그린 후 Selection Tool(, V)로 Alt 와 함께 위쪽으로 드래그하여 복제한다. 두 개를 선택해 회전하여 배치한다.

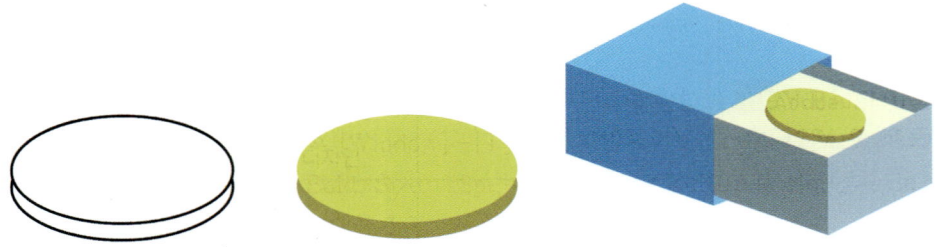

5 패턴을 등록하기 위해 미리 만들어 놓은 꽃다발을 [Swatches] 패널에 드래그하여 등록한다.

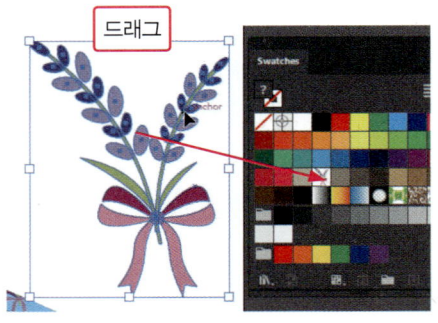

Plus α

패턴 추가가 되지 않을 경우 폴더 부분에 드래그하지 않고 기본색이 있는 윗부분으로 드래그하면 추가된다.

6 패턴을 편집하려면 반드시 빈 캔버스를 한 번 선택한 후 [Swatches] 패널의 등록된 패턴을 더블 클릭한다. Name : 꽃다발, Tile Type : Brick by Column으로 설정하고 상단의 'Done'으로 빠져나온다.

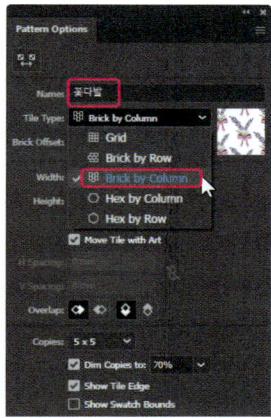

Plus @

기존 오브젝트가 선택된 상태에서 [Swatches] 패널의 등록된 패턴을 더블 클릭하면 기존 오브젝트에 패턴이 적용되므로 빈 캔버스를 선택한 후 작업한다.

7 패턴을 적용하기 위해 Selection Tool(▶ , V)로 바깥 상자의 윗면과 좌측면을 선택해 Ctrl + C , Ctrl + F 로 앞으로 붙여넣기 한다. [Swatches] 패널에 등록했던 패턴을 선택해 채운다. 크기 조정을 위해 Scale Tool(▣ , S)을 더블 클릭한 후 Options : Transform Objects 체크 해제, Transform Patterns 체크, Uniform : 30%, Preview를 체크해 확인하고 OK 를 클릭한다.

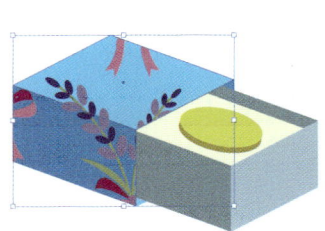
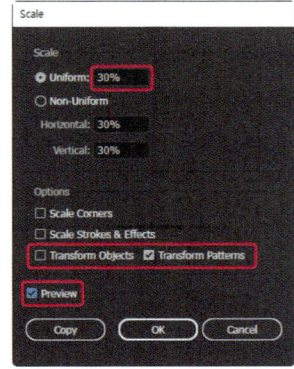
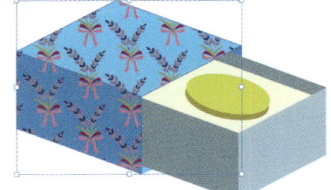

8 라벨(C60M80 → M20Y80K10)을 만들기 위해 윗면을 Ctrl + C , Ctrl + F 로 앞으로 붙여넣기 한 후 Alt + Shift 와 함께 안쪽으로 살짝 줄인다. 그래디언트를 적용하기 위해 [Window]-[Gradient](Ctrl + F9)를 선택한 후 ❶ 'Linear Gradient'를 선택하고 ❷ 하단의 좌측 조절점을 더블 클릭하여 색(C60M80)을 적용한다. ❸ 우측도 더블 클릭해 같은 색(C60M80)을 적용한다. ❹ 슬라이더 중간 부분에 색을 추가하기 위하여 아래쪽 부분을 클릭해 추가한 후 조절점을 더블 클릭하여 색(M20Y80K10)을 추가한다.

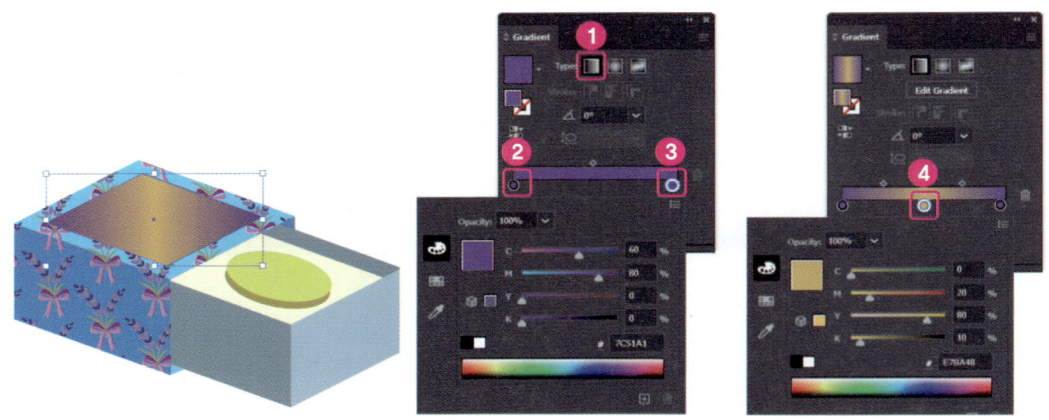

9 점선(면 : None, 선 : C0M0Y0K0)은 라벨을 Ctrl + C , Ctrl + F 로 앞으로 붙여넣기 한 후 Alt + Shift 와 함께 안쪽으로 살짝 줄인다. [Window]-[Stroke](Ctrl + F10) 패널에서 Weight : 1pt, Dashed Line 체크, dash : 3pt, gap : 3pt를 적용한다. 무늬는 꽃다발을 Alt 와 함께 드래그로 복제해 맨 앞으로 보내기 위해 Shift + Ctrl +] 를 적용한다. [Pathfinder](Shift + Ctrl + F9) 패널의 'Unite'로 합친 다음 색(C0M0Y0K0)을 적용해 회전하여 배치한다.

10 Type Tool(T , T)로 빈 캔버스를 클릭한 후 SOAP을 입력한다. Ctrl + A 로 전체선택한 후 [Window]-[Type]-[Character](Ctrl + T) 패널에서 Font : Arial, Style : Bold, Size : 13pt, Color : C40M40Y100으로 설정한다. Ctrl + Enter 를 눌러 완료한 후 회전 배치한다.

06 저장하고 전송하기

1 불필요한 도형은 삭제하고 가이드라인이 보이지 않도록 [View]-[Guides]-[Hide Guides](`Ctrl`+`;`)한다. [File]-[Save] 또는 [File]-[Save As]한 후 `Save On Your Computer`를 선택하여 '내 PC₩문서₩GTQ' 폴더에 "수험번호-성명-2"로 저장한다.

2 'Illustrator Options' 대화상자에서 Version : Illustrator CC(Legacy)로 체크한 후 `OK`를 클릭한다. 하위 버전 저장에 따른 메시지가 뜨면 계속 `OK`를 클릭한다.

3 시험장의 작업표시줄에 나타나는 'Koas 수험자용'을 클릭해 우측의 `답안 전송`을 클릭한 후 해당하는 번호에 체크한다. 하단의 `답안 전송`을 클릭한 후 `닫기`를 누르면 최종 전송된 답안으로 채점이 이루어진다.

✓ Check Point !

		O	X
01	출력형태를 제외한 나머지 오브젝트는 삭제했나요?		
02	해당 오브젝트를 출력형태의 위치에 배치했나요? (눈금자와 가이드라인 참고해 확인)		
03	작업 중 생성된 가이드라인을 Ctrl + ; 으로, 그리드를 Ctrl + ' 로 숨겼나요?		
04	Gradient가 적용된 오브젝트의 색상과 방향을 출력형태에 맞게 적용했나요?		
05	출력형태에 제시된 '선'의 두께는 정확히 설정되었나요?		
06	결과가 '면'의 속성인 오브젝트를 '선'의 속성으로 그렸을 경우 'Expand' 처리했나요?		
07	제시된 조건 이외의 오브젝트를 편의에 의해 Blend나 Envelope Distort의 기능으로 완성했을 경우 'Expand' 처리했나요?		
08	텍스트 작업 시 Font Family가 Bold인 경우 변경되어 있나요?		
09	오브젝트의 불투명도(Opacity) 값이 정확히 설정되었나요?		
10	저장을 먼저 한 후 답안 전송으로 마무리하였나요? (중요한 작업 완료 후 수시로 저장과 전송 가능)		

문제 3 광고디자인 　　　　　　　　　　　　　　　　　　　완성 파일 : 기출유형문제1회-3.ai

01 새 캔버스 설정 및 저장

1 새 캔버스를 만들기 위해 [File]-[New]를 선택하여 Width : 210mm, Height : 297mm, Color Mode : CMYK로 설정한 후 새 캔버스를 연다.

2 [View]-[Rulers]-[Show Rulers](Ctrl + R)를 선택해 눈금자를 꺼낸다(좌측 상단 영점 확인).

3 작업 파일을 저장하기 위해 [File]-[Save As]에서 '내 PC₩문서₩GTQ' 하위 폴더에 파일 이름을 '수험번호-성명-3.ai'로 입력한 후 'Illustrator CC(Legacy)' 버전으로 저장한다.

4 도구상자가 모두 보이는지, 상단의 [Control] 패널이 있는지 체크한다.

Plus@
[Window]-[Workspace]-[Essentials Classic]으로 한 번에 도구상자와 [Control] 패널을 나타낼 수 있다.

5 작업에 앞서 제시된 색을 [Swatches] 패널이나 도형들을 나열해 색상을 등록해 놓는다.

6 오브젝트별로 가이드라인을 표시하고 작업하면 좋다.

02 Mesh로 배경 만들기

1 배경(C50Y10)은 Rectangle Tool(▢ , M)로 빈 공간을 클릭한 후 대화상자가 나오면 Width : 210mm, Height : 297mm를 입력한다. Selection Tool(▶ , V)로 캔버스에 맞게 배치한다.

> **Plus@**
> 직사각형을 캔버스의 영점에 정확히 맞추려면 [Window]-[Transform] 패널에서 고정점을 좌측 상단으로 클릭한 후 X : 0mm, Y : 0mm로 입력한다.

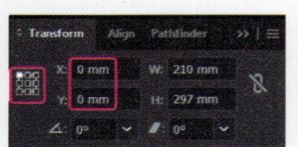

2 Mesh Tool(▨ , U)로 출력형태를 참고해 두 부분(C10Y50)에 클릭한 후 해당하는 색을 채운다. 출력형태를 참고하여 기준점(Anchor Point)을 이동해 모양을 만든 후 배경을 고정시키기 위해 [Object]-[Lock]-[Selection](Ctrl + 2)을 클릭한다.

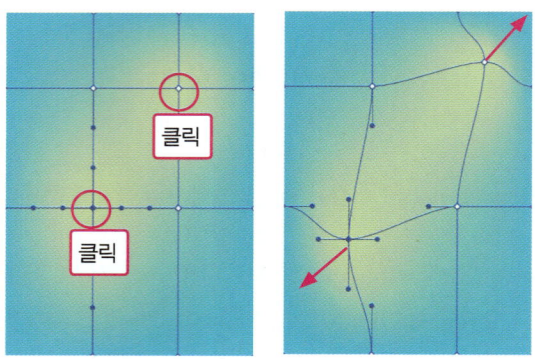

> **Plus@**
> 오브젝트 잠금 : [Object]-[Lock]-[Selection](Ctrl + 2)
> 오브젝트 잠금 해제 : [Object]-[Unlock All](Alt + Ctrl + 2)

> **Plus@**
>
> Mesh를 수정하려면 Mesh Tool(, U)이나 Direct Selection Tool(, A)로 수정하고 싶은 기준점(Anchor Point)을 선택한 후 삭제 또는 색을 변경한다.

03 ▶ 창문과 벽 문양 그리고 별

1 Rectangle Tool(, M)로 직사각형(C0M0Y0K0)을 그린다. [Object]−[Path]−[Offset Path]를 선택한 후 Offset : −4mm를 입력하고 OK 를 클릭한다. 그래디언트를 적용하기 위해 [Window]−[Gradient](Ctrl + F9)를 선택한 후 ❶ 'Linear Gradient'를 선택하고 ❷ 하단의 좌측 조절점을 더블 클릭한다. ❸ CMYK로 변경하기 위해 우측의 메뉴( )를 선택한 후 ❹ CMYK를 누르고 색(C10)을 적용한다. 나머지 적용을 위해 우측 조절점을 더블 클릭한 후 ❸, ❹를 반복해 색(C50M10)을 적용한다.

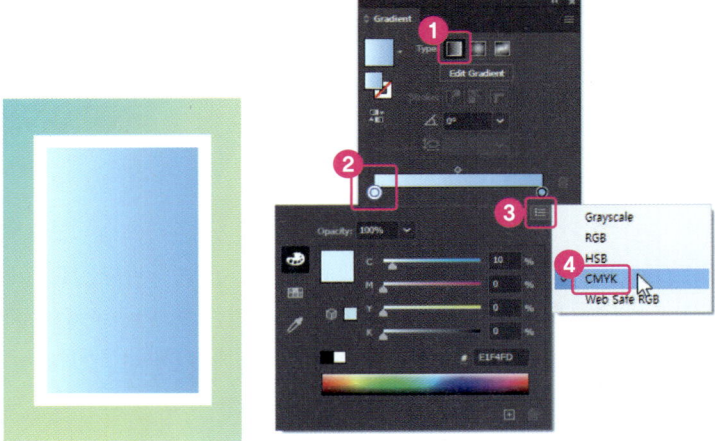

② 음영을 표현하기 위해 직사각형(C40M20K10)을 두 군데 그려준다. 하이라이트를 표현하기 위해 직사각형(C0M0Y0K0)을 그린 후 Shear Tool( )로 Shift 와 함께 우측으로 이동해 모양을 만든다. Selection Tool(, V)로 모두 선택한 후 그룹화(Ctrl + G)한다. Alt 와 함께 드래그로 복제해 배치한다.

③ 벽 문양(선 : C0M0Y0K0, 4pt)은 Line Segment Tool(, ₩)로 2개의 직선을 그린 후 Selection Tool(, V)로 Alt 와 함께 그림과 같이 복제한다. '선'을 '면'의 속성으로 변경하기 위해 [Object]-[Expand]해 확장한다. 모두 선택한 후 그룹화(Ctrl + G)한다. 창문보다 뒤로 배치하기 위해 Ctrl + [를 누른다.

④ 별(Y100)은 Ellipse Tool(, L)로 Shift 와 함께 정원을 그린다. [Effect]-[Distort & Transform]-[Pucker & Bloat]를 누르고 −70%를 입력한 후 Preview에 체크하여 확인하고 OK 를 누른다. Effect의 속성을 없애고 패스로 변경하기 위해 [Object]-[Expand Appearance]한다.

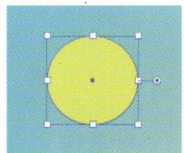 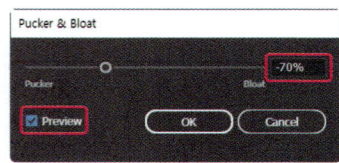 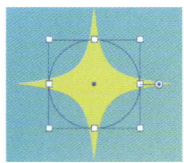

04 화분과 원형 스툴

1 스툴(C40M60Y80, C10M50Y70)은 Ellipse Tool(, L)로 타원 두 개를 그린 후 Rectangle Tool(, M)로 직사각형을 타원의 양 끝에 맞추어 그린다.

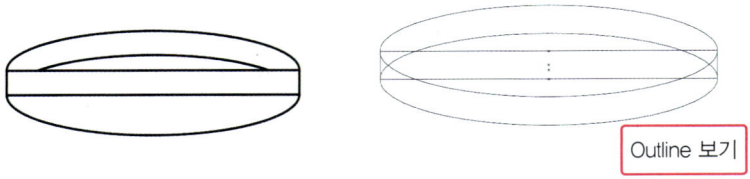

Outline 보기

2 Shape Builder Tool(, Shift + M)을 이용하여 그림과 같이 원통의 높이를 표현하기 위해 드래그로 합친다.

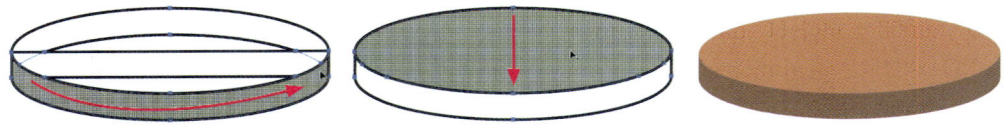

3 스툴 다리(선 : C10M50Y70, 4pt)는 Line Segment Tool(, W)로 수직선을 그린 후 Width Tool(, Shift + W)로 선의 중간 부분을 그림과 같이 확장한다. '면'의 속성으로 변경하기 위해 [Object]-[Expand Appearance]해 확장한다.

4 Selection Tool(　, V)로 Alt 와 함께 복제한 후 회전한다. Reflect Tool(　, O)로 가이드 중심을 Alt +클릭해 기준점을 잡고 Axis : Vertical, Copy 를 클릭한다. 다리를 뒤로 보내기 위해 Ctrl + [를 눌러 배치한다. 고정대(C40M60Y80)는 Rectangle Tool(　, M)로 그림과 같이 배치하여 마무리한다.

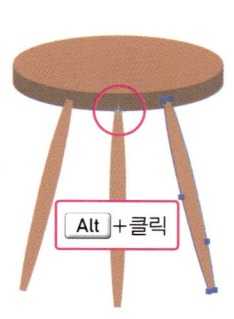
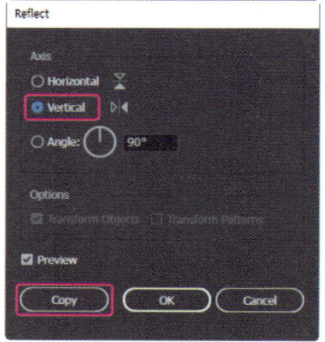

5 화분(C0M0Y0K0)은 Rectangle Tool(　, M)로 직사각형을 그린다. Direct Selection Tool(　, A)로 하단 두 포인트만 선택 후 Scale Tool(　, S)로 바깥쪽에서 안쪽으로 드래그하여 사다리꼴의 형태로 만들어 준다.

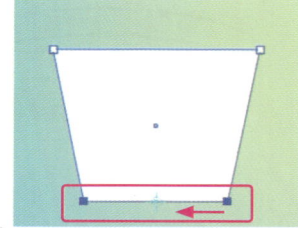

6 그림자 부분(K40)은 Line Segment Tool(　, ￦)로 그림과 같이 수평선을 그린 후 Selection Tool(　, V)로 모두 선택한다. [Pathfinder](Shift + Ctrl + F9) 패널의 'Divide'로 분리한 후 Shift + Ctrl + G 로 그룹을 해제하고 해당 색을 적용한다. 윗부분(C0M0Y0K0)은 Rounded Rectangle Tool(　)로 마무리한다.

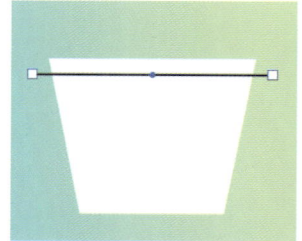

7 나뭇잎(C80M40Y100 → C50Y90)은 Pen Tool(, P)로 그림을 참고해 그린다. Selection Tool(, V)로 Alt 와 함께 복제한 후 출력형태와 같이 회전, 축소하여 배치한다.

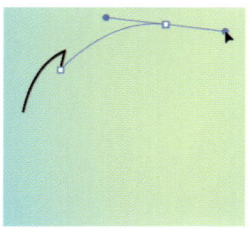 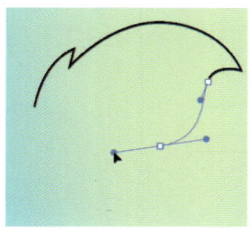 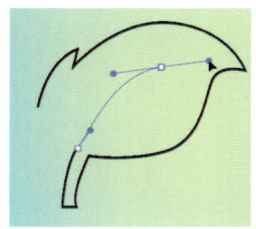 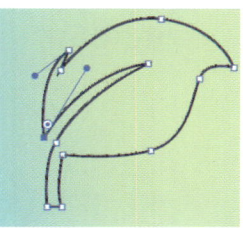

05 청소관리사 오브젝트

1 얼굴(M20Y20)은 Rectangle Tool(, M)로 그린 후 Live Corners(곡률 활성화)를 드래그해 최대의 곡률을 준다. Curvature Tool(, Shift + ~)로 그림과 같이 드래그해 모양을 잡는다.

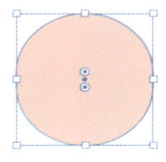 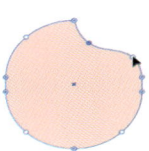

2 머리(K100)는 Rectangle Tool(, M)로 그린다. Live Corners(곡률 활성화)를 드래그해 조절한 다음 Ctrl + [를 눌러 얼굴보다 뒤로 보낸다. 귀와 목(M20Y20)은 Ellipse Tool(, L)과 Pen Tool(, P)로 그림을 참고해 그린다.

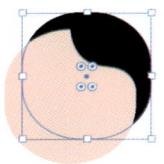 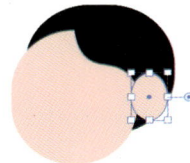 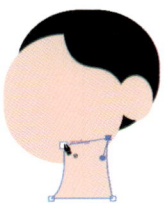

③ 모자(C80M30Y40)는 Rectangle Tool(, M)로 그린다. Live Corners(곡률 활성화)를 드래그해 조절한 다음 Direct Selection Tool(, A)로 하단 두 포인트를 선택하고 Delete 로 삭제한다. 다시 한 번 하단의 두 포인트를 선택한 후 아래쪽 방향키로 이동한다. Smooth Tool( )로 드래그하여 모양을 잡는다.

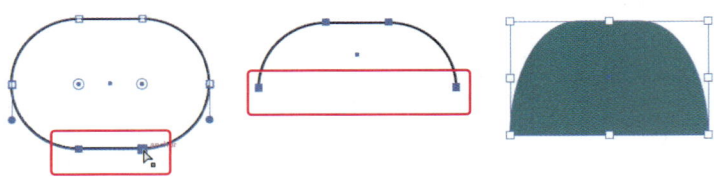

④ 모자의 챙(K100)은 Pen Tool(, P)로 그림을 참고해 그린다.

⑤ 눈(K100)은 Ellipse Tool(, L)로 그리고 마스크(K30)와 주름(K50)도 Pen Tool(, P)로 그림을 참고해 완성한다. Selection Tool(, V)로 모두 선택하고 그룹화(Ctrl + G)한 후 회전해 배치한다.

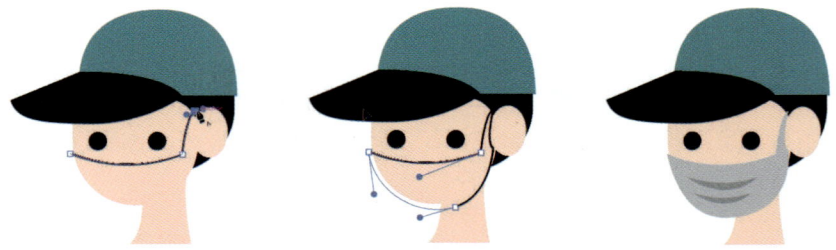

6 셔츠(C40M60Y80K30)는 Pen Tool(, P)로 그림을 참고해 그린다. 소매(C40M60Y80K30)는 Rectangle Tool(, M)로 그린 다음 Live Corners(곡률 활성화)를 드래그해 조절한다. Direct Selection Tool(, A)로 하단 포인트를 선택한 후 Delete 로 삭제한다.

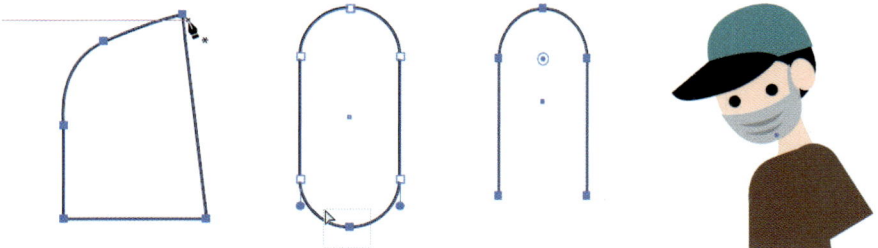

7 멜빵바지(C80M30Y40)는 Pen Tool(, P)로 그림을 참고해 그린다.

8 라인(선 : K100, 1pt)도 Pen Tool(, P)로 마무리한다. Selection Tool(, V)로 멜빵바지와 선들을 모두 선택한 후 그룹화(Ctrl + G)한다.

Plus@

직선을 그린 후 Ctrl +캔버스를 클릭하고 그리면 비연속된 선으로 그릴 수 있어 편리하다.

9 소매를 선택한 후 [Shift]+[Ctrl]+[]]로 맨 앞으로 보낸다. Pen Tool(✏️, [P])로 그림을 참고해 팔을 그린 후 Selection Tool(▶, [V])로 [Ctrl]+[C], [Ctrl]+[B]를 눌러 뒤로 붙여넣기 한다. [Ctrl]+[[]로 멜빵바지 뒤로 배치한다.

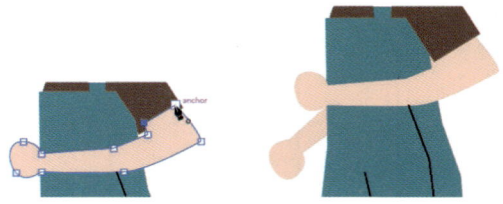

Plus α

[Window]-[Layers]([F7]) 패널을 이용해 레이어의 배열을 변경할 수 있다.

10 신발(K100)은 Rounded Rectangle Tool(⬛)로 그린다. Warp Tool(🔧, [Shift]+[R])을 더블클릭한 후 Width : 8mm, Height : 8mm 정도로 변경해 오브젝트의 형태를 그림을 참고해 변형하여 배치한다. [Ctrl]+[[]로 멜빵바지 뒤로 배치한다.

Plus α

Warp Tool(🔧, [Shift]+[R])의 크기는 [Alt]+[Shift]를 누른 상태에서 마우스를 대각선으로 드래그하면 종횡비가 유지되며 브러시의 크기 조절이 가능하다.

11 Rectangle Tool(, M)과 Pen Tool(, P)을 이용해 대걸레(M20Y80, K100)를 완성한다. 팔과 어깨를 Shift 와 함께 선택한 후 맨 앞으로 보내기 위해 Shift + Ctrl +]를 적용한다. Selection Tool(, V)로 모두 선택한 후 그룹화(Ctrl + G)한다. 그림자 적용을 위해 [Effect]−[Stylize]−[Drop Shadow]를 선택한 후 Opacity : 50%, X Offset : 1mm, Y Offset : 1mm, Blur : 1mm를 적용한다.

06 Blend와 Brush 적용

1 Pencil Tool(, N)로 출력형태를 참고해 자유로운 곡선(C0M0Y0K0, 1pt → C50M10, 3pt)을 그린다. Selection Tool(, V)로 두 곡선을 선택한 후 [Object]−[Blend]−[Make](Alt + Ctrl + B)를 적용한다. 단계를 조정하기 위해 Blend Tool(, W)을 더블 클릭한 후 Spacing : Specified Steps, 15로 적용하고 OK 를 클릭한다.

  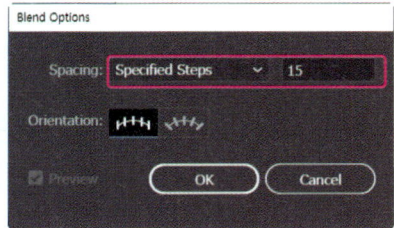

Plus@

Pencil Tool(, N)을 더블 클릭한 후 [Options] 대화상자에서 Smooth 쪽에 가깝게 조절하면 부드럽게 그려진다.

2 브러시를 적용하기 위해 Pencil Tool(, N)로 아래와 같이 자연스러운 곡선(임의의 색)을 그린다. [Window]−[Brushes](F5) 패널을 열고 패널 하단의 를 클릭해 Decorative > Decorative_Scatter > Bubbles를 선택한다. [Control] 패널의 Stroke Weight : 1.5pt, Opacity : 70%로 설정한다. Selection Tool(, V)로 중심 오브젝트를 선택한 후 맨 앞으로 보내기 위해 Shift + Ctrl +] 를 적용한다.

  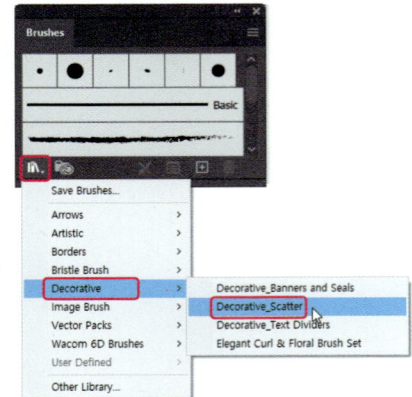

07 심볼 오브젝트 '청소도구'

1 바구니(K20)는 Rectangle Tool(, M)로 그린다. Direct Selection Tool(, A)로 하단 두 포인트를 선택한 후 Scale Tool(, S)로 바깥쪽에서 안쪽으로 줄인다. Direct Selection Tool(, A)로 Live Corners(곡률 활성화)를 안쪽으로 움직여 적절히 곡률을 준다.

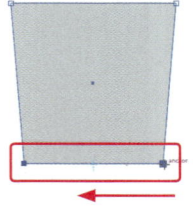 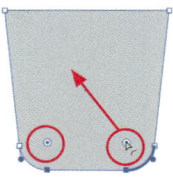

❷ 손잡이(C100M90K10)는 Ellipse Tool(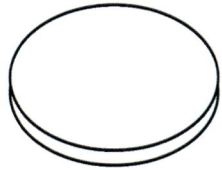, L)로 두 개의 타원을 겹쳐 그린다. Selection Tool(, V)로 두 개를 전체선택한 후 [Pathfinder](Shift + Ctrl + F9) 패널의 'Minus Front'를 적용한다.

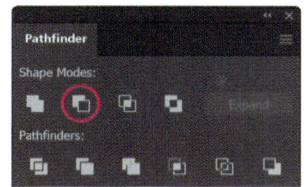 

❸ 마감과 손잡이 고리 부분(C60Y30K10)은 Rounded Rectangle Tool( )로 완성한다.

❹ 고무장갑(C10M40Y90, M20Y80)은 Pen Tool(, P)로 그림을 참고해 그린다. Selection Tool(, V)로 Alt 와 함께 복제한 후 색(M20Y80)을 변경한다.

5 수세미(M20Y80)는 Rounded Rectangle Tool(▢)로 그린다. 자연스러운 표현을 위해 Warp Tool(◣, Shift + R)을 선택한 후 크기를 조절하고 그림과 같이 드래그하여 모양을 만든다. 패스의 수가 많아진 경우 [Object]-[Path]-[Simplify]한다. 수세미 구멍(C10M40Y90)은 Ellipse Tool(◯, L)로 타원을 그린 후 Alt 와 함께 복제해 배치한다. 전체선택한 후 그룹화(Ctrl + G)한다.

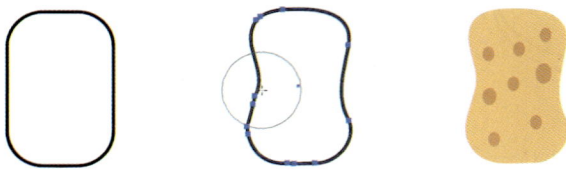

Plus @

패스가 복잡한 경우 속도가 느려질 수 있어 패스의 단순화가 필요하다. [Object]-[Path]-[Simplify]를 이용하면 패스의 수를 조절할 수 있다.

6 바닥솔의 막대(C100M90K10)는 Rounded Rectangle Tool(▢)로 그린 다음 Selection Tool(▶), V)로 Alt 와 함께 복제해 고정 부분(C30M30)을 만든다. 솔 부분(C80M80Y20)을 복제한 후 크기를 변경하고 Alt 와 함께 복제한다. Ctrl + D 로 규칙적으로 복제한 다음 색을 변경한다. 전체선택한 후 그룹화(Ctrl + G)한다.

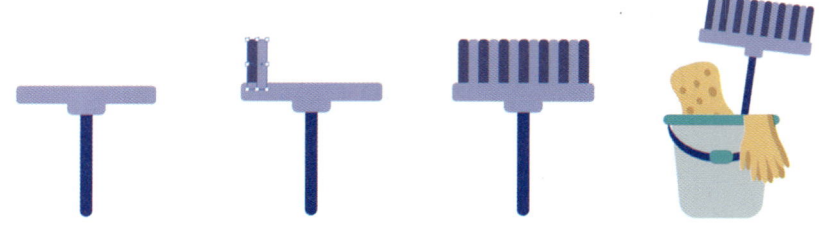

08 Symbol 등록과 적용

1 청소도구를 [Symbols] 패널에 등록하기 위해 [Window]−[Symbols](Shift + Ctrl + F11)를 열고 드래그하여 추가한다. [Symbol Options] 대화상자에서 Name : 청소도구라고 입력한 후 OK 를 클릭한다.

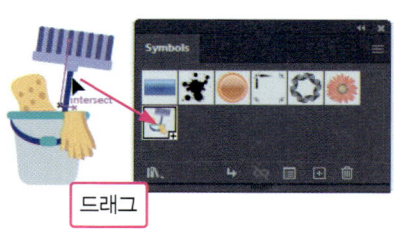
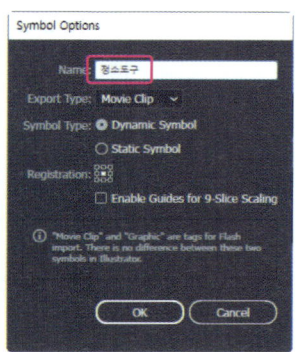

2 Symbol을 적용하기 위해 Selection Tool(, V)로 원본 Symbol을 선택한 후 Symbol Sprayer Tool(, Shift + S)로 출력형태를 참고해 클릭, 클릭하여 배치한다.

Plus @

Symbol Sprayer Tool 적용 시 여러 개의 Symbol이 추가되었을 경우 Alt 와 함께 클릭하면 삭제된다.

③ ❶ Symbol의 크기를 조절하기 위해 Symbol Sizer Tool( )을 선택한다. 클릭, 클릭은 점점 크게, Alt 와 함께 클릭하면 작아진다. ❷ Symbol의 위치 조절은 Symbol Shifter Tool( )로 드래그하며 ❸ Symbol의 기울기는 Symbol Spinner Tool( )로 시계방향, 반시계방향으로 회전한다. ❹ Symbol의 색상 변화를 위하여 Symbol Stainer Tool( )을 선택한다. [Swatches] 패널에서 해당 색(빨강, 파랑)을 선택하고 해당 Symbol을 클릭하면 색상의 변화가 생기며 면 색에 따라 좌우된다. ❺ Symbol Screener Tool( )로 투명도를 적용한 후 마무리한다.

Plus@

심볼을 선택하지 않은 상태에서 심볼의 기능을 적용하려면 다음과 같은 메시지가 뜬다.

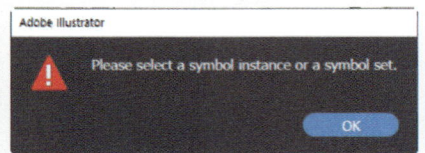

09 텍스트 입력 및 Envelope Distort

1 Type Tool(T , [T])로 빈 캔버스를 클릭한 후 ADVANCED SERVICE를 입력한다. [Ctrl]+[A]로 전체선택한 후 [Window]-[Type]-[Character]([Ctrl]+[T]) 패널에서 Font : Arial, Style : Bold, Size : 45pt, Color : C90M40Y50K20으로 설정한다. [Paragraph] 패널에서 가운데 맞춤을 적용한다. [Object]-[Envelope Distort]-[Make with Warp]([Alt]+[Shift]+[Ctrl]+[W])를 선택한 후 [Warp Options] 대화상자에서 Style : Arc Lower, Bend : 50%를 입력한 후 [OK]를 누른다.

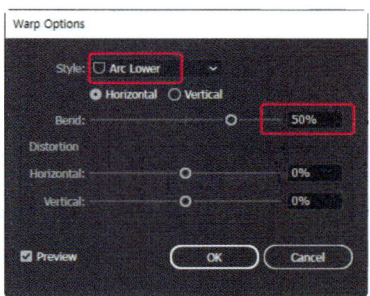

2 Polygon Tool(⬡)을 선택한 후 빈 공간을 클릭하여 나온 대화상자에서 Sides : 6으로 입력하고 [OK]를 클릭한다. Direct Selection Tool(▷ , [A])로 오른쪽 세 포인트를 선택한 후 오른쪽으로 드래그해 넓히고 색(K90)을 채운다.

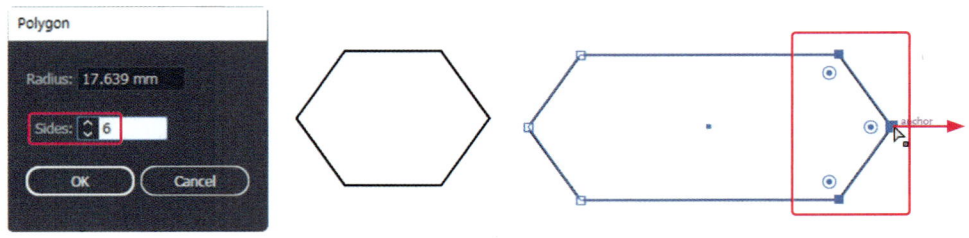

❸ Type Tool(T , T)로 빈 캔버스를 클릭한 후 Clean & Steam을 입력한다. Ctrl + A 로 전체선택한 후 [Window]−[Type]−[Character](Ctrl + T) 패널에서 Font : Times New Roman, Style : Regular, Size : 25pt, Color : C0M0Y0K0으로 설정한다.

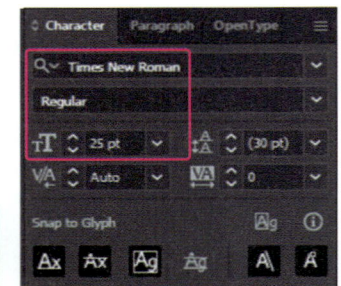

❹ Type Tool(T , T)로 빈 캔버스를 클릭한 후 편안한 서비스! 최대 만족!을 입력한다. Ctrl + A 로 전체선택한 후 [Window]−[Type]−[Character](Ctrl + T) 패널에서 Font : 돋움, Size : 15pt, Color : K100으로 설정한다. [Object]−[Envelope Distort]−[Make with Warp](Alt + Shift + Ctrl + W)를 선택한 후 [Warp Options] 대화상자에서 Style : Flag, Bend : 50%를 입력한 후 OK 를 누른다.

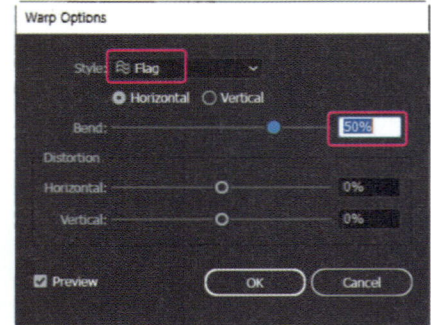

10 ▶ Clipping Mask로 마무리하기

1 Rectangle Tool(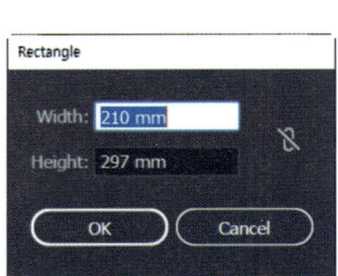 , M)로 빈 공간을 클릭한 후 Width : 210mm, Height : 297mm를 입력하고 OK 를 클릭한다. Selection Tool(, V)로 캔버스 끝에 딱 맞추고 캔버스에 있는 모든 오브젝트를 선택한 후 마우스 오른쪽 버튼을 클릭하고 'Make Clipping Mask'를 적용한다.

Plus α

직사각형을 캔버스의 영점에 정확히 맞추려면 [Window]−[Transform] 패널에서 고정점을 좌측 상단으로 클릭한 후 X : 0mm, Y : 0mm로 입력한다.

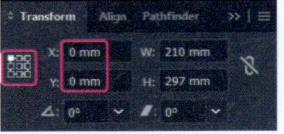

Plus α

Clipping Mask 적용 : [Object]−[Clipping Mask]−[Make](Ctrl + 7)
Clipping Mask 해제 : [Object]−[Clipping Mask]−[Release](Alt + Ctrl + 7)

Plus α

Clipping Mask 안쪽의 오브젝트를 수정하기 위하여 Selection Tool(, V)로 더블 클릭하면 Isolated Area(고립된 영역)로 들어가게 되며 그 안에서 수정할 수 있다. 수정 완료 시 Esc 나 화살표를 눌러 빠져나온다.

11　저장하고 전송하기

1 불필요한 도형은 삭제하고 가이드라인이 보이지 않도록 [View]-[Guides]-[Hide Guides](Ctrl +;)한다. [File]-[Save] 또는 [File]-[Save As]한 후 (Save On Your Computer)를 선택하여 '내 PC₩문서₩GTQ' 폴더에 "수험번호-성명-3"으로 저장한다.

2 [Illustrator Options] 대화상자에서 Version : Illustrator CC(Legacy)로 체크한 후 (OK)를 클릭한다. 하위 버전 저장에 따른 메시지가 뜨면 계속 (OK)를 클릭한다.

3 시험장의 작업표시줄에 나타나는 'Koas 수험자용'을 클릭해 우측의 답안 전송 을 클릭한 후 해당하는 번호에 체크한다. 하단의 답안 전송 을 클릭한 후 닫기 를 누르면 최종 전송된 답안으로 채점이 이루어진다.

Check Point!

		O	X
01	출력형태를 제외한 나머지 오브젝트는 삭제했나요?		
02	해당 오브젝트를 출력형태의 위치에 배치했나요? (눈금자와 가이드라인 참고해 확인)		
03	오브젝트에 'Lock'이 되어 있는 경우 'Unlock All(Alt + Ctrl + 2)'했나요?		
04	작업 중 생성된 가이드라인을 Ctrl + ; 으로, 그리드를 Ctrl + ' 로 숨겼나요?		
05	Gradient가 적용된 오브젝트의 색상과 방향을 출력형태에 맞게 적용했나요?		
06	결과가 '면'의 속성인 오브젝트를 '선'의 속성으로 그렸을 경우 'Expand' 처리했나요?		
07	제시된 조건 이외의 오브젝트를 편의에 의해 Blend나 Envelope Distort의 기능으로 완성했을 경우 'Expand' 처리했나요?		
08	텍스트 작업 시 Font Family가 Bold인 경우 변경되어 있나요?		
09	오브젝트의 불투명도(Opacity) 값이 정확히 설정되었나요?		
10	마지막 단계에서 Clipping Mask하여 마무리되었나요?		

CHAPTER 2

기출유형문제 2회

급수	문제유형	시험시간	수험번호	성명
1급	A	90분		

수험자 유의사항

- 수험자는 문제지를 받는 즉시 응시하고자 하는 **과목 및 급수가 맞는지 확인**한 후 수험번호와 성명을 작성합니다.
- 파일명은 본인의 "수험번호-성명-문제번호"로 공백 없이 정확히 입력하고 답안 폴더(내 PC\문서\GTQ)에 파일 저장규칙(ai 파일 포맷)으로 저장해야 하며, '**다른 파일 형식으로 저장하였을 경우**' 0점 처리됩니다.
- 답안 문서 파일명이 "수험번호-성명-문제번호"와 일치하지 않거나, '**답안 파일을 전송하지 않는 경우**' 답안 파일 미제출로 불합격 처리됩니다.
- 수험자 정보와 저장한 파일명, 저장 위치가 다를 경우 전송이 되지 않으므로, 주의하시길 바랍니다.
- 답안 작성 중에도 주기적으로 '저장'과 '답안 전송'을 이용하여 감독위원 PC로 답안을 전송하셔야 합니다(작업한 내용을 저장하지 않고 답안을 전송할 경우 이전의 저장내용이 전송되오니 이 점 반드시 유념하시기 바랍니다).
- 모든 수험자는 동일한(초기화된) 환경에서 시험이 시작되며 '작업환경 설정'은 시험 시간 내에 진행합니다(시험 시작 전 '작업환경 설정' 불가, 소프트웨어 이상 유무만 확인).
- 답안 문서를 지정된 경로 외의 다른 보조기억장치에 저장하는 행위, 지정된 시험 시간 외에 작성된 파일을 활용한 행위, 기타 허용되지 않은 프로그램(이메일, 메신저, 게임, 네트워크, 윈도우계산기, 스톱워치 등) 이용 시 부정행위로 간주되어 **자격기본법 제32조에 의거 본 시험 및 국가공인 자격시험을 2년간 응시할 수 없습니다**.
- 시험 중 부주의 또는 고의로 시스템을 파손한 경우와 〈수험자 유의사항〉에 기재된 방법대로 이행하지 않아 생기는 불이익은 수험자의 책임임을 알려 드립니다.
- 시험을 완료한 수험자는 최종적으로 저장한 답안 파일이 전송되었는지 확인한 후 감독위원의 지시에 따라 문제지를 제출하고 퇴실합니다.

답안 작성요령

- 온라인 답안 작성 절차
  수험자 등록 ⇒ 시험 시작 ⇒ 답안 파일 저장 ⇒ 답안 전송 ⇒ 시험 종료
- 배점은 총 100점으로 이루어지며, 점수는 각 문제별로 차등 배분됩니다.
- 각 문제는 주어진 《조건》에 따라 작성하고, 《조건》을 지키지 못했을 경우에는 0점 또는 감점 처리됩니다.
- 문제 《조건》에 크기와 색상, 두께의 지정이 없을 경우 《출력형태》를 참고하여 작업해 주시기 바랍니다.
- **문제 《조건》과 《출력형태》에서 차이가 발생할 경우 문제에서 지정한 《조건》에 따라 작업해 주시기 바랍니다.**
- 《조건》에서 주어진 단위는 'mm(밀리미터)'입니다. 눈금자는 작성하지 않으며, 그 외는 출력형태(레이아웃, 색상, 문자, 규격 등)와 같게 작업하십시오.
- 문제 《조건》에 서체의 지정이 없을 경우 한글은 굴림이나 돋움, 영문은 Arial로 작업하십시오(단, 그 외에 제시되지 않은 문자 속성을 기본값으로 작성하지 않은 경우는 감점 처리됩니다).
- Color Mode(색상 모드)는 별도의 처리 조건이 없을 시 CMYK로 작업하십시오.
- 조건에서 제시한 기능을 임의로 합치거나 각 기능에 대한 속성을 해지할 경우 해당 요소는 0점 처리됩니다.

문제 1 BI, CI 디자인
25점

다음의 《조건》에 따라 아래의 《출력형태》와 같이 작업하시오.

조건

파일저장규칙	AI	파일명	문서₩GTQ₩수험번호-성명-1.ai
		크기	100 × 80mm

1. 작업 방법
   ① 도형 변형 툴과 Pathfinder 기능을 활용하여 오브젝트를 작성한다.
   ② 그 외 《출력형태》 참조

2. 문자 효과
   ① LOVE COOKING (Arial, Regular, 22pt, C0M0Y0K0, Y100)

출력형태

M20Y40K10 → M30Y50K30,
C30M60Y70K20,
C30M20,
C30M70Y70,
C50M20Y30,
C0M0Y0K0,
M90Y80,
C30M100Y80K30,
K100

문제 2 패키지, 비즈니스디자인
35점

▶ 유선배 강의

다음의 《조건》에 따라 아래의 《출력형태》와 같이 작업하시오.

조건

파일저장규칙	AI	파일명	문서₩GTQ₩수험번호-성명-2.ai
		크기	160 × 120mm

1. 작업 방법
   ① 앞치마에는 Pattern을 활용하여 작성한다(패턴 등록 : 파인애플).
   ② 과일주스 병에는 Clipping Mask를 적용한다.
   ③ Brush는 《출력형태》를 참고하여 작성한다.
   ④ Effect는 《출력형태》를 참고하여 작성한다.
   ⑤ 그 외 《출력형태》 참조

2. 문자 효과
   ① Happy Kitchen (Times New Roman, Bold Italic, 18pt, Y100)
   ② Fresh (Times New Roman, Bold Italic, 30pt, C90M30Y80K20)

출력형태

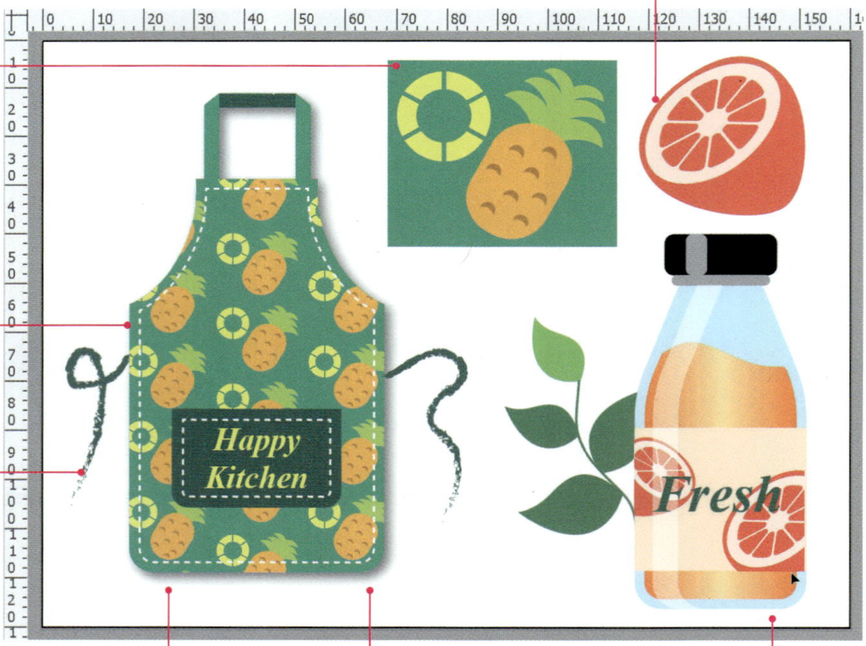

M80Y70,
M10Y10

C80M10Y70,
M30Y100,
C20M50Y100,
C30Y100,
Y100

C80M10Y70,
C70Y60K50
[Stroke]
C0M0Y0K0, 1pt

[Brush]
Charcoal – Feather,
C60Y50K50, 1pt

[Effect] Drop Shadow

[Pattern]

C20,
M60Y100 → M10Y50,
M10Y20,
K100, K40,
C0M0Y0K0, Opacity 50%,
C50Y100, C80M30Y90

문제 3 광고디자인
40점

다음의 《조건》에 따라 아래의 《출력형태》와 같이 작업하시오.

조건

파일저장규칙	AI	파일명	문서₩GTQ₩수험번호-성명-3.ai
		크기	210 × 297mm

1. 작업 방법
   ① 《참고도안》은 직접 제작한 후 Symbol로 활용한다(심볼 등록 : 아보카도).
   ② 'Healthy Fruit', 'ORGANIC MARKET' 문자에 Envelope Distort를 적용한다.
   ③ Brush는 《출력형태》를 참고하여 작성한다.
   ④ Effect는 《출력형태》를 참고하여 작성한다.
   ⑤ Clipping Mask를 이용하여 디자인을 정리한다.
   ⑥ 그 외 《출력형태》 참조

2. 문자 효과
   ① Healthy Fruit (Arial, Bold, 70pt, C80M30Y100K30, M100Y70)
   ② ORGANIC MARKET (Arial, Regular, 30pt, M100Y70)
   ③ 건강한 먹거리 문화 (궁서, 20pt, C0M0Y0K0)

참고도안

C80M30Y100K50,
C70M30Y100K20,
C30Y90,
C10Y70,
C30M60Y100K20,
C20M40Y100K10,
C10M20Y30

출력형태

210 × 230mm
[Mesh]
C70Y60, C20Y60

[Blend] 단계 : 15
[Stroke] C0M0Y0K0, 1pt
→ Y50, 3pt

C30, C50K10,
C60K20,
C70M40Y30K30,
C80M60Y40K70,
K70, K50,
C0M0Y0K0,
M70Y30,
M100Y70,
C0M0Y0K0, Opacity 50%

C0M0Y0K0

C70Y100,
C80M30Y100K30,
C40M60Y90K40,
M10Y30,
C10M100Y70,
K100

[Brush]
4pt, Star, 1pt

M40Y80,
M10Y40 →
M60Y100

[Effect]
Drop Shadow

[Symbol]

문제 1 BI, CI 디자인

완성 파일 : 기출유형문제2회-1.ai

한눈에 보는 작업과정

도마 → 요리도구와 모자 → 리본과 텍스트

01 새 캔버스 설정 및 저장

1 새 캔버스를 만들기 위해 [File]−[New]를 선택하여 Width : 100mm, Height : 80mm, Color Mode : CMYK로 설정한 후 새 캔버스를 연다.

2 [View]−[Rulers]−[Show Rulers](Ctrl + R)를 선택해 눈금자를 꺼낸다(좌측 상단 영점 확인).

3 작업 파일을 저장하기 위해 [File]−[Save As]에서 '내 PC₩문서₩GTQ' 하위 폴더에 파일 이름을 '수험번호−성명−1.ai'로 입력한 후 'Illustrator CC(Legacy)' 버전으로 저장한다.

4 도구상자가 모두 보이는지, 상단의 [Control] 패널이 있는지 체크한다.

> **Plus @**
>
> [Window]−[Workspace]−[Essentials Classic]으로 한 번에 도구상자와 [Control] 패널을 나타낼 수 있다.

5 작업에 앞서 제시된 색을 [Swatches] 패널이나 도형들을 나열해 색상을 등록해 놓는다.

6 오브젝트별로 가이드라인을 표시하고 작업하면 좋다.

02 도마 오브젝트

1 Ellipse Tool(◯, L)로 Shift 와 함께 정원을 그린다. Rectangle Tool(▢, M)로 사각형을 그린 다음 Live Corners(곡률 활성화)를 조절한다. Selection Tool(▶, V)로 모두 선택한 후 [Object]-[Compound Path]-[Make](Ctrl + 8)를 클릭하여 하나로 만든다. 두 도형의 자연스러운 연결을 표현하기 위해 [Effect]-[Path]-[Offset Path]를 클릭한다. Offset : 6mm를 입력한 후 Preview에 체크해 모양을 확인하고 OK 를 클릭한다.

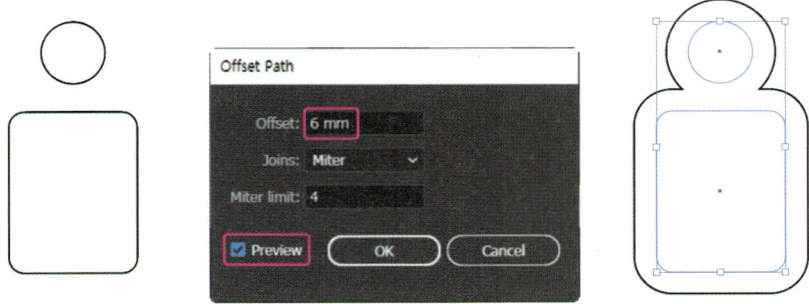

2 두 개의 중간 부분을 연결되게 표현하기 위해 한 번 더 [Effect]-[Path]-[Offset Path]를 클릭한다. 중복 설정 시 다음과 같은 메시지가 나오면 'Apply New Effect'를 선택한다. Offset : −6mm, Joins : Round로 입력하고 Preview에 체크해 모양을 확인한 후 OK 를 클릭한다.

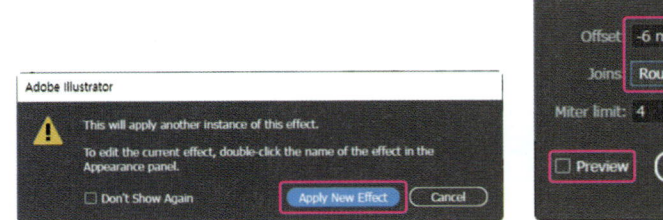 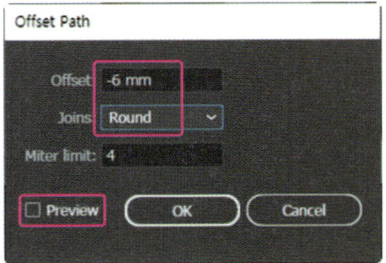 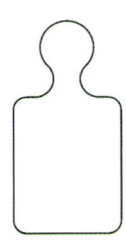

Plus@

두 개가 겹치도록 수치를 입력해야 메타볼의 형태로 표현할 수 있다.

Selection Tool(▶, V)로 더블 클릭하면 Isolated Area(고립된 영역)로 들어가게 되며, 그 안에서 도형을 움직이며 수정할 수 있다.

Plus@

[Object]-[Path]-[Offset Path]를 적용하지 않는 이유는 기존 적용된 효과가 아닌 새로운 Offset이 생기기 때문이다. 메타볼 형태를 만들기 위해서는 [Effect] 메뉴를 사용해야 기존 효과에 한 번 더 다른 효과를 적용할 수 있다.

❸ 크기에 관계없이 형태를 유지하기 위해 [Object]-[Expand Appearance]를 클릭한다. 그래디언트를 적용하기 위해 [Window]-[Gradient](Ctrl+F9)를 선택한다. ❶ 'Linear Gradient'를 선택하고 각도 : -90°를 입력한 후 ❷ 하단의 좌측 조절점을 더블 클릭한다. ❸ CMYK로 변경하기 위해 우측의 메뉴(≡)를 선택한 후 ❹ CMYK를 누르고 색(M20Y40K10)을 적용한다. 나머지 적용을 위해 우측 조절점을 더블 클릭하고 ❸, ❹를 반복해 색(M30Y50K30)을 적용한다.

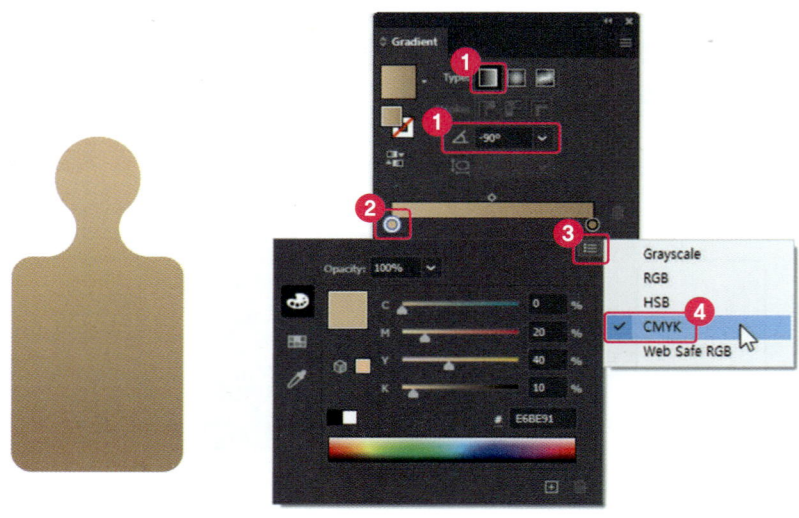

Plus@

그래디언트의 방향을 수정하기 위해 Gradient Tool(■, G)을 선택해 원하는 방향으로 드래그해도 된다.

❹ 안쪽의 테두리 부분(C30M60Y70K20)은 [Object]-[Path]-[Offset Path]를 선택하고 Offset : -1.5mm를 입력한 후 OK 를 클릭한다. [Window]-[Stroke](Ctrl+F10) 패널에서 Weight : 3pt를 적용한다. '선'을 '면'의 속성으로 변경하기 위해 [Object]-[Expand]해 확장한다.

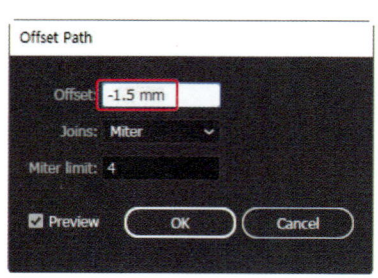 

03 요리도구와 모자 오브젝트

1 뒤집개(C30M20)는 Add Anchor Point Tool(, =)로 하단 중간에 기준점(Anchor Point)을 추가한 다음 Direct Selection Tool(, A)로 아래로 이동해 모양을 만든다.

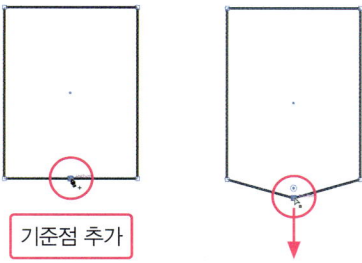

기준점 추가

2 Rectangle Tool(, M)로 직사각형을 추가해 Selection Tool(, V)로 모두 선택한 후 [Pathfinder](Shift + Ctrl + F9) 패널의 'Unite'로 합친다. Direct Selection Tool(, A)로 해당 부분의 Live Corners(곡률 활성화)를 Shift 와 함께 선택해 조정한다.

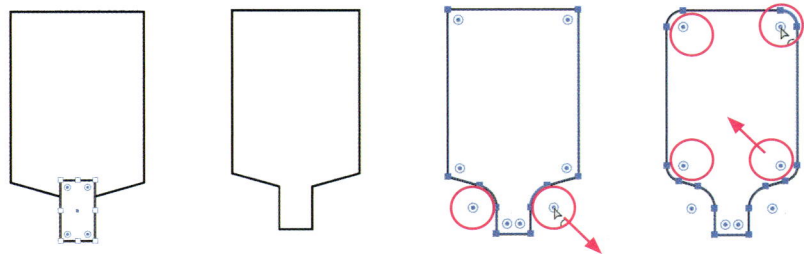

3 Rounded Rectangle Tool( )을 세 개 추가한 후 Selection Tool(, V)로 뒤집개까지 모두 선택하고 Shape Builder Tool(, Shift + M)로 Alt 와 함께 타원 안쪽을 클릭하면 구멍이 생긴다.

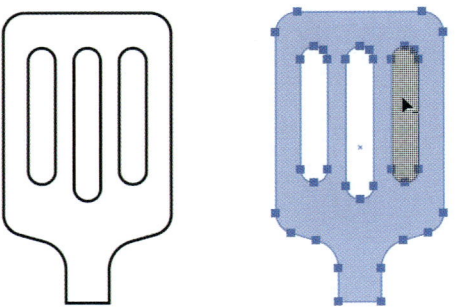

4 손잡이 부분(C30M20, C30M70Y70)은 Rectangle Tool(▢ , M)로 마무리한다. Selection Tool(▶ , V)로 모두 선택한 후 출력형태를 참고하여 회전 배치한다.

5 거품기(선 : 임의의 색, 면 : None)는 Ellipse Tool(⬭ , L)로 타원을 그린다. Add Anchor Point Tool(✏ , =)로 하단 중간에 기준점(Anchor Point)을 추가한 후 Direct Selection Tool(▷ , A)로 하단 포인트를 선택하고 아래로 이동해 모양을 만든다.

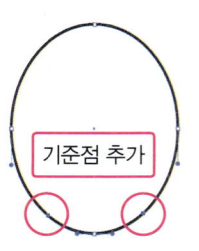 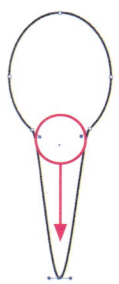

6 각 포인트를 선택한 후 방향선 등을 이용해 모양을 만든다. 선 두께를 [Stroke] 패널에서 Weight : 3pt 정도로 적용한다. Selection Tool(▶ , V)로 오브젝트를 선택한 후 Ctrl + C , Ctrl + F 로 앞으로 붙여넣기 하고, 우측 중간 조절점을 Alt 와 함께 안쪽으로 드래그하여 대칭으로 크기를 살짝 줄인다. 다시 한 번 반복하여 크기를 살짝 줄인다. 세 개의 오브젝트를 Shift 와 함께 선택한 후 '면'의 속성으로 변경하기 위해 [Object]−[Expand]해 색(C50M20Y30)을 채운다.

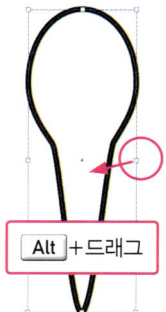 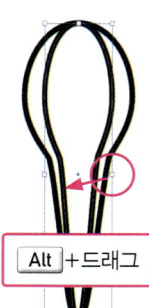  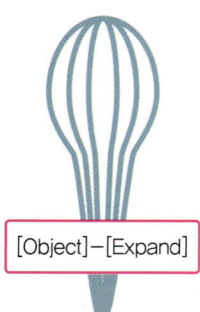

7 손잡이 부분(C50M20Y30, C30M70Y70)은 Rectangle Tool(■, M)로 마무리한다. Selection Tool(▶, V)로 모두 선택한 후 출력형태를 참고해 회전 배치한다.

8 요리사 모자(C0M0Y0K0)는 Ellipse Tool(●, L)로 타원을 세 개 그린다. Rectangle Tool(■, M)로 사각형을 추가한 후 Selection Tool(▶, V)로 모두 선택하고 [Pathfinder](Shift + Ctrl + F9) 패널의 'Unite'로 합친다. Ellipse Tool(●, L)로 타원을 그린 후 Selection Tool(▶, V)로 모두 선택하고 [Pathfinder](Shift + Ctrl + F9) 패널의 'Minus Front'를 적용한다.

9 콧수염(C0M0Y0K0)은 그림을 참고해 Pen Tool(✎, P)로 그린다. Selection Tool(▶, V)로 Alt 와 함께 복제해 가로 중심 크기 조절점에서 좌우로 뒤집어 대칭한 후 크기를 줄여 배치한다.

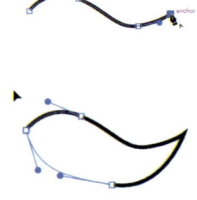 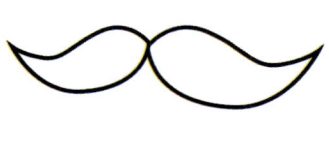 

04 리본과 텍스트

1 ❶ 리본 꼬리(C30M100Y80K30)와 리본(M90Y80)은 Rectangle Tool(, M)로 그린다. Add Anchor Point Tool(, =)로 좌측 부분에 기준점(Anchor Point)을 추가한 후 Direct Selection Tool(, A)로 선택하여 우측으로 이동한다. ❷ 접히는 부분(K100)은 Pen Tool(, P)로 클릭, 클릭하여 그려준다. ❸ 리본 꼬리와 꼬리가 접히는 부분은 Reflect Tool(, O)로 중심을 Alt +클릭해 기준점을 잡고 Axis : Vertical, (Copy)를 클릭한다.

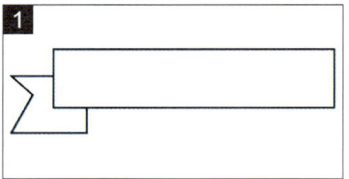 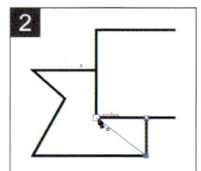 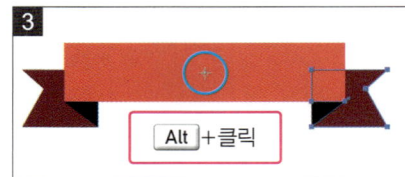

2 Selection Tool(, V)로 리본 전체를 선택한 후 살짝 뒤틀기 위해 [Object]−[Envelope Distort]−[Make with Warp](Alt + Shift + Ctrl + W)를 적용한다. [Warp Options] 대화상자에서 Style : Arc, Bend : 0%, Horizontal : −15%, Vertical : −5%로 준다. 면의 속성으로 변경하기 위해 [Object]−[Expand]해 확장한다.

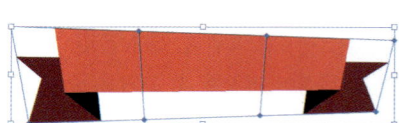
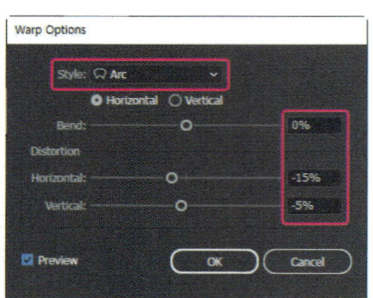

3 텍스트를 입력하기 위해 Type Tool(T , T)로 빈 캔버스를 클릭한 후 LOVE COOKING을 입력한다. Ctrl + A 로 전체선택한 후 [Window]−[Type]−[Character](Ctrl + T) 패널에서 Font : Arial, Style : Regular, Size : 22pt, Color : C0M0Y0K0으로 설정한다. 그중 COOKING만 다시 선택한 후 Color : Y100으로 설정한다. Selection Tool(, V)을 선택한 후 출력형태를 참고하여 배치한다.

05 저장하고 전송하기

1 불필요한 도형은 삭제하고 가이드라인이 보이지 않도록 [View]−[Guides]−[Hide Guides](`Ctrl`+`;`)한다. [File]−[Save] 또는 [File]−[Save As]한 후 `Save On Your Computer`를 선택하여 '내 PC₩문서₩GTQ' 폴더에 "수험번호−성명−1"로 저장한다.

2 [Illustrator Options] 대화상자에서 Version : Illustrator CC(Legacy)로 체크한 후 `OK`를 클릭한다. 하위 버전 저장에 따른 메시지가 뜨면 계속 `OK`를 클릭한다.

3 시험장의 작업표시줄에 나타나는 'Koas 수험자용'을 클릭해 우측의 `답안 전송`을 클릭한 후 해당하는 번호에 체크한다. 하단의 `답안 전송`을 클릭한 후 `닫기`를 누르면 최종 전송된 답안으로 채점이 이루어진다.

Check Point!

		O	X
01	출력형태를 제외한 나머지 오브젝트는 삭제했나요?		
02	해당 오브젝트를 출력형태의 위치에 배치했나요? (눈금자와 가이드라인 참고해 확인)		
03	작업 중 생성된 가이드라인을 Ctrl + ; 으로, 그리드를 Ctrl + ' 로 숨겼나요?		
04	Gradient가 적용된 오브젝트의 색상과 방향을 출력형태에 맞게 적용했나요?		
05	출력형태에 제시된 '선'의 두께는 정확히 설정되었나요?		
06	결과가 '면'의 속성인 오브젝트를 '선'의 속성으로 그렸을 경우 'Expand' 처리했나요?		
07	제시된 조건 이외의 오브젝트를 편의에 의해 Blend나 Envelope Distort의 기능으로 완성했을 경우 'Expand' 처리했나요?		
08	텍스트 작업 시 Font Family가 Bold인 경우 변경되어 있나요?		
09	오브젝트의 불투명도(Opacity) 값이 정확히 설정되었나요?		
10	저장을 먼저 한 후 답안 전송으로 마무리하였나요? (중요한 작업 완료 후 수시로 저장과 전송 가능)		

문제 2 패키지, 비즈니스디자인

완성 파일 : 기출유형문제2회-2.ai

한눈에 보는 작업과정

Pattern (파인애플) → Clipping Mask (자몽) → Pattern 적용 (앞치마) → Clipping Mask 적용 (과일주스 병)

01 새 캔버스 설정 및 저장

1 새 캔버스를 만들기 위해 [File]-[New]를 선택하여 Width : 160mm, Height : 120mm, Color Mode : CMYK로 설정한 후 새 캔버스를 연다.

2 [View]-[Rulers]-[Show Rulers](Ctrl+R)를 선택해 눈금자를 꺼낸다(좌측 상단 영점 확인).

3 작업 파일을 저장하기 위해 [File]-[Save As]에서 '내 PC₩문서₩GTQ' 하위 폴더에 파일 이름을 '수험번호-성명-2.ai'로 입력한 후 'Illustrator CC(Legacy)' 버전으로 저장한다.

4 도구상자가 모두 보이는지, 상단의 [Control] 패널이 있는지 체크한다.

Plus @

[Window]-[Workspace]-[Essentials Classic]으로 한 번에 도구상자와 [Control] 패널을 나타낼 수 있다.

5 작업에 앞서 제시된 색을 [Swatches] 패널이나 도형들을 나열해 색상을 등록해 놓는다.

6 오브젝트별로 가이드라인을 표시하고 작업하면 좋다.

02 파인애플 오브젝트

1 파인애플(M30Y100)은 Rectangle Tool(▢ , M)로 그린 다음 Live Corners(곡률 활성화)를 드래그해 최대의 곡률을 준다. 알맹이 부분(C20M50Y100)은 Ellipse Tool(⬭ , L)로 타원을 그린 후 Selection Tool(▶ , V)로 Alt 와 함께 아래로 복사해 가로폭을 넓히고, 두 개의 원을 선택해 [Pathfinder](Shift + Ctrl + F9) 패널의 'Minus Front'를 적용한다. 그림을 참고하여 Alt 와 함께 복제해 배치한다.

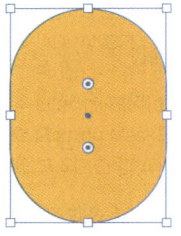 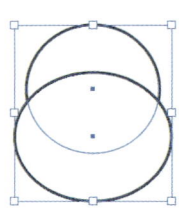 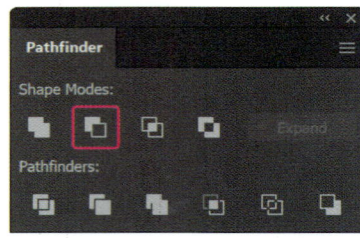 

2 줄기 부분(C30Y100)은 알맹이 하나를 Alt 와 함께 복제해 크기를 조절하고 회전한다. Reflect Tool(◨ , O)로 가이드 중심을 Alt +클릭해 기준점을 잡고 Axis : Vertical, Copy 를 클릭한다. Selection Tool(▶ , V)로 모두 선택해 Alt 와 함께 위쪽으로 복제 후 꼭짓점에서 Alt + Shift 와 함께 크기를 줄여 배치한다. 한 번 더 반복 후 모두 선택하고 그룹화(Ctrl + G)해 회전 배치한다.

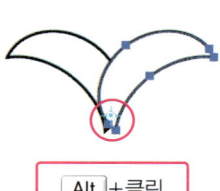 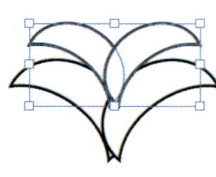  

Alt +클릭

3 파인애플 단면(Y100)은 Ellipse Tool(　, L)로 Shift 와 함께 정원을 그린다. Ctrl + C , Ctrl + F 로 앞으로 붙여넣기 한 후 꼭짓점에서 Alt + Shift 와 함께 줄인다. Selection Tool(　, V)로 모두 선택한 후 [Pathfinder](Shift + Ctrl + F9) 패널의 'Minus Front'를 적용한다.

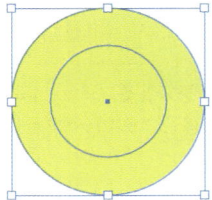
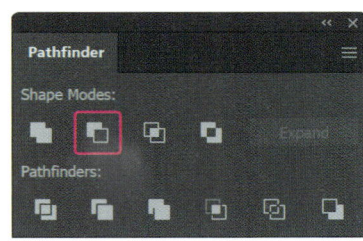
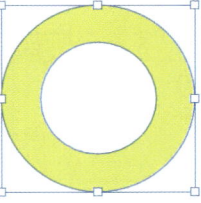

4 Line Segment Tool(　, ￦)로 수직선을 하나 그린 후 [Window]−[Stroke](Ctrl + F10) 패널에서 Weight : 3pt로 설정한다. '선'을 '면'의 속성으로 변경하기 위해 [Object]−[Expand]해 확장한다. Selection Tool(　, V)로 모두 선택해 [Window]−[Align](Shift + F7) 패널에서 수직/수평 가운데 정렬을 클릭한다.

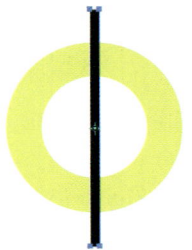
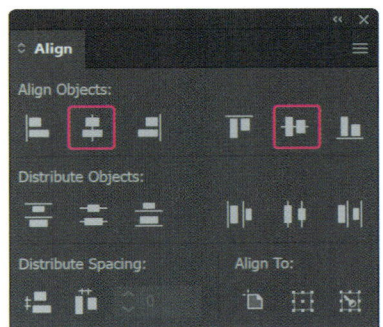

5 Rotate Tool(　, R)을 더블 클릭해 대화상자가 나오면 Angle : 360/6 또는 60을 입력한 후 Copy 를 클릭한다. 반복하기 위해 Ctrl + D 를 1번 실행한다. Selection Tool(　, V)로 모두 선택한 후 [Pathfinder](Shift + Ctrl + F9) 패널의 'Minus Front'를 적용한다.

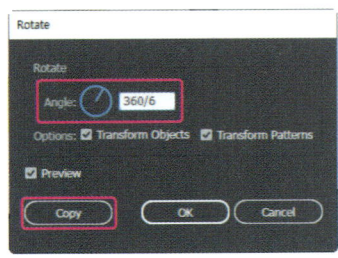
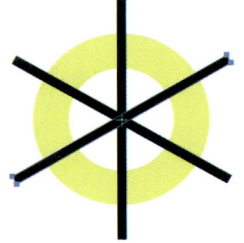
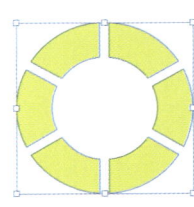

6 배경(C80M10Y70)은 Rectangle Tool(■, M)로 그린 후 맨 뒤로 보내기 위해 Shift + Ctrl + [를 적용한다.

03 ▶ 자몽 오브젝트

1 겉껍질(M80Y70)은 Ellipse Tool(●, L)로 타원을 그린 후 Direct Selection Tool(▶, A)로 세로 두 포인트를 선택해 아래로 내린다. 하단의 Anchor Point를 선택한 후 출력형태처럼 뾰족하게 모양을 만든다.

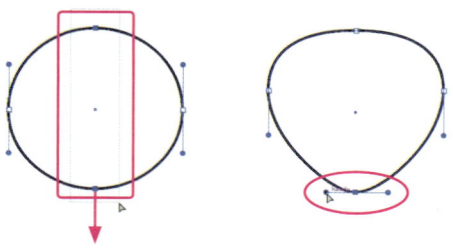

2 단면(M10Y10)을 만들기 위해 가로/세로 가이드라인을 그린다. Ellipse Tool(●, L)로 가이드 중심에서 Alt + Shift 와 함께 정원을 그린 후 한 번 더 작은 정원을 그린다. Line Segment Tool(/, ₩)로 가이드라인 중심에서 Alt 와 함께 수직선을 그린다. [Window]-[Stroke](Ctrl + F10) 패널에서 Weight : 2pt로 설정한다. '선'을 '면'의 속성으로 변경하기 위해 [Object]-[Expand]해 확장한다.

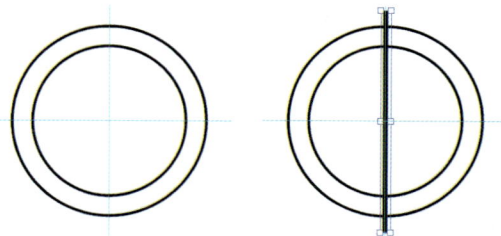

3 Rotate Tool(, R)을 더블 클릭해 대화상자가 나오면 Angle : 360/10 또는 36을 입력한 후 Copy 를 클릭한다. 반복하기 위해 Ctrl + D 를 3번 더 실행한다. Selection Tool(, V)로 모두 선택한 후 Shift 와 함께 큰 원을 선택해 제외시킨다. [Pathfinder](Shift + Ctrl + F9) 패널의 'Minus Front'를 적용한다.

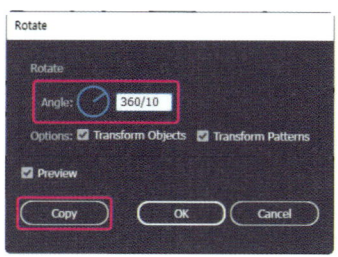  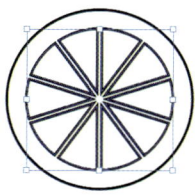

4 Direct Selection Tool(, A)을 선택한 후 Live Corners(곡률 활성화)를 드래그해 곡률을 살짝 준다. [Object]−[Expand]해 확장한다. Selection Tool(, V)로 전체선택한 후 높이를 줄이고 겉껍질에 배치한 다음 회전한다.

Plus@

CS6 이하 버전에서는 [Effect]−[Stylize]−[Round Corners]를 눌러 Radius : 2mm의 값을 입력하고 OK 를 누른다. '면'의 속성으로 변경하기 위해 [Object]−[Expand]해 확장한다.

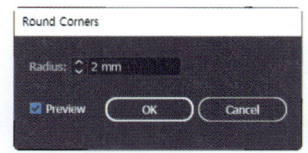

04 앞치마 오브젝트에 Pattern 적용 및 Brush

1 앞치마(C80M10Y70)는 Rectangle Tool(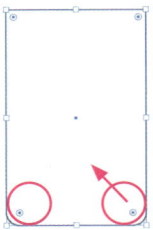, M)로 그린 후 하단의 Live Corners(곡률 활성화)를 Shift 와 함께 선택해 곡률을 준다.

2 Ellipse Tool(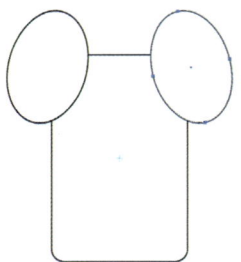, L)로 타원을 그린 후 Reflect Tool(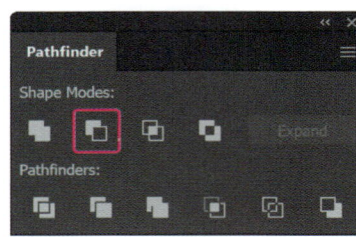, O)로 사각형 중심을 Alt +클릭해 기준점을 잡고 Axis : Vertical, Copy 를 클릭한다. Selection Tool(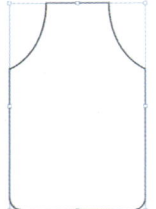, V)로 모두 선택한 후 [Pathfinder](Shift + Ctrl + F9) 패널의 'Minus Front'를 적용한다.

3 점선(선 : C0M0Y0K0, 1pt)은 [Object]−[Path]−[Offset Path]를 선택하고 Offset : −2mm를 입력한 후 OK 를 누른다. [Window]−[Stroke](Ctrl + F10) 패널에서 Weight : 1pt, Dashed Line 체크, dash : 3pt, gap : 3pt를 적용한다.

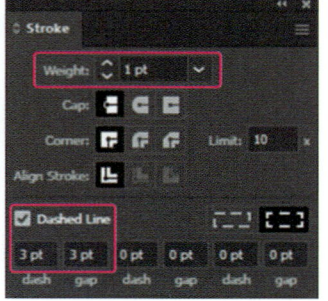

4 주머니(C70Y60K50)는 앞치마를 Ctrl + C, Ctrl + F로 앞으로 붙여넣기 하여 크기를 줄인다. Line Segment Tool(／, W)로 수평선을 그린 후 Selection Tool(▶, V)로 복제한 앞치마를 Shift 와 함께 선택하고 [Pathfinder](Ctrl + Shift + F9) 패널의 'Divide'로 분리한다. Shift + Ctrl + G로 그룹을 해제하고 불필요한 부분을 삭제한 후 크기를 줄여 배치한다. 3을 참고해 점선을 그린다.

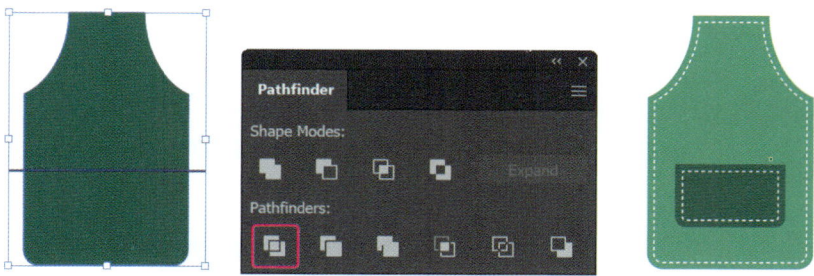

5 어깨끈(C80M10Y70)은 Rectangle Tool(■, M)로 그린다. Direct Selection Tool(▶, A)로 좌측 상단의 기준점(Anchor Point)을 선택해 그림과 같이 아래로 이동한다.

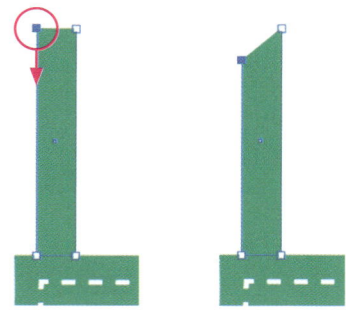

6 Reflect Tool(◁▷, O)로 Ctrl+어깨끈 오브젝트를 클릭해 선택한 후 중심점을 Alt+클릭하여 기준점을 잡고 Axis : Vertical, Copy 를 클릭한다. Rectangle Tool(■, M)을 추가해 색(C70Y60K50)을 채운다.

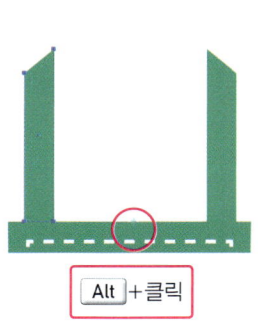
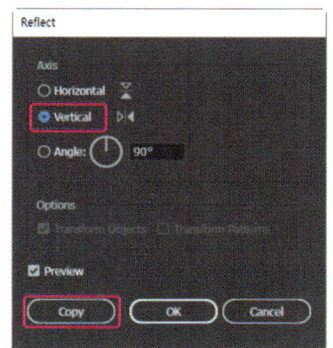
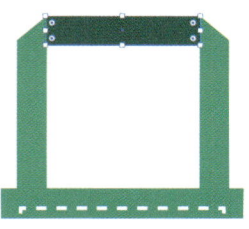

7 패턴을 등록하기 위해 미리 만들어 놓은 직사각형을 포함해 파인애플과 단면을 [Swatches] 패널에 드래그하여 등록시킨다.

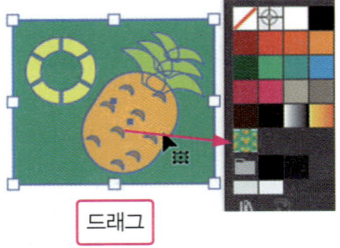

Plus α

패턴 추가가 되지 않을 경우 폴더 부분에 드래그하지 않고 기본색이 있는 윗부분으로 드래그하면 추가된다.

8 패턴을 편집하려면 반드시 빈 캔버스를 한 번 선택한 후 [Swatches] 패널의 등록된 패턴을 더블 클릭한다. Name : 파인애플, Tile Type : Brick by Column으로 설정하고 상단의 'Done'으로 빠져나온다.

Plus α

기존 오브젝트가 선택된 상태에서 [Swatches] 패널의 등록된 패턴을 더블 클릭하면 기존 오브젝트에 패턴이 적용되므로 빈 캔버스를 선택한 후 작업한다.

9 패턴을 적용하기 위해 Selection Tool(, V)로 앞치마를 선택한 후 Ctrl + C , Ctrl + F 로 앞으로 붙여넣기 해 복사한다. [Swatches] 패널에 등록했던 패턴을 선택해 채운다. 크기 조정을 위해 Scale Tool(, S)을 더블 클릭한 후 Options : Transform Objects 체크 해제, Transform Patterns 체크, Uniform : 40%, Preview를 체크해 확인하고 OK 를 클릭한다.

 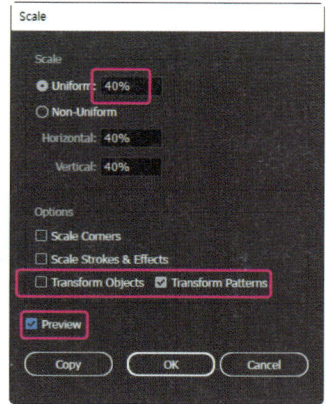 

10 Selection Tool(▷, V)로 모두 선택한 후 그룹화(Ctrl + G)한다. 그림자 적용을 위해 [Effect]-[Stylize]-[Drop Shadow]를 선택한 후 Opacity : 50%, X Offset : 1mm, Y Offset : 1mm, Blur : 1mm로 설정한다.

11 브러시(선 : C60Y50K50, 1pt)를 적용하기 위해 Pencil Tool(✏️, N)로 자연스러운 곡선을 그린다. [Window]-[Brushes](F5) 패널을 열고 패널 하단의 📚를 클릭해 Artistic > Artistic_ChalkCharcoalPencil > Charcoal-Feather을 선택한다. Stroke Weight : 1pt로 설정한다.

 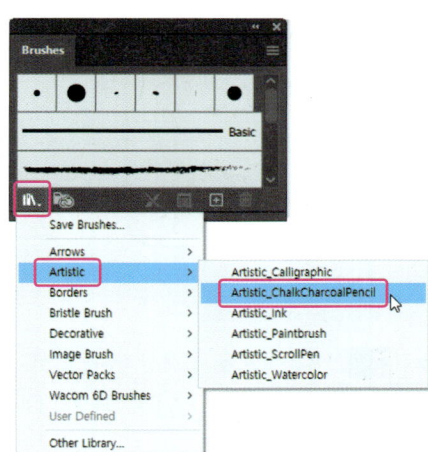

⑫ Type Tool(T , T)로 빈 캔버스를 클릭한 후 Happy Kitchen을 입력한다. Ctrl + A 로 전체선택한 후 [Window]−[Type]−[Character](Ctrl + T) 패널에서 Font : Times New Roman, Style : Bold Italic, Size : 18pt, Color : Y100으로 설정한다. [Paragraph] 패널에서 가운데 맞춤을 적용한 후 Ctrl + Enter 로 완료한다.

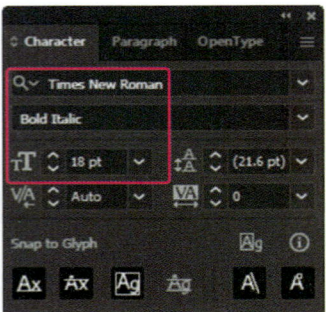

05 　과일주스 병 오브젝트와 Clipping Mask

❶ 과일주스 병(C20)은 Rectangle Tool(■ , M)로 그린 후 하단의 Live Corners(곡률 활성화)를 Shift 와 함께 선택해 곡률을 준다. 윗부분은 사다리꼴로 만들기 위해 사각형을 그린 후 Direct Selection Tool(▶ , A)로 상단 두 포인트를 선택하고 Scale Tool(⬚ , S)을 선택해 바깥쪽에서 안쪽으로 드래그하여 사다리꼴의 형태로 만들어 준다.

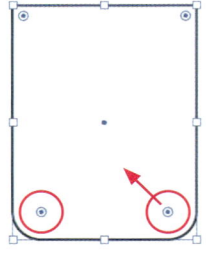
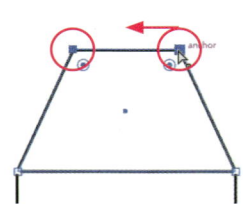

❷ Selection Tool(▶ , V)로 모두 선택한 후 [Pathfinder](Shift + Ctrl + F9) 패널의 'Unite'로 합친다. Direct Selection Tool(▶ , A)로 중간의 Live Corners(곡률 활성화)를 Shift 와 함께 선택해 곡률을 준다.

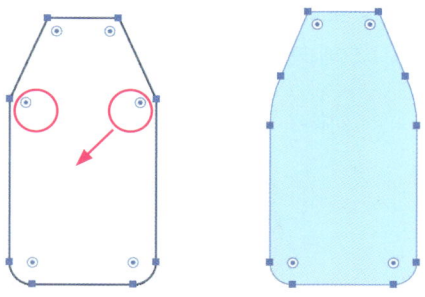

③ 안쪽 내용물은 [Object]-[Path]-[Offset Path]를 선택하고 Offset : -2mm를 입력한 후 OK 를 클릭한다.

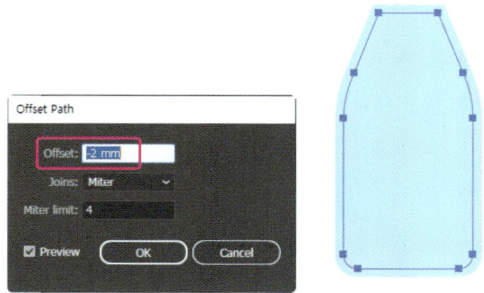

④ 그래디언트를 적용하기 위해 [Window]-[Gradient](Ctrl + F9)를 선택한 후 ❶ 'Linear Gradient'를 선택하고 하단의 ❷ 좌측 조절점을 더블 클릭하여 색(M60Y100)을 적용한다. ❸ 우측도 더블 클릭해 같은 색(M60Y100)을 적용한다. ❹ 슬라이더 중간 부분에 색을 추가하기 위해 아래쪽 부분을 클릭해 추가한 다음 조절점을 더블 클릭해 색(M10Y50)을 추가한다.

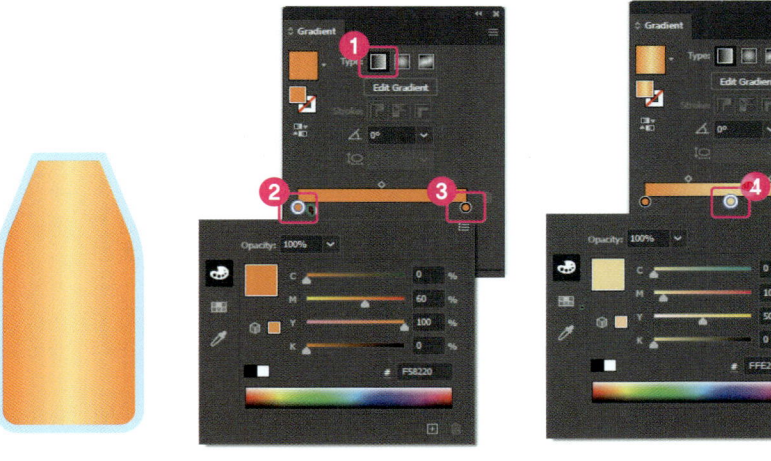

5 Eraser Tool(　, Shift + E)로 브러시를 조절(I : 점점 작게, J : 점점 크게)한 후 그림과 같이 지운다. Smooth Tool(　)로 드래그하여 매끄럽게 한다.

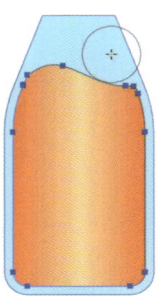

6 하이라이트 부분(C0M0Y0K0, Opacity 50%)은 Selection Tool(　, V)로 주스 병을 별도의 영역으로 Alt 와 함께 복제한 후 한 번 더 Alt 와 함께 겹치게 복제한다. Shift 와 함께 선택한 후 [Pathfinder](Shift + Ctrl + F9) 패널의 'Minus Front'를 적용하여 출력형태와 같이 배치한다.

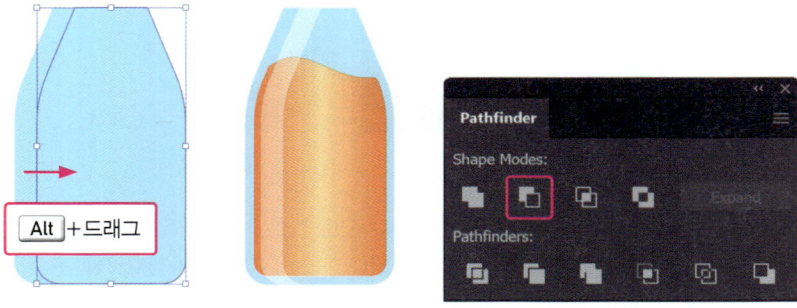

7 뚜껑(K40, K100)과 하이라이트(K40)는 Rectangle Tool(　, M)로 그린 다음 Live Corners(곡률 활성화)를 드래그해 곡률을 준다. 라벨(M10Y20)도 함께 그려 완성한다.

⑧ Clipping Mask를 적용하기 위해 ❶ Selection Tool(▶, V)로 자몽을 Alt 와 함께 복제해 알맞게 배치한 후 맨 앞으로 보내기 위해 Shift + Ctrl +] 를 적용한다. ❷ 라벨을 선택하고 Ctrl + C , Ctrl + F 로 앞으로 붙여넣기 하고 맨 앞으로 보내기 위해 Shift + Ctrl +] 를 적용한다. ❸ 복사한 라벨과 자몽 두 개를 Shift 와 함께 선택하고 [Object]-[Clipping Mask]-[Make](Ctrl + 7)를 적용한다(마우스 오른쪽 버튼 클릭 이용 가능).

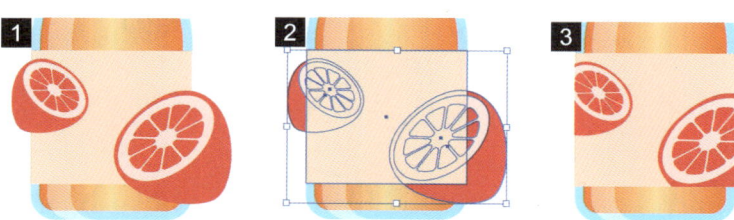

⑨ 하이라이트를 선택한 후 맨 앞으로 보내기 위해 Shift + Ctrl +] 를 적용한다. Type Tool(T , T)로 빈 캔버스를 클릭한 후 Fresh를 입력한다. Ctrl + A 로 전체선택한 후 [Window]-[Type]-[Character](Ctrl + T) 패널에서 Font : Times New Roman, Style : Bold Italic, Size : 30pt, Color : C90M30Y80K20으로 설정한 후 Ctrl + Enter 로 완료한다.

❿ 나뭇잎(C50Y100)은 Pen Tool(✏, P)로 그림과 같이 그린다. Pencil Tool(✏, N)로 줄기(선 : 임의의 색)를 그린 후 [Window]−[Stroke](Ctrl + F10) 패널에서 Weight : 2pt로 설정한다. '선'을 '면'의 속성으로 변경하기 위해 [Object]−[Expand]해 확장한 후 색(C80M30Y90)을 적용한다.

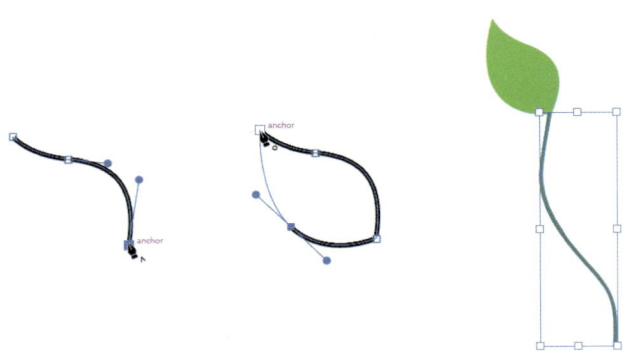

⓫ Selection Tool(▶, V)로 나뭇잎을 Alt 와 함께 복제해 배치한 후 색(C80M30Y90)을 적용한다. 모두 선택하고 그룹화(Ctrl + G)한 후 맨 뒤로 보내기 위해 Shift + Ctrl + [를 적용한다.

06 저장하고 전송하기

1 불필요한 도형은 삭제하고 가이드라인이 보이지 않도록 [View]-[Guides]-[Hide Guides](Ctrl +;)한다. [File]-[Save] 또는 [File]-[Save As]한 후 Save On Your Computer 를 선택하여 '내 PC\문서\GTQ' 폴더에 "수험번호-성명-2"로 저장한다.

2 [Illustrator Options] 대화상자에서 Version : Illustrator CC(Legacy)로 체크한 후 OK 를 클릭한다. 하위 버전 저장에 따른 메시지가 뜨면 계속 OK 를 클릭한다.

3 시험장의 작업표시줄에 나타나는 'Koas 수험자용'을 클릭해 우측의 답안 전송 을 클릭한 후 해당하는 번호에 체크한다. 하단의 답안 전송 을 클릭한 후 닫기 를 누르면 최종 전송된 답안으로 채점이 이루어진다.

Check Point !

		O	X
01	출력형태를 제외한 나머지 오브젝트는 삭제했나요?		
02	해당 오브젝트를 출력형태의 위치에 배치했나요? (눈금자와 가이드라인 참고해 확인)		
03	작업 중 생성된 가이드라인을 Ctrl + ; 으로, 그리드를 Ctrl + ' 로 숨겼나요?		
04	Gradient가 적용된 오브젝트의 색상과 방향을 출력형태에 맞게 적용했나요?		
05	출력형태에 제시된 '선'의 두께는 정확히 설정되었나요?		
06	결과가 '면'의 속성인 오브젝트를 '선'의 속성으로 그렸을 경우 'Expand' 처리했나요?		
07	제시된 조건 이외의 오브젝트를 편의에 의해 Blend나 Envelope Distort의 기능으로 완성했을 경우 'Expand' 처리했나요?		
08	텍스트 작업 시 Font Family가 Bold인 경우 변경되어 있나요?		
09	오브젝트의 불투명도(Opacity) 값이 정확히 설정되었나요?		
10	저장을 먼저 한 후 답안 전송으로 마무리하였나요? (중요한 작업 완료 후 수시로 저장과 전송 가능)		

문제 3 광고디자인

완성 파일 : 기출유형문제2회-3.ai

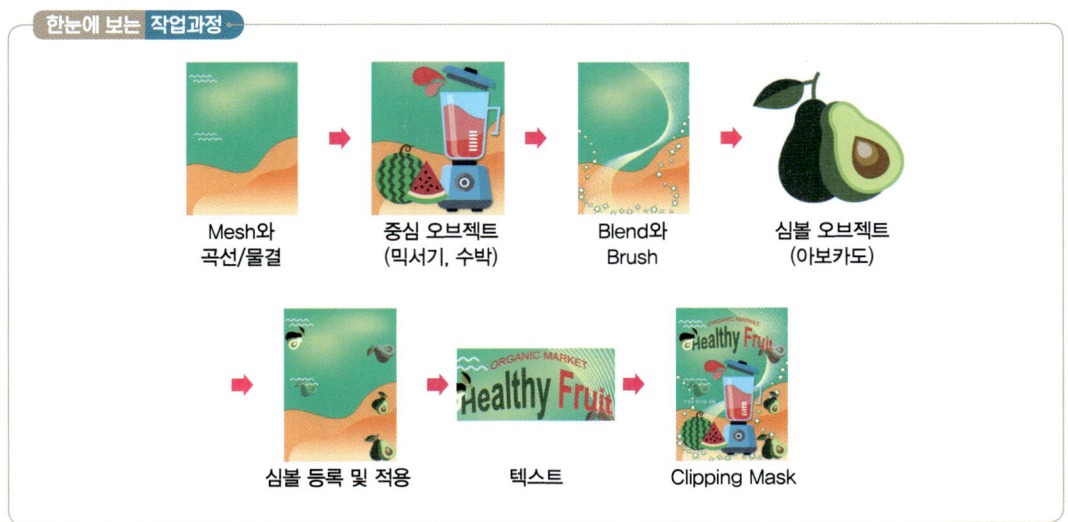

01 새 캔버스 설정 및 저장

1 새 캔버스를 만들기 위해 [File]-[New]를 선택하여 Width : 210mm, Height : 297mm, Color Mode : CMYK로 설정한 후 새 캔버스를 연다.

2 [View]-[Rulers]-[Show Rulers](Ctrl+R)를 선택해 눈금자를 꺼낸다(좌측 상단 영점 확인).

3 작업 파일을 저장하기 위해 [File]-[Save As]에서 '내 PC₩문서₩GTQ' 하위 폴더에 파일 이름을 '수험번호-성명-3.ai'로 입력한 후 'Illustrator CC(Legacy)' 버전으로 저장한다.

4 도구상자가 모두 보이는지, 상단의 [Control] 패널이 있는지 체크한다.

> **Plus@**
>
> [Window]-[Workspace]-[Essentials Classic]으로 한 번에 도구상자와 [Control] 패널을 나타낼 수 있다.

5 작업에 앞서 제시된 색을 [Swatches] 패널이나 도형들을 나열해 색상을 등록해 놓는다.

6 오브젝트별로 가이드라인을 표시하고 작업하면 좋다.

02 Mesh로 배경 만들기

1 배경(C70Y60)은 Rectangle Tool(, M)로 빈 공간을 클릭한 후 대화상자가 나오면 Width : 210mm, Height : 230mm를 입력한다. Selection Tool(, V)로 캔버스에 맞게 배치한다.

> **Plus α**
>
> 직사각형을 캔버스의 영점에 정확히 맞추려면 [Window]-[Transform] 패널에서 고정점을 좌측 상단으로 클릭한 후 X : 0mm, Y : 0mm로 입력한다.

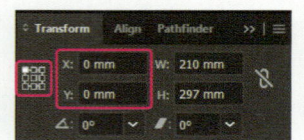

2 Mesh Tool(, U)로 출력형태를 참고해 두 부분(C20Y60)에 클릭한 후 해당하는 색을 채운다. 아래에 두 부분(C70Y60)을 더 추가해 색을 채운다. 배경을 고정시키기 위해 [Object]-[Lock]-[Selection](Ctrl + 2)을 클릭한다.

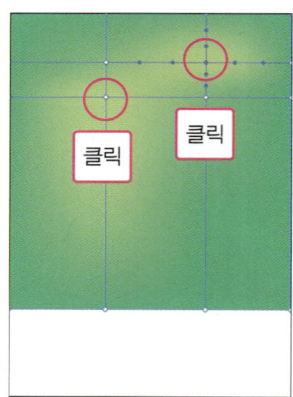 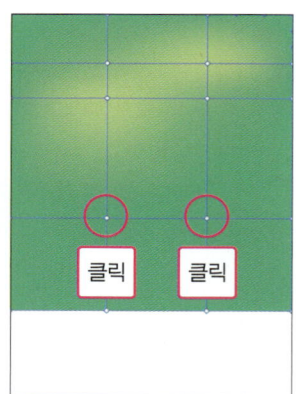

> **Plus α**
>
> 오브젝트 잠금 : [Object]-[Lock]-[Selection](Ctrl + 2)
> 오브젝트 잠금 해제 : [Object]-[Unlock All](Alt + Ctrl + 2)

> **Plus α**
>
> Mesh를 수정하려면 Mesh Tool(, U)이나 Direct Selection Tool(, A)로 수정하고 싶은 기준점(Anchor Point)을 선택해 삭제 또는 색을 변경한다.

03 곡선과 물결 무늬

1 하단의 곡선을 그리기 위해 Pencil Tool(, N)로 그림과 같이 자연스러운 곡선(M40Y80)을 그린다.

Plus@

Pencil Tool을 더블 클릭해 [Options] 대화상자에서 Smooth 쪽에 가깝게 조절하면 부드럽게 그려진다.

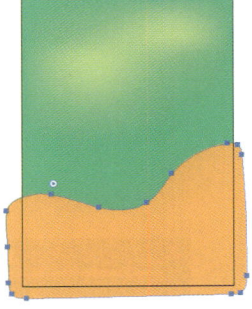

2 한 번 더 Pencil Tool(, N)로 그림과 같이 자연스러운 곡선을 그린다. 그래디언트를 적용하기 위해 [Window]-[Gradient](Ctrl + F9)를 선택한 후 ❶ 'Linear Gradient'를 선택하고 ❷ 하단의 좌측 조절점을 더블 클릭한다. ❸ CMYK로 변경하기 위해 우측의 메뉴( )를 선택한 후 ❹ CMYK를 누르고 색(M10Y40)을 적용한다. 나머지 적용을 위해 우측 조절점을 더블 클릭하고 ❸, ❹를 반복해 색(M60Y100)을 적용한다. 그래디언트의 방향을 수정하기 위해 Gradient Tool(, G)을 선택한 후 그림과 같은 방향으로 드래그한다.

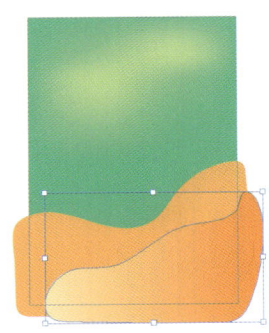
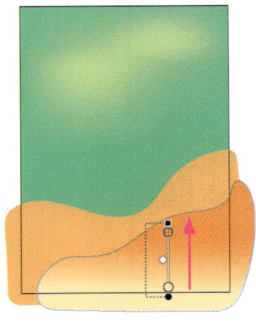
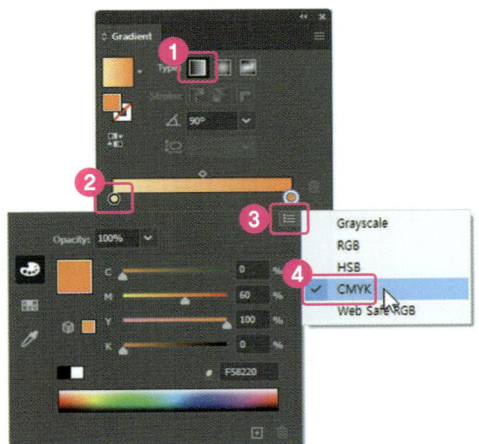

③ 물결 무늬(선 : C0M0Y0K0, 4pt)는 Line Segment Tool(, W)로 수평선을 그린다. [Effect]-[Distort & Transform]-[Zig Zag]를 눌러 Size : 1.5mm, Ridges per segment : 7, Points : Smooth로 설정하고 (OK)를 클릭한다. Effect의 속성을 없애고 패스로 변경하기 위해 [Object]-[Expand Appearance]를 적용하고, '면'의 속성으로 변경하기 위해 [Object]-[Expand]해 확장한다. 상/하 대칭을 위해 Reflect Tool(, O)을 더블 클릭한 후 Axis : Horizontal, (OK)를 클릭한다.

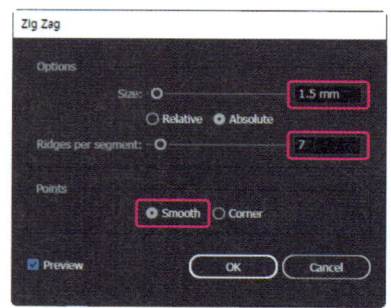

④ Selection Tool(, V)로 Alt 와 함께 출력형태를 참고해 복제 배치한다.

04 믹서기 오브젝트

① 본체 부분(C30)을 만들기 위해 Rectangle Tool(, M)로 그린다. Direct Selection Tool(, A)로 상단 두 포인트를 선택한 후 Scale Tool(, S)로 바깥쪽에서 안쪽으로 드래그하여 줄인다. Direct Selection Tool(, A)로 상단 두 개의 Live Corners(곡률 활성화)를 조절해 둥글게 한다.

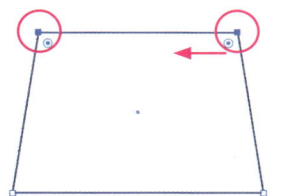 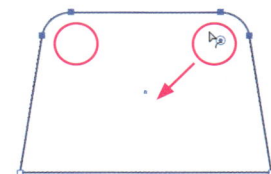

② Selection Tool(▶, V)로 오브젝트를 선택한다. Ctrl + C , Ctrl + F 로 앞으로 붙여넣기 한 후 가로 조절점에서 Alt 와 함께 대칭으로 줄인다. 두 개의 오브젝트를 모두 선택한 후 [Pathfinder](Shift + Ctrl + F9) 패널의 'Divide'로 분리한다. Direct Selection Tool(▶, A)로 색(C50K10, C60K20)을 채운다.

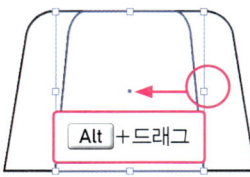 

③ 버튼(K70)은 Ellipse Tool(◯, L)로 Shift + Alt 와 함께 정원을 그려 배치한 후 Ctrl + C , Ctrl + F 로 앞으로 붙여넣기 한다. Direct Selection Tool(▶, A)로 우측 기준점을 클릭한 후 삭제하고 색(K50)을 채운다. 나머지 작은 정원도 이와 같은 방법으로 완성하여 색(C70M40Y30K30, C0M0Y0K0)을 채운다.

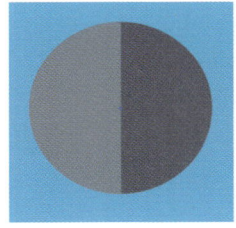 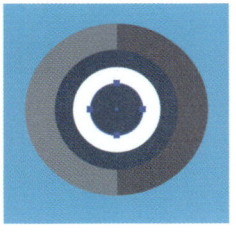

④ 본체 아래 부분(C70M40Y30K30)은 Rectangle Tool(▢, M)로 그린 다음 Live Corners(곡률 활성화)를 드래그해 최대의 곡률을 준다. Direct Selection Tool(▶, A)로 상단 두 포인트를 선택해 삭제한다. 받침대(C80M60Y40K70)는 Selection Tool(▶, V)로 Alt 와 함께 복제해 크기를 줄여 배치한다.

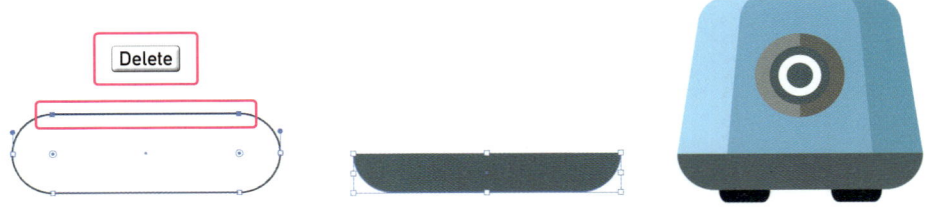

5 믹서기 연결 부분(C80M60Y40K70)은 Rectangle Tool(■, M)로 그린다. 유리용기(C30)는 ①을 참고해 만든다. 손잡이(선 : C30)는 Pen Tool(✒, P)로 그림을 참고해 그린다. [Window]-[Stroke](Ctrl+F10) 패널에서 Weight : 9pt, Cap : Round Cap으로 적용한다. '선'을 '면'의 속성으로 변경하기 위해 [Object]-[Expand]해 확장한다.

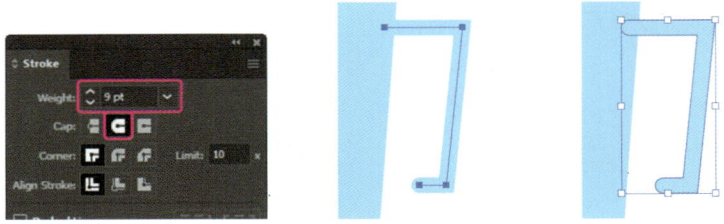

Plus@

Round Cap을 적용할 경우, 버전 차이로 인해 [Object]-[Expand Appearance]를 먼저 적용한 후 [Expand]해야 할 수도 있다.

6 안쪽 내용물(M70Y30)은 Selection Tool(▶, V)로 유리용기를 선택한 다음 [Object]-[Path]-[Offset Path]를 선택하고 Offset : -3mm를 입력한 후 OK 를 클릭한다. 하이라이트 부분을 위해 Alt 와 함께 복제해 놓는다. 안쪽 내용물을 선택한 후 Knife Tool(✂)로 그림을 참고해 두 번 자른 후 Selection Tool(▶, V)로 윗부분은 삭제하고 나머지 부분에 색(M100Y70)을 채운다.

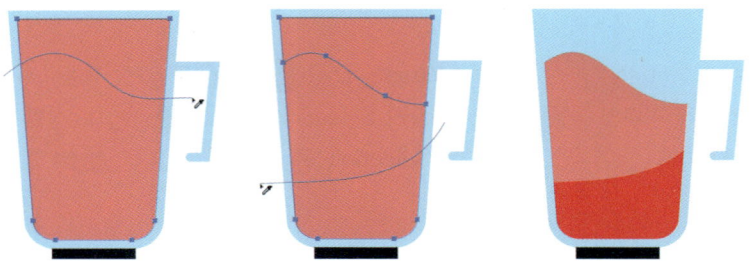

7 하이라이트(C0M0Y0K0, Opacity 50%)는 6에서 복제해 놓은 오브젝트를 Alt 와 함께 겹치게 복제하고 Shift 와 함께 선택한 후 [Pathfinder](Shift + Ctrl + F9) 패널의 'Minus Front'를 적용하여 출력형태와 같이 배치한다.

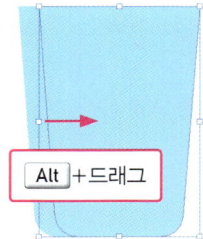 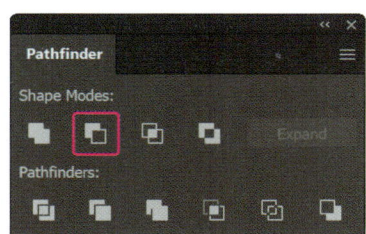 

8 눈금선(C0M0Y0K0)은 Rectangle Tool(, M)로 직사각형을 그린다. Selection Tool(, V)로 Alt 와 함께 복제한 후 규칙적으로 복제하기 위해 Ctrl + D 를 4번 실행한다.

9 뚜껑(C60K20, C70M40Y30K30, C80M60Y40K70)은 Selection Tool(, V)로 4를 참고해 받침대 오브젝트를 복제한 후 배치하여 완성한다. 모두 선택하고 그룹화(Ctrl + G)한 후 출력형태를 참고해 회전 배치한다.

10 물방울(M100Y70)은 Pen Tool(, P)로 그림을 참고해 그린다. Selection Tool(, V)로 Alt 와 함께 복제해 작게 조절한 후 색(M70Y30)을 채워 회전 배치한다. 믹서기 오브젝트를 모두 선택한 후 그룹화(Ctrl + G)한다. 그림자 적용을 위해 [Effect]-[Stylize]-[Drop Shadow]를 선택한 후 Opacity : 50%, X Offset : 1mm, Y Offset : 1mm, Blur : 1mm를 적용한다.

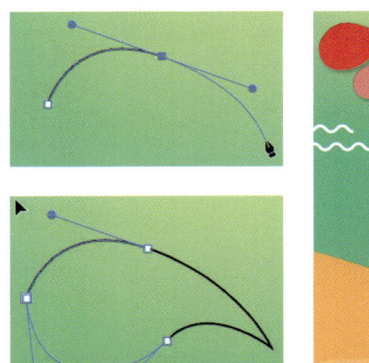 

05 수박 오브젝트

1 수박(C70Y100)은 Ellipse Tool( ), L)로 타원을 그린 후 수박 무늬(C80M30Y100K30)를 그리기 위해 Line Segment Tool(, W)로 수직선을 그린다. [Effect]−[Distort & Transform]−[Zig Zag]를 눌러 Size : 2mm, Ridges per segment : 12로 설정하고 OK 를 클릭한다. Effect의 속성을 없애고 패스로 변경하기 위해 [Object]−[Expand Appearance]를 적용한다. '면'의 속성으로 변경하기 위해 [Object]−[Expand]하고 색을 채운다.

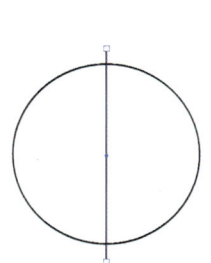 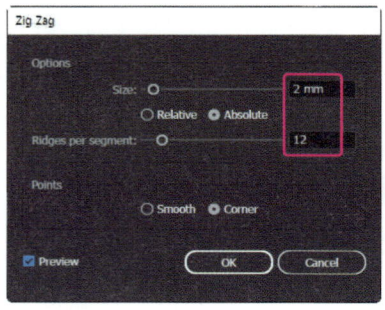 

2 Selection Tool(, V)로 Alt 와 함께 두 번 복제한 다음 살짝 구부리기 위해 두 개의 오브젝트를 선택한 후 [Object]−[Envelope Distort]−[Make with Warp](Alt + Shift + Ctrl + W)를 적용한다. [Warp Options] 대화상자에서 Style : Arc, Vertical, Bend : 30%를 입력하고 OK 를 클릭한다. 일반 속성으로 변경하기 위해 [Object]−[Expand]해 확장한다.

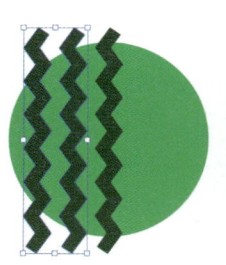 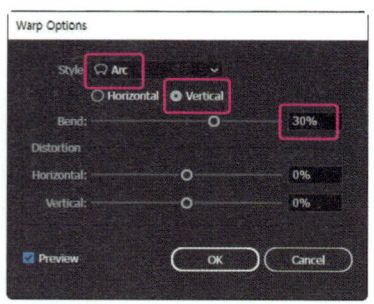 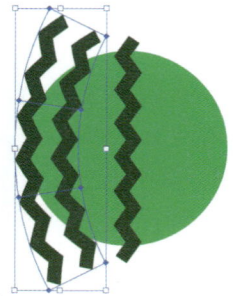

3 대칭복사하기 위해 Reflect Tool(▷◁, O)로 가이드 중심을 Alt +클릭해 기준점을 잡고 Axis : Vertical, Copy 를 클릭한다.

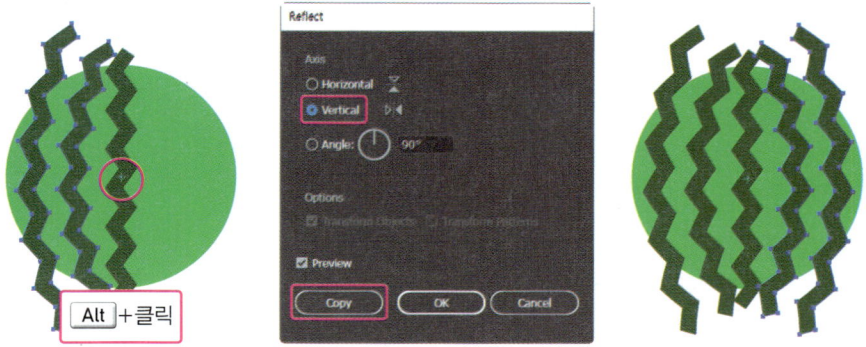

4 가장자리를 정리하기 위해 Selection Tool(▷, V)로 타원을 선택한 후 Ctrl + C, Ctrl + F 로 앞으로 붙여넣기 하고 맨 앞으로 보내기 위해 Shift + Ctrl +] 를 적용한다. 타원과 5개의 줄무늬를 Shift 와 함께 선택한 후 [Object]−[Clipping Mask]−[Make](Ctrl + 7)를 적용한다(마우스 오른쪽 버튼 클릭 이용 가능).

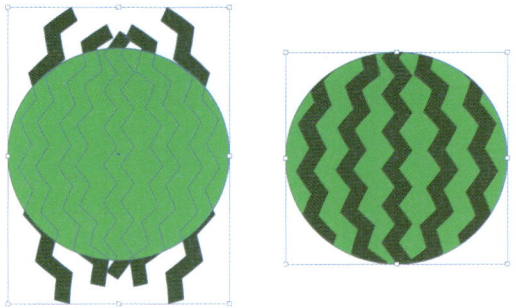

5 수박 꼭지(선 : C40M60Y90K40)는 Pencil Tool(✏, N)로 출력형태를 참고해 그린다. Width Tool(, Shift + W)로 끝부분을 그림과 같이 확장한다. '면'의 속성으로 변경하기 위해 [Object]−[Expand Appearance]해 확장한다.

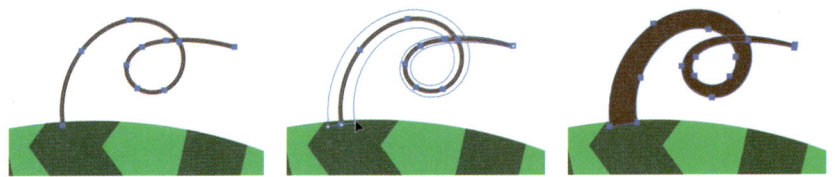

6 수박 조각(C70Y100)은 Ellipse Tool(, L)로 정원을 그린다. Selection Tool(, V)로 선택한 후 Ctrl + C , Ctrl + F 로 앞으로 붙여넣기 하고 Shift + Alt 와 함께 꼭짓점에서 크기를 줄여 색(M10Y30)을 채운다. 위 과정을 한 번 더 반복해 색(C10M100Y70)을 채운다.

7 Line Segment Tool(, ₩)로 수평선을 그린다. Rotate Tool(, R)을 더블 클릭해 Angle : 360/6 또는 60을 입력한 후 Copy 를 클릭한다. 반복하기 위해 Ctrl + D 를 1번 실행한다.

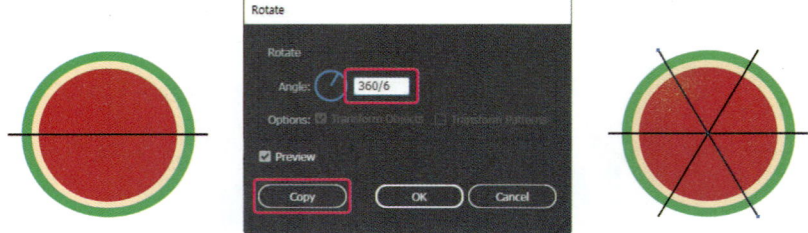

8 Selection Tool(, V)로 모두 선택한 후 [Pathfinder](Shift + Ctrl + F9) 패널의 'Divide'로 분리한다. Shift + Ctrl + G 로 그룹을 해제한 후 불필요한 부분을 Delete 로 삭제한다. 수박씨(K100)는 Ellipse Tool(, L)로 타원을 그린 후 Selection Tool(, V)로 Alt 와 함께 복제하여 배치한다. 모두 선택한 후 그룹화(Ctrl + G)한다.

06 Blend와 Brush 적용

1 Pencil Tool(✎, N)로 출력형태를 참고해 자유로운 곡선(C0M0Y0K0, 1pt → Y50, 3pt)을 그린다. Selection Tool(▶, V)로 두 곡선을 선택한 후 [Object]−[Blend]−[Make](Alt + Ctrl + B)를 적용한다. 단계를 조정하기 위해 Blend Tool(🖿, W)을 더블 클릭하여 Spacing : Specified Steps, 15로 적용한 후 OK를 클릭한다.

Plus@
Pencil Tool을 더블 클릭해 [Options] 대화상자에서 Smooth 쪽에 가깝게 조절하면 부드럽게 그려진다.

2 브러시를 적용하기 위해 Pencil Tool(✎, N)로 다음과 같이 자연스러운 곡선(임의의 색)을 그린다. [Window]−[Brushes](F5) 패널을 열고 패널 하단의 🖿를 클릭해 Decorative > Decorative_Scatter > 4pt. Star를 선택한다. [Control] 패널에서 Stroke Weight : 1pt로 설정한다. Selection Tool(▶, V)로 믹서기와 수박 오브젝트를 선택한 후 맨 앞으로 보내기 위해 Shift + Ctrl +]를 적용한다.

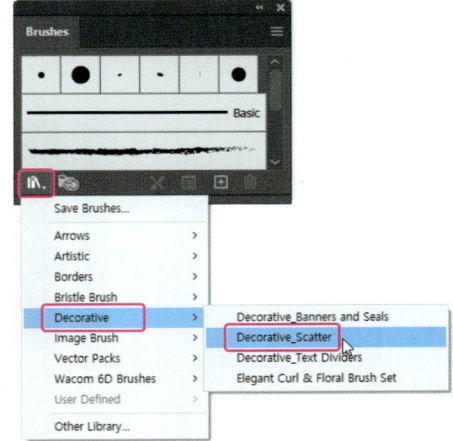

07 심볼 오브젝트 '아보카도'

1 아보카도(C80M30Y100K50)는 Ellipse Tool(, L)로 타원을 두 개 그린다. Selection Tool(, V)로 모두 선택한 후 [Pathfinder](Shift + Ctrl + F9) 패널의 'Unite'로 합친다. Direct Selection Tool(, A)로 중간 Live Corners(곡률 활성화)를 조절한다. 다른 기준점도 살짝 움직여 모양을 만든다.

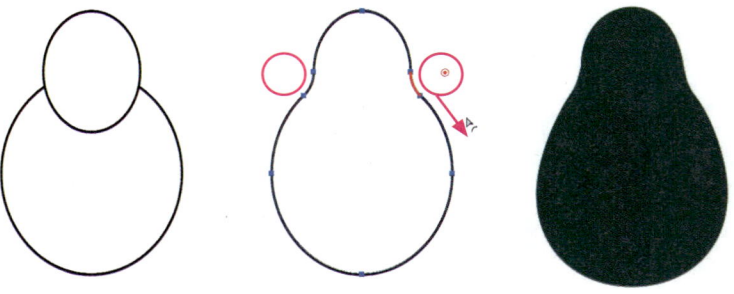

2 나뭇잎은 Pen Tool(, P)로 그림을 참고해 그린다.

3 나뭇잎을 분리하기 위해 곡선을 그린다. Selection Tool(, V)로 모두 선택한 후 [Pathfinder](Shift + Ctrl + F9) 패널의 'Divide'로 분리한다. Direct Selection Tool(, A)로 해당 색(C80M30Y100K50, C70M30Y100K20)을 채운다.

 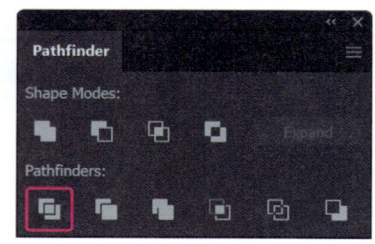 

4 Pen Tool(, P)로 나뭇가지(C70M30Y100K20)를 그린다. [Window]−[Stroke](Ctrl + F10) 패널에서 Weight : 4pt를 적용하고 '면'의 속성으로 변경하기 위하여 [Object]−[Expand]해 확장한다.

5 Selection Tool(, V)로 아보카도 오브젝트를 Alt 와 함께 복제해 회전한 후 색(C70M30Y100K20)을 채운다. [Object]−[Path]−[Offset Path]를 선택하고 Offset : −1mm를 입력한 후 OK 를 클릭한다. 해당 색(C30Y90)을 채운 후 다시 한 번 회전한다. 한 번 더 [Object]−[Path]−[Offset Path]를 선택하고 Offset : −1.5mm를 입력한 후 OK 를 클릭한다. 해당 색(C10Y70)을 채운다.

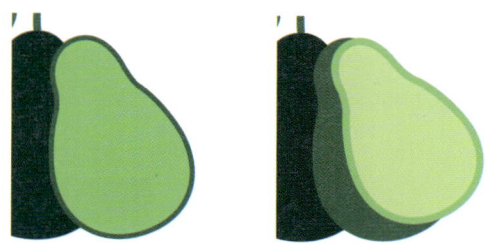

6 씨 부분은 Ellipse Tool(, L)로 타원을 그린 후 Anchor Point Tool(, Shift + C)로 상단 기준점을 클릭해 뾰족하게 만든다. Direct Selection Tool(, A)로 중간 두 포인트를 선택한 후 아래로 이동하여 모양을 만든다.

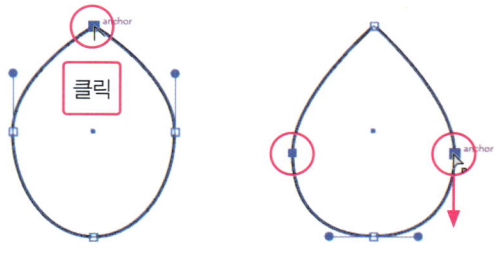

7 해당 색(C30M60Y100K20)을 채우고 Selection Tool(, V)로 선택해 Ctrl + C , Ctrl + F 로 앞으로 붙여넣기 한 후 크기를 줄이고 색(C20M40Y100K10)을 채운다. 한 번 더 앞으로 붙여넣기 하여 크기를 줄이고 색(C10M20Y30)을 채운다. 모두 선택한 후 회전 배치한다.

08 Symbol 등록과 적용

1 아보카도를 [Symbols] 패널에 등록하기 위해 [Window]－[Symbols](Shift + Ctrl + F11)를 열고 드래그하여 추가한다. [Symbol Options] 대화상자에서 Name : 아보카도로 입력 후 OK 를 클릭한다.

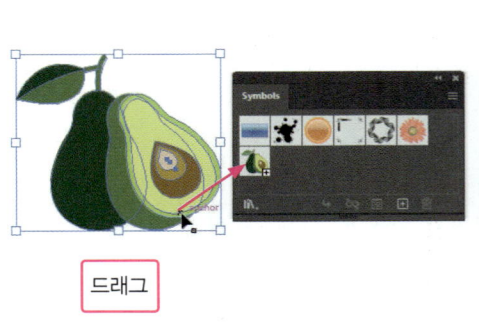
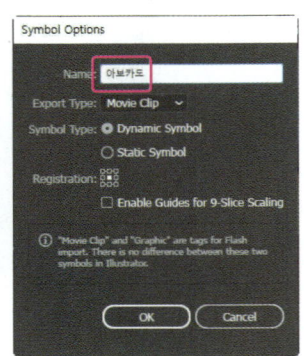

2 Symbol을 적용하기 위해 Selection Tool(▶, V)로 원본 Symbol을 선택한 후 Symbol Sprayer Tool(📷, Shift + S)로 출력형태를 참고해 클릭, 클릭하여 배치한다.

Plus@

Symbol Sprayer Tool 적용 시 여러 개의 Symbol이 추가되었을 경우 Alt 와 함께 클릭하면 삭제된다.

3 ❶ Symbol의 크기를 조절하기 위해 Symbol Sizer Tool(📷)을 선택한다. 클릭, 클릭은 점점 크게, Alt 와 함께 클릭하면 작아진다. ❷ Symbol의 위치 조절은 Symbol Shifter Tool(📷)로 드래그하며 ❸ Symbol의 기울기는 Symbol Spinner Tool(📷)로 시계방향, 반시계방향으로 회전한다. ❹ Symbol의 색상 변화를 위하여 Symbol Stainer Tool(📷)을 선택한다. [Swatches] 패널에서 해당 색(빨강, 노랑)을 선택하고 해당 Symbol을 클릭하면 색상의 변화가 생기며 면 색에 따라 좌우된다. ❺ Symbol Screener Tool(📷)로 투명도를 적용한 후 마무리한다.

Plus α

심볼을 선택하지 않은 상태에서 심볼의 기능을 적용하려면 그림과 같은 메시지가 뜬다.

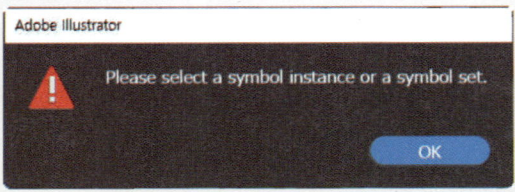

09 텍스트 입력 및 Envelope Distort

1 Type Tool(T, T)로 빈 캔버스를 클릭한 후 Healthy Fruit을 입력한다. Ctrl+A로 전체선택한 후 [Window]-[Type]-[Character](Ctrl+T) 패널에서 Font : Arial, Style : Bold, Size : 70pt, Color : C80M30Y100K30, M100Y70으로 설정한다. [Object]-[Envelope Distort]-[Make with Warp](Alt+Shift+Ctrl+W)를 선택한 후 [Warp Options] 대화상자에서 Style : Arc Upper, Bend : 50%를 입력한 다음 OK를 누른다.

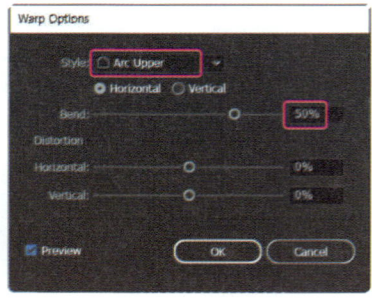

2 Type Tool(, T)로 빈 캔버스를 클릭한 후 ORGANIC MARKET을 입력한다. Ctrl + A 로 전체선택한 후 [Window]-[Type]-[Character](Ctrl + T) 패널에서 Font : Arial, Style : Regular, Size : 30pt, Color : M100Y70으로 설정한다. [Object]-[Envelope Distort]-[Make with Warp](Alt + Shift + Ctrl + W)를 선택한 후 [Warp Options] 대화상자에서 Style : Arch, Bend : 30%로 입력하고 OK 를 누른다.

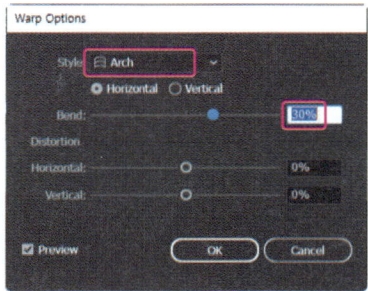

3 Type Tool(, T)로 빈 캔버스를 클릭한 후 건강한 먹거리 문화를 입력한다. Ctrl + A 로 전체선택한 후 [Window]-[Type]-[Character](Ctrl + T) 패널에서 Font : 궁서, Size : 20pt, Color : C0M0Y0K0으로 설정한다.

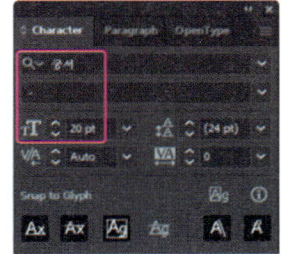

10 ▶ Clipping Mask로 마무리하기

1 Rectangle Tool(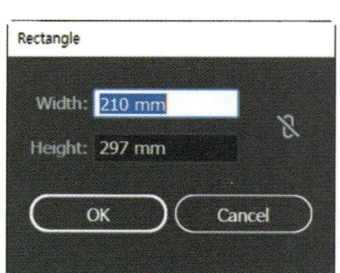, M)로 빈 공간을 클릭한 후 Width : 210mm, Height : 297mm를 입력하고 OK 를 클릭한다. Selection Tool(, V)로 캔버스 끝에 딱 맞추고 캔버스에 있는 모든 오브젝트를 선택한 후 마우스 오른쪽 버튼을 클릭하고 'Make Clipping Mask'를 적용한다.

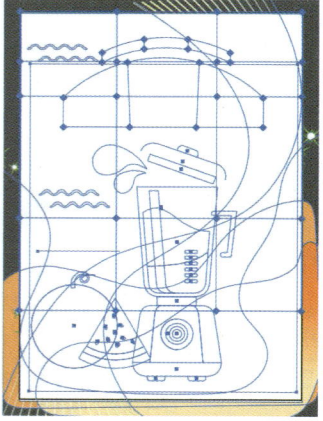

Plus ⓐ

직사각형을 캔버스의 영점에 정확히 맞추려면 [Window]–[Transform] 패널에서 고정점을 좌측 상단으로 클릭한 후 X : 0mm, Y : 0mm로 입력한다.

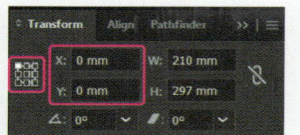

Plus ⓐ

Clipping Mask 적용 : [Object]–[Clipping Mask]–[Make](Ctrl + 7)
Clipping Mask 해제 : [Object]–[Clipping Mask]–[Release](Alt + Ctrl + 7)

Plus ⓐ

Clipping Mask 안쪽의 오브젝트를 수정하기 위하여 Selection Tool(, V)로 더블 클릭하면 Isolated Area(고립된 영역)로 들어가게 되며 그 안에서 수정할 수 있다. 수정 완료 후 Esc 나 화살표를 눌러 빠져나온다.

11 ▶ 저장하고 전송하기

1 불필요한 도형은 삭제하고 가이드라인이 보이지 않도록 [View]-[Guides]-[Hide Guides](`Ctrl`+`;`)한다. [File]-[Save] 또는 [File]-[Save As]한 후 `Save On Your Computer`를 선택하여 '내 PC₩문서₩GTQ' 폴더에 "수험번호-성명-3"으로 저장한다.

2 [Illustrator Options] 대화상자에서 Version : Illustrator CC(Legacy)로 체크한 후 `OK`를 클릭한다. 하위 버전 저장에 따른 메시지가 뜨면 계속 `OK`를 클릭한다.

3 시험장의 작업표시줄에 나타나는 'Koas 수험자용'을 클릭해 우측의 `답안 전송`을 클릭한 후 해당하는 번호에 체크한다. 하단의 `답안 전송`을 클릭한 후 `닫기`를 누르면 최종 전송된 답안으로 채점이 이루어진다.

✓ Check Point!

		O	X
01	출력형태를 제외한 나머지 오브젝트는 삭제했나요?		
02	해당 오브젝트를 출력형태의 위치에 배치했나요? (눈금자와 가이드라인 참고해 확인)		
03	오브젝트에 'Lock'이 되어 있는 경우 'Unlock All(Alt + Ctrl + 2)'했나요?		
04	작업 중 생성된 가이드라인을 Ctrl + ; 으로, 그리드를 Ctrl + ' 로 숨겼나요?		
05	Gradient가 적용된 오브젝트의 색상과 방향을 출력형태에 맞게 적용했나요?		
06	결과가 '면'의 속성인 오브젝트를 '선'의 속성으로 그렸을 경우 'Expand' 처리했나요?		
07	제시된 조건 이외의 오브젝트를 편의에 의해 Blend나 Envelope Distort의 기능으로 완성했을 경우 'Expand' 처리했나요?		
08	텍스트 작업 시 Font Family가 Bold인 경우 변경되어 있나요?		
09	오브젝트의 불투명도(Opacity) 값이 정확히 설정되었나요?		
10	마지막 단계에서 Clipping Mask하여 마무리되었나요?		

CHAPTER 3

기출유형문제 3회

급수	문제유형	시험시간	수험번호	성명
1급	A	90분		

수험자 유의사항

- 수험자는 문제지를 받는 즉시 응시하고자 하는 **과목 및 급수가 맞는지 확인**한 후 수험번호와 성명을 작성합니다.
- 파일명은 본인의 "수험번호-성명-문제번호"로 공백 없이 정확히 입력하고 답안 폴더(내 PC\문서\GTQ)에 파일 저장규칙(ai 파일 포맷)으로 저장해야 하며, '**다른 파일 형식으로 저장하였을 경우**' 0점 처리됩니다.
- 답안 문서 파일명이 "수험번호-성명-문제번호"와 일치하지 않거나, '**답안 파일을 전송하지 않는 경우**' 답안 파일 미제출로 불합격 처리됩니다.
- 수험자 정보와 저장한 파일명, 저장 위치가 다를 경우 전송이 되지 않으므로, 주의하시길 바랍니다.
- 답안 작성 중에도 주기적으로 '저장'과 '답안 전송'을 이용하여 감독위원 PC로 답안을 전송하셔야 합니다(작업한 내용을 저장하지 않고 답안을 전송할 경우 이전의 저장내용이 전송되오니 이 점 반드시 유념하시기 바랍니다).
- 모든 수험자는 동일한(초기화된) 환경에서 시험이 시작되며 '작업환경 설정'은 시험 시간 내에 진행합니다(시험 시작 전 '작업환경 설정' 불가, 소프트웨어 이상 유무만 확인).
- 답안 문서를 지정된 경로 외의 다른 보조기억장치에 저장하는 행위, 지정된 시험 시간 외에 작성된 파일을 활용한 행위, 기타 허용되지 않은 프로그램(이메일, 메신저, 게임, 네트워크, 윈도우계산기, 스톱워치 등) 이용 시 부정행위로 간주되어 **자격기본법 제32조에 의거 본 시험 및 국가공인 자격시험을 2년간 응시할 수 없습니다.**
- 시험 중 부주의 또는 고의로 시스템을 파손한 경우와 〈수험자 유의사항〉에 기재된 방법대로 이행하지 않아 생기는 불이익은 수험자의 책임임을 알려 드립니다.
- 시험을 완료한 수험자는 최종적으로 저장한 답안 파일이 전송되었는지 확인한 후 감독위원의 지시에 따라 문제지를 제출하고 퇴실합니다.

답안 작성요령

- 온라인 답안 작성 절차
  수험자 등록 ⇒ 시험 시작 ⇒ 답안 파일 저장 ⇒ 답안 전송 ⇒ 시험 종료
- 배점은 총 100점으로 이루어지며, 점수는 각 문제별로 차등 배분됩니다.
- 각 문제는 주어진 《조건》에 따라 작성하고, 《조건》을 지키지 못했을 경우에는 0점 또는 감점 처리됩니다.
- 문제 《조건》에 크기와 색상, 두께의 지정이 없을 경우 《출력형태》를 참고하여 작업해 주시기 바랍니다.
- **문제 《조건》과 《출력형태》에서 차이가 발생할 경우 문제에서 지정한 《조건》에 따라 작업해 주시기 바랍니다.**
- 《조건》에서 주어진 단위는 'mm(밀리미터)'입니다. 눈금자는 작성하지 않으며, 그 외는 출력형태(레이아웃, 색상, 문자, 규격 등)와 같게 작업하십시오.
- 문제 《조건》에 서체의 지정이 없을 경우 한글은 굴림이나 돋움, 영문은 Arial로 작업하십시오(단, 그 외에 제시되지 않은 문자 속성을 기본값으로 작성하지 않은 경우는 감점 처리됩니다).
- Color Mode(색상 모드)는 별도의 처리 조건이 없을 시 CMYK로 작업하십시오.
- 조건에서 제시한 기능을 임의로 합치거나 각 기능에 대한 속성을 해지할 경우 해당 요소는 0점 처리됩니다.

문제 1   BI, CI 디자인
25점

유선배 강의

다음의 《조건》에 따라 아래의 《출력형태》와 같이 작업하시오.

조건

파일저장규칙	AI	파일명	문서\GTQ\수험번호-성명-1.ai
		크기	100 × 80mm

1. 작업 방법
   ① 도형 변형 툴과 Pathfinder 기능을 활용하여 오브젝트를 작성한다.
   ② 그 외 《출력형태》 참조

2. 문자 효과
   ① ADVENTURE TIME (Times New Roman, Bold, 16pt, C0M0Y0K0)

출력형태

C30,
C0M0Y0K0,
M20Y30,
C10M40Y60,
M90Y80,
C40M70Y100K50,
C80M40Y50K30,
Y60, K100,
C50Y20, Opacity 50%,
M30Y80 →
C30M50Y80K10
[Stroke]
M50Y50K30, 1pt

문제 2 패키지, 비즈니스디자인
35점

유선배 강의

다음의 《조건》에 따라 아래의 《출력형태》와 같이 작업하시오.

[조건]

파일저장규칙	AI	파일명	문서\GTQ\수험번호-성명-2.ai
		크기	160 × 120mm

1. 작업 방법
   ① 채집통에는 Pattern을 활용하여 작성한다(패턴 등록 : 꿀벌).
   ② 유리병에는 Clipping Mask를 적용한다.
   ③ Brush는 《출력형태》를 참고하여 작성한다.
   ④ Effect는 《출력형태》를 참고하여 작성한다.
   ⑤ 그 외 《출력형태》 참조

2. 문자 효과
   ① Revive a Bee (Arial, Regular, 14pt, C80M10Y100)
   ② A Beekeeping Container (Times New Roman, Bold, 14pt, C0M0Y0K0)

[출력형태]

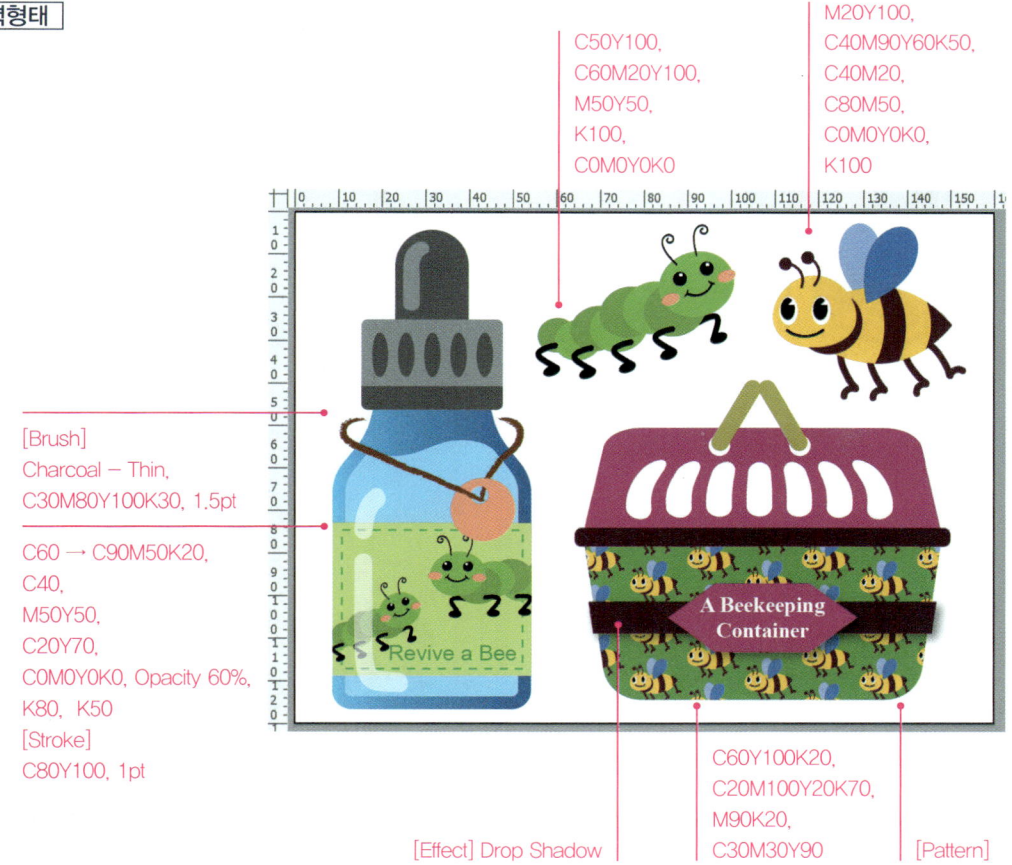

C50Y100,
C60M20Y100,
M50Y50,
K100,
C0M0Y0K0

M20Y100,
C40M90Y60K50,
C40M20,
C80M50,
C0M0Y0K0,
K100

[Brush]
Charcoal - Thin,
C30M80Y100K30, 1.5pt

C60 → C90M50K20,
C40,
M50Y50,
C20Y70,
C0M0Y0K0, Opacity 60%,
K80, K50
[Stroke]
C80Y100, 1pt

[Effect] Drop Shadow

C60Y100K20,
C20M100Y20K70,
M90K20,
C30M30Y90

[Pattern]

문제 3 광고디자인
40점

다음의 《조건》에 따라 아래의 《출력형태》와 같이 작업하시오.

조건

파일저장규칙	AI	파일명	문서\GTQ\수험번호-성명-3.ai
		크기	210 × 297mm

1. 작업 방법
   ① 《참고도안》은 직접 제작한 후 Symbol로 활용한다(심볼 등록 : 무당벌레).
   ② 'CARNIVAL CUSTUMN', '자연생태박물관 주말체험프로그램' 문자에 Envelope Distort를 적용한다.
   ③ Brush는 《출력형태》를 참고하여 작성한다.
   ④ Effect는 《출력형태》를 참고하여 작성한다.
   ⑤ Clipping Mask를 이용하여 디자인을 정리한다.
   ⑥ 그 외 《출력형태》 참조

2. 문자 효과
   ① CARNIVAL CUSTUMN (Arial, Bold, 50pt, C100M90Y20K20)
   ② A Ladybug Character (Arial, Italic, 25pt, C0M0Y0K0)
   ③ 자연생태박물관 주말체험프로그램 (바탕, 26pt, Y100)

참고도안

C20M100Y100K60, M100Y100, C70M90Y90K70, C0M0Y0K0

출력형태

210 × 297mm
[Mesh] C70M20, C20M20

[Blend] 단계 : 15
[Stroke] C0M0Y0K0, 1pt → C90M50, 3pt

[Symbol]
C80M60Y30K40, M30Y30, C60M90Y90K50, K100, Y100K10, M40Y100, C80M20Y100K10, C70Y100, C20M100Y100K30

[Brush] Dot Rings, 2pt, Opacity 60%

[Stroke] C20M100Y60, 2pt

C20, C0M0Y0K0, C50Y100 → C90M30Y90K30, C100Y100 → C100M40Y100K50, C100M40Y100K60, C50Y60

[Effect] Drop Shadow

문제 1   BI, CI 디자인

완성 파일 : 기출유형문제3회-1.ai

한눈에 보는 작업과정

타원 배경 → 탐험가 → 리본과 텍스트

01   새 캔버스 설정 및 저장

1 새 캔버스를 만들기 위해 [File]−[New]를 선택하여 Width : 100mm, Height : 80mm, Color Mode : CMYK로 설정한 후 새 캔버스를 연다.

2 [View]−[Rulers]−[Show Rulers](Ctrl + R)를 선택해 눈금자를 꺼낸다(좌측 상단 영점 확인).

3 작업 파일을 저장하기 위해 [File]−[Save As]에서 '내 PC₩문서₩GTQ' 하위 폴더에 파일 이름을 '수험번호−성명−1.ai'로 입력한 후 'Illustrator CC(Legacy)' 버전으로 저장한다.

4 도구상자가 모두 보이는지, 상단의 [Control] 패널이 있는지 체크한다.

> **Plus @**
>
> [Window]−[Workspace]−[Essentials Classic]으로 한 번에 도구상자와 [Control] 패널을 나타낼 수 있다.

5 작업에 앞서 제시된 색을 [Swatches] 패널이나 도형들을 나열해 색상을 등록해 놓는다.

6 오브젝트별로 가이드라인을 표시하고 작업하면 좋다.

02 타원 오브젝트

1 배경(C30)은 Ellipse Tool(◯ , L)로 정원을 그린다.
구름(C0M0Y0K0)은 작은 정원을 하나 그린 후 Selection Tool(▶ ,
V)로 Alt 와 함께 복제하여 배치한다.

03 탐험가 오브젝트

1 Ellipse Tool(◯ , L)로 얼굴과 귀(M20Y30)를 만든 후 뒷머리(C40M70Y100K50)는 Pen Tool(✒ , P)로 그림을 참고해 그린다.

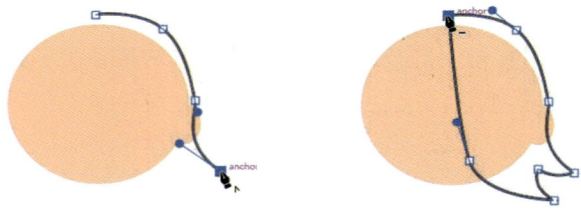

2 Pen Tool(✒ , P)로 뒷머리를 그린 후 Reflect Tool(▷◁ , O)로 Ctrl +머리를 클릭해 선택한다. 중심점을 Alt +클릭해 기준점을 잡고 Axis : Vertical, Copy 를 클릭한다. Selection Tool(▶ , V)로 Shift 와 함께 머리를 모두 선택한 후 얼굴보다 뒤로 보내기 위해 Ctrl + [를 적용한다.

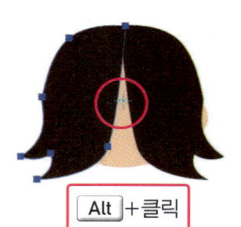
Alt +클릭

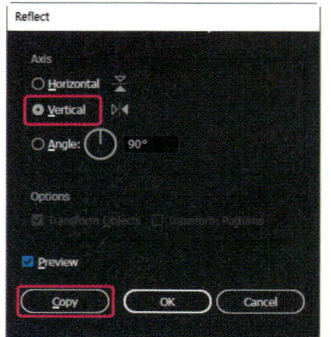

3 Pen Tool(✏️, P)을 이용하여 앞머리(C40M70Y100K50)도 그림과 같이 그린다.

4 목 부분은 Rectangle Tool(⬛, M)로 직사각형을 그린다. Knife Tool(🔪)로 그림자 부분을 표현하기 위해 그림과 같이 자른 후 색(C10M40Y60, M20Y30)을 채운다. Selection Tool(▶, V)로 얼굴을 선택한 후 맨 앞으로 보내기 위해 Shift + Ctrl +] 를 적용한다.

5 옷은 Rectangle Tool(⬛, M)로 직사각형을 그린다. Direct Selection Tool(▶, A)로 상단 두 포인트를 선택한 후 Scale Tool(🔲, S)을 선택하여 안쪽으로 드래그해 사다리꼴 형태를 만든다. Curvature Tool(✏️, Shift + ~)로 위쪽 가운데 부분을 아래로 드래그하여 모양을 만든다. 머리보다 뒤로 보내기 위해 Ctrl + [를 적용한다.

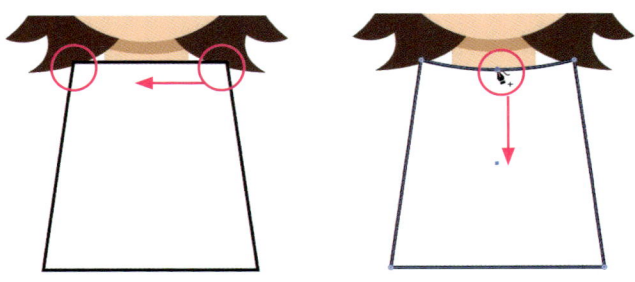

CHAPTER 3 기출유형문제 3회 111

6 소매는 Rectangle Tool(, M)로 그린 후 Live Corners(곡률 활성화)를 드래그해 최대의 곡률을 준 후 배치한다.

7 그래디언트를 적용하기 위해 [Window]−[Gradient](Ctrl + F9)를 선택한 후 ❶ 'Linear Gradient'를 선택하고 하단의 ❷ 좌측 조절점을 더블 클릭한다. ❸ CMYK로 변경하기 위해 우측의 메뉴( )를 선택한 후 ❹ CMYK를 누르고 색(M30Y80)을 적용한다. 나머지 적용을 위해 우측 조절점을 더블 클릭하고 ❸, ❹를 반복해 색(C30M50Y80K10)을 적용한다. 하나로 연결된 그래디언트의 적용을 위해 Selection Tool(, V)로 소매와 옷을 Shift 와 함께 선택한 다음 Gradient Tool(, G)을 선택하고 그림과 같이 드래그한다. 머리보다 뒤로 보내기 위해 Ctrl + [를 적용한다.

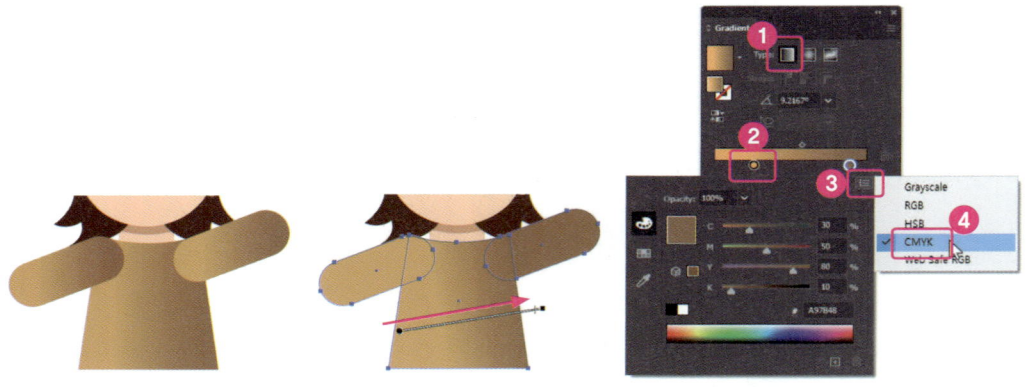

8 스카프(C80M40Y50K30)는 Ellipse Tool(, L)로 만든 후 Reflect Tool(, O)로 중심점을 Alt +클릭해 기준점을 잡고 Axis : Vertical, Copy 를 클릭한다. 머리보다 뒤로 보내기 위해 Ctrl + [를 적용한다. 스카프 링(Y60)도 Ellipse Tool(, L)로 만들어 배치한다.

 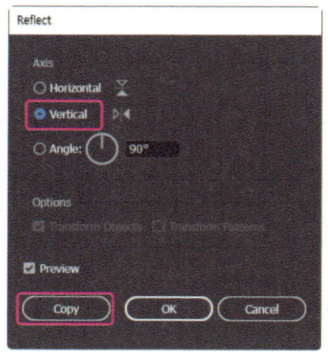 

112 PART 4 최신 기출유형문제

9 Ellipse Tool(◯, L)로 눈(K100)을 그려 배치한다. 망원경은 원 두 개를 그린 후 Selection Tool(▷, V)로 모두 선택한다. Shape Builder Tool(⬚, Shift + M)로 안과 밖을 한 번씩 클릭해 면을 분리한 후 색(C80M40Y50K30)을 채운다. 안쪽 렌즈(C50Y20, Opacity 50%)도 색을 채운다. 모두 선택한 후 그룹화(Ctrl + G)한다.

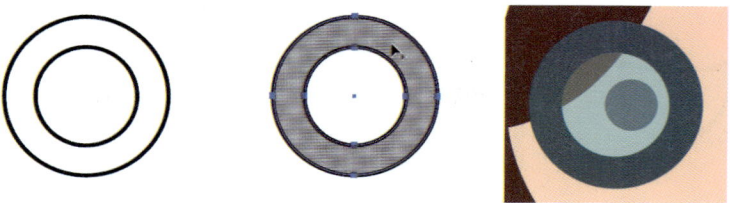

10 Reflect Tool(▷◁, O)로 중심점을 Alt + 클릭해 기준점을 잡고 Axis : Vertical, Copy 를 클릭한다.

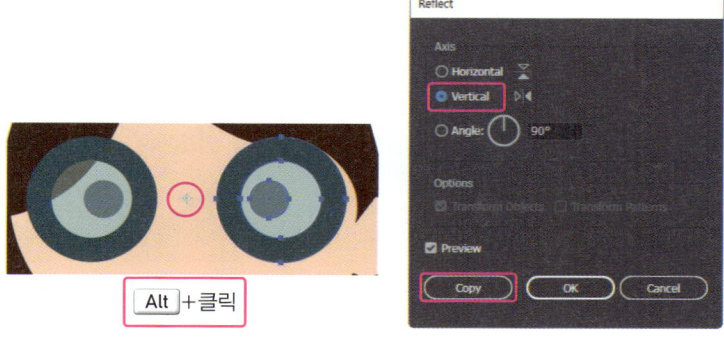

11 연결부분(C80M40Y50K30)은 Rectangle Tool(▭, M)로 직사각형을 그린 후 Curvature Tool(✒, Shift + ~)로 위쪽 가운데 부분을 아래로 드래그하여 모양을 만든다.

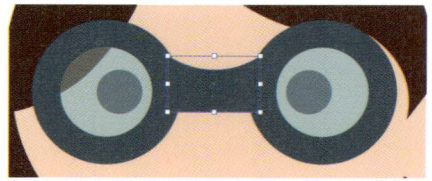

⑫ 입을 만들기 위해 Ellipse Tool(◯, L)로 타원을 두 개 그린다. Selection Tool(▶, V)로 모두 선택한 후 [Pathfinder](Shift+Ctrl+F9) 패널의 'Minus Front'를 적용한다.

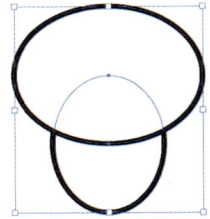
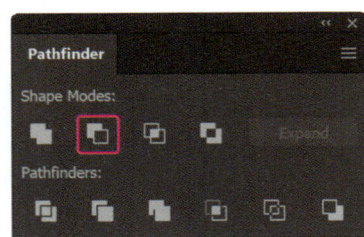

⑬ Ellipse Tool(◯, L)로 타원을 두 개 더 그린 다음 Selection Tool(▶, V)로 모두 선택한 후 Shape Builder Tool(◉, Shift+M)로 추가할 영역은 클릭하고 제거할 영역은 Alt 와 함께 클릭한다. 색(C0M0Y0K0, C10M40Y60, M90Y80)을 채운다.

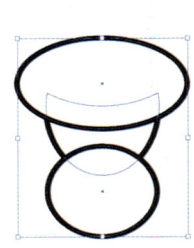
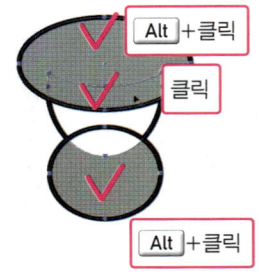

⑭ 팔(면 : M20Y30, 선 : M50Y50K30, 1pt)은 Pen Tool(✒, P)로 그림을 참고해 그린다.

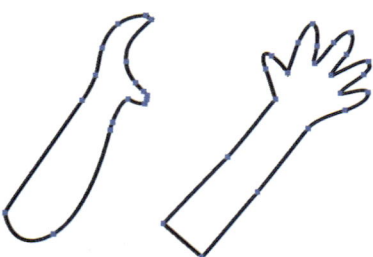

Plus@

만약 손가락 끝이 선에 의해 뾰족하다면 [Window]-[Stroke](Ctrl+F10) 패널에서 Corner : Round Join을 클릭한다.

⑮ 모자는 Ellipse Tool(⬭, L)로 아래와 같이 배치한다. Selection Tool(▶, V)로 모두 선택한 후 Shape Builder Tool(◉, Shift + M)로 제거할 영역을 Alt 와 함께 클릭한다.

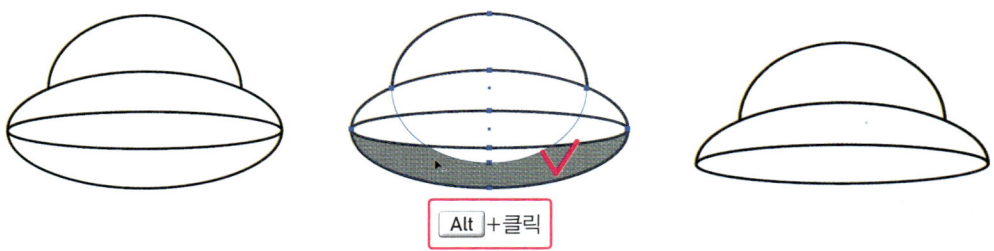

⑯ 모자의 띠(C40M70Y100K50)는 Selection Tool(▶, V)로 모자의 챙 부분을 Alt 와 함께 위쪽으로 살짝 드래그해 복제한 후 Shift 와 함께 모자의 윗부분을 선택한다. Shape Builder Tool(◉, Shift + M)로 모자의 챙 부분을 그림과 같이 Alt + 클릭해 제거한다.

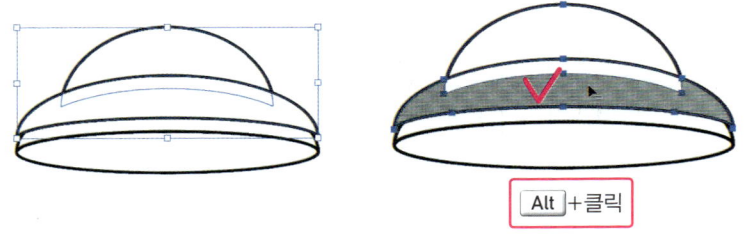

⑰ 모자의 색(M30Y80 → C30M50Y80K10, C10M40Y60)은 Ctrl + 클릭으로 모자를 선택한 후 Eyedropper Tool(⚲, I)로 옷의 그래디언트를 클릭해 적용한다. Direct Selection Tool(▶, A)로 위쪽으로 올려 모양을 변경하고 Ellipse Tool(⬭, L)로 모자 방울(C40M70Y100K50)을 만든 후 뒤로 보내기 위해 Ctrl + [를 적용한다.

04 리본과 텍스트

1 직사각형(C40M70Y100K50, C80M40Y50K30) 두 개를 그린다. 리본의 끝을 들어가게 표현하기 위해 Add Anchor Point Tool(, =)로 좌측 중간 부분을 클릭해 기준점(Anchor Point)을 추가한 후 Direct Selection Tool(, A)로 선택하여 우측으로 이동한다.

2 점선(선 : M50Y50K30, 1pt)은 리본 꼬리를 선택한 후 [Object]-[Path]-[Offset Path]를 선택하고 Offset : −1mm를 입력한 다음 (OK)를 클릭한다. [Window]-[Stroke](Ctrl + F10) 패널에서 Weight : 1pt, Dashed Line 체크, dash : 3pt, gap : 3pt를 적용한다.

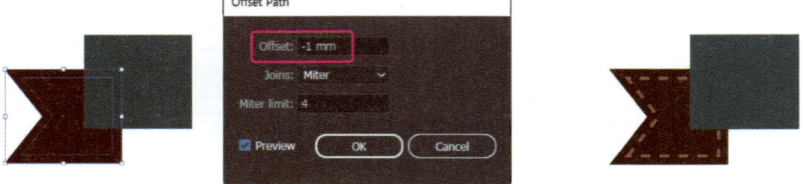

3 Pen Tool(, P)로 접히는 부분(K100)을 만들어 준다. 대칭복사하기 위해 Selection Tool(, V)로 해당 오브젝트를 선택한다. Reflect Tool(, O)로 사각형 중심점을 Alt +클릭해 기준점을 잡고 Axis : Vertical, (Copy)를 클릭한다. 만약 앞으로 배치되었다면 뒤로 보내기 위해 Ctrl + [를 적용한다.

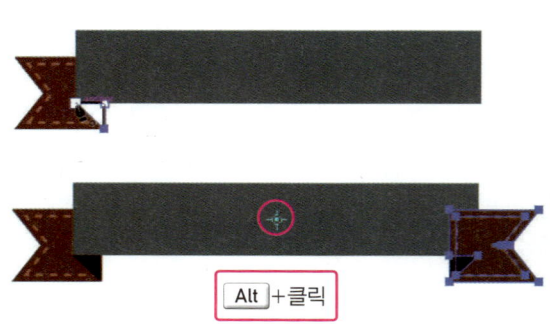 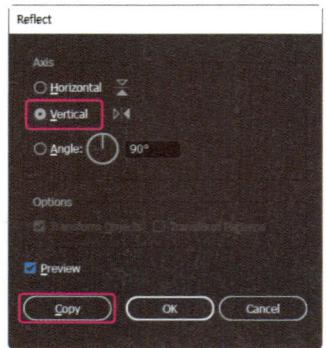

④ Line Segment Tool(╱ , ₩)로 수평선을 그린 후 ②와 같이 점선으로 마무리한다.

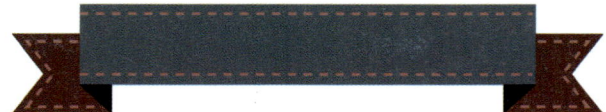

⑤ 텍스트를 입력하기 위해 Type Tool(T , T)로 빈 캔버스를 클릭한 후 ADVENTURE TIME을 입력한다. Ctrl + A 로 전체선택한 후 [Window]-[Type]-[Character](Ctrl + T) 패널에서 Font : Times New Roman, Style : Bold, Size : 16pt, Color : C0M0Y0K0으로 설정한다. Selection Tool(▷ , V)을 선택한 후 출력형태를 참고하여 배치한다.

05 저장하고 전송하기

① 불필요한 도형은 삭제하고 가이드라인이 보이지 않도록 [View]-[Guides]-[Hide Guides](Ctrl + ;)한다. [File]-[Save] 또는 [File]-[Save As]한 후 Save On Your Computer 를 선택하여 '내 PC₩문서₩GTQ' 폴더에 "수험번호-성명-1"로 저장한다.

② [Illustrator Options] 대화상자에서 Version : Illustrator CC(Legacy)로 체크한 후 OK 를 클릭한다. 하위 버전 저장에 따른 메시지가 뜨면 계속 OK 를 클릭한다.

③ 시험장의 작업표시줄에 나타나는 'Koas 수험자용'을 클릭해 우측의 답안 전송 을 클릭한 후 해당하는 번호에 체크한다. 하단의 답안 전송 을 클릭한 후 닫기 를 누르면 최종 전송된 답안으로 채점이 이루어진다.

✅ Check Point !

		○	×
01	출력형태를 제외한 나머지 오브젝트는 삭제했나요?		
02	해당 오브젝트를 출력형태의 위치에 배치했나요? (눈금자와 가이드라인 참고해 확인)		
03	작업 중 생성된 가이드라인을 Ctrl + ; 으로, 그리드를 Ctrl + ' 로 숨겼나요?		
04	Gradient가 적용된 오브젝트의 색상과 방향을 출력형태에 맞게 적용했나요?		
05	출력형태에 제시된 '선'의 두께는 정확히 설정되었나요?		
06	결과가 '면'의 속성인 오브젝트를 '선'의 속성으로 그렸을 경우 'Expand' 처리했나요?		
07	제시된 조건 이외의 오브젝트를 편의에 의해 Blend나 Envelope Distort의 기능으로 완성했을 경우 'Expand' 처리했나요?		
08	텍스트 작업 시 Font Family가 Bold인 경우 변경되어 있나요?		
09	오브젝트의 불투명도(Opacity) 값이 정확히 설정되었나요?		
10	저장을 먼저 한 후 답안 전송으로 마무리하였나요? (중요한 작업 완료 후 수시로 저장과 전송 가능)		

문제 2 패키지, 비즈니스디자인

완성 파일 : 기출유형문제3회-2.ai

01 새 캔버스 설정 및 저장

1 새 캔버스를 만들기 위해 [File]−[New]를 선택하여 Width : 160mm, Height : 120mm, Color Mode : CMYK로 설정한 후 새 캔버스를 연다.

2 [View]−[Rulers]−[Show Rulers](Ctrl+R)를 선택해 눈금자를 꺼낸다(좌측 상단 영점 확인).

3 작업 파일을 저장하기 위해 [File]−[Save As]에서 '내 PC₩문서₩GTQ' 하위 폴더에 파일 이름을 '수험번호−성명−2.ai'로 입력한 후 'Illustrator CC(Legacy)' 버전으로 저장한다.

4 도구상자가 모두 보이는지, 상단의 [Control] 패널이 있는지 체크한다.

> **Plus @**
>
> [Window]−[Workspace]−[Essentials Classic]으로 한 번에 도구상자와 [Control] 패널을 나타낼 수 있다.

5 작업에 앞서 제시된 색을 [Swatches] 패널이나 도형들을 나열해 색상을 등록해 놓는다.

6 오브젝트별로 가이드라인을 표시하고 작업하면 좋다.

02 ▸ 애벌레 오브젝트

1 애벌레는 Ellipse Tool(, L)로 타원을 그린 후 Selection Tool(, V)로 Alt 와 함께 복제해 크기를 살짝 늘린다. 이 과정을 한 번 더 반복해 원을 세 개 만든다. 세 개의 원을 모두 선택한 후 [Object]−[Blend]−[Make](Alt + Ctrl + B)를 적용한다. 단계를 조정하기 위해 Blend Tool(, W)을 더블 클릭하여 Spacing : Specified Steps, 2로 적용한 후 (OK)를 클릭한다. [Object]−[Blend]−[Expand]해 속성을 없앤다.

 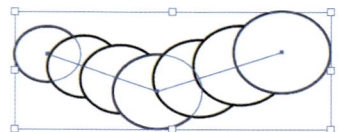

2 Direct Selection Tool(, A)로 하나씩 선택해 색(C50Y100, C60M20Y100)과 위치를 조정한다. 마지막 원을 Alt 와 함께 복제해 얼굴(C50Y100)을 만든다.

3 Ellipse Tool(, L)로 눈(K100, C0M0Y0K0)과 볼터치(M50Y50)를 만든다. 입(K100)은 Blob Brush Tool(, Shift + B)로 브러시 크기를 조절한 후 그린다. 입꼬리는 Pen Tool(, P)로 만들어 완성한다.

Plus α

Blob Brush Tool(, Shift + B)의 크기는 ' [: 점점 작게,] : 점점 크게'로 조절할 수 있다.

4 더듬이(K100)는 Pencil Tool(, N)로 그림을 참고해 그린 후 '선'을 '면'의 속성으로 변경하기 위해 [Object]−[Expand]해 확장한다. Selection Tool(, V)로 Alt 와 함께 복제해 배치한다.

5 발(K100)은 Blob Brush Tool(, Shift + B)로 크기를 조절해 그린 후 Ellipse Tool(, L)로 타원을 그린다. Selection Tool(, V)로 모두 선택한 후 그룹화(Ctrl + G)한다. 우측 발은 Alt 와 함께 복제 후 가로 조절점에서 좌우 대칭해 배치한다. 뒤로 보내기 위해 Ctrl + [를 적용한다. 애벌레를 모두 선택하고 그룹화(Ctrl + G)한 후 살짝 회전 배치한다.

03 꿀벌 오브젝트

1 꿀벌의 몸통(M20Y100)은 Ellipse Tool(, L)로 타원을 그린 후 Curvature Tool(, Shift + ~)로 꼬리 부분의 기준점을 더블 클릭해 뾰족하게 만든다. 후에 날개를 만들기 위해 Selection Tool(, V)로 Alt 와 함께 드래그하여 복사해 따로 놓는다.

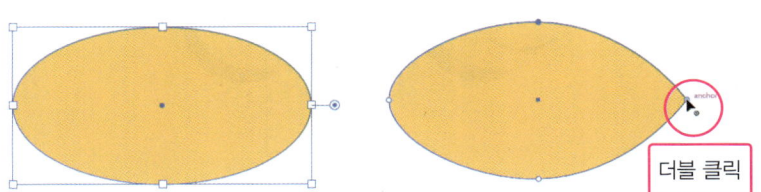

② 꿀벌 몸통의 줄무늬를 만들기 위해 Knife Tool(✂)로 그림과 같이 드래그하여 잘라낸 후 색(C40M90Y60K50)을 채운다.

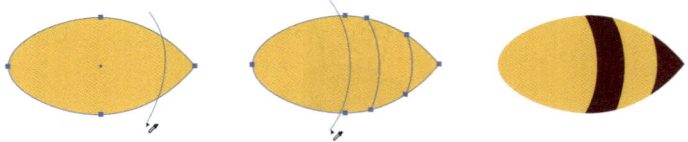

③ 목과 얼굴은 Ellipse Tool(⬭, L)로 타원 두 개를 그려 색(C40M90Y60K50, M20Y100)을 채운다. Direct Selection Tool(▷, A)로 중간 두 포인트를 Shift 로 선택해 아래로 살짝 이동한다.

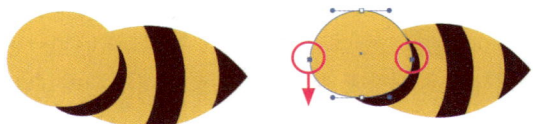

④ 눈(C0M0Y0K0, K100)도 이와 같은 방법으로 완성한 후 Pen Tool(✒, P)로 눈의 일부분을 그림과 같이 삼각형 모양으로 그린다. Selection Tool(▶, V)로 타원과 삼각형 모양을 Shift 로 선택해 [Pathfinder](Shift + Ctrl + F9) 패널의 'Minus Front'를 적용한다. Shift 로 두 개의 타원을 선택한 후 Alt 로 복제해 배치한다.

⑤ 입(K100)은 Blob Brush Tool(🖌, Shift + B)로 크기를 조절해 그린다. 더듬이(C40M90Y60K50)도 이와 같이 그린 후 Ellipse Tool(⬭, L)로 타원을 그려 완성한다.

6 Selection Tool(, V)로 1에서 만들었던 날개(C40M20, C80M50)를 Alt 와 함께 하나 더 복제해 배치한다.

7 발(C40M90Y60K50)은 Blob Brush Tool(, Shift + B)로 크기를 조절해 그린다. Selection Tool(, V)로 Alt 와 함께 복사해 배치한다. 마지막 발은 가로 조절점을 이용해 좌우 대칭한다. Shift 로 발을 모두 선택한 후 맨 뒤로 보내기 위해 Shift + Ctrl + [를 적용한다. 꿀벌을 모두 선택한 후 그룹화(Ctrl + G)한다.

04 유리병 오브젝트

1 유리병(C60 → C90M50K20)은 1 Rectangle Tool(, M)로 크기를 다르게 두 개 그린다. 2 Selection Tool(, V)로 모두 선택한 후 [Pathfinder](Shift + Ctrl + F9) 패널의 'Unite'로 합친다. 3 Direct Selection Tool(, A)로 상단의 두 포인트를 선택한 후 Scale Tool(, S)로 바깥쪽에서 안쪽으로 드래그하여 줄인다.

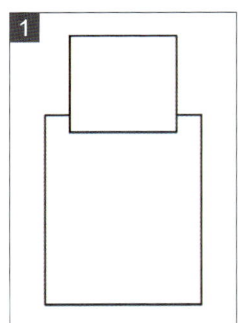 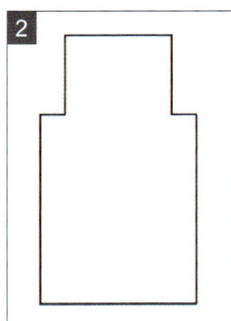 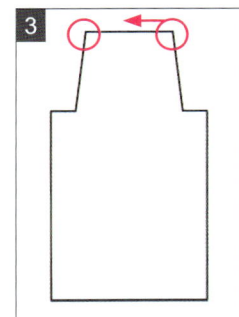

2 Direct Selection Tool(　, A)로 개체를 선택한 후 Live Corners(곡률 활성화)를 조절해 전체적으로 둥글게 한다. 일부분의 곡률 조정은 Shift 와 함께 선택해 각각 조정한다.

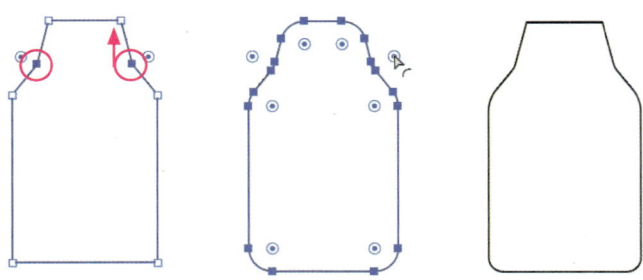

3 그래디언트를 적용하기 위해 [Window]-[Gradient](Ctrl + F9)를 선택한 후 ❶ 'Linear Gradient'를 선택하고 하단의 ❷ 좌측 조절점을 더블 클릭한다. ❸ CMYK로 변경하기 위해 우측의 메뉴(　)를 선택한 후 ❹ CMYK를 누르고 색(C60)을 적용한다. 나머지 적용을 위해 우측 조절점을 더블 클릭하고 ❸, ❹를 반복해 색(C90M50K20)을 적용한다.

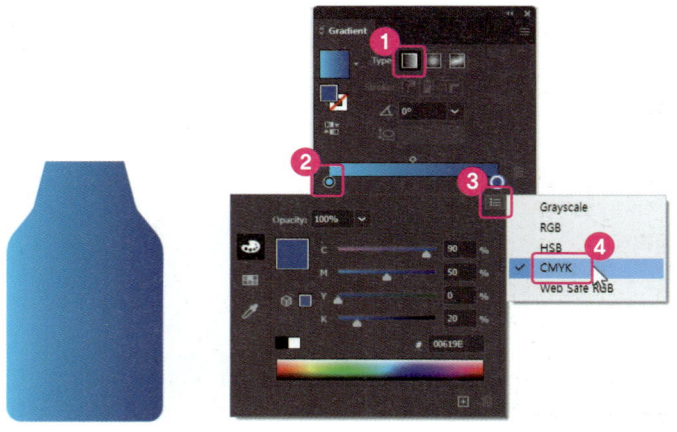

4 내용물(C40)은 [Object]-[Path]-[Offset Path]를 선택하고 Offset : -3mm를 입력한 후 OK 를 클릭한다. Eraser Tool(　, Shift + E)로 출력형태를 참고해 지운다.

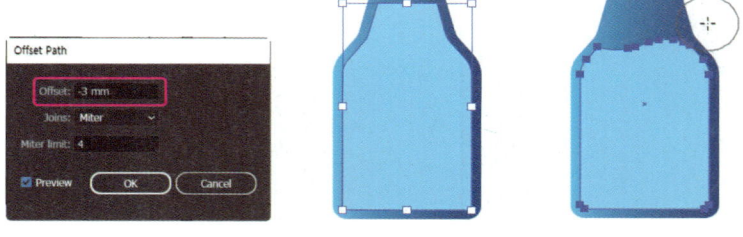

5 뚜껑(K80, K50)은 Rectangle Tool(■, M)로 세 개를 그린 후 Direct Selection Tool(▶, A)로 Shift와 함께 곡률을 선택해 각각 조정해 배치한다.

6 Ellipse Tool(●, L)로 타원을 그린다. Selection Tool(▶, V)로 Alt와 함께 복사한 후 규칙적으로 복사하기 위해 Ctrl+D를 3번 실행한다. 뚜껑의 하이라이트(K50)는 Blob Brush Tool(🖌, Shift+B)로 크기를 조절해 그린다.

7 라벨(C20Y70)은 Rectangle Tool(■, M)로 그린다. Selection Tool(▶, V)로 라벨을 선택한 후 Ctrl+C, Ctrl+F로 앞으로 붙여넣기 한 다음 Alt+Shift와 함께 안쪽으로 살짝 줄인다. 점선(C80Y100)은 [Window]−[Stroke](Ctrl+F10) 패널에서 Weight : 1pt, Dashed Line 체크, dash : 5pt, gap : 5pt를 적용한다.

8 Clipping Mask하기 위해 ❶ Selection Tool(▶, V)로 애벌레를 Alt와 함께 복제해 알맞게 배치한 후 맨 앞으로 보내기 위해 Shift+Ctrl+]를 적용한다. ❷ 라벨 부분을 선택하고 Ctrl+C, Ctrl+F로 앞으로 붙여넣기 한 후 맨 앞으로 보내기 위해 Shift+Ctrl+]를 적용한다. ❸ 복사한 라벨과 애벌레 두 마리를 Shift와 함께 선택하고 [Object]−[Clipping Mask]−[Make](Ctrl+7)를 적용한다(마우스 오른쪽 버튼 클릭 이용 가능).

 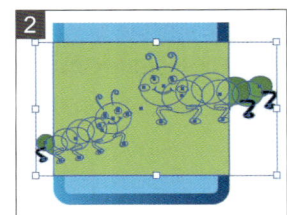 

❾ 키링(M50Y50)은 Ellipse Tool(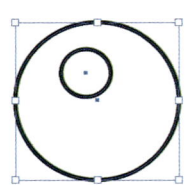, L)로 타원 두 개를 크기가 다르게 그린다. Selection Tool(, V)로 Shift 와 함께 모두 선택한 후 [Pathfinder](Shift + Ctrl + F9) 패널의 'Minus Front'를 적용한다.

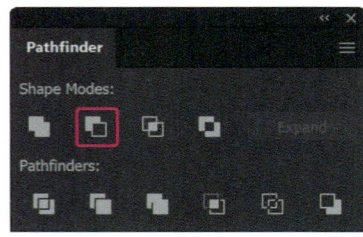 

❿ Brush(선 : C30M80Y100K30, 1.5pt)를 적용하기 위해 Pencil Tool(, N)로 출력형태를 참고해 그린다. [Window]−[Brushes](F5) 패널을 열고 패널 하단의 를 클릭해 Artistic > Artistic_ChalkCharcoalPencil > Charcoal−Thin을 선택한다. Stroke Weight : 1.5pt로 설정한다. Selection Tool(, V)로 우측의 브러시를 선택한 후 뒤로 보내기 위해 Ctrl + [를 적용한다.

 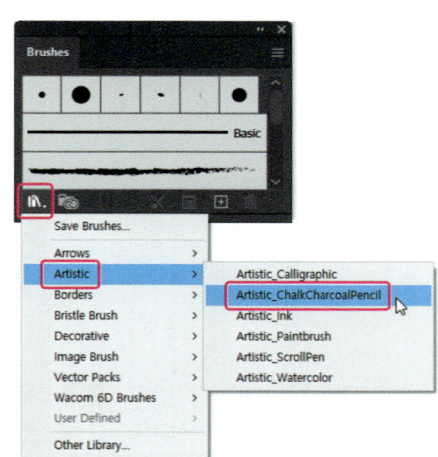

⑪ 유리병 본체의 하이라이트(C0M0Y0K0, Opacity 60%)는 Blob Brush Tool(），
Shift + B)로 크기를 조절해 그린다. Type Tool(T , T)로 빈 캔버스를 클릭
한 후 Revive a Bee를 입력한다. Ctrl + A 로 모두 선택한 후 [Win-
dow]-[Type]-[Character](Ctrl + T) 패널에서 Font : Arial, Style :
Regular, Size : 14pt, Color : C80M10Y100으로 설정한 후 Ctrl + Enter 로 완료
한다.

05 채집통 오브젝트에 Pattern 적용

① 채집통(C60Y100K20)은 Rectangle Tool(， M)로 그린다. Direct Selection Tool(， A)로
하단 두 포인트를 선택한 후 Scale Tool(， S)로 바깥쪽에서 안쪽으로 드래그하여 줄인다.
Direct Selection Tool(， A)로 하단 두 개의 Live Corners(곡률 활성화)를 조절해 둥글게 한
다. 뚜껑을 만들기 위해 Selection Tool(， V)로 Alt 와 함께 복사해 놓는다.

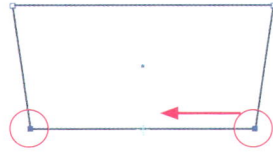 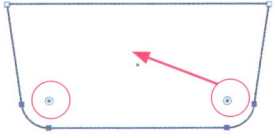

② 중간 띠(C20M100Y20K70)를 표현하기 위해 Line Segment Tool(， W)로 두 개의 선을 그린
다. Selection Tool(， V)로 채집통을 선택해 Ctrl + C , Ctrl + F 로 앞으로 붙여넣기 한 후
Shift 로 두 개의 선과 함께 선택한다. [Pathfinder](Shift + Ctrl + F9) 패널의 'Divide'로 분리한다.
Shift + Ctrl + G 로 그룹을 해제한 후 중간 띠만 남기고 삭제한다. 크기를 살짝 크게 조절한 후 색
(C20M100Y20K70)을 채운다.

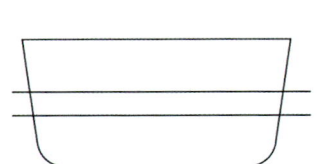 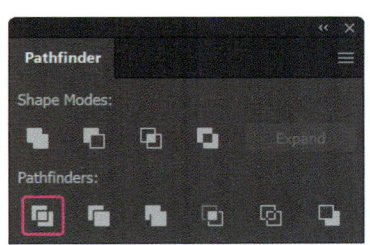 

3 육각형 라벨(M90K20)은 Polygon Tool()로 빈 공간을 클릭하여 대화상자가 나오면 Sides : 6을 입력한 후 OK 를 누른다. Selection Tool(▶ , V)로 띠 부분과 육각형 라벨을 Shift 로 선택한 후 [Effect]−[Stylize]−[Drop Shadow]를 선택하고 Opacity : 50%, X Offset : 1mm, Y Offset : 1mm, Blur : 1mm를 적용한다.

4 채집통 뚜껑(M90K20)은 1 에서 미리 복사해 놓은 사다리꼴을 상하 조절점을 이용해 뒤집어 배치한다. 연결 부분(C20M100Y20K70)은 Rectangle Tool(■ , M)로 그린 후 Live Corners(곡률 활성화)를 드래그해 최대의 곡률을 준다.

5 구멍을 표현하기 위해 직사각형으로 그린 후 Live Corners(곡률 활성화)를 드래그해 최대의 곡률을 준다. Selection Tool(▶ , V)로 Alt 와 함께 복사한 후 규칙적으로 복사하기 위해 Ctrl + D 를 5번 실행한다. Shift 와 함께 모두 선택한 후 [Object]−[Envelope Distort]−[Make with Warp](Alt + Shift + Ctrl + W)를 적용한다. [Warp Options] 대화상자에서 Style : Squeeze, Bend : −20%, Vertical : 10%를 입력하고 OK 를 클릭한다. 면의 속성으로 변경하기 위해 [Object]− [Expand]해 확장한다.

 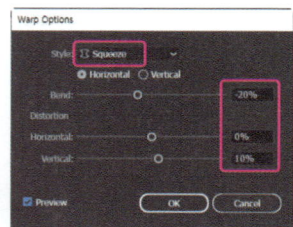 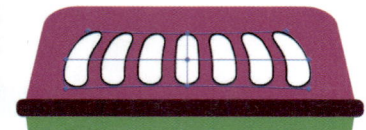

6 손잡이의 구멍은 Ellipse Tool(◯, L)로 두 개의 원을 그려 배치한다. Selection Tool(▶, V)로 뚜껑 부분을 모두 선택한 후 [Pathfinder](Shift + Ctrl + F9) 패널의 'Minus Front'를 적용한다. 손잡이(C30M30Y90)는 Rectangle Tool(▭, M)로 그린 후 Live Corners(곡률 활성화)를 드래그해 최대의 곡률을 준다. Selection Tool(▶, V)로 회전 배치한 후 연결 부분을 맨 앞으로 보내기 위해 Shift + Ctrl +] 를 적용한다.

7 패턴을 등록하기 위해 미리 만들어 놓은 꿀벌을 [Swatches] 패널에 드래그하여 등록시킨다.

Plus @

패턴 추가가 되지 않을 경우 폴더 부분에 드래그하지 않고 기본색이 있는 윗부분으로 드래그하면 추가된다.

8 패턴을 편집하려면 반드시 빈 캔버스를 한 번 선택한 후 [Swatches] 패널의 등록된 패턴을 더블 클릭한다. Name : 꿀벌, Tile Type : Brick by Column으로 설정한 후 Selection Tool(▶, V)로 패턴의 사이에 공백을 주기 위해 꿀벌을 선택하고 모서리에서 Alt + Shift 와 함께 살짝 줄인다. 상단의 'Done'으로 빠져나온다.

 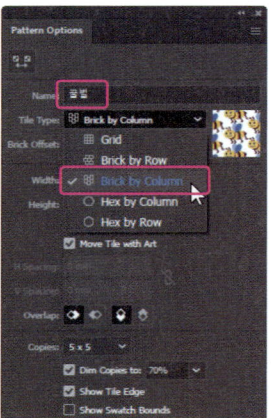

Plus @

기존 오브젝트가 선택된 상태에서 [Swatches] 패널의 등록된 패턴을 더블 클릭하면 기존 오브젝트에 패턴이 적용되므로 빈 캔버스를 선택한 후 작업한다.

⑨ 패턴을 적용하기 위해 Selection Tool(, V)로 바깥 상자를 선택해 Ctrl + C , Ctrl + F 로 앞으로 붙여넣기 해 복사한다. [Swatches] 패널에 등록했던 패턴을 선택해 채운다. 크기 조정을 위해 Scale Tool(, S)을 더블 클릭한 후 Options : Transform Objects 체크 해제, Transform Patterns 체크, Uniform : 30%, Preview를 체크해 확인하고 OK 를 클릭한다.

⑩ Type Tool(T , T)로 빈 캔버스를 클릭한 후 A Beekeeping Container를 입력한다. Ctrl + A 로 전체선택한 후 [Window]-[Type]-[Character](Ctrl + T) 패널에서 Font : Times New Roman, Style : Bold, Size : 14pt, Color : C0M0Y0K0으로 설정하고 [Paragraph] 패널에서 가운데 맞춤으로 선택한다.

 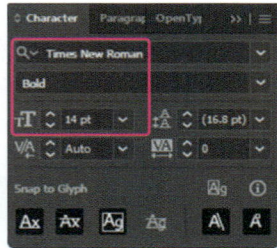 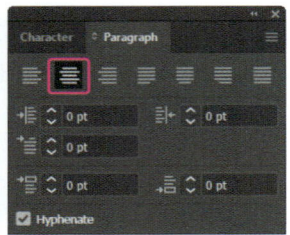

06 저장하고 전송하기

1 불필요한 도형은 삭제하고 가이드라인이 보이지 않도록 [View]-[Guides]-[Hide Guides](Ctrl+;)한다. [File]-[Save] 또는 [File]-[Save As]한 후 Save On Your Computer 를 선택하여 '내 PC₩문서₩GTQ' 폴더에 "수험번호-성명-2"로 저장한다.

2 [Illustrator Options] 대화상자에서 Version : Illustrator CC(Legacy)로 체크한 후 OK 를 클릭한다. 하위 버전 저장에 따른 메시지가 뜨면 계속 OK 를 클릭한다.

3 시험장의 작업표시줄에 나타나는 'Koas 수험자용'을 클릭해 우측의 답안 전송 을 클릭한 후 해당하는 번호에 체크한다. 하단의 답안 전송 을 클릭한 후 닫기 를 누르면 최종 전송된 답안으로 채점이 이루어진다.

Check Point !

		O	X
01	출력형태를 제외한 나머지 오브젝트는 삭제했나요?		
02	해당 오브젝트를 출력형태의 위치에 배치했나요? (눈금자와 가이드라인 참고해 확인)		
03	작업 중 생성된 가이드라인을 Ctrl + ; 으로, 그리드를 Ctrl + ' 로 숨겼나요?		
04	Gradient가 적용된 오브젝트의 색상과 방향을 출력형태에 맞게 적용했나요?		
05	출력형태에 제시된 '선'의 두께는 정확히 설정되었나요?		
06	결과가 '면'의 속성인 오브젝트를 '선'의 속성으로 그렸을 경우 'Expand' 처리했나요?		
07	제시된 조건 이외의 오브젝트를 편의에 의해 Blend나 Envelope Distort의 기능으로 완성했을 경우 'Expand' 처리했나요?		
08	텍스트 작업 시 Font Family가 Bold인 경우 변경되어 있나요?		
09	오브젝트의 불투명도(Opacity) 값이 정확히 설정되었나요?		
10	저장을 먼저 한 후 답안 전송으로 마무리하였나요? (중요한 작업 완료 후 수시로 저장과 전송 가능)		

문제 3 광고디자인

완성 파일 : 기출유형문제3회-3.ai

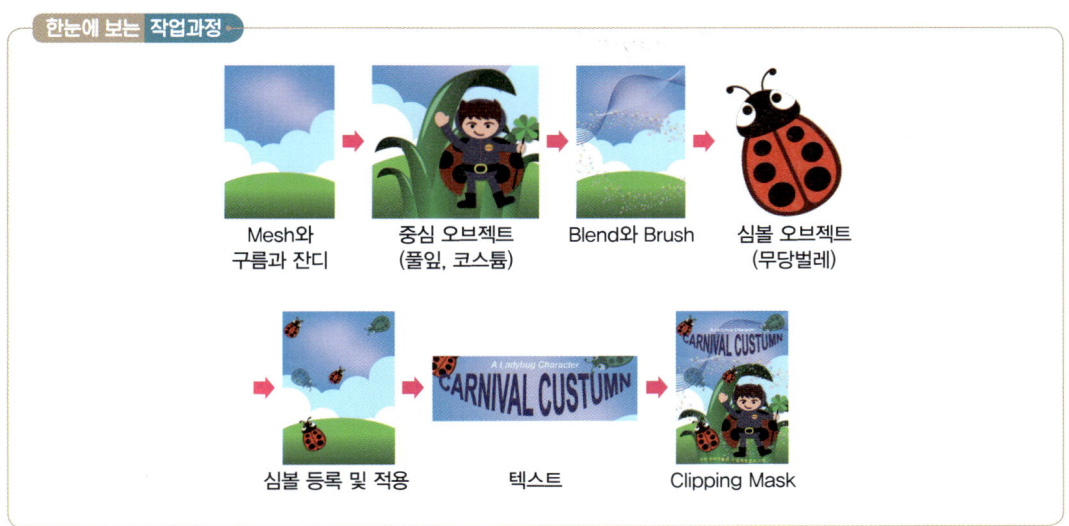

01 새 캔버스 설정 및 저장

1 새 캔버스를 만들기 위해 [File]-[New]를 선택하여 Width : 210mm, Height : 297mm, Color Mode : CMYK로 설정한 후 새 캔버스를 연다.

2 [View]-[Rulers]-[Show Rulers](Ctrl+R)를 선택해 눈금자를 꺼낸다(좌측 상단 영점 확인).

3 작업 파일을 저장하기 위해 [File]-[Save As]에서 '내 PC₩문서₩GTQ' 하위 폴더에 파일 이름을 '수험번호-성명-3.ai'로 입력한 후 'Illustrator CC(Legacy)' 버전으로 저장한다.

4 도구상자가 모두 보이는지, 상단의 [Control] 패널이 있는지 체크한다.

> **Plus @**
>
> [Window]-[Workspace]-[Essentials Classic]으로 한 번에 도구상자와 [Control] 패널을 나타낼 수 있다.

5 작업에 앞서 제시된 색을 [Swatches] 패널이나 도형들을 나열해 색상을 등록해 놓는다.

6 오브젝트별로 가이드라인을 표시하고 작업하면 좋다.

02 Mesh로 배경 만들기

1 배경(C70M20)은 Rectangle Tool(▢, M)로 빈 공간을 클릭한 후 대화상자가 나오면 Width : 210mm, Height : 297mm를 입력한다. Selection Tool(▶, V)로 캔버스에 맞게 배치한다.

> **Plus@**
>
> 직사각형을 캔버스의 영점에 정확히 맞추려면 [Window]-[Transform] 패널에서 고정점을 좌측 상단으로 클릭한 후 X : 0mm, Y : 0mm로 입력한다.

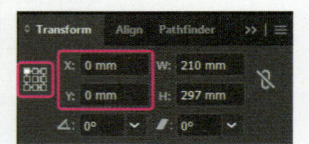

2 Mesh Tool(▦, U)로 출력형태를 참고해 두 부분(C20M20)에 클릭한 후 해당하는 색을 채운다. 아래에 두 부분(C70M20)을 더 추가해 색을 채운다. 배경을 고정시키기 위해 [Object]-[Lock]-[Selection](Ctrl+2)을 클릭한다.

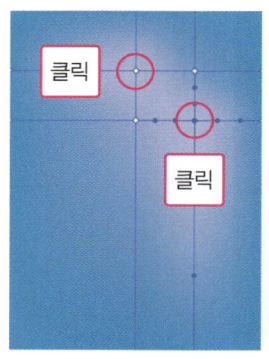
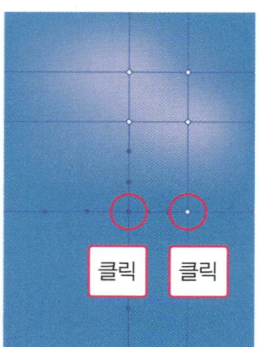

> **Plus@**
>
> 오브젝트 잠금 : [Object]-[Lock]-[Selection](Ctrl+2)
> 오브젝트 잠금 해제 : [Object]-[Unlock All](Alt+Ctrl+2)

> **Plus@**
>
> Mesh를 수정하려면 Mesh Tool(▦, U)이나 Direct Selection Tool(▶, A)로 수정하고 싶은 기준점(Anchor Point)을 선택한 후 삭제 또는 색을 변경한다.

03 구름과 잔디

1 구름(C20)을 표현하기 위해 Ellipse Tool(◯, L)로 타원을 그린 후 Selection Tool(▶, V)로 Alt 와 함께 복제하고 출력형태를 참고해 만든다. 모두 선택한 후 그룹화(Ctrl + G)한다. Alt 와 함께 아래로 복제한 후 Reflect Tool(◺, O)을 더블 클릭해 Axis : Vertical, OK 를 클릭하고 색 (C0M0Y0K0)을 적용한다.

2 잔디(C50Y100 → C90M30Y90K30)는 Ellipse Tool(◯, L)로 타원을 그린다. 그래디언트를 적용하기 위해 [Window]−[Gradient](Ctrl + F9)를 선택한 후 ❶ 'Linear Gradient'를 선택하고 ❷ 하단의 좌측 조절점을 더블 클릭한다. ❸ CMYK로 변경하기 위해 우측의 메뉴(☰)를 선택한 후 ❹ CMYK를 누르고 색(C50Y100)을 적용한다. 나머지 적용을 위해 우측 조절점을 더블 클릭하고 ❸, ❹를 반복해 색(C90M30Y90K30)을 적용한다. 그래디언트의 방향을 수정하기 위해 Gradient Tool(▣, G)을 선택한 후 그림과 같은 방향으로 드래그한다.

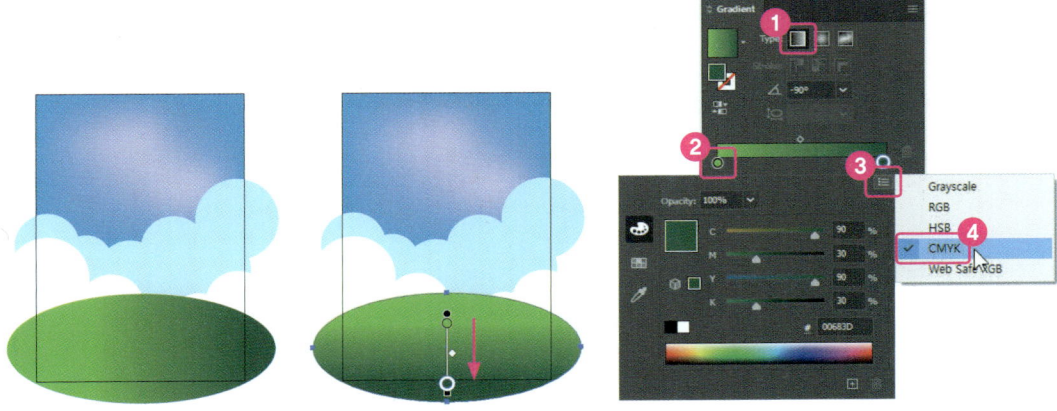

04 풀잎과 코스튬 오브젝트

1 풀잎(C100Y100 → C100M40Y100K50)은 Pen Tool(✏️, P)로 그린 후 끝부분 (C100M40Y100K60)도 그린다.

2 그래디언트를 적용하기 위해 [Window]-[Gradient](Ctrl+F9)를 선택한 후 ❶ 'Linear Gradient'를 선택하고 ❷ 하단의 좌측 조절점을 더블 클릭한다. ❸ CMYK로 변경하기 위해 우측의 메뉴(☰)를 선택한 후 ❹ CMYK를 누르고 색(C100Y100)을 적용한다. 나머지 적용을 위해 우측 조절점을 더블 클릭하고 ❸, ❹를 반복해 색(C100M40Y100K50)을 적용한다.

 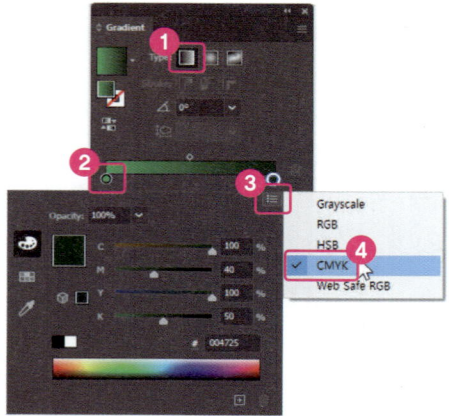

3 Pen Tool(, P)로 하이라이트(C50Y60)를 그린다. Selection Tool(, V)로 Shift 와 함께 풀잎을 선택한 후 그룹화(Ctrl + G)한다. Alt 와 함께 복제해 크기를 다르게 배치한다. 좌우 대칭은 가로 중심 크기 조절점에서 좌우로 뒤집어 대칭한다.

4 코스튬(C80M60Y30K40)은 Ellipse Tool(, L)로 타원 두 개를 그려 모자와 몸통을 만든다. Direct Selection Tool(, A)로 중간의 두 포인트를 Shift 로 선택해 아래로 이동한다.

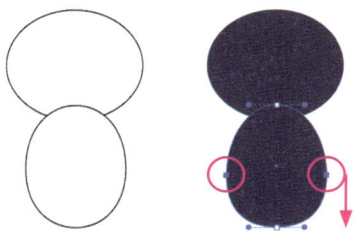

5 얼굴(M30Y30)은 Ellipse Tool(, L)로 타원을 그리고, 머리(C60M90Y90K50)는 Pen Tool(, P)로 그림을 참고해 그린다.

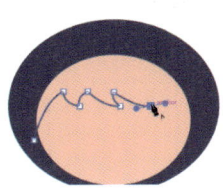 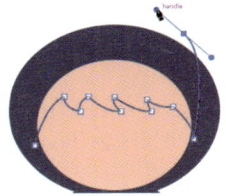 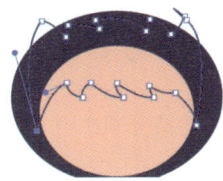

6 눈썹(C60M90Y90K50)은 Pen Tool(, P)로 그린 후 Width Tool(, Shift + W)을 선택해 그림과 같이 늘린다. 선을 면의 속성으로 변경하기 위해 [Object]-[Expand Appearance]를 적용한다.

 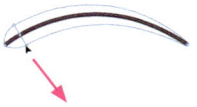 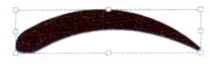

7 눈(K100)은 Ellipse Tool(◯, L)로 그린다. 대칭하기 위해 Selection Tool(▶, V)로 눈썹과 눈을 Shift 로 선택한 후 Reflect Tool(◁▷, O)로 원의 중심을 Alt +클릭해 기준점을 잡고 Axis : Vertical, Copy 를 클릭한다.

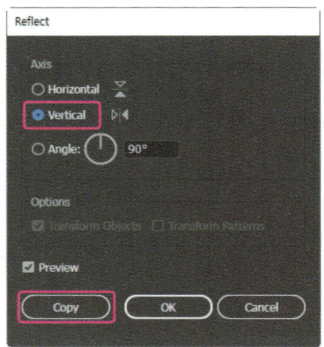

8 입(C60M90Y90K50)은 Blob Brush Tool(🖌, Shift + B)로 브러시 크기를 조절한 후 그린다. 팔(C80M60Y30K40)도 크기를 조절해 그린 후 Direct Selection Tool(▶, A)로 끝부분의 기준점을 선택해 Delete 로 삭제한다. 손(M30Y30)은 Ellipse Tool(◯, L)로 그린 후 팔보다 뒤로 보내기 위해 Ctrl + [를 적용한다.

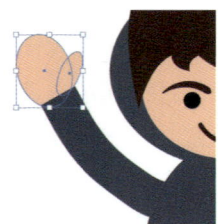

9 **8**을 참고해 우측의 팔도 이와 같이 만든다. Ellipse Tool(◯, L)로 세 개의 타원을 추가해 우측의 손을 표현한다.

⑩ 점선(C20M100Y60)은 Line Segment Tool(/ , ￦)로 수직선을 그려 [Window]−[Stroke] (Ctrl + F10) 패널에서 Weight : 2pt, Dashed Line 체크, dash : 5pt, gap : 5pt를 적용한다.

Plus@

CC 버전 이상은 [Properties] 패널에서도 [Stroke]를 클릭해 적용할 수 있다.

⑪ 마크(M40Y100)는 Ellipse Tool(○ , L)로 타원을 그린 후 Line Segment Tool(/ , ￦)로 가로 선을 그린다. Selection Tool(▶ , V)로 Shift 와 함께 선택한 후 [Pathfinder](Ctrl + Shift + F9) 패널의 'Divide'로 분리한다. Direct Selection Tool(▶ , A)로 하나를 선택해 분리한다.

⑫ 벨트(K100)는 Pen Tool(✎ , P)로 두 개의 곡선을 그린다. Selection Tool(▶ , V)로 몸통 부분을 선택한 후 Ctrl + C , Ctrl + F 로 앞으로 붙여넣기 하고 Shift 로 두 개의 선과 함께 선택한다. [Pathfinder](Shift + Ctrl + F9) 패널의 'Divide'로 분리한 후 Shift + Ctrl + G 로 그룹을 해제해 중간 부분만 남기고 삭제한다.

⑬ 벨트 장식(Y100K10)은 Rectangle Tool(, M)로 그린 후 최대의 곡률을 준다. [Object]-[Path]-[Offset Path]를 선택하고 Offset : $-2mm$를 입력한 후 (OK)를 클릭한다. Selection Tool(, V)로 Shift 와 함께 두 개를 선택해 [Pathfinder](Shift + Ctrl + F9) 패널의 'Minus Front'를 적용한다.

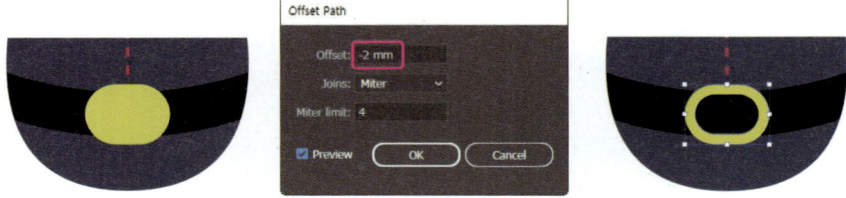

⑭ 다리(C80M60Y30K40)는 Rectangle Tool(, M)로, 부츠(K100)는 Pen Tool(, P)로 그림을 참고해 그린다. 대칭복사를 위해 Selection Tool(, V)로 다리와 부츠를 Shift +클릭해 선택한 후 Reflect Tool(, O)로 중심을 Alt +클릭해 기준점을 잡는다. Axis : Vertical, (Copy)를 클릭한 후 Selection Tool(, V)로 회전 배치한다.

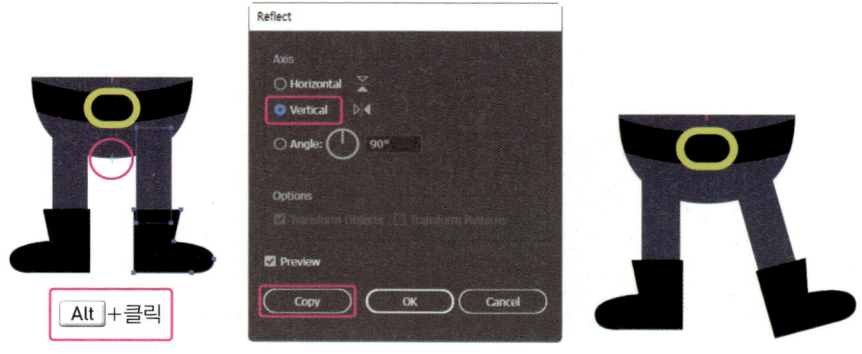

⑮ 클로버(C80M20Y100K10)는 Pen Tool(, P)로 그림을 참고해 반쪽을 그린다. 대칭복사하기 위해 Reflect Tool(, O)로 Ctrl +오브젝트를 클릭해 선택한 후 중심점을 Alt +클릭해 기준점을 잡고 Axis : Vertical, (Copy)를 클릭해 색(C70Y100)을 채운다.

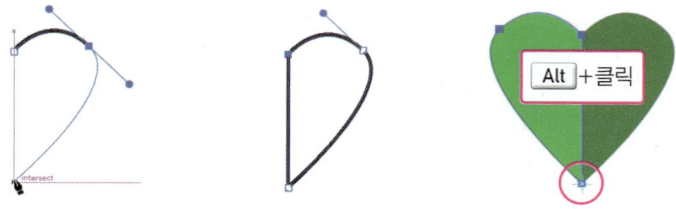

16 Selection Tool(, V)로 모두 선택해 회전하기 위해 Rotate Tool(, R)로 기준점을 Alt +
클릭해 360/4 또는 90을 입력한 후 Copy 를 클릭한다. 반복하기 위해 Ctrl + D 를 2번 더 실행한다.

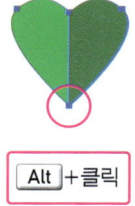
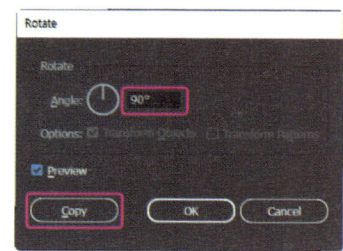

17 Selection Tool(, V)로 모두 선택해 그룹화(Ctrl + G)한 후 회전해 배치한다. 스틱(K100)은
Rectangle Tool(, M)로 그린 후 클로버보다 뒤로 보내기 위해 Ctrl + [를 적용한다. 손으로
쥔 모습을 표현하기 위해 Selection Tool(, V)로 손가락(타원)을 선택한 후 맨 앞으로 보내기 위
해 Shift + Ctrl +] 를 적용한다.

18 날개 코스튬(C20M100Y100K30)은 Ellipse Tool(, L)로 타원을 그린 후 Direct Selection
Tool(, A)로 우측의 기준점을 선택해 Delete 로 삭제한다. Ellipse Tool(, L)로 타원
(K100)을 여러 개 그린 후 Selection Tool(, V)로 모두 선택한다. Shape Builder Tool(,
Shift + M)로 바깥 부분을 Alt 와 함께 클릭해 제거한다.

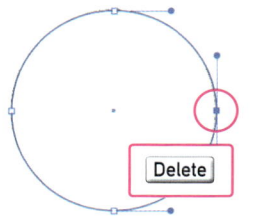
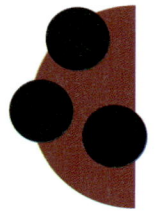
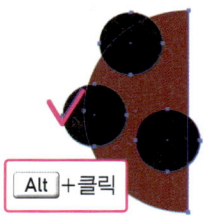
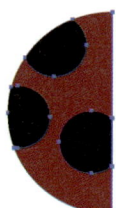

⑲ Selection Tool(, V)로 날개를 선택한 후 대칭복사하기 위해 Reflect Tool(, O)로 중심을 Alt +클릭해 기준점을 잡고 Axis : Vertical, Copy 를 클릭해 배치한다. 뒤로 보내기 위해 Ctrl + [를 적용한다.

⑳ Selection Tool(, V)로 모두 선택한 후 그룹화(Ctrl + G)한다. 그림자 적용을 위해 [Effect]-[Stylize]-[Drop Shadow]를 선택한 후 Opacity : 50%, X Offset : 1mm, Y Offset : 1mm, Blur : 1mm로 설정한다.

05 ▶ Blend와 Brush 적용

1 Pencil Tool(✏️, N)로 출력형태를 참고해 자유로운 곡선(C0M0Y0K0, 1pt → C90M50, 3pt)을 그린다. Selection Tool(▶, V)로 두 곡선을 선택하고 [Object]-[Blend]-[Make](Alt + Ctrl + B)를 적용한다. 단계를 조정하기 위해 Blend Tool(🎨, W)을 더블 클릭하여 Spacing : Specified Steps, 15로 적용한 후 OK 를 클릭한다.

Plus@

Pencil Tool을 더블 클릭해 [Options] 대화상자에서 Smooth 쪽에 가깝게 조절하면 부드럽게 그려진다.

2 브러시를 적용하기 위해 Pencil Tool(✏️, N)로 아래와 같이 자연스러운 곡선(임의의 색)을 그린다. [Window]-[Brushes](F5) 패널을 열고 패널 하단의 📚를 클릭해 Decorative > Decorative_Scatter > Dot Rings를 선택한다. [Control] 패널의 Stroke Weight : 2pt로 설정한 다음 불투명도를 Opacity : 60%로 설정한다. Selection Tool(▶, V)로 코스튬 오브젝트를 선택한 후 맨 앞으로 보내기 위해 Shift + Ctrl +] 를 적용한다.

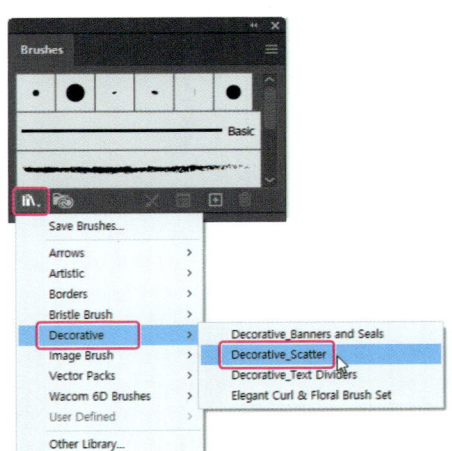

> **Plus α**
>
> 불투명도(Opacity)는 [Properties] 패널 또는 [Window]-[Transparency] 패널에서 적용할 수 있다.

06 심볼 오브젝트 '무당벌레'

1 무당벌레(C20M100Y100K60)는 Ellipse Tool(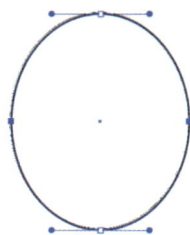 , L)로 타원을 그린다. Direct Selection Tool(, A)로 중간 두 포인트를 Shift 로 선택해 아래로 이동한다.

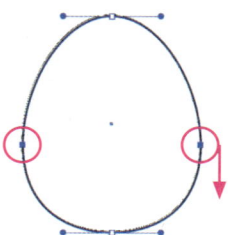

2 날개(M100Y100)는 [Object]-[Path]-[Offset Path]를 선택하고 Offset : -2mm를 입력한 후 (OK)를 클릭한다. Line Segment Tool( , ₩)로 수직선을 그린 후 [Window]-[Stroke](Ctrl + F10) 패널에서 Weight : 5pt를 적용한다. '선'을 '면'의 속성으로 변경하기 위해 [Object]-[Expand]해 확장한다.

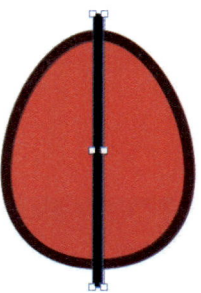

3 Selection Tool(, V)로 Shift 와 함께 날개를 선택해 [Pathfinder](Shift + Ctrl + F9) 패널의 'Minus Front'를 적용한다. Direct Selection Tool(, A)을 선택한 후 Live Corners(곡률 활성화)를 드래그해 곡률을 준다.

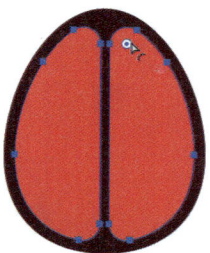

4 Ellipse Tool(, L)로 타원(C70M90Y90K70)을 그린 후 Selection Tool(, V)로 Alt 와 함께 복제해 크기를 늘린다. 세 개의 원을 Shift 로 선택한 후 Reflect Tool(, O)로 중심을 Alt + 클릭해 기준점을 잡고 Axis : Vertical, Copy 를 클릭한다.

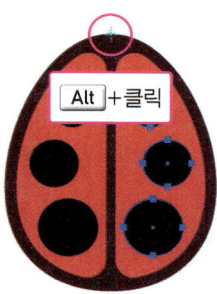

5 무당벌레 머리(C70M90Y90K70)는 Ellipse Tool(, L)로 타원을 그린 후 Direct Selection Tool(, A)로 중간 두 포인트를 Shift 로 선택해 아래로 이동한다.

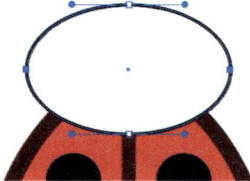 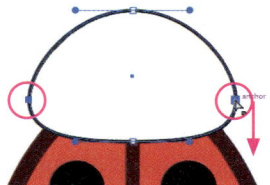

6 눈(C0M0Y0K0)과 눈동자(C70M90Y90K70)는 Ellipse Tool(, L)로 타원을 그린 후 Selection Tool(, V)로 Shift 와 함께 선택한다. 1 Reflect Tool(, O)로 중심점을 Alt + 클릭해 기준점을 잡고 Axis : Vertical, Copy 를 클릭한다. 2 Shape Builder Tool(, Shift + M)로 바깥 부분을 Alt 와 함께 클릭해 제거한다.

7 더듬이(C70M90Y90K70)는 Blob Brush Tool(, Shift + B)로 브러시 크기를 조절한 후 그린다. 6을 참고해 대칭복사하고 Selection Tool(, V)로 모두 선택한 후 그룹화(Ctrl + G)해 회전 배치한다.

07 Symbol 등록과 적용

1 무당벌레를 [Symbols] 패널에 등록하기 위해 [Window]-[Symbols](Shift + Ctrl + F11)를 열고 드래그하여 추가한다. [Symbol Options] 대화상자에서 Name : 무당벌레라고 입력한 후 OK 를 클릭한다.

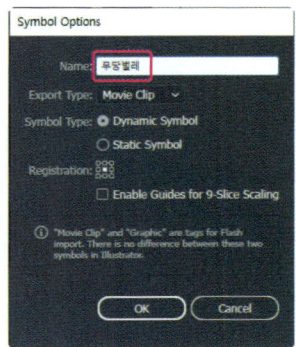

2 Symbol을 적용하기 위해 Selection Tool(, V)로 원본 Symbol을 선택한 후 Symbol Sprayer Tool(, Shift + S)로 출력형태를 참고해 클릭, 클릭하여 배치한다.

Plus@

Symbol Sprayer Tool 적용 시 여러 개의 Symbol이 추가되었을 경우 Alt 와 함께 클릭하면 삭제된다.

③ ❶ Symbol의 크기를 조절하기 위해 Symbol Sizer Tool(　)을 선택한다. 클릭, 클릭은 점점 크게, Alt 와 함께 클릭하면 작아진다. ❷ Symbol의 위치 조절은 Symbol Shifter Tool(　)로 드래그하며 ❸ Symbol의 기울기는 Symbol Spinner Tool(　)로 시계방향, 반시계방향으로 회전한다. ❹ Symbol의 색상 변화를 위하여 Symbol Stainer Tool(　)을 선택한다. [Swatches] 패널에서 해당 색(녹색, 파랑)을 선택하고 해당 Symbol을 클릭하면 색상의 변화가 생기며 면 색에 따라 좌우된다. ❺ Symbol Screener Tool(　)로 투명도를 적용한 후 마무리한다.

08 텍스트 입력 및 Envelope Distort

1 Type Tool(, T)로 빈 캔버스를 클릭한 후 A Ladybug Character를 입력한다. Ctrl + A 로 전체선택한 후 [Window]−[Type]−[Character](Ctrl + T) 패널에서 Font : Arial, Style : Italic, Size : 25pt, Color : C0M0Y0K0으로 설정한다.

2 Type Tool(T , T)로 빈 캔버스를 클릭한 후 CARNIVAL CUSTUMN을 입력한다. Ctrl + A 로 전체선택한 후 [Window]−[Type]−[Character](Ctrl + T) 패널에서 Font : Arial, Style : Bold, Size : 50pt, Color : C100M90Y20K20으로 설정한다. [Object]−[Envelope Distort]− [Make with Warp](Alt + Shift + Ctrl + W)를 선택한 후 [Warp Options] 대화상자에서 Style : Arc Lower, Bend : 40%를 입력하고 OK 를 누른다.

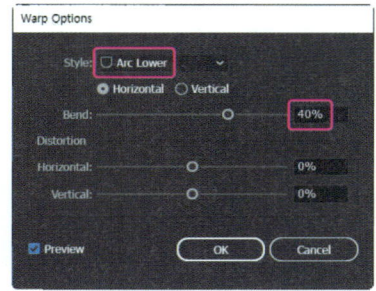

3 Type Tool(T , T)로 빈 캔버스를 클릭한 후 자연생태박물관 주말체험프로그램을 입력한다. Ctrl + A 로 전체선택한 후 [Window]−[Type]−[Character](Ctrl + T) 패널에서 Font : 바탕, Size : 26pt, Color : Y100으로 설정한다. [Object]−[Envelope Distort]−[Make with Warp](Alt + Shift + Ctrl + W)를 선택한 후 [Warp Options] 대화상자에서 Style : Flag, Bend : −50%로 입력하고 OK 를 누른다.

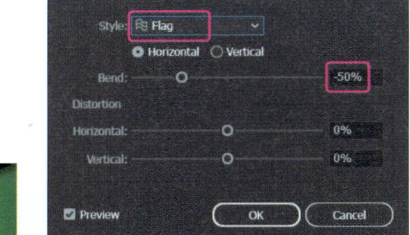

09 Clipping Mask로 마무리하기

1. Rectangle Tool(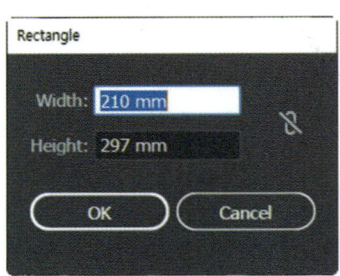, M)로 빈 공간을 클릭한 후 Width : 210mm, Height : 297mm를 입력하고 OK 를 클릭한다. Selection Tool(, V)로 캔버스 끝에 딱 맞추고 캔버스에 있는 모든 오브젝트를 선택한 후 마우스 오른쪽 버튼을 클릭하고 'Make Clipping Mask'를 적용한다.

Plus@

직사각형을 캔버스의 영점에 정확히 맞추려면 [Window]-[Transform] 패널에서 고정점을 좌측 상단으로 클릭한 후 X : 0mm, Y : 0mm로 입력한다.

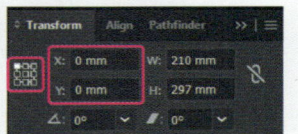

Plus@

Clipping Mask 적용 : [Object]-[Clipping Mask]-[Make](Ctrl + 7)
Clipping Mask 해제 : [Object]-[Clipping Mask]-[Release](Alt + Ctrl + 7)

Plus@

Clipping Mask 안쪽의 오브젝트를 수정하기 위하여 Selection Tool(, V)로 더블 클릭하면 Isolated Area(고립된 영역)로 들어가게 되며 그 안에서 수정할 수 있다. 수정 완료 후 Esc 나 화살표를 눌러 빠져나온다.

10 저장하고 전송하기

1 불필요한 도형은 삭제하고 가이드라인이 보이지 않도록 [View]-[Guides]-[Hide Guides](Ctrl + ;)한다. [File]-[Save] 또는 [File]-[Save As]한 후 Save On Your Computer 를 선택하여 '내 PC₩문서₩GTQ' 폴더에 "수험번호-성명-3"으로 저장한다.

2 [Illustrator Options] 대화상자가 나오면 Version : Illustrator CC(Legacy)로 체크한 후 OK 를 클릭한다. 하위 버전 저장에 따른 메시지가 뜨면 계속 OK 를 클릭한다.

3 시험장의 작업표시줄에 나타나는 'Koas 수험자용'을 클릭해 우측의 답안 전송 을 클릭한 후 해당하는 번호에 체크한다. 하단의 답안 전송 을 클릭한 후 닫기 를 누르면 최종 전송된 답안으로 채점이 이루어진다.

Check Point !

		O	X
01	출력형태를 제외한 나머지 오브젝트는 삭제했나요?		
02	해당 오브젝트를 출력형태의 위치에 배치했나요? (눈금자와 가이드라인 참고해 확인)		
03	오브젝트에 'Lock'이 되어 있는 경우 'Unlock All(Alt + Ctrl + 2)'했나요?		
04	작업 중 생성된 가이드라인을 Ctrl + ; 으로, 그리드를 Ctrl + ' 로 숨겼나요?		
05	Gradient가 적용된 오브젝트의 색상과 방향을 출력형태에 맞게 적용했나요?		
06	결과가 '면'의 속성인 오브젝트를 '선'의 속성으로 그렸을 경우 'Expand' 처리했나요?		
07	제시된 조건 이외의 오브젝트를 편의에 의해 Blend나 Envelope Distort의 기능으로 완성했을 경우 'Expand' 처리했나요?		
08	텍스트 작업 시 Font Family가 Bold인 경우 변경되어 있나요?		
09	오브젝트의 불투명도(Opacity) 값이 정확히 설정되었나요?		
10	마지막 단계에서 Clipping Mask하여 마무리되었나요?		

CHAPTER 4

기출유형문제 4회

급수	문제유형	시험시간	수험번호	성명
1급	A	90분		

수험자 유의사항

- 수험자는 문제지를 받는 즉시 응시하고자 하는 **과목 및 급수가 맞는지 확인**한 후 수험번호와 성명을 작성합니다.
- 파일명은 본인의 "수험번호-성명-문제번호"로 공백 없이 정확히 입력하고 답안 폴더(내 PC\문서\GTQ)에 파일 저장규칙(ai 파일 포맷)으로 저장해야 하며, '**다른 파일 형식으로 저장하였을 경우**' 0점 처리됩니다.
- 답안 문서 파일명이 "수험번호-성명-문제번호"와 일치하지 않거나, '**답안 파일을 전송하지 않는 경우**' 답안 파일 미제출로 불합격 처리됩니다.
- 수험자 정보와 저장한 파일명, 저장 위치가 다를 경우 전송이 되지 않으므로, 주의하시길 바랍니다.
- 답안 작성 중에도 주기적으로 '저장'과 '답안 전송'을 이용하여 감독위원 PC로 답안을 전송하셔야 합니다(작업한 내용을 저장하지 않고 답안을 전송할 경우 이전의 저장내용이 전송되오니 이 점 반드시 유념하시기 바랍니다).
- 모든 수험자는 동일한(초기화된) 환경에서 시험이 시작되며 '**작업환경 설정**'은 시험 시간 내에 진행합니다(시험 시작 전 '작업환경 설정' 불가, 소프트웨어 이상 유무만 확인).
- 답안 문서를 지정된 경로 외의 다른 보조기억장치에 저장하는 행위, 지정된 시험 시간 외에 작성된 파일을 활용한 행위, 기타 허용되지 않은 프로그램(이메일, 메신저, 게임, 네트워크, 윈도우계산기, 스톱워치 등) 이용 시 부정행위로 간주되어 **자격기본법 제32조에 의거 본 시험 및 국가공인 자격시험을 2년간 응시할 수 없습니다.**
- 시험 중 부주의 또는 고의로 시스템을 파손한 경우와 〈수험자 유의사항〉에 기재된 방법대로 이행하지 않아 생기는 불이익은 수험자의 책임임을 알려 드립니다.
- 시험을 완료한 수험자는 최종적으로 저장한 답안 파일이 전송되었는지 확인한 후 감독위원의 지시에 따라 문제지를 제출하고 퇴실합니다.

답안 작성요령

- 온라인 답안 작성 절차
  수험자 등록 ⇒ 시험 시작 ⇒ 답안 파일 저장 ⇒ 답안 전송 ⇒ 시험 종료
- 배점은 총 100점으로 이루어지며, 점수는 각 문제별로 차등 배분됩니다.
- 각 문제는 주어진 《조건》에 따라 작성하고, 《조건》을 지키지 못했을 경우에는 0점 또는 감점 처리됩니다.
- 문제 《조건》에 크기와 색상, 두께의 지정이 없을 경우 《출력형태》를 참고하여 작업해 주시기 바랍니다.
- **문제 《조건》과 《출력형태》에서 차이가 발생할 경우 문제에서 지정한 《조건》에 따라 작업해 주시기 바랍니다.**
- 《조건》에서 주어진 단위는 'mm(밀리미터)'입니다. 눈금자는 작성하지 않으며, 그 외는 출력형태(레이아웃, 색상, 문자, 규격 등)와 같게 작업하십시오.
- 문제 《조건》에 서체의 지정이 없을 경우 한글은 굴림이나 돋움, 영문은 Arial로 작업하십시오(단, 그 외에 제시되지 않은 문자 속성을 기본값으로 작성하지 않은 경우는 감점 처리됩니다).
- Color Mode(색상 모드)는 별도의 처리 조건이 없을 시 CMYK로 작업하십시오.
- 조건에서 제시한 기능을 임의로 합치거나 각 기능에 대한 속성을 해지할 경우 해당 요소는 0점 처리됩니다.

문제 1   BI, CI 디자인
25점

다음의 《조건》에 따라 아래의 《출력형태》와 같이 작업하시오.

조건

파일저장규칙	AI	파일명	문서₩GTQ₩수험번호-성명-1.ai
		크기	100 × 80mm

1. 작업 방법
   ① 도형 변형 툴과 Pathfinder 기능을 활용하여 오브젝트를 작성한다.
   ② 그 외 《출력형태》 참조

2. 문자 효과
   ① WINTER VACATION (Arial, Regular, 20pt, C0M0Y0K0)

출력형태

C0M0Y0K0,
K100,
M70Y50,
C60M10Y40,
C40Y30,
C80M20Y50K10,
M50Y100,
M50Y100K20,
K10 → C20K20
[Stroke]
C20K20, 2pt

문제 2 패키지, 비즈니스디자인
35점

유선배 강의

다음의 《조건》에 따라 아래의 《출력형태》와 같이 작업하시오.

조건

파일저장규칙	AI	파일명	문서₩GTQ₩수험번호-성명-2.ai
		크기	160 × 120mm

1. 작업 방법
   ① 털모자에는 Pattern을 활용하여 작성한다(패턴 등록 : 크리스마스 장식).
   ② 스케이트에는 Clipping Mask를 적용한다.
   ③ Brush는 《출력형태》를 참고하여 작성한다.
   ④ Effect는 《출력형태》를 참고하여 작성한다.
   ⑤ 그 외 《출력형태》 참조

2. 문자 효과
   ① ICE SKATES (Arial, Regular, 12pt, K80)
   ② Soft (Times New Roman, Bold Italic, 16pt, C0M0Y0K0)

출력형태

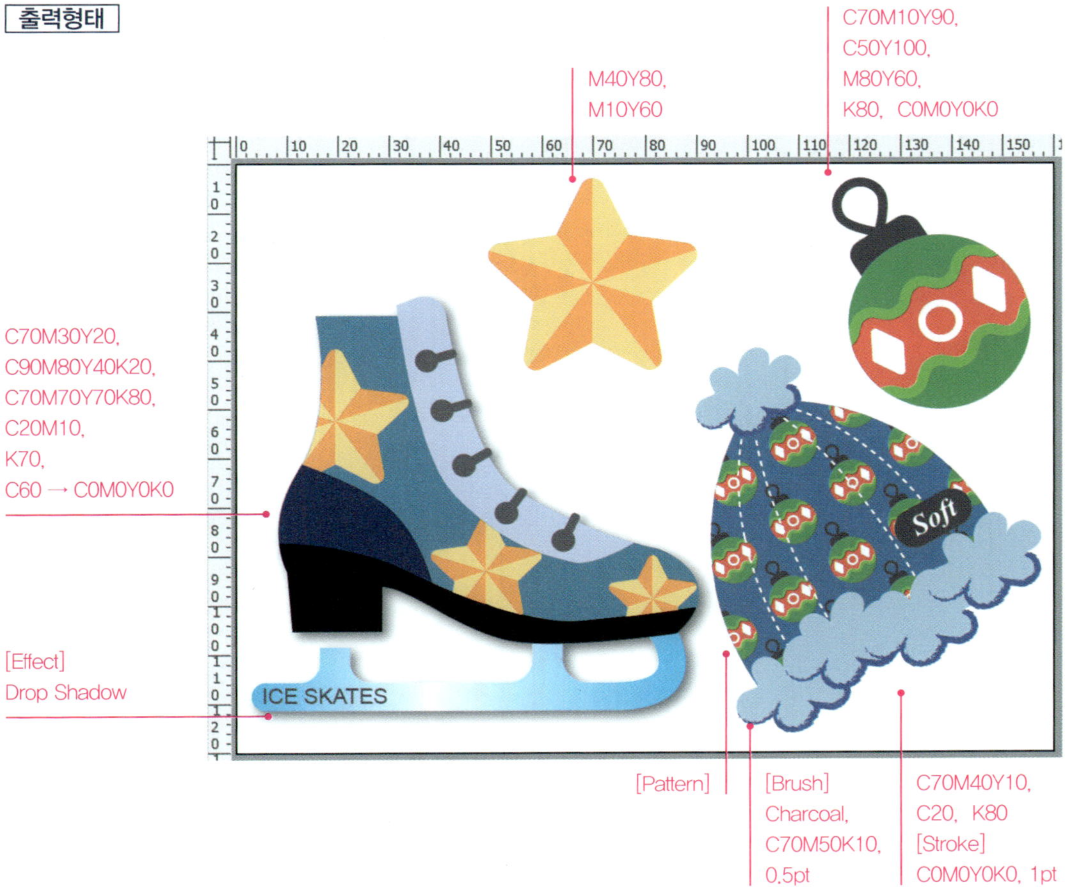

M40Y80, M10Y60

C70M10Y90, C50Y100, M80Y60, K80, C0M0Y0K0

C70M30Y20, C90M80Y40K20, C70M70Y70K80, C20M10, K70, C60 → C0M0Y0K0

[Effect]
Drop Shadow

[Pattern]

[Brush]
Charcoal, C70M50K10, 0.5pt

C70M40Y10, C20, K80
[Stroke]
C0M0Y0K0, 1pt

문제 3 광고디자인 (40점)

유선배 강의

다음의 《조건》에 따라 아래의 《출력형태》와 같이 작업하시오.

조건

파일저장규칙	AI	파일명	문서\GTQ\수험번호-성명-3.ai
		크기	210 × 297mm

1. 작업 방법
   ① 《참고도안》은 직접 제작한 후 Symbol로 활용한다(심볼 등록 : 케이블카).
   ② 'LET'S GO TO SKI CAMP', '소속감과 체력단련' 문자에 Envelope Distort를 적용한다.
   ③ Brush는 《출력형태》를 참고하여 작성한다.
   ④ Effect는 《출력형태》를 참고하여 작성한다.
   ⑤ Clipping Mask를 이용하여 디자인을 정리한다.
   ⑥ 그 외 《출력형태》 참조

2. 문자 효과
   ① WINTER LEPORTS (Arial, Regular, 30pt, C0M0Y0K0)
   ② LET'S GO TO SKI CAMP (Arial, Bold, 60pt, C80M50K50)
   ③ 소속감과 체력단련 (궁서, 15pt, K100)

참고도안

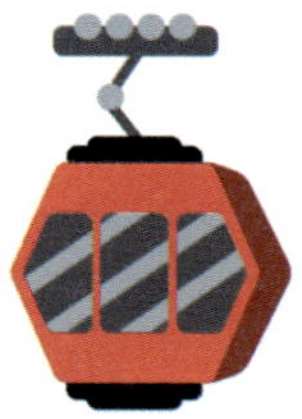

C20M100Y100K20,
M90Y80,
K100, K80, K30

C40M10,
C0M0Y0K0,
K20, C60,
C70M20K10,
C0M0Y0K0 → C40K10

출력형태

[Blend] 단계 : 15
[Stroke] C0M0Y0K0, 1pt
→ C100, 3pt

C80M50K50

[Symbol]

M20Y30,
C50M60Y50K30,
M90Y80, M20Y80,
C20M100Y100K20,
C0M0Y0K0, K100,
C10M40Y90 →
C10M100Y90K10,
C80Y100,
C70M70K20

[Stroke]
K100, 1pt

C70M40Y100K40,
C60M30Y80K20

210 × 200mm
[Mesh]
C20, C20M40

[Brush]
Confetti, 1pt

[Effect]
Drop Shadow

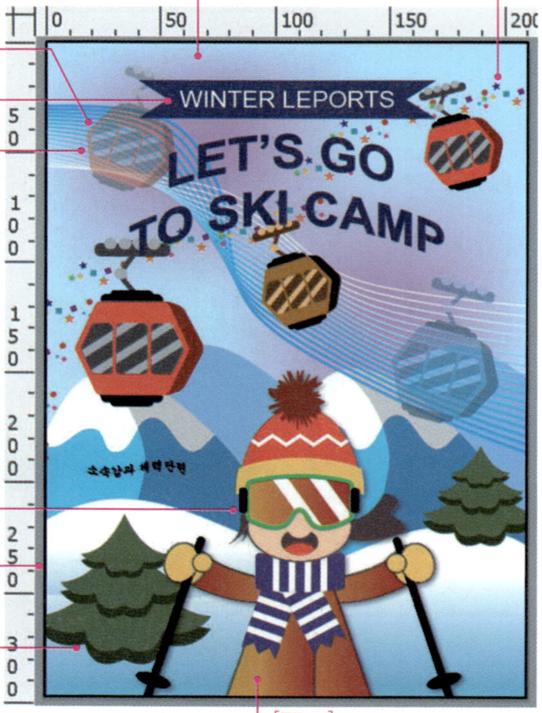

문제 1 · BI, CI 디자인

완성 파일 : 기출유형문제4회-1.ai

한눈에 보는 작업과정

타원 배경 → 판다 → 리본과 텍스트

01 ▶ 새 캔버스 설정 및 저장

1 새 캔버스를 만들기 위해 [File]-[New]를 선택하여 Width : 100mm, Height : 80mm, Color Mode : CMYK로 설정한 후 새 캔버스를 연다.

2 [View]-[Rulers]-[Show Rulers](Ctrl + R)를 선택해 눈금자를 꺼낸다(좌측 상단 영점 확인).

3 작업 파일을 저장하기 위해 [File]-[Save As]에서 '내 PC₩문서₩GTQ' 하위 폴더에 파일 이름을 '수험번호-성명-1.ai'로 입력한 후 'Illustrator CC(Legacy)' 버전으로 저장한다.

4 도구상자가 모두 보이는지, 상단의 [Control] 패널이 있는지 체크한다.

> **Plus @**
>
> [Window]-[Workspace]-[Essentials Classic]으로 한 번에 도구상자와 [Control] 패널을 나타낼 수 있다.

5 작업에 앞서 제시된 색을 [Swatches] 패널이나 도형들을 나열해 색상을 등록해 놓는다.

6 오브젝트별로 가이드라인을 표시하고 작업하면 좋다.

02 타원 오브젝트

1 Ellipse Tool(⬤, L)로 정원(K10 → C20K20)을 그린다. 그래디언트를 적용하기 위해 [Window]-[Gradient](Ctrl + F9)를 선택한 후 ❶ 'Radial Gradient'를 선택하고 ❷ 하단의 좌측 조절점을 그림을 참고하여 오른쪽으로 이동한 후 더블 클릭한다. ❸ CMYK로 변경하기 위해 우측의 메뉴(☰)를 선택한 후 ❹ CMYK를 누르고 색(K10)을 적용한다. 나머지 적용을 위해 우측 조절점을 더블 클릭한 후 ❸, ❹를 반복해 색(C20K20)을 적용한다.

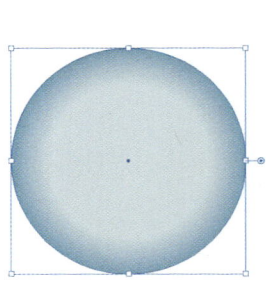
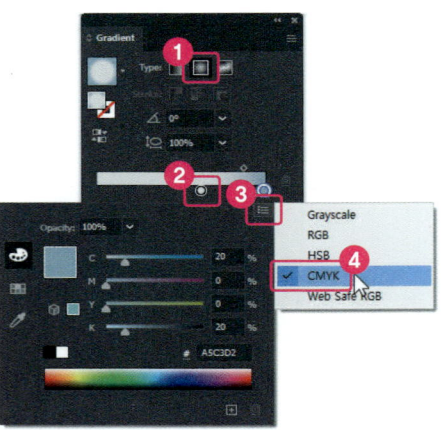

Plus α

Gradient Tool(▮, G)을 더블 클릭해도 패널이 나타난다.

2 점선(선 : C20K20)은 Selection Tool(▶, V)로 Ctrl + C, Ctrl + V 한다. Alt + Shift 로 모서리에서 살짝 늘린 후 [Window]-[Stroke](Ctrl + F10) 패널에서 Weight : 2pt, Dashed Line 체크, dash : 5pt, gap : 5pt를 적용한다.

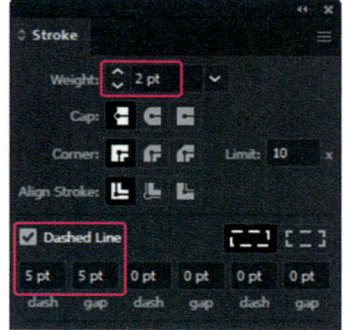

03 ▶ 판다 오브젝트

1 판다의 얼굴(C0M0Y0K0)과 몸(K100)은 Ellipse Tool(◯, L)로 그린다. Direct Selection Tool(▶, A)로 하단 기준점을 클릭한 후 Delete 로 삭제하여 반원을 만든다.

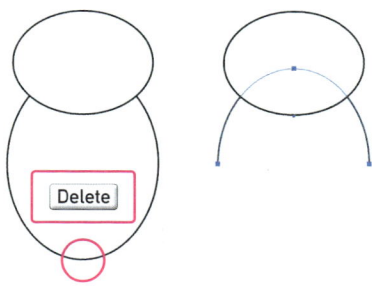

2 Selection Tool(▶, V)로 반원을 Alt 와 함께 복사해 배(C0M0Y0K0)를 만든다. Shift 와 함께 몸통과 배를 선택한 후 Shape Builder Tool(◉, Shift + M)로 하단 부분을 Alt 와 함께 제거한다.

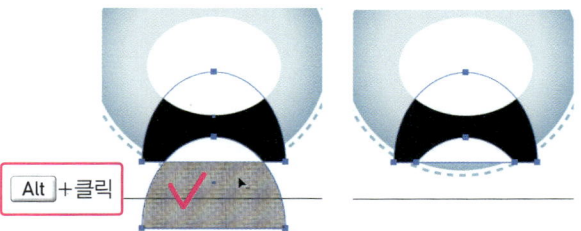

3 눈(K100, C0M0Y0K0)은 Ellipse Tool(◯, L)로 각기 다른 크기의 타원을 그린 후 Direct Selection Tool(▶, A)로 바깥 원의 중간 두 포인트를 Shift 와 함께 선택해 아래로 이동한다. Selection Tool(▶, V)로 Shift 와 함께 눈 부분을 모두 선택해 그룹화(Ctrl + G)한다.

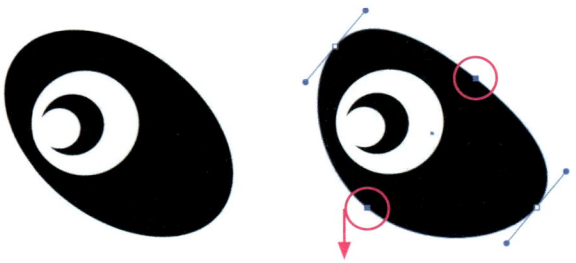

4 볼터치(M70Y50)는 Ellipse Tool(⬤ , L)로 그린다. Selection Tool(▶ , V)로 눈과 볼터치를 Shift 로 선택한 후 Reflect Tool(▷◁ , O)로 얼굴의 중심을 Alt +클릭해 기준점을 잡고 Axis : Vertical, Copy 를 클릭한다.

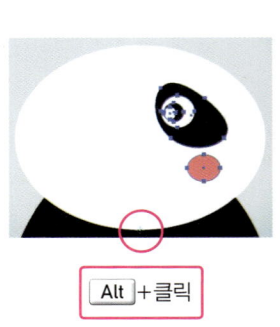

5 ❶ 입(K100, M70Y50)은 타원으로 그림과 같이 겹쳐 그린 후 ❷를 참고해 제거한다. 입술(면 : C0M0Y0K0, 선 : K100, 1pt)은 Ellipse Tool(⬤ , L)로 타원을 그린다. Direct Selection Tool(▶ , A)로 상단 포인트를 선택한 후 Delete 로 삭제해 반원을 만든다. '선'을 '면'의 속성으로 변경하기 위해 [Object]-[Expand]해 확장한다. ❷ 4를 참고해 대칭복사한다.

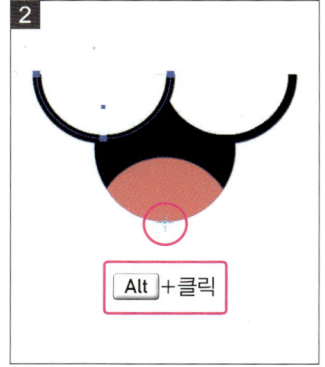

6 코(K100)는 타원으로 그린 후 Anchor Point Tool(, Shift + C)로 하단 기준점을 클릭해 뾰족하게 만든다. Direct Selection Tool(, A)로 중간 두 포인트를 Shift 로 선택한 후 위쪽으로 이동한다. Ellipse Tool(, L)로 하이라이트(C0M0Y0K0)를 표현한다.

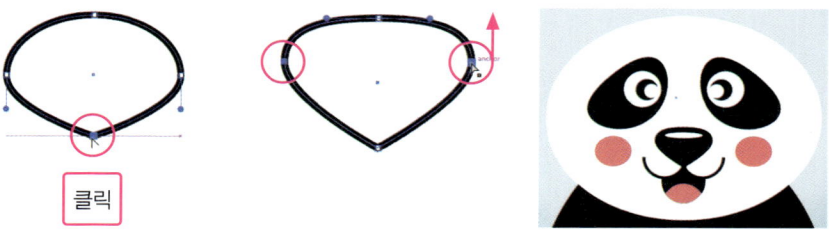

7 팔(K100)은 Pen Tool(, P)로 그림을 참고해 그린다.

8 장갑(M50Y100)은 Ellipse Tool(, L)로 두 개의 타원을 그린다. 장갑목(M50Y100K20)은 Rectangle Tool(, M)로 그린 후 Live Corners(곡률 활성화)로 곡률을 준다. Selection Tool(, V)로 Alt 와 함께 아래로 복제해 색(M50Y100)을 채운다.

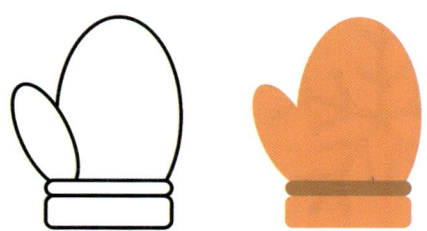

❾ Ellipse Tool(◯, L)로 타원(M50Y100K20)을 그린 후 Selection Tool(▷, V)로 Alt 와 함께 복제한다. 규칙적으로 복제하기 위해 Ctrl + D 를 4번 실행한다.

❿ 눈 결정체(C0M0Y0K0)는 Line Segment Tool(╱, ₩)로 그림을 참고해 그린 후 ❹를 참고해 대칭복사한다.

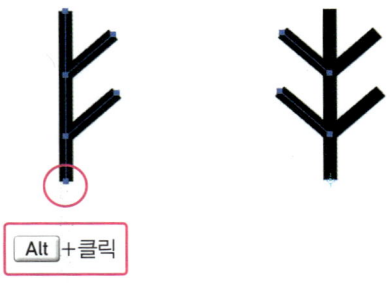

Alt +클릭

⓫ Shift 와 함께 모두 선택한 후 Rotate Tool(↻, R)로 기준점을 Alt +클릭해 360/5 또는 72를 입력하고 Copy 를 클릭한다. 반복하기 위해 Ctrl + D 를 3번 실행한다. Selection Tool(▷, V)로 모두 선택한 후 '선'을 '면'의 속성으로 변경하기 위해 [Object]-[Expand]해 확장한다. 모두 선택한 후 그룹화(Ctrl + G)해 회전 배치한다. 팔과 장갑을 Shift 와 함께 선택한 후 ❹를 참고해 대칭복사한다.

Alt +클릭

Plus α

선택 툴 이외의 툴을 사용하고 있을 경우 Ctrl 을 누르면 선택 툴의 기능을 할 수 있다.

⑫ 모자(C60M10Y40, C40Y30)는 Ellipse Tool(, L)로 타원 세 개를 그린다. Selection Tool(, V)로 모두 선택한 후 Shape Builder Tool(, Shift + M)로 그림을 참고해 Alt 와 함께 제거한다.

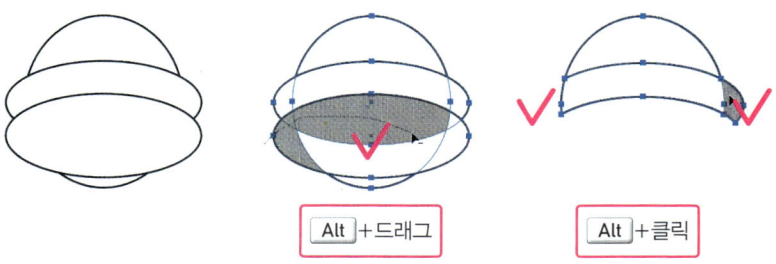

⑬ 귀덮개 부분(C60M10Y40)은 Pen Tool(, P)로 그림을 참고해 그린 후 Knife Tool( )로 그림과 같이 자른다. Selection Tool(, V)로 선택한 후 색(C80M20Y50K10)을 채우고, 뒤로 보내기 위해 Ctrl + [를 적용한다.

⑭ 끈 부분(M50Y100, C80M20Y50K10)은 Rectangle Tool(, M)과 Ellipse Tool(, L)로 만든다. Selection Tool(, V)로 선택한 후 뒤로 보내기 위해 Ctrl + [를 적용한다. Ellipse Tool(, L)로 귀(K100)와 방울(C80M20Y50K10)을 배치한 후 뒤로 보내기 위해 Ctrl + [를 적용한다.

04 리본과 텍스트

1 리본 꼬리(C60M10Y40)는 Pen Tool(, P)로 그림을 참고해 그린다. 리본(C80M20Y50K10)은 Rectangle Tool(, M)로 그려 배치한다.

2 접히는 부분(M50Y100)은 Pen Tool(, P)로 그린다. Selection Tool(, V)로 Shift 와 함께 리본 꼬리를 선택한 후 Reflect Tool(, O)로 중심을 Alt +클릭해 기준점을 잡고 Axis : Vertical, Copy 를 클릭한다. 뒤로 보내기 위해 Ctrl + [를 적용한다.

3 텍스트를 입력하기 위해 Type Tool(, T)로 빈 캔버스를 클릭한 후 WINTER VACATION을 입력한다. Ctrl + A 로 전체선택 후 [Window]−[Type]−[Character](Ctrl + T) 패널에서 Font : Arial, Style : Regular, Size : 20pt, Color : C0M0Y0K0으로 설정한다. Selection Tool(, V)을 선택한 후 출력형태를 참고하여 배치한다.

05 저장하고 전송하기

1 불필요한 도형은 삭제하고 가이드라인이 보이지 않도록 [View]−[Guides]−[Hide Guides](`Ctrl`+`;`)한다. [File]−[Save] 또는 [File]−[Save As]한 후 `Save On Your Computer`를 선택하여 '내 PC₩문서₩GTQ' 폴더에 "수험번호−성명−1"로 저장한다.

2 [Illustrator Options] 대화상자에서 Version : Illustrator CC(Legacy)로 체크한 후 `OK`를 클릭한다. 하위 버전 저장에 따른 메시지가 뜨면 계속 `OK`를 클릭한다.

3 시험장의 작업표시줄에 나타나는 'Koas 수험자용'을 클릭해 우측의 `답안 전송`을 클릭한 후 해당하는 번호에 체크한다. 하단의 `답안 전송`을 클릭한 후 `닫기`를 누르면 최종 전송된 답안으로 채점이 이루어진다.

✅ Check Point !

		O	X
01	출력형태를 제외한 나머지 오브젝트는 삭제했나요?		
02	해당 오브젝트를 출력형태의 위치에 배치했나요? (눈금자와 가이드라인 참고해 확인)		
03	작업 중 생성된 가이드라인을 Ctrl + ; 으로, 그리드를 Ctrl + ' 로 숨겼나요?		
04	Gradient가 적용된 오브젝트의 색상과 방향을 출력형태에 맞게 적용했나요?		
05	출력형태에 제시된 '선'의 두께는 정확히 설정되었나요?		
06	결과가 '면'의 속성인 오브젝트를 '선'의 속성으로 그렸을 경우 'Expand' 처리했나요?		
07	제시된 조건 이외의 오브젝트를 편의에 의해 Blend나 Envelope Distort의 기능으로 완성했을 경우 'Expand' 처리했나요?		
08	텍스트 작업 시 Font Family가 Bold인 경우 변경되어 있나요?		
09	오브젝트의 불투명도(Opacity) 값이 정확히 설정되었나요?		
10	저장을 먼저 한 후 답안 전송으로 마무리하였나요? (중요한 작업 완료 후 수시로 저장과 전송 가능)		

문제 2 패키지, 비즈니스디자인

완성 파일 : 기출유형문제4회-2.ai

한눈에 보는 작업과정

Clipping Mask (별) → Pattern (크리스마스 장식) → Clipping Mask 적용 (스케이트) → Pattern 적용 (털모자)

01 새 캔버스 설정 및 저장

1. 새 캔버스를 만들기 위해 [File]−[New]를 선택하여 Width : 160mm, Height : 120mm, Color Mode : CMYK로 설정한 후 새 캔버스를 연다.

2. [View]−[Rulers]−[Show Rulers](Ctrl+R)를 선택해 눈금자를 꺼낸다(좌측 상단 영점 확인).

3. 작업 파일을 저장하기 위해 [File]−[Save As]에서 '내 PC₩문서₩GTQ' 하위 폴더에 파일 이름을 '수험번호−성명−2.ai'로 입력한 후 'Illustrator CC(Legacy)' 버전으로 저장한다.

4. 도구상자가 모두 보이는지, 상단의 [Control] 패널이 있는지 체크한다.

   Plus@
   [Window]−[Workspace]−[Essentials Classic]으로 한 번에 도구상자와 [Control] 패널을 나타낼 수 있다.

5. 작업에 앞서 제시된 색을 [Swatches] 패널이나 도형들을 나열해 색상을 등록해 놓는다.

6. 오브젝트별로 가이드라인을 표시하고 작업하면 좋다.

02 별 오브젝트

1 별 오브젝트(M40Y80, M10Y60)는 Star Tool( )로 빈 공간을 클릭한 후 대화상자가 나타나면 Radius 1 : 24mm, Radius 2 : 12mm를 입력하고 OK 를 클릭한다. Live Corners(곡률 활성화)로 곡률을 살짝 준다.

 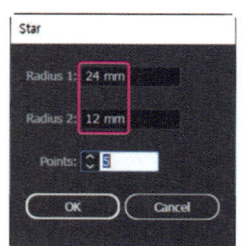

Plus α

Shift 를 누르면 꼭짓점이 위로 향하고 Ctrl 과 함께 누르면 별의 안쪽 반지름을 조절할 수 있다.

2 Line Segment Tool(, ₩)로 수직선을 그린 후 Rotate Tool(, R)로 Ctrl 을 누르며 별 오브젝트에 마우스를 이동하면 정중앙에 × 표시가 나타난다. 그 부분을 Alt 와 함께 클릭하면 대화상자가 나타나는데, Angle : 360/10 또는 36을 입력한 후 Copy 를 클릭한다. 반복하기 위해 Ctrl + D 를 3번 실행한다.

 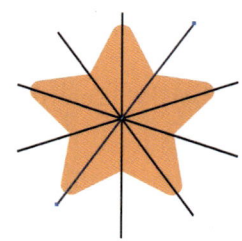

Plus α

별의 중심점이 잘 나타나지 않으면 [View]-[Outline](Ctrl + Y)을 클릭하면 × 표시를 확인할 수 있다.

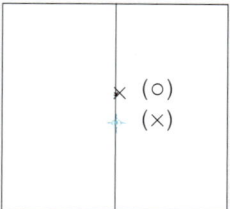

3 Selection Tool(▶, V)로 모두 선택한 후 [Pathfinder](Shift +Ctrl+F9) 패널의 'Divide'로 분리한다. Direct Selection Tool(▶, A)로 선택한 후 해당하는 색을 채운다.

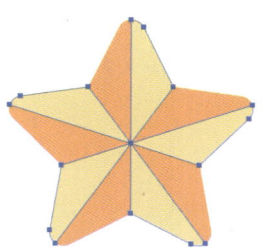

03 ▶ 크리스마스 장식 오브젝트

1 크리스마스 장식(C70M10Y90)은 Ellipse Tool(◯, L)로 정원을 그린다. Rectangle Tool(▭, M)로 직사각형을 그린 후 물결 효과(면 : M80Y60, 선 : C50Y100)를 주기 위해 [Effect]-[Distort & Transform]-[Zig Zag]를 눌러 Size : 1.5mm, Ridges per segment : 7, Points : Smooth로 설정하고 OK 를 클릭한다.

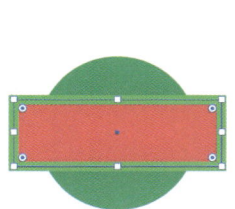 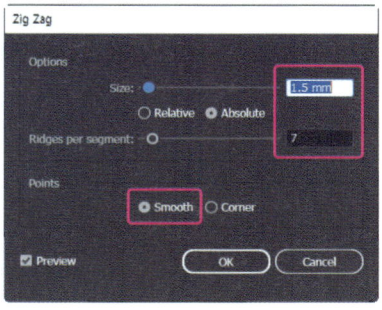 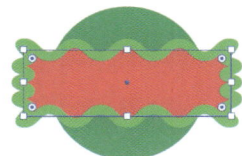

2 Effect가 적용된 오브젝트를 패스의 형태로 변경하기 위해 [Object]-[Expand Appearance]를 적용한다. 남아 있는 '선'을 '면'의 속성으로 변경하기 위해 [Object]-[Expand]해 확장한다. Selection Tool(▶, V)로 모두 선택한 후 Shape Builder Tool(◉, Shift+M)로 바깥 부분을 Alt 와 함께 클릭해 제거한다.

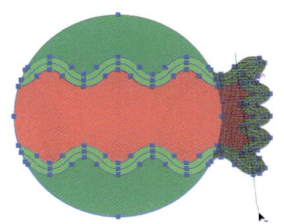 

> **Plus@**
> [Effect]에서 적용한 효과를 수정하려면 [Appearance] 패널이나 [Properties](CC~) 패널에서 수정할 수 있다.

3 마름모(C0M0Y0K0)는 Rectangle Tool(■, M)로 정사각형을 그린 후 Shift 와 함께 45도 회전한다. Direct Selection Tool(▶, A)로 중간의 두 포인트를 선택한 후 Scale Tool(⬚, S)로 안쪽으로 줄여 모양을 만든다. Direct Selection Tool(▶, A)로 오브젝트 안쪽을 선택한 후 Live Corners(곡률 활성화)를 드래그해 곡률을 준다.

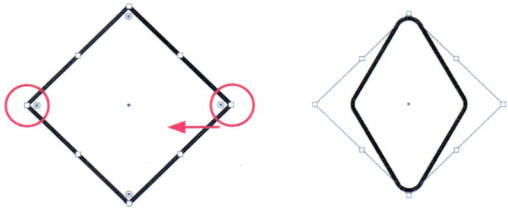

4 가운데 원(선 : C0M0Y0K0)은 Ellipse Tool(●, L)로 그린 후 [Window]-[Stroke](Ctrl +F10) 패널에서 Weight : 4pt를 적용한다. '선'을 '면'의 속성으로 변경하기 위해 [Object]-[Expand]해 확장한다.

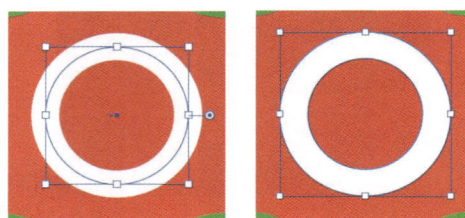

5 고리 부분(K80)은 Rectangle Tool(■, M)로 그린 후 Live Corners(곡률 활성화)를 드래그해 살짝 곡률을 주고, Ellipse Tool(●, L)로 원을 그린다. Anchor Point Tool(▶, Shift + C)로 하단 포인트를 클릭해 뾰족하게 만든 후 Direct Selection Tool(▶, A)로 하단 포인트를 선택해 아래로 이동한다. [Window]-[Stroke](Ctrl +F10) 패널에서 Weight : 5pt를 적용한다. '선'을 '면'의 속성으로 변경하기 위해 [Object]-[Expand]해 확장한다.

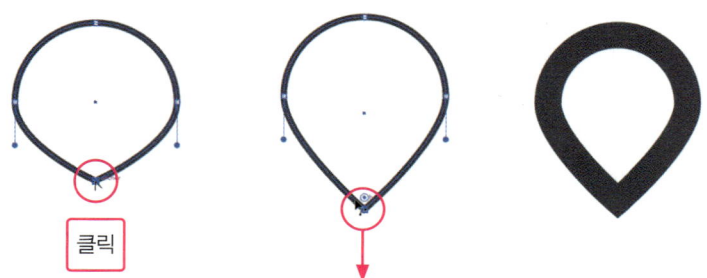

6 Selection Tool(, V)로 고리 부분을 Shift 와 함께 선택한 후 뒤로 보내기 위해 Ctrl + [를 적용한다.

04 스케이트 오브젝트와 Clipping Mask

1 스케이트(C70M30Y20)는 Pen Tool(, P)로 그림을 참고해 그린다.

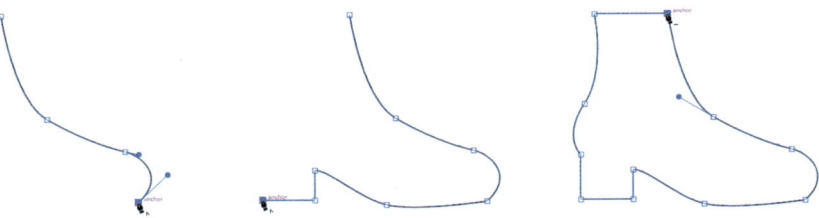

2 Pen Tool(, P)로 그림을 참고해 선을 그린다. Selection Tool(, V)로 모두 선택한 후 [Pathfinder](Shift + Ctrl + F9) 패널의 'Divide'로 분리한다. Shift + Ctrl + G 로 그룹을 해제하고 Direct Selection Tool(, A)로 선택한 후 색(C90M80Y40K20, C70M70Y70K80, C20M10)을 채운다.

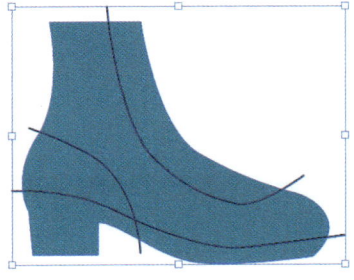

③ Direct Selection Tool(▶, A)로 발목 부분의 기준점을 그림을 참고해 변경한다.

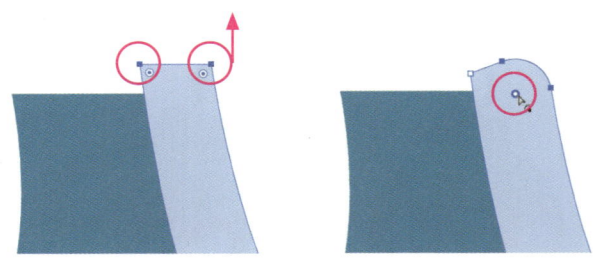

④ 끈(K70)은 Ellipse Tool(●, L)과 Rectangle Tool(■, M)을 이용해 만들어 배치한다.

⑤ 스케이트 날(선 : 임의의 색)은 Rectangle Tool(■, M)로 그린 후 Live Corners(곡률 활성화)를 최대로 조절한다. Direct Selection Tool(▶, A)로 두 포인트를 선택한 후 Delete로 삭제한다.

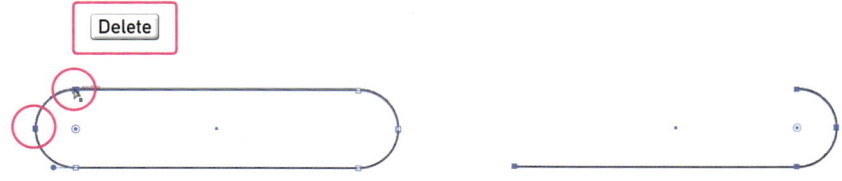

⑥ [Window]－[Stroke](Ctrl+F10) 패널에서 Weight : 15pt, Cap : Round Cap으로 지정한 후 Direct Selection Tool(▶, A)로 그림을 참고해 기준점을 조절해 모양을 만든다. '선'을 '면'의 속성으로 변경하기 위해 [Object]－[Expand]해 확장한다.

7 Rectangle Tool(▢, M)로 직사각형 두 개를 그린 후 Ctrl과 함께 모두 선택하고 [Pathfinder] (Shift + Ctrl + F9) 패널의 'Unite'로 합친다. Direct Selection Tool(▷, A)로 오브젝트 안쪽을 Shift와 함께 선택한 후 Live Corners(곡률 활성화)로 곡률을 준다.

Plus@

선택 툴 이외의 툴을 사용하고 있을 경우 Ctrl을 누르면 선택 툴의 기능을 할 수 있다.

8 그래디언트를 적용하기 위해 [Window]-[Gradient](Ctrl + F9)를 선택한 후 ❶ 'Linear Gradient'를 선택한다. ❷ 하단의 좌측 조절점을 더블 클릭하여 색(C60)을 적용한다. ❸ 우측도 더블 클릭해 같은 색(C60)을 적용한다. ❹ 슬라이더 중간 부분에 색을 추가하기 위해 아래쪽 부분을 클릭해 추가한 다음 조절점을 더블 클릭해 색(C0M0Y0K0)을 추가한다.

 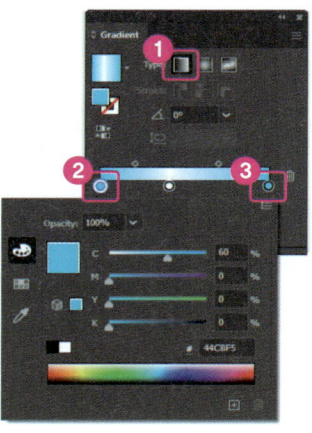 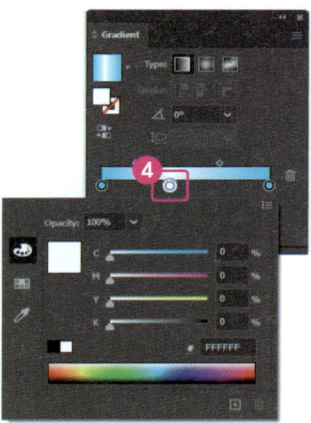

⑨ Clipping Mask하기 위해 ❶ Selection Tool(, V)로 별을 Alt 와 함께 복제해 알맞게 배치한 후 맨 앞으로 보내기 위해 Shift + Ctrl +] 를 적용한다. ❷ 스케이트 안쪽 부분을 선택한 후 Ctrl + C , Ctrl + F 로 앞으로 붙여넣기 하고 맨 앞으로 보내기 위해 Shift + Ctrl +] 를 적용한다. ❸ 복사한 스케이트 안쪽 부분과 별 세 개를 Shift 와 함께 선택한 후 [Object]-[Clipping Mask]-[Make](Ctrl + 7)를 적용한다(마우스 오른쪽 버튼 클릭 이용 가능).

⑩ 모두 선택한 후 그룹화(Ctrl + G)한다. 그림자 적용을 위해 [Effect]-[Stylize]-[Drop Shadow]를 선택한 후 Opacity : 50%, X Offset : 1mm, Y Offset : 1mm, Blur : 1mm를 적용한다.

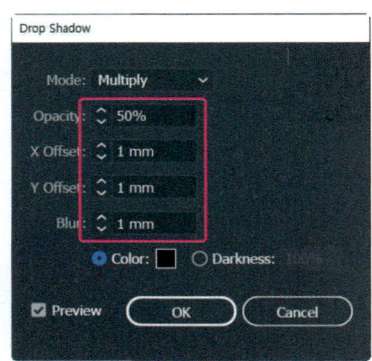

11 Type Tool(T , T)로 빈 캔버스를 클릭한 후 ICE SKATES를 입력한다. Ctrl + A 로 모두 선택한 후 [Window]-[Type]-[Character](Ctrl + T) 패널에서 Font : Arial, Style : Regular, Size : 12pt, Color : K80으로 설정한다.

05 털모자 오브젝트에 Pattern 적용 및 Brush

1 털모자(C70M40Y10)는 Pencil Tool(, N)로 그림을 참고해 그린다. 점선(면 : None, 선 : C0M0Y0K0, 1pt)은 Selection Tool(, V)로 털모자를 선택한 후 Ctrl + C , Ctrl + F 로 앞으로 붙여넣기 하고 가로 조절점에서 Alt 와 함께 드래그해 줄인다. 이 과정을 다시 한 번 반복한다.

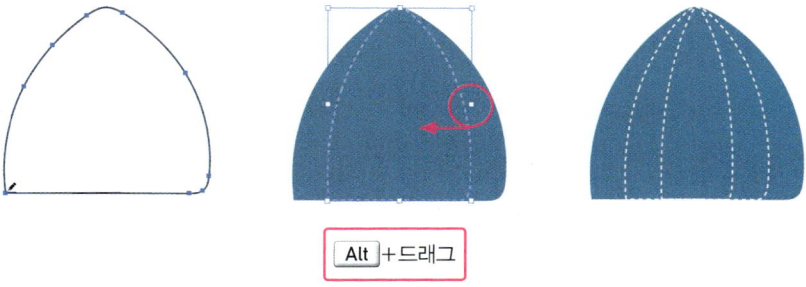

CHAPTER 4 기출유형문제 4회 175

2 털 뭉치(C20)는 Pencil Tool(, N)로 그림을 참고하며 그린다. Selection Tool(, V)로 선택한 후 Ctrl + C , Ctrl + F 로 앞으로 붙여넣기 한다. 브러시를 적용하기 위해 [Window]-[Brushes](F5) 패널을 열고 패널 하단의 를 클릭한 후 Artistic > Artistic_ChalkCharcoalPencil > Charcoal을 선택한다. Stroke Weight : 0.5pt로 설정한 후 색(선 : C70M50Y10)을 적용한다.

3 위쪽 부분을 지우기 위해 Scissors Tool(, C)로 그림을 참고하여 두 군데의 기준점을 클릭, 클릭해 끊는다. Selection Tool(, V)로 위쪽 선 부분을 선택한 후 Delete 로 삭제한다.

4 Shift 와 함께 선택한 후 그룹화(Ctrl + G)한다. Alt 와 함께 복제하고 그림과 같이 배치한다.

5 마크(K80)는 Rounded Rectangle Tool( )로 그린다. Type Tool(T , T)로 빈 캔버스를 클릭한 후 Soft를 입력한다. Ctrl + A 로 모두 선택한 후 [Window]－[Type]－[Character](Ctrl + T) 패널에서 Font : Times New Roman, Style : Bold Italic, Size : 16pt, Color : C0M0Y0K0으로 설정한다.

6 패턴을 등록하기 위해 미리 만들어 놓은 크리스마스 장식을 [Swatches] 패널에 드래그하여 등록시킨다.

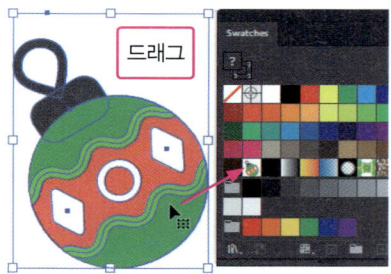

Plus@

패턴 추가가 되지 않을 경우 폴더 부분에 드래그하지 않고 기본색이 있는 윗부분으로 드래그하면 추가된다.

7 패턴을 편집하려면 반드시 빈 캔버스를 한 번 선택한 후 [Swatches] 패널의 등록된 패턴을 더블 클릭한다. Name : 크리스마스 장식, Tile Type : Brick by Column으로 설정한 후 Selection Tool(▶ , V)로 패턴 사이에 공백을 주기 위해 크리스마스 장식을 선택 후 모서리에서 Alt + Shift 와 함께 살짝 줄인다. 상단의 'Done'으로 빠져나온다.

Plus@

기존 오브젝트가 선택된 상태에서 [Swatches] 패널의 등록된 패턴을 더블 클릭하면 기존 오브젝트에 패턴이 적용되므로 빈 캔버스를 선택한 후 작업한다.

8 패턴을 적용하기 위해 Selection Tool(▶ , V)로 털모자를 선택하고 Ctrl + C , Ctrl + F 로 앞으로 붙여넣기 한다. [Swatches] 패널에 등록했던 패턴을 선택해 채운다. 크기 조정을 위해 Scale Tool(⊡ , S)을 더블 클릭한 후 Options : Transform Objects 체크 해제, Transform Patterns 체크, Uniform : 30%, Preview를 체크해 확인하고 OK 를 클릭한다.

 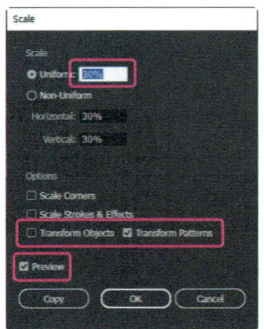 

06 저장하고 전송하기

1 불필요한 도형은 삭제하고 가이드라인이 보이지 않도록 [View]-[Guides]-[Hide Guides](Ctrl+;)한다. [File]-[Save] 또는 [File]-[Save As]한 후 Save On Your Computer 를 선택하여 '내 PC₩문서₩GTQ' 폴더에 "수험번호-성명-2"로 저장한다.

2 [Illustrator Options] 대화상자가 나오면 Version : Illustrator CC(Legacy)로 체크한 후 OK 를 클릭한다. 하위 버전 저장에 따른 메시지가 뜨면 계속 OK 를 클릭한다.

3 시험장의 작업표시줄에 나타나는 'Koas 수험자용'을 클릭해 우측의 답안 전송 을 클릭한 후 해당하는 번호에 체크한다. 하단의 답안 전송 을 클릭한 후 닫기 를 누르면 최종 전송된 답안으로 채점이 이루어진다.

✓ Check Point !

		O	X
01	출력형태를 제외한 나머지 오브젝트는 삭제했나요?		
02	해당 오브젝트를 출력형태의 위치에 배치했나요? (눈금자와 가이드라인 참고해 확인)		
03	작업 중 생성된 가이드라인을 Ctrl + ; 으로, 그리드를 Ctrl + ' 로 숨겼나요?		
04	Gradient가 적용된 오브젝트의 색상과 방향을 출력형태에 맞게 적용했나요?		
05	출력형태에 제시된 '선'의 두께는 정확히 설정되었나요?		
06	결과가 '면'의 속성인 오브젝트를 '선'의 속성으로 그렸을 경우 'Expand' 처리했나요?		
07	제시된 조건 이외의 오브젝트를 편의에 의해 Blend나 Envelope Distort의 기능으로 완성했을 경우 'Expand' 처리했나요?		
08	텍스트 작업 시 Font Family가 Bold인 경우 변경되어 있나요?		
09	오브젝트의 불투명도(Opacity) 값이 정확히 설정되었나요?		
10	저장을 먼저 한 후 답안 전송으로 마무리하였나요? (중요한 작업 완료 후 수시로 저장과 전송 가능)		

문제 3 광고디자인   완성 파일 : 기출유형문제4회-3.ai

01 새 캔버스 설정 및 저장

1 새 캔버스를 만들기 위해 [File]-[New]를 선택하여 Width : 210mm, Height : 297mm, Color Mode : CMYK로 설정한 후 새 캔버스를 연다.

2 [View]-[Rulers]-[Show Rulers](Ctrl+R)를 선택해 눈금자를 꺼낸다(좌측 상단 영점 확인).

3 작업 파일을 저장하기 위해 [File]-[Save As]에서 '내 PC₩문서₩GTQ' 하위 폴더에 파일 이름을 '수험번호-성명-3.ai'로 입력한 후 'Illustrator CC(Legacy)' 버전으로 저장한다.

4 도구상자가 모두 보이는지, 상단의 [Control] 패널이 있는지 체크한다.

> **Plus@**
> [Window]-[Workspace]-[Essentials Classic]으로 한 번에 도구상자와 [Control] 패널을 나타낼 수 있다.

5 작업에 앞서 제시된 색을 [Swatches] 패널이나 도형들을 나열해 색상을 등록해 놓는다.

6 오브젝트별로 가이드라인을 표시하고 작업하면 좋다.

02 Mesh로 배경 만들기

1 배경(C20)은 Rectangle Tool(, M)로 빈 공간을 클릭한 후 대화상자가 나오면 Width : 210mm, Height : 200mm를 입력한다. Selection Tool(, V)로 캔버스에 맞게 배치한다.

> **Plus α**
>
> 직사각형을 캔버스의 영점에 정확히 맞추려면 [Window]-[Transform] 패널에서 고정점을 좌측 상단으로 클릭 후 X : 0mm, Y : 0mm로 입력한다.

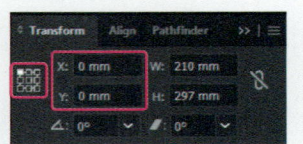

2 Mesh Tool(, U)로 출력형태를 참고해 두 부분(C20M40)에 클릭한 후 해당하는 색을 채운다. 나머지 두 부분(C20)을 선택해 기존 색으로 채운다. 배경을 고정시키기 위해 [Object]-[Lock]-[Selection](Ctrl + 2)을 클릭한다.

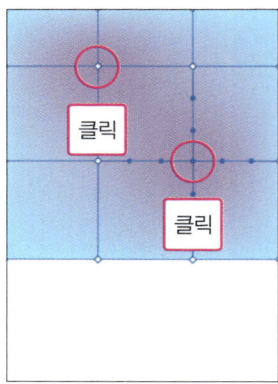 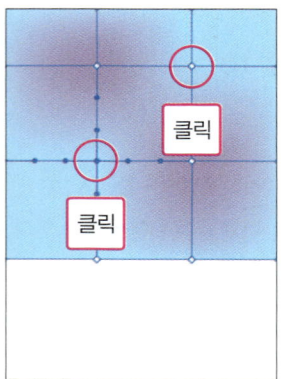

> **Plus α**
>
> 오브젝트 잠금 : [Object]-[Lock]-[Selection](Ctrl + 2)
> 오브젝트 잠금 해제 : [Object]-[Unlock All](Alt + Ctrl + 2)

> **Plus α**
>
> Mesh를 수정하려면 Mesh Tool(, U)이나 Direct Selection Tool(, A)로 수정하고 싶은 기준점(Anchor Point)을 선택한 후 삭제하거나 색을 변경한다.

03 ▶ 산과 언덕

1 산(C40M10)은 Pencil Tool(, N)로 그림을 참고해 그린다. Selection Tool(, V)로 Alt 와 함께 우측으로 복제한다. 한 번 더 앞쪽으로 복제해 눈 덮인 산을 표현하기 위해 Knife Tool( )로 그림을 참고해 2회 자른다.

2 Selection Tool(, V)로 해당 색(C0M0Y0K0, K20, C60, C70M20K10)을 채운다. 모두 선택한 후 그룹화(Ctrl + G)하고 Alt 와 함께 복제하여 배치한다.

③ 언덕(C0M0Y0K0 → C40K10)은 Pencil Tool(✏️ , N)로 그린다. 그래디언트를 적용하기 위해 [Window]-[Gradient](Ctrl + F9)를 선택한 후 ❶ 'Linear Gradient'를 선택하고 ❷ 하단의 좌측 조절점을 더블 클릭한다. ❸ CMYK로 변경하기 위해 우측의 메뉴(☰)를 선택한 후 ❹ CMYK를 누르고 색(C0M0Y0K0)을 적용한다. 나머지 적용을 위해 우측 조절점을 더블 클릭하고 ❸, ❹를 반복해 색(C40K10)을 적용한다. 그래디언트의 방향을 수정하기 위해 Gradient Tool(▯ , G)을 선택하고 그림과 같은 방향으로 드래그한다.

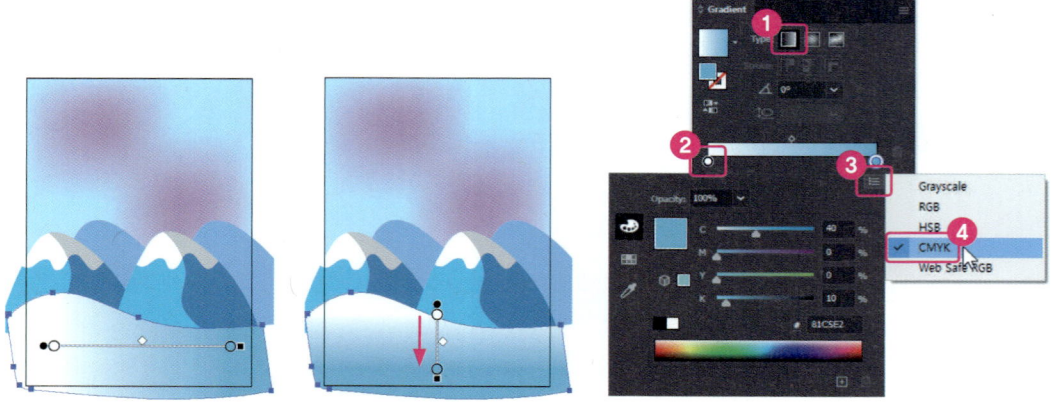

④ Selection Tool(▶ , V)로 Alt 와 함께 복제해 대칭하기 위해 Reflect Tool(◁▷ , O)을 더블 클릭한 후 Axis : Vertical, (OK)를 클릭한다.

04 ▶ 스키어와 나무 오브젝트

1 얼굴(면 : M20Y30, 선 : K100, 1pt)은 Ellipse Tool(, L)로 그린 후 입을 표현하기 위해 원형 세 개를 그림과 같이 배치한다. 원 세 개를 모두 선택한 후 Shape Builder Tool(, Shift + M)로 제거할 영역을 Alt 와 함께 선택하고 색(C50M60Y50K30, M90Y80)을 채운다.

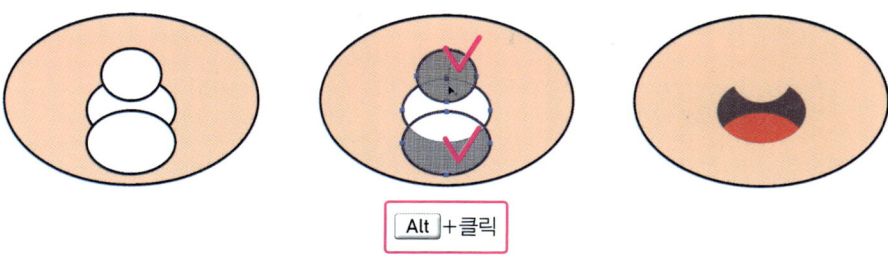

2 머리카락(C50M60Y50K30)은 Pencil Tool(, N)로 그림을 참고해 그린다. 얼굴보다 뒤로 보내기 위해 Ctrl + [를 적용한다.

3 고글(C80Y100)은 Rectangle Tool(, M)로 그린 후 Curvature Tool(, Shift + ~)로 드래그하여 그림을 참고해 모양을 만든다. 마지막으로 Direct Selection Tool(, A)을 선택해 Live Corners(곡률 활성화)로 곡률을 준다.

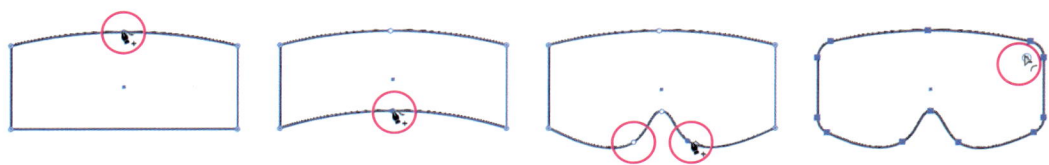

Plus@

좌우 대칭으로 만들기 위해서는 반쪽만 그린 후 대칭복사한다.

4 고글 렌즈(C10M40Y90 → C10M100Y90K10)는 [Object]-[Path]-[Offset Path]를 선택하고 Offset : -2mm를 입력한 후 OK 를 클릭한다. 그래디언트를 적용하기 위해 [Window]-[Gradient](Ctrl + F9)를 선택한 후 ❶ 'Linear Gradient'를 선택하고 ❷ 하단의 좌측 조절점을 더블 클릭한다. ❸ CMYK로 변경하기 위해 우측의 메뉴( )를 선택한 후 ❹ CMYK를 누르고 색(C10M40Y90)을 적용한다. 나머지 적용을 위해 우측 조절점을 더블 클릭하고 ❸, ❹를 반복해 색(C10M100Y90K10)을 적용한다.

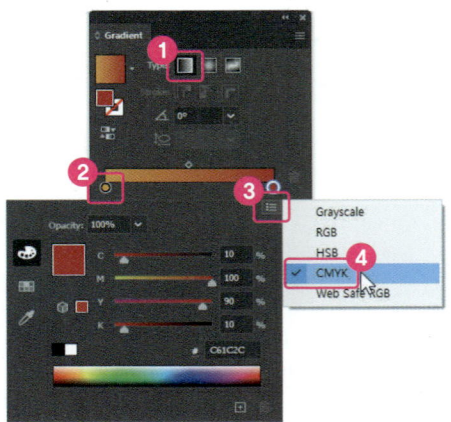

5 고글의 양 끝(K100)은 Rounded Rectangle Tool( )로 마무리한다.

186 PART 4 최신 기출유형문제

6 하이라이트(C0M0Y0K0)는 **1** Rectangle Tool(, M)로 그린다. Selection Tool(, V)로 회전한 후 Alt 와 함께 복제한다. Clipping Mask를 적용하기 위해 **2** 고글 렌즈를 선택한 후 Ctrl + C , Ctrl + F 로 앞으로 붙여넣기 한다. 맨 앞으로 보내기 위해 Shift + Ctrl +] 를 적용한다. **3** Shift 와 함께 직사각형 두 개를 선택한 후 마우스 오른쪽 버튼을 클릭하고 'Make Clipping Mask'를 적용한다.

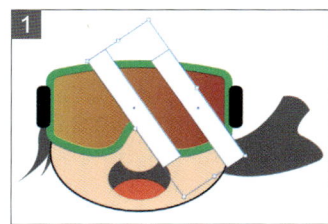  

7 모자(M90Y80, M20Y80)는 Ellipse Tool(, L)로 타원을 그린 후 그림을 참고해 배치한다. Selection Tool(, V)로 모두 선택한 후 [Window]-[Align](Shift + F7) 패널에서 'Horizontal Align Center'를 선택해 정렬한다.

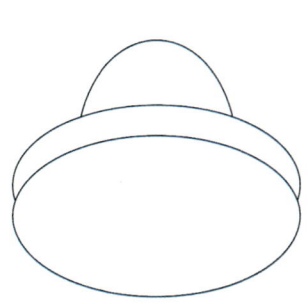 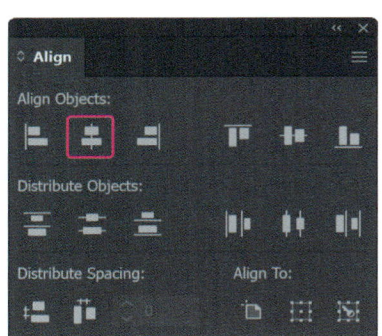

8 Shape Builder Tool(, Shift + M)로 제거할 부분을 그림을 참고하여 Alt 와 함께 드래그한다. Selection Tool(, V)로 아랫부분만 선택해 살짝 크기를 늘려 배치한다.

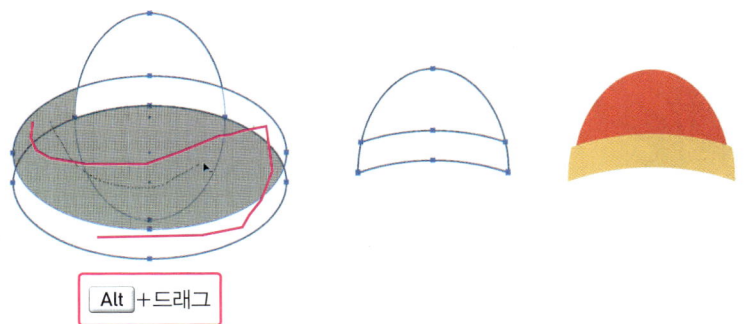

⑨ 지그재그 무늬(선 : 임의의 색, 4pt)는 Line Segment Tool(, W)로 수평선을 그린다. [Effect]-[Distort & Transform]-[Zig Zag]를 눌러 Size : 2mm, Ridges per segment : 7로 설정하고 OK 를 클릭한다. Effect가 적용된 오브젝트를 패스의 형태로 변경하기 위해 [Object]-[Expand Appearance]를 적용한다. '선'을 '면'의 속성으로 변경하기 위해 [Object]-[Expand]해 확장한 후 색(C0M0Y0K0)을 채운다.

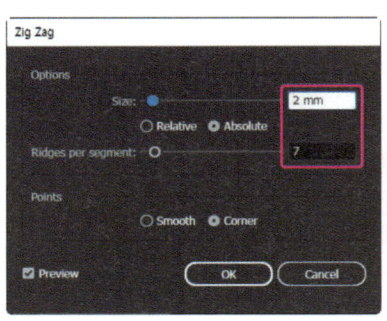  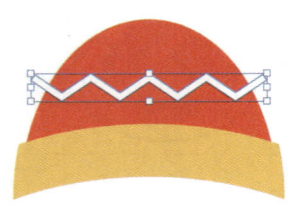

⑩ 양 끝부분을 제거하기 위해 Selection Tool(, V)로 털모자와 무늬를 Shift 와 함께 선택한다. Shape Builder Tool(, Shift + M)로 양 끝부분을 Alt 와 함께 제거한다.

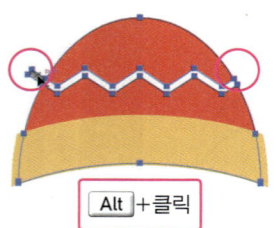

⑪ 방울(C20M100Y100K20)은 Ellipse Tool(, L)로 그린다. [Effect]-[Distort & Transform]-[Roughen]을 눌러 Size : 15%, Detail : 30, Points : Smooth로 설정하고 OK 를 클릭한다. 패스의 형태로 변경하기 위해 [Object]-[Expand Appearance]를 적용한다.

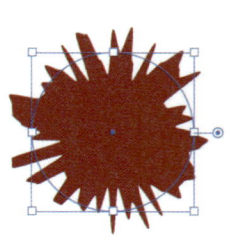 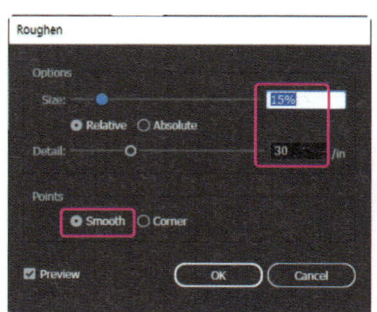 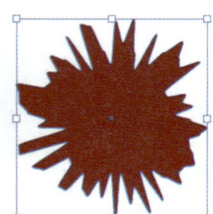

12 Selection Tool(　, V)로 털모자를 모두 선택한 후 뒤로 보내기 위해 Ctrl + [를 적용한다. 얼굴을 모두 선택한 후 그룹화(Ctrl + G)한다.

13 코트(면 : C10M40Y90 → C10M100Y90K10, 선 : K100, 1pt)와 팔 부분은 Pen Tool(　, P)로 그림을 참고해 그린다. 그래디언트를 적용하기 위해 [Window]−[Gradient](Ctrl + F9)를 선택한 후 ❶ 'Linear Gradient'를 선택하고 ❷ 하단의 좌측 조절점을 더블 클릭한다. ❸ CMYK로 변경하기 위해 우측의 메뉴(　)를 선택한 후 ❹ CMYK를 누르고 색(C10M40Y90)을 적용한다. 나머지 적용을 위해 우측 조절점을 더블 클릭한 후 ❸, ❹를 반복해 색(C10M100Y90K10)을 적용한다.

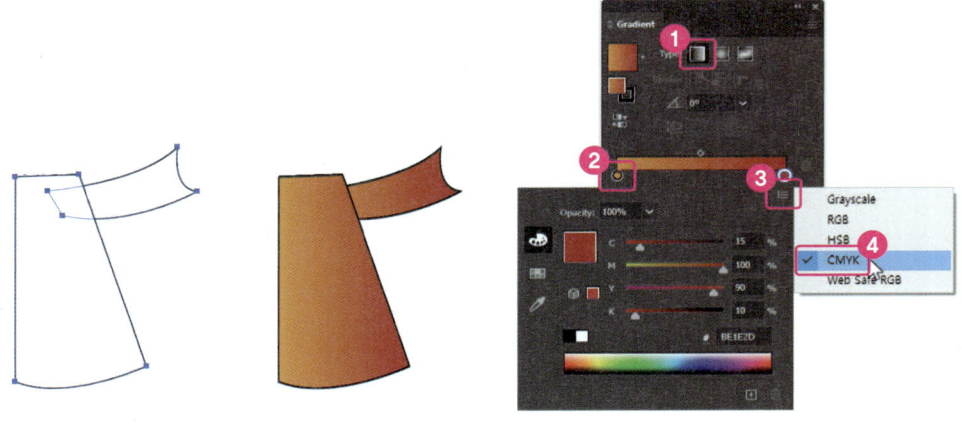

14 장갑(면 : M20Y80, 선 : K100, 1pt)과 스틱(K100)은 Ellipse Tool(　, L)과 Rounded Rectangle Tool(　)로 그린다. Selection Tool(　, V)로 스틱을 선택하고 그룹화(Ctrl + G)한 후 회전 배치한다. 장갑 부분의 원을 선택한 후 맨 앞으로 보내기 위해 Shift + Ctrl +] 를 적용한다.

⑮ 대칭복사를 하기 위해 Selection Tool(▶, V)로 코트와 장갑을 모두 선택한 후 Reflect Tool(◀▶, O)로 중심을 Alt +클릭해 기준점을 잡고 Axis : Vertical, Copy 를 클릭한다.

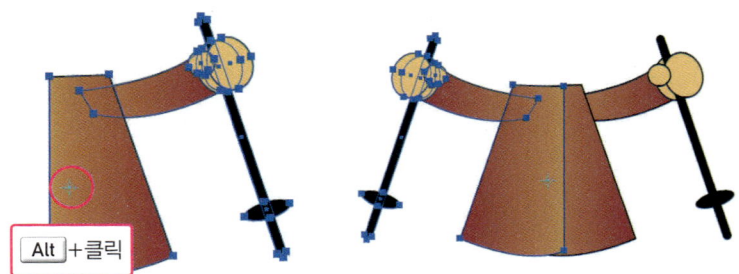

⑯ 왼쪽 코트 부분 그래디언트의 방향을 수정하기 위해 Selection Tool(▶, V)로 왼쪽 코트를 클릭한다. Gradient Tool(■, G)을 선택하고 그림과 같은 방향으로 드래그한다.

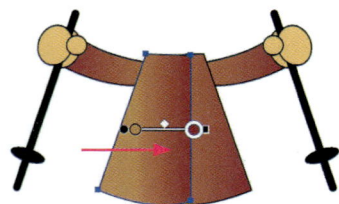

⑰ 목도리(C70M70K20)는 Rectangle Tool(■, M)로 그린 후 줄무늬(C0M0Y0K0)를 배치한다. 목도리 윗부분을 만들기 위해 Selection Tool(▶, V)로 모두 선택한 후 Alt 와 함께 복제해 놓는다.

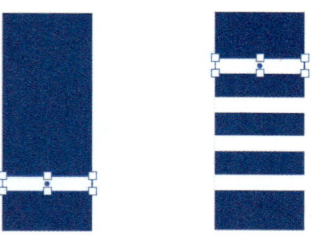

18 끝부분을 뾰족하게 하기 위해 Curvature Tool(, Shift + ~)로 드래그해 기준점을 추가한 후 추가된 기준점을 더블 클릭하여 뾰족하게 만든다.

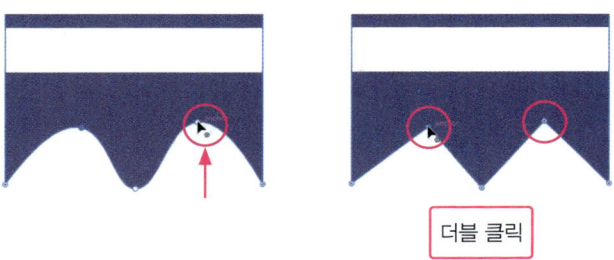

19 17에서 복제해 놓은 목도리를 Selection Tool(, V)로 회전한다. [Object]−[Envelope Distort]−[Make with Warp](Alt + Shift + Ctrl + W)를 적용한 후 [Warp Options] 대화상자에서 Style : Arch, Bend : −10%를 입력하고 OK 를 클릭한다. '면'의 속성으로 변경하기 위해 [Object]−[Expand]해 확장한다.

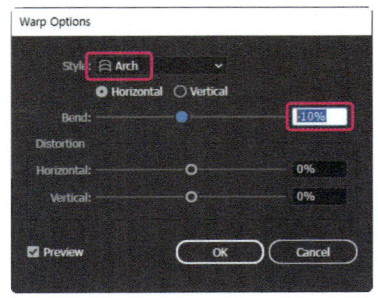 

20 Direct Selection Tool(, A)로 보라색 면을 선택한 후 Live Corners(곡률 활성화)로 곡률을 주고, 출력형태를 참고해 배치한다. Selection Tool(, V)로 모두 선택한 후 그룹화(Ctrl + G)한다. 그림자 적용을 위해 [Effect]−[Stylize]−[Drop Shadow]를 선택한 후 Opacity : 50%, X Offset : 1mm, Y Offset : 1mm, Blur : 1mm로 설정한다.

㉑ 나무(C70M40Y100K40)는 Pen Tool(　, P)로 그림을 참고해 그린다. 대칭복사하기 위해 Reflect Tool(　, O)로 중심을 Alt+클릭해 기준점을 잡고 Axis : Vertical, Copy 를 클릭해 배치한다.

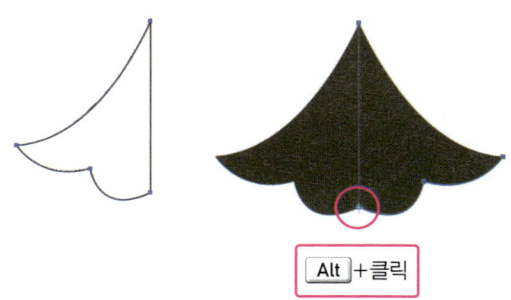

㉒ Selection Tool(　, V)로 모두 선택한 후 Alt 와 함께 위로 복제하고 색(C60M30Y80K20)을 채운다. 두 개를 모두 선택한 후 그룹화(Ctrl+G)한다. 한 번 더 Alt 와 함께 위로 복제하고 모서리에서 Alt+Shift 로 크기를 줄인다. 이 과정을 한 번 더 반복한다. 나무를 모두 선택해 그룹화(Ctrl+G)한 후 배치한다. 스키어를 선택한 후 맨 앞으로 보내기 위해 Shift+Ctrl+]를 적용한다.

05 Blend와 Brush 적용

1 Pencil Tool(✏️ , N)로 출력형태를 참고해 자유로운 곡선(C0M0Y0K0, 1pt → C100, 3pt)을 그린다. Selection Tool(▷ , V)로 두 곡선을 선택한 후 [Object]−[Blend]−[Make](Alt + Ctrl + B)를 적용한다. 단계를 조정하기 위해 Blend Tool(🎨 , W)을 더블 클릭하여 Spacing : Specified Steps, 15로 적용한 후 OK 를 클릭한다.

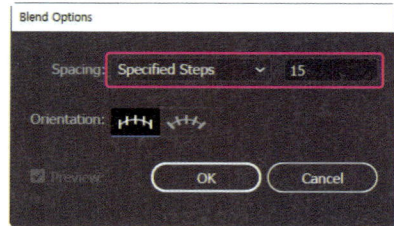

Plus@

Pencil Tool을 더블 클릭한 후 [Options] 대화상자에서 Smooth 쪽에 가깝게 조절하면 부드럽게 그려진다.

2 브러시를 적용하기 위해 Pencil Tool(✏️ , N)로 아래와 같이 자연스러운 곡선(임의의 색)을 그린다. [Window]−[Brushes](F5) 패널을 열고 패널 하단의 📚 를 클릭해 Decorative > Decorative_Scatter > Confetti를 선택한다. [Control] 패널의 Stroke Weight : 1pt로 설정한다.

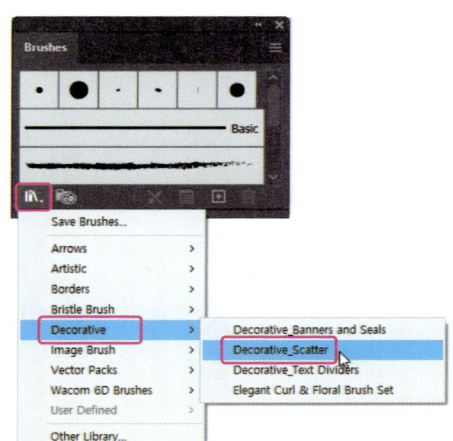

06 심볼 오브젝트 '케이블카'

1 케이블카(C20M100Y100K20)는 Polygon Tool( )로 가로로 길게 늘려 그린다. Direct Selection Tool(, A)로 중간 두 포인트를 선택한 후 Scale Tool(, S)로 바깥쪽에서 안쪽으로 드래그하여 줄인다.

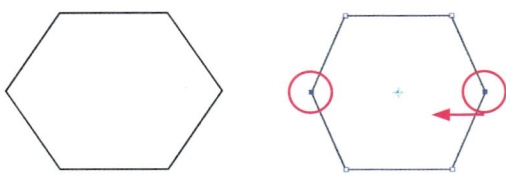

2 Alt 와 함께 좌측으로 복제해 색(M90Y80)을 채운다. 원근감을 주기 위해 Direct Selection Tool(, A)로 뒷 도형 두 포인트를 Shift 로 선택한 후 Scale Tool(, S)로 바깥쪽에서 안쪽으로 드래그하여 줄인다.

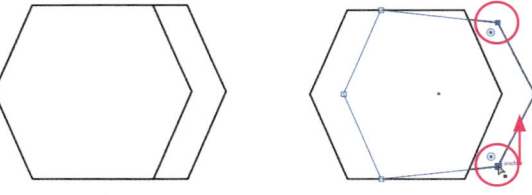

3 Direct Selection Tool(, A)로 뒤의 도형 좌측 두 개의 포인트를 Shift 로 선택한 후 우측 끝으로 Shift 와 함께 이동한다.

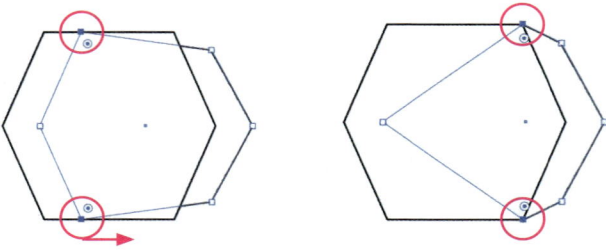

4 각 도형을 선택해 Live Corners(곡률 활성화)로 곡률을 준 후 해당 색(C20M100Y100K20, M90Y80)을 채운다. 곡률로 생긴 틈은 간격을 이동해 없애준다.

5 창문 부분(K80)은 [Object]-[Path]-[Offset Path]를 선택하고 Offset : -5mm를 입력한 후 OK 를 클릭한다. Line Segment Tool(, W)로 그림을 참고해 선을 그린다. Selection Tool(, V)로 선과 창문을 Shift 와 함께 선택한 후 [Pathfinder](Shift + Ctrl + F9) 패널의 'Divide'로 분리한다. Shift + Ctrl + G 로 그룹을 해제한 후 불필요한 부분은 Delete 로 삭제하고 여백을 주기 위해 그림을 참고해 이동한다.

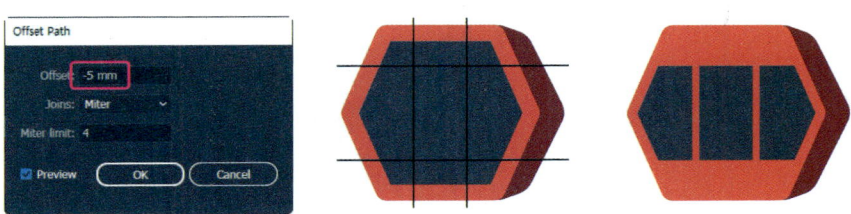

Plus@

선의 색은 Path 기준으로 분리되기 때문에 별도로 지정하지 않아도 된다.

6 Direct Selection Tool(, A)로 Live Corners(곡률 활성화)를 드래그해 약간의 곡률을 준다. 하나의 창문으로 인식시키기 위해 [Object]-[Compound Path]-[Make](Ctrl + 8)를 적용한다. 하이라이트(K30)는 Rectangle Tool(, M)로 그린 후 Selection Tool(, V)로 회전하고 Alt 와 함께 2번 복제한다.

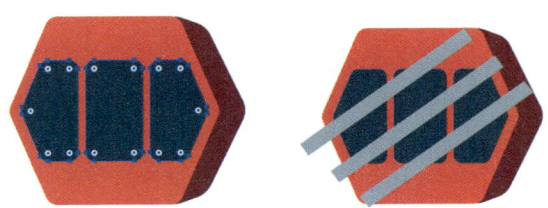

7 Clipping Mask를 적용하기 위해 창문을 선택한다. Ctrl + C , Ctrl + F 로 앞으로 붙여넣기 한 후 맨 앞으로 보내기 위해 Shift + Ctrl +] 를 적용한다. Shift 와 함께 직사각형 세 개를 선택한 후 마우스 오른쪽 버튼을 클릭하고 'Make Clipping Mask'를 적용한다.

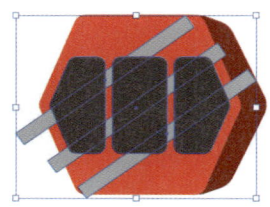 

8 이음새(K100, K80, K30)는 Rounded Rectangle Tool(▢)과 Ellipse Tool(⬤ , L)로 만들어 배치한다. Selection Tool(▶ , V)로 모두 선택한 후 그룹화(Ctrl + G)한다. 케이블카보다 뒤로 보내기 위해 Ctrl + [를 적용한다.

07 Symbol 등록과 적용

1 케이블카를 [Symbols] 패널에 등록하기 위해 [Window]−[Symbols](Shift + Ctrl + F11)를 열고 드래그하여 추가한다. [Symbol Options] 대화상자에서 Name : 케이블카라고 입력한 후 OK 를 클릭한다.

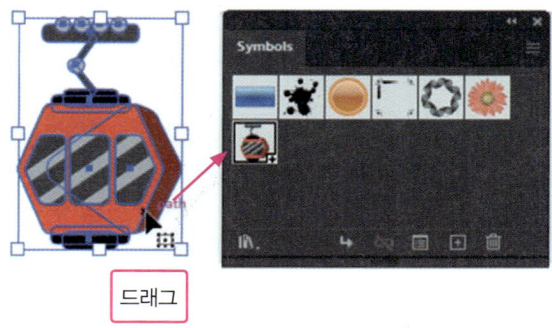

2 Symbol을 적용하기 위해 Selection Tool(, V)로 원본 Symbol을 선택한 후 Symbol Sprayer Tool(, Shift + S)로 출력형태를 참고해 클릭, 클릭하여 배치한다.

Plus@

Symbol Sprayer Tool 적용 시 여러 개의 Symbol이 추가되었을 경우 Alt 와 함께 클릭하면 삭제된다.

3 ① Symbol의 크기를 조절하기 위해 Symbol Sizer Tool(　)을 선택한다. 클릭, 클릭은 점점 크게, Alt 와 함께 클릭하면 작아진다. ② Symbol의 위치 조절은 Symbol Shifter Tool(　)로 드래그하며 ③ Symbol의 기울기는 Symbol Spinner Tool(　)로 시계방향, 반시계방향으로 회전한다. ④ Symbol의 색상 변화를 위하여 Symbol Stainer Tool(　)을 선택한다. [Swatches] 패널에서 해당 색(주황, 파랑)을 선택하고 해당 Symbol을 클릭하면 색상의 변화가 생기며 면 색에 따라 좌우된다. ⑤ Symbol Screener Tool(　)로 투명도를 적용한 후 마무리한다.

08 텍스트 입력 및 Envelope Distort

1 배너(C80M50K50)는 Rectangle Tool(, M)로 그린다. Anchor Point Tool(, =)로 기준점을 추가해 Direct Selection Tool(, A)로 두 포인트를 선택한 후 Scale Tool(, S)로 안쪽으로 드래그한다.

2 Type Tool(, T)로 빈 캔버스를 클릭한 후 WINTER LEPORTS를 입력한다. Ctrl + A 로 전체선택한 후 [Window]-[Type]-[Character](Ctrl + T) 패널에서 Font : Arial, Style : Regular, Size : 30pt, Color : C0M0Y0K0으로 설정한다.

3 Type Tool(, T)로 빈 캔버스를 클릭한 후 LET'S GO TO SKI CAMP를 입력한다. Ctrl + A 로 전체선택한 후 [Window]-[Type]-[Character](Ctrl + T) 패널에서 Font : Arial, Style : Bold, Size : 60pt, Color : C80M50K50으로 설정한다. [Paragraph] 패널에서 가운데 맞춤을 적용한다. [Object]-[Envelope Distort]-[Make with Warp](Alt + Shift + Ctrl + W)를 선택한 후 [Warp Options] 대화상자에서 Style : Arch, Bend : 30%로 입력하고 OK 를 누른다.

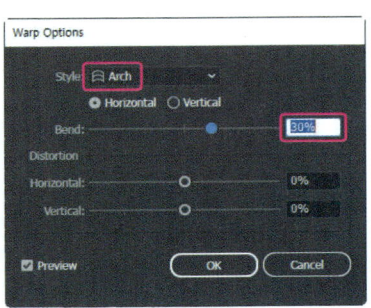

4 Type Tool(T , T)로 빈 캔버스를 클릭한 후 소속감과 체력단련을 입력한다. Ctrl + A 로 전체선택한 후 [Window]−[Type]−[Character](Ctrl + T) 패널에서 Font : 궁서, Size : 15pt, Color : K100으로 설정한다. [Object]−[Envelope Distort]−[Make with Warp](Alt + Shift + Ctrl + W)를 선택한 후 [Warp Options] 대화상자에서 Style : Flag, Bend : 50%를 입력하고 OK 를 누른다.

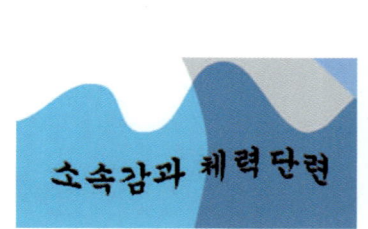 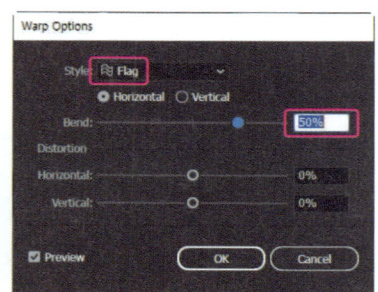

09 Clipping Mask로 마무리하기

1 Rectangle Tool(■ , M)로 빈 공간을 클릭한 후 Width : 210mm, Height : 297mm를 입력하고 OK 를 클릭한다. Selection Tool(▶ , V)로 캔버스 끝에 딱 맞추고 캔버스에 있는 모든 오브젝트를 선택한 후 마우스 오른쪽 버튼을 클릭하고 'Make Clipping Mask'를 적용한다.

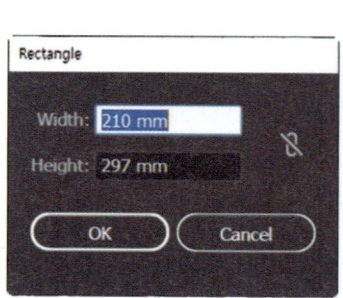  

Plus@

직사각형을 캔버스의 영점에 정확히 맞추려면 [Window]-[Transform] 패널에서 고정점을 좌측 상단으로 클릭 후 X : 0mm, Y : 0mm로 입력한다.

Plus@

Clipping Mask 적용 : [Object]-[Clipping Mask]-[Make](Ctrl + 7)
Clipping Mask 해제 : [Object]-[Clipping Mask]-[Release](Alt + Ctrl + 7)

Plus@

Clipping Mask 안쪽의 오브젝트를 수정하기 위하여 Selection Tool(▶ , V)로 더블 클릭하면 Isolated Area(고립된 영역)로 들어가게 되며 그 안에서 수정할 수 있다. 수정 완료 후 Esc 나 화살표를 눌러 빠져나온다.

10 저장하고 전송하기

1 불필요한 도형은 삭제하고 가이드라인이 보이지 않도록 [View]-[Guides]-[Hide Guides](Ctrl + ;)한다. [File]-[Save] 또는 [File]-[Save As]한 후 (Save On Your Computer)를 선택하여 '내 PC\문서\GTQ' 폴더에 "수험번호-성명-3"으로 저장한다.

2 [Illustrator Options] 대화상자가 나오면 Version : Illustrator CC(Legacy)로 체크한 후 (OK)를 클릭한다. 하위 버전 저장에 따른 메시지가 뜨면 계속 (OK)를 클릭한다.

3 시험장의 작업표시줄에 나타나는 'Koas 수험자용'을 클릭해 우측의 답안 전송 을 클릭한 후 해당하는 번호에 체크한다. 하단의 답안 전송 을 클릭한 후 닫기 를 누르면 최종 전송된 답안으로 채점이 이루어진다.

✅ Check Point !

		O	X
01	출력형태를 제외한 나머지 오브젝트는 삭제했나요?		
02	해당 오브젝트를 출력형태의 위치에 배치했나요? (눈금자와 가이드라인 참고해 확인)		
03	오브젝트에 'Lock'이 되어 있는 경우 'Unlock All(Alt + Ctrl + 2)'했나요?		
04	작업 중 생성된 가이드라인을 Ctrl + ; 으로, 그리드를 Ctrl + ' 로 숨겼나요?		
05	Gradient가 적용된 오브젝트의 색상과 방향을 출력형태에 맞게 적용했나요?		
06	결과가 '면'의 속성인 오브젝트를 '선'의 속성으로 그렸을 경우 'Expand' 처리했나요?		
07	제시된 조건 이외의 오브젝트를 편의에 의해 Blend나 Envelope Distort의 기능으로 완성했을 경우 'Expand' 처리했나요?		
08	텍스트 작업 시 Font Family가 Bold인 경우 변경되어 있나요?		
09	오브젝트의 불투명도(Opacity) 값이 정확히 설정되었나요?		
10	마지막 단계에서 Clipping Mask하여 마무리되었나요?		

CHAPTER 5

기출유형문제 5회

급수	문제유형	시험시간	수험번호	성명
1급	A	90분		

수험자 유의사항

- 수험자는 문제지를 받는 즉시 응시하고자 하는 **과목 및 급수가 맞는지 확인**한 후 수험번호와 성명을 작성합니다.
- 파일명은 본인의 "수험번호-성명-문제번호"로 공백 없이 정확히 입력하고 답안 폴더(내 PC₩문서₩GTQ)에 파일 저장규칙(ai 파일 포맷)으로 저장해야 하며, '**다른 파일 형식으로 저장하였을 경우**' 0점 처리됩니다.
- 답안 문서 파일명이 "수험번호-성명-문제번호"와 일치하지 않거나, '**답안 파일을 전송하지 않는 경우**' 답안 파일 미제출로 불합격 처리됩니다.
- 수험자 정보와 저장한 파일명, 저장 위치가 다를 경우 전송이 되지 않으므로, 주의하시길 바랍니다.
- 답안 작성 중에도 주기적으로 '저장'과 '답안 전송'을 이용하여 감독위원 PC로 답안을 전송하셔야 합니다(작업한 내용을 저장하지 않고 답안을 전송할 경우 이전의 저장내용이 전송되오니 이 점 반드시 유념하시기 바랍니다).
- 모든 수험자는 동일한(초기화된) 환경에서 시험이 시작되며 '작업환경 설정'은 시험 시간 내에 진행합니다(시험 시작 전 '작업환경 설정' 불가, 소프트웨어 이상 유무만 확인).
- 답안 문서를 지정된 경로 외의 다른 보조기억장치에 저장하는 행위, 지정된 시험 시간 외에 작성된 파일을 활용한 행위, 기타 허용되지 않은 프로그램(이메일, 메신저, 게임, 네트워크, 윈도우계산기, 스톱워치 등) 이용 시 부정행위로 간주되어 **자격기본법 제32조에 의거 본 시험 및 국가공인 자격시험을 2년간 응시할 수 없습니다.**
- 시험 중 부주의 또는 고의로 시스템을 파손한 경우와 〈수험자 유의사항〉에 기재된 방법대로 이행하지 않아 생기는 불이익은 수험자의 책임임을 알려 드립니다.
- 시험을 완료한 수험자는 최종적으로 저장한 답안 파일이 전송되었는지 확인한 후 감독위원의 지시에 따라 문제지를 제출하고 퇴실합니다.

답안 작성요령

- 온라인 답안 작성 절차
  수험자 등록 ⇒ 시험 시작 ⇒ 답안 파일 저장 ⇒ 답안 전송 ⇒ 시험 종료
- 배점은 총 100점으로 이루어지며, 점수는 각 문제별로 차등 배분됩니다.
- 각 문제는 주어진 《조건》에 따라 작성하고, 《조건》을 지키지 못했을 경우에는 0점 또는 감점 처리됩니다.
- 문제 《조건》에 크기와 색상, 두께의 지정이 없을 경우 《출력형태》를 참고하여 작업해 주시기 바랍니다.
- **문제 《조건》과 《출력형태》에서 차이가 발생할 경우 문제에서 지정한 《조건》에 따라 작업해 주시기 바랍니다.**
- 《조건》에서 주어진 단위는 'mm(밀리미터)'입니다. 눈금자는 작성하지 않으며, 그 외는 출력형태(레이아웃, 색상, 문자, 규격 등)와 같게 작업하십시오.
- 문제 《조건》에 서체의 지정이 없을 경우 한글은 굴림이나 돋움, 영문은 Arial로 작업하십시오(단, 그 외에 제시되지 않은 문자 속성을 기본값으로 작성하지 않은 경우는 감점 처리됩니다).
- Color Mode(색상 모드)는 별도의 처리 조건이 없을 시 CMYK로 작업하십시오.
- 조건에서 제시한 기능을 임의로 합치거나 각 기능에 대한 속성을 해지할 경우 해당 요소는 0점 처리됩니다.

문제 1   BI, CI 디자인
25점

다음의 《조건》에 따라 아래의 《출력형태》와 같이 작업하시오.

조건

파일저장규칙	AI	파일명	문서₩GTQ₩수험번호-성명-1.ai
		크기	100 × 80mm

1. 작업 방법
   ① 도형 변형 툴과 Pathfinder 기능을 활용하여 오브젝트를 작성한다.
   ② 그 외 《출력형태》 참조

2. 문자 효과
   ① Happy Autumn (Times New Roman, Bold Italic, 22pt, Y30)

출력형태

M10Y30,
C10M20Y100,
C20M80Y100K10,
C30M90Y100K40,
C80M30Y100K30,
C50M30Y90,
K100,
C0M0Y0K0 → M30Y50K30
[Stroke]
C30M80Y100K30, 1pt

문제 2 패키지, 비즈니스디자인
35점

▶ 유선배 강의

다음의 《조건》에 따라 아래의 《출력형태》와 같이 작업하시오.

조건

파일저장규칙	AI	파일명	문서₩GTQ₩수험번호-성명-2.ai
		크기	160 × 120mm

1. 작업 방법
   ① 머플러에는 Pattern을 활용하여 작성한다(패턴 등록 : 알밤).
   ② 찻잔에는 Clipping Mask를 적용한다.
   ③ Brush는 《출력형태》를 참고하여 작성한다.
   ④ Effect는 《출력형태》를 참고하여 작성한다.
   ⑤ 그 외 《출력형태》 참조

2. 문자 효과
   ① TEA (Arial, Italic, 17pt, C0M0Y0K0)
   ② Hand Made (Times New Roman, Bold Italic, 12pt, C0M0Y0K0)

출력형태

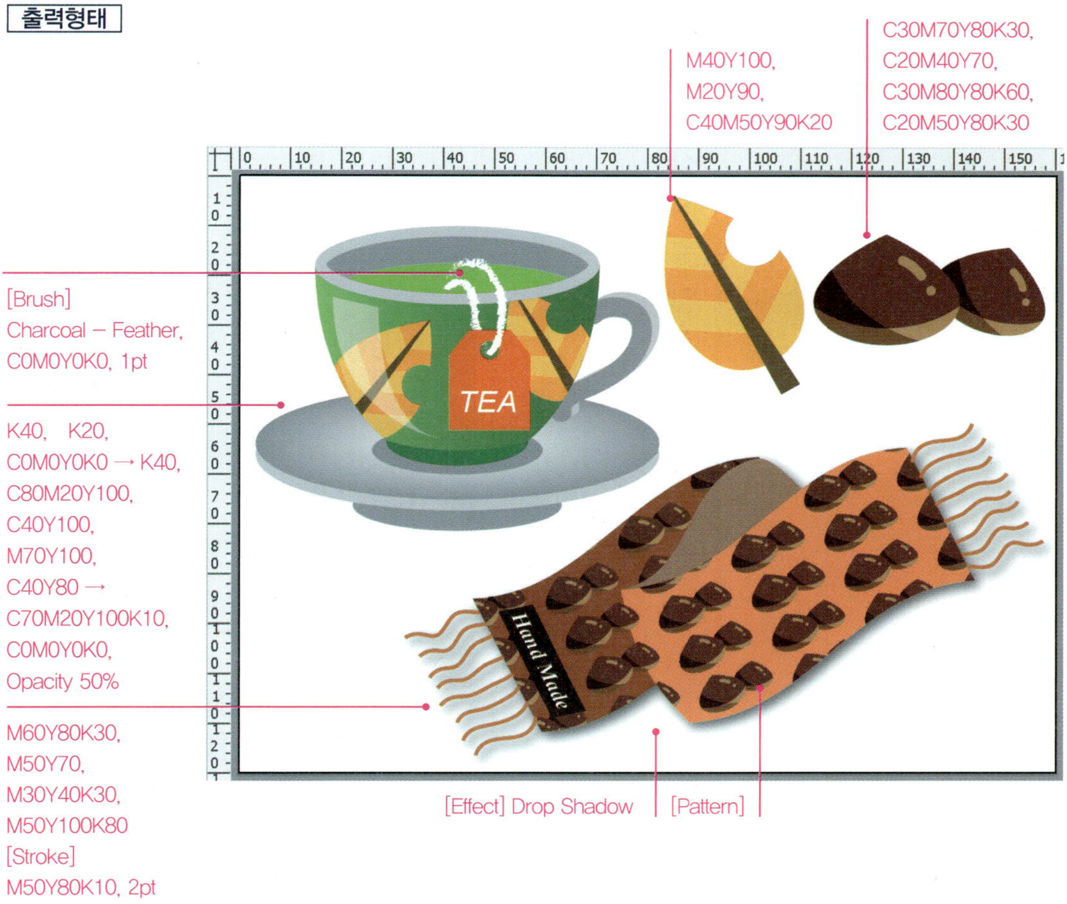

M40Y100,
M20Y90,
C40M50Y90K20

C30M70Y80K30,
C20M40Y70,
C30M80Y80K60,
C20M50Y80K30

[Brush]
Charcoal - Feather,
C0M0Y0K0, 1pt

K40, K20,
C0M0Y0K0 → K40,
C80M20Y100,
C40Y100,
M70Y100,
C40Y80 →
C70M20Y100K10,
C0M0Y0K0,
Opacity 50%

M60Y80K30,
M50Y70,
M30Y40K30,
M50Y100K80
[Stroke]
M50Y80K10, 2pt

[Effect] Drop Shadow   [Pattern]

문제 3 광고디자인
40점

다음의 《조건》에 따라 아래의 《출력형태》와 같이 작업하시오.

조건

파일저장규칙	AI	파일명	문서₩GTQ₩수험번호-성명-3.ai
		크기	210 × 297mm

1. 작업 방법
   ① 《참고도안》은 직접 제작한 후 Symbol로 활용한다(심볼 등록 : 호박).
   ② 'Meet me', 'BEST THANKS GIVING DAY' 문자에 Envelope Distort를 적용한다.
   ③ Brush는 《출력형태》를 참고하여 작성한다.
   ④ Effect는 《출력형태》를 참고하여 작성한다.
   ⑤ Clipping Mask를 이용하여 디자인을 정리한다.
   ⑥ 그 외 《출력형태》 참조

2. 문자 효과
   ① Meet me (Times New Roman, Bold Italic, 70pt, C70M20Y80)
   ② At pumpkin patch (Times New Roman, Bold Italic, 60pt, M100Y90)
   ③ BEST THANKS GIVING DAY (Arial, Regular, 22pt, C0M0Y0K0)

참고도안

M60Y100K20,
M50Y100,
C30Y100K50,
C20Y100K30

출력형태

[Blend] 단계 : 15
[Stroke] C0M0Y0K0, 1pt
→ C50Y50K20, 3pt

M100Y90, M20Y50,
C20M30Y80,
C20M100Y90K10,
M100Y100K70

210 × 180mm
[Mesh]
C50, C10

[Symbol]

C0M0Y0K0,
C50K10,
M10Y40K20 →
C10M40Y100K30

C10M70Y100K40,
C10M50Y100K20,
C40M80Y90K50, K90,
M20Y100K10, M10Y100
[Effect]
Drop Shadow

[Brush] Vine 2, 1pt,
C80M20Y100K20, Opacity 70%

문제 1 **BI, CI 디자인**   완성 파일 : 기출유형문제5회-1.ai

01 새 캔버스 설정 및 저장

1 새 캔버스를 만들기 위해 [File]-[New]를 선택하여 Width : 100mm, Height : 80mm, Color Mode : CMYK로 설정한 후 새 캔버스를 연다.

2 [View]-[Rulers]-[Show Rulers](Ctrl + R)를 선택해 눈금자를 꺼낸다(좌측 상단 영점 확인).

3 작업 파일을 저장하기 위해 [File]-[Save As]에서 '내 PC₩문서₩GTQ' 하위 폴더에 파일 이름을 '수험번호-성명-1.ai'로 입력한 후 'Illustrator CC(Legacy)' 버전으로 저장한다.

4 도구상자가 모두 보이는지, 상단의 [Control] 패널이 있는지 체크한다.

> **Plus@**
>
> [Window]-[Workspace]-[Essentials Classic]으로 한 번에 도구상자와 [Control] 패널을 나타낼 수 있다.

5 작업에 앞서 제시된 색을 [Swatches] 패널이나 도형들을 나열해 색상을 등록해 놓는다.

6 오브젝트별로 가이드라인을 표시하고 작업하면 좋다.

02 타원 오브젝트

1 Ellipse Tool(◯ , L)로 정원(C0M0Y0K0 → M30Y50K30)을 그린다. 그래디언트를 적용하기 위해 [Window]−[Gradient](Ctrl + F9)를 선택한 후 ❶ 'Radial Gradient'를 선택하고 ❷ 하단의 좌측 조절점을 더블 클릭한다. ❸ CMYK로 변경하기 위해 우측의 메뉴(≡)를 선택한 후 ❹ CMYK를 누르고 색(C0M0Y0K0)을 적용한다. 나머지 적용을 위해 우측 조절점을 더블 클릭한 후 ❸, ❹를 반복해 색(M30Y50K30)을 적용한다. ❺ 슬라이더를 우측으로 조절해 마무리한다.

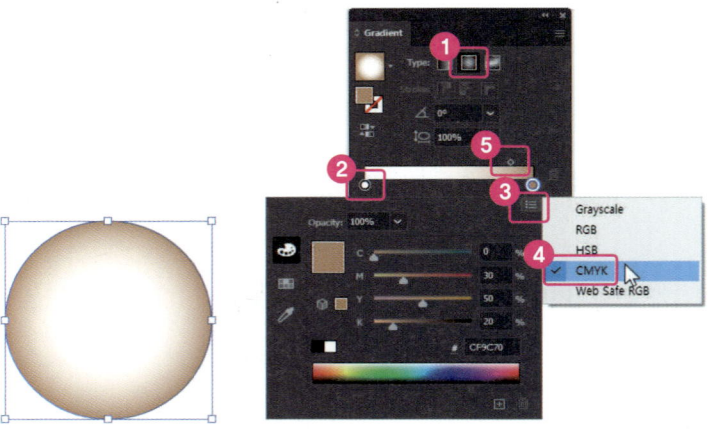

Plus@

Gradient Tool(▣ , G)을 더블 클릭해도 패널이 나타난다.

2 점선(선 : C30M80Y100K30)은 Selection Tool(▶ , V)로 Ctrl + C , Ctrl + F 해 앞으로 붙여넣기 한 후 Alt + Shift 로 모서리에서 살짝 줄여 [Window]−[Stroke](Ctrl + F10) 패널에서 Weight : 1pt, Dashed Line 체크, dash : 3pt, gap : 3pt를 적용한다.

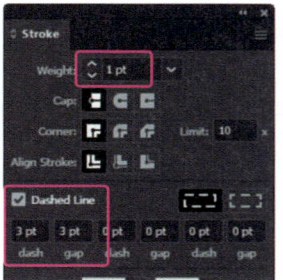

03 허수아비 오브젝트

1. 얼굴(M10Y30), 눈(K100), 코(C20M80Y100K10)는 Ellipse Tool(, L)로 타원을 그린다. 얼굴의 무게 중심을 아래로 이동하기 위해 Direct Selection Tool(, A)로 중간의 두 포인트를 선택한 후 아래로 살짝 이동한다. Selection Tool(, V)로 Shift 와 함께 두 개의 눈을 선택한 후 그룹화(Ctrl + G)한다. 얼굴을 포함해 모두 선택한 후 [Window]−[Align](Shift + F7) 패널에서 'Horizontal Align Center'를 선택해 정렬한다.

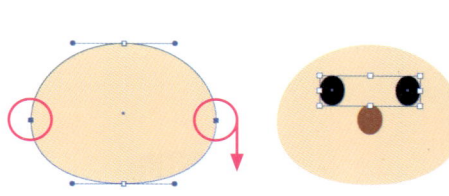 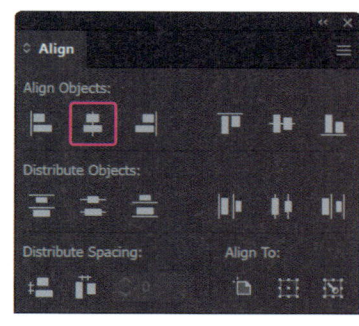 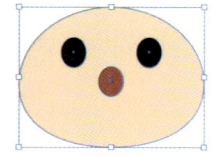

2. 지푸라기(C10M20Y100)는 Rectangle Tool(, M)로 그림을 참고해 그린 후 Selection Tool(, V)로 Alt 와 함께 복제해 불규칙하게 회전 배치한다. 모두 선택한 후 그룹화(Ctrl + G)한다. Alt 와 함께 한 번 더 복제해 그림을 참고해 배치한 후 전체적으로 가로 폭을 줄인다.

 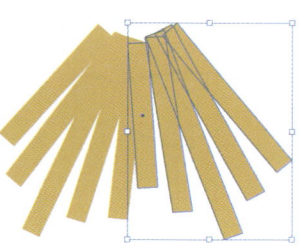 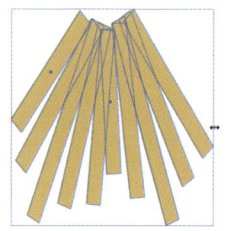

3. 앞머리에 두 군데, 뒷머리에 두 군데를 크기를 다르게 하여 배치한다. 뒤에 있는 머리카락은 뒤로 보내기 위하여 Ctrl + [를 적용한다.

4️⃣ 입(선 : C30M80Y100K30, 1pt)은 Ellipse Tool(◯ , L)로 타원을 그린 후 Direct Selection Tool(▶ , A)로 상단 포인트를 선택해 Delete 로 삭제한다.

5️⃣ 모자(C30M90Y100K40)는 Pencil Tool(✏️ , N)로 그림을 참고해 그린다. 띠 부분(C80M30Y100K30)은 Selection Tool(▶ , V)로 Ctrl + C , Ctrl + F 해 앞으로 붙여넣기 한 후 Knife Tool(🔪)로 그림을 참고해 2회 자른다.

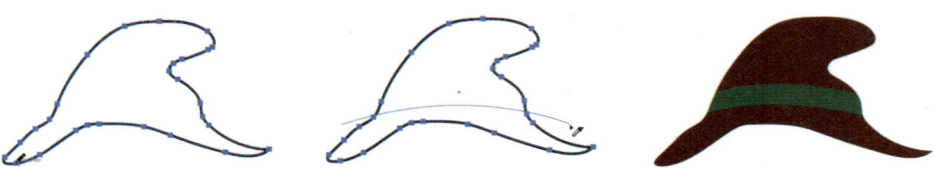

6️⃣ 옷(C50M30Y90)은 Pen Tool(🖋 , P)로 그림을 참고해 그린다.

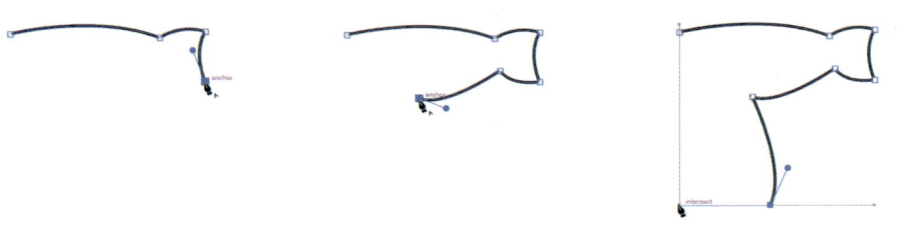

7 대칭복사하기 위해 Reflect Tool(　, O)로 Ctrl +오브젝트를 클릭한 후 기준점을 Alt +클릭한다. Axis : Vertical, Copy 를 클릭해 배치한다.

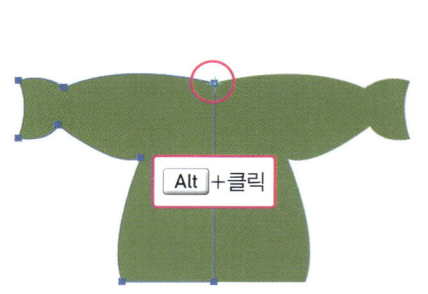
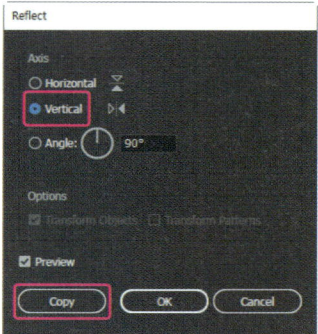

8 Selection Tool(　, V)로 기존 머리카락을 복제해 손으로 배치한다. 스카프(C20M80Y100K10)와 음영 부분(C30M90Y100K40)은 Pencil Tool(　, N)로 그린다.

04 ▶ 리본과 텍스트

1 리본(C20M80Y100K10)은 Rectangle Tool(, M)로 그린다. 리본 꼬리(C30M90Y100K40)와 접히는 부분(K100)은 Pen Tool(, P)로 그림을 참고해 그린다. Direct Selection Tool(, A)로 리본 상단의 두 포인트를 선택한 후 Scale Tool(, S)로 바깥쪽으로 잡아당겨 모양을 만든다.

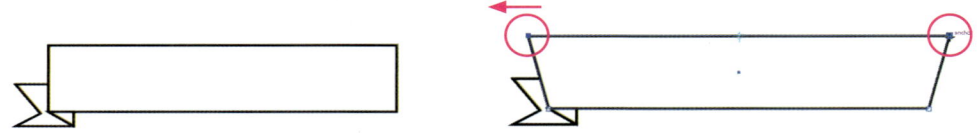

2 Selection Tool(, V)로 리본 꼬리와 접히는 부분을 선택한다. Reflect Tool(, O)로 중심을 Alt +클릭해 기준점을 잡고 Axis : Vertical, Copy 를 클릭해 배치한다. 뒤로 보내기 위해 Ctrl + [를 적용한다.

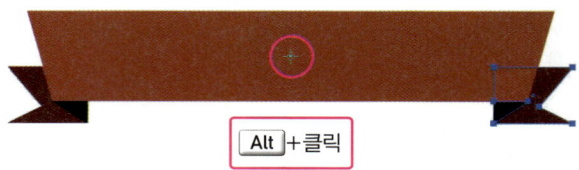

Plus@

- 중심점이 잘 나타나지 않을 경우 Ctrl 과 함께 오브젝트에 마우스를 올려놓으면 × 표시가 생긴다.
- [View]-[Outline](Ctrl + Y)으로도 확인할 수 있으며, 원래대로 되돌리려면 [View]-[Preview](Ctrl + Y) 한다.

③ 텍스트를 입력하기 위하여 Type Tool(T, T)로 빈 캔버스를 클릭한 후 Happy Autumn을 입력한다. Ctrl + A 로 전체선택한 후 [Window]－[Type]－[Character](Ctrl + T) 패널에서 Font : Times New Roman, Style : Bold Italic, Size : 22pt, Color : Y30으로 설정한다. Selection Tool(, V)을 선택한 후 출력형태를 참고하여 배치한다.

05 저장하고 전송하기

① 불필요한 도형은 삭제하고 가이드라인이 보이지 않도록 [View]－[Guides]－[Hide Guides](Ctrl + ;)한다. [File]－[Save] 또는 [File]－[Save As]한 후 Save On Your Computer 를 선택하여 '내 PC₩문서₩GTQ' 폴더에 "수험번호－성명－1"로 저장한다.

② [Illustrator Options] 대화상자에서 Version : Illustrator CC(Legacy)로 체크한 후 OK 를 클릭한다. 하위 버전 저장에 따른 메시지가 뜨면 계속 OK 를 클릭한다.

③ 시험장의 작업표시줄에 나타나는 'Koas 수험자용'을 클릭해 우측의 답안 전송 을 클릭한 후 해당하는 번호에 체크한다. 하단의 답안 전송 을 클릭한 후 닫기 를 누르면 최종 전송된 답안으로 채점이 이루어진다.

Check Point !

		O	X
01	출력형태를 제외한 나머지 오브젝트는 삭제했나요?		
02	해당 오브젝트를 출력형태의 위치에 배치했나요? (눈금자와 가이드라인 참고해 확인)		
03	작업 중 생성된 가이드라인을 Ctrl + ; 으로, 그리드를 Ctrl + ' 로 숨겼나요?		
04	Gradient가 적용된 오브젝트의 색상과 방향을 출력형태에 맞게 적용했나요?		
05	출력형태에 제시된 '선'의 두께는 정확히 설정되었나요?		
06	결과가 '면'의 속성인 오브젝트를 '선'의 속성으로 그렸을 경우 'Expand' 처리했나요?		
07	제시된 조건 이외의 오브젝트를 편의에 의해 Blend나 Envelope Distort의 기능으로 완성했을 경우 'Expand' 처리했나요?		
08	텍스트 작업 시 Font Family가 Bold인 경우 변경되어 있나요?		
09	오브젝트의 불투명도(Opacity) 값이 정확히 설정되었나요?		
10	저장을 먼저 한 후 답안 전송으로 마무리하였나요? (중요한 작업 완료 후 수시로 저장과 전송 가능)		

문제 2 패키지, 비즈니스디자인

완성 파일 : 기출유형문제5회-2.ai

01 새 캔버스 설정 및 저장

1 새 캔버스를 만들기 위해 [File]-[New]를 선택하여 Width : 160mm, Height : 120mm, Color Mode : CMYK로 설정한 후 새 캔버스를 연다.

2 [View]-[Rulers]-[Show Rulers](Ctrl + R)를 선택해 눈금자를 꺼낸다(좌측 상단 영점 확인).

3 작업 파일을 저장하기 위해 [File]-[Save As]에서 '내 PC₩문서₩GTQ' 하위 폴더에 파일 이름을 '수험번호-성명-2.ai'로 입력한 후 'Illustrator CC(Legacy)' 버전으로 저장한다.

4 도구상자가 모두 보이는지, 상단의 [Control] 패널이 있는지 체크한다.

> **Plus@**
>
> [Window]-[Workspace]-[Essentials Classic]으로 한 번에 도구상자와 [Control] 패널을 나타낼 수 있다.

5 작업에 앞서 제시된 색을 [Swatches] 패널이나 도형들을 나열해 색상을 등록해 놓는다.

6 오브젝트별로 가이드라인을 표시하고 작업하면 좋다.

02 나뭇잎 오브젝트

1 나뭇잎(M40Y100)은 Ellipse Tool(◯ , L)로 그린 후 Anchor Point Tool(▲ , Shift + C)을 이용해 상단 기준점을 클릭하여 뾰족하게 만든다. Direct Selection Tool(▶ , A)로 중간의 두 포인트를 선택한 후 아래로 이동해 모양을 만든다.

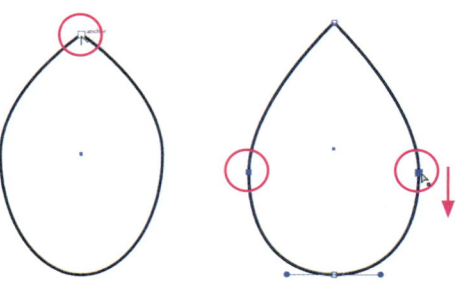

Plus ⓐ

Curvature Tool(✐ , Shift + ~)로 더블 클릭해도 된다.

2 Direct Selection Tool(▶ , A)로 우측 중간 기준점을 선택한 후 Delete 로 삭제한다. 사선 무늬를 표현하기 위해 Line Segment Tool(/ , ₩)로 사선을 그린 후 Selection Tool(▶ , V)로 Alt 와 함께 그림과 같이 복제한다.

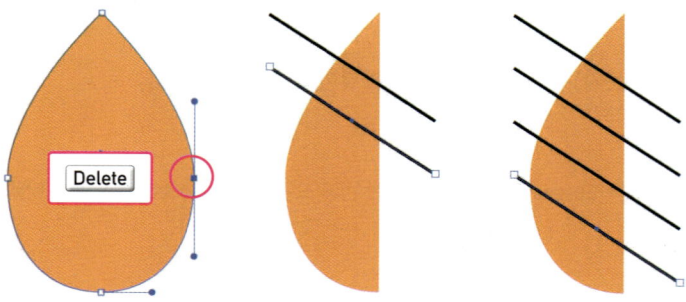

Plus ⓐ

선의 색은 Path 기준으로 분리되기 때문에 별도로 지정하지 않아도 된다.

3 Selection Tool(　, V)로 모두 선택한 후 [Pathfinder](Shift + Ctrl + F9) 패널의 'Divide'로 분리한다. Direct Selection Tool(　, A)로 선택한 후 해당하는 색(M20Y90)을 채운다. 대칭복사를 하기 위해 Selection Tool(　, V)로 나뭇잎을 선택한 후 Reflect Tool(　, O)로 중심을 Alt +클릭해 기준점을 잡고 Axis : Vertical, Copy 를 클릭한다.

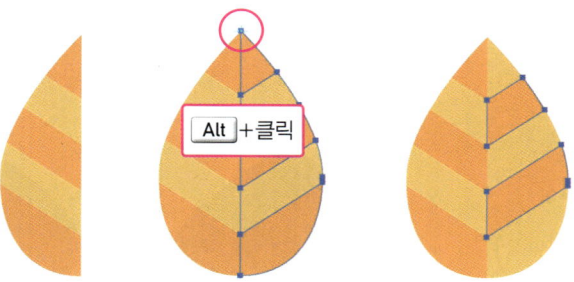

Plus@

선택 툴 이외의 툴을 사용하고 있을 경우 Ctrl 을 누르면 선택 툴의 기능을 할 수 있다.

4 줄기는 Line Segment Tool(　, W)로 수직선을 그린 후 Width Tool(　, Shift + W)로 하단의 폭을 넓힌다. '선'을 '면'의 속성으로 변경하기 위해 [Object]−[Expand]로 확장한 후 색(C40M50Y90K20)을 채우고 [Object]−[Expand Appearance]를 적용한다. Selection Tool(　, V)로 모두 선택한 후 회전해 그룹화(Ctrl + G)한다. Eraser Tool(　, Shift + E)로 브러시 크기를 조절해 클릭하여 구멍을 낸다.

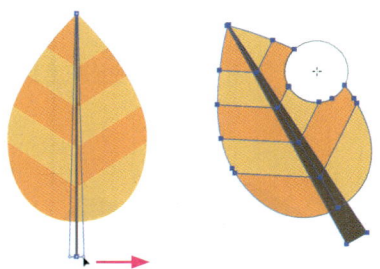

Plus@

브러시 크기는 '[: 점점 작게,] : 점점 크게'로 조절할 수 있다.

03 알밤 오브젝트

1 알밤(C30M70Y80K30)은 Ellipse Tool(, L)로 타원을 그린다. Anchor Point Tool(, Shift + C)로 상단 포인트를 클릭해 뾰족하게 만든 후 Direct Selection Tool(, A)로 위로 이동한다. 중간 포인트를 선택한 후 기준선을 위쪽으로 이동해 모양을 만든다.

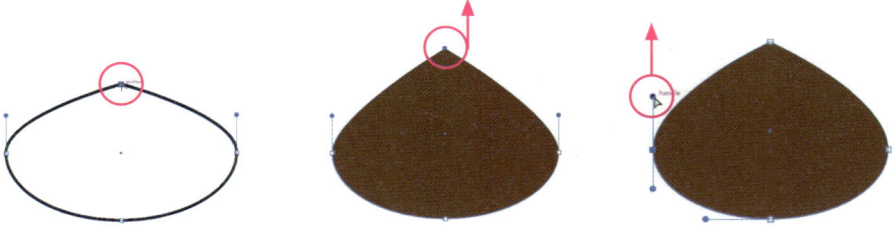

2 Knife Tool( )로 그림을 참고해 2회 자르기 한 후 색(C20M40Y70, C30M80Y80K60, C20M50Y80K30)을 채운다. 하이라이트(C20M40Y70)는 Blob Brush Tool(, Shift + B)로 브러시 크기를 조절해 그린다.

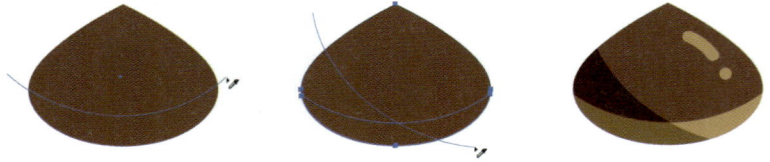

3 Selection Tool(, V)로 모두 선택한 후 그룹화(Ctrl + G)한다. Alt 와 함께 복제해 회전 배치한다.

04 ▶ 찻잔 오브젝트와 Clipping Mask 및 Brush

1 받침은 Ellipse Tool(◯ , L)로 그림을 참고해 세 개의 타원을 그린 후 색(K40, K20)을 채운다.

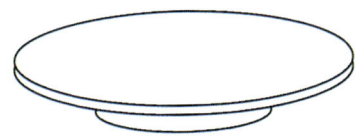

2 맨 위의 타원(C0M0Y0K0 → K40)에 그래디언트를 적용하기 위해 [Window]-[Gradient] (Ctrl + F9)를 선택한 후 ❶ 'Radial Gradient'를 선택하고 ❷ 하단의 좌측 조절점을 더블 클릭한다. ❸ CMYK로 변경하기 위해 우측의 메뉴(≡)를 선택한 후 ❹ CMYK를 누르고 색(C0M0Y0K0)을 적용한다. 나머지 적용을 위해 우측 조절점을 더블 클릭한 후 ❸, ❹를 반복해 색(K40)을 적용한다.

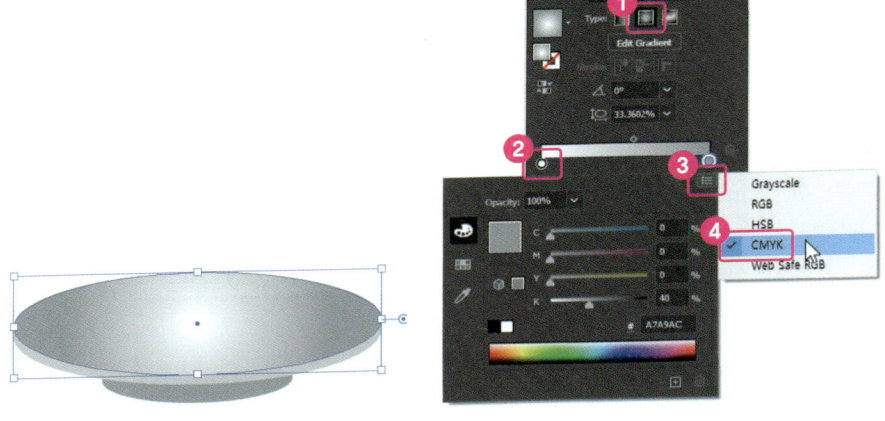

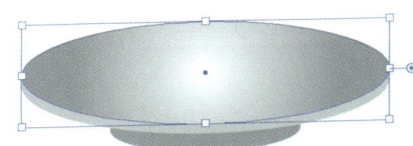

❸ 그래디언트를 타원 모양으로 만들기 위해 조절점을 변경한다. Gradient Tool(■, G)을 더블 클릭한 후 좌측 조절점을 바깥쪽으로, 상단 조절점을 아래쪽으로 조절한다.

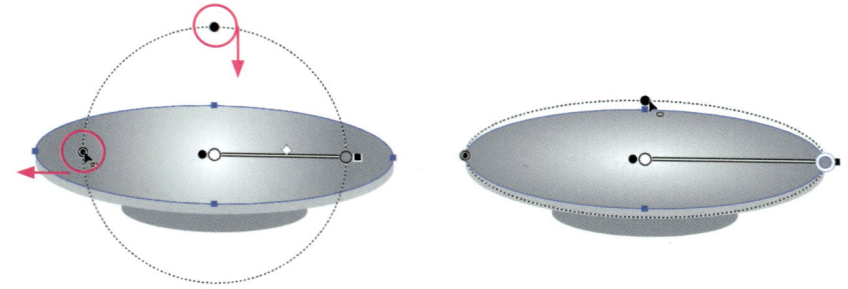

❹ Ellipse Tool(●, L)로 그림을 참고해 두 개의 타원을 추가로 그린 후 색(K40, C80M20Y100)을 채운다.

❺ 찻잔은 Ellipse Tool(●, L)로 그림을 참고해 세 개의 타원을 그린다. Selection Tool(▶, V)로 모두 선택한 후 [Window]-[Align](Shift+F7) 패널에서 'Horizontal Align Center'를 선택해 정렬한다.

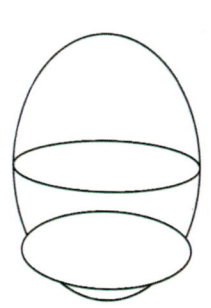 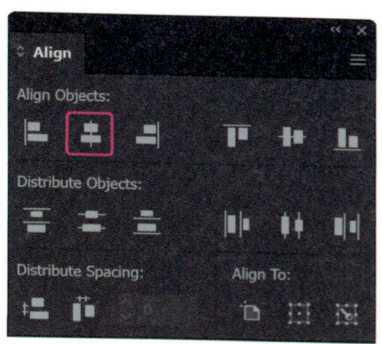

6 Shape Builder Tool(, Shift + M)로 제거할 부분은 Alt +클릭하고 합칠 부분은 드래그로 완성한다.

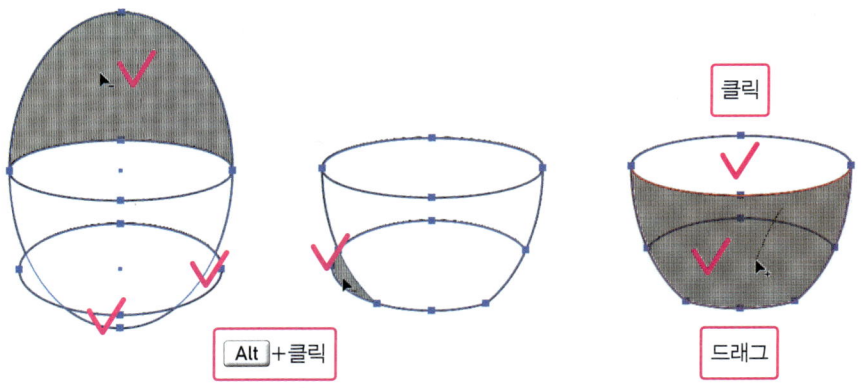

7 Selection Tool(, V)로 상단의 타원을 선택한다. [Object]-[Path]-[Offset Path]를 선택하고 Offset : -2mm를 입력한 후 OK 를 클릭한다. 내용물(C40Y100)을 표현하기 위해 Alt 와 함께 아래로 복사한다.

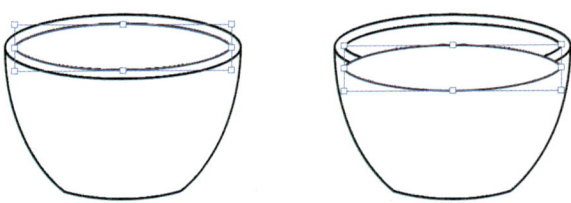

8 Shape Builder Tool(, Shift + M)로 그림을 참고하여 안쪽 부분을 클릭해 분리하고 아랫부분은 Selection Tool(, V)로 선택해 Delete 로 삭제한 후 색을 채운다.

⑨ 그래디언트를 적용하기 위해 [Window]-[Gradient](Ctrl + F9)를 선택한 후 ❶ 'Linear Gradient'를 선택하고 ❷ 하단의 좌측 조절점을 더블 클릭한다. ❸ CMYK로 변경하기 위해 우측의 메뉴(≡)를 선택한 후 ❹ CMYK를 누르고 색(C40Y80)을 적용한다. 나머지 적용을 위해 우측 조절점을 더블 클릭한 후 ❸, ❹를 반복해 색(C70M20Y100K10)을 적용한다.

⑩ 손잡이(K20)는 Blob Brush Tool( ), Shift + B)로 그린다. Selection Tool(, V)로 Alt 와 함께 드래그한 후 복사하여 색(K40)을 채운다.

⑪ Clipping Mask를 적용하기 위해 **1** Selection Tool(▶ , V)로 나뭇잎을 Alt 와 함께 복제하여 알맞게 배치한 후 맨 앞으로 보내기 위해 Shift + Ctrl +] 를 적용한다. **2** 찻잔을 선택하고 Ctrl + C , Ctrl + F 로 앞으로 붙여넣기 한 후 맨 앞으로 보내기 위해 Shift + Ctrl +] 를 적용한다. **3** 복사한 찻잔과 나뭇잎 두 개를 Shift 와 함께 선택한 후 [Object]−[Clipping Mask]−[Make](Ctrl + 7)를 적용한다(마우스 오른쪽 버튼 클릭 이용 가능).

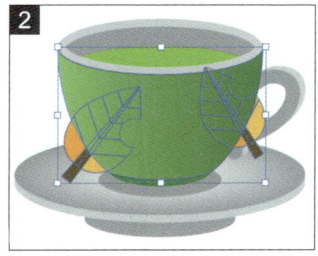

⑫ 레이블(M70Y100)은 Rectangle Tool(▢ , M)로 그린 후 Add Anchor Point Tool(✏ , =)로 두 개의 기준점을 추가한다. Direct Selection Tool(▶ , A)로 추가된 기준점을 선택해 위로 이동한다.

⑬ Ellipse Tool(○ , L)로 원을 추가한 후 Ctrl 과 함께 레이블과 타원을 선택해 [Pathfinder](Shift + Ctrl + F9) 패널의 'Minus Front'를 적용한다.

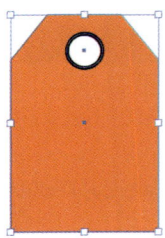

> **Plus@**
>
> 선택 툴 이외의 툴을 사용하고 있을 경우 Ctrl 을 누르면 선택 툴의 기능을 할 수 있다.

14 Brush(선 : C0M0Y0K0, 1pt)를 적용하기 위해 Pencil Tool(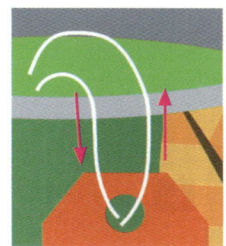, N)로 그림을 참고하여 두 번에 나누어 그린다. [Window]−[Brushes](F5) 패널을 열고 패널 하단의 아이콘을 클릭해 Artistic > Artistic_ChalkCharcoalPencil > Charcoal−Feather을 선택한다. Stroke Weight : 1pt로 설정한 후 Selection Tool(, V)로 좌측의 브러시를 선택하고 뒤로 보내기 위해 Ctrl + [를 적용한다.

> **Plus@**
>
> Pencil Tool(, N)로 이미 그린 선과 가까이 그리기 위해서는 Ctrl +빈 공간을 클릭한 후 선택이 해제된 상태에서 그린다.

15 하이라이트(C0M0Y0K0, Opacity 50%)는 Pen Tool(, P)로 그림을 참고해 그린 후 배치한다.

> **Plus@**
>
> 불투명도(Opacity)는 [Properties] 패널 또는 [Window]−[Transparency] 패널에서 적용할 수 있다.

⑯ Type Tool(　T　, 　T　)로 빈 캔버스를 클릭한 후 TEA를 입력한다. 　Ctrl　+　A　로 모두 선택한 후 [Window]−[Type]−[Character](　Ctrl　+　T　) 패널에서 Font : Arial, Style : Italic, Size : 17pt, Color : C0M0Y0K0으로 설정하고 　Ctrl　+　Enter　로 완료한다.

05 머플러 오브젝트와 Pattern 적용

① 머플러(M60Y80K30)는 Rectangle Tool(　　, 　M　)로 그린 후 [Object]−[Envelope Distort]−[Make with Warp](　Alt　+　Shift　+　Ctrl　+　W　)를 적용한다. [Warp Options] 대화상자에서 Style : Flag, Bend : 20%를 입력하고 　OK　를 클릭한다. '면'의 속성으로 변경하기 위해 [Object]−[Expand]해 확장한다.

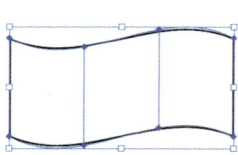 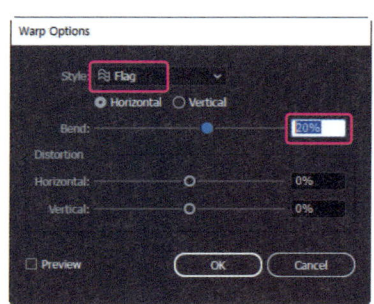

2 Selection Tool(▶, V)로 Alt 와 함께 드래그해 2번 복제한다. 접히는 부분(M30Y40K30)을 만들기 위해 중간 부분의 사각형을 회전해 한쪽 끝에 꼭짓점을 맞춘다. Direct Selection Tool(▶, A)로 나머지 꼭짓점을 움직여 맞춘다. 기준점을 클릭해 나오는 방향선을 움직여 자연스럽게 만든 후 나머지 색(M50Y70)을 채운다.

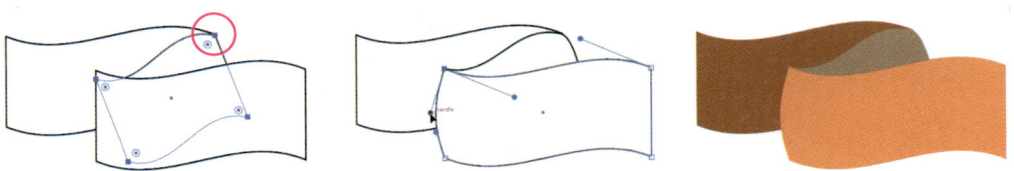

3 머플러 술 장식(M50Y80K10, 2pt)은 Pencil Tool(✏️, N)로 자유곡선을 두 번 그린다. Selection Tool(▶, V)로 모두 선택한 후 [Object]-[Blend]-[Make](Alt + Ctrl + B)를 적용한다. 단계를 조정하기 위해 Blend Tool(, W)을 더블 클릭하여 Spacing : Specified Steps, 6으로 적용한 후 OK 를 클릭한다. [Object]-[Blend]-[Expand]해 속성을 없앤다.

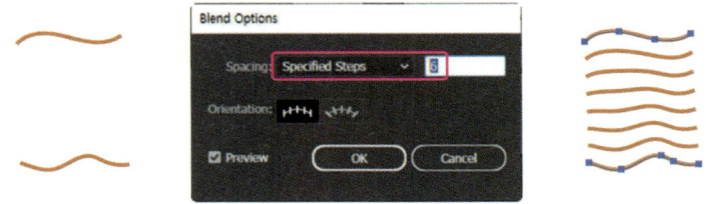

4 Selection Tool(▶, V)로 더블 클릭해 자연스럽게 길이나 방향을 수정한 후 Esc 로 빠져나온다. 머플러 술 장식을 머플러의 양 끝에 복사하여 배치한다.

Plus@

그룹화되어 있는 부분을 수정하기 위해 더블 클릭하면 Isolated Area(고립된 영역)로 들어가게 되며 오브젝트를 수정한 후 Esc 나 화살표를 눌러 빠져나온다.

5 패턴을 등록하기 위해 미리 만들어 놓은 알밤을 [Swatches] 패널에 드래그하여 등록시킨다.

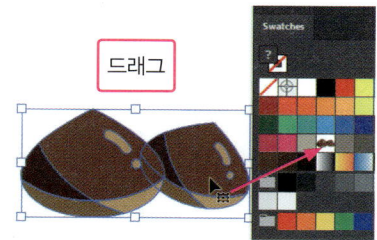

Plus @

패턴 추가가 되지 않을 경우 폴더 부분에 드래그하지 않고 기본색이 있는 윗부분으로 드래그하면 추가된다.

6 패턴을 편집하려면 반드시 빈 캔버스를 한 번 선택한 후 [Swatches] 패널의 등록된 패턴을 더블 클릭한다. Name : 알밤, Tile Type : Brick by Column으로 설정하고 Selection Tool(, V)로 패턴 사이에 공백을 주기 위해 알밤을 선택한 후 모서리에서 Alt + Shift 와 함께 살짝 줄인다. 상단의 'Done'으로 빠져나온다.

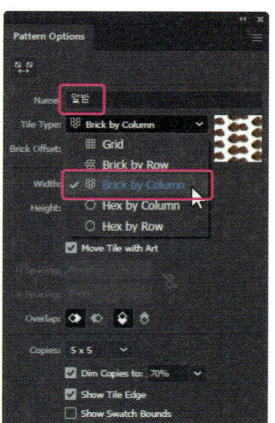

Plus @

기존 오브젝트가 선택된 상태에서 [Swatches] 패널의 등록된 패턴을 더블 클릭하면 기존 오브젝트에 패턴이 적용되므로 빈 캔버스를 선택한 후 작업한다.

7 패턴을 적용하기 위해 Selection Tool(▶, V)로 머플러를 Shift 와 함께 선택한 후 Ctrl + C , Ctrl + F 로 앞으로 붙여넣기 한다. [Swatches] 패널에 등록했던 패턴을 선택해 채운다. 크기 조정을 위해 Scale Tool(, S)을 더블 클릭한 후 Options : Transform Objects 체크 해제, Transform Patterns 체크, Uniform : 40%, Preview를 체크해 확인하고 OK 를 클릭한다. Selection Tool(▶, V)로 왼쪽 부분 패턴을 선택한 후 Ctrl + [하여 뒤로 보낸다.

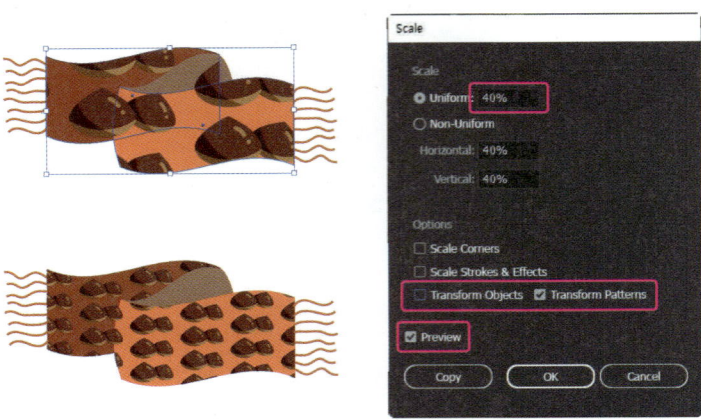

8 머플러를 모두 선택하고 그룹화(Ctrl + G)한 후 회전한다. 그림자 적용을 위해 [Effect]-[Stylize]-[Drop Shadow]를 선택한 후 Opacity : 50%, X Offset : 1mm, Y Offset : 1mm, Blur : 1mm로 설정한다.

9 라벨(M50Y100K80)은 Rectangle Tool(, M)로 그린다. Direct Selection Tool(▶, A)로 상단의 두 포인트를 선택한 후 우측으로 살짝 이동해 기울기를 준다.

⑩ Type Tool(T, T)로 빈 캔버스를 클릭한 후 Hand Made를 입력한다. Ctrl+A로 모두 선택한 후 [Window]-[Type]-[Character](Ctrl+T) 패널에서 Font : Times New Roman, Style : Bold Italic, Size : 12pt, Color : C0M0Y0K0으로 설정한다.

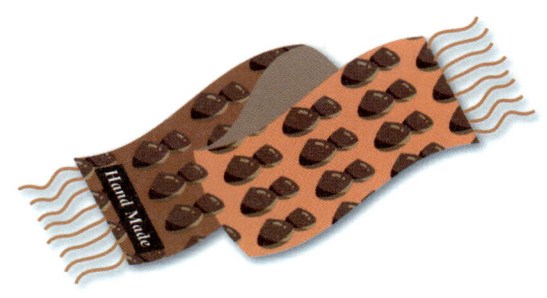

06 저장하고 전송하기

① 불필요한 도형은 삭제하고 가이드라인이 보이지 않도록 [View]-[Guides]-[Hide Guides](Ctrl+;)한다. [File]-[Save] 또는 [File]-[Save As]한 후 Save On Your Computer 를 선택하여 '내 PC₩문서₩GTQ' 폴더에 "수험번호-성명-2"로 저장한다.

② [Illustrator Options] 대화상자에서 Version : Illustrator CC(Legacy)로 체크한 후 OK 를 클릭한다. 하위 버전 저장에 따른 메시지가 뜨면 계속 OK 를 클릭한다.

③ 시험장의 작업표시줄에 나타나는 'Koas 수험자용'을 클릭해 우측의 답안 전송 을 클릭한 후 해당하는 번호에 체크한다. 하단의 답안 전송 을 클릭한 후 닫기 를 누르면 최종 전송된 답안으로 채점이 이루어진다.

Check Point !

		O	X
01	출력형태를 제외한 나머지 오브젝트는 삭제했나요?		
02	해당 오브젝트를 출력형태의 위치에 배치했나요? (눈금자와 가이드라인 참고해 확인)		
03	작업 중 생성된 가이드라인을 Ctrl + ; 으로, 그리드를 Ctrl + ` 로 숨겼나요?		
04	Gradient가 적용된 오브젝트의 색상과 방향을 출력형태에 맞게 적용했나요?		
05	출력형태에 제시된 '선'의 두께는 정확히 설정되었나요?		
06	결과가 '면'의 속성인 오브젝트를 '선'의 속성으로 그렸을 경우 'Expand' 처리했나요?		
07	제시된 조건 이외의 오브젝트를 편의에 의해 Blend나 Envelope Distort의 기능으로 완성했을 경우 'Expand' 처리했나요?		
08	텍스트 작업 시 Font Family가 Bold인 경우 변경되어 있나요?		
09	오브젝트의 불투명도(Opacity) 값이 정확히 설정되었나요?		
10	저장을 먼저 한 후 답안 전송으로 마무리하였나요? (중요한 작업 완료 후 수시로 저장과 전송 가능)		

| 문제 3 | 광고디자인 | 완성 파일 : 기출유형문제5회-3.ai |

01 새 캔버스 설정 및 저장

1. 새 캔버스를 만들기 위해 [File]-[New]를 선택하여 Width : 210mm, Height : 297mm, Color Mode : CMYK로 설정한 후 새 캔버스를 연다.

2. [View]-[Rulers]-[Show Rulers](Ctrl+R)를 선택해 눈금자를 꺼낸다(좌측 상단 영점 확인).

3. 작업 파일을 저장하기 위해 [File]-[Save As]에서 '내 PC₩문서₩GTQ' 하위 폴더에 파일 이름을 '수험번호-성명-3.ai'로 입력한 후 'Illustrator CC(Legacy)' 버전으로 저장한다.

4. 도구상자가 모두 보이는지, 상단의 [Control] 패널이 있는지 체크한다.

   Plus@

   [Window]-[Workspace]-[Essentials Classic]으로 한 번에 도구상자와 [Control] 패널을 나타낼 수 있다.

5. 작업에 앞서 제시된 색을 [Swatches] 패널이나 도형들을 나열해 색상을 등록해 놓는다.

6. 오브젝트별로 가이드라인을 표시하고 작업하면 좋다.

02 Mesh로 배경 만들기

1 배경(C50)은 Rectangle Tool(▢, M)로 빈 공간을 클릭한 후 대화상자가 나오면 Width : 210mm, Height : 180mm를 입력한다. Selection Tool(▶, V)로 캔버스에 맞게 배치한다.

Plus@

직사각형을 캔버스의 영점에 정확히 맞추려면 [Window]-[Transform] 패널에서 고정점을 좌측 상단으로 클릭한 후 X : 0mm, Y : 0mm로 입력한다.

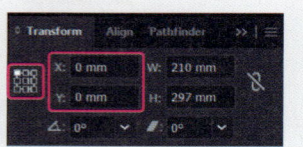

2 Mesh Tool(▨, U)로 출력형태를 참고해 두 부분(C10)에 클릭한 후 해당하는 색을 채운다. 나머지 두 부분(C50)을 선택하여 기존 색으로 채운다. 배경을 고정시키기 위해 [Object]-[Lock]-[Selection](Ctrl + 2)을 클릭한다.

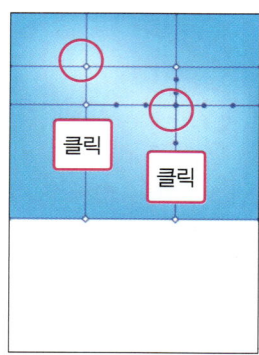 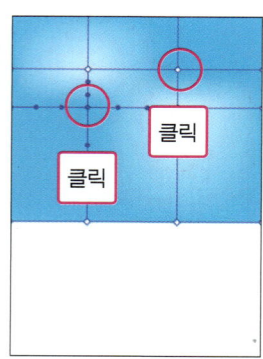

Plus@

오브젝트 잠금 : [Object]-[Lock]-[Selection](Ctrl + 2)
오브젝트 잠금 해제 : [Object]-[Unlock All](Alt + Ctrl + 2)

Plus@

Mesh를 수정하려면 Mesh Tool(▨, U)이나 Direct Selection Tool(▶, A)로 수정하고 싶은 기준점(Anchor Point)을 선택한 후 삭제 또는 색을 변경한다.

03 구름과 언덕

1 구름(C0M0Y0K0)을 표현하기 위해 Ellipse Tool(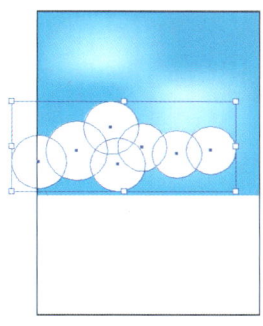, L)로 타원을 그린 후 Selection Tool(, V)로 Alt 와 함께 복제하고 출력형태를 참고해 만든다. 모두 선택한 후 그룹화(Ctrl + G)한다. Alt 와 함께 아래로 복제한 후 Reflect Tool(, O)을 더블 클릭해 Axis : Vertical, (OK)를 클릭한 후 색(C50K10)을 채우고 회전 배치한다.

2 언덕(M10Y40K20 → C10M40Y100K30)은 Ellipse Tool(, L)로 타원을 그린다. 그래디언트를 적용하기 위해 [Window]-[Gradient](Ctrl + F9)를 선택한 후 ❶ 'Linear Gradient'를 선택하고 ❷ 하단의 좌측 조절점을 더블 클릭한다. ❸ CMYK로 변경하기 위해 우측의 메뉴( )를 선택한 후 ❹ CMYK를 누르고 색(M10Y40K20)을 적용한다. 나머지 적용을 위해 우측 조절점을 더블 클릭한 후 ❸, ❹를 반복해 색(C10M40Y100K30)을 적용한다. 그래디언트의 방향을 수정하기 위해 Gradient Tool(, G)을 선택한 후 그림과 같은 방향으로 드래그한다.

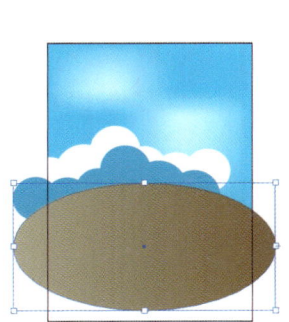 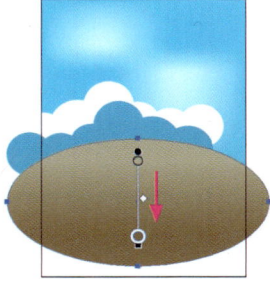 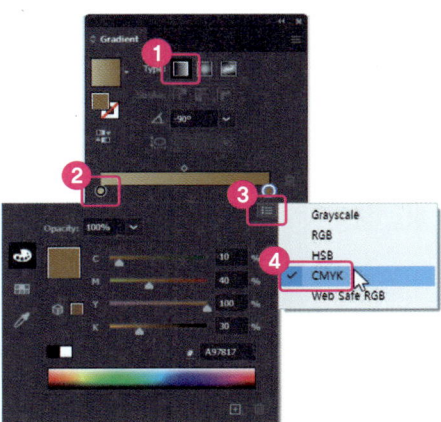

❸ Selection Tool(, V)로 Alt 와 함께 복제한 후 크기를 조정하고 회전하여 배치한다.

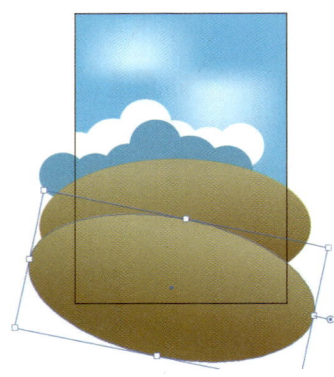

04 헛간 오브젝트

❶ 헛간(M100Y90)은 Rectangle Tool(, M)로 그린 후 Add Anchor Point Tool(, =)로 두 개의 기준점을 추가한다. Direct Selection Tool(, A)로 추가된 기준점을 선택해 위로 이동한다.

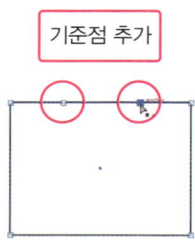 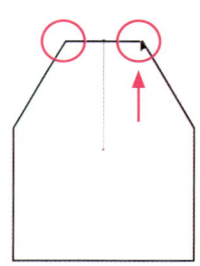

Plus @

Smart Guides([View]-[Smart Guides](Ctrl + U))를 참고해 이동한다.

2 처마(M20Y50)는 헛간을 Ctrl+C, Ctrl+F로 앞으로 붙여넣기 한 후 색(면 : None, 선 : M20Y50, 10pt)을 채운다. '면'의 속성으로 변경하기 위해 [Object]-[Expand]해 확장한다. Line Segment Tool(, W)로 그림을 참고해 수평선을 그린다. Selection Tool(, V)로 처마와 수평선을 선택한 후 [Pathfinder](Ctrl+Shift+F9) 패널의 'Divide'로 분리한다. Shift+Ctrl+G로 그룹을 해제한 후 아랫부분을 삭제한다.

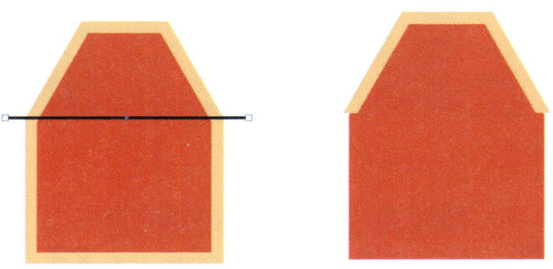

3 양 끝부분을 정확히 맞추려면 Direct Selection Tool(, A)로 그림과 같이 선택한 후 이동하여 맞춘다.

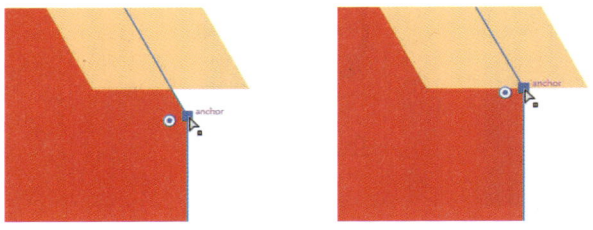

4 지붕(C20M30Y80)은 Rectangle Tool(, M)로 그린다. Shear Tool( )로 좌측 하단을 클릭하여 중심점을 이동한 후 윗부분을 드래그하여 좌측으로 이동해 그림과 같이 만든다.

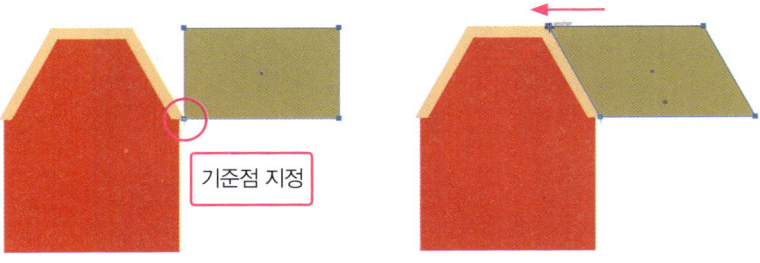

5 벽면(C20M100Y90K10)은 Rectangle Tool(, M)을 이용해 만든다. 줄무늬(M100Y100K70)도 Rectangle Tool(, M)로 만들어 Selection Tool(, V)로 Alt 와 함께 우측으로 복제한 후 규칙적으로 복사하기 위해 Ctrl + D 를 3번 실행한다.

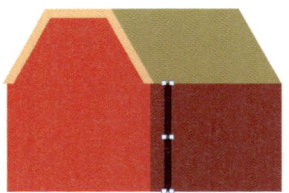 

6 문(M20Y50)과 창문틀(M20Y50)도 직사각형을 이용해 만든다. 창문(면 : None, 선 : 임의의 색, 6pt)은 Ellipse Tool(, L)로 그린 후 Direct Selection Tool(, A)로 하단 포인트를 선택해 삭제한다. '면'의 속성으로 변경하기 위해 [Object]−[Expand]해 확장한 후 색(M20Y50)을 채운다. Selection Tool(, V)로 모두 선택한 후 그룹화(Ctrl + G)한다.

7 Pen Tool(, P)로 그림을 참고해 길(M20Y50)을 만든다. Selection Tool(, V)로 아래의 언덕을 선택한 후 맨 앞으로 보내기 위해 Shift + Ctrl +] 를 적용한다.

05 수레 오브젝트

1 수레(C10M70Y100K40)는 Rectangle Tool(■, M)로 그린 후 Direct Selection Tool(▶, A)로 각 포인트를 이동하여 그림을 참고해 만든다.

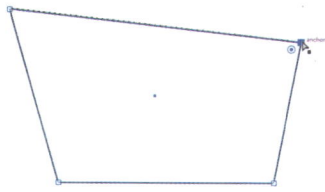

2 Line Segment Tool(/, ₩)로 그림을 참고해 선을 그린다. Selection Tool(▶, V)로 모두 선택한 후 [Pathfinder](Ctrl+Shift+F9) 패널의 'Divide'로 분리한다. Shift+Ctrl+G로 그룹을 해제해 윗부분(C40M80Y90K50)을 살짝 크게 조정한 후 색을 채운다.

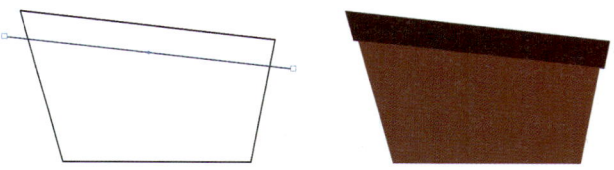

3 수레 부분을 선택한 후 [Object]-[Path]-[Offset Path]를 선택하고 Offset : -3mm를 입력한 다음 OK 를 클릭해 색(C10M50Y100K20)을 채운다. Line Segment Tool(/, ₩)로 그림과 같이 선(임의의 색, 5pt)을 2회 그린다. Selection Tool(▶, V)로 두 개의 선을 선택한 후 '면'의 속성으로 변경하기 위해 [Object]-[Expand]한다.

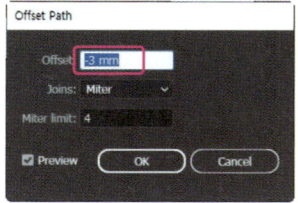  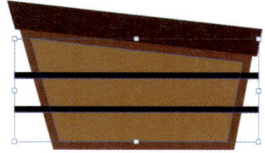

4 Shift 와 함께 Offset한 도형을 선택한 후 [Pathfinder](Shift + Ctrl + F9) 패널의 'Minus Front'를 적용한다.

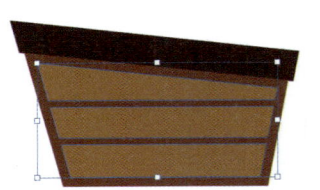 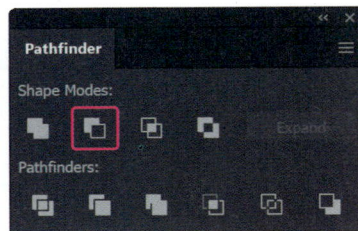

5 손잡이(C40M80Y90K50)는 Pen Tool(, P)로 그림을 참고하여 그린다.

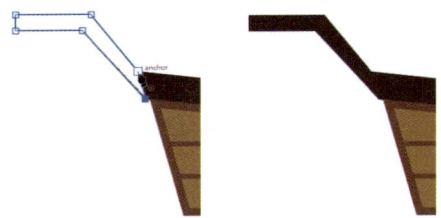

6 바퀴(C40M80Y90K50)는 Ellipse Tool(, L)로 정원을 그린다. Ctrl + C , Ctrl + F 로 앞으로 붙여넣기 한 후 Selection Tool(, V)로 모서리에서 Alt + Shift 와 함께 줄인다. 원을 모두 선택한 후 [Pathfinder](Shift + Ctrl + F9) 패널의 'Minus Front'를 적용한다. Ellipse Tool(, L)로 중심에 작은 정원(K90)을 Alt + Shift 와 함께 그린다.

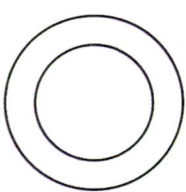 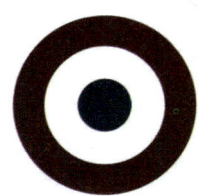

7 바퀴살(K90)은 Line Segment Tool(, W)로 수직선을 하나 그린다. [Control] 패널의 Stroke Weight : 6pt로 설정한다. Selection Tool(, V)로 바퀴 부분을 모두 선택한 후 [Window]-[Align](Shift + F7) 패널에서 'Horizontal Align Center'와 'Vertical Align Center'를 선택해 정렬한다.

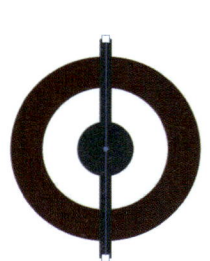
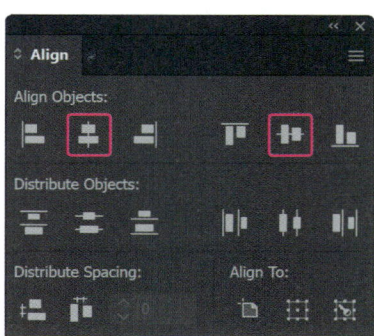

8 회전하기 위해 선을 선택한 후 Rotate Tool(, R)을 더블 클릭해 360/6 또는 60을 입력한 후 Copy 를 클릭한다. 반복하기 위해 Ctrl + D 를 1번 실행한다.

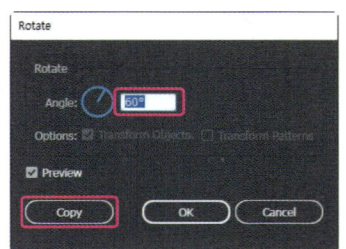

9 Selection Tool(, V)로 Shift 와 함께 선을 모두 선택한 후 '면'의 속성으로 변경하기 위해 [Object]-[Expand]한다. Shift 와 함께 바깥쪽 원을 선택해 밖의 자투리 여백을 정리하기 위해 Shape Builder Tool(, Shift + M)로 Alt 와 함께 제거한다. Selection Tool(, V)로 바깥쪽 원을 선택한 후 맨 앞으로 보내기 위해 Shift + Ctrl +] 를 적용한다.

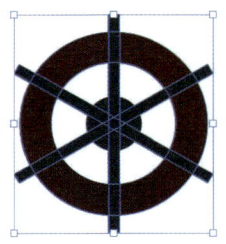

Alt +클릭

06 심볼 오브젝트 '호박'

1 호박 뒷면(M60Y100K20)은 Ellipse Tool(◯, L)로 타원을 두 개 그린 후 Selection Tool(▶, V)로 모두 선택한다. Reflect Tool(▷◁, O)로 기준점을 Alt +클릭해 Axis : Vertical, Copy 를 클릭한다.

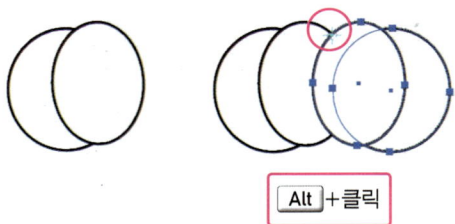

2 호박 앞면(M50Y100, M60Y100K20)은 Ellipse Tool(◯, L)로 타원을 두 개 그린다. Selection Tool(▶, V)로 모두 선택한 후 Alt 와 함께 복제한다. 맨 앞의 타원 하나를 우측으로 복제해 크게 만든다.

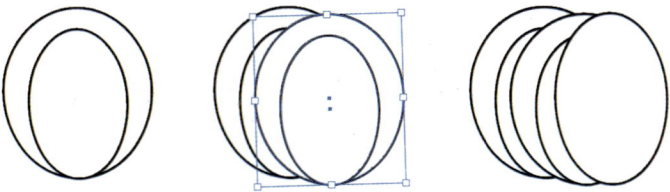

3 해당하는 색을 채운 후 맨 앞 도형을 제외한 나머지 원을 모두 선택해 Reflect Tool(▷◁, O)로 큰 원의 중심점을 Alt +클릭해 기준점을 잡고 Axis : Vertical, Copy 를 클릭한다. Selection Tool(▶, V)로 앞면을 모두 선택한 후 그룹화(Ctrl + G)한다.

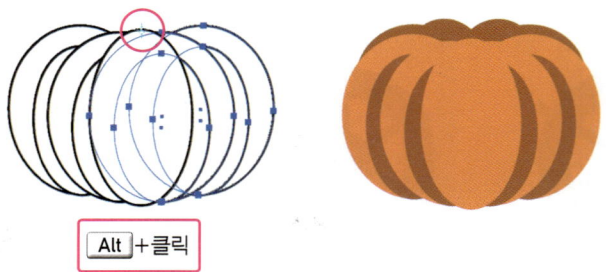

4 호박 꼭지(C30Y100K50, C20Y100K30)는 Pencil Tool(, N)로 그린 후 [Control] 패널의 Stroke Weight : 4pt로 설정한다. Width Tool(, Shift + W)로 그림을 참고해 하단의 폭을 넓힌다. 이어서 중간 부분의 폭을 살짝 좁혀 모양을 만든다.

5 '면'의 속성으로 변경하기 위해 [Object]-[Expand Appearance]를 적용한다. 분리하기 위해 Knife Tool( )로 그림을 참고해 자른 후 색을 채운다.

Plus@

Pen Tool(, P)로 선을 그린 후 [Pathfinder](Shift + Ctrl + F9) 패널의 'Divide'를 적용해도 된다.

6 넝쿨(C30Y100K50)도 Pencil Tool(, N)로 그린 후 [Control] 패널의 Stroke Weight : 1pt로 설정한다. 나머지는 4를 참고해 만든다.

7 나뭇잎(C30Y100K50)은 Pen Tool(, P)로 그림을 참고해 그린다.

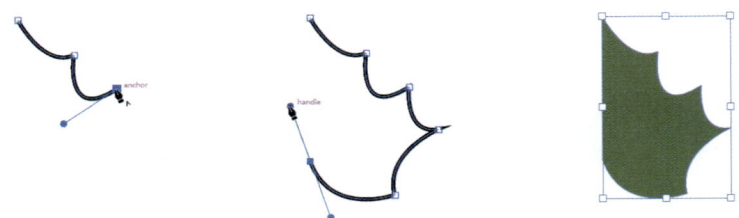

8 Reflect Tool(, O)로 Ctrl 과 함께 오브젝트를 클릭한 후 기준을 Alt +클릭해 Axis : Vertical, Copy 를 클릭한다. Selection Tool(, V)로 색(C20Y100K30)을 채운 후 그림과 같이 Alt 로 복제해 배치한다. 모두 선택한 후 그룹화(Ctrl + G)한다.

9 수레 안에 호박 두 개를 Alt 와 함께 복제해 배치한다. 노란 호박(M20Y100K10, M10Y100)은 더블 클릭해 그룹 안에서 색을 변경한 후 Esc 로 빠져나온다. 수레 뒤로 보내기 위해서 호박 두 개를 선택한 후 Ctrl + [를 적용한다.

Plus@

그룹화되어 있는 부분을 더블 클릭하면 Isolated Area(고립된 영역)로 들어가게 되며 수정 후 Esc 나 화살표를 눌러 빠져나온다.

⑩ Selection Tool(, V)로 모두 선택한 후 그룹화(Ctrl + G)한다. 그림자 적용을 위해 [Effect]−[Stylize]−[Drop Shadow]를 선택한 후 Opacity : 70%, X Offset : 2mm, Y Offset : 2mm, Blur : 2mm로 설정한다.

07 ▶ Blend와 Brush 적용

① Pencil Tool(, N)로 출력형태를 참고해 자유로운 곡선(C0M0Y0K0, 1pt → C50Y50K20, 3pt)을 그린다. Selection Tool(, V)로 두 곡선을 선택하고 [Object]−[Blend]−[Make](Alt + Ctrl + B)를 적용한다. 단계를 조정하기 위해 Blend Tool(, W)을 더블 클릭하여 Spacing : Specified Steps, 15로 적용한 후 OK 를 클릭한다.

2 브러시(선 : C80M20Y100K20, Opacity 70%)를 적용하기 위해 Pencil Tool(✏ , N)로 출력형태를 참고하여 그린다. [Window]−[Brushes](F5) 패널을 열고 패널 하단의 📚 를 클릭해 Decorative > Elegant Curl & Floral Brush Set > Vine 2를 선택한다. Stroke Weight : 1pt로 설정하고 불투명도를 Opacity : 70%로 설정한다. Selection Tool(▶ , V)로 수레를 맨 앞으로 보내기 위해 Shift + Ctrl +] 를 적용한다.

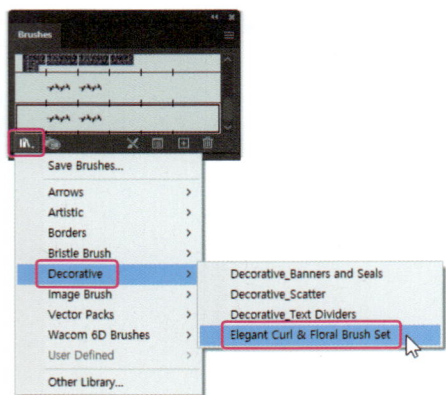

08 Symbol 등록과 적용

1 호박을 [Symbols] 패널에 등록하기 위해 [Window]−[Symbols](Shift + Ctrl + F11)를 열고 드래그하여 추가한다. [Symbol Options] 대화상자에서 Name : 호박이라고 입력한 후 OK 를 클릭한다.

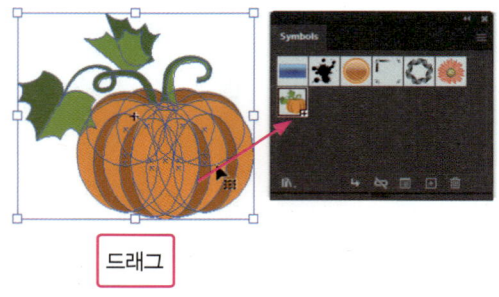

드래그

2 Symbol을 적용하기 위해 Selection Tool(, V)로 원본 Symbol을 선택한 후 Symbol Sprayer Tool(, Shift + S)로 출력형태를 참고해 클릭, 클릭하여 배치한다.

Plus@

Symbol Sprayer Tool 적용 시 여러 개의 Symbol이 추가되었을 경우 Alt 와 함께 클릭하면 삭제된다.

3 ❶ Symbol의 크기를 조절하기 위해 Symbol Sizer Tool( )을 선택한다. 클릭, 클릭은 점점 크게, Alt 와 함께 클릭하면 작아진다. ❷ Symbol의 위치 조절은 Symbol Shifter Tool( )로 드래그하며 ❸ Symbol의 기울기는 Symbol Spinner Tool( )로 시계방향, 반시계방향으로 회전한다. ❹ Symbol의 색상 변화를 위하여 Symbol Stainer Tool( )을 선택한다. [Swatches] 패널에서 해당 색(녹색, 자주)을 선택하고 해당 Symbol을 클릭하면 색상의 변화가 생기며 면 색에 따라 좌우된다. ❺ Symbol Screener Tool( )로 투명도를 적용한 후 마무리한다.

09 텍스트 입력 및 Envelope Distort

1 Type Tool(`T`, `T`)로 빈 캔버스를 클릭한 후 Meet me를 입력한다. `Ctrl`+`A`로 전체선택한 후 [Window]-[Type]-[Character](`Ctrl`+`T`) 패널에서 Font : Times New Roman, Style : Bold Italic, Size : 70pt, Color : C70M20Y80으로 설정한다. [Object]-[Envelope Distort]-[Make with Warp](`Alt`+`Shift`+`Ctrl`+`W`)를 선택한 후 [Warp Options] 대화상자에서 Style : Arc Upper, Bend : 50%를 입력하고 `OK`를 누른다.

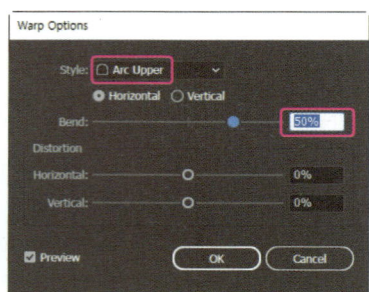

2 Type Tool(`T`, `T`)로 빈 캔버스를 클릭한 후 At pumpkin patch를 입력한다. `Ctrl`+`A`로 전체선택한 후 [Window]-[Type]-[Character](`Ctrl`+`T`) 패널에서 Font : Times New Roman, Style : Bold Italic, Size : 60pt, Color : M100Y90으로 설정한다.

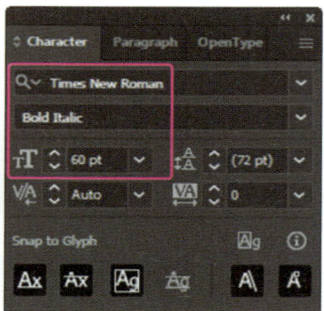

❸ Type Tool(, T)로 빈 캔버스를 클릭한 후 BEST THANKS GIVING DAY를 입력한다. Ctrl + A 로 전체선택한 후 [Window]−[Type]−[Character](Ctrl + T) 패널에서 Font : Arial, Style : Regular, Size : 22pt, Color : C0M0Y0K0으로 설정한다. [Object]−[Envelope Distort]−[Make with Warp](Alt + Shift + Ctrl + W)를 선택한 후 [Warp Options] 대화상자에서 Style : Arc, Bend : −30%를 입력하고 OK 를 누른다.

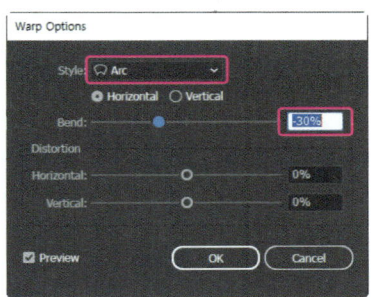

10 Clipping Mask로 마무리하기

❶ Rectangle Tool(, M)로 빈 공간을 클릭한 후 Width : 210mm, Height : 297mm를 입력하고 OK 를 클릭한다. Selection Tool(, V)로 캔버스 끝에 딱 맞추고 캔버스에 있는 모든 오브젝트를 선택한 후 마우스 오른쪽 버튼을 클릭하고 'Make Clipping Mask'를 적용한다.

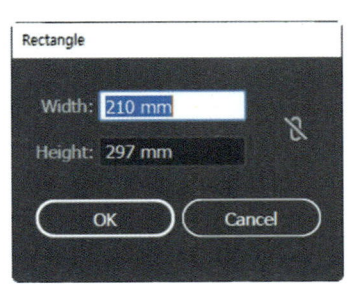
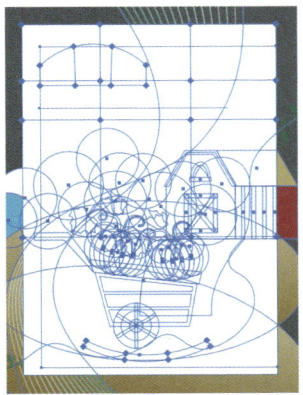

Plus α

직사각형을 캔버스의 영점에 정확히 맞추려면 [Window]–[Transform] 패널에서 고정점을 좌측 상단으로 클릭한 후 X : 0mm, Y : 0mm로 입력한다.

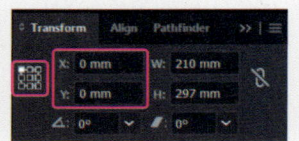

Plus α

Clipping Mask 적용 : [Object]–[Clipping Mask]–[Make](Ctrl + 7)
Clipping Mask 해제 : [Object]–[Clipping Mask]–[Release](Alt + Ctrl + 7)

Plus α

Clipping Mask 안쪽의 오브젝트를 수정하기 위하여 Selection Tool(▶ , V)로 더블 클릭하면 Isolated Area(고립된 영역)로 들어가게 되며 그 안에서 수정할 수 있다. 수정 완료 후 Esc 나 화살표를 눌러 빠져나온다.

11 저장하고 전송하기

1 불필요한 도형은 삭제하고 가이드라인이 보이지 않도록 [View]–[Guides]–[Hide Guides](Ctrl + ;)한다. [File]–[Save] 또는 [File]–[Save As]한 후 (Save On Your Computer)를 선택하여 '내 PC₩문서₩GTQ' 폴더에 "수험번호−성명−3"으로 저장한다.

2 [Illustrator Options] 대화상자가 나오면 Version : Illustrator CC(Legacy)로 체크한 후 (OK)를 클릭한다. 하위 버전 저장에 따른 메시지가 뜨면 계속 (OK)를 클릭한다.

3 시험장의 작업표시줄에 나타나는 'Koas 수험자용'을 클릭해 우측의 답안 전송 을 클릭한 후 해당하는 번호에 체크한다. 하단의 답안 전송 을 클릭한 후 닫기 를 누르면 최종 전송된 답안으로 채점이 이루어진다.

Check Point !

		O	X
01	출력형태를 제외한 나머지 오브젝트는 삭제했나요?		
02	해당 오브젝트를 출력형태의 위치에 배치했나요? (눈금자와 가이드라인 참고해 확인)		
03	오브젝트에 'Lock'이 되어 있는 경우 'Unlock All(Alt + Ctrl + 2)'했나요?		
04	작업 중 생성된 가이드라인을 Ctrl + ; 으로, 그리드를 Ctrl + ' 로 숨겼나요?		
05	Gradient가 적용된 오브젝트의 색상과 방향을 출력형태에 맞게 적용했나요?		
06	결과가 '면'의 속성인 오브젝트를 '선'의 속성으로 그렸을 경우 'Expand' 처리했나요?		
07	제시된 조건 이외의 오브젝트를 편의에 의해 Blend나 Envelope Distort의 기능으로 완성했을 경우 'Expand' 처리했나요?		
08	텍스트 작업 시 Font Family가 Bold인 경우 변경되어 있나요?		
09	오브젝트의 불투명도(Opacity) 값이 정확히 설정되었나요?		
10	마지막 단계에서 Clipping Mask하여 마무리되었나요?		

PART 5
실전 모의고사

CHAPTER 1 실전 모의고사 1회

CHAPTER 2 실전 모의고사 2회

CHAPTER 3 실전 모의고사 3회

CHAPTER 4 실전 모의고사 4회

CHAPTER 5 실전 모의고사 5회

유선배 GTQ 일러스트 1급 합격노트
이 시대의 모든 합격! 무료 동영상 강의와 함께 합격하세요!
www.youtube.com ➔ '스마일컴쌤' 검색 ➔ 구독

CHAPTER

1 실전 모의고사 1회

급수	문제유형	시험시간	수험번호	성명
1급	A	90분		

수험자 유의사항

- 수험자는 문제지를 받는 즉시 응시하고자 하는 **과목 및 급수가 맞는지 확인**한 후 수험번호와 성명을 작성합니다.
- 파일명은 본인의 "수험번호-성명-문제번호"로 공백 없이 정확히 입력하고 답안 폴더(내 PC₩문서₩GTQ)에 파일 저장규칙(ai 파일 포맷)으로 저장해야 하며, '**다른 파일 형식으로 저장하였을 경우**' 0점 처리됩니다.
- 답안 문서 파일명이 "수험번호-성명-문제번호"와 일치하지 않거나, '**답안 파일을 전송하지 않는 경우**' 답안 파일 미제출로 불합격 처리됩니다.
- 수험자 정보와 저장한 파일명, 저장 위치가 다를 경우 전송이 되지 않으므로, 주의하시길 바랍니다.
- 답안 작성 중에도 주기적으로 '저장'과 '답안 전송'을 이용하여 감독위원 PC로 답안을 전송하셔야 합니다(작업한 내용을 저장하지 않고 답안을 전송할 경우 이전의 저장내용이 전송되오니 이 점 반드시 유념하시기 바랍니다).
- 모든 수험자는 동일한(초기화된) 환경에서 시험이 시작되며 '작업환경 설정'은 시험 시간 내에 진행합니다(시험 시작 전 '작업환경 설정' 불가, 소프트웨어 이상 유무만 확인).
- 답안 문서를 지정된 경로 외의 다른 보조기억장치에 저장하는 행위, 지정된 시험 시간 외에 작성된 파일을 활용한 행위, 기타 허용되지 않은 프로그램(이메일, 메신저, 게임, 네트워크, 윈도우계산기, 스톱워치 등) 이용 시 부정행위로 간주되어 **자격기본법 제32조**에 의거 본 시험 및 국가공인 자격시험을 2년간 응시할 수 없습니다.
- 시험 중 부주의 또는 고의로 시스템을 파손한 경우와 〈수험자 유의사항〉에 기재된 방법대로 이행하지 않아 생기는 불이익은 수험자의 책임임을 알려 드립니다.
- 시험을 완료한 수험자는 최종적으로 저장한 답안 파일이 전송되었는지 확인한 후 감독위원의 지시에 따라 문제지를 제출하고 퇴실합니다.

답안 작성요령

- 온라인 답안 작성 절차
  수험자 등록 ⇒ 시험 시작 ⇒ 답안 파일 저장 ⇒ 답안 전송 ⇒ 시험 종료
- 배점은 총 100점으로 이루어지며, 점수는 각 문제별로 차등 배분됩니다.
- 각 문제는 주어진 《조건》에 따라 작성하고, 《조건》을 지키지 못했을 경우에는 0점 또는 감점 처리됩니다.
- 문제 《조건》에 크기와 색상, 두께의 지정이 없을 경우 《출력형태》를 참고하여 작업해 주시기 바랍니다.
- **문제 《조건》과 《출력형태》에서 차이가 발생할 경우 문제에서 지정한 《조건》에 따라 작업해 주시기 바랍니다.**
- 《조건》에서 주어진 단위는 'mm(밀리미터)'입니다. 눈금자는 작성하지 않으며, 그 외는 출력형태(레이아웃, 색상, 문자, 규격 등)와 같게 작업하십시오.
- 문제 《조건》에 서체의 지정이 없을 경우 한글은 굴림이나 돋움, 영문은 Arial로 작업하십시오(단, 그 외에 제시되지 않은 문자 속성을 기본값으로 작성하지 않은 경우는 감점 처리됩니다).
- Color Mode(색상 모드)는 별도의 처리 조건이 없을 시 CMYK로 작업하십시오.
- 조건에서 제시한 기능을 임의로 합치거나 각 기능에 대한 속성을 해지할 경우 해당 요소는 0점 처리됩니다.

문제 1 BI, CI 디자인
25점

다음의 《조건》에 따라 아래의 《출력형태》와 같이 작업하시오.

조건

파일저장규칙	AI	파일명	문서₩GTQ₩수험번호-성명-1.ai
		크기	100 × 80mm

1. 작업 방법
   ① 도형 변형 툴과 Pathfinder 기능을 활용하여 오브젝트를 작성한다.
   ② 그 외 《출력형태》 참조

2. 문자 효과
   ① Fresh Brewed (Times New Roman, Italic, 17pt, C0M0Y0K0)

출력형태

K10, K30, K50,
K20 → K50,
C50Y30,
C40Y10,
C70Y10,
C30M60Y100K30,
C30M60Y100K60,
M70Y30,
C20M100Y30
[Stroke]
K100, 1pt

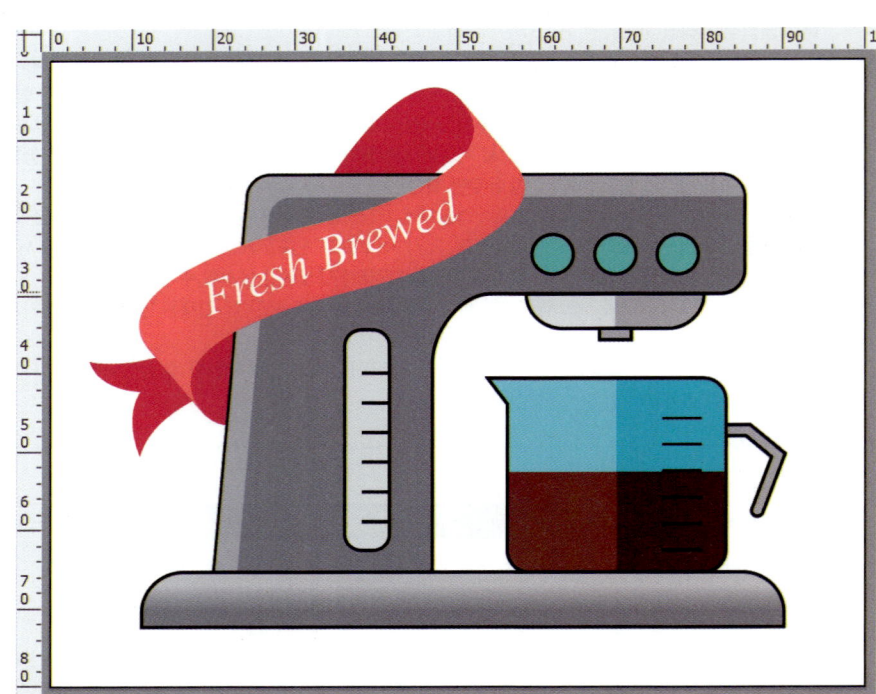

문제 2 패키지, 비즈니스디자인
35점

유선배 강의

다음의 《조건》에 따라 아래의 《출력형태》와 같이 작업하시오.

[조건]

파일저장규칙	AI	파일명	문서₩GTQ₩수험번호-성명-2.ai
		크기	160 × 120mm

1. 작업 방법
   ① 원두 포장에는 Pattern을 활용하여 작성한다(패턴 등록 : 커피콩).
   ② 커피 그라인더는 Clipping Mask를 적용한다.
   ③ Brush는 《출력형태》를 참고하여 작성한다.
   ④ Effect는 《출력형태》를 참고하여 작성한다.
   ⑤ 그 외 《출력형태》 참조

2. 문자 효과
   ① Class Grainder (Arial, Regular, 13pt, M50Y100)
   ② COFFEE BEAN (Arial, Italic, 13pt, C0M0Y0K0)

[출력형태]

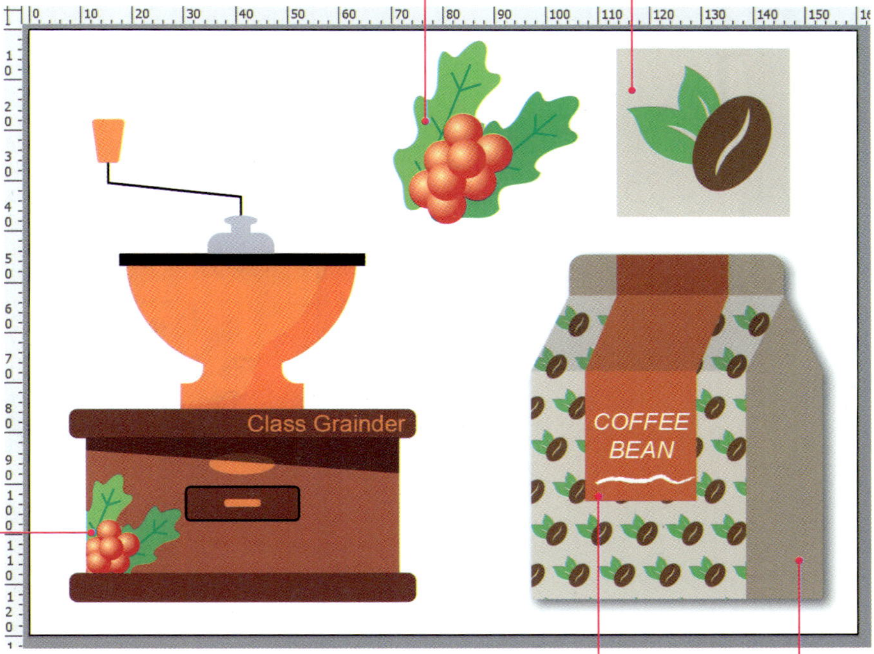

C40Y100,
C60Y100,
Y50 → C20M100Y90
[Stroke] C100Y100, 1pt

C10M10Y20,
C50Y100,
C30M50Y100K30

C10M10K10,
K100,
M50Y100,
M60Y90K10,
C30M70Y90K30,
C30M70Y90,
C40M70Y90K80,
Opacity 50%
[Stroke]
K100, 1pt

[Brush]
Charcoal - Pencil,
C0M0Y0K0, 1pt
[Pattern]
[Effect] Drop Shadow

C10M10Y20,
C30M30Y50,
C20M70Y100,
C20M80Y100K20,
K100, Opacity 10%

CHAPTER 1 실전 모의고사 1회

문제 3 광고디자인
40점

다음의 《조건》에 따라 아래의 《출력형태》와 같이 작업하시오.

조건

파일저장규칙	AI	파일명	문서₩GTQ₩수험번호-성명-3.ai
		크기	210 × 297mm

1. 작업 방법
   ① 《참고도안》은 직접 제작한 후 Symbol로 활용한다(심볼 등록 : 커피메이커).
   ② 'A Cup of Coffee', 'Do you want a cup of coffee?' 문자에 Envelope Distort를 적용한다.
   ③ Brush는 《출력형태》를 참고하여 작성한다.
   ④ Effect는 《출력형태》를 참고하여 작성한다.
   ⑤ Clipping Mask를 이용하여 디자인을 정리한다.
   ⑥ 그 외 《출력형태》 참조

2. 문자 효과
   ① A Cup of Coffee (Arial, Regular, 60pt, C0M0Y0K0)
   ② Do you want a cup of coffee? (Arial, Regular, 30pt, C0M0Y0K0)
   ③ Moment Right Now (Times New Roman, Italic, 24pt, C20M60Y60K20)

참고도안

K30, K40, K60, K70, K100

출력형태

210 × 297mm
[Mesh] M20Y40, M40Y60

C60M20Y30, M70Y60, M70Y60K20, C0M0Y0K0, K10, C20M60Y60K20, M20Y70, Opacity 60%, M20Y40 → C20M60Y60K20

[Blend] 단계 : 15
[Stroke] C0M0Y0K0, 1pt → M50Y80, 3pt

[Effect] Drop Shadow

[Symbol]

[Brush] City, K40, 1pt

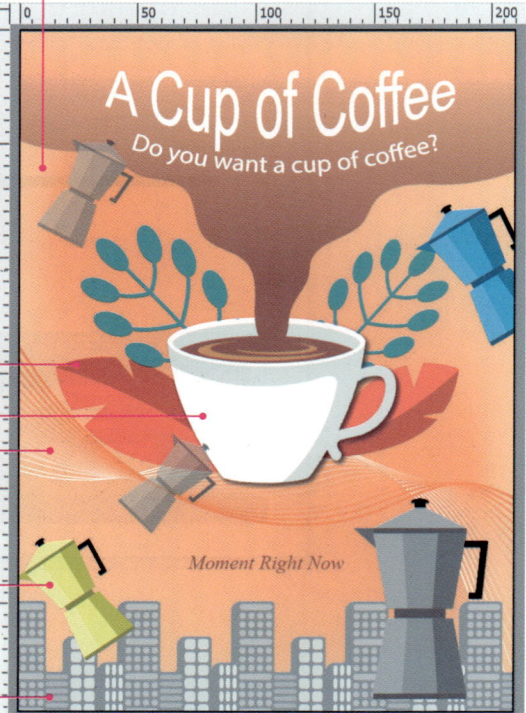

문제 1 BI, CI 디자인   완성 파일 : 실전모의고사1회-1.ai

01 새 캔버스 설정 및 저장

1 새 캔버스를 만들기 위해 [File]−[New]를 선택하여 Width : 100mm, Height : 80mm, Color Mode : CMYK로 설정한 후 새 캔버스를 연다.

2 [View]−[Rulers]−[Show Rulers](Ctrl + R)를 선택해 눈금자를 꺼낸다(좌측 상단 영점 확인).

3 [File]−[Save As]를 선택하고 Save On Your Computer 를 클릭한다. '내 PC₩문서₩GTQ' 하위 폴더에 파일 이름을 '수험번호−성명−1.ai'로 입력한 후 'Illustrator CC(Legacy)' 버전으로 저장한다.

4 도구상자가 모두 보이는지, 상단의 [Control] 패널이 있는지 체크한다.

> **Plus@**
>
> [Window]−[Workspace]−[Essentials Classic]으로 한 번에 도구상자와 [Control] 패널을 나타낼 수 있다.

5 작업에 앞서 제시된 색을 [Swatches] 패널이나 도형들을 나열해 색상을 등록해 놓는다.

6 오브젝트별로 가이드라인을 표시하고 작업하면 좋다.

02 커피머신 오브젝트

1 Rounded Rectangle Tool( )로 그림과 같이 그려준다. Selection Tool(, V)로 모두 선택한 후 [Pathfinder](Shift + Ctrl + F9) 패널의 'Unite'로 합친다.

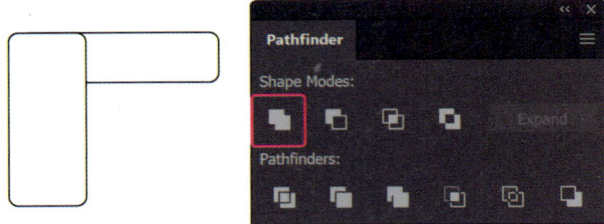

2 Direct Selection Tool(, A)로 중간의 Live Corners(곡률 활성화)를 클릭, 클릭해 하나만 선택한 후 알맞게 곡률을 준다.

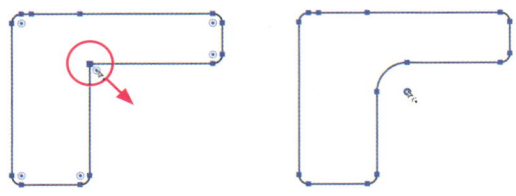

3 좌측 하단의 두 포인트를 선택한 후 좌측으로 이동한다. 음영을 표현하기 위해 Selection Tool(, V)로 도형을 선택하고 Ctrl + C , Ctrl + F 로 앞으로 붙여넣기 한 후 원본을 먼저 복제하고 Alt 와 함께 그림과 같이 드래그해 놓는다. Shift 와 함께 바로 뒤의 오브젝트를 복수로 선택하고 [Pathfinder] (Shift + Ctrl + F9) 패널의 'Minus Front'를 적용한다.

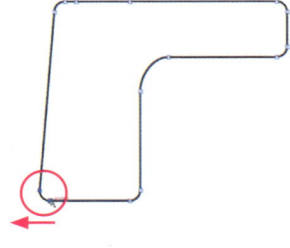 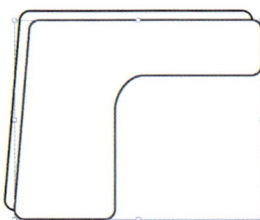 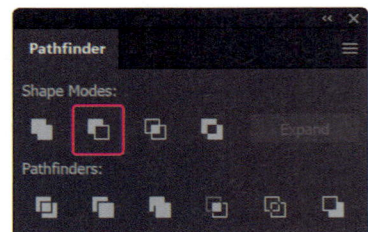

Plus@

이동으로 인해 오브젝트 윗부분의 곡률이 틀어졌다면 방향선 등을 조절해 모양을 만든다.

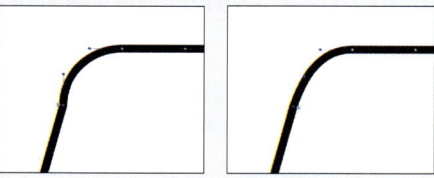

Plus@

CS6 사용자는 아래와 같이 도형을 나열하고 Selection Tool( ), V)로 모두 선택한 후 Shape Builder Tool( ), Shift + M)로 제거할 영역은 Alt 와 함께 드래그하여 제거하고 더할 영역은 그림과 같이 드래그로 합쳐 모양을 만든다.

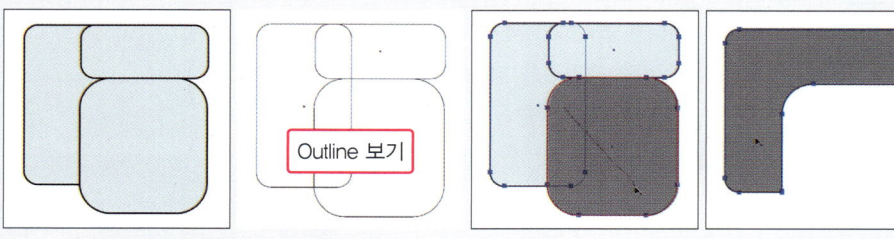

4 음영 부분(면 : K30, 선 : None)과 커피머신(면 : K50, 선 : K100, 1pt)의 색을 설정한다. 음영 부분에 가려 선의 두께가 온전하게 표현되지 않았으므로 [Window]−[Stroke](Ctrl + F10) 패널에서 Align Stroke : Align Stroke to Outside를 적용한다.

 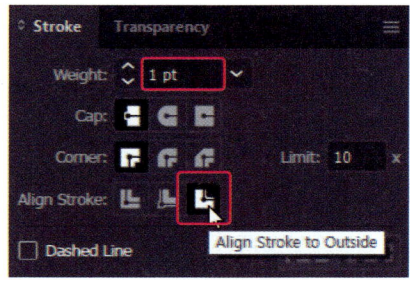 

Plus@

[Window]−[Stroke] 또는 CC 버전 이상은 [Properties] 패널에서도 [Stroke]를 클릭해 적용할 수 있다.

5 Rounded Rectangle Tool( )로 곡률을 주어 사각형을 그린 후 Direct Selection Tool(, A)로 하단의 두 포인트만 선택하고 Delete 한다. 열린 패스를 닫힌 패스로 만들기 위해 다시 한 번 하단 두 포인트만 선택한 후 [Object]-[Path]-[Join](Ctrl + J)을 적용한다.

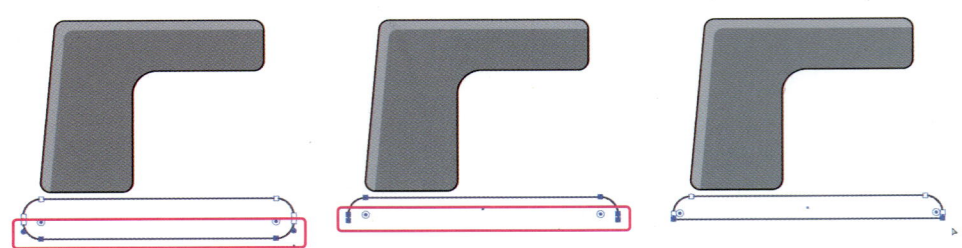

6 그래디언트를 적용하기 위해 [Window]-[Gradient](Ctrl + F9)를 선택한 후 ❶ 'Linear Gradient'를 선택한다. ❷ 하단의 좌측 조절점을 더블 클릭하고 ❸ 색(K20)을 적용한 후 나머지 적용을 위해 우측 조절점을 더블 클릭하고 색(K50)을 적용한다. 그래디언트의 방향을 수정하기 위해 Gradient Tool(, G)을 선택한 후 그림과 같이 드래그한다.

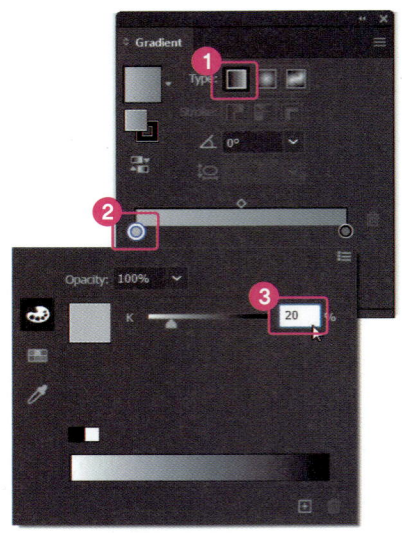

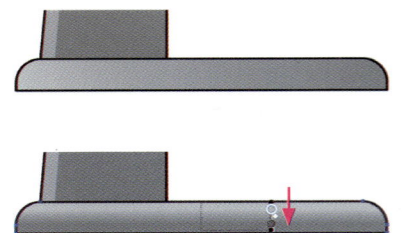

Plus α

Gradient의 방향을 수정할 경우 짧게 드래그하면 경계가 뚜렷하다.

7 그림과 같이 Ellipse Tool(, L)로 정원(면 : C50Y30, 선 : K100, 1pt)을 3개 그린 후 눈금자 (면 : K10, 선 : K100, 1pt)는 Rounded Rectangle Tool( )로 그린다. Line Segment Tool(, W)로 눈금자 안에 하나의 수평선을 그린 후 Selection Tool(, V)로 Alt 와 함께 드래그하여 복제하고 Ctrl + D 로 4개 더 복제한다. 만약 배분되지 않았다면 마지막 하나를 그림과 같이 아래로 이동하여 기준을 세운 후 선분 6개를 모두 선택하고 [Window]−[Align](Shift + F7) 패널에서 'Vertical Distribute Center'를 선택해 배분한다. 눈금선만 Shift 와 함께 선택해 그룹화(Ctrl + G)한다.

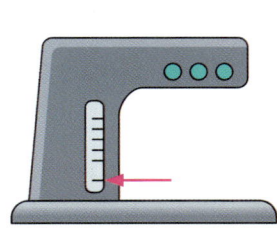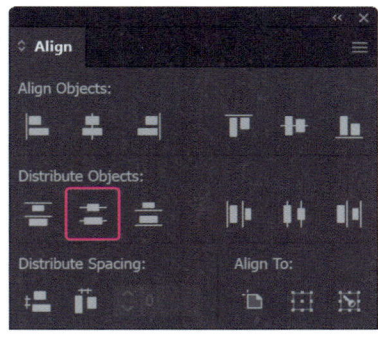

8 음료의 입구(면 : K10, K30, 선 : K100, 1pt)는 Rounded Rectangle Tool( )로 그린다. Scissors Tool(, C)로 Smart Guides(Ctrl + U)를 참고하면서 두 군데의 패스를 클릭하여 끊는다. Selection Tool(, V)로 각각의 색을 채운 후 음료의 입구 도형을 선택한다. 맨 뒤로 보내기 위해 Shift + Ctrl + [를 적용한 후 배치한다.
Rectangle Tool(, M)로 직사각형(K30, 선 : K100, 1pt)을 그려 마무리한다.

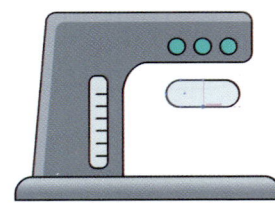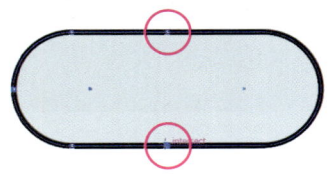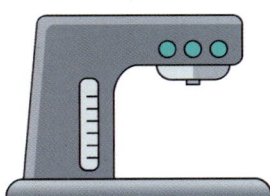

03 유리 비커 오브젝트

1 Rounded Rectangle Tool(▢)로 사각형(면 : 임의의 색, 선 : K100, 1pt)에 곡률을 주어 그린 후 좌측 상단의 Live Corners(곡률 활성화)를 클릭, 클릭하여 하나만 선택하고 꼭짓점으로 만든다. Add Anchor Point Tool(✒), =)로 기준점(Anchor Point)을 추가하고 Direct Selection Tool(▷, A)로 좌측 상단 꼭짓점을 선택한 후 좌측으로 이동해 모양을 만든다.

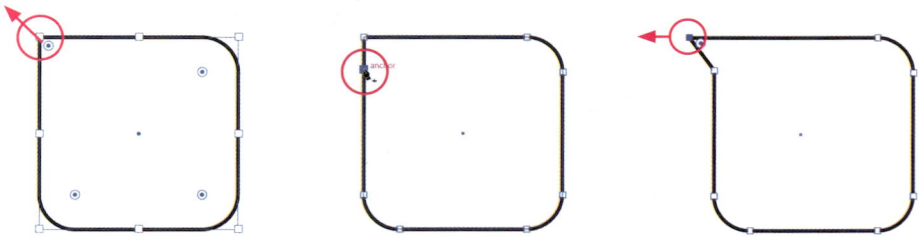

2 Ctrl+오브젝트를 클릭한 후 음영을 표시하기 위해 Ctrl+C, Ctrl+F로 앞으로 붙여넣기 하여 원본을 먼저 복제한 후 Line Segment Tool(╱, ₩)로 수직선과 수평선 하나를 그려준다. Selection Tool(▷, V)로 Shift와 함께 선 2개와 바로 뒤의 오브젝트를 복수로 선택한 후 [Pathfinder](Shift+Ctrl+F9) 패널의 'Divide'로 분리한다.

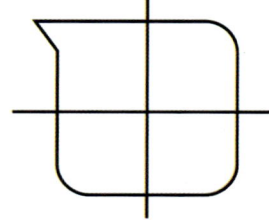 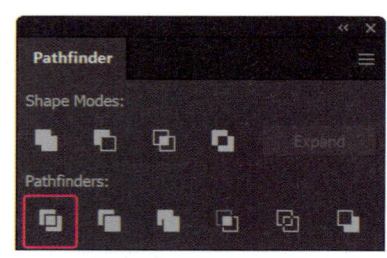 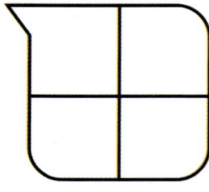

262 PART 5 실전 모의고사

3 Direct Selection Tool(, A)로 색(면 : C40Y10, C70Y10, C30M60Y100K30, C30M60Y100K60, 선 : None)을 채운다. 음영 부분에 가려 선의 두께가 온전하게 표현되지 않았으므로 Selection Tool(, V)로 2에서 복제해 두었던 맨 아래의 오브젝트를 선택한 후 [Window]-[Stroke](Ctrl + F10) 패널에서 Align Stroke : Align Stroke to Outside를 선택한다.

 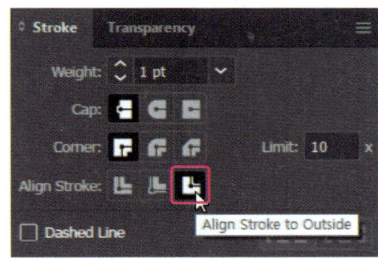 

Plus@

아래의 오브젝트가 잘 선택되지 않는다면 Selection Tool로 앞의 오브젝트를 선택하고 [Select]-[Next Object Below](Alt + Ctrl + [ ])를 누르면 바로 아래의 오브젝트가 선택된다.

4 눈금선은 커피메이커의 눈금선을 Alt 와 함께 복제한 후 맨 앞으로 보내기 위해 Shift + Ctrl +] 를 적용하고 크기를 조절한다. 손잡이는 Pen Tool(, P)로 그림과 같이 만든 후 [Window]-[Stroke](Ctrl + F10) 패널에서 Weight : 4pt, Cap : Round Cap으로 설정한다.

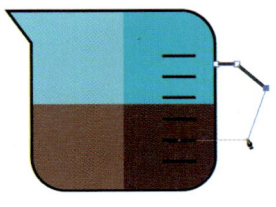 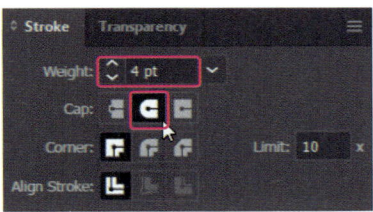 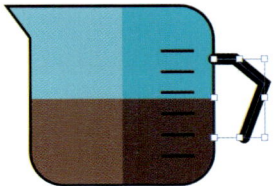

Plus@

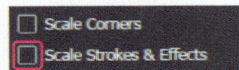

[Window]-[Transform] 패널의 'Scale Strokes & Effects'에 체크되어 있다면 크기 조절 시 두께도 같이 조절될 수 있으니 주의해야 한다.

5 '선'을 '면'의 속성으로 변경하기 위해 [Object]-[Expand]해 확장한 후 색(면 : K30, 선 : K100, 1pt)을 채운다. 맨 뒤로 보내기 위해 Shift + Ctrl + [를 적용한다.

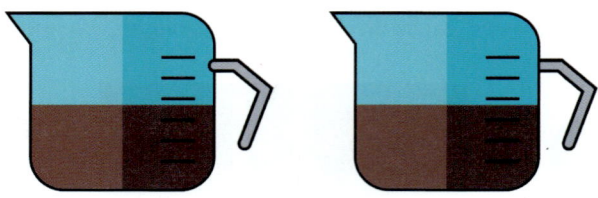

04 리본과 텍스트

1 리본(M70Y30)을 만들기 위해 Rectangle Tool(, M)로 사각형을 그린 후 구부리기 위해 [Object]-[Envelope Distort]-[Make with Warp](Alt + Shift + Ctrl + W)를 적용한다. [Warp Options] 대화상자에서 Style : Flag, Bend : -80%를 입력한 후 OK 를 클릭한다. '면'의 속성으로 변경하기 위해 [Object]-[Expand]해 확장한다.

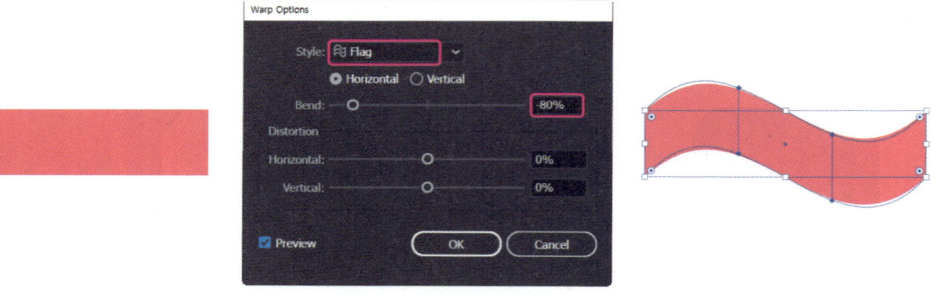

2 조금 더 휘어지게 표현하기 위해 Direct Selection Tool(, A)로 좌측 상단 기준점(Anchor Point)을 선택한 후 방향선을 좌측으로 수직이 되게 이동한다.

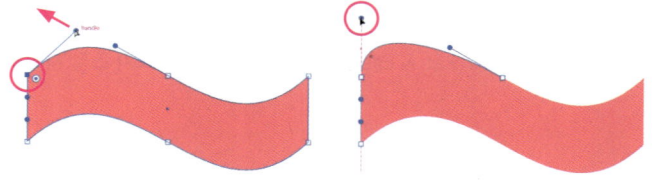

③ 좌측 하단 기준점(Anchor Point)을 선택하고 방향선을 좌측으로 수직이 되게 이동한다. 우측 하단 기준점(Anchor Point)을 선택한 후 우측 하단 방향으로 수직이 되게 이동한다. 나머지도 이와 같이 한다.

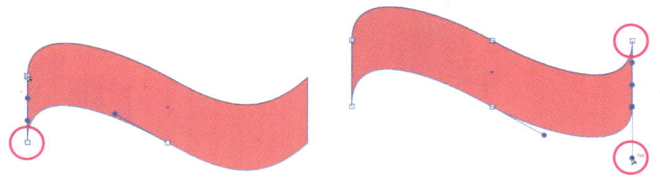

④ 리본의 뒷면(C20M100Y30)을 만들기 위해 Selection Tool(, V)로 리본을 선택한 후 Ctrl + C , Ctrl + B 를 눌러 뒤로 붙여넣기 한다. Reflect Tool(, O)을 더블 클릭한 후 Axis : Horizontal, OK 를 클릭한다.

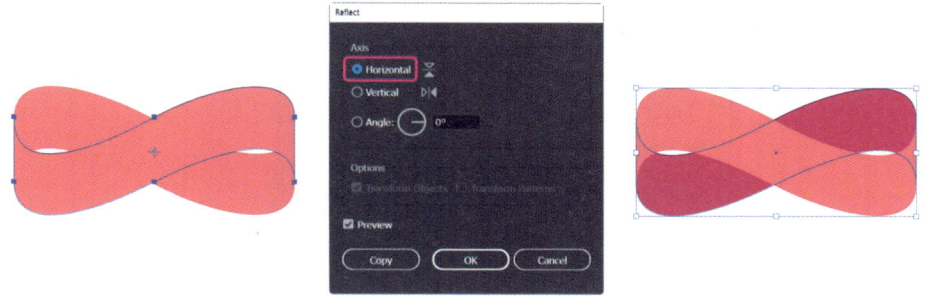

⑤ Selection Tool(, V)로 리본을 선택해 커피머신에 알맞게 배치한다. 리본의 뒷면만 선택한 후 커피머신 뒤로 보내기 위해 Shift + Ctrl + [를 적용한다. 리본의 꼬리부분(C20M100Y30)을 만들기 위해 Pen Tool(, P)로 그림과 같이 그린다. 맨 뒤로 보내기 위해 Shift + Ctrl + [를 적용한다.

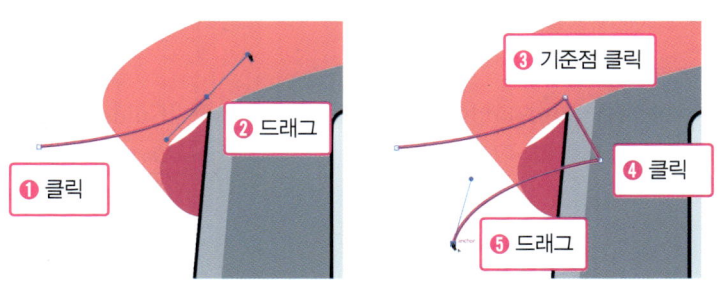

CHAPTER 1 실전 모의고사 1회 **265**

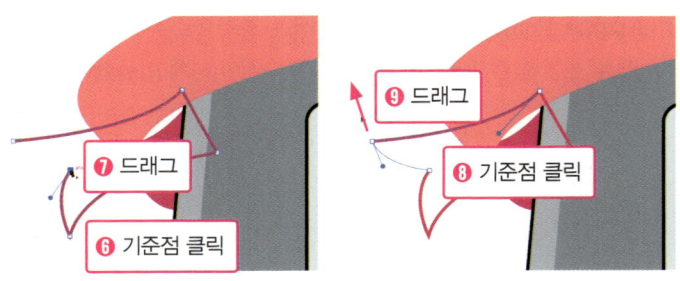

6 텍스트를 입력하기 위해 Type Tool(T, T)로 빈 캔버스를 클릭한 후 Fresh Brewed를 입력한다. Ctrl + A 로 전체선택한 후 [Window]-[Type]-[Character](Ctrl + T) 패널에서 Font : Times New Roman, Style : Italic, Size : 17pt, Color : C0M0Y0K0으로 설정을 변경한다. 출력형태를 참고하여 회전 배치한 후 마무리한다.

05 저장하고 전송하기

1 불필요한 도형은 삭제하고 가이드라인이 보이지 않도록 [View]-[Guides]-[Hide Guides](Ctrl + ;)한다. [File]-[Save] 또는 [File]-[Save As]한 후 Save On Your Computer 를 선택하여 '내 PC₩문서₩GTQ' 폴더에 "수험번호-성명-1"로 저장한다.

2 [Illustrator Options] 대화상자에서 Version : Illustrator CC(Legacy)로 체크한 후 OK 를 클릭한다. 하위 버전 저장에 따른 메시지가 뜨면 계속 OK 를 클릭한다.

3 시험장의 작업표시줄에 나타나는 'Koas 수험자용'을 클릭해 우측의 답안 전송 을 클릭한 후 해당하는 번호에 체크한다. 하단의 답안 전송 을 클릭한 후 닫기 를 누르면 최종 전송된 답안으로 채점이 이루어진다.

✅ Check Point !

		O	X
01	출력형태를 제외한 나머지 오브젝트는 삭제했나요?		
02	해당 오브젝트를 출력형태의 위치에 배치했나요? (눈금자와 가이드라인 참고해 확인)		
03	작업 중 생성된 가이드라인을 Ctrl + ; 으로, 그리드를 Ctrl + ' 로 숨겼나요?		
04	Gradient가 적용된 오브젝트의 색상과 방향을 출력형태에 맞게 적용했나요?		
05	출력형태에 제시된 '선'의 두께는 정확히 설정되었나요?		
06	결과가 '면'의 속성인 오브젝트를 '선'의 속성으로 그렸을 경우 'Expand' 처리했나요?		
07	제시된 조건 이외의 오브젝트를 편의에 의해 Blend나 Envelope Distort의 기능으로 완성했을 경우 'Expand' 처리했나요?		
08	텍스트 작업 시 Font Family가 Bold인 경우 변경되어 있나요?		
09	오브젝트의 불투명도(Opacity) 값이 정확히 설정되었나요?		
10	저장을 먼저 한 후 답안 전송으로 마무리하였나요? (중요한 작업완료 후 수시로 저장과 전송 가능)		

문제 2 패키지, 비즈니스디자인

완성 파일 : 실전모의고사1회-2.ai

01 새 캔버스 설정 및 저장

1 새 캔버스를 만들기 위해 [File]-[New]를 선택하여 Width : 160mm, Height : 120mm, Color Mode : CMYK로 설정한 후 새 캔버스를 연다.

2 [View]-[Rulers]-[Show Rulers](Ctrl + R)를 선택해 눈금자를 꺼낸다(좌측 상단 영점 확인).

3 [File]-[Save As]를 선택하고 (Save On Your Computer)를 클릭한다. '내PC₩문서₩GTQ' 하위 폴더에 파일 이름을 '수험번호-성명-2.ai'로 입력한 후 'Illustrator CC(Legacy)' 버전으로 저장한다.

4 도구상자가 모두 보이는지, 상단의 [Control] 패널이 있는지 체크한다.

> **Plus@**
>
> [Window]-[Workspace]-[Essentials Classic]으로 한 번에 도구상자와 [Control] 패널을 나타낼 수 있다.

5 작업에 앞서 제시된 색을 [Swatches] 패널이나 도형들을 나열해 색상을 등록해 놓는다.

6 오브젝트별로 가이드라인을 표시하고 작업하면 좋다.

02 커피 열매 오브젝트

1 가이드라인을 수직 눈금자에서 드래그하여 70mm, 수평 눈금자에서 드래그하여 35mm에 맞춘다. 잎(C40Y100)을 만들기 위해 Ellipse Tool(◯ , L)로 타원을 그린다. 울퉁불퉁하게 만들기 위해 Warp Tool(◣ , Shift + R)을 더블 클릭하고 Width : 5mm, Height : 5mm 정도로 변경한 후 오브젝트의 형태를 변형한다.

Plus α

Warp Tool(◣ , Shift + R)의 크기는 Alt + Shift 를 누른 상태에서 마우스를 대각선으로 드래그하면 종횡비가 유지되며 브러시의 크기 조절이 가능하다.

Plus α

패스를 부드럽게 하기 위해 Smooth Tool(✎)을 이용하여 패스를 드래그해 주면 패스의 개수도 줄어들고 부드러워진다.

2 잎맥(선 : C100Y100, 1pt)은 Line Segment Tool(/ , W)로 그린 다음 Selection Tool(▶ , V)로 모두 선택해 그룹화(Ctrl + G)한다. Alt 와 함께 드래그하여 복제한 후 그룹 안쪽을 편집하기 위해 더블 클릭하면 Isolated Area(고립된 영역)로 들어간다. 그 안에서 잎(C60Y100)의 색을 변경한 후 Esc 나 화살표를 눌러 빠져나온다.

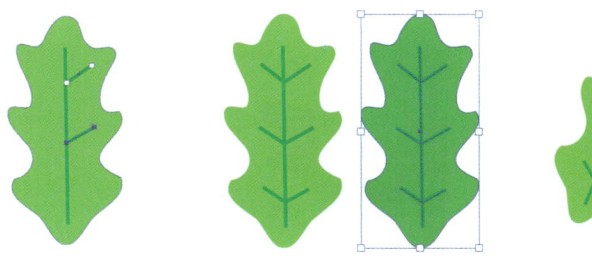 

3 커피 열매(면 : Y50 → C20M100Y90, 선 : None)를 만들기 위해 Ellipse Tool( ), L)로 Shift 와 함께 정원을 그린다. 그래디언트를 적용하기 위해 [Window]-[Gradient](Ctrl + F9)를 선택한 후 ❶ 'Radial Gradient'를 선택한다. ❷ 하단의 좌측 조절점을 더블 클릭하고 ❸ CMYK로 변경하기 위해 우측의 메뉴( )를 선택한 후 ❹ CMYK를 눌러 색(Y50)을 적용한다. 나머지 적용을 위해 우측 조절점을 더블 클릭한 후 ❸, ❹를 반복해 색(C20M100Y90)을 적용한다.

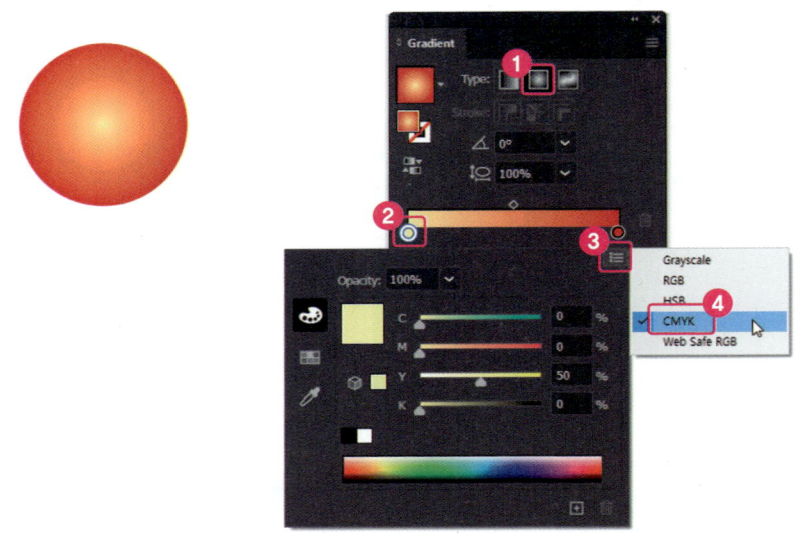

4 원의 중심을 이동하기 위해 Gradient Tool(, G)을 선택한 후 슬라이드 조절 바를 위쪽 방향으로 이동한다.

5 Selection Tool(, V)로 Alt 와 함께 드래그하여 복제하면서 출력형태와 같이 만들어준다. 모두 선택한 후 그룹화(Ctrl + G)한다.

03 커피콩 오브젝트

1 Rectangle Tool(▫, M)로 Shift와 함께 정사각형(면 : C10M10Y20, 선 : None)을 그린다. 잎 (면 : C50Y100, 선 : None)을 만들기 위해 Pen Tool(✒, P)로 다음과 같이 그린다.

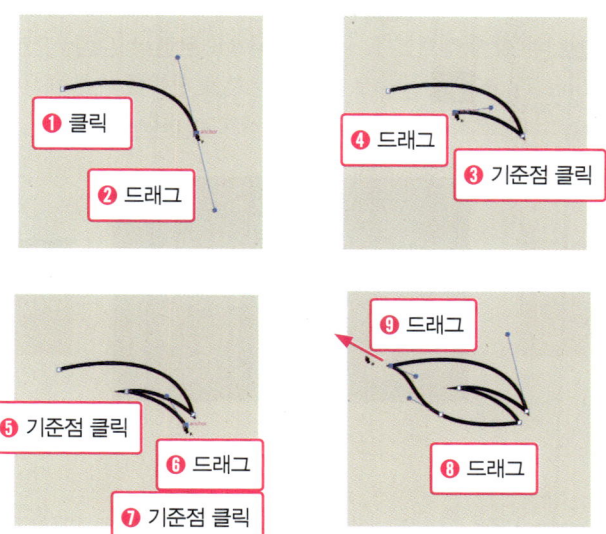

2 Selection Tool(▸, V)로 Alt와 함께 드래그하여 복제한 후 출력형태를 참고해 배치한다. 커피콩 (C30M50Y100K30)은 Ellipse Tool(◯, L)로 타원을 그린 후 중간의 곡선(면 : None, 선 : K100)은 Pen Tool(✒, P)로 그린다. [Window]-[Stroke](Ctrl+F10) 패널에서 Weight : 0.5pt로 설정한 후 Width Tool(🪱, Shift+W)로 중간 부분을 바깥쪽으로 넓힌다. '면'의 속성으로 변경하기 위해 [Object]-[Expand Appearance]해 확장한다. Selection Tool(▸, V)로 Shift와 함께 곡선과 타원을 선택한 후 [Pathfinder](Shift+Ctrl+F9) 패널의 'Minus Front'를 선택하여 구멍을 낸다.

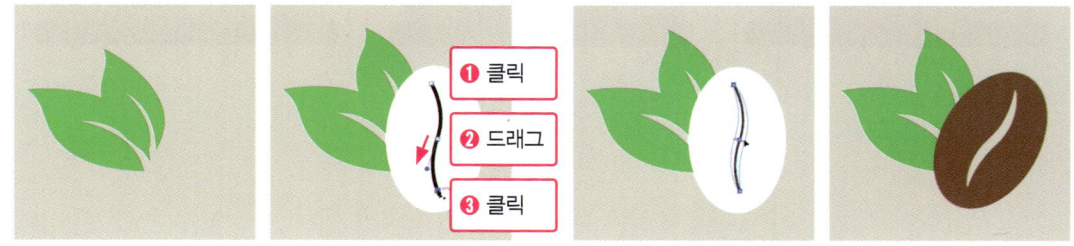

04 ▶ 커피 그라인더 오브젝트 및 Clipping Mask

1 하단 트레이 부분(C30M70Y90)을 만들기 위해 Rectangle Tool(⬜, M)을 이용해 그림과 같이 배치한다. 그림자(C40M70Y90K80, Opacity 50%)를 표현하기 위해 Ctrl+C, Ctrl+F로 앞으로 붙여넣기 한 후 Line Segment Tool(╱, W)로 선을 그린다. Selection Tool(▶, V)로 바로 아래의 오브젝트를 Shift와 함께 선택한다. [Pathfinder](Shift+Ctrl+F9) 패널의 'Divide'로 분리하고 Direct Selection Tool(▶, A)로 그림자 부분을 선택해 색을 채운 후 상단 [Control] 패널의 불투명도를 Opacity : 50%로 설정한다. 아래 오브젝트는 Delete 한다.

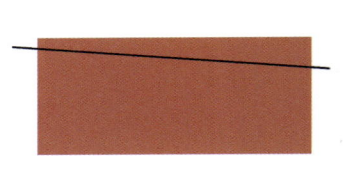 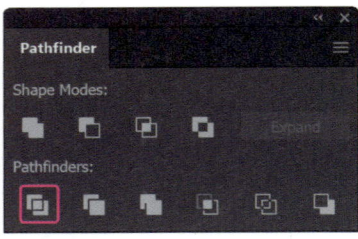 

Plus @
불투명도(Opacity)는 [Properties] 패널 또는 [Window]-[Transparency] 패널에서 적용할 수 있다.

2 Rounded Rectangle Tool(⬜)로 상하 배치한 후 색(C30M70Y90K30)을 채운다. 장식(M50Y100)과 손잡이(면 : C30M70Y90K30, 선 : K100, 1pt)를 배치하고 그림자 부분을 맨 앞으로 보내기 위해 Shift+Ctrl+] 를 적용한다.

3 Clipping Mask를 하기 위해 Selection Tool(▶ , V)로 커피 열매를 Alt 와 함께 복제하여 알맞게 배치한 후 맨 앞으로 보내기 위해 Shift + Ctrl +] 를 적용한다. 직사각형 트레이를 선택하고 Ctrl + C , Ctrl + F 로 앞으로 붙여넣기 한 후 맨 앞으로 보내기 위해 Shift + Ctrl +] 를 적용한다. Selection Tool(▶ , V)로 커피 열매를 Shift 와 함께 클릭한 후 마우스 오른쪽 버튼을 클릭하여 'Make Clipping Mask'를 적용한다.

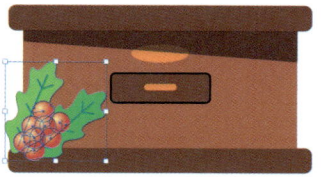  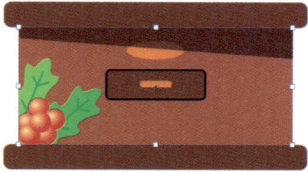

Plus @

Clipping Mask 적용 : [Object]-[Clipping Mask]-[Make](Ctrl + 7)
Clipping Mask 해제 : [Object]-[Clipping Mask]-[Release](Alt + Ctrl + 7)

Plus @

Clipping Mask 안쪽의 오브젝트를 수정하기 위하여 Selection Tool(▶ , V)로 더블 클릭하면 Isolated Area(고립된 영역)로 들어가게 되며 그 안에서 수정할 수 있다. 수정 완료 후 Esc 나 화살표를 눌러 빠져나온다.

4 본체(면 : M50Y100 선 : None)를 만들기 위해 Ellipse Tool(◯ , L)로 타원을 그린 후 Direct Selection Tool(▶ , A)로 상단 사분점을 클릭하고 Delete 해 반원을 만든다. Rectangle Tool(▭ , M)로 사각형 2개를 중심에서 Alt 와 함께 그린다. Selection Tool(▶ , V)로 모두 선택한 후 [Pathfinder](Shift + Ctrl + F9) 패널의 'Unite'로 합친다.

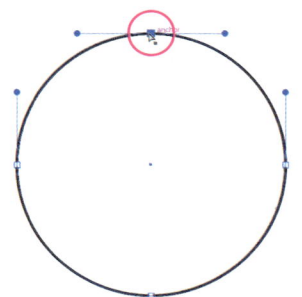 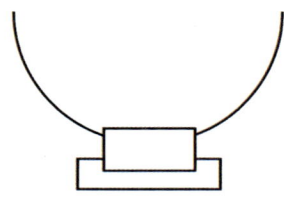 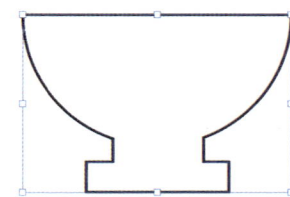

5 곡률을 주기 위해 Direct Selection Tool(, A)로 두 포인트를 Shift 와 함께 선택한 후 Live Corners(곡률 활성화)를 드래그하여 곡률을 준다.

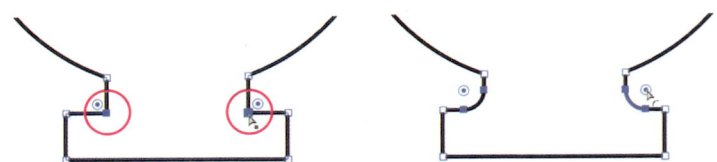

Plus α

CS6 사용자는 상단 [Control] 패널의 'Convert selected anchor points to smooth( )'를 클릭해 곡률을 준 다음 핸들을 조정해 모양을 만든다.

6 음영(면 : M60Y90K10, 선 : None)을 표현하기 위해 Ctrl +본체 오브젝트를 클릭한 후 Ctrl + C , Ctrl + F 로 앞으로 붙여넣기 하고 Pencil Tool(, N)로 그림과 같이 그린다. Selection Tool(, V)로 복제해 둔 오브젝트와 곡선을 선택한 후 [Pathfinder](Shift + Ctrl + F9) 패널의 'Divide'로 분리한다. Direct Selection Tool(, A)로 좌측은 Delete 한 후 우측의 음영만 색을 채운다.

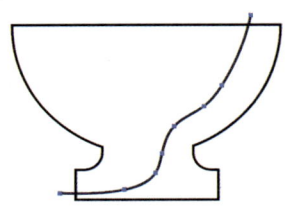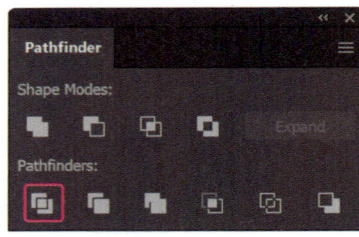

7 Rectangle Tool(, M)로 틀(K100)을 마무리한다.

고정축(C10M10K10)을 만들기 위해 Rounded Rectangle Tool( )로 도형을 그린 후 Direct Selection Tool(, A)로 하단 두 포인트를 선택하고 Delete 한다. Rectangle Tool(, M)과 Ellipse Tool(, L)로 타원과 사각형을 그려 마무리한다.

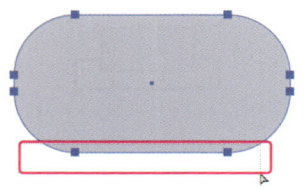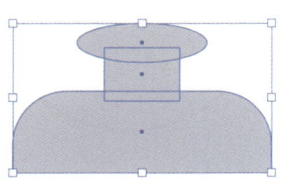

8 손잡이 연결선 부분(선 : K100)은 Pen Tool(, P)로 클릭, 클릭하여 그림과 같이 그린다. 손잡이 부분(면 : M50Y100)은 Rounded Rectangle Tool( )로 모서리가 둥근 사각형을 그린다. Direct Selection Tool(, A)로 하단의 네 포인트를 선택한 후 Scale Tool(, S)로 안쪽으로 드래그해 모아준다.

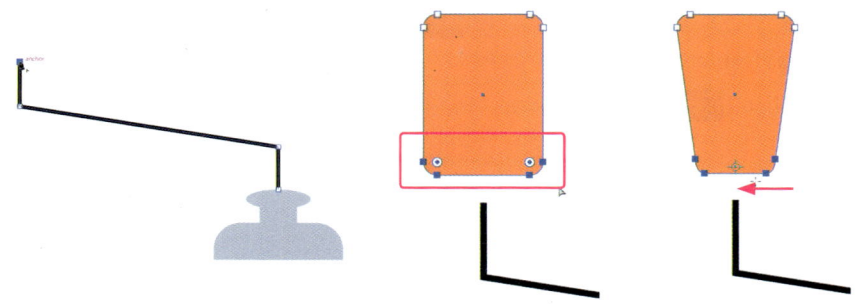

9 Type Tool(T , T)로 빈 캔버스를 클릭한 후 Class Grainder를 입력한다. Ctrl + A 로 전체선택한 후 [Window]-[Type]-[Character](Ctrl + T) 패널에서 Font : Arial, Style : Regular, Size : 13pt, Color : M50Y100으로 설정을 변경한다. Selection Tool(, V)로 출력형태를 참고하여 배치한다.

05 원두 포장 오브젝트 및 Pattern 적용

1 Rectangle Tool(, M)로 직사각형 2개를 배치하고 위쪽 오브젝트만 Ctrl +클릭으로 선택한 후 Shear Tool( )로 우측 방향으로 기울인다. Selection Tool(, V)로 모두 선택한 후 Reflect Tool(, O)로 임의의 지점을 Alt +클릭하여 기준점을 잡고 Axis : Vertical, Copy 를 클릭한다. 맨 뒤로 보내기 위해 Shift + Ctrl + [를 적용한다.

> **Plus@**
> 드래그와 함께 Shift 를 눌러주면 수직/수평 방향으로 적용할 수 있다.

2 중앙의 라벨을 만들기 위해 Selection Tool(, V)로 ❶, ❷를 선택하고 Ctrl + C , Ctrl + F 로 앞으로 붙여넣기 한 후 우측 중앙의 조절점에서 Alt 와 함께 드래그하여 대칭으로 크기를 줄인다. 윗부분은 Shear Tool( )로 우측 방향으로 조금 더 기울인 다음 아래 도형도 길이를 조정하고 해당 색 (면 : C10M10Y20, C30M30Y50, C20M70Y100, 선 : None)을 채운다.

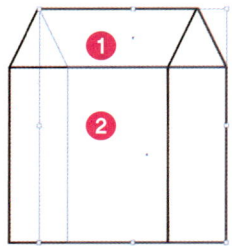 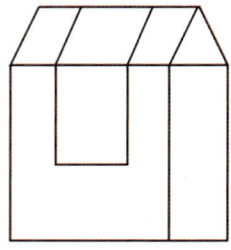 

3 Selection Tool(, V)로 ❶ 오브젝트만 선택한 후 바깥쪽으로 Alt 와 함께 드래그하여 복제해 놓는다(음영 표현에 사용할 예정).

4 Selection Tool(, V)로 미리 만들어 놓은 커피콩을 [Swatches] 패널에 드래그하여 등록시킨다.

> **Plus@**
> 패턴 추가가 되지 않을 경우 폴더 부분에 드래그하지 않고 기본색이 있는 윗부분으로 드래그하면 추가된다.

5 패턴을 편집하려면 빈 캔버스를 클릭한 후 [Swatches] 패널의 등록된 패턴을 더블 클릭한다. Name : 커피콩, Tile Type : Brick by Row로 설정한 후 상단의 'Done'으로 빠져나온다.

Plus @

기본 오브젝트가 선택된 상태에서 [Swatches] 패널의 등록된 패턴을 더블 클릭하면 기본 오브젝트에 패턴이 적용된다.

6 패턴을 적용하기 위해 ❶, ❷를 선택한 후 Selection Tool(, V)로 [Swatches] 패널에 등록했던 패턴을 선택해 채운다. 크기 조정을 위해 Scale Tool(, S)을 더블 클릭한 후 Options : Transform Objects 체크 해제, Transform Patterns 체크, Uniform : 30%, Preview를 체크해 확인하고 (OK)를 클릭한다.

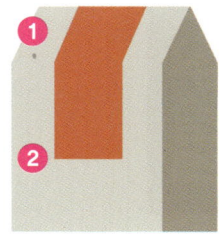

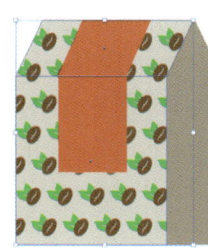
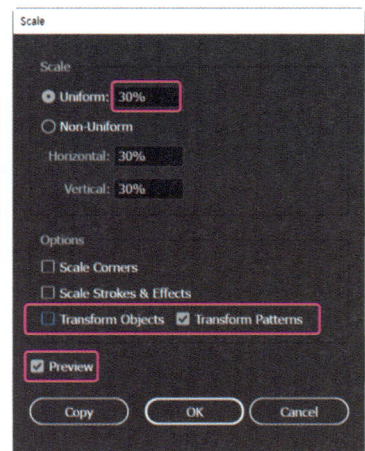

7 ３에서 복제해 둔 오브젝트를 원래의 자리에 배치시킨 후 색(K100)을 채우고 상단 [Control] 패널의 Opacity를 10%로 설정한다. 맨 앞으로 보내기 위해 Shift + Ctrl +] 를 적용한다.
입구 부분(C30M30Y50, C20M80Y100K20)을 만들기 위해 Rounded Rectangle Tool( )로 그린 후 Direct Selection Tool(, A)로 하단 두 포인트를 선택해 Delete 하고 Rectangle Tool(, M)로 마무리한다.

06 텍스트 입력 및 Brush 적용

1 Type Tool(, T)로 빈 캔버스를 클릭한 후 COFFEE BEAN을 입력한다. Ctrl + A 로 전체 선택한 후 [Window]-[Type]-[Character](Ctrl + T) 패널에서 Font : Arial, Style : Italic, Size : 13pt, Color : C0M0Y0K0으로 설정을 변경한다.

2 [Paragraph] 패널에서 가운데 맞춤으로 선택한 후 Selection Tool(, V)을 선택하고 출력형태를 참고하여 배치한다.

3 브러시(C0M0Y0K0)를 표현하기 위해 Pencil Tool (, N)로 출력형태를 참고하여 그려준다. [Window]-[Brushes](F5) 패널을 열고 패널 하단의 를 클릭한 후 Artistic > Artistic_ChalkCharcoalPencil > Charcoal-Pencil을 선택하고 Stroke Weight : 1pt로 설정한다.

 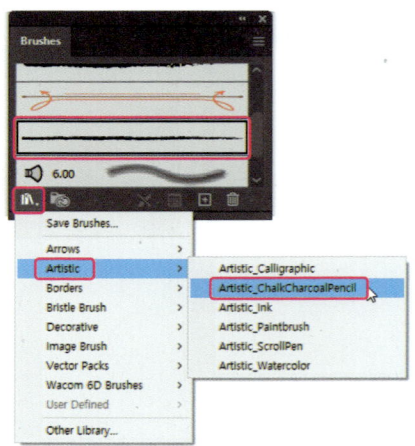

Plus α

[Brushes] 패널의 우측 상단 메뉴(≡)를 클릭하여 'Open Brush Library'를 이용해도 된다.

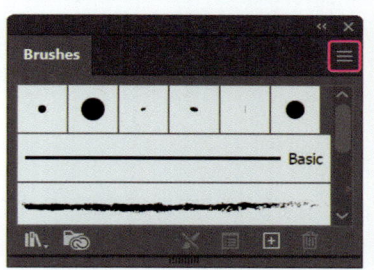

4 Selection Tool(, V)로 원두 포장을 전체선택한 후 그룹화(Ctrl + G)한다. 그림자 적용을 위해 [Effect]−[Stylize]−[Drop Shadow]를 선택한 후 Opacity : 50%, X Offset : 1mm, Y Offset : 1mm, Blur : 1mm를 적용한다.

 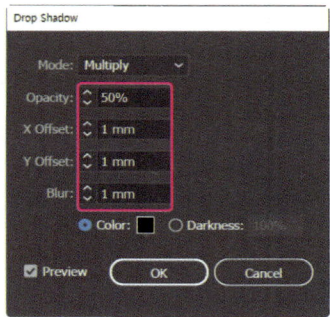

07 저장하고 전송하기

1 불필요한 도형은 삭제하고 가이드라인이 보이지 않도록 [View]−[Guides]−[Hide Guides](Ctrl + ;)한다. [File]−[Save] 또는 [File]−[Save As]한 후 Save On Your Computer 를 선택하여 '내 PC₩문서₩GTQ' 폴더에 "수험번호−성명−2"로 저장한다.

2 [Illustrator Options] 대화상자에서 Version : Illustrator CC(Legacy)로 체크한 후 OK 를 클릭한다. 하위 버전 저장에 따른 메시지가 뜨면 계속 OK 를 클릭한다.

3 시험장의 작업표시줄에 나타나는 'Koas 수험자용'을 클릭해 우측의 답안 전송 을 클릭한 후 해당하는 번호에 체크한다. 하단의 답안 전송 을 클릭한 후 닫기 를 누르면 최종 전송된 답안으로 채점이 이루어진다.

✅ Check Point!

		O	X
01	출력형태를 제외한 나머지 오브젝트는 삭제했나요?		
02	해당 오브젝트를 출력형태의 위치에 배치했나요? (눈금자와 가이드라인 참고해 확인)		
03	작업 중 생성된 가이드라인을 Ctrl + ; 으로, 그리드를 Ctrl + ' 로 숨겼나요?		
04	Gradient가 적용된 오브젝트의 색상과 방향을 출력형태에 맞게 적용했나요?		
05	출력형태에 제시된 '선'의 두께는 정확히 설정되었나요?		
06	결과가 '면'의 속성인 오브젝트를 '선'의 속성으로 그렸을 경우 'Expand' 처리했나요?		
07	제시된 조건 이외의 오브젝트를 편의에 의해 Blend나 Envelope Distort의 기능으로 완성했을 경우 'Expand' 처리했나요?		
08	텍스트 작업 시 Font Family가 Bold인 경우 변경되어 있나요?		
09	오브젝트의 불투명도(Opacity) 값이 정확히 설정되었나요?		
10	저장을 먼저 한 후 답안 전송으로 마무리하였나요? (중요한 작업 완료 후 수시로 저장과 전송 가능)		

문제 3 광고디자인
완성 파일 : 실전모의고사1회-3.ai

01 새 캔버스 설정 및 저장

1. 새 캔버스를 만들기 위해 [File]-[New]를 선택하여 Width : 210mm, Height : 297mm, Color Mode : CMYK로 설정한 후 새 캔버스를 연다.

2. [View]-[Rulers]-[Show Rulers](Ctrl + R)를 선택해 눈금자를 꺼낸다(좌측 상단 영점 확인).

3. [File]-[Save As]를 선택하고 Save On Your Computer 를 클릭한다. '내 PC₩문서₩GTQ' 하위 폴더에 파일 이름을 '수험번호-성명-3.ai'로 입력한 후 'Illustrator CC(Legacy)' 버전으로 저장한다.

4. 도구상자가 모두 보이는지, 상단의 [Control] 패널이 있는지 체크한다.

Plus @

[Window]-[Workspace]-[Essentials Classic]으로 한 번에 도구상자와 [Control] 패널을 나타낼 수 있다.

5 작업에 앞서 제시된 색을 [Swatches] 패널이나 도형들을 나열해 색상을 등록해 놓는다.

6 오브젝트별로 가이드라인을 표시하고 작업하면 좋다.

02 Mesh로 배경 만들기

1 배경(M20Y40)은 Rectangle Tool(■ , M)로 빈 공간을 클릭하여 대화상자가 나오면 Width : 210mm, Height : 297mm를 입력한 후 Selection Tool(▶ , V)로 캔버스에 맞게 배치한다.

Plus@

직사각형을 캔버스의 영점에 정확히 맞추려면 [Window]-[Transform] 패널에서 고정점을 좌측 상단으로 클릭한 후 X : 0mm, Y : 0mm로 입력한다.

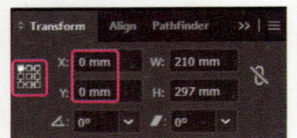

2 Mesh Tool(, U)로 출력형태를 참고하여 두 부분(M40Y60)에 클릭한 후 해당하는 색을 채운다. 출력형태를 참고하여 기준점(Anchor Point)을 이동해 모양을 만든 후 배경을 고정시키기 위해 [Object]-[Lock]-[Selection](Ctrl + 2)을 클릭한다.

Plus@

오브젝트 잠금 : [Object]-[Lock]-[Selection] Ctrl + 2

오브젝트 잠금 해제 : [Object]-[Unlock All] Alt + Ctrl + 2

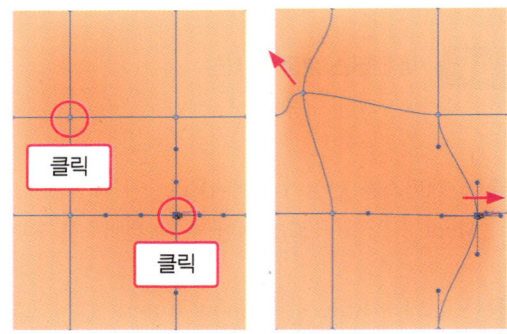

Plus@

Mesh를 수정하려면 Mesh Tool(, U)이나 Direct Selection Tool(▶ , A)로 수정하고 싶은 기준점(Anchor Point)을 선택한 후 삭제하거나 색을 변경한다.

03 나뭇잎 오브젝트

1 ① 녹색 잎(선 : C60M20Y30, 5pt)을 만들기 위해 Line Segment Tool(, W)로 수직선을 그린 후 줄기는 Pen Tool(, P)로 그린다. ② Ellipse Tool(, L)로 타원(면 : C60M20Y30)을 그린 후 회전시킨다. Selection Tool(, V)로 타원과 짧은 줄기를 Shift 로 선택한 후 Alt 와 함께 드래그로 복제한다. 2개 더 복제하기 위해 Ctrl + D 를 2번 누른다. ③ Lasso Tool(, Q)로 그림과 같이 드래그하여 선택한 후 Direct Selection Tool(, A)로 살짝 밖으로 이동해 길게 만든다.

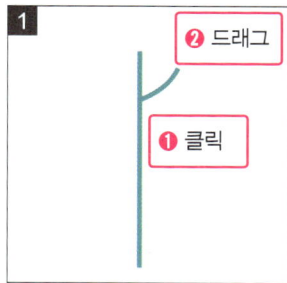
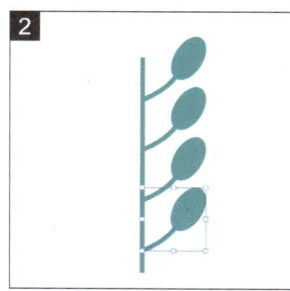
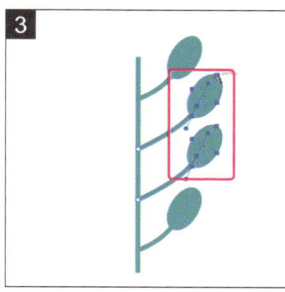

Plus @

Pen Tool로 짧은 줄기를 그릴 경우 세로 줄기에 추가되는 경우를 방지하기 위해 Ctrl +빈 공간을 클릭한 후 그리거나 Shift 와 함께 첫 점을 클릭하면 기존 패스에 연결되지 않는다.

2 대칭복사하기 위해 Selection Tool(, V)로 우측의 오브젝트를 선택한 후 Reflect Tool(, O)로 중심을 Alt +클릭해 기준점을 잡고 Axis : Vertical, Copy 를 클릭한다.

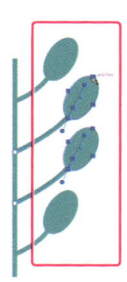

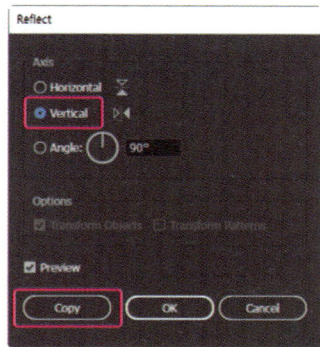

3 Ellipse Tool(◯, L)로 윗부분에 타원을 만든 후 Selection Tool(▶, V)로 모두 선택한다. '면'의 속성으로 변경하기 위해 [Object]-[Expand]해 확장한 후 그룹화(Ctrl+G)한다.

4 빨간 잎(M70Y60)을 만들기 위해 ❶ Ellipse Tool(◯, L)로 타원을 그린 후 Anchor Point Tool(▶, Shift+C)로 상/하 기준점(Anchor Point)을 클릭해 꼭짓점으로 만든다. ❷ Direct Selection Tool(▶, A)로 그림과 같이 드래그하여 기준점을 선택한 후 ❸ 위쪽 방향키(↑)를 눌러 그림과 같이 만들어준다.

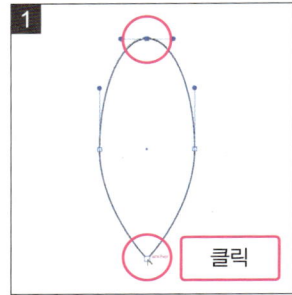 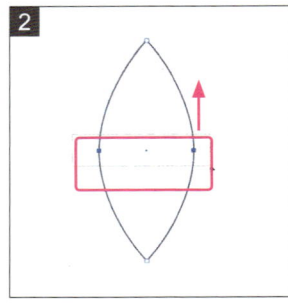 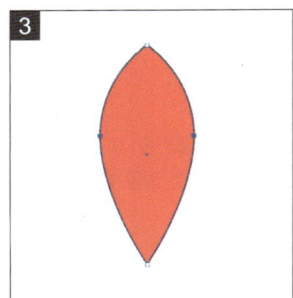

5 Pen Tool(✎, P)을 이용하여 삼각형 2개와 가운데 선을 그린 후 Selection Tool(▶, V)로 모두 선택하고 [Pathfinder](Shift+Ctrl+F9) 패널의 'Divide'로 분리한다. Shift+Ctrl+G로 그룹을 해제한 후 필요 없는 도형을 지우고 색(M70Y60K20)을 채운다. 모두 선택해 그룹화(Ctrl+G)한다.

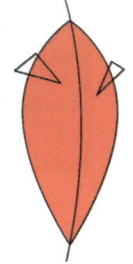 

04 커피잔 오브젝트

1 수직 가이드라인을 그린 후 Ellipse Tool(, L)로 그림과 같이 Alt 와 함께 가이드라인을 중심으로 타원을 3개 그린다. Selection Tool(, V)로 원을 모두 선택한 후 Shape Builder Tool(, Shift + M)로 위쪽과 아래 부분은 Alt 와 함께 드래그해 삭제한 후 중간 부분은 그림을 참고해 드래그로 영역을 더하고 윗면은 클릭으로 분리한다.

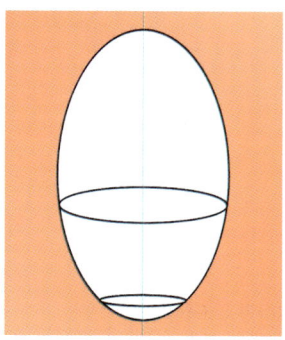 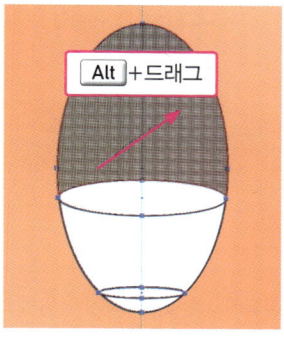 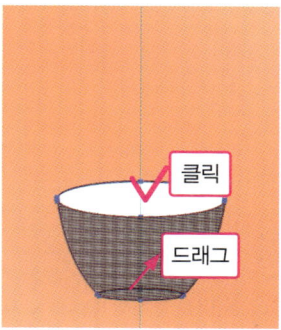

2 커피잔의 윗면을 표현하기 위해 Selection Tool(, V)로 위쪽 타원만 따로 분리해 작업한다. [Object]-[Path]-[Offset Path]를 적용한 후 Offset : −2mm를 입력하고 OK 를 클릭한다.

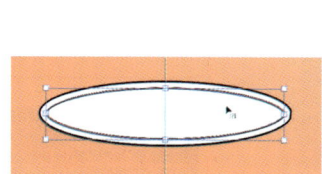 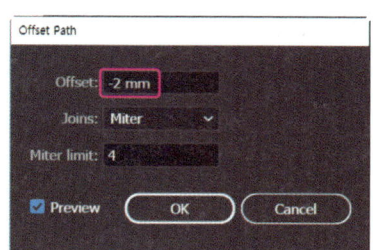

3 **1** 커피가 채워진 모습을 표현하기 위해 Offset한 안쪽 타원을 Alt 와 함께 아래로 복제한다. **2** 모양을 재구성하기 위해 전체선택한 후 Shape Builder Tool(, Shift + M)로 Alt 와 함께 아래 부분을 드래그해 삭제한다. **3** 가장자리는 드래그하여 하나로 만든다.

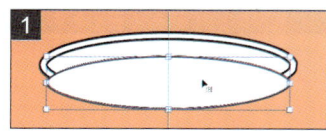 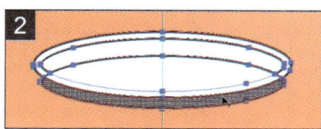 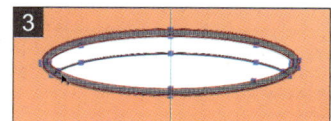

CHAPTER 1 실전 모의고사 1회 **285**

4 커피잔 윗면(C0M0Y0K0), 커피잔(K10), 커피(C20M60Y60K20)의 색을 채운다. 1 음영을 나타내기 위해 커피잔을 Ctrl + C , Ctrl + F 로 앞으로 붙여넣어 복사본을 만든 후 2 Pencil Tool(, N)로 그림과 같이 그린다. Selection Tool(, V)로 Shift 와 함께 아래 도형을 선택한 후 [Pathfinder](Shift + Ctrl + F9) 패널의 'Divide'로 분리한다. 3 Shift + Ctrl + G 로 그룹을 해제한 후 아래 부분을 선택하여 색(C0M0Y0K0)을 채운다.

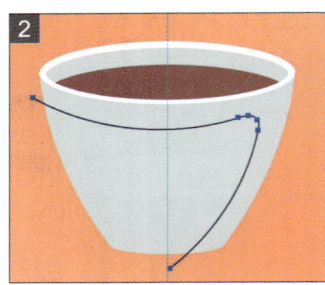

Plus@

Pencil Tool을 더블 클릭해 [Options] 대화상자에서 Smooth 쪽에 가깝게 조절하면 부드럽게 그려진다.

5 1 손잡이를 그리기 위하여 회색 부분을 한 번 클릭한다. Blob Brush Tool(, Shift + B)을 선택한 후 브러시의 크기를 조절하고 다음과 같이 그리면 회색에 연결된 부드러운 곡선을 그릴 수 있다. 2 Selection Tool(, V)로 모두 선택해 그룹화(Ctrl + G)한다. 그림자 적용을 위해 [Effect]-[Stylize]-[Drop Shadow]를 선택한 후 Opacity : 50%, X Offset : 1mm, Y Offset : 1mm, Blur : 1mm를 적용한다.

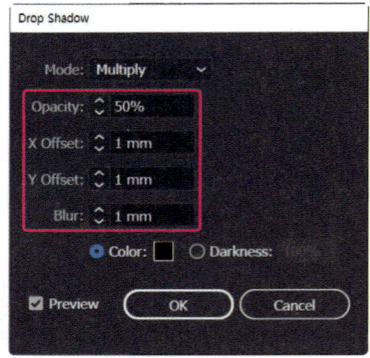

Plus@

Blob Brush Tool(, Shift + B)의 크기는 ' [: 점점 작게,] : 점점 크게'로 조절할 수 있다.

6 동심원(M20Y70, Opacity 60%)을 표현하기 위해 Ellipse Tool(, L)로 큰 타원 하나와 작은 타원 하나를 그린다. 그림과 같이 포갠 후 모두 선택하고 [Pathfinder](Shift + Ctrl + F9) 패널의 'Minus Front'를 적용한다.

 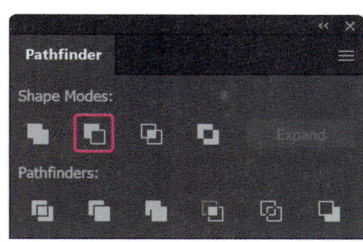 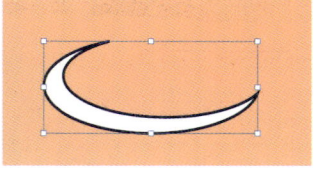

7 Selection Tool(, V)로 크기를 조절하고 색(M20Y70)을 입힌다. 상단 [Control] 패널의 불투명도를 Opacity : 60%로 설정하고 Alt 와 함께 복제해 좌우를 반대로 조절한다. 모두 선택해 그룹화(Ctrl + G)한 후 출력형태와 같이 배치한다.

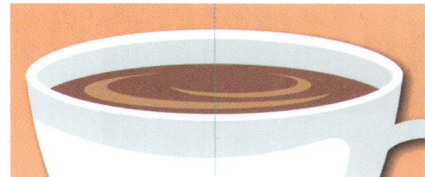 

8 상단의 곡선을 그리기 위해 Pencil Tool(, N)을 더블 클릭해 Reset 으로 설정하고 출력형태를 참고해 곡선을 그린다.

⑨ 그래디언트를 적용하기 위해 [Window]-[Gradient](Ctrl+F9)를 선택한 후 ❶ 'Linear Gradient'를 선택한다. ❷ 하단의 좌측 조절점을 더블 클릭하고 ❸ CMYK로 변경하기 위해 우측의 메뉴(≡)를 선택한 후 ❹ CMYK를 누르고 색(M20Y40)을 적용한다. 나머지 적용을 위해 우측 조절점을 더블 클릭한 후 ❸, ❹를 반복해 색(C20M60Y60K20)을 적용한다. 그래디언트의 방향을 수정하기 위해 Gradient Tool(▇, G)을 선택한 후 그림과 같이 드래그한다.

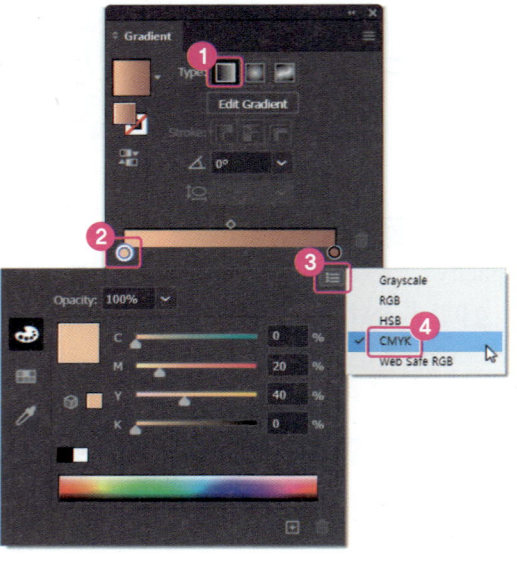

05 Blend와 Brush 적용

1 Pencil Tool(✏️ , N)로 출력형태를 참고해 자유로운 곡선(C0M0Y0K0, 1pt → M50Y80, 3pt)을 그린다. Selection Tool(▶ , V)로 두 곡선을 선택한 후 [Object]-[Blend]-[Make](Alt + Ctrl + B)를 적용한다. 단계를 조정하기 위해 Blend Tool(🎨 , W)을 더블 클릭한 후 Spacing : Specified Steps, 15로 적용하고 (OK)를 클릭한다. 커피잔보다 뒤로 보내기 위해 Ctrl + [로 한 단계씩 뒤로 보낸다.

 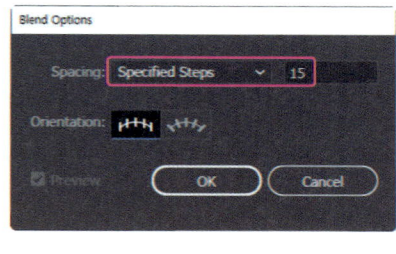 

Plus@

Pencil Tool을 더블 클릭해 [Options] 대화상자에서 Smooth 쪽에 가깝게 조절하면 부드럽게 그려진다.

Plus@

[Object]-[Blend]-[Blend Options]를 이용해도 된다.

2 Line Segment Tool(/ , W)로 그림과 같이 수평선(K40, 1pt)을 그린다. [Window]-[Brushes](F5) 패널을 열고 패널 하단의 📖 를 클릭한 후 Decorative > Elegant Curl & Floral Brush Set > City를 선택한다. [Control] 패널의 Stroke Weight : 1pt로 설정한 후 선 색(K40)을 채운다.

  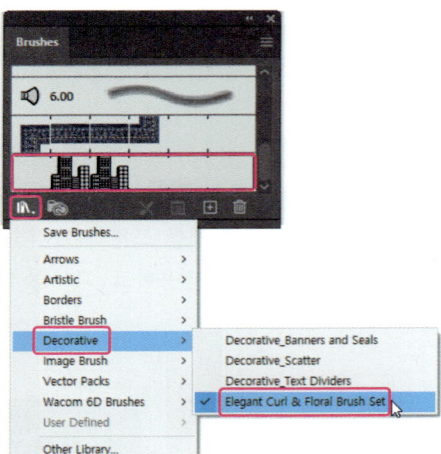

06 ▶ 심볼 오브젝트 '커피메이커'

1 Rectangle Tool(, M)로 직사각형(K30)을 그린다. Direct Selection Tool(, A)로 상단 두 포인트를 선택한 후 Scale Tool(, S)로 바깥쪽에서 안쪽으로 드래그하여 줄인다.

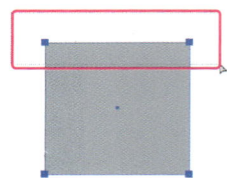 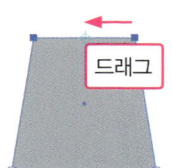

2 Selection Tool(, V)로 Ctrl + C , Ctrl + F 하여 앞으로 붙여넣기 한 후 우측 중앙 조절점에서 Alt 와 함께 대칭으로 줄인다. 모두 선택한 후 [Pathfinder](Shift + Ctrl + F9) 패널의 'Divide'로 분리한다. Direct Selection Tool(, A)로 선택하여 해당 색(K40, K60)을 채운다.

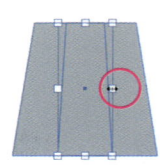  

3 Rectangle Tool(■, M)로 직사각형(K70) 2개를 그린 후 대칭복사하기 위해 Ctrl+오브젝트를 드래그로 선택한다. Reflect Tool(▷◁, O)로 중심을 Alt +클릭해 기준점을 잡고 Axis : Horizontal, Copy 를 누른다.

4 덮개 부분(K30)은 Polygon Tool(⬡)로 빈 공간을 클릭하여 대화상자가 나오면 Sides : 3을 입력한 후 OK 를 누르고 Selection Tool(▷, V)로 크기를 조정한다. 입구(K60)는 덮개를 Alt 와 함께 복제해 회전하여 배치한 후 Ctrl+ [로 한 단계씩 뒤로 보낸다.

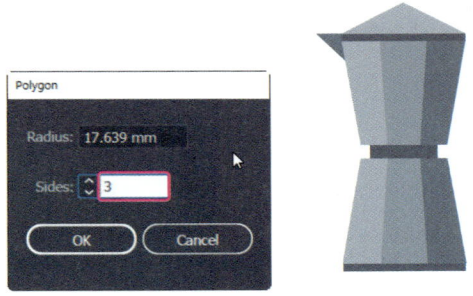

5 뚜껑(K100)은 Rectangle Tool(■, M)로 사각형을 그린 후 Ellipse Tool(●, L)로 타원을 그린다. Direct Selection Tool(▷, A)로 원의 하단 사분점을 클릭해 Delete 한다.

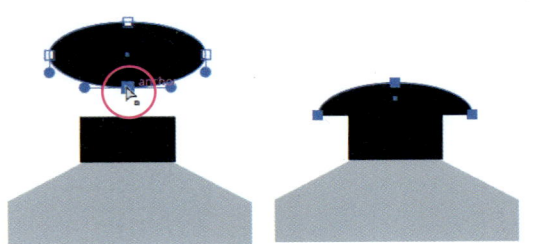

6 손잡이(선 : K100)는 Pen Tool(, P)로 그린다. [Window]—[Stroke](Ctrl + F10) 패널에서 Weight : 8pt를 적용하고 '면'의 속성으로 변경하기 위해 [Object]—[Expand]해 확장한다. 한 단계씩 뒤로 보내기 위해 Ctrl + [를 적용한다. Selection Tool(, V)로 커피메이커를 선택해 맨 앞으로 보내기 위해 Shift + Ctrl +] 를 적용한 후 모두 선택해 그룹화(Ctrl + G)한다.

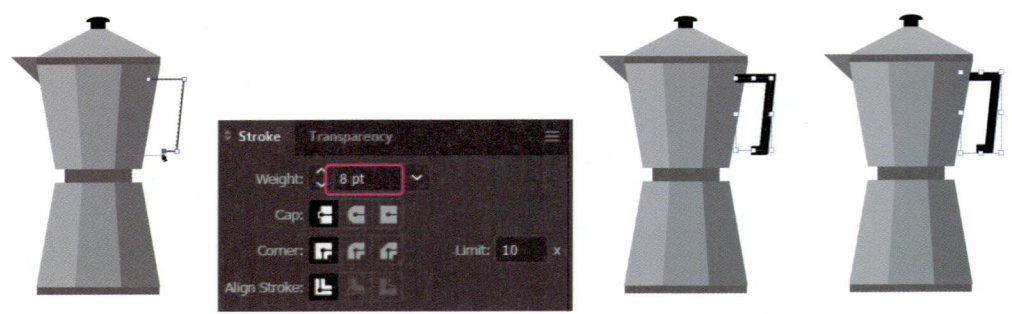

07 ▶ Symbol 등록과 적용

1 커피메이커를 [Symbols] 패널에 등록하기 위해 [Window]—[Symbols](Shift + Ctrl + F11)를 열고 드래그하여 추가한다. [Symbol Options] 대화상자에서 Name : 커피메이커라고 입력한 후 OK 를 클릭한다.

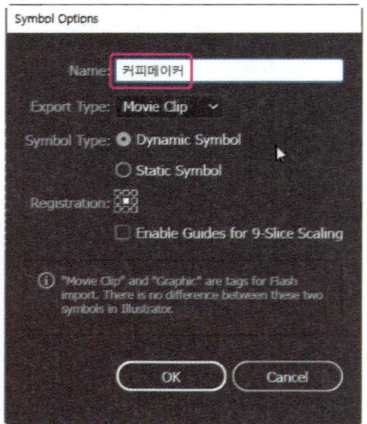

2 Symbol을 적용하기 위해 Selection Tool(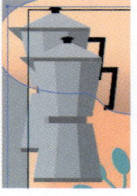, V)로 원본 Symbol을 선택한 후 Symbol Sprayer Tool(, Shift + S)로 출력형태를 참고해 클릭, 클릭하여 배치한다.

Plus α

Symbol Sprayer Tool 적용 시 여러 개의 Symbol이 추가되었을 경우 Alt 와 함께 클릭하면 삭제된다.

3 ① Symbol의 크기를 조절하기 위하여 Symbol Sizer Tool( )을 사용한다. 클릭, 클릭은 점점 크게, Alt 와 함께 클릭하면 작아진다. ② Symbol의 위치 조절은 Symbol Shifter Tool( )로 드래그하며 ③ Symbol의 기울기는 Symbol Spinner Tool( )로 시계방향, 반시계방향으로 회전한다. ④ Symbol의 색상 변화를 위해 Symbol Stainer Tool( )을 선택한다. [Swatches] 패널에서 해당 색(파랑, 노랑)을 선택한 후 해당 Symbol을 클릭하면 색상의 변화가 생기며 면 색에 따라 좌우된다. ⑤ Symbol Screener Tool( )로 투명도를 적용한 후 마무리한다.

08 텍스트 입력 및 Envelope Distort

1 Type Tool(T, T)로 빈 캔버스를 클릭한 후 A Cup of Coffee를 입력한다. Ctrl+A로 전체선택한 후 [Window]-[Type]-[Character](Ctrl+T) 패널에서 Font : Arial, Style : Regular, Size : 60pt, Color : C0M0Y0K0로 설정한다.

2 [Object]-[Envelope Distort]-[Make with Warp](Alt+Shift+Ctrl+W)를 선택한 후 [Warp Options] 대화상자에서 Style : Arc Lower, Bend : 30%를 입력하고 OK를 클릭한다.

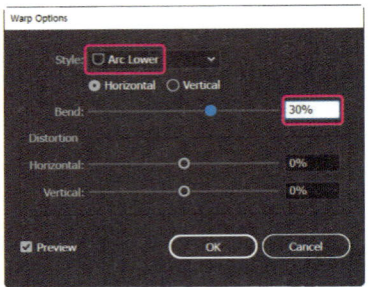

3 Type Tool(T, T)로 빈 캔버스를 클릭한 후 Do you want a cup of coffee?를 입력한다. Ctrl+A로 전체선택한 후 [Window]-[Type]-[Character](Ctrl+T) 패널에서 Font : Arial, Style : Regular, Size : 30pt, Color : C0M0Y0K0로 설정한다.

4 [Object]-[Envelope Distort]-[Make with Warp](Alt+Shift+Ctrl+W)를 선택한 후 [Warp Options] 대화상자에서 Style : Arc, Bend : -20%를 입력하고 OK를 클릭한다.

 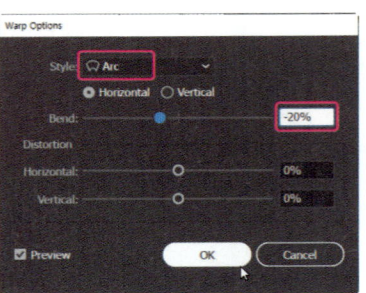

5 Type Tool(T, T)로 빈 캔버스를 클릭한 후 Moment Right Now를 입력한다. Ctrl+A로 전체선택한 후 [Window]-[Type]-[Character](Ctrl+T) 패널에서 Font : Times New Roman, Style : Italic, Size : 24pt, Color : C20M60Y60K20으로 설정한다.

09 ▶ Clipping Mask로 마무리하기

1 Rectangle Tool(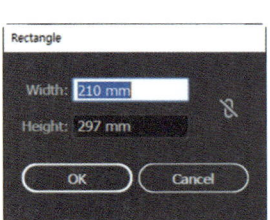, M)로 빈 공간을 클릭한 후 Width : 210mm, Height : 297mm를 입력하고 OK 를 클릭한다.

2 Selection Tool(, V)로 캔버스 끝에 딱 맞춘다. 캔버스에 있는 모든 오브젝트를 선택한 후 마우스 오른쪽 버튼을 클릭하여 'Make Clipping Mask'한다.

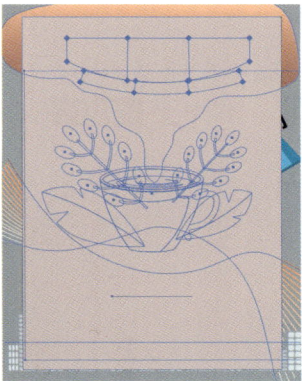

Plus@

직사각형을 캔버스의 영점에 정확히 맞추려면 [Window]-[Transform] 패널에서 고정점을 좌측 상단으로 클릭한 후 X : 0mm, Y : 0mm로 입력한다.

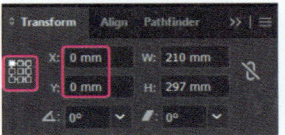

Plus@

Clipping Mask 적용 : [Object]-[Clipping Mask]-[Make](Ctrl + 7)
Clipping Mask 해제 : [Object]-[Clipping Mask]-[Release](Alt + Ctrl + 7)

Plus@

Clipping Mask 안쪽의 오브젝트를 수정하기 위하여 Selection Tool(, V)로 더블 클릭하면 Isolated Area(고립된 영역)로 들어가게 되며 그 안에서 수정할 수 있다. 수정 완료 후 Esc 나 화살표를 눌러 빠져나온다.

10 저장하고 전송하기

1 불필요한 도형은 삭제하고 가이드라인이 보이지 않도록 [View]-[Guides]-[Hide Guides](Ctrl+;)한다. [File]-[Save] 또는 [File]-[Save As]한 후 Save On Your Computer 를 선택하여 '내 PC₩문서₩GTQ' 폴더에 "수험번호-성명-3"으로 저장한다.

2 [Illustrator Options] 대화상자에서 Version : Illustrator CC(Legacy)로 체크한 후 OK 를 클릭한다. 하위 버전 저장에 따른 메시지가 뜨면 계속 OK 를 클릭한다.

3 시험장의 작업표시줄에 나타나는 'Koas 수험자용'을 클릭해 우측의 답안 전송 을 클릭한 후 해당하는 번호에 체크한다. 하단의 답안 전송 을 클릭한 후 닫기 를 누르면 최종 전송된 답안으로 채점이 이루어진다.

Check Point!

		O	X
01	출력형태를 제외한 나머지 오브젝트는 삭제했나요?		
02	해당 오브젝트를 출력형태의 위치에 배치했나요? (눈금자와 가이드라인 참고해 확인)		
03	오브젝트에 'Lock'이 되어 있는 경우 'Unlock All(Alt + Ctrl + 2)'했나요?		
04	작업 중 생성된 가이드라인을 Ctrl + ; 으로, 그리드를 Ctrl + ' 로 숨겼나요?		
05	Gradient가 적용된 오브젝트의 색상과 방향을 출력형태에 맞게 적용했나요?		
06	결과가 '면'의 속성인 오브젝트를 '선'의 속성으로 그렸을 경우 'Expand' 처리했나요?		
07	제시된 조건 이외의 오브젝트를 편의에 의해 Blend나 Envelope Distort의 기능으로 완성했을 경우 'Expand' 처리했나요?		
08	텍스트 작업 시 Font Family가 Bold인 경우 변경되어 있나요?		
09	오브젝트의 불투명도(Opacity) 값이 정확히 설정되었나요?		
10	마지막 단계에서 Clipping Mask하여 마무리되었나요?		

CHAPTER 2

실전 모의고사 2회

급수	문제유형	시험시간	수험번호	성명
1급	A	90분		

수험자 유의사항

- 수험자는 문제지를 받는 즉시 응시하고자 하는 **과목 및 급수가 맞는지 확인**한 후 수험번호와 성명을 작성합니다.
- 파일명은 본인의 "수험번호-성명-문제번호"로 공백 없이 정확히 입력하고 답안 폴더(내 PC₩문서₩GTQ)에 파일 저장규칙(ai 파일 포맷)으로 저장해야 하며, '다른 파일 형식으로 저장하였을 경우' 0점 처리됩니다.
- 답안 문서 파일명이 "수험번호-성명-문제번호"와 일치하지 않거나, '답안 파일을 전송하지 않는 경우' 답안 파일 미제출로 불합격 처리됩니다.
- 수험자 정보와 저장한 파일명, 저장 위치가 다를 경우 전송이 되지 않으므로, 주의하시길 바랍니다.
- 답안 작성 중에도 주기적으로 '저장'과 '답안 전송'을 이용하여 감독위원 PC로 답안을 전송하셔야 합니다(작업한 내용을 저장하지 않고 답안을 전송할 경우 이전의 저장내용이 전송되오니 이 점 반드시 유념하시기 바랍니다).
- 모든 수험자는 동일한(초기화된) 환경에서 시험이 시작되며 '작업환경 설정'은 시험 시간 내에 진행합니다(시험 시작 전 '작업환경 설정' 불가, 소프트웨어 이상 유무만 확인).
- 답안 문서를 지정된 경로 외의 다른 보조기억장치에 저장하는 행위, 지정된 시험 시간 외에 작성된 파일을 활용한 행위, 기타 허용되지 않은 프로그램(이메일, 메신저, 게임, 네트워크, 윈도우계산기, 스톱워치 등) 이용 시 부정행위로 간주되어 **자격기본법 제32조에 의거 본 시험 및 국가공인 자격시험을 2년간 응시할 수 없습니다.**
- 시험 중 부주의 또는 고의로 시스템을 파손한 경우와 〈수험자 유의사항〉에 기재된 방법대로 이행하지 않아 생기는 불이익은 수험자의 책임임을 알려 드립니다.
- 시험을 완료한 수험자는 최종적으로 저장한 답안 파일이 전송되었는지 확인한 후 감독위원의 지시에 따라 문제지를 제출하고 퇴실합니다.

답안 작성요령

- 온라인 답안 작성 절차
  수험자 등록 ⇒ 시험 시작 ⇒ 답안 파일 저장 ⇒ 답안 전송 ⇒ 시험 종료
- 배점은 총 100점으로 이루어지며, 점수는 각 문제별로 차등 배분됩니다.
- 각 문제는 주어진 《조건》에 따라 작성하고, 《조건》을 지키지 못했을 경우에는 0점 또는 감점 처리됩니다.
- 문제 《조건》에 크기와 색상, 두께의 지정이 없을 경우 《출력형태》를 참고하여 작업해 주시기 바랍니다.
- **문제 《조건》과 《출력형태》에서 차이가 발생할 경우 문제에서 지정한 《조건》에 따라 작업해 주시기 바랍니다.**
- 《조건》에서 주어진 단위는 'mm(밀리미터)'입니다. 눈금자는 작성하지 않으며, 그 외는 출력형태(레이아웃, 색상, 문자, 규격 등)와 같게 작업하십시오.
- 문제 《조건》에 서체의 지정이 없을 경우 한글은 굴림이나 돋움, 영문은 Arial로 작업하십시오(단, 그 외에 제시되지 않은 문자 속성을 기본값으로 작성하지 않은 경우는 감점 처리됩니다).
- Color Mode(색상 모드)는 별도의 처리 조건이 없을 시 CMYK로 작업하십시오.
- 조건에서 제시한 기능을 임의로 합치거나 각 기능에 대한 속성을 해지할 경우 해당 요소는 0점 처리됩니다.

문제 1 · BI, CI 디자인
25점

유선배 강의

다음의 《조건》에 따라 아래의 《출력형태》와 같이 작업하시오.

조건

파일저장규칙	AI	파일명	문서₩GTQ₩수험번호-성명-1.ai
		크기	100 × 80mm

1. 작업 방법
   ① 도형 변형 툴과 Pathfinder 기능을 활용하여 오브젝트를 작성한다.
   ② 그 외 《출력형태》 참조

2. 문자 효과
   ① Love Our Planet (Arial, Bold, 20pt, C0M0Y0K0)

출력형태

C10 → C70,
C70Y100,
C80M30Y90K30,
Y100,
M40Y100,
M60Y100,
M60Y100K20
[Stroke]
C70Y100, 3pt

문제 2 | 패키지, 비즈니스디자인
35점

다음의 《조건》에 따라 아래의 《출력형태》와 같이 작업하시오.

조건

파일저장규칙	AI	파일명	문서₩GTQ₩수험번호-성명-2.ai
		크기	160 × 120mm

1. 작업 방법
   ① 레몬청에는 Pattern을 활용하여 작성한다(패턴 등록 : 레몬단면).
   ② 라벨에는 Clipping Mask를 적용한다.
   ③ Brush는 《출력형태》를 참고하여 작성한다.
   ④ Effect는 《출력형태》를 참고하여 작성한다.
   ⑤ 그 외 《출력형태》 참조

2. 문자 효과
   ① Handmade Lemon (Times New Roman, Italic, 20pt, C0M0Y0K0)
   ② 감사합니다 (궁서, 12pt, C0M0Y0K0)

출력형태

문제 3 광고디자인

40점

다음의 《조건》에 따라 아래의 《출력형태》와 같이 작업하시오.

조건

파일저장규칙	AI	파일명	문서₩GTQ₩수험번호-성명-3.ai
		크기	210 × 297mm

1. 작업 방법
   ① 《참고도안》은 직접 제작한 후 Symbol로 활용한다(심볼 등록 : 바람개비).
   ② 'Green Energy', 'All electronic system' 문자에 Envelope Distort를 적용한다.
   ③ Brush는 《출력형태》를 참고하여 작성한다.
   ④ Effect는 《출력형태》를 참고하여 작성한다.
   ⑤ Clipping Mask를 이용하여 디자인을 정리한다.
   ⑥ 그 외 《출력형태》 참조

2. 문자 효과
   ① Green Energy (Arial, Bold, 60pt, C70M10Y90, C100M60)
   ② All electronic system (Times New Roman, Regular, 30pt, C100M80Y20)

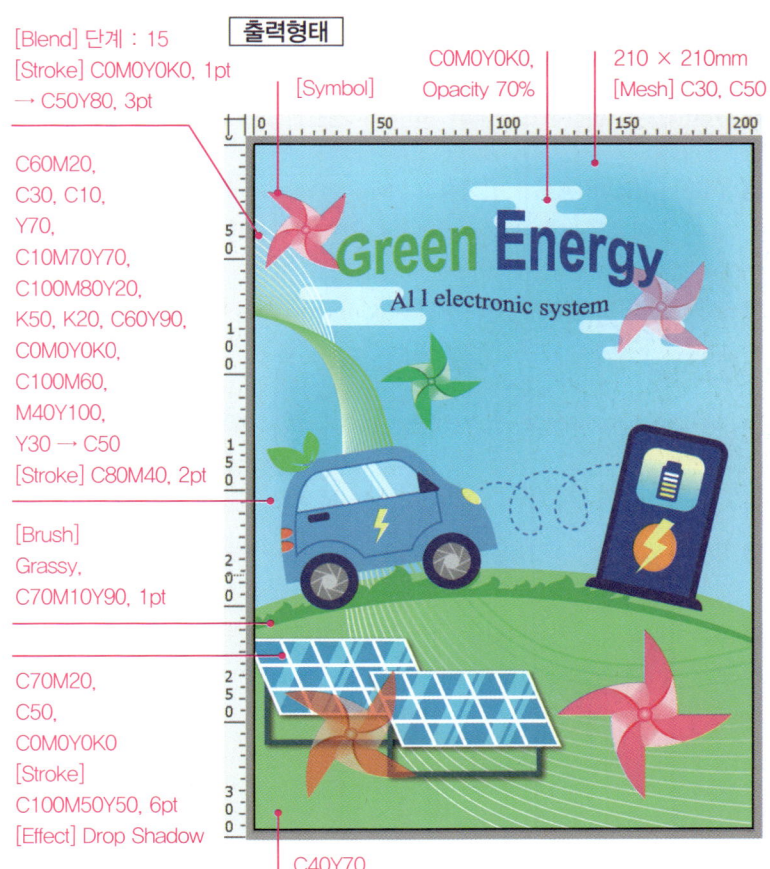

문제 1   BI, CI 디자인

완성 파일 : 실전모의고사2회-1.ai

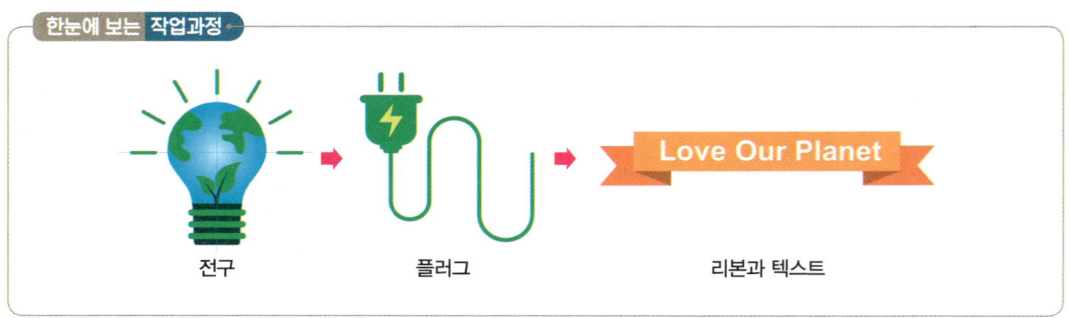

한눈에 보는 작업과정

전구 → 플러그 → 리본과 텍스트

01   새 캔버스 설정 및 저장

1 새 캔버스를 만들기 위해 [File]−[New]를 선택하여 Width : 100mm, Height : 80mm, Color Mode : CMYK로 설정한 후 새 캔버스를 연다.

2 [View]−[Rulers]−[Show Rulers](Ctrl+R)를 선택해 눈금자를 꺼낸다(좌측 상단 영점 확인).

3 [File]−[Save As]를 선택하고 Save On Your Computer 를 클릭한다. '내 PC₩문서₩GTQ' 하위 폴더에 파일 이름을 '수험번호−성명−1.ai'로 입력한 후 'Illustrator CC(Legacy)' 버전으로 저장한다.

4 도구상자가 모두 보이는지, 상단의 [Control] 패널이 있는지 체크한다.

> **Plus@**
> [Window]−[Workspace]−[Essentials Classic]으로 한 번에 도구상자와 [Control] 패널을 나타낼 수 있다.

5 작업에 앞서 제시된 색을 [Swatches] 패널이나 도형들을 나열해 색상을 등록해 놓는다.

6 오브젝트별로 가이드라인을 표시하고 작업하면 좋다.

02 전구 오브젝트

1 ① Ellipse Tool(◯ , L)과 Rounded Rectangle Tool(▭)로 그림과 같이 배치한 후 Direct Selection Tool(▶ , A)로 상단 포인트를 감싼다. ② Scale Tool(⬚ , S)로 바깥쪽으로 드래그해 확장해준다. ③ Selection Tool(▶ , V)로 두 오브젝트를 그림과 같이 포갠 다음 [Pathfinder](Shift + Ctrl + F9) 패널의 'Unite'로 합친다.

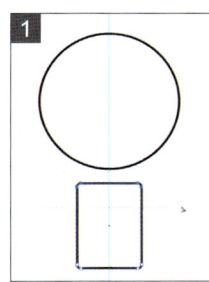
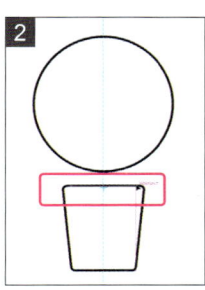
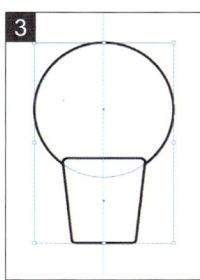
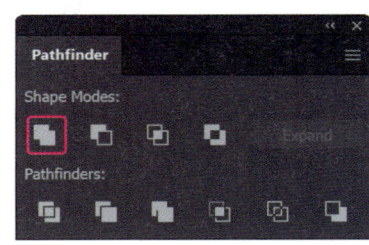

2 ① Direct Selection Tool(▶ , A)로 중간 두 포인트를 선택한 후 ② 상단 [Control] 패널의 'Convert selected anchor points to smooth(⌐)'를 클릭해 곡률을 준다. ③ Line Segment Tool(╱ , W)로 수평선을 그린 후 수평선과 전구 오브젝트를 선택하고 [Pathfinder](Shift + Ctrl + F9) 패널의 'Divide'로 분리한다.

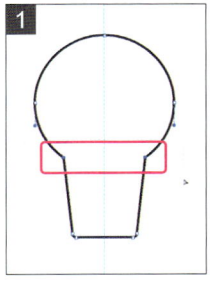
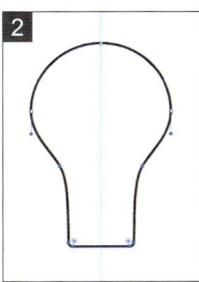
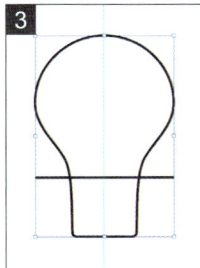
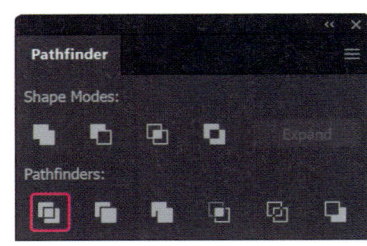

Plus ⓐ

Direct Selection Tool(▶ , A)을 선택해 Live Corners(곡률 활성화)를 이용할 수 있다.

3 독립적인 개체의 활용을 위해 Shift + Ctrl + G로 그룹을 해제한다. 지도를 표현하기 위해 Pencil Tool(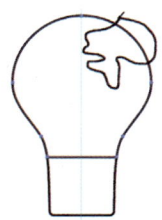, N)로 그림을 참고하여 그린다. Selection Tool(, V)과 함께 Shift 로 전구와 지도를 복수로 선택한다. [Pathfinder](Shift + Ctrl + F9) 패널의 'Divide'로 분리한 후 그룹을 해제(Shift + Ctrl + G)하고 지도(면 : C70Y100, 선 : None)와 소켓(면 : C80M30Y90K30, 선 : None)에 색을 채운다.

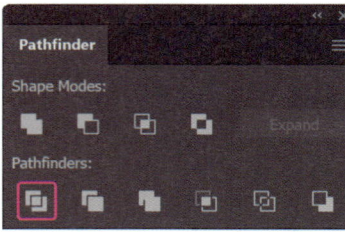

4 전구 오브젝트(면 : C10 → C70, 선 : None)에 그래디언트를 적용하기 위하여 [Window]−[Gradient](Ctrl + F9)를 선택한 후 ❶ 'Radial Gradient'를 선택한다. ❷ 하단의 좌측 조절점을 더블 클릭하고 ❸ CMYK로 변경하기 위해 우측의 메뉴()를 선택한 후 ❹ CMYK를 누르고 색(C10)을 적용한다. 나머지 적용을 위해 우측 조절점을 더블 클릭한 후 ❸, ❹를 반복해 색(C70)을 적용한다.

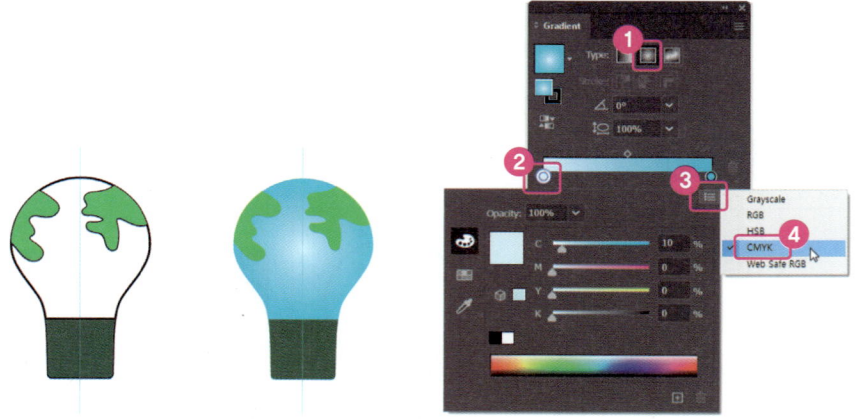

5 Rounded Rectangle Tool()로 전구 아래 부분의 사각형(C70Y100)을 그린다. Selection Tool(, V)로 Alt 와 함께 복제한 후 Ctrl + D 를 눌러 규칙적으로 복제한다. Line Segment Tool(, W)로 선(C70Y100)을 그린 후 [Window]−[Stroke](Ctrl + F10) 패널에서 Weight : 3pt, Cap : Round Cap으로 적용한다.

6 라이트를 회전하기 위해 Rotate Tool(, R)로 가이드 중심을 Alt +클릭해 기준점을 잡고 Angle : −360/12 또는 −30을 입력한 후 Copy 를 클릭한다. 반복하기 위해 Ctrl + D 를 5번 실행한다.

7 나뭇잎(C70Y100)은 Pen Tool(, P)로 그림과 같이 만든 후 대칭복사하기 위해 오브젝트를 Ctrl +클릭해 선택한다. Reflect Tool(, O)로 Alt +클릭하여 기준점을 잡고 Axis : Vertical, Copy 를 클릭한다.

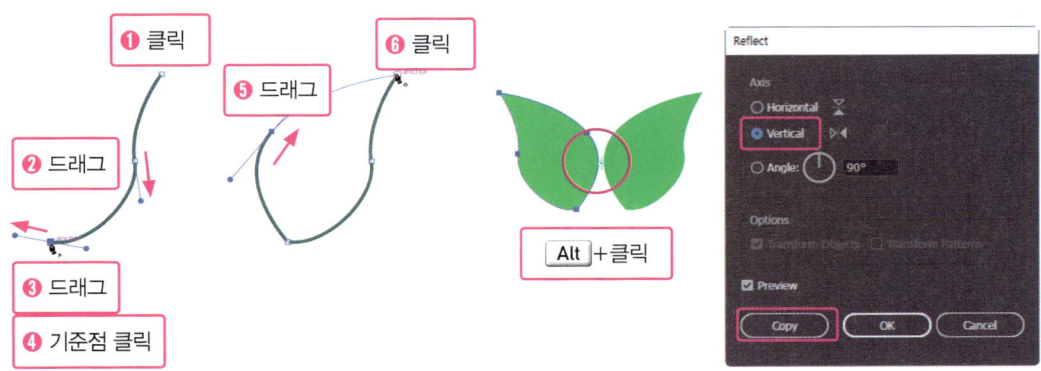

8 Selection Tool(, V)로 크기를 달리하여 배치한다. 줄기(선 : C80M30Y90K30)는 Pen Tool(, P)로 그린 후 Width Tool(, Shift + W)로 하단 부분을 드래그하여 밖으로 확장한다. '면'의 속성으로 변경하기 위해 [Object]−[Expand Appearance]해 확장한 후 반대쪽도 7과 같이 대칭복사해 배치한다.

03 ▶ 플러그 오브젝트

1 전선(C70Y100)은 Rounded Rectangle Tool( )로 곡률을 최대화하여 그림과 같이 배치한다. 사이의 선이 정확히 겹친 것을 확인하기 위해 [View]−[Outline](Ctrl + Y)으로 확인한다. 상단 [Control] 패널에서 Stroke : 4pt 정도로 설정한다.

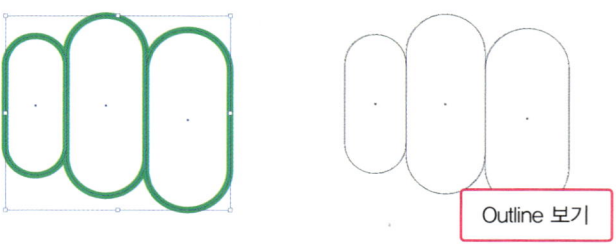

2 Direct Selection Tool(, A)로 그림과 같이 포인트를 선택하고 Delete 한다.

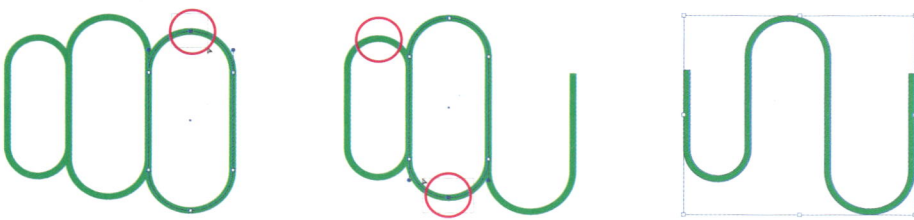

3 선의 연결이 부자연스러운 부분은 포인트를 선택한 후 이동해 맞추어 준다. '면'의 속성으로 변경하기 위하여 [Object]−[Expand]해 확장한다. Selection Tool(, V)로 오브젝트를 모두 선택한 후 [Pathfinder](Shift + Ctrl + F9) 패널의 'Unite'로 합친다.

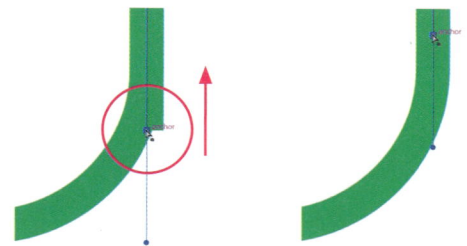

306 PART 5 실전 모의고사

4 Rounded Rectangle Tool( )로 콘센트(C70Y100)를 그린 후 그림과 같이 배치한다. 특정 곡률만 변경할 경우 Direct Selection Tool(, A)로 Shift 와 함께 선택하여 변경한다. 번개(Y100)는 Pen Tool(, P)로 그린다.

04 리본과 텍스트

1 직사각형(M60Y100, M40Y100) 2개를 그린다. 리본의 끝을 들어가게 표현하기 위해 Add Anchor Point Tool(, =)로 좌측 중간 부분을 클릭해 기준점(Anchor Point)을 추가한다. Direct Selection Tool(, A)로 선택하여 우측으로 이동한다.

2 Pen Tool(, P)로 접히는 부분(M60Y100K20)을 만들어 준다. 대칭복사하기 위해 Selection Tool(, V)로 오브젝트를 선택한 후 Reflect Tool(, O)로 사각형 중심점을 Alt +클릭해 기준점을 잡고 Axis : Vertical, Copy 를 클릭한다. 만약 앞으로 배치되었다면 맨 뒤로 보내기 위해 Shift + Ctrl + [를 적용한다.

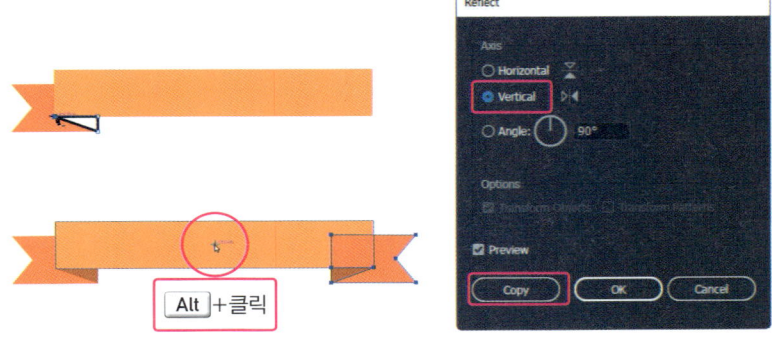

③ 텍스트를 입력하기 위해 Type Tool(T , T)로 빈 캔버스를 클릭한 후 Love Our Planet을 입력한다. Ctrl + A 로 전체선택한 후 [Window]-[Type]-[Character](Ctrl + T) 패널에서 Font : Arial, Style : Bold, Size : 20pt, Color : C0M0Y0K0으로 설정을 변경한다.
Selection Tool(▶ , V)을 선택한 후 출력형태를 참고해 배치한다.

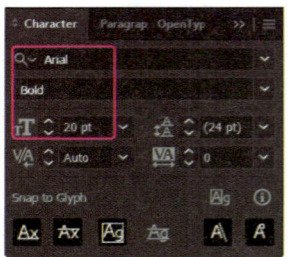

05 ▶ 저장하고 전송하기

① 불필요한 도형은 삭제하고 가이드라인이 보이지 않도록 [View]-[Guides]-[Hide Guides](Ctrl + ;)한다. [File]-[Save] 또는 [File]-[Save As]한 후 Save On Your Computer 를 선택하여 '내 PC\문서\GTQ' 폴더에 "수험번호-성명-1"로 저장한다.

② [Illustrator Options] 대화상자에서 Version : Illustrator CC(Legacy)로 체크한 후 OK 를 클릭한다. 하위 버전 저장에 따른 메시지가 뜨면 계속 OK 를 클릭한다.

③ 시험장의 작업표시줄에 나타나는 'Koas 수험자용'을 클릭해 우측의 답안 전송 을 클릭한 후 해당하는 번호에 체크한다. 하단의 답안 전송 을 클릭한 후 닫기 를 누르면 최종 전송된 답안으로 채점이 이루어진다.

✓ Check Point !

		○	✗
01	출력형태를 제외한 나머지 오브젝트는 삭제했나요?		
02	해당 오브젝트를 출력형태의 위치에 배치했나요? (눈금자와 가이드라인 참고해 확인)		
03	작업 중 생성된 가이드라인을 Ctrl + ; 으로, 그리드를 Ctrl + ' 로 숨겼나요?		
04	Gradient가 적용된 오브젝트의 색상과 방향을 출력형태에 맞게 적용했나요?		
05	출력형태에 제시된 '선'의 두께는 정확히 설정되었나요?		
06	결과가 '면'의 속성인 오브젝트를 '선'의 속성으로 그렸을 경우 'Expand' 처리했나요?		
07	제시된 조건 이외의 오브젝트를 편의에 의해 Blend나 Envelope Distort의 기능으로 완성했을 경우 'Expand' 처리했나요?		
08	텍스트 작업 시 Font Family가 Bold인 경우 변경되어 있나요?		
09	오브젝트의 불투명도(Opacity) 값이 정확히 설정되었나요?		
10	저장을 먼저 한 후 답안 전송으로 마무리하였나요? (중요한 작업 완료 후 수시로 저장과 전송 가능)		

문제 2 패키지, 비즈니스디자인

완성 파일 : 실전모의고사2회-2.ai

01 새 캔버스 설정 및 저장

1 새 캔버스를 만들기 위해 [File]−[New]를 선택하여 Width : 160mm, Height : 120mm, Color Mode : CMYK로 설정한 후 새 캔버스를 연다.

2 [View]−[Rulers]−[Show Rulers](Ctrl+R)를 선택해 눈금자를 꺼낸다(좌측 상단 영점 확인).

3 [File]−[Save As]를 선택하고 Save On Your Computer 를 클릭한다. '내PC₩문서₩GTQ' 하위 폴더에 파일 이름을 '수험번호−성명−2.ai'로 입력한 후 'Illustrator CC(Legacy)' 버전으로 저장한다.

4 도구상자가 모두 보이는지, 상단의 [Control] 패널이 있는지 체크한다.

> **Plus ⓐ**
>
> [Window]−[Workspace]−[Essentials Classic]으로 한 번에 도구상자와 [Control] 패널을 나타낼 수 있다.

5 작업에 앞서 제시된 색을 [Swatches] 패널이나 도형들을 나열해 색상을 등록해 놓는다.

6 오브젝트별로 가이드라인을 표시하고 작업하면 좋다.

02 레몬단면 오브젝트

1 가이드라인을 수직 눈금자에서 드래그하여 100mm, 수평 눈금자에서 드래그하여 50mm에 맞춘다.

2 레몬단면(M10Y100)은 가로/세로 가이드라인을 중앙에 배치하고 Ellipse Tool(⬤, L)을 선택한 후 Alt + Shift 와 함께 중심에서부터 드래그하여 정원을 그린다. Line Segment Tool(/, ₩)로 수직선을 그린 후 [Window]-[Stroke](Ctrl + F10) 패널에서 Weight : 3pt로 설정한다. '선'을 '면'의 속성으로 변경하기 위해 [Object]-[Expand]해 확장한다.

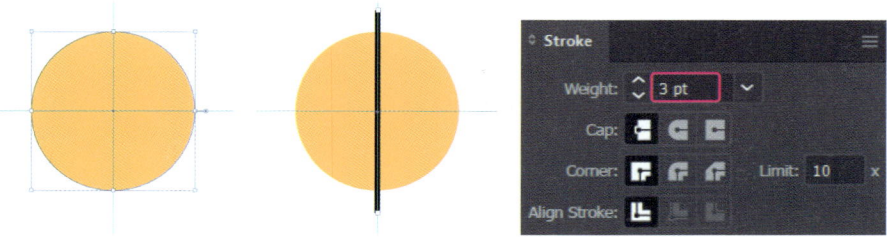

3 Rotate Tool(⟳, R)로 가이드 중심을 Alt + 클릭해 기준점을 잡고 Angle : 360/8 또는 45를 입력한 후 Copy 를 클릭한다. 반복하기 위해 Ctrl + D 를 2번 실행한다.

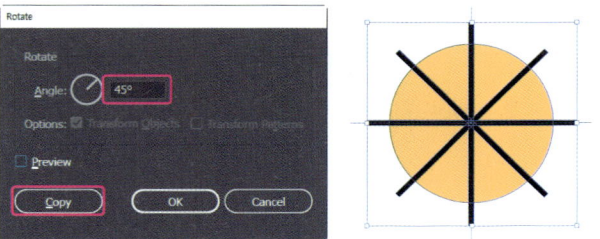

Plus@

가이드라인에 Lock이 걸려 있지 않은 상태로 회전하면 가이드라인까지 회전되니 잠그기 위해 [View]-[Guides]-[Lock Guides](Alt + Ctrl + ;)를 적용한다.

4 Selection Tool(, V)로 모두 선택한 후 [Pathfinder](Shift + Ctrl + F9) 패널의 'Minus Front'를 적용한다.

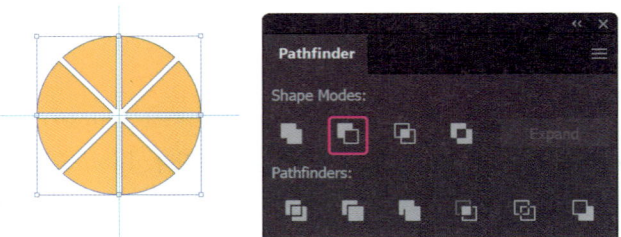

Plus @

선의 두께를 준 상태더라도 Expand하지 않고 Divide를 하면 간격 없이 분리된다.

5 단면의 불규칙함을 표현하기 위해 [Effect]−[Distort & Transform]−[Roughen]을 클릭한 후 Size : 2%, Relative 체크, Detail : 20, Points : Smooth로 준다. '면'의 속성으로 변경하기 위해 [Object]−[Expand Appearance]해 확장한다.

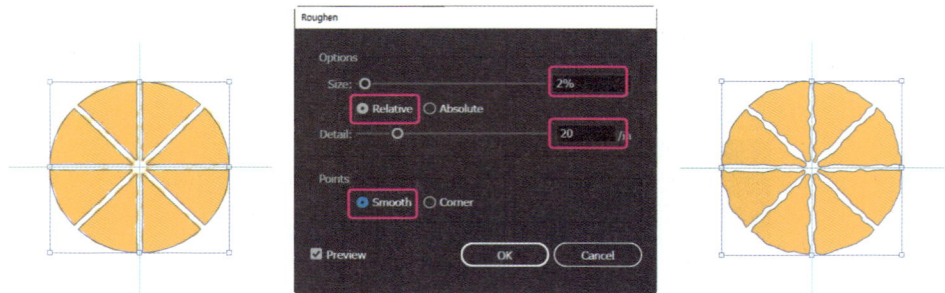

6 Ellipse Tool(, L)을 선택한 후 Alt + Shift 와 함께 중심에서부터 드래그하여 정원을 그린다. Shift + X 로 선/면을 바꾼 다음 [Window]−[Stroke](Ctrl + F10) 패널에서 Weight : 2pt로 설정한다. 반원을 만들기 위해 Direct Selection Tool(, A)로 상단 기준점(Anchor Point)을 선택한 후 Delete 하고 '면'의 속성으로 변경하기 위해 [Object]−[Expand]해 확장한다. 단면의 위쪽 부분도 선택하여 Delete 한다. Selection Tool(, V)로 모두 선택한 후 그룹화(Ctrl + G)하고 Alt 와 함께 복제하여 배치한다.

03 나뭇가지 오브젝트

1 버드나무잎(C40Y80)은 Ellipse Tool(◯ , L)로 타원을 그린 후 양 끝을 Anchor Point Tool(▷ , Shift + C)로 클릭하여 그림과 같이 뾰족하게 만든다. 이후 작업에서 사용하기 위해 Selection Tool(▷ , V)로 Alt 와 함께 하나 복제해 놓고 원본은 출력형태를 참고하여 회전 배치한다. 대칭복사하기 위해 Reflect Tool(▷◁ , O)로 Ctrl +오브젝트를 클릭한 후 중심을 Alt +클릭해 기준점을 잡고 Axis : Vertical, Copy 를 클릭한다.

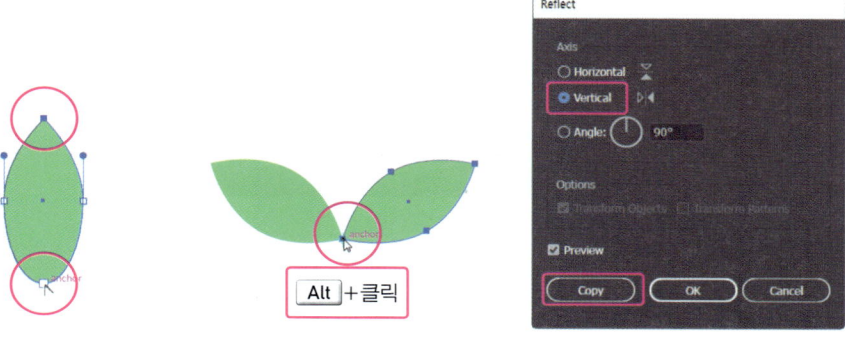

2 Selection Tool(▷ , V)로 모두 선택한 후 그룹화(Ctrl + G)한다. Alt 와 함께 위쪽 방향으로 복제한 후 Alt + Shift 와 함께 크기를 축소한다. 중간 단계 생성을 위해 모두 선택한 후 [Object]-[Blend]-[Make](Alt + Ctrl + B)를 적용한다. 단계를 조정하기 위해 Blend Tool(🍂 , W)을 더블 클릭한 후 Spacing : Specified Steps, 5로 적용하고 OK 를 클릭한다. Blend의 속성을 없애기 위해 [Object]-[Expand]해 확장한다.

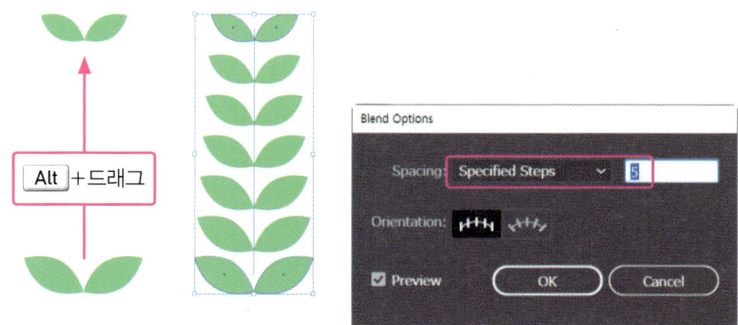

Plus @

[Object]-[Blend]-[Blend Options]를 이용해도 된다.

3 Line Segment Tool(　, W)로 수직선(선 : C40Y80, 0.75pt)을 그린 후 두께를 알맞게 조정한다. '면'의 속성으로 변경하기 위해 [Object]-[Expand]해 확장한다. 1 에서 복제해 놓은 나뭇잎을 축소하여 위쪽에 붙이고 Selection Tool(　, V)로 모두 선택한 후 [Object]-[Envelope Distort]-[Make with Warp](Alt + Shift + Ctrl + W)를 적용한다. Style : Arc, Vertical 체크, Bend : -30%를 입력한 후 OK 를 클릭한다. '면'의 속성으로 변경하기 위해 [Object]-[Expand]해 확장한다.

 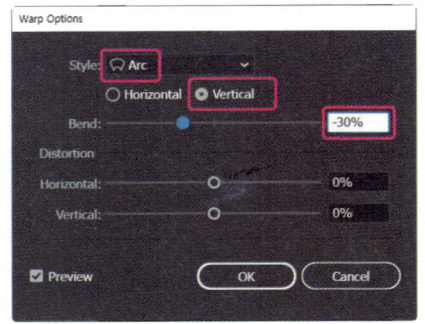 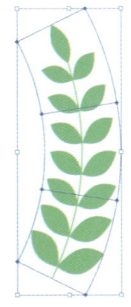 

4 몬스테라(C20M80Y80)는 Ellipse Tool(　, L)로 타원을 그린 후 Eraser Tool(　, Shift + E)을 선택해 '[: 점점 작게,] : 점점 크게'로 브러시를 조절하며 그림과 같은 방법으로 지운다.

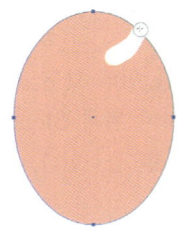 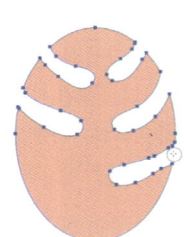 

5 가장자리를 Smooth Tool(　)로 그림과 같이 드래그하여 부드럽게 만들고, Anchor Point Tool (　, Shift + C)로 상단 포인트를 선택하여 뾰족하게 만든다.

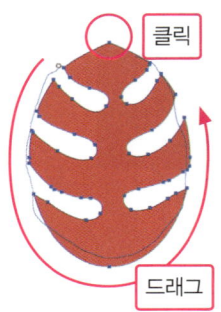 

Plus α
Smooth Tool을 더블 클릭하면 대화상자에서 부드러움의 정도를 조절할 수 있다.

6 찔레 열매(선 : C50M10Y30K30)를 그리기 위해 Ellipse Tool(, L)로 원을 그린다. Direct Selection Tool(, A)로 하단 포인트를 선택한 후 Delete 한다. Ctrl + C , Ctrl + F 로 앞으로 붙여넣기 한 후 중간 조절점에서 Alt 와 함께 드래그하여 크기를 줄이고 한 번 더 반복한다.

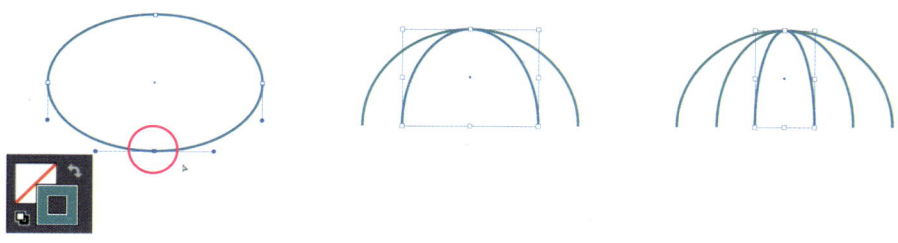

7 Direct Selection Tool(, A)로 선의 끝부분을 클릭하여 자연스럽게 만들고 줄기 부분도 Pencil Tool(, N) 등을 이용하여 그린 후 '선'을 '면'의 속성으로 변경하기 위해 [Object]-[Expand]해 확장한다. Ellipse Tool(, L)을 이용하여 열매(M50Y100)를 그린 후 Selection Tool(, V)로 Alt 와 함께 복제, 배치한다. 찔레 열매를 모두 선택한 후 그룹화(Ctrl + G)한다.

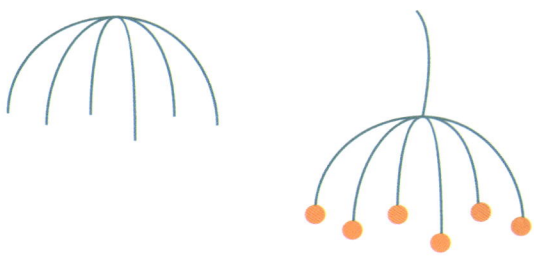

8 버드나무잎(C50M10Y30K30)을 Alt 와 함께 복제해 배치한다. 모든 잎들을 선택한 후 출력형태를 참고하여 배치한다.

04 레몬청 오브젝트와 Pattern 적용

1 레몬청 유리병(C20Y10)은 Rounded Rectangle Tool(▭)로 그린다. Selection Tool(▶, V)로 원본을 남겨 놓기 위해 Ctrl + C , Ctrl + F 로 앞으로 붙여넣기 한다. 그림자 부분을 만들기 위해 Alt 와 함께 좌측으로 복제한다. Shift 와 함께 바로 뒤의 유리병을 선택한 후 Shape Builder Tool( ), Shift + M)로 그림과 같이 좌측 부분을 Alt 와 함께 드래그하여 삭제한다.

2 Selection Tool(▶, V)로 그림자(K80)를 선택해 색을 채우고 상단 [Control] 패널의 불투명도를 Opacity : 20%로 설정한다. [Object]−[Path]−[Offset Path]를 적용한 후 Offset : −3mm를 입력하고 OK 를 클릭한다. 유리병(M50Y100)을 선택하여 색을 채운다.

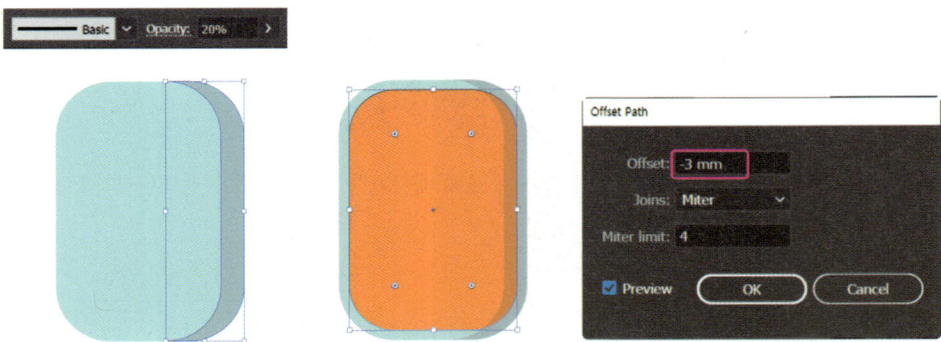

Plus α

불투명도(Opacity)는 [Properties] 패널 또는 [Window]−[Transparency] 패널에서 적용할 수 있다.

③ 상단 부분을 지우기 위해 Eraser Tool(, Shift + E)을 더블 클릭하여 Size : 35~45pt 정도로 설정한 후 OK 를 클릭한다. 그림을 참고해 지우고 Selection Tool(, V)로 불필요한 오브젝트를 Delete 한다.

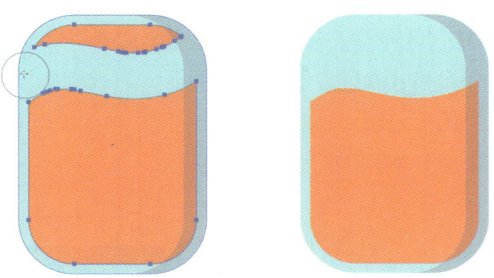

④ 패턴을 등록하기 위해 Selection Tool(, V)로 미리 만들어 놓은 레몬단면을 [Swatches] 패널에 드래그하여 등록시킨다.

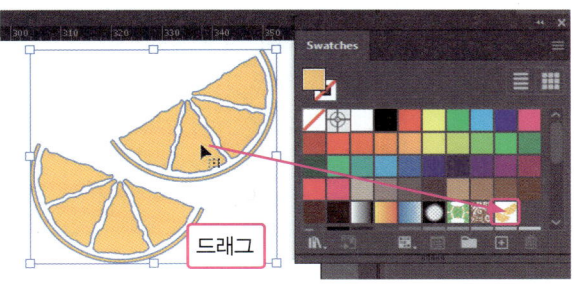

Plus α

패턴 추가가 되지 않을 경우 폴더 부분에 드래그하지 않고 기본색이 있는 윗부분으로 드래그하면 추가된다.

⑤ 패턴을 편집하려면 빈 캔버스를 한 번 클릭 후 [Swatches] 패널의 등록된 패턴을 더블 클릭한다. Name : 레몬단면으로 설정한 후 상단의 'Done'으로 빠져나온다.

CHAPTER 2 실전 모의고사 2회 **317**

Plus @

기본 오브젝트가 선택된 상태에서 [Swatches] 패널의 등록된 패턴을 더블 클릭하면 기본 오브젝트에 패턴이 적용된다.

6 패턴을 채울 부분을 선택한 후 Ctrl + C , Ctrl + F 로 앞으로 붙여넣기 한다. Selection Tool(, V)로 [Swatches] 패널에 등록했던 패턴을 선택해 채운다. 크기 조정을 위해 Scale Tool(, S)을 더블 클릭한 후 Options : Transform Objects 체크 해제, Transform Patterns 체크, Uniform : 30%, Preview를 체크해 확인한 다음 OK 를 클릭한다.

 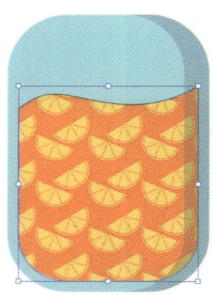 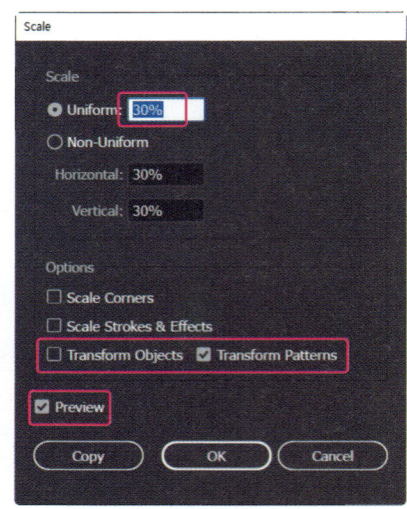

Plus @

'Transform Objects'에 체크되어 있다면 패턴과 오브젝트 모두 작아진다.

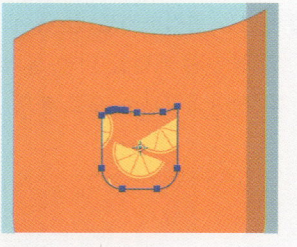

7 덮개(C10M10Y10)는 Rectangle Tool(, M)과 Ellipse Tool(, L)을 이용해 그린다. 덮개를 모두 선택한 후 Shape Builder Tool(, Shift + M)을 이용하여 윗 뚜껑을 드래그로 합치고 옆면을 드래그하여 하나로 만든다.

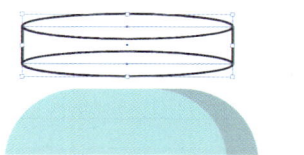 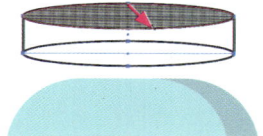 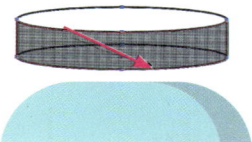

8 해당 색(C10M10Y10, C20M20Y10K10)을 채운 후 프릴 부분(C10M10Y10)을 표현하기 위해 Brush Tool(, B)로 자유곡선을 그린다.

 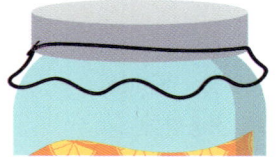 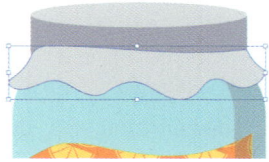

9 그림자를 표현하기 위해 Ctrl + C , Ctrl + B 로 뒤로 붙여넣기 하고 아래쪽 방향키(↓)를 네 번 정도 누른 후 색(C20M20Y10K10)을 채운다. 그림자 부분을 Selection Tool(, V)로 선택하여 좌우 폭을 유리병에 맞닿게 붙인다. 뚜껑 부분을 선택해 맨 앞으로 보내기 위해 Shift + Ctrl +] 를 적용한다.

 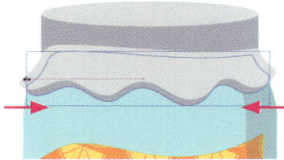 

05 태그 오브젝트와 Brush 적용

1 태그(M30Y50K10)는 Rectangle Tool(, M)로 사각형을 그린 후 상단의 두 Live Corners(곡률 활성화)를 Shift 와 함께 선택하여 최대로 조정한다. 조금 더 작은 오브젝트를 만들기 위해 [Object]-[Path]-[Offset Path]를 선택한 후 Offset : -2mm를 입력하고 OK 를 클릭한다.

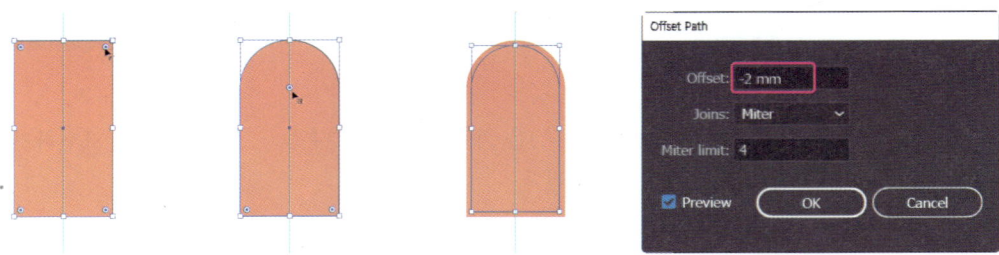

2 점선(선 : C0M0Y0K0)을 표현하기 위해 [Window]-[Stroke](Ctrl + F10) 패널에서 Weight : 1pt, Dashed Line 체크, dash : 3pt를 적용한다.

3 구멍을 뚫기 위해 Ellipse Tool(, L)로 가이드 중심에서 Alt + Shift 와 함께 정원을 그린다. Selection Tool(, V)로 정원과 맨 아래 오브젝트를 Shift 와 함께 선택한 후 [Pathfinder] (Shift + Ctrl + F9) 패널의 'Minus Front'하여 구멍을 낸다. 맨 뒤로 보내기 위해 Shift + Ctrl + [를 적용한다.

그림자(M30Y50K40)를 표현하기 위해 맨 아래 오브젝트를 선택한 후 Ctrl + C , Ctrl + B 로 뒤로 붙여넣기 하고 오른쪽 방향키(→)를 세 번 정도 누른다. 모두 선택해 그룹화(Ctrl + G)한다.

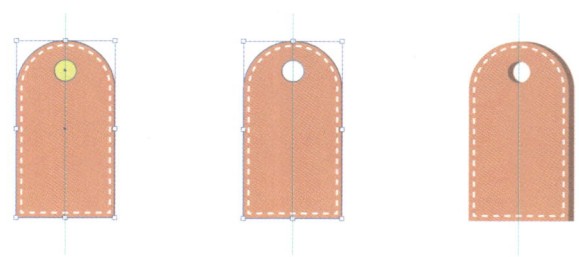

4️⃣ 브러시(C30M60Y90K50, 1pt)를 적용하기 위해 Pencil Tool(✏️ , N)로 가로선을 그린 후 Ctrl +
빈 공간을 클릭하고 8자 모양의 리본을 그린다. Ctrl +빈 공간을 클릭한 후 2개의 세로선도 그린다.
Selection Tool(▶ , V)로 가로선을 선택하여 Alt 와 함께 아래로 복제한다. 세로선 하나와 태그를
선택하여 맨 앞으로 보내기 위해 Shift + Ctrl +] 를 적용한다.

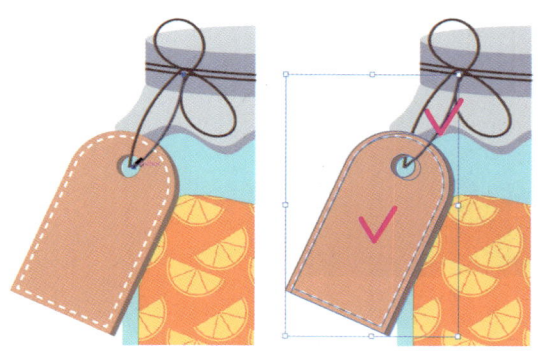

Plus@

Pencil Tool(✏️ , N)을 이용해 기존 오브젝트에 가까이 그릴 때는 Ctrl +빈 공간을 클릭한 후 그려야 기존 오브젝트에 연결되지 않는다.

5️⃣ 브러시를 적용하기 위해 선을 모두 선택한 후 [Window]-[Brushes](F5) 패널을 열고 패널 하단의
🔖 를 클릭해 Artistic > Artistic_ChalkCharcoalPencil > Charcoal-Pencil을 선택한다.
Stroke Weight : 1pt로 설정한다.

 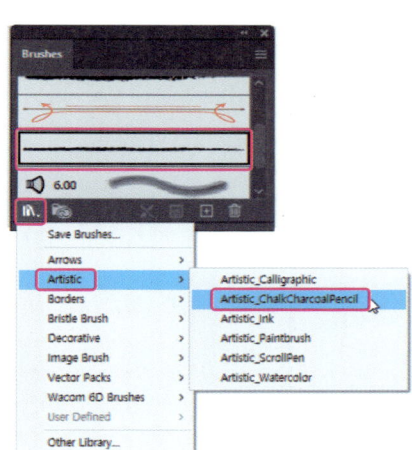

6 Type Tool(, T)로 빈 캔버스를 클릭한 후 감사합니다를 입력한다. Ctrl + A 로 전체선택한 후 [Window]−[Type]−[Character](Ctrl + T) 패널에서 Font : 궁서, Size : 12pt, Color : C0M0Y0K0으로 설정한다. 출력형태를 참고해 회전하여 배치한다.

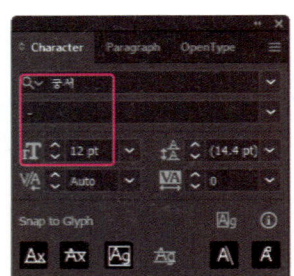

Plus @

폰트가 한글로 보이지 않는다면 환경설정(Ctrl + K)에서 [Type]−[Show Font Names in English]에 체크를 해제한다.

Plus @

텍스트를 한글로 입력한 후 단축키가 적용되지 않는 경우가 발생한다. 이럴 때는 한/영 키를 눌러 영문인 상태로 설정하면 적용된다.

06 라벨 오브젝트와 Clipping Mask 및 텍스트 입력

1 라벨(면 : C0M0Y0K0, 선 : None)은 Rectangle Tool(▢ , M)과 Ellipse Tool(⬭ , L)을 가이드의 중심에서 Alt 와 함께 대칭으로 그린다. Selection Tool(▶ , V)로 2개의 오브젝트를 Shift 와 함께 선택한 후 [Pathfinder](Shift + Ctrl + F9) 패널의 'Unite'로 합친다.

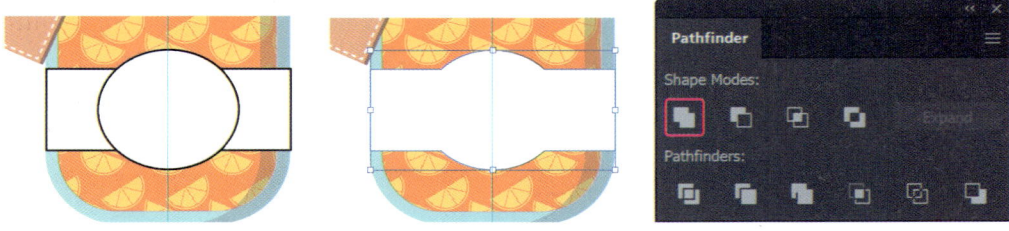

2 조금 더 작은 오브젝트를 만들기 위해 [Object]−[Path]−[Offset Path]를 적용한다. Offset : −2mm를 입력한 후 OK 를 클릭하고 해당 색(M50Y100)을 채운다.

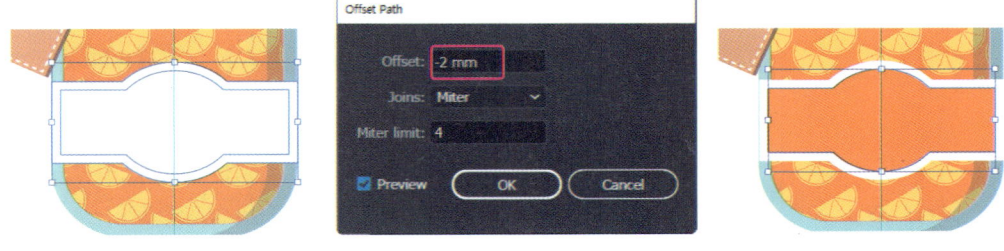

3 Clipping Mask를 하기 위해 Selection Tool(▶ , V)로 몬스테라와 버드나무잎을 Alt 와 함께 복제해 알맞게 배치한다. 맨 앞으로 보내기 위해 Shift + Ctrl +] 를 적용한다. 주황색 라벨을 선택하고 Ctrl + C , Ctrl + F 로 앞으로 붙여넣기 한 후 맨 앞으로 보내기 위해 Shift + Ctrl +] 를 적용한다. Shift 와 함께 두 잎을 선택한 후 마우스 오른쪽 버튼을 클릭하여 'Make Clipping Mask'를 적용한다.

Plus α

Clipping Mask 적용 : [Object]-[Clipping Mask]-[Make](Ctrl + 7)
Clipping Mask 해제 : [Object]-[Clipping Mask]-[Release](Alt + Ctrl + 7)

Plus α

Clipping Mask 안쪽의 오브젝트를 수정하기 위하여 Selection Tool(, V)로 더블 클릭하면 Isolated Area(고립된 영역)로 들어가게 되며 그 안에서 수정할 수 있다. 수정 완료 후 Esc 나 화살표를 눌러 빠져나온다.

4 Type Tool(T , T)로 빈 캔버스를 클릭한 후 Handmade Lemon을 입력한다. Ctrl + A 로 전체 선택한 후 [Window]-[Type]-[Character](Ctrl + T) 패널에서 Font : Times New Roman, Style : Italic, Size : 20pt, Color : C0M0Y0K0으로 설정을 변경하고 [Paragraph] 패널에서 가운데 맞춤으로 선택한다.

  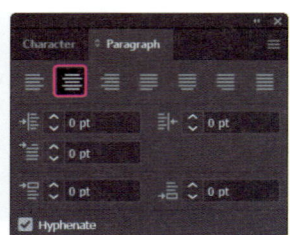

5 Selection Tool(, V)로 그림자보다 아래로 배치하기 위해 라벨 부분을 Shift 와 함께 모두 선택한 후 Ctrl + [를 한 단계씩 적용해 배치한다.
좌측에 하이라이트(C0M0Y0K0)를 표현하기 위해 Blob Brush Tool(, Shift + B)로 브러시를 조절([: 점점 작게,] : 점점 크게)한 후 Shift 를 누르고 수직 방향으로 그린다. Selection Tool (, V)로 선택한 후 상단 [Control] 패널의 불투명도를 Opacity : 50%로 설정한다.

> **Plus α**
>
> 불투명도(Opacity)는 [Properties] 패널 또는 [Window]-[Transparency] 패널에서 적용할 수 있다.

6 레몬청을 전체선택하여 그룹화(Ctrl + G)한다. 그림자 적용을 위해 [Effect]-[Stylize]-[Drop Shadow]를 선택한 후 Opacity : 50%, X Offset : 1mm, Y Offset : 1mm, Blur : 1mm로 설정하고 출력형태를 참고하여 배치한다.

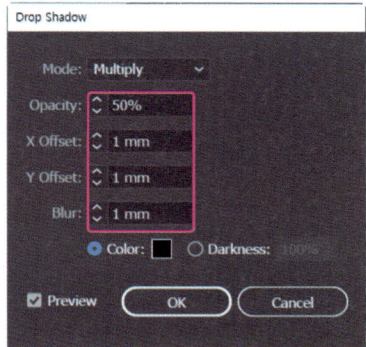

07 저장하고 전송하기

1 불필요한 도형은 삭제하고 가이드라인이 보이지 않도록 [View]-[Guides]-[Hide Guides](Ctrl + ;)한다. [File]-[Save] 또는 [File]-[Save As]한 후 Save On Your Computer 를 선택하여 '내 PC₩문서₩GTQ' 폴더에 "수험번호-성명-2"로 저장한다.

2 [Illustrator Options] 대화상자에서 Version : Illustrator CC(Legacy)로 체크한 후 OK 를 클릭한다. 하위 버전 저장에 따른 메시지가 뜨면 계속 OK 를 클릭한다.

3 시험장의 작업표시줄에 나타나는 'Koas 수험자용'을 클릭해 우측의 답안 전송 을 클릭한 후 해당하는 번호에 체크한다. 하단의 답안 전송 을 클릭한 후 닫기 를 누르면 최종 전송된 답안으로 채점이 이루어진다.

Check Point!

		O	X
01	출력형태를 제외한 나머지 오브젝트는 삭제했나요?		
02	해당 오브젝트를 출력형태의 위치에 배치했나요? (눈금자와 가이드라인 참고해 확인)		
03	작업 중 생성된 가이드라인을 Ctrl + ; 으로, 그리드를 Ctrl + ' 로 숨겼나요?		
04	Gradient가 적용된 오브젝트의 색상과 방향을 출력형태에 맞게 적용했나요?		
05	출력형태에 제시된 '선'의 두께는 정확히 설정되었나요?		
06	결과가 '면'의 속성인 오브젝트를 '선'의 속성으로 그렸을 경우 'Expand' 처리했나요?		
07	제시된 조건 이외의 오브젝트를 편의에 의해 Blend나 Envelope Distort의 기능으로 완성했을 경우 'Expand' 처리했나요?		
08	텍스트 작업 시 Font Family가 Bold인 경우 변경되어 있나요?		
09	오브젝트의 불투명도(Opacity) 값이 정확히 설정되었나요?		
10	저장을 먼저 한 후 답안 전송으로 마무리하였나요? (중요한 작업 완료 후 수시로 저장과 전송 가능)		

문제 3 광고디자인

완성 파일 : 실전모의고사2회-3.ai

한눈에 보는 작업과정

- Mesh와 구름과 잔디
- 중심 오브젝트 (전기차, 충전소, 태양광)
- Brush와 Blend
- 심볼 오브젝트 (바람개비)
- 심볼 등록 및 적용
- 텍스트
- Clipping Mask

01 새 캔버스 설정 및 저장

1 새 캔버스를 만들기 위해 [File]−[New]를 선택하여 Width : 210mm, Height : 297mm, Color Mode : CMYK로 설정한 후 새 캔버스를 연다.

2 [View]−[Rulers]−[Show Rulers](Ctrl + R)를 선택해 눈금자를 꺼낸다(좌측 상단 영점 확인).

3 [File]−[Save As]를 선택하고 Save On Your Computer 를 클릭한다. '내 PC₩문서₩GTQ' 하위 폴더에 파일 이름을 '수험번호−성명−3.ai'로 입력한 후 'Illustrator CC(Legacy)' 버전으로 저장한다.

4 도구상자가 모두 보이는지, 상단의 [Control] 패널이 있는지 체크한다.

Plus @

[Window]−[Workspace]−[Essentials Classic]으로 한 번에 도구상자와 [Control] 패널을 나타낼 수 있다.

5 작업에 앞서 제시된 색을 [Swatches] 패널이나 도형들을 나열해 색상을 등록해 놓는다.

6 오브젝트별로 가이드라인을 표시하고 작업하면 좋다.

02 Mesh로 배경 만들기

1 배경(C30)은 Rectangle Tool( ), M)로 빈 공간을 클릭한 후 대화상자가 나오면 Width : 210mm, Height : 210mm를 입력한다. Selection Tool(, V)로 캔버스에 맞게 배치한다.

Plus@

직사각형을 캔버스의 영점에 정확히 맞추려면 [Window]-[Transform] 패널에서 고정점을 좌측 상단으로 클릭한 후 X : 0mm, Y : 0mm로 입력한다.

2 Mesh Tool(, U)로 출력형태를 참고해 두 부분(C50)에 클릭한 후 해당하는 색을 채운다. 출력형태를 참고하여 기준점(Anchor Point)을 이동해 모양을 만든 후 배경을 고정시키기 위하여 [Object]-[Lock]-[Selection](Ctrl + 2)을 클릭한다.

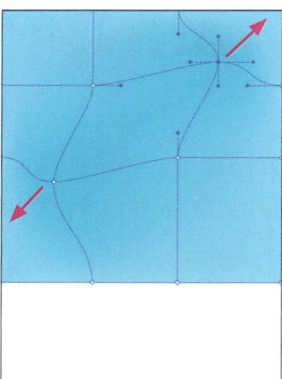

Plus@

오브젝트 잠금 : [Object]-[Lock]-[Selection](Ctrl + 2)
오브젝트 잠금 해제 : [Object]-[Unlock All](Alt + Ctrl + 2)

Plus@

Mesh를 수정하려면 Mesh Tool(, U)이나 Direct Selection Tool(, A)로 수정하고 싶은 기준점(Anchor Point)을 선택한 후 삭제 또는 색을 변경한다.

③ 구름(C0M0Y0K0)은 Rounded Rectangle Tool( )로 곡률을 최대화해 배치한 다음 Selection Tool(, V)로 Alt 와 함께 총 5개를 복제하여 배치한다.

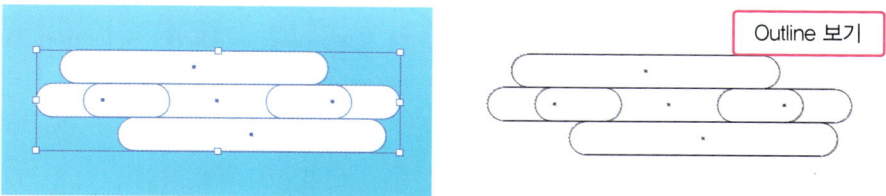

Outline 보기

Plus ⓐ

외곽선을 확인하려면 [View]−[Outline](Ctrl + Y)으로 확인할 수 있다.
원래대로 되돌리려면 [View]−[Preview](Ctrl + Y)를 적용한다.

④ 모두 선택한 후 Shape Builder Tool(, Shift + M)로 Alt 와 함께 드래그하여 그림과 같이 제거한다. Selection Tool(, V)로 모두 선택한 후 그룹화(Ctrl + G)한다. 상단 [Control] 패널의 불투명도를 Opacity : 70%로 설정한다.

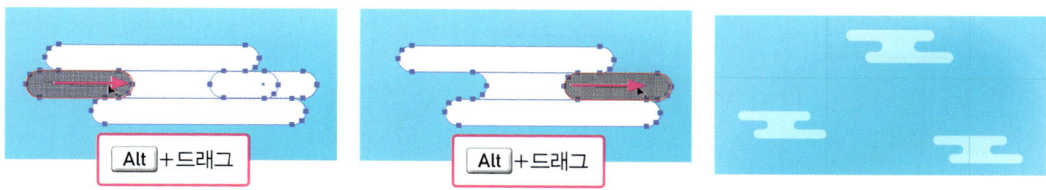

Alt +드래그   Alt +드래그

Plus ⓐ

불투명도(Opacity)는 [Properties] 패널 또는 [Window]−[Transparency] 패널에서 적용할 수 있다.

⑤ 잔디(C40Y70)는 Ellipse Tool(, L)로 그려 배치한다. 고정시키기 위해 [Object]−[Lock]−[Selection](Ctrl + 2)을 클릭한다.

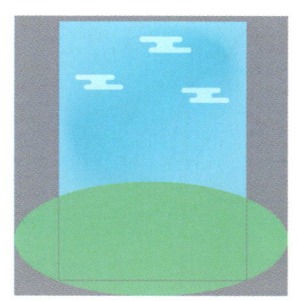 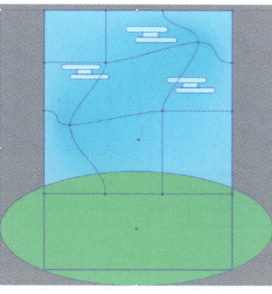

Plus ⓐ

오브젝트 잠금 : [Object]−[Lock]−
[Selection](Ctrl + 2)
오브젝트 잠금 해제 : [Object]−
[Unlock All](Alt + Ctrl + 2)

03 전기차 오브젝트

1 Rounded Rectangle Tool(■)로 곡률을 최대화하여 도형을 그린다. Direct Selection Tool(▶, A)로 하단 두 포인트를 드래그하여 선택한 후 Delete 한다. 끊어진 두 포인트를 드래그한 후 [Object]−[Path]−[Join](Ctrl + J)으로 연결한다.

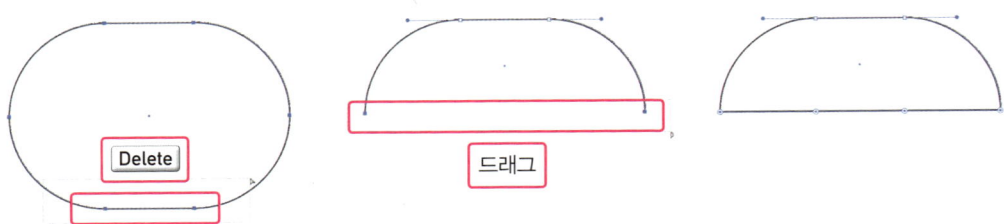

2 세로 길이를 늘린 후 상단 두 포인트를 선택한 후 좌측으로 드래그하여 모양을 만든다. Add Anchor Point Tool(✒, =)로 기준점을 추가한 후 Direct Selection Tool(▶, A)로 그림과 같이 이동한다.

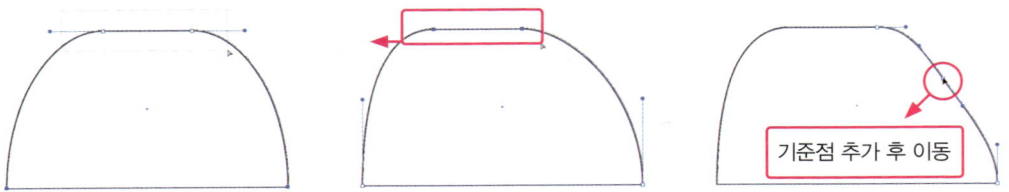

3 우측 하단의 기준점(Anchor Point)을 클릭하면 나타나는 방향점을 위쪽으로 드래그하여 모양을 만든다. 바퀴가 될 부분에 가로/세로 가이드라인을 그린 후 Ellipse Tool(●, L)로 Alt + Shift 와 함께 중심에서부터 드래그하여 정원을 그린다.

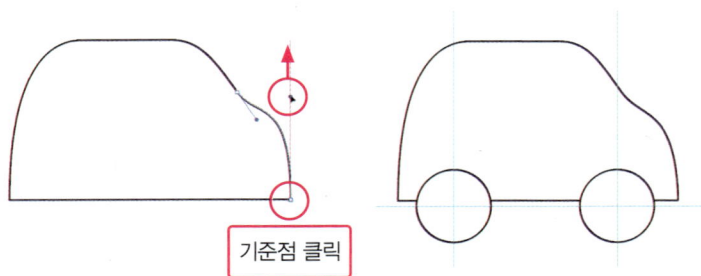

4 내부의 라인 부분을 표현하기 위해 Selection Tool(▶, V)로 바퀴 2개를 Shift 로 선택한 후 Ctrl + C , Ctrl + F 로 앞으로 붙여넣기 한다. 차체와 바퀴 2개를 Shift 로 선택하고 [Pathfinder](Shift + Ctrl + F9) 패널의 'Minus Front'해 구멍을 낸다. 움직여 보면 아래와 같은 모양이 된다. 차체를 선택하고 [Object]-[Path]-[Offset Path]를 선택한 후 Offset : -5~-7mm를 입력하고 OK 를 클릭한다.

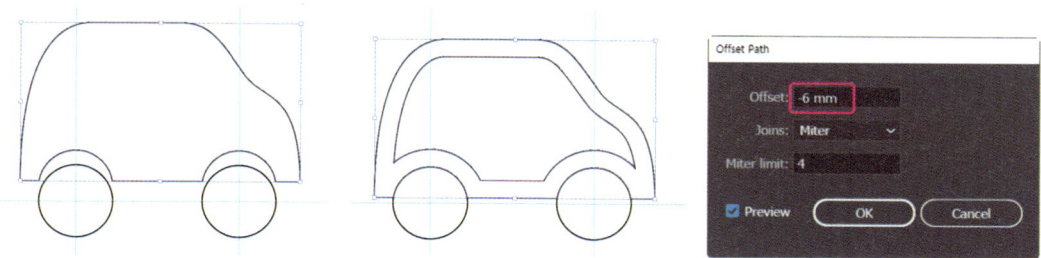

5 Line Segment Tool(, W)로 그림과 같이 가로/세로 선을 그린 후 Selection Tool(▶, V)로 2개의 선과 안쪽 영역을 선택하여 [Pathfinder](Shift + Ctrl + F9) 패널의 'Divide'로 분리한다. Direct Selection Tool(▶, A)로 앞부분을 선택하여 Delete 한 후 차체(면 : C60M20, 선 : None), 도어(면 : C60M20, 선 : C80M40, 2pt), 창문(면 : C30, 선 : C80M40, 2pt)의 색을 채운다.

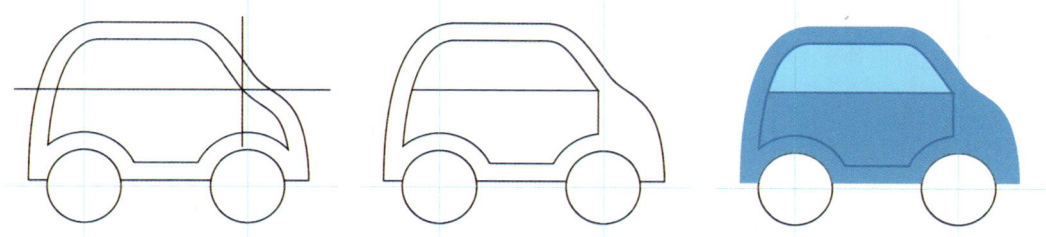

6 창문(C10)의 하이라이트는 Rectangle Tool(, M)로 사각형을 그린다. Selection Tool(▶, V)로 모두 선택한 후 Shear Tool( )로 Shift 와 함께 좌측으로 이동하여 모양을 만든다.

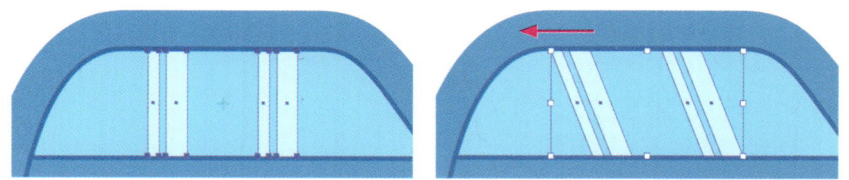

7 백미러(C100M80Y20)는 Pen Tool(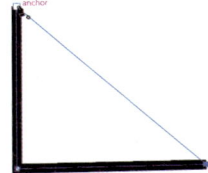, P)로 그린 후 Direct Selection Tool(, A)을 선택하여 백미러를 클릭하면 나타나는 Live Corners(곡률 활성화)로 곡률을 만든다.

Plus α

CS6 이하 버전에서는 [Effect]-[Stylize]-[Round Corners]를 선택한 후 Radius : 1mm의 값을 입력하고 OK 를 누른다. '면'의 속성으로 변경하기 위해 [Object]-[Expand Appearance]해 확장한다.

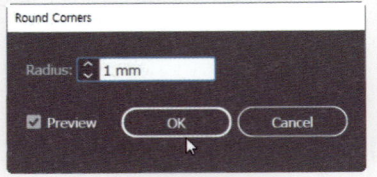

8 Rounded Rectangle Tool( )로 손잡이(C100M80Y20)를 만든다. 타이어에 손잡이와 같은 색(C100M80Y20)을 채우기 위해 Eyedropper Tool(, I)로 Ctrl 과 함께 좌측 타이어 클릭한 후, Shift + Ctrl 과 함께 우측 타이어를 클릭하고 손잡이를 클릭하면 면의 색만 채워진 타이어가 완성된다.

⑨ 휠(K50, K20)을 표현하기 위해 Selection Tool(▶, V)로 바퀴를 선택한 후 Ctrl + C , Ctrl + F 로 앞으로 붙여넣기 하고 모서리에서 Alt + Shift 와 함께 드래그하여 크기를 줄인다. 한 번 더 반복하여 그림과 같이 색을 채운다. Line Segment Tool(/, W)로 사선을 그린 다음 '면'의 속성으로 변경하기 위해 [Object]-[Expand]해 확장한다. Rotate Tool(↻, R)로 Ctrl 과 함께 사선을 선택한 후 원의 중심을 Alt +클릭해 기준점을 잡고 Angle : 360/8 또는 45를 입력한 후 Copy 를 클릭한다. 반복하기 위해 Ctrl + D 를 6번 실행한다.

⑩ Selection Tool(▶, V)로 우측의 타이어를 Delete 하고 좌측의 타이어를 모두 선택해 그룹화(Ctrl + G)한 후 Alt 와 함께 드래그하여 복제한다.
전방 라이트(Y70)와 후방 라이트(C10M70Y70)는 Ellipse Tool(○, L)로 그린다. Selection Tool(▶, V)로 차체와 후방 라이트를 Shift 로 선택한 후 Shape Builder Tool(◉, Shift + M)을 선택하고 Alt 와 함께 바깥쪽을 클릭하여 제거한다.

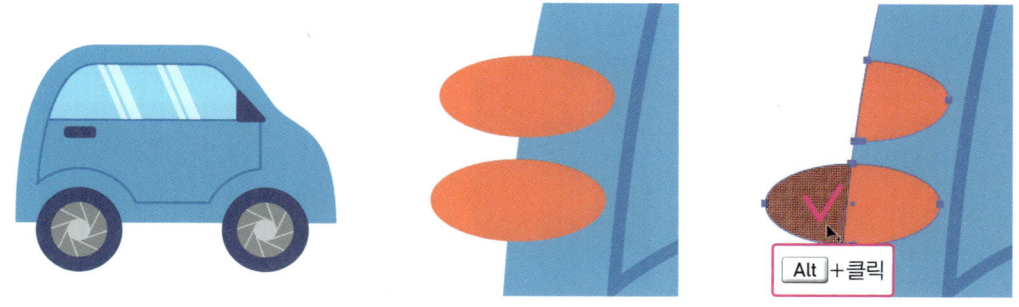

⑪ 새싹(C60Y90)은 Pen Tool(✎, P)을 이용하여 그린다.

⑫ Selection Tool(, V)로 새싹을 Alt 와 함께 복제한다. 좌측 조절점에서 뒤집어 배치한 후 번개 (Y70)는 Pen Tool(, P)로 클릭, 클릭해 그림과 같이 만든다. 모두 선택한 후 그룹화(Ctrl + G) 한다.

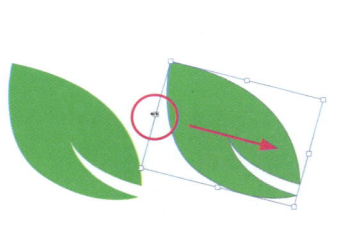
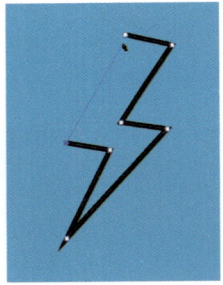

04 ▶ 충전소 오브젝트

① 충전소(C100M80Y20)는 Rounded Rectangle Tool( )로 그린 후 하단의 두 Live Corners(곡률 활성화)를 Shift 와 함께 선택하여 곡률을 최소화해 꼭짓점으로 만든다. [Object]−[Path]− [Offset Path]를 선택한다. Offset : −3mm를 입력하고 OK 를 클릭하고 색(C100M60)을 채운다.

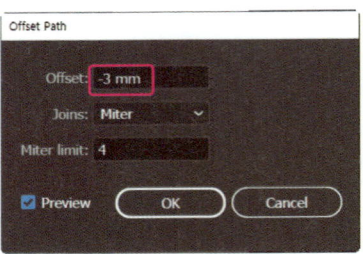

2 계기판(Y30 → C50)은 Rounded Rectangle Tool(　)로 그린다. 그래디언트를 적용하기 위해 [Window]-[Gradient](Ctrl+F9)를 선택한 후 ❶ 'Linear Gradient'를 선택한다. ❷ 하단의 좌측 조절점을 더블 클릭하고 ❸ CMYK로 변경하기 위해 우측의 메뉴(　)를 선택한 후 ❹ CMYK를 눌러 색(Y30)을 적용한다. 나머지 적용을 위해 우측 조절점을 더블 클릭하고 ❸, ❹를 반복해 색(C50)을 적용한다. 그래디언트의 방향을 수정하기 위해 Gradient Tool(　, G)을 선택한 후 그림과 같은 방향으로 드래그한다.

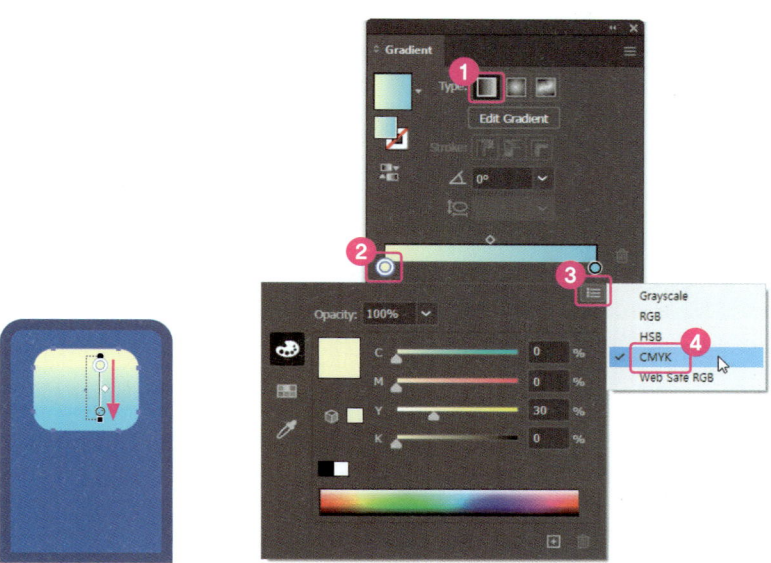

3 배터리(C100M60, Y70, C0M0Y0K0)는 Rounded Rectangle Tool(　)을 이용해 그린다. Ellipse Tool(　, L)로 Alt+Shift와 함께 중심에서부터 드래그하여 정원(M40Y100)을 그린다. 번개는 Selection Tool(　, V)로 그룹화된 전기차를 더블 클릭해 번개를 복사(Ctrl+C)한 후 Esc로 빠져나와 붙여넣기(Ctrl+V) 하여 배치한다. 맨 앞으로 보내기 위해 Shift+Ctrl+]를 적용한다.

받침대(C100M80Y20)는 Rounded Rectangle Tool(　)로 그린 후 Direct Selection Tool(　, A)로 하단의 두 포인트를 드래그하여 Delete한다.

충전소 오브젝트를 모두 선택한 후 그룹화(Ctrl+G)한다.

4 충전기(선 : C80M40, 2pt)는 Pencil Tool(✏️ , N)로 그림을 참고하여 자유곡선을 그린다. [Window]-[Stroke](Ctrl + F10) 패널에서 Weight : 2pt, Dashed Line 체크, dash : 6pt, gap : 6pt를 적용한다.

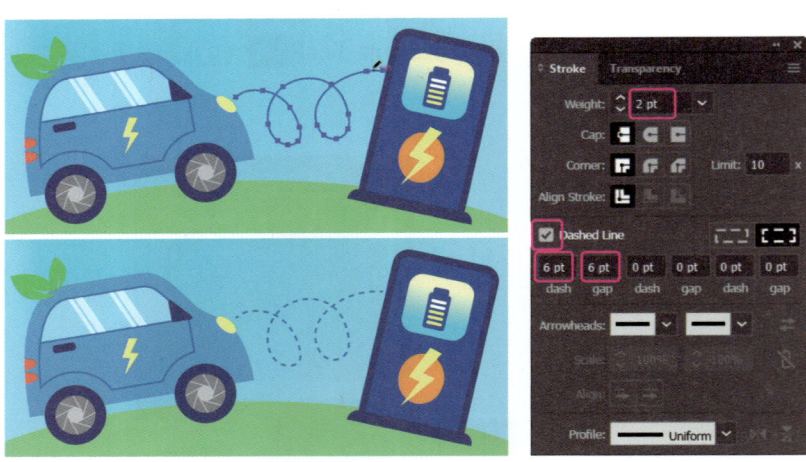

Plus@

Pencil Tool을 더블 클릭해 [Options] 대화상자에서 Smooth 쪽에 가깝게 조절하면 부드럽게 그려진다.

05 태양광 오브젝트

1 태양광(면 : C70M20, 선 : C0M0Y0K0, 4pt)은 Rectangular Grid Tool(▦)을 선택하고 빈 공간을 클릭한 후 Horizontal Dividers Number : 2, Vertical Dividers Number : 4로 입력하고 OK 를 클릭한다. 상단 [Control] 패널의 Stroke Weight : 4pt로 설정한다.

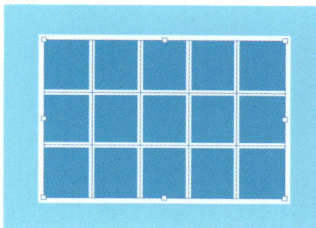
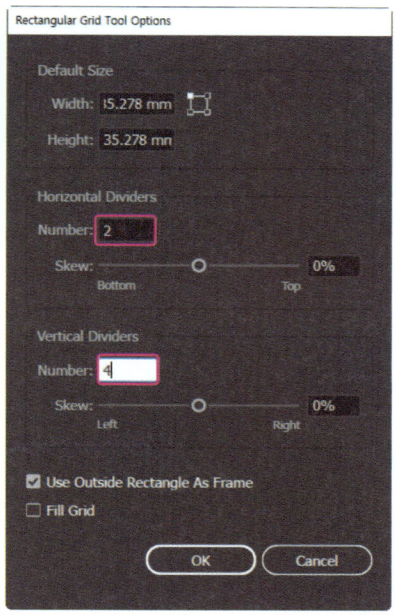

2 '선'을 '면'의 속성으로 변경하기 위해 [Object]−[Expand]해 확장한다. 모두 분리하기 위해 Shift + Ctrl + G 로 그룹 해제를 두 번 한다. 흰색 틀은 따로 분리해 놓는다.

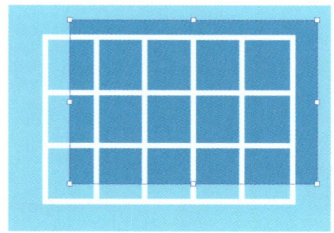

3 Rectangle Tool(, M)로 하이라이트(C50)를 그려 배치한다. 하이라이트를 Selection Tool(, V)로 Shift 와 함께 선택한 후 Shear Tool( )로 드래그하고 그룹화(Ctrl + G)한다. Clipping Mask를 하기 위해 Ctrl +아래 오브젝트를 선택하고 Ctrl + C , Ctrl + F 로 앞으로 붙여 넣기 한다. 맨 앞으로 보내기 위해 Shift + Ctrl +] 를 적용한다.

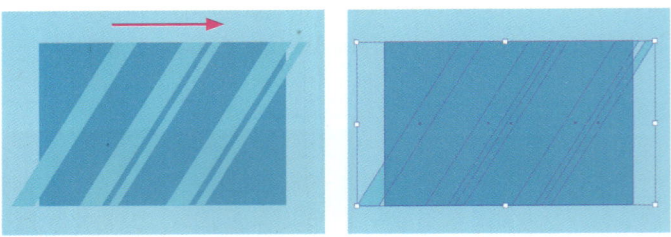

4 모두 선택하고 마우스 오른쪽 버튼을 클릭한 후 'Make Clipping Mask'를 적용한다. 흰색 틀도 함께 배치한 후 맨 앞으로 보내기 위해 Shift + Ctrl +] 를 적용한다.

5 전체 오브젝트에 기울기를 주기 위하여 태양광 오브젝트를 선택한 후 Shear Tool( )로 Shift 와 함께 좌측으로 드래그한다. Rectangle Tool(, M)로 다리(면 : None, 선 : C100M50Y50, 6pt)를 만들고 [Window]−[Layer] 패널에서 태양광보다 아래로 드래그하여 배치한다.
'선'을 '면'의 속성으로 변경하기 위해 [Object]−[Expand]해 확장한다.

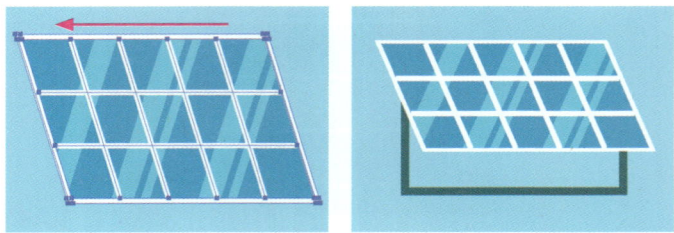

6 Selection Tool(, V)로 태양광을 전체선택한 후 그룹화(Ctrl + G)하고 Alt 와 함께 복제해 배치한다. 그림자 적용을 위해 [Effect]−[Stylize]−[Drop Shadow]를 선택한 후 Opacity : 50%, X Offset : 1mm, Y Offset : 1mm, Blur : 1mm로 설정한다.

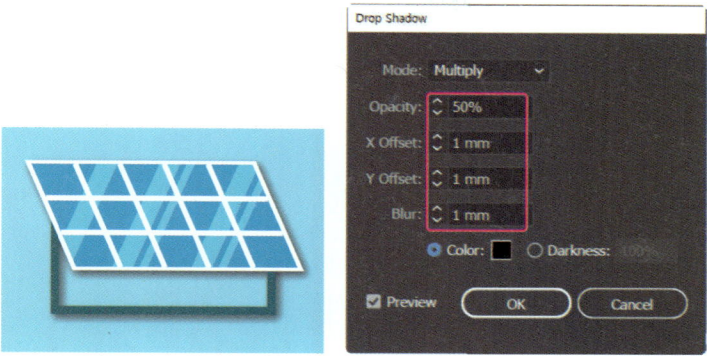

06 ▶ Brush와 Blend 적용

1 브러시(선 : C70M10Y90)를 표현하기 위해 Pencil Tool(, N)로 출력형태를 참고하여 그린다. [Window]−[Brushes](F5) 패널을 열고 패널 하단의 를 클릭한 후 Decorative > Elegant Curl & Floral Brush Set > Grassy를 선택한다. Stroke Weight : 1pt로 설정한다.

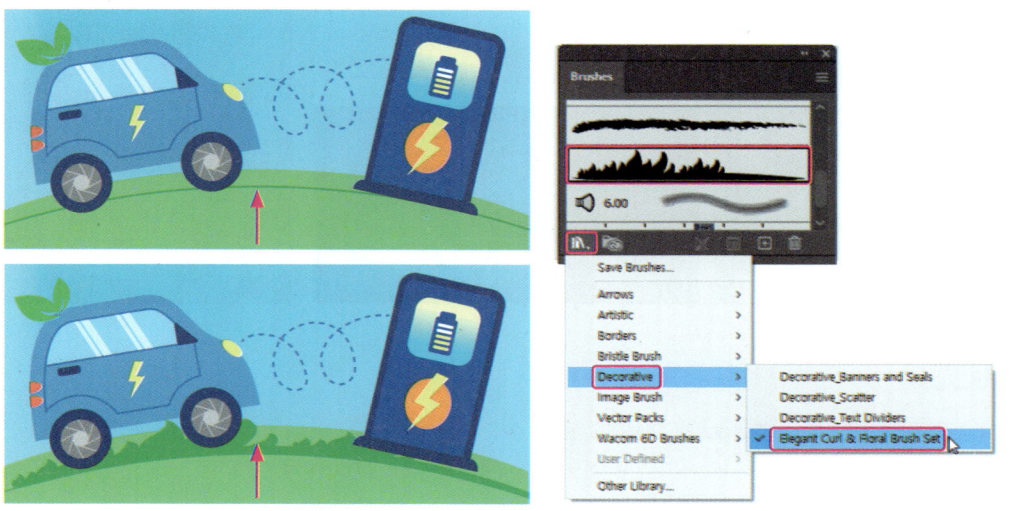

CHAPTER 2 실전 모의고사 2회 **339**

❷ Pencil Tool(, N)을 더블 클릭한 후 Smooth를 선택하고 (OK)를 클릭한다. 아래와 같이 자연스러운 곡선(선 : C0M0Y0K0, 1pt → C50Y80, 3pt)을 그린다.

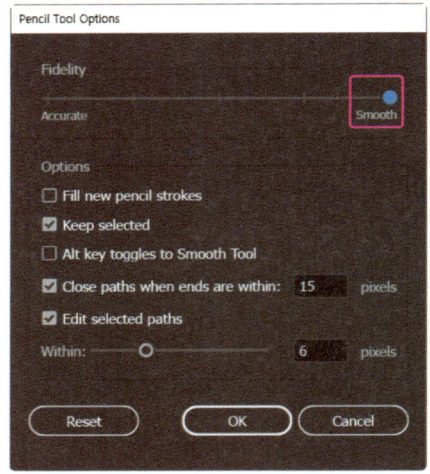

❸ ❶ Selection Tool(, V)로 두 곡선을 선택한 후 [Object]-[Blend]-[Make](Alt + Ctrl + B)를 적용한다. 단계를 조정하기 위해 Blend Tool(, W)을 더블 클릭하고 Spacing : Specified Steps, 15로 적용한 후 (OK)를 클릭한다. ❷ Selection Tool(, V)로 전기차, 태양광, 브러시를 Shift 와 함께 선택한 후 맨 앞으로 보내기 위해 Shift + Ctrl +] 를 적용한다.

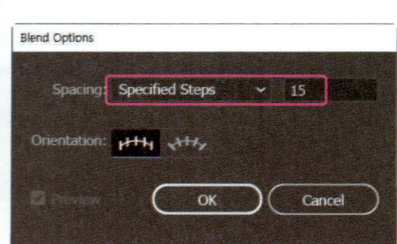

Plus α

[Object]-[Blend]-[Blend Options]를 이용해도 된다.

07 심볼 오브젝트 '바람개비'

1 Polygon Tool(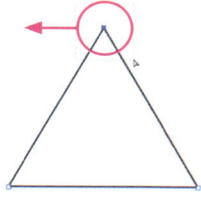)을 선택한 후 빈 공간을 클릭하여 나온 대화상자에서 Sides : 3으로 입력하고 OK 를 클릭한다. Direct Selection Tool(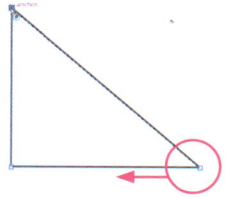, A)로 상단 포인트를 선택한 후 좌측으로 이동하고 나머지 포인트도 이동하여 직각삼각형을 만든다.

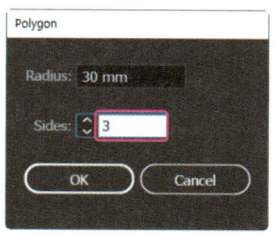 

Plus α

Smart Guides(Ctrl + U)를 참고해 이동하면 직각삼각형을 정확히 표현할 수 있다.

2 Curvature Tool(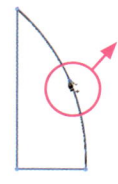, Shift + ~)로 그림과 같이 드래그하여 볼록하게 만든다.

3 색(M70)을 채운 후 Pen Tool(, P)을 이용하여 그림과 같이 선을 그린다. 모두 선택한 후 [Pathfinder](Shift + Ctrl + F9) 패널의 'Divide'로 분리하고 편집하기 용이하게 Shift + Ctrl + G 로 그룹 해제한다. 나머지 부분에 색(C20M100Y20K10)을 채운다.

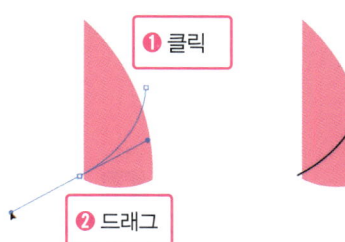 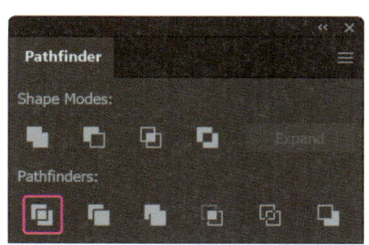

CHAPTER 2 실전 모의고사 2회 **341**

4 그래디언트를 적용하기 위해 Ctrl + C , Ctrl + F 로 앞으로 붙여넣기 하고 [Window]-[Gradient](Ctrl + F9)를 선택한 후 ❶ 'Linear Gradient'를 선택한다. ❷ 하단의 좌측 조절점을 더블 클릭하고 ❸ CMYK로 변경하기 위해 우측의 메뉴(≡)를 선택한 후 ❹ CMYK를 누르고 색(M50)을 적용한다. 나머지 적용을 위해 우측 조절점을 더블 클릭한 후 ❸, ❹를 반복해 색(M20)을 적용한다.
그래디언트의 방향을 수정하기 위해 Gradient Tool(, G)을 선택하여 그림과 같이 드래그한다.

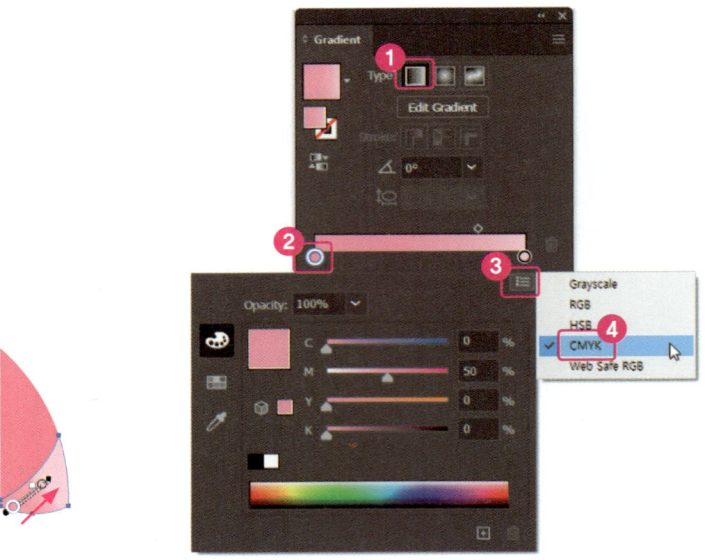

5 Curvature Tool(, Shift + ~)로 그림과 같이 살짝 안쪽으로 드래그한다. 회전하기 위해 Rotate Tool(, R)을 클릭한 후 Ctrl 과 함께 모두 드래그로 선택한다. Alt +클릭으로 그림의 기준점을 잡고 Angle : 360/4 또는 90을 입력한 후 Copy 를 클릭한다. 반복하기 위해 Ctrl + D 를 2번 실행한다.

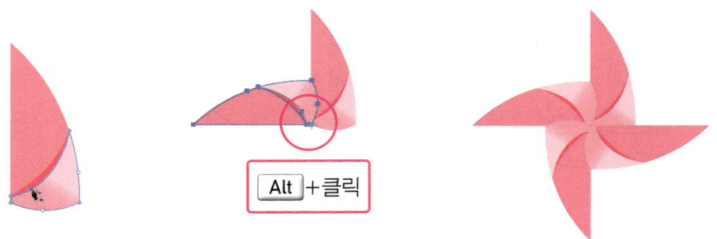

Plus α

Curvature Tool은 CC2015 버전 이상에서 제공되는 툴이다. 이하 버전은 Direct Selection Tool(, A)로 확장할 선분을 한 번 클릭해 선택한 후 Reshape Tool( )로 선분의 중앙에서 바깥쪽으로 드래그하여 볼록하게 표현한다.

6 Selection Tool(, V)로 첫 번째 그래디언트 부분만 선택한 후 맨 앞으로 보내기 위해 Shift + Ctrl +] 를 적용한다.

7 Ellipse Tool(, L)로 Alt + Shift 와 함께 중심에서부터 드래그하여 정원을 그린다. 그래디언트를 적용하기 위해 [Window]-[Gradient](Ctrl + F9)를 선택한 후 ❶ 'Radial Gradient'를 선택한다. ❷ 하단의 좌측 조절점을 더블 클릭하고 ❸ CMYK로 변경하기 위해 우측의 메뉴( )를 선택한 후 ❹ CMYK를 누르고 색(M20)을 적용한다. 나머지 적용을 위해 우측 조절점을 더블 클릭한 후 ❸, ❹를 반복해 색(M100)을 적용한다.

Selection Tool(, V)로 바람개비 오브젝트를 모두 선택한 후 그룹화(Ctrl + G)한다.

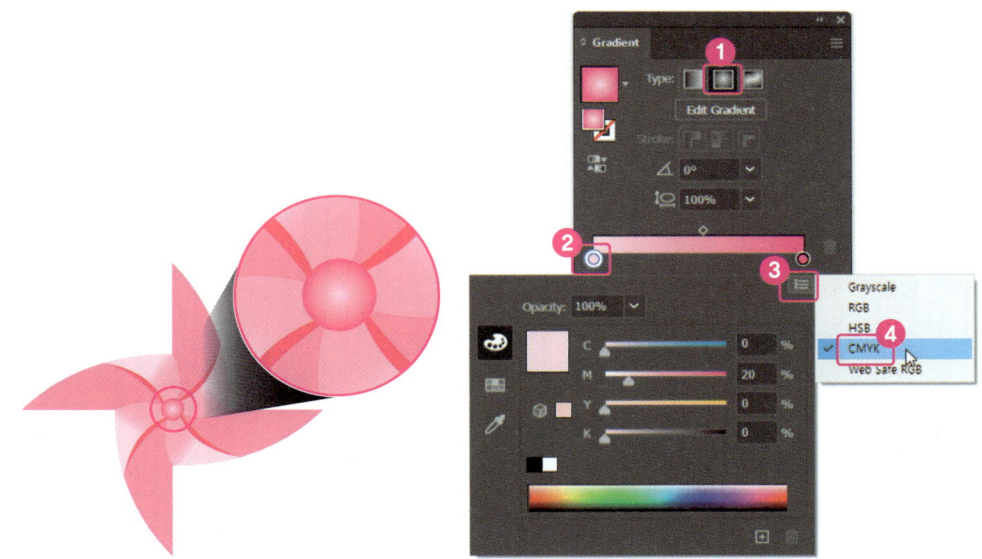

08 Symbol 등록과 적용

1 바람개비를 [Symbols] 패널에 등록하기 위해 [Window]−[Symbols](Shift + Ctrl + F11)를 열고 드래그하여 추가한다. [Symbol Options] 대화상자에서 Name : 바람개비라고 입력한 후 OK 를 클릭한다.

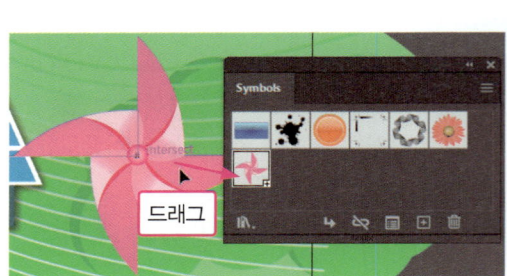
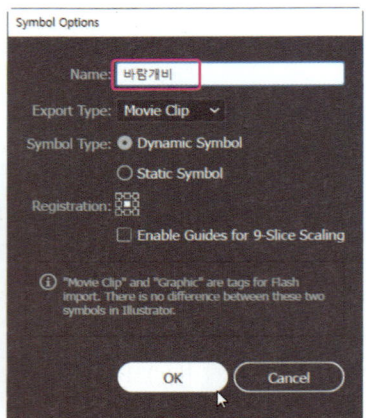

2 Symbol을 적용하기 위해 Selection Tool(, V)로 원본 Symbol을 선택한 후 Symbol Sprayer Tool(, Shift + S)로 출력형태를 참고해 클릭, 클릭하여 배치한다.

> **Plus α**
> Symbol Sprayer Tool 적용 시 여러 개의 Symbol이 추가되었을 경우 Alt 와 함께 클릭하면 삭제된다.

③ ❶ Symbol의 크기를 조절하기 위해 Symbol Sizer Tool( )을 선택한다. 클릭, 클릭은 점점 크게, Alt 와 함께 클릭하면 작아진다. ❷ Symbol의 위치 조절은 Symbol Shifter Tool( )로 드래그하며 ❸ Symbol의 기울기는 Symbol Spinner Tool( )로 시계방향, 반시계방향으로 회전한다. ❹ Symbol의 색상 변화를 위하여 Symbol Stainer Tool( )을 선택한다. [Swatches] 패널에서 해당 색(녹색, 빨강)을 선택하고 해당 Symbol을 클릭하면 색상의 변화가 생기며 면 색에 따라 좌우된다. ❺ Symbol Screener Tool( )로 투명도를 적용한 후 마무리한다.

09 텍스트 입력 및 Envelope Distort

1 Type Tool(T , T)로 빈 캔버스를 클릭한 후 Green Energy를 입력한다. Ctrl + A 로 전체선택한 후 [Window]−[Type]−[Character](Ctrl + T) 패널에서 Font : Arial, Style : Bold, Size : 60pt, Color : C70M10Y90, C100M60으로 설정한다. [Object]−[Envelope Distort]−[Make with Warp](Alt + Shift + Ctrl + W)를 선택한 후 [Warp Options] 대화상자에서 Style : Arc, Horizontal, Bend : 25%를 입력하고 OK 를 클릭한다.

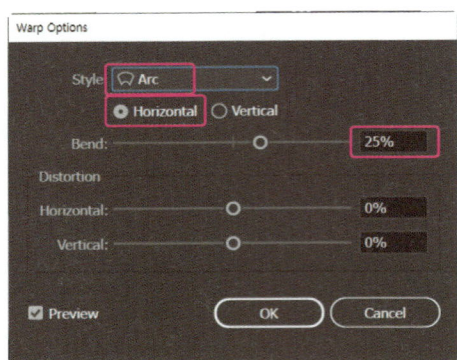

2 Type Tool(T , T)로 빈 캔버스를 클릭한 후 All electronic system을 입력한다. Ctrl + A 로 전체선택한 후 [Window]−[Type]−[Character](Ctrl + T) 패널에서 Font : Times New Roman, Style : Regular, Size : 30pt, Color : C100M80Y20으로 설정한다. [Object]−[Envelope Distort]−[Make with Warp](Alt + Shift + Ctrl + W)를 선택한 후 [Warp Options] 대화상자에서 Style : Flag, Bend : −40%를 입력하고 OK 를 클릭한다.

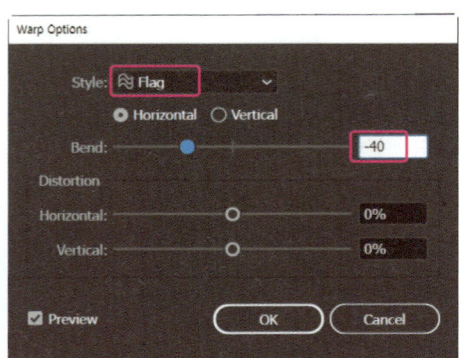

10 ▶ Clipping Mask로 마무리하기

1 Selection Tool(▶, V)로 전체선택한 후 Alt + Ctrl + 2 해 Lock을 해제한다. Rectangle Tool(■, M)로 빈 공간을 클릭하고 Width : 210mm, Height : 297mm를 입력한 후 OK 를 클릭한다. Selection Tool(▶, V)로 캔버스 끝에 딱 맞추고, 캔버스에 있는 모든 오브젝트를 선택한 후 마우스 오른쪽 버튼을 클릭하여 'Make Clipping Mask'한다.

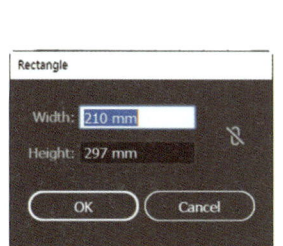 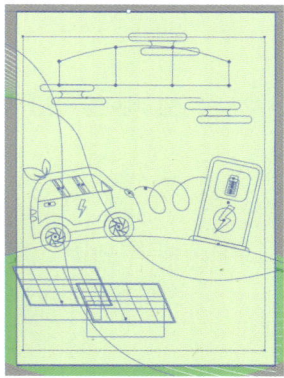 

11 ▶ 저장하고 전송하기

1 불필요한 도형은 삭제하고 가이드라인이 보이지 않도록 [View]−[Guides]−[Hide Guides](Ctrl + ;)한다. [File]−[Save] 또는 [File]−[Save As]한 후 Save On Your Computer 를 선택하여 '내 PC₩문서₩GTQ' 폴더에 "수험번호−성명−3"으로 저장한다.

2 [Illustrator Options] 대화상자에서 Version : Illustrator CC(Legacy)로 체크한 후 OK 를 클릭한다. 하위 버전 저장에 따른 메시지가 뜨면 계속 OK 를 클릭한다.

3 시험장의 작업표시줄에 나타나는 'Koas 수험자용'을 클릭해 우측의 답안 전송 을 클릭한 후 해당하는 번호에 체크한다. 하단의 답안 전송 을 클릭한 후 닫기 를 누르면 최종 전송된 답안으로 채점이 이루어진다.

Check Point !

		O	X
01	출력형태를 제외한 나머지 오브젝트는 삭제했나요?		
02	해당 오브젝트를 출력형태의 위치에 배치했나요? (눈금자와 가이드라인 참고해 확인)		
03	오브젝트에 'Lock'이 되어 있는 경우 'Unlock All(Alt + Ctrl + 2)'했나요?		
04	작업 중 생성된 가이드라인을 Ctrl + ; 으로, 그리드를 Ctrl + ' 로 숨겼나요?		
05	Gradient가 적용된 오브젝트의 색상과 방향을 출력형태에 맞게 적용했나요?		
06	결과가 '면'의 속성인 오브젝트를 '선'의 속성으로 그렸을 경우 'Expand' 처리했나요?		
07	제시된 조건 이외의 오브젝트를 편의에 의해 Blend나 Envelope Distort의 기능으로 완성했을 경우 'Expand' 처리했나요?		
08	텍스트 작업 시 Font Family가 Bold인 경우 변경되어 있나요?		
09	오브젝트의 불투명도(Opacity) 값이 정확히 설정되었나요?		
10	마지막 단계에서 Clipping Mask하여 마무리되었나요?		

CHAPTER 3

실전 모의고사 3회

급수	문제유형	시험시간	수험번호	성명
1급	A	90분		

수험자 유의사항

- 수험자는 문제지를 받는 즉시 응시하고자 하는 **과목 및 급수가 맞는지 확인**한 후 수험번호와 성명을 작성합니다.
- 파일명은 본인의 "수험번호-성명-문제번호"로 공백 없이 정확히 입력하고 답안 폴더(내 PC₩문서₩GTQ)에 파일 저장규칙(ai 파일 포맷)으로 저장해야 하며, '**다른 파일 형식으로 저장하였을 경우**' 0점 처리됩니다.
- 답안 문서 파일명이 "수험번호-성명-문제번호"와 일치하지 않거나, '**답안 파일을 전송하지 않는 경우**' 답안 파일 미제출로 불합격 처리됩니다.
- 수험자 정보와 저장한 파일명, 저장 위치가 다를 경우 전송이 되지 않으므로, 주의하시길 바랍니다.
- 답안 작성 중에도 주기적으로 '저장'과 '답안 전송'을 이용하여 감독위원 PC로 답안을 전송하셔야 합니다(작업한 내용을 저장하지 않고 답안을 전송할 경우 이전의 저장내용이 전송되오니 이 점 반드시 유념하시기 바랍니다).
- 모든 수험자는 동일한(초기화된) 환경에서 시험이 시작되며 '**작업환경 설정**'은 시험 시간 내에 진행합니다(시험 시작 전 '작업환경 설정' 불가, 소프트웨어 이상 유무만 확인).
- 답안 문서를 지정된 경로 외의 다른 보조기억장치에 저장하는 행위, 지정된 시험 시간 외에 작성된 파일을 활용한 행위, 기타 허용되지 않은 프로그램(이메일, 메신저, 게임, 네트워크, 윈도우계산기, 스톱워치 등) 이용 시 부정행위로 간주되어 자격기본법 제32조에 의거 본 시험 및 국가공인 자격시험을 2년간 응시할 수 없습니다.
- 시험 중 부주의 또는 고의로 시스템을 파손한 경우와 〈수험자 유의사항〉에 기재된 방법대로 이행하지 않아 생기는 불이익은 수험자의 책임임을 알려 드립니다.
- 시험을 완료한 수험자는 최종적으로 저장한 답안 파일이 전송되었는지 확인한 후 감독위원의 지시에 따라 문제지를 제출하고 퇴실합니다.

답안 작성요령

- 온라인 답안 작성 절차
  수험자 등록 ⇒ 시험 시작 ⇒ 답안 파일 저장 ⇒ 답안 전송 ⇒ 시험 종료
- 배점은 총 100점으로 이루어지며, 점수는 각 문제별로 차등 배분됩니다.
- 각 문제는 주어진 《조건》에 따라 작성하고, 《조건》을 지키지 못했을 경우에는 0점 또는 감점 처리됩니다.
- 문제 《조건》에 크기와 색상, 두께의 지정이 없을 경우 《출력형태》를 참고하여 작업해 주시기 바랍니다.
- **문제 《조건》과 《출력형태》에서 차이가 발생할 경우 문제에서 지정한 《조건》에 따라 작업해 주시기 바랍니다.**
- 《조건》에서 주어진 단위는 'mm(밀리미터)'입니다. 눈금자는 작성하지 않으며, 그 외는 출력형태(레이아웃, 색상, 문자, 규격 등)와 같게 작업하십시오.
- 문제 《조건》에 서체의 지정이 없을 경우 한글은 굴림이나 돋움, 영문은 Arial로 작업하십시오(단, 그 외에 제시되지 않은 문자 속성을 기본값으로 작성하지 않은 경우는 감점 처리됩니다).
- Color Mode(색상 모드)는 별도의 처리 조건이 없을 시 CMYK로 작업하십시오.
- 조건에서 제시한 기능을 임의로 합치거나 각 기능에 대한 속성을 해지할 경우 해당 요소는 0점 처리됩니다.

문제 1 BI, CI 디자인
25점

다음의 《조건》에 따라 아래의 《출력형태》와 같이 작업하시오.

조건

파일저장규칙	AI	파일명	문서₩GTQ₩수험번호-성명-1.ai
		크기	100 × 80mm

1. 작업 방법
   ① 도형 변형 툴과 Pathfinder 기능을 활용하여 오브젝트를 작성한다.
   ② 그 외 《출력형태》 참조

2. 문자 효과
   ① Enjoy Travel (Arial, Regular, 22pt, C0M0Y0K0)

출력형태

C60,
M30Y50,
M10Y30,
C30Y80,
C40Y100,
C20M60Y70,
C20M60Y70K20,
M70Y100,
C80M50, Opacity 20%,
C0M0Y0K0,
M100Y100K20 →
M100Y100
[Stroke]
C100M50, 3pt

문제 2 패키지, 비즈니스디자인
35점

▶ 유선배 강의

다음의 《조건》에 따라 아래의 《출력형태》와 같이 작업하시오.

조건

파일저장규칙	AI	파일명	문서₩GTQ₩수험번호-성명-2.ai
		크기	160 × 120mm

1. 작업 방법
   ① 배낭은 Pattern을 활용하여 작성한다(패턴 등록 : 도토리).
   ② 기타는 Clipping Mask를 적용한다.
   ③ Brush는 《출력형태》를 참고하여 작성한다.
   ④ Effect는 《출력형태》를 참고하여 작성한다.
   ⑤ 그 외 《출력형태》 참조

2. 문자 효과
   ① With Music (Times New Roman, Regular, 12pt, C30M60Y80K50)
   ② Travel backpack (Arial, Italic, 14pt, C0M0Y0K0)

출력형태

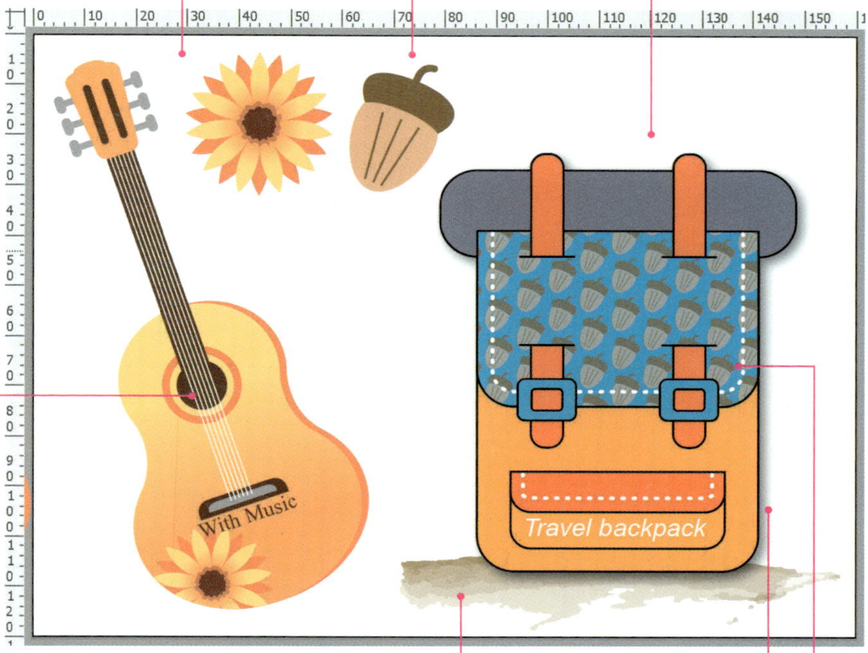

M60Y80,
M40Y80 → M10Y70,
M50Y70K20,
M60Y70K60

C10M30Y50,
C30M50Y100K30
[Stroke]
C30M50Y100K30, 1pt

M40Y100, C70M20,
M70Y100, C60M50Y30
[Stroke]
K100, 1pt,
C0M0Y0K0, 2pt

M60Y80,
M10Y70 → M40Y80,
C30M60Y80K50,
K40,
M40Y80
[Stroke]
C0M0Y0K0, 0.5pt

[Brush]
Watercolor Stroke 3,
C30M50Y100K30, 1pt

[Effect] Drop Shadow
[Pattern] Opacity 60%

문제 3 광고디자인
40점

다음의 《조건》에 따라 아래의 《출력형태》와 같이 작업하시오.

조건

파일저장규칙	AI	파일명	문서₩GTQ₩수험번호-성명-3.ai
		크기	210 × 297mm

1. 작업 방법
   ① 《참고도안》은 직접 제작한 후 Symbol로 활용한다(심볼 등록 : 디퓨저).
   ② 'Take a break', 'HEALING TIME' 문자에 Envelope Distort를 적용한다.
   ③ Brush는 《출력형태》를 참고하여 작성한다.
   ④ Effect는 《출력형태》를 참고하여 작성한다.
   ⑤ Clipping Mask를 이용하여 디자인을 정리한다.
   ⑥ 그 외 《출력형태》 참조

2. 문자 효과
   ① Take a break (Arial, Regular, 25pt, M70)
   ② HEALING TIME (Times New Roman, Regular, 55pt, C100M100)
   ③ Breathe in deeply (Times New Roman, Italic, 30pt, C90M70Y30K20)

참고도안

M80,
C20M20Y40,
C20M50Y100,
M50Y90,
C20M70Y100

C60M40,
K10, K30,
M20Y70, M70Y50,
Opacity 80%
[Stroke]
K100, 1pt

출력형태

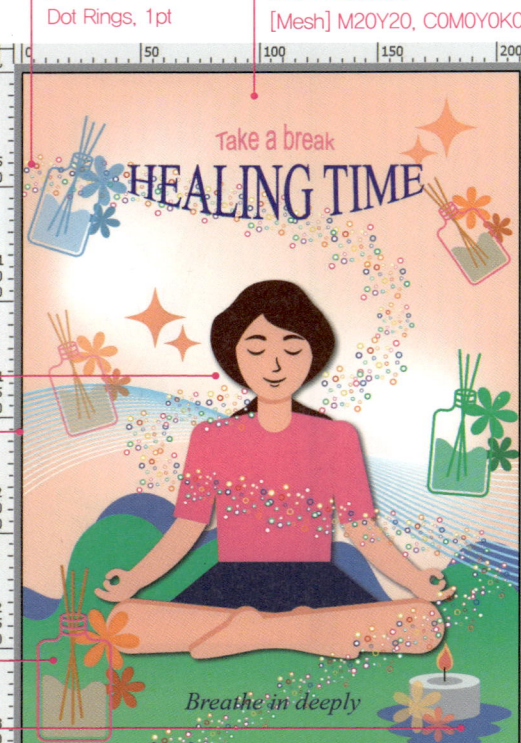

[Brush]
Dot Rings, 1pt

210 × 250mm
[Mesh] M20Y20, C0M0Y0K0

M40Y50,
C60M40,
C50Y70 → C80Y70,
M30Y30,
M40Y40K10,
C30M70Y100K50,
M80,
C90M70Y30K20
[Effect] Drop Shadow

[Blend] 단계 : 15
[Stroke]
C0M0Y0K0, 1pt →
C30, 3pt

[Symbol]

문제 1   BI, CI 디자인   완성 파일 : 실전모의고사3회-1.ai

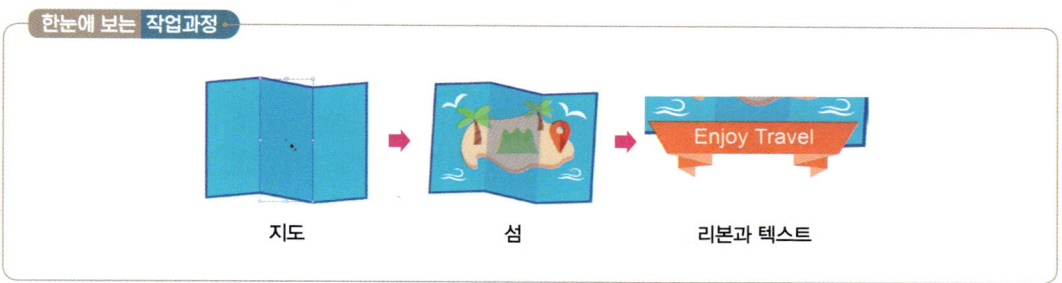

한눈에 보는 **작업과정**

지도   →   섬   →   리본과 텍스트

01   새 캔버스 설정 및 저장

1 새 캔버스를 만들기 위해 [File]-[New]를 선택하여 Width : 100mm, Height : 80mm, Color Mode : CMYK로 설정한 후 새 캔버스를 연다.

2 [View]-[Rulers]-[Show Rulers](Ctrl + R)를 선택해 눈금자를 꺼낸다(좌측 상단 영점 확인).

3 [File]-[Save As]를 선택하고 (Save On Your Computer)를 클릭한다. '내 PC₩문서₩GTQ' 하위 폴더에 파일 이름을 '수험번호-성명-1.ai'로 입력한 후 'Illustrator CC(Legacy)' 버전으로 저장한다.

4 도구상자가 모두 보이는지, 상단의 [Control] 패널이 있는지 체크한다.

> **Plus ⓐ**
>
> [Window]-[Workspace]-[Essentials Classic]으로 한 번에 도구상자와 [Control] 패널을 나타낼 수 있다.

5 작업에 앞서 제시된 색을 [Swatches] 패널이나 도형들을 나열해 색상을 등록해 놓는다.

6 오브젝트별로 가이드라인을 표시하고 작업하면 좋다.

02 지도 오브젝트

1 직사각형(C60) 3개를 만들기 위해 Rectangle Tool(▢ , M)로 세로로 길게 그린 후 Selection Tool(▶ , V)로 Alt 와 함께 드래그해 복제한다. 반복하기 위해 Ctrl + D 를 한 번 실행한다. Direct Selection Tool(▷ , A)로 그림과 같이 선택한 후 아래쪽 방향키(↓)를 7번 정도 누르고 다른 두 포인트도 선택하여 위쪽 방향키(↑)를 7번 정도 눌러 지도 모양을 완성한다.

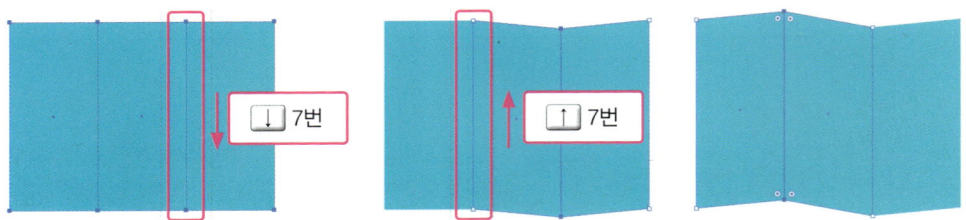

2 가장자리 테두리(선 : C100M50, 3pt)를 표현하기 위해 3개의 직사각형을 모두 선택한 후 Ctrl + C , Ctrl + B 로 뒤로 붙여넣기 하고 [Pathfinder](Shift + Ctrl + F9) 패널의 'Unite'로 합친다. [Window]-[Stroke](Ctrl + F10) 패널에서 Weight : 3pt, Align Stroke : Align Stroke to Outside로 설정한다.

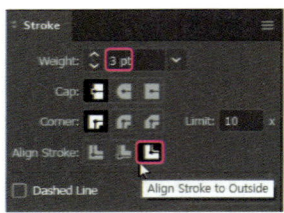 

Plus@

[Pathfinder]를 사용하지 않고 Stroke를 적용하면 겹쳐지는 꼭짓점 부분이 그림과 같이 매끄럽지 못하다.

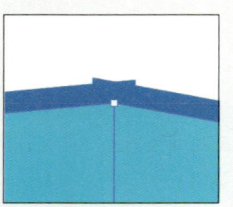

❸ Selection Tool(, V)로 중간 도형(C80M50)을 선택한 후 Ctrl+C, Ctrl+F로 앞으로 붙여넣기 한다. 상단 [Control] 패널의 불투명도를 Opacity : 20%로 설정한다.

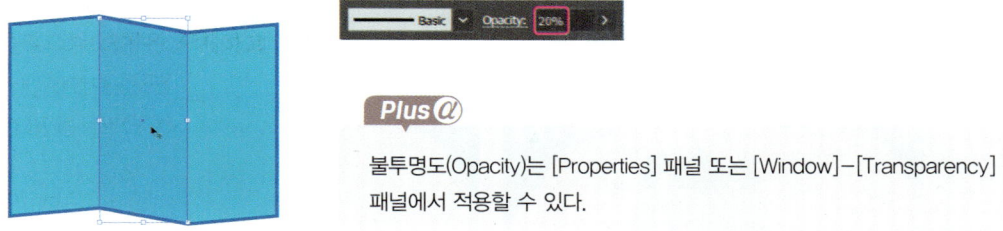

Plus ⓐ

불투명도(Opacity)는 [Properties] 패널 또는 [Window]-[Transparency] 패널에서 적용할 수 있다.

03 섬 오브젝트

❶ 섬(M30Y50)은 Pencil Tool(, N)을 이용하여 그림과 같이 자유곡선을 그린다. Ctrl+C, Ctrl+F로 앞으로 붙여넣기 한 후 위쪽 방향키(↑)를 5번 정도 누르고 색(M10Y30)을 채운다.

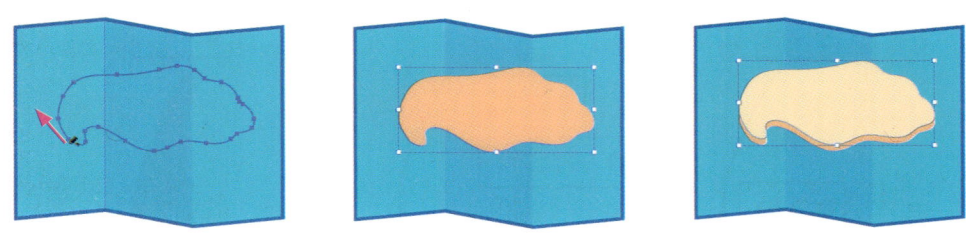

❷ 산(C30Y80)은 Pencil Tool(, N)을 이용하여 그림과 같이 자유곡선을 그린다. 마지막 부분에서 Shift와 함께 그리면 직선으로 그려진다.

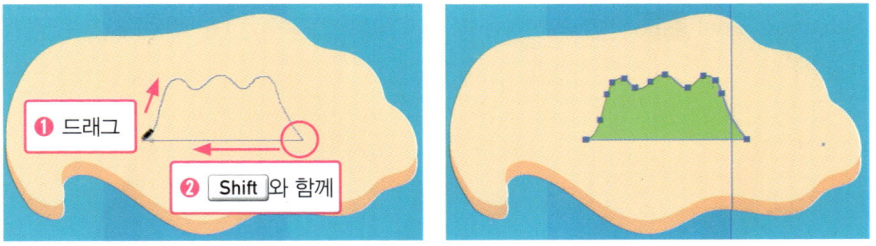

3 Selection Tool(, V)로 크기를 조절하고 Pencil Tool(, N)로 Ctrl +빈 공간을 클릭한 후 그림과 같이 중간을 지나는 곡선을 그린다. Selection Tool(, V)로 산과 곡선을 Shift 와 함께 선택한 후 [Pathfinder](Shift + Ctrl + F9) 패널의 'Divide'로 분리한다. Direct Selection Tool (, A)로 윗부분의 색(C40Y100)을 채운다.

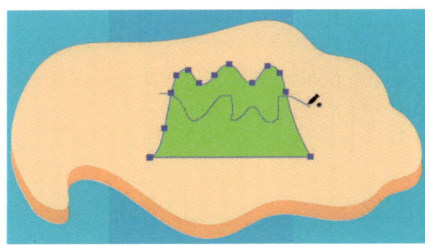 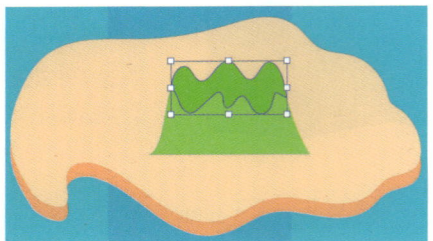

Plus α
원본으로 되돌려야 하는 경우를 대비해 분리하기 전 Ctrl + C , Ctrl + F 로 앞으로 붙여넣기 할 수 있다.

4 야자나무 줄기(C20M60Y70)는 Pen Tool(, P)로 그린 후 색을 채운다.

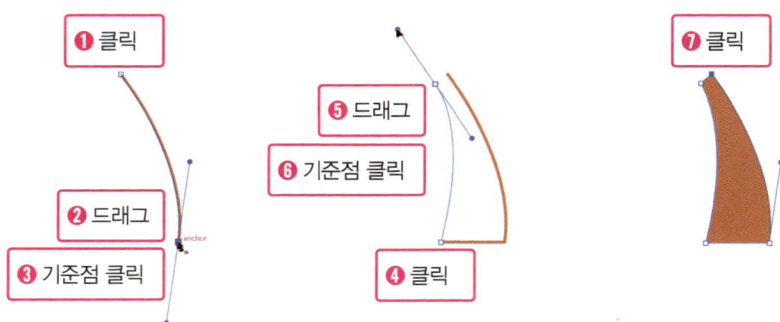

5 분리하기 위해 Knife Tool( )을 선택한 후 Ctrl +클릭으로 오브젝트를 선택하고 그림과 같이 분리한다. Selection Tool(, V)로 선택하고 색(C20M60Y70K20)을 채운 후 모두 선택해 그룹화(Ctrl + G)한다.

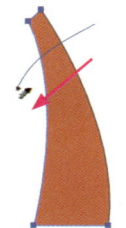 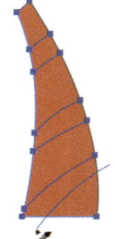 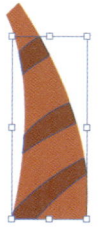

6 야자 잎(C30Y80)은 Ellipse Tool(, L)로 원을 그린 후 Direct Selection Tool(, A)로 하단 기준점(Anchor Point)을 선택하여 Delete 한다. 하단 두 포인트를 드래그한 후 [Object]-[Path]-[Join](Ctrl + J)을 적용한다. Curvature Tool(, Shift + ~)로 하단 중간 패스를 아래쪽으로 살짝 드래그하여 볼록하게 만든다.

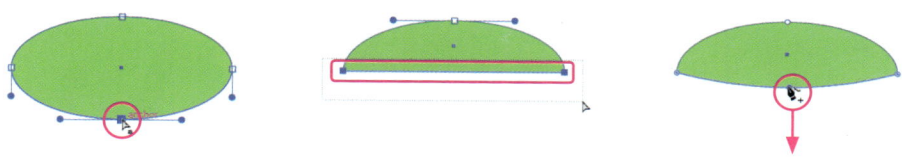

Plus @

오픈 패스로 되어 있는 선분을 Ctrl + J 해 닫힌 패스로 만들어야 선분을 추가하거나 변형을 줄 수 있다.

7 Pen Tool(, P)로 삼각형 2개를 그린 후 Selection Tool(, V)로 모두 선택하고 [Pathfinder](Shift + Ctrl + F9) 패널의 'Minus Front'하여 구멍을 낸다.

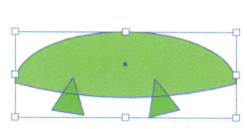 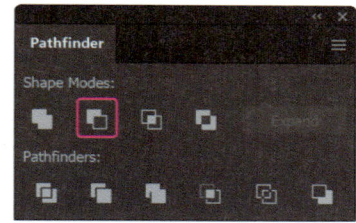 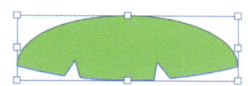

8 랜덤한 회전을 하기 위해 Rotate Tool(, R)을 클릭하고 중심점을 클릭으로 지정한 후 잎을 위쪽으로 드래그하면서 Alt 를 누르며 이동하면 오브젝트가 복제된다. 한 번 더 같은 방법으로 복제한 후 Ctrl +두 번째 오브젝트를 클릭해 색(C40Y100)을 채운다.

 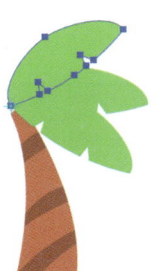 

⑨ 대칭복사하기 위해 Shift + Ctrl +맨 아래 오브젝트를 복수로 선택한 후 Reflect Tool(, O)로 중심을 Alt +클릭해 기준점을 잡고 Axis : Vertical, Copy 를 클릭한다. Selection Tool(, V)로 크기 등을 조절하고 모두 선택해 그룹화(Ctrl + G)한다.

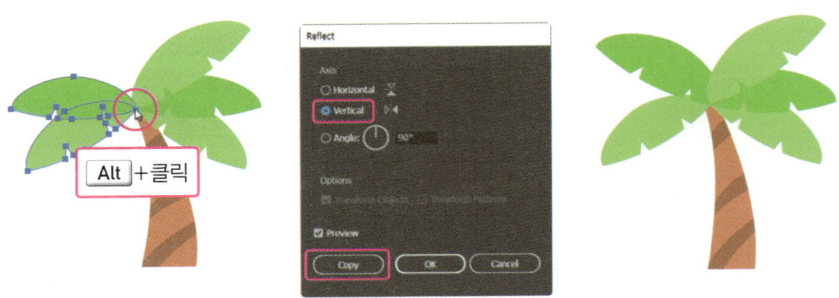

⑩ 위치 아이콘(M70Y100)은 세로 가이드라인을 중앙에 배치한 후 Ellipse Tool(, L)로 Alt + Shift 와 함께 가이드 중심에서부터 드래그하여 정원을 만든다.
Anchor Point Tool(, Shift + C)로 하단 포인트를 클릭하여 꼭짓점으로 만든다. Direct Selection Tool(, A)로 하단 포인트를 선택해 아래쪽 방향키(↓)로 내려 모양을 만든다.

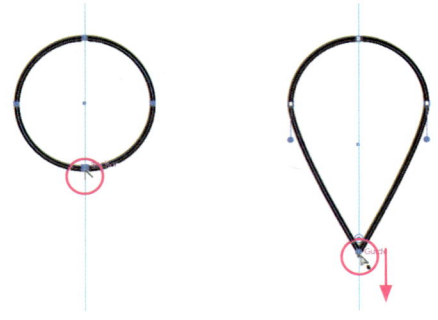

⑪ Ellipse Tool(, L)로 Alt + Shift 와 함께 가이드 중심에서부터 드래그하여 정원을 만든다. Selection Tool(, V)로 모두 선택한 후 [Pathfinder](Shift + Ctrl + F9) 패널의 'Minus Front'로 구멍을 내고 색을 채운다.

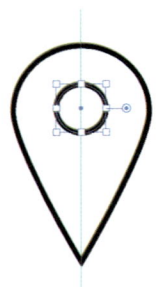 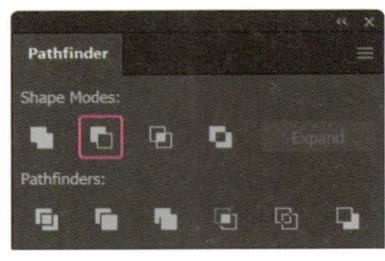 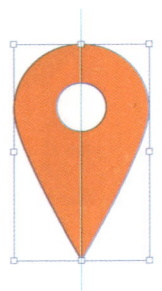

12 Line Segment Tool(　, ₩)로 수직선을 그린 후 Selection Tool(　, V)로 모두 선택하고 [Pathfinder](Shift + Ctrl + F9) 패널의 'Divide'로 분리한다.
Direct Selection Tool(　, A)로 우측 부분을 선택한다.

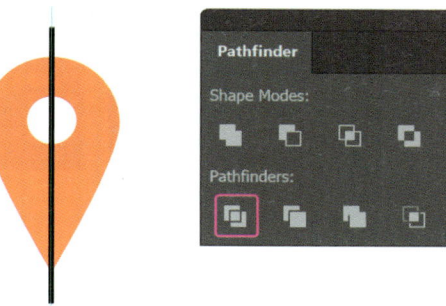
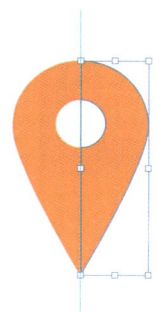

13 그래디언트를 적용하기 위해 [Window]−[Gradient](Ctrl + F9)를 선택한 후 ❶ 'Linear Gradient'를 선택한다. ❷ 하단의 좌측 조절점을 더블 클릭하고 ❸ CMYK로 변경하기 위해 우측의 메뉴(　)를 선택한 후 ❹ CMYK를 누르고 색(M100Y100K20)을 적용한다. 나머지 적용을 위해 우측 조절점을 더블 클릭한 후 ❸, ❹를 반복해 색(M100Y100)을 적용한다.
그래디언트의 방향을 수정하기 위해 Gradient Tool(　, G)을 선택한 후 그림과 같은 방향으로 드래그한다.

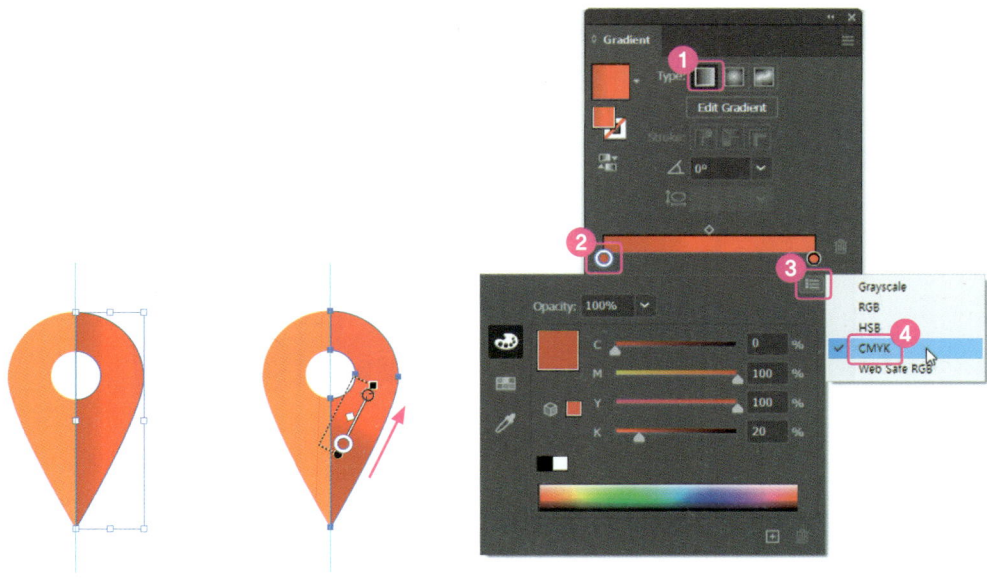

14 갈매기(C0M0Y0K0)는 Ellipse Tool(, L)로 작은 원을 먼저 그린 후 큰 원을 그리고 그림을 참고하여 배치한다. Selection Tool(, V)로 2개의 원을 선택한 후 [Pathfinder](Shift + Ctrl + F9) 패널의 'Minus Front'를 하고 Alt 와 함께 복제해 모양을 만든다.

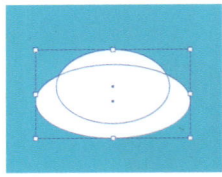 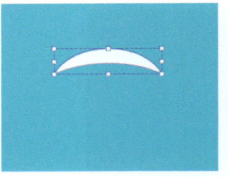 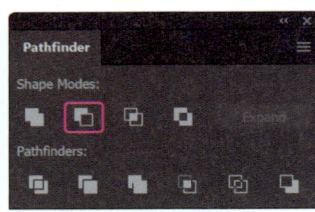 

15 파도(선 : C0M0Y0K0)는 Pencil Tool(, N)로 그린 후 상단 [Control] 패널의 Stroke Weight : 0.25pt로 가늘게 설정한다. Width Tool(, Shift + W)로 선의 중간 부분을 그림과 같이 확장한다. '면'의 속성으로 변경하기 위해 [Object]-[Expand Appearance]해 확장한다.

 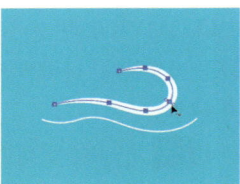 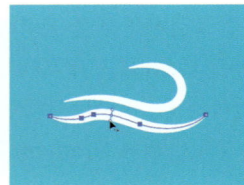 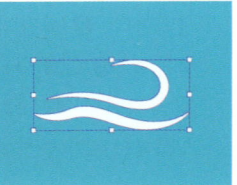

16 지도의 접힌 모습을 표현하기 위해 Selection Tool(, V)로 지도 중간의 파란 직사각형 오브젝트를 선택한 후 맨 앞으로 보내기 위해 Shift + Ctrl +] 를 적용한다. 지도 부분만 선택한 후 시계방향으로 살짝 회전하여 마무리한다.

04 리본과 텍스트

1 Rectangle Tool(, M)로 사각형을 그린 후 Direct Selection Tool(, A)로 하단의 두 포인트를 선택한다. Scale Tool(, S)로 안쪽으로 드래그해 좁히고 색(M70Y100)을 채운다.

2 Pen Tool(, P)을 이용해 그림과 같이 클릭, 클릭하여 리본의 접힌 부분(M30Y50)을 그린다. 나머지도 그림을 참고해 그린다.

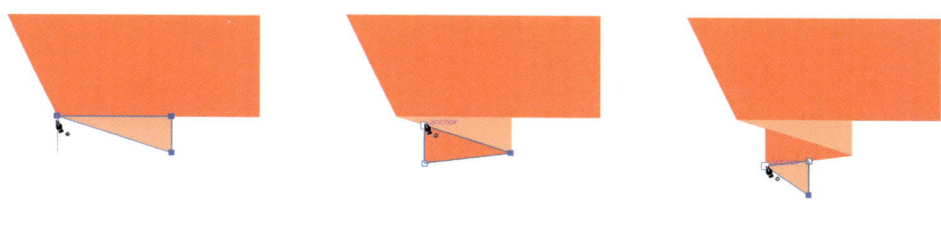

Plus@

Pen Tool을 사용할 때 기존 기준점에 연결되어 그려질 경우 Shift 를 누르며 첫 점을 클릭하면 연결되지 않는다.

3 대칭복사를 하기 위해 리본의 끝부분을 Shift + Ctrl 과 함께 선택한 후 Reflect Tool(, O)로 중심을 Alt +클릭해 기준점을 잡고 Axis : Vertical, Copy 를 클릭한다.

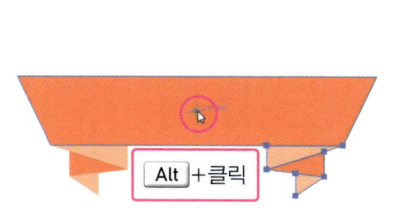
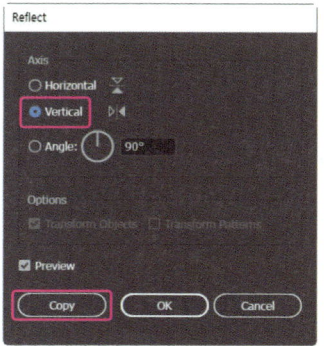

4️⃣ 텍스트를 입력하기 위해 Type Tool(T , T)로 빈 캔버스를 클릭한 후 Enjoy Travel을 입력한다. Ctrl + A 로 전체선택한 후 [Window]-[Type]-[Character](Ctrl + T) 패널에서 Font : Arial, Style : Regular, Size : 22pt, Color : C0M0Y0K0으로 설정한다. Selection Tool(▶ , V)을 선택한 후 출력형태를 참고하여 배치한다.

05 저장하고 전송하기

1️⃣ 불필요한 도형은 삭제하고 가이드라인이 보이지 않도록 [View]-[Guides]-[Hide Guides](Ctrl + ;)한다. [File]-[Save] 또는 [File]-[Save As]한 후 Save On Your Computer 를 선택하여 '내 PC₩문서₩GTQ' 폴더에 "수험번호-성명-1"로 저장한다.

2️⃣ [Illustrator Options] 대화상자에서 Version : Illustrator CC(Legacy)로 체크한 후 OK 를 클릭한다. 하위 버전 저장에 따른 메시지가 뜨면 계속 OK 를 클릭한다.

3️⃣ 시험장의 작업표시줄에 나타나는 'Koas 수험자용'을 클릭해 우측의 답안 전송 을 클릭한 후 해당하는 번호에 체크한다. 하단의 답안 전송 을 클릭한 후 닫기 를 누르면 최종 전송된 답안으로 채점이 이루어진다.

Check Point!

		O	X
01	출력형태를 제외한 나머지 오브젝트는 삭제했나요?		
02	해당 오브젝트를 출력형태의 위치에 배치했나요? (눈금자와 가이드라인 참고해 확인)		
03	작업 중 생성된 가이드라인을 Ctrl + ; 으로, 그리드를 Ctrl + ' 로 숨겼나요?		
04	Gradient가 적용된 오브젝트의 색상과 방향을 출력형태에 맞게 적용했나요?		
05	출력형태에 제시된 '선'의 두께는 정확히 설정되었나요?		
06	결과가 '면'의 속성인 오브젝트를 '선'의 속성으로 그렸을 경우 'Expand' 처리했나요?		
07	제시된 조건 이외의 오브젝트를 편의에 의해 Blend나 Envelope Distort의 기능으로 완성했을 경우 'Expand' 처리했나요?		
08	텍스트 작업 시 Font Family가 Bold인 경우 변경되어 있나요?		
09	오브젝트의 불투명도(Opacity) 값이 정확히 설정되었나요?		
10	저장을 먼저 한 후 답안 전송으로 마무리하였나요? (중요한 작업 완료 후 수시로 저장과 전송 가능)		

문제 2 패키지, 비즈니스디자인

완성 파일 : 실전모의고사3회-2.ai

한눈에 보는 작업과정

Clipping Mask (꽃) → Pattern (도토리) → Clipping Mask 적용 (기타) → Pattern 적용 (배낭)

01 새 캔버스 설정 및 저장

1 새 캔버스를 만들기 위해 [File]-[New]를 선택하여 Width : 160mm, Height : 120mm, Color Mode : CMYK로 설정한 후 새 캔버스를 연다.

2 [View]-[Rulers]-[Show Rulers](Ctrl + R)를 선택해 눈금자를 꺼낸다(좌측 상단 영점 확인).

3 [File]-[Save As]를 선택하고 Save On Your Computer 를 클릭한다. '내PC₩문서₩GTQ' 하위 폴더에 파일 이름을 '수험번호-성명-2.ai'로 입력한 후 'Illustrator CC(Legacy)' 버전으로 저장한다.

4 도구상자가 모두 보이는지, 상단의 [Control] 패널이 있는지 체크한다.

> **Plus @**
> [Window]-[Workspace]-[Essentials Classic]으로 한 번에 도구상자와 [Control] 패널을 나타낼 수 있다.

5 작업에 앞서 제시된 색을 [Swatches] 패널이나 도형들을 나열해 색상을 등록해 놓는다.

6 오브젝트별로 가이드라인을 표시하고 작업하면 좋다.

02 꽃 오브젝트

1 가이드라인을 수직 눈금자에서 드래그해 25mm, 85mm, 수평 눈금자에서 드래그해 35mm에 맞추고 꽃(M60Y80)을 그릴 중심 부분에 가로/세로 가이드라인을 그린다. Ellipse Tool(, L)로 타원을 그린 후 Anchor Point Tool(, Shift + C)로 상단 포인트를 클릭해 뾰족하게 만든다. 회전하기 위해 [Object]-[Repeat]-[Radial](CC2021 이상)을 클릭한다. 상단 [Control] 패널이나 [Properties] 패널의 [Repeat Options]에서 11로 입력한다. 패스로 변형하기 위해 [Object]-[Expand]해 확장한다.

Plus@

[Repeat] 기능은 새롭게 추가된 기능으로 CC2021 이전 버전 사용자는 기존의 Rotate Tool을 이용하면 된다.
[Object]-[Repeat]-[Release]를 누르면 해제된다.

2 Ctrl + C , Ctrl + F 로 앞으로 붙여넣기 한 후 모서리에서 회전해 사이사이에 보이도록 표현한다. 그 래디언트를 적용하기 위해 [Window]-[Gradient](Ctrl + F9)를 선택한 후 ❶ 'Radial Gradient'를 선택한다. ❷ 하단의 좌측 조절점을 더블 클릭하고 ❸ CMYK로 변경하기 위해 우측의 메뉴( )를 선택한 후 ❹ CMYK를 누르고 색(M40Y80)을 적용한다. 나머지 적용을 위해 우측 조절점을 더블 클릭한 후 ❸, ❹를 반복해 색(M10Y70)을 적용한다.

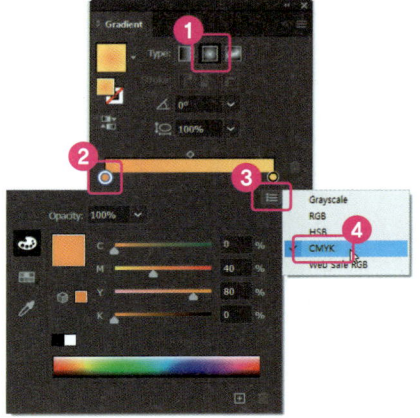

3 그래디언트의 방향을 수정하기 위해 Gradient Tool(, G)을 선택한 후 그림과 같은 방향으로 드래그한다. 중심 부분을 강조하기 위해 아래와 같이 조절점을 이동해 표현한다.

4 수술(M50Y70K20)은 Ellipse Tool(, L)로 Alt + Shift 와 함께 중심에서부터 드래그하여 정원을 그린다. 러프한 표현을 하기 위해 [Effect]-[Distort & Transform]-[Roughen]을 누른다. Size : 5%, Relative 체크, Detail : 60, Points : Smooth로 준다. '면'의 속성으로 변경하기 위해 [Object]-[Expand Appearance]해 확장한다. Ctrl + C , Ctrl + F 로 앞으로 붙여넣기 하고 모서리에서 Alt + Shift 와 함께 드래그하여 크기를 줄인 후 색(M60Y70K60)을 채운다.
Ctrl +꽃 오브젝트를 모두 드래그해 선택한 후 그룹화(Ctrl + G)한다.

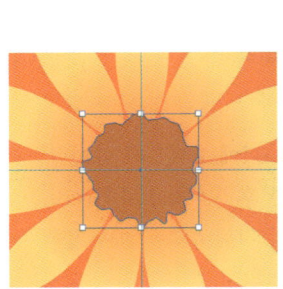 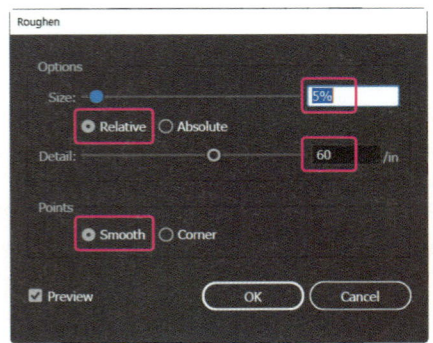 

03 도토리 오브젝트

1 도토리(C10M30Y50)는 Ellipse Tool(◯ , L)로 타원을 그린 후 Direct Selection Tool(▶ , A)로 중간 두 포인트를 선택해 위로 살짝 이동한다. 같은 방법으로 도토리 모자(C30M50Y100K30)도 만든다.

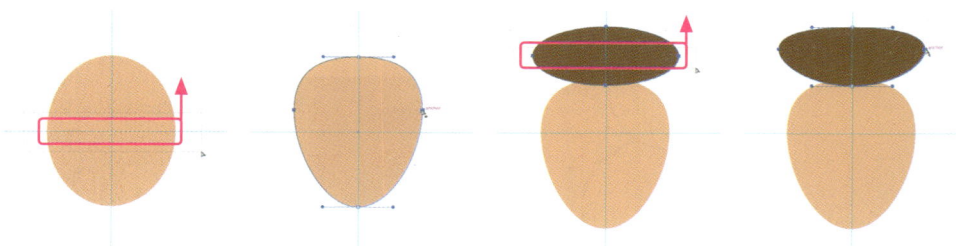

2 도토리 모자에 사용할 타원은 Selection Tool(▶ , V)로 Alt 와 함께 아래 방향으로 드래그하여 복제한다. 두 오브젝트를 선택하고 [Pathfinder](Shift + Ctrl + F9) 패널에서 'Minus Front'한 후 크기를 조절하여 배치한다.

Line Segment Tool(/ , W)로 선(C30M50Y100K30, 1pt)을 그린 후 Blob Brush Tool(🖌 , Shift + B)로 브러시 크기를 조절하고 도토리 꼭지를 그린다.

Ctrl +도토리 오브젝트를 모두 선택한 후 그룹화(Ctrl + G)한다.

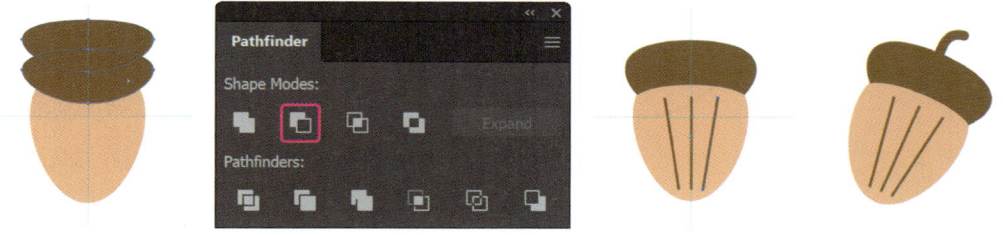

Plus@

Blob Brush Tool(🖌 , Shift + B)의 크기는 ' [: 점점 작게,] : 점점 크게'로 조절할 수 있다.

04 ▶ 기타 오브젝트와 Clipping Mask

1 세로 눈금선에서 가이드라인을 60mm 정도로 위치시키고 그 안에 그린다. 기타의 바디 부분은 Ellipse Tool(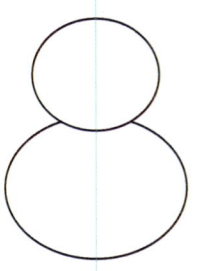, L)로 크기가 다른 2개의 타원을 그려 그림과 같이 살짝 교차한다. Selection Tool(, V)로 두 오브젝트를 선택한 후 [Pathfinder](Shift + Ctrl + F9) 패널의 'Unite'로 합친다.

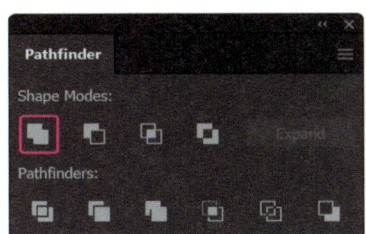

2 Direct Selection Tool(, A)로 목 부분의 Live Corners(곡률 활성화)를 이용해 모양을 만든다.

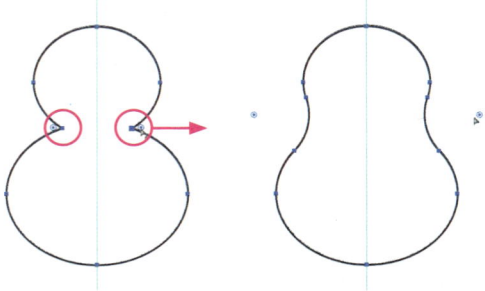

Plus @

CS6 이하 사용자는 [Effect]-[Stylize]-[Round Corners]를 이용한다.

❸ 바디 그림자를 만들기 위해 Ctrl + C , Ctrl + B 로 뒤로 붙여넣기 하고 우측 방향키(→)를 3~4번 정도 이동한 후 색(M60Y80)을 채운다. 앞부분은 그래디언트를 적용하기 위해 [Window]-[Gradient](Ctrl + F9)를 선택한 후 ❶ 'Linear Gradient'를 선택한다. ❷ 하단의 좌측 조절점을 더블 클릭하고 ❸ CMYK로 변경하기 위해 우측의 메뉴(≡)를 선택한 후 ❹ CMYK를 누르고 색(M10Y70)을 적용한다. 나머지 적용을 위해 우측 조절점을 더블 클릭한 후 ❸, ❹를 반복해 색(M40Y80)을 적용한다. 그래디언트의 방향을 수정하기 위해 Gradient Tool(■ , G)을 선택한 후 그림과 같이 드래그한다.

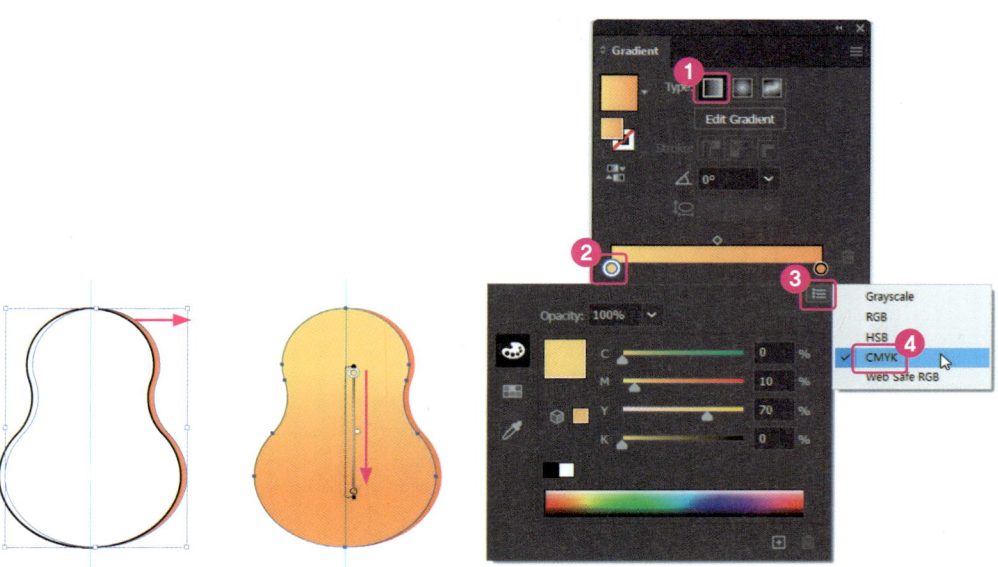

❹ 울림통(C30M60Y80K50)은 Ellipse Tool(● , L)로 Alt + Shift 와 함께 중심에서부터 드래그하여 정원을 그린다.

울림통 장식(M60Y80)을 만들기 위해 정원을 Ctrl + C , Ctrl + F 로 앞으로 붙여넣기 한 후 모서리에서 Alt + Shift 와 함께 드래그하여 크기를 늘린다. 면과 선의 색을 교차적용하기 위해 'Swap Fill and Stroke'(Shift + X)를 한다. 상단 [Control] 패널에서 Stroke : 4pt 정도로 설정하고 '선'을 '면'의 속성으로 변경하기 위해 [Object]-[Expand]해 확장한다.

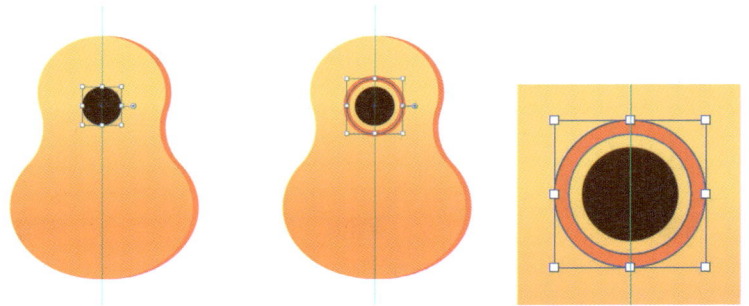

5 브릿지(C30M60Y80K50)는 Rounded Rectangle Tool(■)로 그린 후 Direct Selection Tool(▶, A)로 Shift 와 함께 그림과 같이 선택하고 Delete 한다. Ctrl + C, Ctrl + F로 앞으로 붙여넣기 한 후 모서리에서 Alt 와 함께 크기를 줄이고 색(K40)을 채운다.

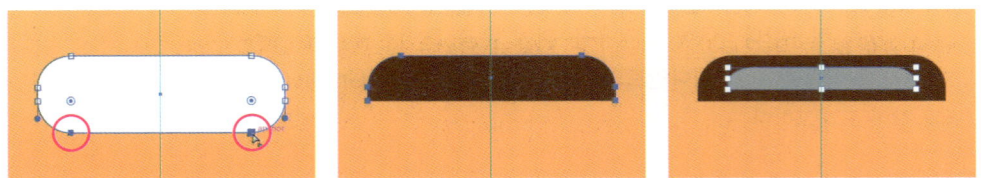

6 Rectangle Tool(■, M)로 기타 넥(C30M60Y80K50)을 만든 후 Line Segment Tool(/, W)로 기타 줄(C0M0Y0K0, 0.5pt)을 만든다. Selection Tool(▶, V)로 Alt 와 함께 복제한 후 Ctrl + D를 4번 눌러 규칙적으로 복사한다. 마지막 선을 우측에 맞춘 후 6개의 선을 모두 선택하고 [Window]-[Align](Shift + F7) 패널에서 'Horizontal Distribute Center'를 선택하여 배분한다.

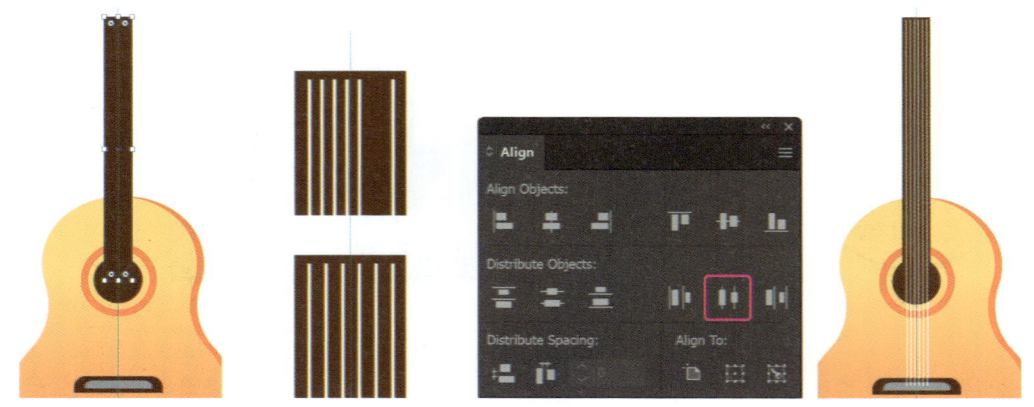

7 기타 헤드(M40Y80)는 Rounded Rectangle Tool(■)로 만든 후 Direct Selection Tool(▶, A)로 윗부분의 네 포인트를 드래그하여 Scale Tool(, S)을 선택하고 바깥쪽으로 드래그한다. Ellipse Tool(●, L)을 가이드라인 중심부터 Alt 와 함께 대칭으로 그린다.

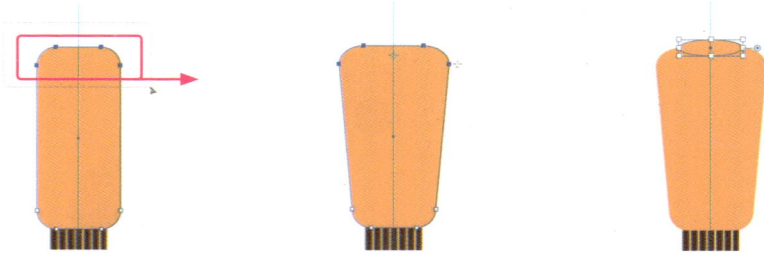

⑧ 헤드 머신(C30M60Y80K50, K40) 부분은 Rectangle Tool(■, M)과 Rounded Rectangle Tool(□)로 그린다. Selection Tool(▶, V)로 선택한 후 Alt 와 함께 복제하고 Ctrl + D 를 1번 더 눌러 규칙적으로 복사한다. 맨 뒤로 보내기 위해 줄 감개를 모두 선택하고 Shift + Ctrl + [를 적용한다.

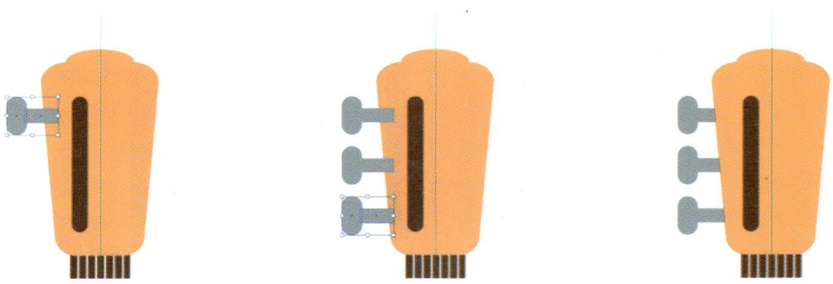

⑨ 줄 감개 부분을 모두 선택한 후 대칭복사하기 위해 Reflect Tool(▷◁, O)로 중심을 Alt +클릭해 기준점을 잡고 Axis : Vertical, Copy 를 클릭한다. Selection Tool(▶, V)로 우측 줄 감개를 선택하고 맨 뒤로 보내기 위해 Shift + Ctrl + [를 적용한다.

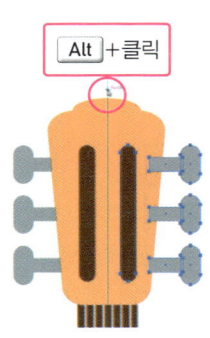 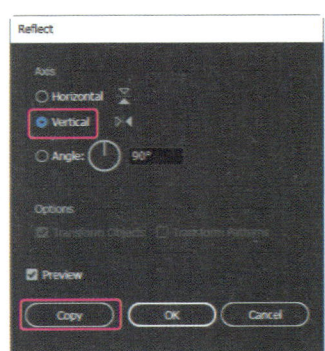

⑩ Clipping Mask를 하기 위해 Selection Tool(▶, V)로 꽃 오브젝트를 Alt 와 함께 복제해 알맞게 배치한 후 맨 앞으로 보내기 위해 Shift + Ctrl +] 를 적용한다.
기타의 바디를 선택하고 Ctrl + C , Ctrl + F 로 앞으로 붙여넣기 한 후 맨 앞으로 보내기 위해 Shift + Ctrl +] 를 적용한다. Shift 와 함께 꽃을 선택한 후 마우스 오른쪽 버튼을 클릭하여 'Make Clipping Mask'한다.

11 Type Tool(T , T)로 빈 캔버스를 클릭한 후 With Music을 입력한다. Ctrl + A 로 전체선택한 후 [Window]-[Type]-[Character](Ctrl + T) 패널에서 Font : Times New Roman, Style : Regular, Size : 12pt, Color : C30M60Y80K50으로 설정한다.

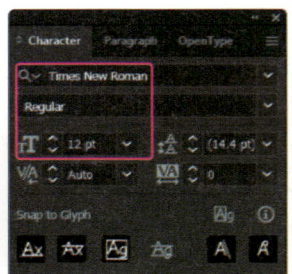

12 Selection Tool(▶ , V)로 텍스트를 포함해 모두 선택한 후 출력형태를 참고하여 회전 배치한다.

Plus@

텍스트를 포함하여 크기를 조절할 경우 텍스트 크기까지 변경될 수 있다.

05 배낭 오브젝트와 Pattern 적용

1 침낭(면 : C60M50Y30, 선 : K100, 1pt)은 Rounded Rectangle Tool( )로 가이드라인의 중심에서 Alt 와 함께 대칭으로 그려 만든 후 배낭(면 : M40Y100, 선 : K100, 1pt)도 같은 방법으로 그린다. Selection Tool(, V)로 상단 Live Corners(곡률 활성화)를 Shift 와 함께 선택한 후 곡률을 최소화한다. 덮개(면 : C70M20, 선 : K100, 1pt)는 아래의 배낭을 Alt 와 함께 위로 복제하고 그림과 같이 크기를 줄인다.

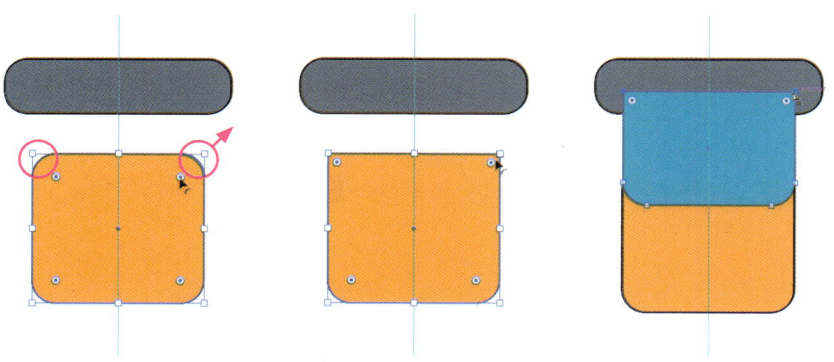

2 점선(C0M0Y0K0, 2pt)을 표현하기 위해 덮개를 선택한다. [Object]-[Path]-[Offset Path]를 선택한 후 Offset : -3mm를 입력하고 OK 를 클릭한다. [Window]-[Stroke](Ctrl + F10) 패널에서 Weight : 2pt, Cap : Round Cap, Dashed Line 체크, dash : 1pt, gap : 5pt를 적용한다.

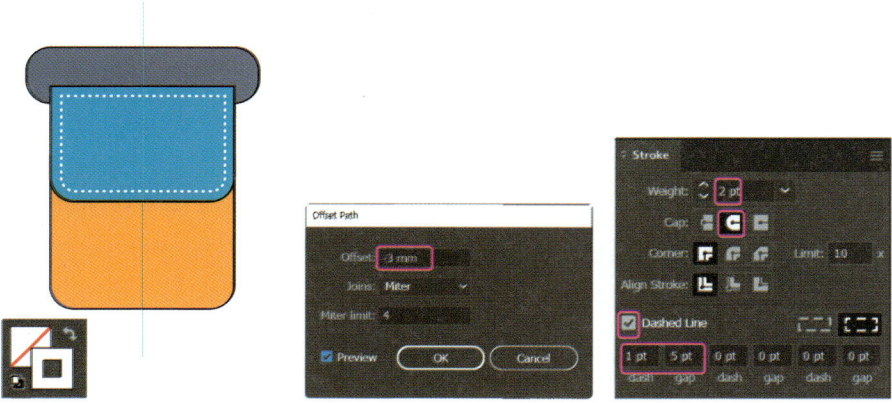

3 상단의 점선을 삭제하기 위해 Scissors Tool(✂, C)로 그림과 같이 두 포인트를 클릭, 클릭하여 패스를 끊는다. Selection Tool(▶, V)로 끊어진 선을 선택한 후 Delete 한다.

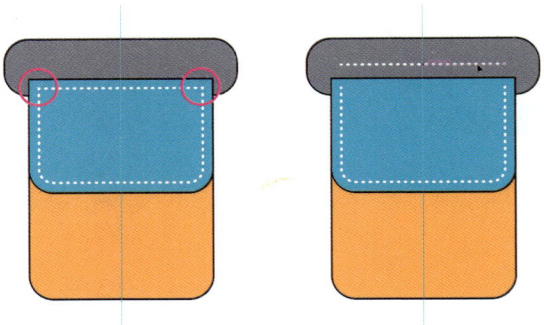

4 잘라진 선 끝을 연장하기 위해 Direct Selection Tool(▷, A)로 Shift 와 함께 선택한 후 위쪽 방향키(↑)를 이용해 그림과 같이 이어준다.

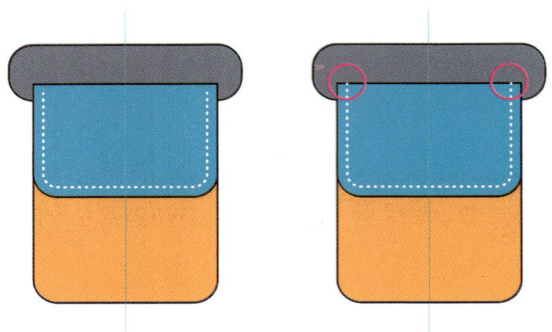

5 ❶ 포켓을 만들기 위해 하단 배낭을 Selection Tool(▶, V)로 선택한 후 Ctrl + C , Ctrl + F 로 앞으로 붙여넣기 한다. 모서리에서 Alt 와 함께 드래그하여 중심을 기준으로 크기를 줄인 후 Live Corners(곡률 활성화)를 이용해 곡률을 줄인다. ❷ Alt 와 함께 복제한 후 포켓 덮개(면 : M70Y100, 선 : K100, 1pt)를 만든다. ❸ 배낭의 점선을 Alt 와 함께 복제한 후 크기를 줄여 배치한다.

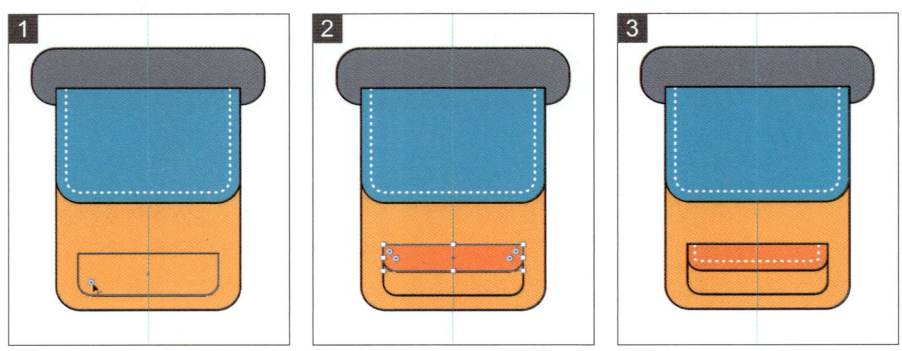

6 패턴을 등록하기 위해 Selection Tool(, V)로 미리 만들어 놓은 도토리를 [Swatches] 패널에 드래그하여 등록시킨다.

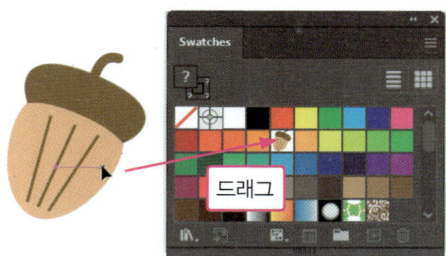

Plus@

패턴 추가가 되지 않을 경우 폴더 부분에 드래그하지 않고 기본색이 있는 윗부분으로 드래그하면 추가된다.

7 패턴을 편집하려면 빈 캔버스를 한 번 클릭한 후 [Swatches] 패널의 등록된 패턴을 더블 클릭한다. 중심패턴 하나를 선택영역으로 잡은 후 Alt + Shift 와 함께 모서리에서 크기를 살짝 줄인다. Name : 도토리, Tile Type : Brick by Column으로 설정한 후 상단의 'Done'으로 빠져나온다.

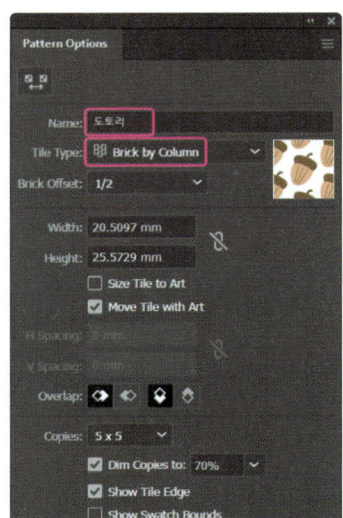

Plus@

기본 오브젝트가 선택된 상태에서 [Swatches] 패널의 등록된 패턴을 더블 클릭하면 기본 오브젝트에 패턴이 적용된다.

8 패턴을 채울 파랑 덮개 부분을 선택한 후 Ctrl + C , Ctrl + F 로 앞으로 붙여넣기 한다. Selection Tool(, V)로 [Swatches] 패널에 등록했던 패턴을 선택해 채운다. 크기 조정을 위해 Scale Tool(, S)을 더블 클릭한 후 Options : Transform Objects 체크 해제, Transform Patterns 체크, Uniform : 30%, Preview를 체크해 확인하고 OK 를 클릭한다.

Plus @

'Transform Objects'에 체크되어 있다면 패턴과 오브젝트 모두 작아진다.

9 패턴에 불투명도를 적용하기 위해 상단 [Control] 패널의 불투명도를 Opacity : 60%로 설정한다.

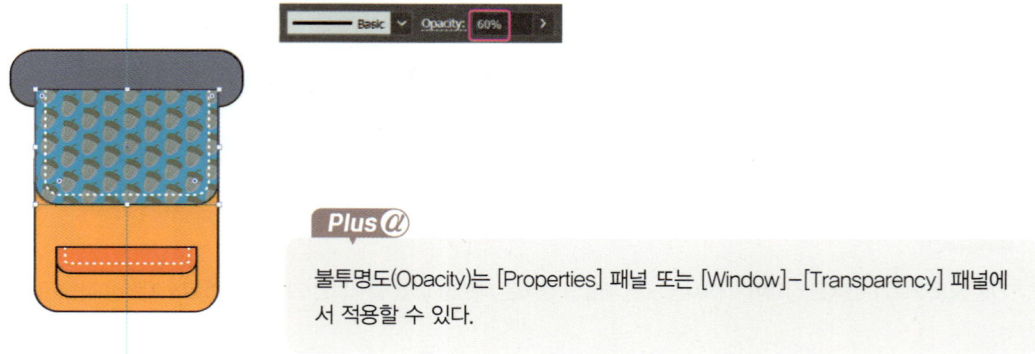

Plus @

불투명도(Opacity)는 [Properties] 패널 또는 [Window]-[Transparency] 패널에서 적용할 수 있다.

⑩ 벨트(면 : M70Y100, 선 : K100, 1pt)를 만들기 위해 Rounded Rectangle Tool(　)을 선택하여 그린 후 Shift 와 함께 하단의 Live Corners(곡률 활성화)를 두 군데 선택하여 곡률을 제거한다. Line Segment Tool(　, ￦)로 수평선(K100, 1pt)을 그린다. Selection Tool(　, V)로 2개를 선택하고 Alt 와 함께 아래로 복제한 후 모서리에서 Shift 와 함께 180도 회전한다.

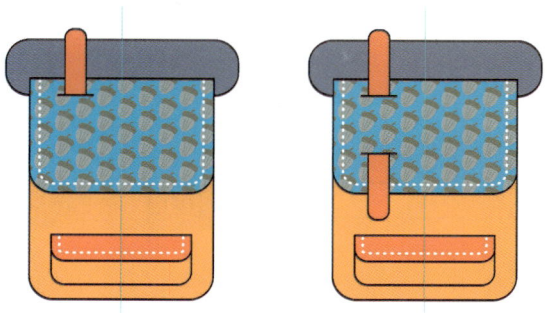

⑪ 벨트 버클(면 : C70M20, 선 : K100, 1pt)은 Rounded Rectangle Tool(　)로 둥근 사각형 2개를 그린 후 Shift + Ctrl 로 함께 선택하고 [Pathfinder](Shift + Ctrl + F9) 패널의 'Minus Front'해 구멍을 낸다.

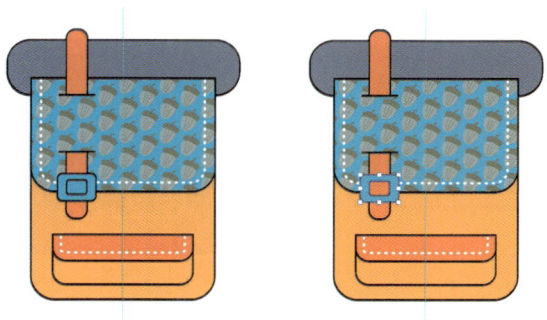

⑫ 대칭복사하기 위해 Selection Tool(　, V)로 좌측 벨트 부분을 모두 선택한다. Reflect Tool(　, O)로 중심을 Alt +클릭해 기준점을 잡고 Axis : Vertical, Copy 를 클릭한다.

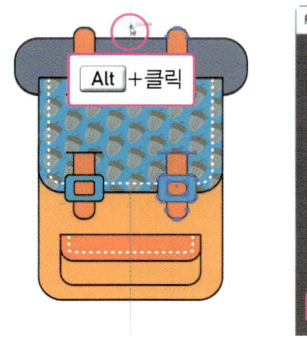 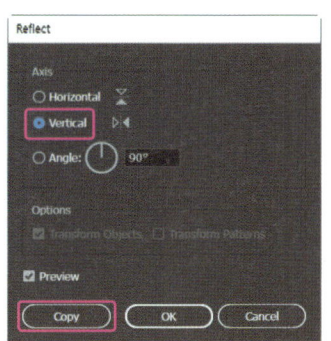

13 Type Tool(T , T)로 빈 캔버스를 클릭한 후 Travel backpack을 입력한다. Ctrl + A 로 전체선택한 후 [Window]−[Type]−[Character](Ctrl + T) 패널에서 Font : Arial, Style : Italic, Size : 14pt, Color : C0M0Y0K0으로 설정한다.

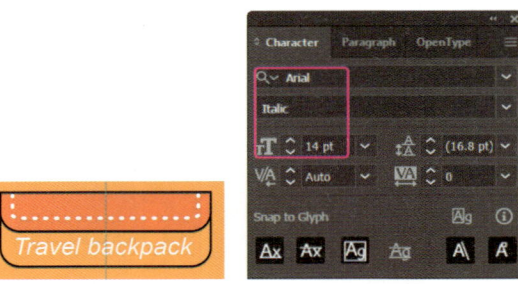

14 Selection Tool(▶ , V)로 모두 선택한 후 그룹화(Ctrl + G)한다. 그림자 적용을 위해 [Effect]−[Stylize]−[Drop Shadow]를 선택한 후 Opacity : 50%, X Offset : 1mm, Y Offset : 1mm, Blur : 1mm를 적용한다.

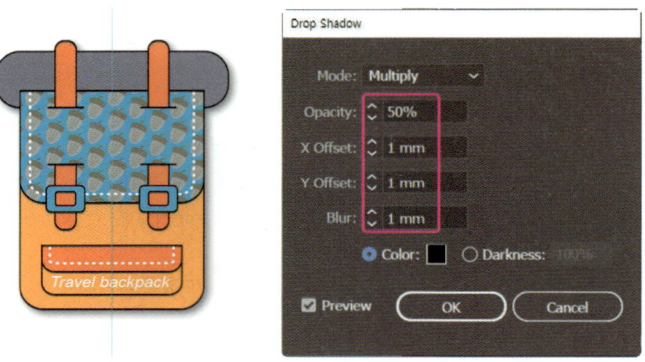

⑮ 브러시(C30M50Y100K30, 1pt)를 표현하기 위해 Line Segment Tool(, W)로 수평선을 그린다. [Window]-[Brushes](F5) 패널을 열고 패널 하단의 을 클릭한 후 Artistic > Artistic_Watercolor > Watercolor Stroke 3을 선택하고 Stroke Weight : 1pt로 설정한다. 맨 뒤로 보내기 위해 Shift + Ctrl + [를 적용한다.

06 ▶ 저장하고 전송하기

① 불필요한 도형은 삭제하고 가이드라인이 보이지 않도록 [View]-[Guides]-[Hide Guides](Ctrl + ;)한다. [File]-[Save] 또는 [File]-[Save As]한 후 Save On Your Computer 를 선택하여 '내 PC\문서\GTQ' 폴더에 "수험번호-성명-2"로 저장한다.

② [Illustrator Options] 대화상자에서 Version : Illustrator CC(Legacy)로 체크한 후 OK 를 클릭한다. 하위 버전 저장에 따른 메시지가 뜨면 계속 OK 를 클릭한다.

③ 시험장의 작업표시줄에 나타나는 'Koas 수험자용'을 클릭해 우측의 답안 전송 을 클릭한 후 해당하는 번호에 체크한다. 하단의 답안 전송 을 클릭한 후 닫기 를 누르면 최종 전송된 답안으로 채점이 이루어진다.

Check Point!

		O	X
01	출력형태를 제외한 나머지 오브젝트는 삭제했나요?		
02	해당 오브젝트를 출력형태의 위치에 배치했나요? (눈금자와 가이드라인 참고해 확인)		
03	작업 중 생성된 가이드라인을 Ctrl + ; 으로, 그리드를 Ctrl + ' 로 숨겼나요?		
04	Gradient가 적용된 오브젝트의 색상과 방향을 출력형태에 맞게 적용했나요?		
05	출력형태에 제시된 '선'의 두께는 정확히 설정되었나요?		
06	결과가 '면'의 속성인 오브젝트를 '선'의 속성으로 그렸을 경우 'Expand' 처리했나요?		
07	제시된 조건 이외의 오브젝트를 편의에 의해 Blend나 Envelope Distort의 기능으로 완성했을 경우 'Expand' 처리했나요?		
08	텍스트 작업 시 Font Family가 Bold인 경우 변경되어 있나요?		
09	오브젝트의 불투명도(Opacity) 값이 정확히 설정되었나요?		
10	저장을 먼저 한 후 답안 전송으로 마무리하였나요? (중요한 작업 완료 후 수시로 저장과 전송 가능)		

문제 3 광고디자인

완성 파일 : 실전모의고사3회-3.ai

01 새 캔버스 설정 및 저장

1 새 캔버스를 만들기 위해 [File]−[New]를 선택하여 Width : 210mm, Height : 297mm, Color Mode : CMYK로 설정한 후 새 캔버스를 연다.

2 [View]−[Rulers]−[Show Rulers](Ctrl + R)를 선택해 눈금자를 꺼낸다(좌측 상단 영점 확인).

3 [File]−[Save As]를 선택하고 Save On Your Computer 를 클릭한다. '내 PC₩문서₩GTQ' 하위 폴더에 파일 이름을 '수험번호−성명−3.ai'로 입력한 후 'Illustrator CC(Legacy)' 버전으로 저장한다.

4 도구상자가 모두 보이는지, 상단의 [Control] 패널이 있는지 체크한다.

Plus @

[Window]−[Workspace]−[Essentials Classic]으로 한 번에 도구상자와 [Control] 패널을 나타낼 수 있다.

5 작업에 앞서 제시된 색을 [Swatches] 패널이나 도형들을 나열해 색상을 등록해 놓는다.

6 오브젝트별로 가이드라인을 표시하고 작업하면 좋다.

02 Mesh로 배경 만들기

1 배경(M20Y20)은 Rectangle Tool(■, M)로 빈 공간을 클릭해 대화상자가 나오면 Width : 210mm, Height : 250mm를 입력한 후 Selection Tool(▶, V)로 캔버스에 맞게 배치한다.

Plus @

직사각형을 캔버스의 영점에 정확히 맞추려면 [Window]-[Transform] 패널에서 고정점을 좌측 상단으로 클릭한 후 X : 0mm, Y : 0mm로 입력한다.

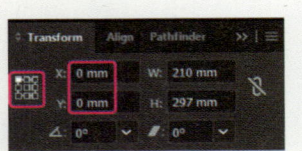

2 Mesh Tool(▦, U)로 출력형태를 참고해 두 부분(C0M0Y0K0)에 클릭한 후 해당하는 색을 채운다. 출력형태를 참고하여 기준점(Anchor Point)을 이동해 모양을 만든 후 배경을 고정시키기 위해 [Object]-[Lock]-[Selection](Ctrl+2)을 클릭한다.

Plus @

오브젝트 잠금 : [Object]-[Lock]-[Selection](Ctrl+2)
오브젝트 잠금 해제 : [Object]-[Unlock All](Alt+Ctrl+2)

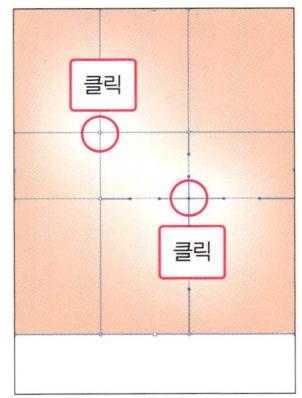
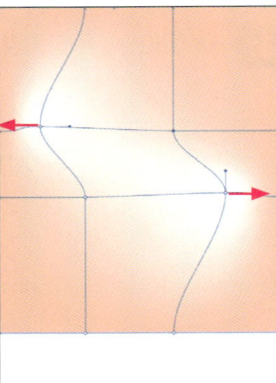

Plus @

Mesh를 수정하려면 Mesh Tool(▦, U)이나 Direct Selection Tool(▶, A)로 수정하고 싶은 기준점(Anchor Point)을 선택한 후 삭제 또는 색을 변경한다.

❸ 별(M40Y50)은 Ellipse Tool(◯ , L)로 Alt + Shift 와 함께 중심에서부터 드래그하여 정원을 그린다. [Effect]-[Distort & Transform]-[Pucker & Bloat]를 누르고 −60%를 입력한 후 Preview에 체크하여 확인하고 OK 를 클릭한다. 이펙트의 속성을 없애고 패스로 변경하기 위해 [Object]-[Expand Appearance]를 적용한다. Selection Tool(▷ , V)로 출력형태를 참고해 복사 배치한다.

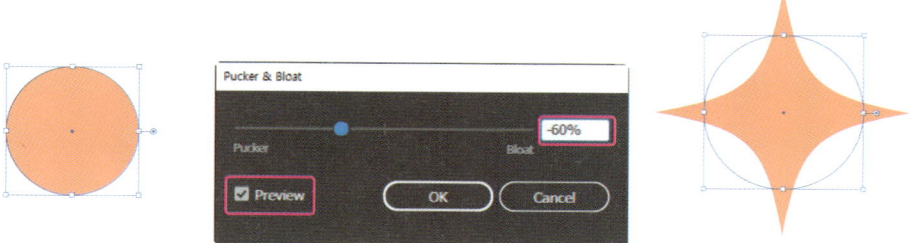

❹ 곡선(C60M40)은 Brush Tool(🖌 , B)로 그림을 참고해 그린 후 Selection Tool(▷ , V)로 Alt 와 함께 아래 부분으로 드래그하여 배치한다.

그래디언트를 적용하기 위해 [Window]-[Gradient](Ctrl + F9)를 선택한 후 ❶ 'Linear Gradient'를 선택한다. ❷ 하단의 좌측 조절점을 더블 클릭하고 ❸ CMYK로 변경하기 위해 우측의 메뉴(≡)를 선택한 후 ❹ CMYK를 누르고 색(C50Y70)을 적용한다. 나머지 적용을 위해 우측 조절점을 더블 클릭한 후 ❸, ❹를 반복해 색(C80Y70)을 적용한다. ❺ 그래디언트의 방향을 수정하기 위해 Gradient Tool(▮ , G)을 선택한 후 그림과 같은 방향으로 드래그한다.

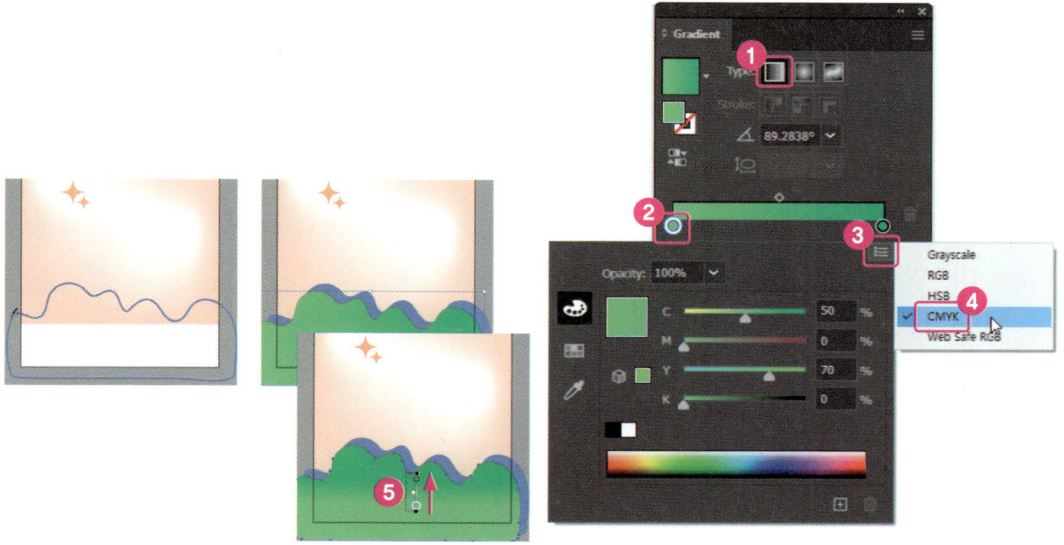

03 명상 오브젝트

1. 얼굴(M30Y30)은 Ellipse Tool(◯ , L)과 Rounded Rectangle Tool(▭)을 이용해 그린다. 뒷머리(C30M70Y100K50)는 Pencil Tool(✏️ , N)로 그림을 참고해 그린 후 색을 채운다. 얼굴보다 한 단계씩 뒤로 보내기 위해 Ctrl + [를 적용한다.

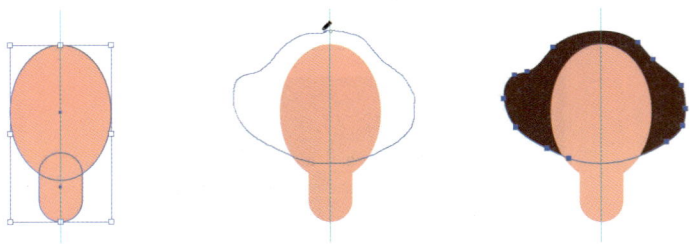

2. 앞머리도 Pencil Tool(✏️ , N)로 각각 그린 후 색을 채운다.

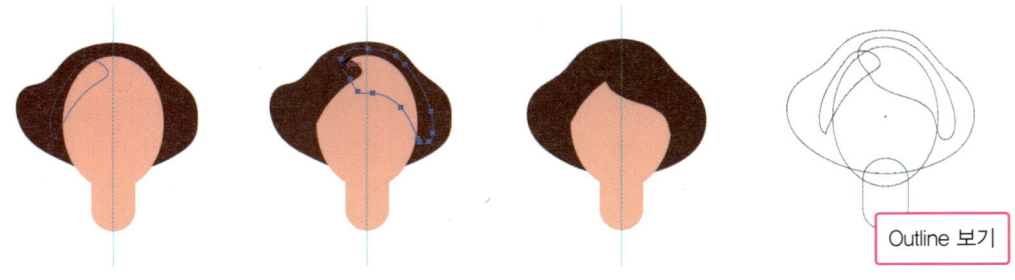

Outline 보기

3. 눈썹(선 : C30M70Y100K50)은 Pen Tool(✒️ , P)로 그린 후 [Control] 패널의 Stroke Weight : 0.5pt로 가늘게 설정한다. Width Tool(🖉 , Shift + W)로 그림과 같이 선의 폭을 살짝 확장한다. 눈(선 : C30M70Y100K50, 0.5pt)은 Line Segment Tool(╱ , W)로 수평선을 그린 후 Curvature Tool(✎ , Shift + ~)로 선의 중간 부분을 아래로 살짝 당겨 아크 모양으로 만든다. 눈썹과 같이 Width Tool(🖉 , Shift + W)로 선의 폭을 확장한다.

입과 입술 음영은 Selection Tool(▶ , V)로 Alt 와 함께 눈을 복제한 후 출력형태를 참고하여 크기를 조정한다.

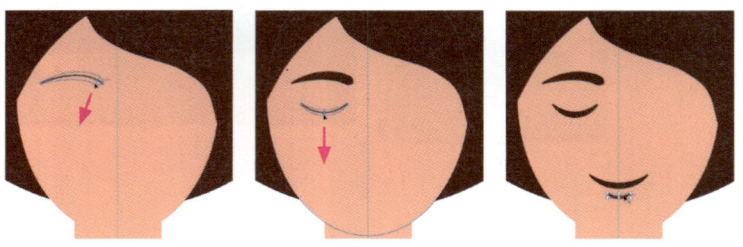

> **Plus@**
>
> Width Tool 사용 시 양 끝을 가늘게 나타내기 위해서 선 두께를 가늘게 설정한다.

> **Plus@**
>
> [Stroke] 패널의 선 두께는 [Window]-[Stroke](Ctrl + F10)를 적용하거나 [Properties] 패널을 이용할 수 있다.

4 코(선 : C30M70Y100K50, 0.5pt)도 Pencil Tool(, N)로 3과 마찬가지의 방법으로 만든다. Selection Tool(, V)로 눈썹, 눈, 코, 입, 입술 음영을 모두 선택한 후 '면'의 속성으로 변경하기 위해 [Object]-[Expand Appearance]해 확장한다.

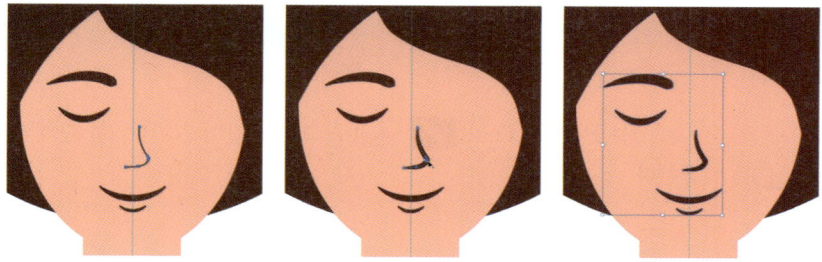

5 눈썹과 눈을 Shift 와 함께 선택한 후 대칭복사하기 위해 Reflect Tool(, O)로 중심을 Alt +클릭해 기준점을 잡고 Axis : Vertical, Copy 를 클릭한다.

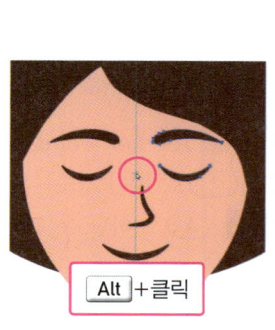
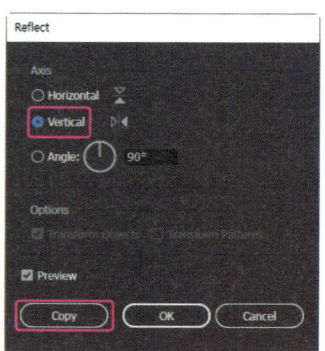

6 목의 그림자(M40Y40K10)를 표현하기 위해 Pen Tool(, P)로 그림과 같이 그린 후 Selection Tool(, V)로 선과 목을 선택하여 [Pathfinder](Shift + Ctrl + F9) 패널의 'Divide'로 분리한다. Direct Selection Tool(, A)로 윗부분만 다시 선택한 후 색을 채운다.
Selection Tool(, V)로 목을 선택한 후 얼굴보다 한 단계씩 뒤로 보내기 위해 Ctrl + [를 적용한다.

7 뒷머리(C30M70Y100K50)는 Pencil Tool(, N)로 그림과 같이 그린다. 한 단계씩 뒤로 보내기 위해 Ctrl + [를 적용한다.

8 상의(M80)는 Rectangle Tool(, M)로 그린다. Add Anchor Point Tool(, =)로 상단 중앙에 기준점(Anchor Point)을 추가하고 위쪽 방향키(↑)로 10번 정도 이동한 후 Ctrl + [를 눌러 한 단계씩 뒤로 보낸다. Direct Selection Tool(, A)로 하단 두 포인트를 선택한 후 Scale Tool(, S)로 안쪽으로 드래그해 살짝 좁힌다.

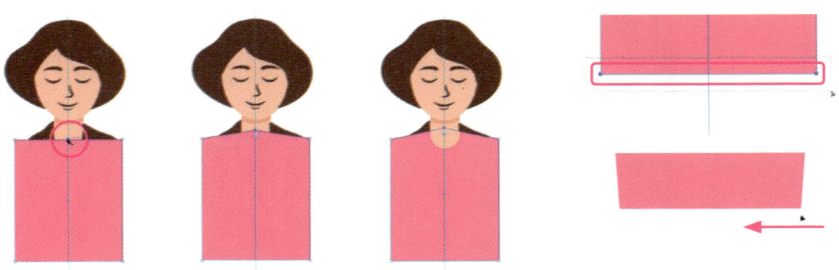

Plus α

[Window]-[Layers](F7) 패널을 이용해 레이어의 배열을 변경할 수 있다. 상의 레이어를 뒷머리 위쪽으로 드래그하여 배치하면 레이어의 순서가 변경된다.

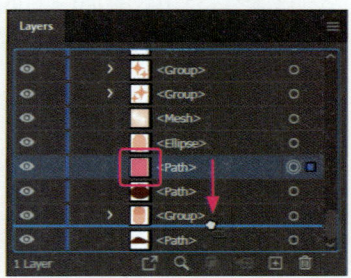

9 Rounded Rectangle Tool( )을 그린 후 하단의 Live Corners(곡률 활성화)를 한 번 클릭, 또 한 번 클릭하여 다른 코너에 지장 없이 독립적으로 곡률을 다르게 줄 수 있다. Selection Tool(, V)로 회전한 후 출력형태를 참고하여 배치한다.

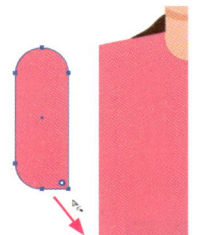 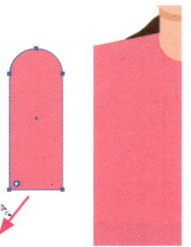 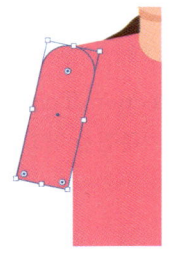

Plus α

CS6 이하 버전에서는 정원과 사각형을 결합해 만들 수 있다.

10 팔(M30Y30)은 Rectangle Tool(, M)로 직사각형을 만든 후 Direct Selection Tool(, A)로 하단 두 포인트를 선택한다. Scale Tool(, S)로 안쪽으로 드래그해 살짝 좁히고 Selection Tool(, V)로 회전하여 배치한다.

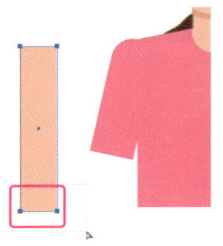 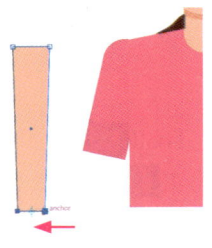 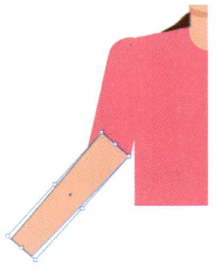

11 Blob Brush Tool(, Shift + B)을 선택하고 크기를 조절한 후 그림과 같이 자연스럽게 그린다. 미세한 조정은 Curvature Tool(, Shift + ~)이나 Direct Selection Tool(, A)로 조절한다. Ctrl + 오브젝트를 클릭한 후 소매보다 한 단계씩 뒤로 보내기 위해 Ctrl + [를 적용한다.

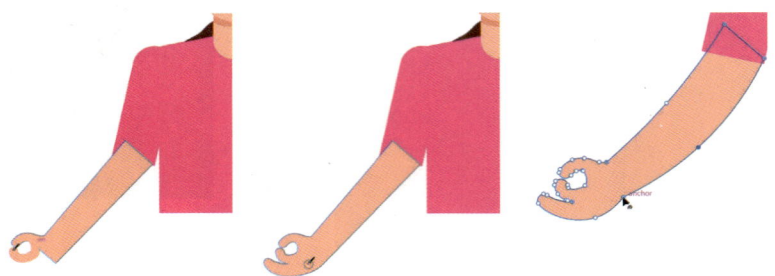

> **Plus α**
> Blob Brush Tool(, Shift + B)의 크기는 '[: 점점 작게,] : 점점 크게'로 조절할 수 있다.

12 팔과 소매를 대칭복사하기 위해 Selection Tool(, V)로 오브젝트를 선택한다. Reflect Tool(, O)로 중심을 Alt + 클릭해 기준점을 잡고 Axis : Vertical, Copy 를 클릭한다.

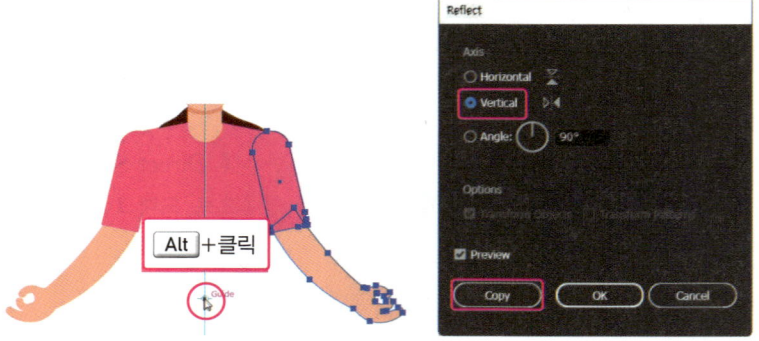

13 하의(C90M70Y30K20)는 Rectangle Tool(, M)로 그린다. Direct Selection Tool(, A)로 하단 두 포인트를 선택한 후 Scale Tool(, S)로 바깥쪽으로 드래그한다.

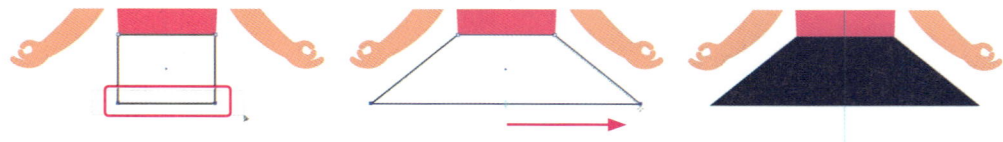

Plus α

Scale Tool(, S)을 대신해 원근감 툴인 Perspective Distort Tool( )을 사용해도 된다. 도구상자의 Free Transform Tool(, E)을 선택하면 사용할 수 있다.

14 다리(M30Y30)는 Rounded Rectangle Tool( )로 곡률을 최대화해 그린다. Direct Selection Tool(, A)로 다음과 같이 포인트를 이동해 모양을 만든다.

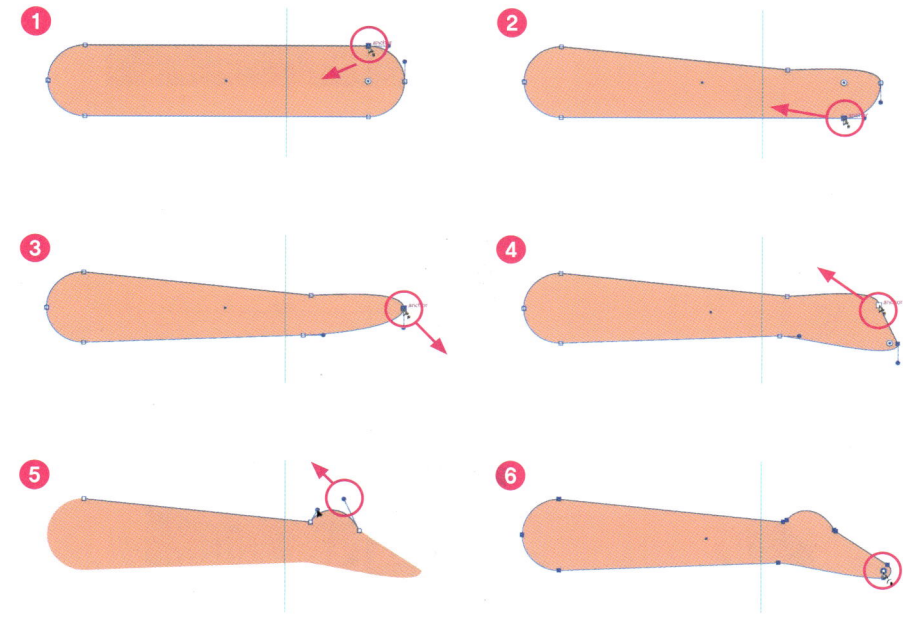

15 음영(M40Y40K10)을 표현하기 위해 Selection Tool(▶ , V)로 배치한 후 Ctrl + C , Ctrl + B 로 뒤로 붙여넣기 하고 위쪽 방향키(↑)를 5번 정도 누른다.

대칭복사하기 위해 다리와 음영 오브젝트를 선택한 후 Reflect Tool(▷◁ , O)로 중심을 Alt +클릭해 기준점을 잡고 Axis : Vertical, Copy 를 클릭한다.

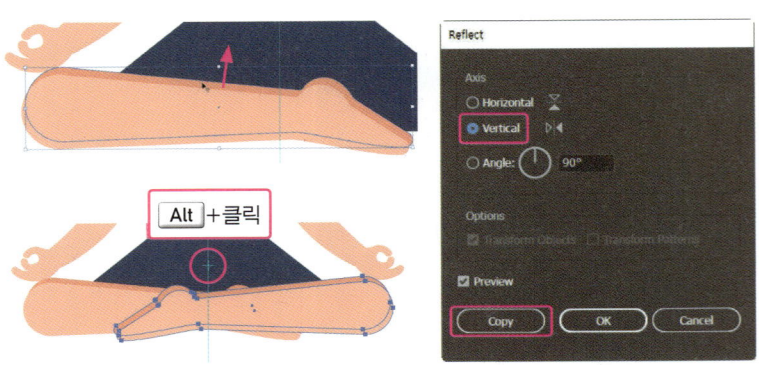

16 Selection Tool(▶ , V)로 명상 오브젝트를 전체선택한 후 그룹화(Ctrl + G)한다. 그림자 적용을 위해 [Effect]-[Stylize]-[Drop Shadow]를 선택한 후 Opacity : 50%, X Offset : 1mm, Y Offset : 1mm, Blur : 1mm를 적용한다.

 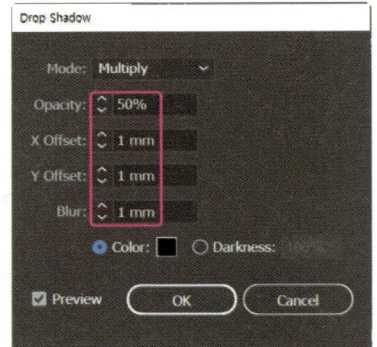

04 캔들 오브젝트

1. 바닥(C60M40)은 Ellipse Tool(, L)로 가이드 중심부터 Alt 와 함께 타원(C60M40)을 3개 그린다. 캔들(K30)은 Ellipse Tool(, L)로 타원을 그린 후 Ctrl + Alt 와 함께 위쪽으로 복제한다. Rectangle Tool(, M)로 Alt 와 함께 사각형(K30)을 그린 후 타원의 양 끝에 맞춘다.
맨 위의 타원을 Ctrl +클릭으로 선택하고 색(K10)을 채운다. 맨 앞으로 보내기 위해 Shift + Ctrl +] 를 적용한다. Ctrl + C , Ctrl + F 로 앞으로 붙여넣기 한 후 모서리에서 Alt + Shift 와 함께 드래그하고 크기를 줄여 색(K30)을 채운다.

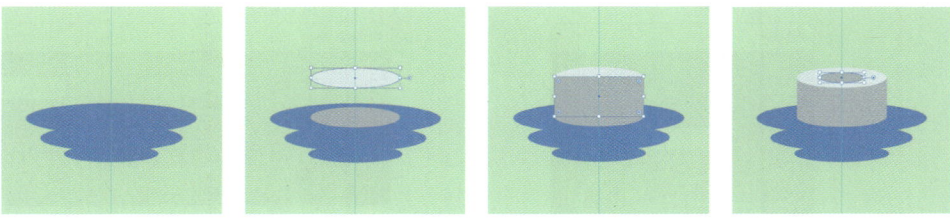

2. 불꽃(M20Y70)은 Pen Tool(, P)로 그림을 참고해 그린다. 수정은 Direct Selection Tool(, A)로 포인트를 클릭하여 수정한다.

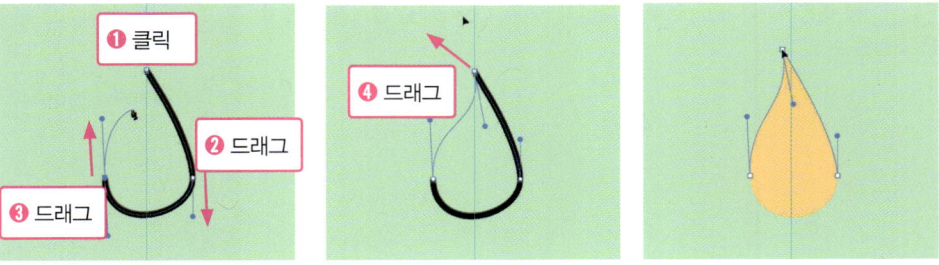

3. Selection Tool(, V)로 빈 공간을 클릭한 후 불꽃을 다시 선택한다. Ctrl + C , Ctrl + F 로 앞으로 붙여넣기 한 후 모서리에서 Alt + Shift 와 함께 드래그하여 크기를 줄여 배치하고 색(M70Y50)을 채운다. 초 심지(선 : K100, 1pt)는 Line Segment Tool(, ₩)로 수직선을 그린다.

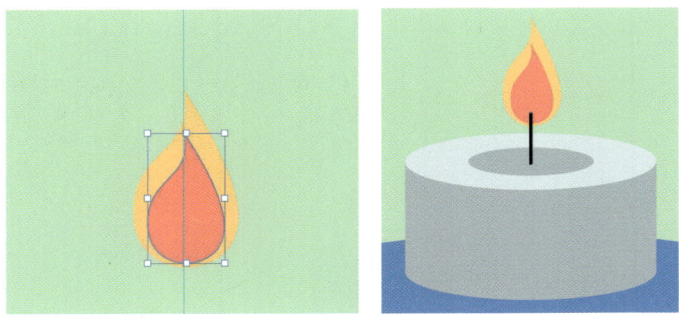

4 꽃(M20Y70)은 Polygon Tool()로 빈 공간을 클릭하고 Sides : 6으로 입력 후 OK 를 클릭한다. 꽃 모양을 만들기 위해 [Effect]-[Distort & Transform]-[Pucker & Bloat]를 선택하고 110%를 입력한 후 OK 를 클릭한다. 이펙트의 속성을 없애고 패스로 변경하기 위해 [Object]-[Expand Appearance]한다. 불투명도를 조절하기 위해 상단 [Control] 패널의 Opacity 값을 80%로 조절한다. 하나 더 만들기 위해 Alt + Ctrl +드래그하여 복제한 후 색(M70Y50)을 입힌다.

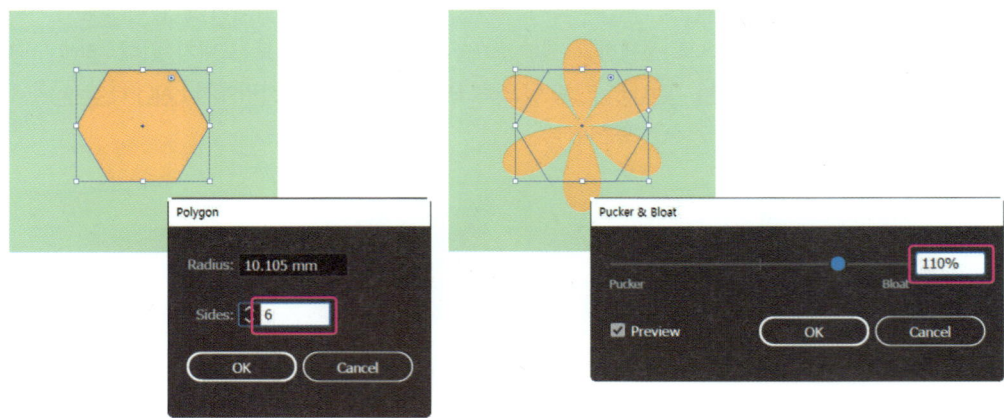

Plus@

Polygon Tool(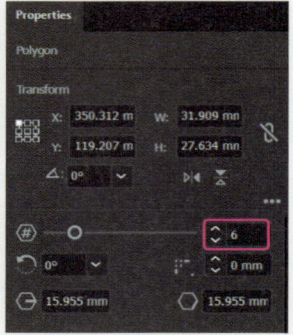)을 선택해 빈 캔버스에서 드래그한 채 키보드 상하 방향키(↑, ↓)를 이용하거나 [Properties] 패널의 'More Options'를 클릭하여 면 수 등을 조절할 수 있다.

05 Blend와 Brush 적용

1 Pencil Tool(, N)을 더블 클릭하고 Smooth를 선택한 후 OK 를 클릭한다. 아래와 같이 자연스러운 곡선(C0M0Y0K0, 1pt → C30, 3pt)을 그린다.

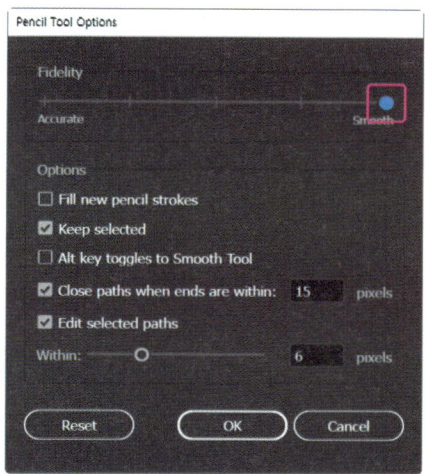

2 ❶ Selection Tool(, V)로 두 곡선을 선택한 후 [Object]-[Blend]-[Make](Alt + Ctrl + B)를 적용한다. ❷ 단계를 조정하기 위해 Blend Tool(, W)을 더블 클릭하고 Spacing : Specified Steps, 15로 적용한 후 OK 를 클릭한다. ❸ 명상 오브젝트를 맨 앞으로 보내기 위해 Shift + Ctrl +] 를 적용한다.

❸ 브러시를 적용하기 위해 Pencil Tool(, N)을 선택한 후 아래와 같이 자연스러운 곡선(임의의 색, 1pt)을 그린다. 곡선을 선택한 후 [Window]−[Brushes](F5) 패널을 열고 패널 하단의 , 를 클릭해 Decorative > Decorative_Scatter > Dot Rings를 선택한다. [Control] 패널의 Stroke Weight : 1pt로 설정한다.

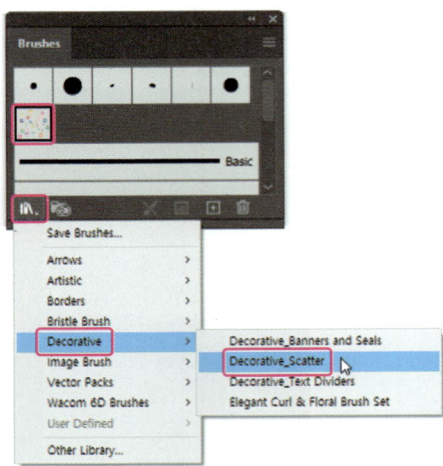

06 심볼 오브젝트 '디퓨저'

❶ 디퓨저 병(면 : None, 선 : M80, 3pt)은 Rounded Rectangle Tool( )로 그린다. 상단 [Control] 패널의 Stroke Weight : 3pt로 설정하고 [Object]−[Path]−[Offset Path]를 누른 후 Offset : −2mm로 입력하고 (OK)를 클릭한다.

해당 색(면 : C20M20Y40, 선 : None)을 채우고 Eraser Tool(, Shift + E)로 브러시를 조절([: 점점 작게,] : 점점 크게)한 후 그림과 같이 지운다. Selection Tool(, V)로 빈 공간을 클릭한 후 불필요한 부분은 Delete 하고 아래 오브젝트는 Smooth Tool( )로 드래그하여 매끄럽게 한다.

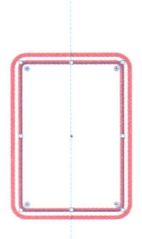
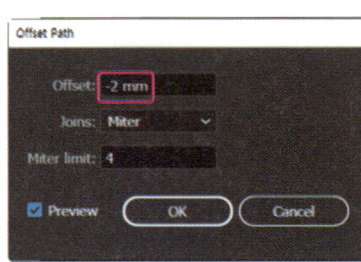
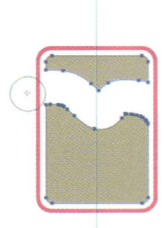
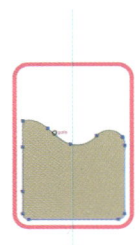

❷ Rectangle Tool(▭, M)과 Ellipse Tool(◯, L)을 Alt 와 함께 중심을 기준으로 그려 배치한 후 색(면 : None, 선 : M80, 3pt)을 채운다. Direct Selection Tool(▶, A)로 그림과 같이 두 오브젝트를 선택한 후 [Pathfinder](Shift + Ctrl + F9) 패널의 'Unite'로 합친다.
Direct Selection Tool(▶, A)로 Shift 와 함께 상단의 두 Live Corners(곡률 활성화)를 선택한 후 곡률을 준다.

❸ 타원을 Ctrl +클릭으로 선택한 후 Scissors Tool(✂, C)로 그림과 같이 두 군데를 클릭, 클릭하여 패스를 끊는다. Selection Tool(▶, V)로 앞부분의 선을 Alt 와 함께 아래로 두 번 복제한다.

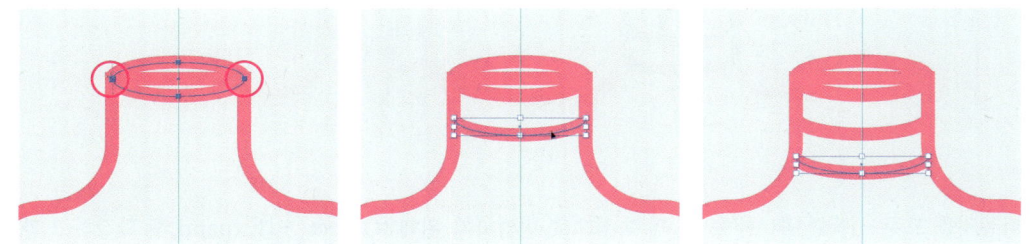

❹ 그림과 같이 2개의 오브젝트를 하나로 만들기 위해 함께 선택한 후 [Pathfinder](Shift + Ctrl + F9) 패널의 'Unite'로 합친다.

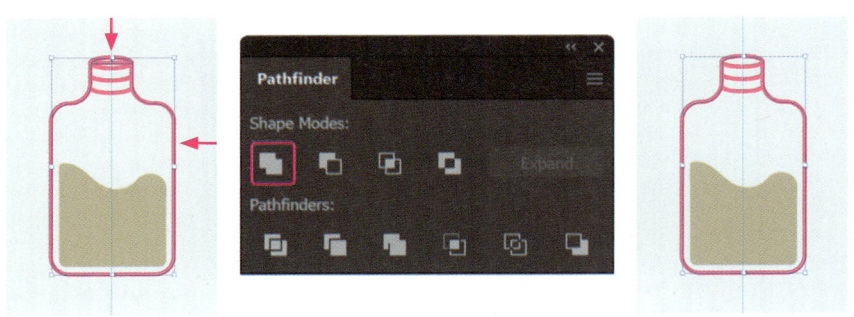

5 스틱은 Line Segment Tool(　, 　)로 수직선을 하나 그린 후 [Window]-[Stroke](Ctrl+F10)에서 면 : None, 선 : C20M50Y100, Weight : 3pt, Cap : Round Cap으로 지정한다. Selection Tool(　, V)로 2개 더 복제해 배치한다.

6 스틱이 안으로 들어가게 표현하려면 가위 툴로 끊어 복제한 3개의 오브젝트를 선택한 후 맨 앞으로 보내기 위해 Shift + Ctrl +] 를 적용한다.

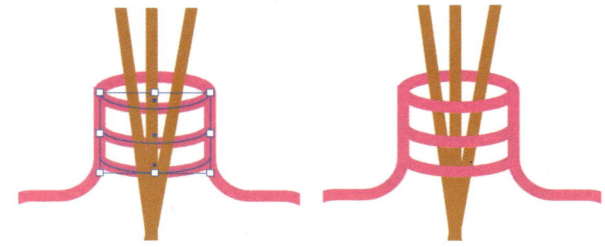

7 디퓨저를 모두 선택한 후 '선'을 '면'의 속성으로 변경하기 위해 [Object]-[Expand]해 확장하고 캔들에서 만든 꽃(M50Y90, C20M70Y100)을 복제하여 배치한다. 꽃 오브젝트의 불투명도를 없애기 위해 상단 [Control] 패널의 Opacity : 100%로 조절한 후 모두 선택해 그룹화(Ctrl + G)한다.

07 Symbol 등록과 적용

1 디퓨저를 [Symbols] 패널에 등록하기 위해 [Window]-[Symbols](Shift+Ctrl+F11)를 열고 드래그하여 추가한다. [Symbol Options] 대화상자에서 Name : 디퓨저라고 입력한 후 OK 를 클릭한다.

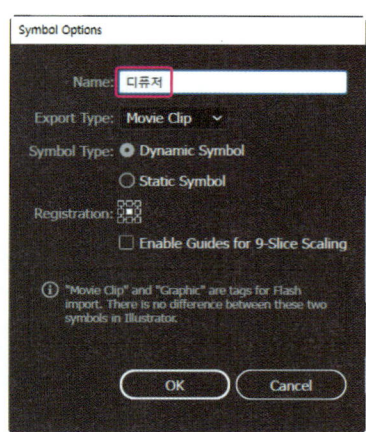

2 Symbol을 적용하기 위해 Selection Tool(, V)로 원본 Symbol을 선택한 후 Symbol Sprayer Tool(, Shift+S)로 출력형태를 참고해 클릭, 클릭하여 배치한다.

> **Plus@**
> Symbol Sprayer Tool 적용 시 여러 개의 Symbol이 추가되었을 경우 Alt 와 함께 클릭하면 삭제된다.

3 ❶ Symbol의 크기를 조절하기 위해 Symbol Sizer Tool( )을 사용한다. 클릭, 클릭은 점점 크게, Alt 와 함께 클릭하면 작아진다. ❷ Symbol의 위치 조절은 Symbol Shifter Tool( )로 드래그하며 ❸ Symbol의 기울기는 Symbol Spinner Tool( )로 시계방향, 반시계방향으로 회전한다. ❹ Symbol의 색상 변화를 위해 Symbol Stainer Tool( )을 선택하고 [Swatches] 패널에서 해당 색(녹색, 파랑)을 선택한 후 해당 Symbol을 클릭하면 색상의 변화가 생기며 면 색에 따라 좌우된다. ❺ Symbol Screener Tool( )로 투명도를 적용한 후 마무리한다.

08 ▶ 텍스트 입력 및 Envelope Distort

1 Type Tool(T , T)로 빈 캔버스를 클릭한 후 HEALING TIME을 입력한다. Ctrl + A 로 전체 선택한 후 [Window]−[Type]−[Character](Ctrl + T) 패널에서 Font : Times New Roman, Style : Regular, Size : 55pt, Color : C100M100으로 설정한다.
[Object]−[Envelope Distort]−[Make with Warp](Alt + Shift + Ctrl + W)를 선택하고 [Warp Options] 대화상자에서 Style : Arc Lower, Bend : 25%를 입력한 후 OK 를 클릭한다.

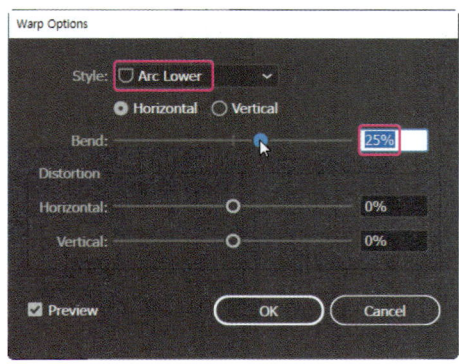

2 Type Tool(T , T)로 빈 캔버스를 클릭한 후 Take a break를 입력한다. Ctrl + A 로 전체선택한 후 [Window]−[Type]−[Character](Ctrl + T) 패널에서 Font : Arial, Style : Regular, Size : 25pt, Color : M70으로 설정한다.
[Object]−[Envelope Distort]−[Make with Warp](Alt + Shift + Ctrl + W)를 선택한 후 [Warp Options] 대화상자에서 Style : Arc Upper, Bend : 25%를 입력하고 OK 를 클릭한다.

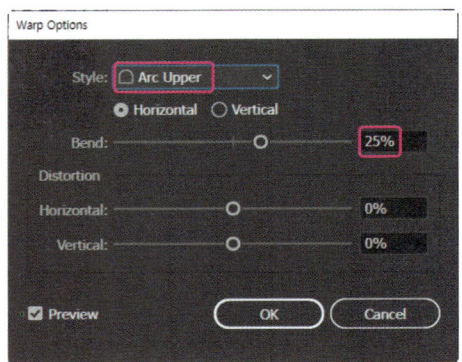

❸ Type Tool(T , T)로 빈 캔버스를 클릭한 후 Breathe in deeply를 입력한다. Ctrl + A 로 전체 선택한 후 [Window]−[Type]−[Character](Ctrl + T) 패널에서 Font : Times New Roman, Style : Italic, Size : 30pt, Color : C90M70Y30K20으로 설정한다.

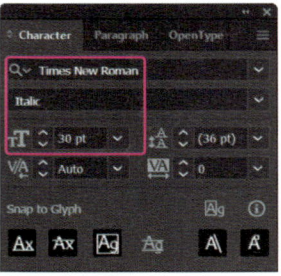

09 Clipping Mask로 마무리하기

❶ Rectangle Tool(▭ , M)로 빈 공간을 클릭한 후 Width : 210mm, Height : 297mm를 입력하고 OK 를 클릭한다.

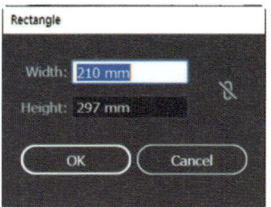

❷ Selection Tool(▶ , V)로 캔버스 끝에 딱 맞춘다. 캔버스에 있는 모든 오브젝트를 선택한 후 마우스 오른쪽 버튼을 클릭하고 'Make Clipping Mask'한다.

> **Plus @**
>
> 직사각형을 캔버스의 영점에 정확히 맞추려면 [Window]-[Transform] 패널에서 고정점을 좌측 상단으로 클릭한 후 X : 0mm, Y : 0mm로 입력한다.

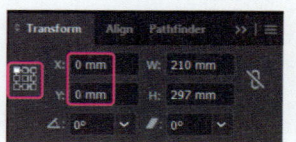

> **Plus @**
>
> Clipping Mask 적용 : [Object]-[Clipping Mask]-[Make](Ctrl + 7)
> Clipping Mask 해제 : [Object]-[Clipping Mask]-[Release](Alt + Ctrl + 7)

> **Plus @**
>
> Clipping Mask 안쪽의 오브젝트를 수정하기 위하여 Selection Tool(▶ , V)로 더블 클릭하면 Isolated Area(고립된 영역)로 들어가게 되며 그 안에서 수정할 수 있다. 수정 완료 후 Esc 나 화살표를 눌러 빠져나온다.

10 ▶ 저장하고 전송하기

1 불필요한 도형은 삭제하고 가이드라인이 보이지 않도록 [View]-[Guides]-[Hide Guides](Ctrl + ;)한다. [File]-[Save] 또는 [File]-[Save As]한 후 (Save On Your Computer)를 선택하여 '내 PC₩문서₩GTQ' 폴더에 "수험번호-성명-3"으로 저장한다.

2 [Illustrator Options] 대화상자에서 Version : Illustrator CC(Legacy)로 체크한 후 (OK)를 클릭한다. 하위 버전 저장에 따른 메시지가 뜨면 계속 (OK)를 클릭한다.

3 시험장의 작업표시줄에 나타나는 'Koas 수험자용'을 클릭해 우측의 답안 전송 을 클릭한 후 해당하는 번호에 체크한다. 하단의 답안 전송 을 클릭한 후 닫기 를 누르면 최종 전송된 답안으로 채점이 이루어진다.

✅ Check Point !

		○	✕
01	출력형태를 제외한 나머지 오브젝트는 삭제했나요?		
02	해당 오브젝트를 출력형태의 위치에 배치했나요? (눈금자와 가이드라인 참고해 확인)		
03	오브젝트에 'Lock'이 되어 있는 경우 'Unlock All(Alt + Ctrl + 2)'했나요?		
04	작업 중 생성된 가이드라인을 Ctrl + ; 으로, 그리드를 Ctrl + ' 로 숨겼나요?		
05	Gradient가 적용된 오브젝트의 색상과 방향을 출력형태에 맞게 적용했나요?		
06	결과가 '면'의 속성인 오브젝트를 '선'의 속성으로 그렸을 경우 'Expand' 처리했나요?		
07	제시된 조건 이외의 오브젝트를 편의에 의해 Blend나 Envelope Distort의 기능으로 완성했을 경우 'Expand' 처리했나요?		
08	텍스트 작업 시 Font Family가 Bold인 경우 변경되어 있나요?		
09	오브젝트의 불투명도(Opacity) 값이 정확히 설정되었나요?		
10	마지막 단계에서 Clipping Mask하여 마무리되었나요?		

CHAPTER 4

실전 모의고사 4회

급수	문제유형	시험시간	수험번호	성명
1급	A	90분		

수험자 유의사항

- 수험자는 문제지를 받는 즉시 응시하고자 하는 **과목 및 급수가 맞는지 확인**한 후 수험번호와 성명을 작성합니다.
- 파일명은 본인의 "수험번호-성명-문제번호"로 공백 없이 정확히 입력하고 답안 폴더(내 PC\문서\GTQ)에 파일 저장규칙(ai 파일 포맷)으로 저장해야 하며, '**다른 파일 형식으로 저장하였을 경우**' 0점 처리됩니다.
- 답안 문서 파일명이 "수험번호-성명-문제번호"와 일치하지 않거나, '**답안 파일을 전송하지 않는 경우**' 답안 파일 미제출로 불합격 처리됩니다.
- 수험자 정보와 저장한 파일명, 저장 위치가 다를 경우 전송이 되지 않으므로, 주의하시길 바랍니다.
- 답안 작성 중에도 주기적으로 '저장'과 '답안 전송'을 이용하여 감독위원 PC로 답안을 전송하셔야 합니다(작업한 내용을 저장하지 않고 답안을 전송할 경우 이전의 저장내용이 전송되오니 이 점 반드시 유념하시기 바랍니다).
- 모든 수험자는 동일한(초기화된) 환경에서 시험이 시작되며 '작업환경 설정'은 시험 시간 내에 진행합니다(시험 시작 전 '작업환경 설정' 불가, 소프트웨어 이상 유무만 확인).
- 답안 문서를 지정된 경로 외의 다른 보조기억장치에 저장하는 행위, 지정된 시험 시간 외에 작성된 파일을 활용한 행위, 기타 허용되지 않은 프로그램(이메일, 메신저, 게임, 네트워크, 윈도우계산기, 스톱워치 등) 이용 시 부정행위로 간주되어 **자격기본법 제32조에 의거 본 시험 및 국가공인 자격시험을 2년간 응시할 수 없습니다.**
- 시험 중 부주의 또는 고의로 시스템을 파손한 경우와 〈수험자 유의사항〉에 기재된 방법대로 이행하지 않아 생기는 불이익은 수험자의 책임임을 알려 드립니다.
- 시험을 완료한 수험자는 최종적으로 저장한 답안 파일이 전송되었는지 확인한 후 감독위원의 지시에 따라 문제지를 제출하고 퇴실합니다.

답안 작성요령

- 온라인 답안 작성 절차
  수험자 등록 ⇒ 시험 시작 ⇒ 답안 파일 저장 ⇒ 답안 전송 ⇒ 시험 종료
- 배점은 총 100점으로 이루어지며, 점수는 각 문제별로 차등 배분됩니다.
- 각 문제는 주어진 《조건》에 따라 작성하고, 《조건》을 지키지 못했을 경우에는 0점 또는 감점 처리됩니다.
- 문제 《조건》에 크기와 색상, 두께의 지정이 없을 경우 《출력형태》를 참고하여 작업해 주시기 바랍니다.
- **문제 《조건》과 《출력형태》에서 차이가 발생할 경우 문제에서 지정한 《조건》에 따라 작업해 주시기 바랍니다.**
- 《조건》에서 주어진 단위는 'mm(밀리미터)'입니다. 눈금자는 작성하지 않으며, 그 외는 출력형태(레이아웃, 색상, 문자, 규격 등)와 같게 작업하십시오.
- 문제 《조건》에 서체의 지정이 없을 경우 한글은 굴림이나 돋움, 영문은 Arial로 작업하십시오(단, 그 외에 제시되지 않은 문자 속성을 기본값으로 작성하지 않은 경우는 감점 처리됩니다).
- Color Mode(색상 모드)는 별도의 처리 조건이 없을 시 CMYK로 작업하십시오.
- 조건에서 제시한 기능을 임의로 합치거나 각 기능에 대한 속성을 해지할 경우 해당 요소는 0점 처리됩니다.

문제 1 · BI, CI 디자인
25점

다음의 《조건》에 따라 아래의 《출력형태》와 같이 작업하시오.

조건

파일저장규칙	AI	파일명	문서₩GTQ₩수험번호-성명-1.ai
		크기	100 × 80mm

1. 작업 방법
   ① 도형 변형 툴과 Pathfinder 기능을 활용하여 오브젝트를 작성한다.
   ② 그 외 《출력형태》 참조

2. 문자 효과
   ① Korean Cuisine (Arial, Regular, 20pt, C0M0Y0K0)

출력형태

C60M30Y100,
C50Y100,
C20Y40,
Y50 → M50Y70,
M20Y70,
Y100,
M100Y100,
C20M50Y70,
C20M60Y80K40,
C0M0Y0K0,
K80
[Stroke]
K50, 2pt
[Effect] Drop Shadow

문제 2 패키지, 비즈니스디자인
35점

▶ 유선배 강의

다음의 《조건》에 따라 아래의 《출력형태》와 같이 작업하시오.

조건

파일저장규칙	AI	파일명	문서₩GTQ₩수험번호-성명-2.ai
		크기	160 × 120mm

1. 작업 방법
   ① 복주머니에는 Pattern을 활용하여 작성한다(패턴 등록 : 동심원).
   ② 부채에는 Clipping Mask를 적용한다.
   ③ Brush는 《출력형태》를 참고하여 작성한다.
   ④ Effect는 《출력형태》를 참고하여 작성한다.
   ⑤ 그 외 《출력형태》 참조

2. 문자 효과
   ① A Lucky Bag (Arial, Italic, 12pt, C0M0Y0K0)
   ② Traditional Item (Times New Roman, Regular, 12pt, C90M50)

출력형태

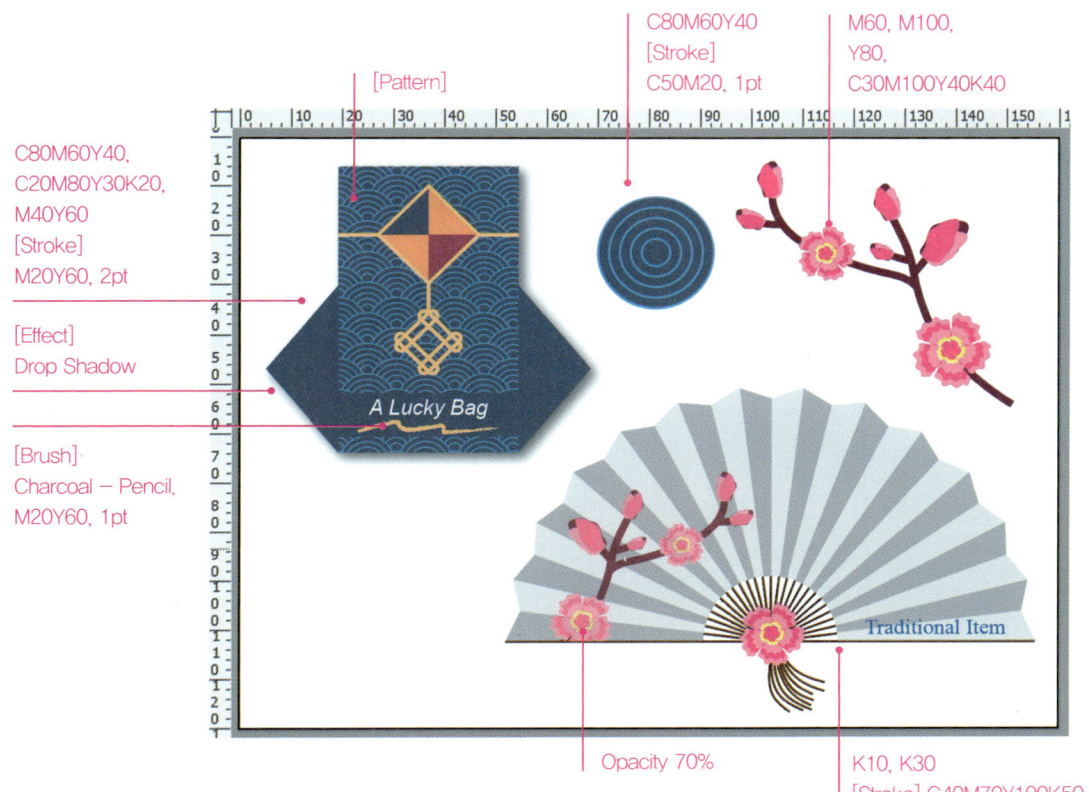

문제 3 광고디자인
40점

다음의 《조건》에 따라 아래의 《출력형태》와 같이 작업하시오.

조건

파일저장규칙	AI	파일명	문서₩GTQ₩수험번호-성명-3.ai
		크기	210 × 297mm

1. 작업 방법
   ① 《참고도안》은 직접 제작한 후 Symbol로 활용한다(심볼 등록 : 태극선).
   ② 'Always Festival', 'Seoul Korea' 문자에 Envelope Distort를 적용한다.
   ③ Brush는 《출력형태》를 참고하여 작성한다.
   ④ Effect는 《출력형태》를 참고하여 작성한다.
   ⑤ Clipping Mask를 이용하여 디자인을 정리한다.
   ⑥ 그 외 《출력형태》 참조

2. 문자 효과
   ① Allways Festival (Arial, Regular, 30pt, C30M80)
   ② Seoul Korea (Arial, Bold, 70pt, C80M60)

참고도안

Y100,
C100M100,
M100Y100,
C30M50Y100K30

출력형태

[Blend] 단계 : 15
[Stroke]
C0M0Y0K0, 1pt →
C70M20, 3pt

[Brush]
Dot Rings, 1.5pt,
Opacity 50%

210 × 297mm
[Mesh] C60, M20

C0M0Y0K0,
Opacity 70%
[Stroke]
C80, 1pt

C80M60,
C100,
C40Y100,
C30M50Y70,
Y90 → C40Y100

[Symbol]

[Effect] Drop Shadow

문제 1 BI, CI 디자인 완성 파일 : 실전모의고사4회-1.ai

01 새 캔버스 설정 및 저장

1 새 캔버스를 만들기 위해 [File]-[New]를 선택하여 Width : 100mm, Height : 80mm, Color Mode : CMYK로 설정한 후 새 캔버스를 연다.

2 [View]-[Rulers]-[Show Rulers](Ctrl+R)를 선택해 눈금자를 꺼낸다(좌측 상단 영점 확인).

3 [File]-[Save As]를 선택하고 Save On Your Computer 를 클릭한다. '내 PC₩문서₩GTQ' 하위 폴더에 파일 이름을 '수험번호-성명-1.ai'로 입력한 후 'Illustrator CC(Legacy)' 버전으로 저장한다.

4 도구상자가 모두 보이는지, 상단의 [Control] 패널이 있는지 체크한다.

> **Plus @**
> [Window]-[Workspace]-[Essentials Classic]으로 한 번에 도구상자와 [Control] 패널을 나타낼 수 있다.

5 작업에 앞서 제시된 색을 [Swatches] 패널이나 도형들을 나열해 색상을 등록해 놓는다.

6 오브젝트별로 가이드라인을 표시하고 작업하면 좋다.

02 돌솥 오브젝트

1 돌솥(K80)을 만들기 위해 Ellipse Tool(◯ , L)로 Alt + Shift 와 함께 중심에서부터 드래그하여 정원을 만들고 손잡이(K80)는 Rounded Rectangle Tool(◯)로 만든다.
손잡이를 변형하기 위해 Direct Selection Tool(▷ , A)로 그림과 같이 드래그하여 선택한 후 Scale Tool(⬚ , S)로 바깥쪽으로 드래그하여 모양을 만든다.

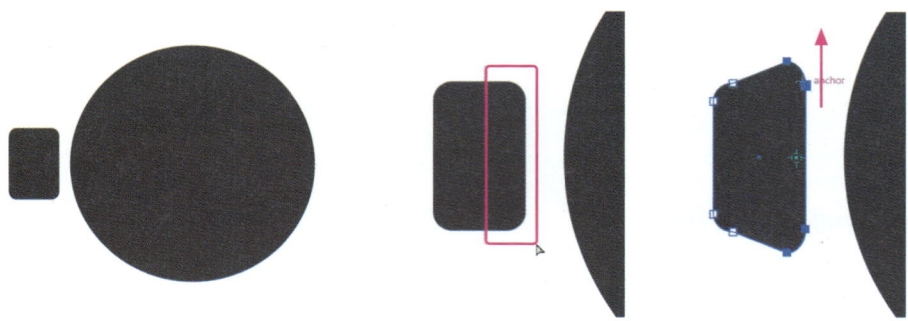

2 Line Segment Tool(╱ , ₩)로 수직선(선 : K50, 2pt)을 그린 후 [Window]−[Stroke](Ctrl + F10) 패널에서 Weight : 2pt, Cap : Round Cap으로 둥글게 만든다.
Selection Tool(▷ , V)로 Alt 와 함께 드래그해 복사하고 모두 선택 후 그룹화(Ctrl + G)하여 배치한다.

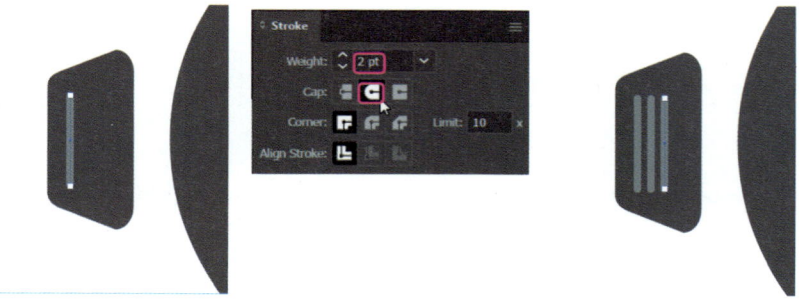

③ 대칭복사하기 위해 오브젝트를 선택한 후 Reflect Tool(, O)로 중심을 Alt +클릭해 기준점을 잡는다. Axis : Vertical, (Copy)를 클릭하여 반대편 손잡이도 만들어 준 후 Ctrl 과 함께 출력형태에 맞게 회전한다.

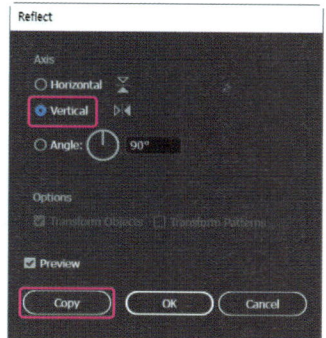
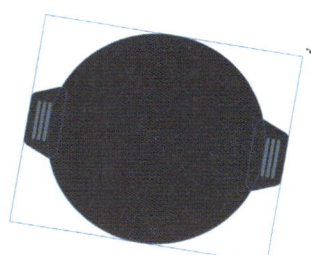

Plus@

선택 툴 이외의 툴을 사용하고 있을 경우 Ctrl 을 누르면 선택 툴의 기능을 할 수 있다.

Plus@

중심점이 잘 나타나지 않는다면 [View]-[Outline](Ctrl + Y)으로 확인할 수 있다. 원래대로 되돌리려면 [View]-[Preview](Ctrl + Y)한다.

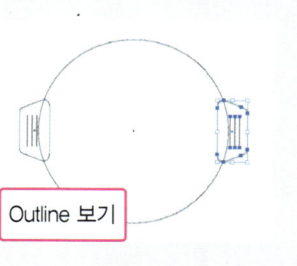

Outline 보기

03 비빔밥 재료 오브젝트

1 파프리카(Y100, M100Y100)를 만들기 위해 Line Segment Tool(, ￦)로 수직선을 그린다. [Window]-[Stroke](Ctrl + F10) 패널에서 Weight : 4pt, Cap : Round Cap으로 둥글게 만들고 [Object]-[Expand]해 확장한다. Selection Tool(, V)로 Alt 와 함께 복제하고 출력형태를 참고하여 기울임과 색을 설정한다. 2개의 오브젝트를 모두 선택한 후 Alt 와 함께 네 번 더 랜덤하게 복제한다.

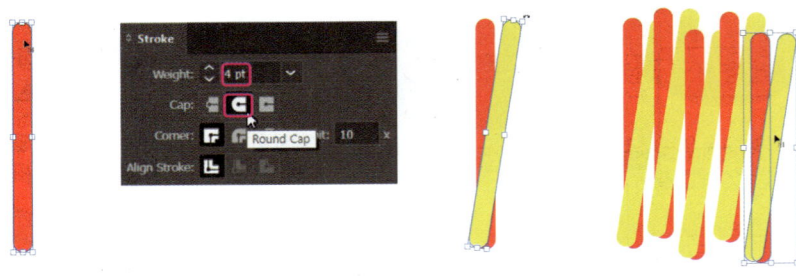

2 각각 랜덤하게 배치하고 모두 선택한 후 그룹화(Ctrl + G)하여 배치한다. 초록 피망(C60M30Y100, C50Y100)을 만들기 위해 Alt 와 함께 복제하고 Direct Selection Tool(, A)로 Shift 와 함께 노란색을 선택한 후 해당 색을 채운다. 나머지도 같은 방식으로 만들어 배치한다.

Plus α

그룹화되어 있는 부분을 더블 클릭하면 Isolated Area(고립된 영역)로 들어가게 되며 수정 후 Esc 로 빠져나올 수 있고 화살표를 눌러도 빠져나올 수 있다.

③ 불고기(C20M60Y80K40)를 표현하기 위해 Rounded Rectangle Tool( )로 곡률을 준 사각형을 그린다. 자연스러운 표현을 위해 Warp Tool(, Shift + R)을 선택한 후 크기를 조절하고 그림과 같이 드래그하여 모양을 만든다. 패스의 수가 많아진 경우 [Object]−[Path]−[Simplify]를 적용한다.

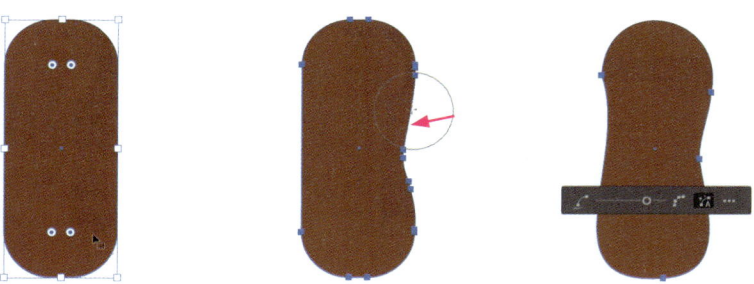

Plus@

Warp Tool의 크기는 Alt + Shift 를 누른 상태에서 마우스를 대각선으로 드래그하면 종횡비가 유지되며 크기를 조절할 수 있다.

④ Selection Tool(, V)로 Alt 와 함께 복사해 색(C20M50Y70)을 채운다.
Ctrl + C , Ctrl + F 로 앞으로 붙여넣기 한 후 우측 중간 조절점을 Alt 와 함께 안쪽으로 드래그하여 대칭으로 크기를 줄이고 색(C20M60Y80K40)을 채운다. 모두 선택해 그룹화(Ctrl + G)한 후 Alt 와 함께 두 번 더 복제하고 출력형태를 참고하여 배치한다.

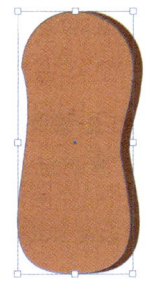  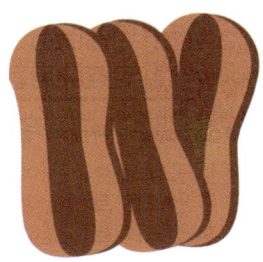

5 호박(C50Y100)을 표현하기 위해 Ellipse Tool(●, L)로 Shift 와 함께 정원을 그린 후 Ctrl + C, Ctrl + F 로 앞으로 붙여넣기 한다. 모서리에서 Alt + Shift 와 함께 드래그하여 크기를 줄인 후 색(C20Y40)을 채운다. 한 번 더 Ctrl + C, Ctrl + F 로 앞으로 붙여넣기 하고 크기를 줄인 후 색(C0M0Y0K0)을 채운다. 씨(C50Y100)는 타원으로 그린 후 Selection Tool(▶, V)로 Alt 와 함께 복사해 배치한다. 호박을 모두 선택하고 그룹화(Ctrl + G)한 후 출력형태를 참고해 Alt 와 함께 복제하여 배치한다.

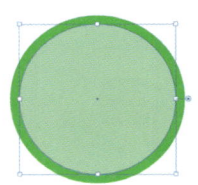 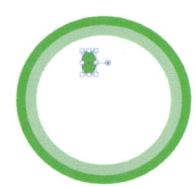  

04 계란프라이 오브젝트

1 Pencil Tool(✏️, N)로 출력형태와 같이 자유곡선을 그린 후 색(M20Y70)을 채운다. Selection Tool(▶, V)로 Alt 와 함께 좌측으로 드래그하여 복사한 후 색(C0M0Y0K0)을 채운다.

2 노른자(Y50 → M50Y70)를 만들기 위해 Ellipse Tool(⬛, L)로 타원을 그린다. 그래디언트를 적용하기 위하여 [Window]-[Gradient](Ctrl + F9)를 선택한 후 ❶ 'Radial Gradient'를 선택한다. ❷ 하단의 좌측 조절점을 더블 클릭하고 ❸ CMYK로 변경하기 위해 우측의 메뉴(≡)를 선택한 후 ❹ CMYK를 누르고 색(Y50)을 적용한다. 나머지 적용을 위해 우측 조절점을 더블 클릭한 후 ❸, ❹를 반복해 색(M50Y70)을 적용한다. ❺ 그래디언트의 위치를 조정하기 위해 Gradient Tool(⬛, G)을 눌러 조절 바를 이동한다.

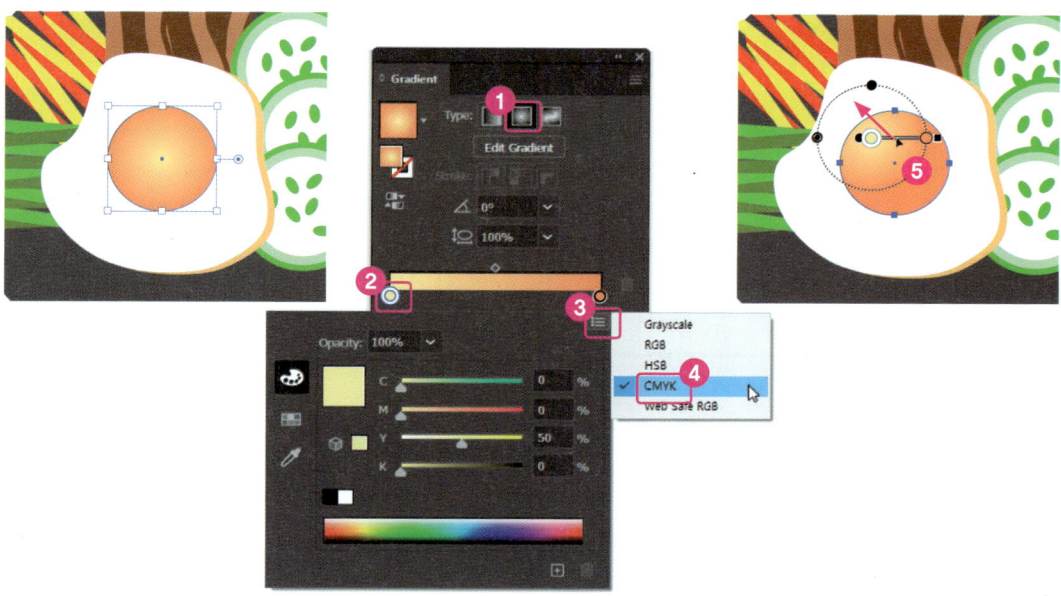

3 Blob Brush Tool(🖌, Shift + B)로 사이즈를 조절한 후 드래그하여 하이라이트(C0M0Y0K0)를 만든다. 계란프라이 오브젝트를 모두 선택한 후 그룹화(Ctrl + G)한다. 그림자 적용을 위해 [Effect]-[Stylize]-[Drop Shadow]를 선택한 후 Opacity : 50%, X Offset : 1mm, Y Offset : 1mm, Blur : 1mm로 설정한다.

> **Plus@**
> Blob Brush Tool(, Shift + B)의 크기는 '[: 점점 작게,] : 점점 크게'로 조절할 수 있다.

05 ▶ 리본과 텍스트

1 리본 꼬리(C20M50Y70)는 Rectangle Tool(, M)로 직사각형을 만든 후 Add Anchor Point Tool(, =)로 좌측 중앙의 패스 부분을 클릭해 기준점(Anchor Point)을 추가한다. Direct Selection Tool(, A)로 기준점을 우측으로 드래그하여 완성한다.

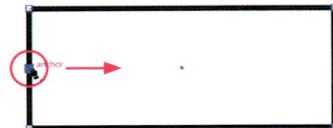 

2 Rectangle Tool(, M)로 직사각형을 만든 후 색(M100Y100)을 채우고 Pen Tool(, P)로 접히는 부분(C20M60Y80K40)을 클릭, 클릭하여 만든다.

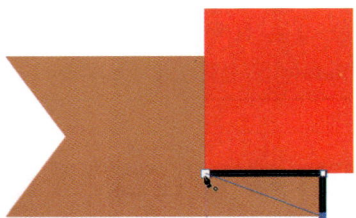

3 대칭복사하기 위해 Selection Tool(, V)로 좌측의 오브젝트를 선택한 후 Reflect Tool(, O)로 중심을 Alt +클릭해 기준점을 잡고 Axis : Vertical, Copy 를 클릭한다. 맨 뒤로 보내기 위해 Shift + Ctrl + [를 적용한다.

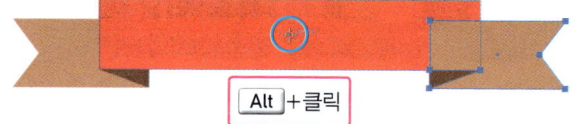
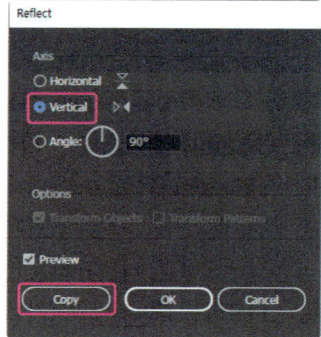

4 텍스트를 입력하기 위해 Type Tool(T , T)로 빈 캔버스를 클릭한 후 Korean Cuisine을 입력한다. Ctrl+A로 전체선택한 후 [Window]-[Type]-[Character](Ctrl+T) 패널에서 Font : Arial, Style : Regular, Size : 20pt, Color : C0M0Y0K0으로 설정한다.

06 ▶ 저장하고 전송하기

1 불필요한 도형은 삭제하고 가이드라인이 보이지 않도록 [View]-[Guides]-[Hide Guides](Ctrl+;)한다. [File]-[Save] 또는 [File]-[Save As]한 후 Save On Your Computer를 선택하여 '내 PC\문서\GTQ' 폴더에 "수험번호-성명-1"로 저장한다.

2 [Illustrator Options] 대화상자에서 Version : Illustrator CC(Legacy)로 체크한 후 OK를 클릭한다. 하위 버전 저장에 따른 메시지가 뜨면 계속 OK를 클릭한다.

3 시험장의 작업표시줄에 나타나는 'Koas 수험자용'을 클릭해 우측의 답안 전송을 클릭한 후 해당하는 번호에 체크한다. 하단의 답안 전송을 클릭한 후 닫기를 누르면 최종 전송된 답안으로 채점이 이루어진다.

✅ Check Point !

		O	X
01	출력형태를 제외한 나머지 오브젝트는 삭제했나요?		
02	해당 오브젝트를 출력형태의 위치에 배치했나요? (눈금자와 가이드라인 참고해 확인)		
03	작업 중 생성된 가이드라인을 `Ctrl`+`;`으로, 그리드를 `Ctrl`+`'`로 숨겼나요?		
04	Gradient가 적용된 오브젝트의 색상과 방향을 출력형태에 맞게 적용했나요?		
05	출력형태에 제시된 '선'의 두께는 정확히 설정되었나요?		
06	결과가 '면'의 속성인 오브젝트를 '선'의 속성으로 그렸을 경우 'Expand' 처리했나요?		
07	제시된 조건 이외의 오브젝트를 편의에 의해 Blend나 Envelope Distort의 기능으로 완성했을 경우 'Expand' 처리했나요?		
08	텍스트 작업 시 Font Family가 Bold인 경우 변경되어 있나요?		
09	오브젝트의 불투명도(Opacity) 값이 정확히 설정되었나요?		
10	저장을 먼저 한 후 답안 전송으로 마무리하였나요? (중요한 작업 완료 후 수시로 저장과 전송 가능)		

문제 2 패키지, 비즈니스디자인

완성 파일 : 실전모의고사4회-2.ai

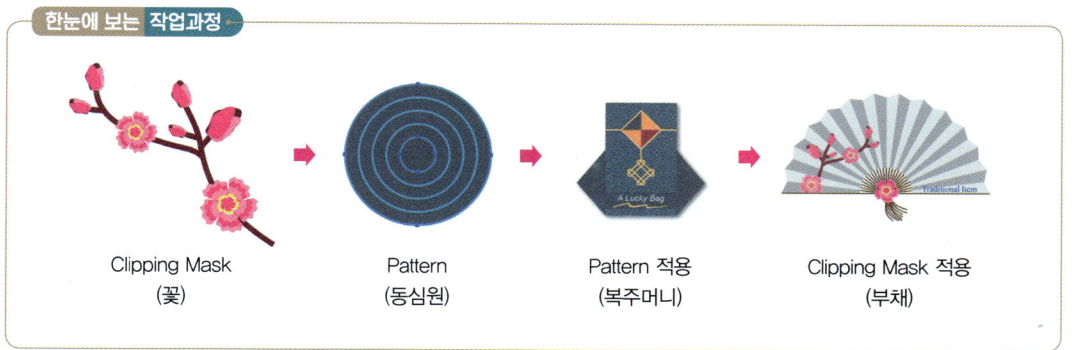

01 새 캔버스 설정 및 저장

1 새 캔버스를 만들기 위해 [File]−[New]를 선택하여 Width : 160mm, Height : 120mm, Color Mode : CMYK로 설정한 후 새 캔버스를 연다.

2 [View]−[Rulers]−[Show Rulers](Ctrl+R)를 선택해 눈금자를 꺼낸다(좌측 상단 영점 확인).

3 [File]−[Save As]를 선택하고 Save On Your Computer 를 클릭한다. '내 PC₩문서₩GTQ' 하위 폴더에 파일 이름을 '수험번호−성명−2.ai'로 입력한 후 'Illustrator CC(Legacy)' 버전으로 저장한다.

4 도구상자가 모두 보이는지, 상단의 [Control] 패널이 있는지 체크한다.

> **Plus@**
>
> [Window]−[Workspace]−[Essentials Classic]으로 한 번에 도구상자와 [Control] 패널을 나타낼 수 있다.

5 작업에 앞서 제시된 색을 [Swatches] 패널이나 도형들을 나열해 색상을 등록해 놓는다.

6 오브젝트별로 가이드라인을 표시하고 작업하면 좋다.

02 꽃 오브젝트

1 가이드라인을 수직 눈금자에서 드래그해 100mm, 수평 눈금자에서 드래그해 60mm에 맞춘다.

2 줄기(선 : C30M100Y40K40)를 만들기 위해 Pencil Tool( , N)로 자유곡선을 그린다. Ctrl + 빈 공간을 클릭하고 그려야 기존 오브젝트에 연결되지 않는다.
Selection Tool(, V)로 모두 선택한 후 상단 [Control] 패널에서 Stroke : 4pt로 설정한다 (Stroke(Ctrl + F10) 패널 이용 가능). '면'의 속성으로 변경하기 위해 [Object]-[Expand]해 확장한다.

Plus@

다른 방법으로 Pencil Tool(, N)을 더블 클릭한 후 Within : 0 pixels로 입력하고 그리면 가까이 그려도 기존 오브젝트에 연결되지 않는다.

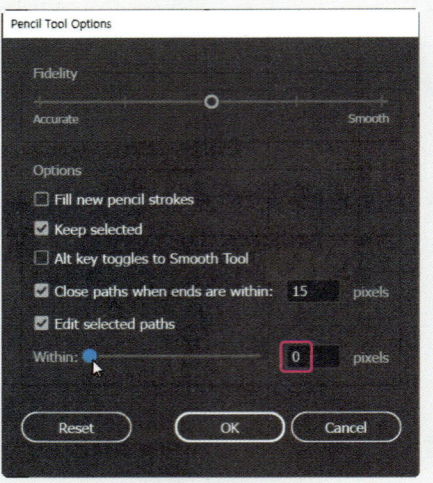

❸ 꽃잎(M60)은 Pencil Tool(, N)로 출력형태를 참고해 그린다. 가로/세로 가이드라인을 표시한 후 꽃잎을 회전하기 위해 Rotate Tool(, R)로 Ctrl 과 함께 꽃잎을 클릭하여 선택한다. 가이드라인 중심점을 Alt +클릭해 기준점을 잡고 Angle : 360/5 또는 72를 입력한 후 Copy 를 클릭한다. 반복하기 위해 Ctrl + D 를 3번 실행한다.

Plus@

회전할 오브젝트를 선택할 경우 가이드라인까지 선택되면 함께 회전되므로 [View]-[Guides]-[Lock Guides](Alt + Ctrl + ;)한다.

❹ Selection Tool(, V)로 꽃잎을 모두 선택한 후 그룹화(Ctrl + G)한다. Ctrl + C , Ctrl + F 로 앞으로 붙여넣기 한 후 모서리에서 Alt + Shift 와 함께 드래그하여 크기를 줄이고 색(M100)을 채운다. 세 번 더 Ctrl + C , Ctrl + F 로 크기를 줄인 후 색(M60, Y80, M100)을 채운다. Selection Tool(, V)로 모두 선택한 후 그룹화(Ctrl + G)한다.

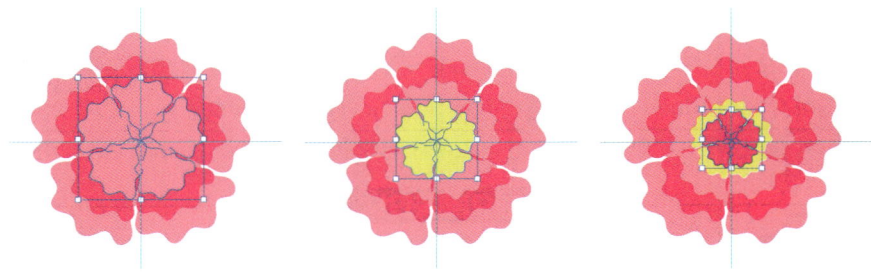

5 봉우리(C30M100Y40K40)를 만들기 위해 Pencil Tool(, N)로 그린 후 Ctrl + C , Ctrl + F 로 앞으로 붙여넣기 하고 회전하여 크기를 줄인 다음 색(M60)을 채운다. 한 번 더 복사한 후 색(M100)을 채우고 아래 그림을 참고하여 봉우리 모양을 만든다. Selection Tool(, V)로 봉우리를 모두 선택한 후 그룹화(Ctrl + G)하고 Alt 와 함께 복사해 배치한다. 꽃 오브젝트가 완성되면 모두 선택해 그룹화(Ctrl + G)한다.

03 동심원 오브젝트

1 동심원(면 : C80M60Y40, 선 : C50M20, 1pt)은 Ellipse Tool(, L)로 Alt + Shift 와 함께 중심에서부터 드래그하여 정원을 만든다. Ctrl + C , Ctrl + F 로 앞으로 붙여넣기 한 후 모서리에서 Alt + Shift 와 함께 드래그하여 크기를 작게 줄인다. 중간 단계를 만드는 Blend 기능을 이용하기 위해 Ctrl 과 함께 모두 선택하고 [Object]-[Blend]-[Make](Alt + Ctrl + B)를 적용한다.
단계를 조정하기 위해 Blend Tool(, W)을 더블 클릭한 후 Spacing : Specified Steps, 3으로 적용하고 OK 를 클릭한다. Blend의 속성을 없애기 위해 [Object]-[Expand]해 확장한다.

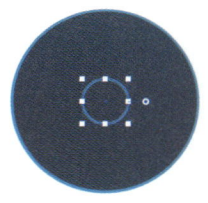 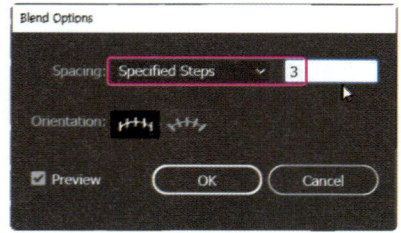 

Plus@

Blend의 속성을 없애기 위해 [Object]-[Expand]하여도 선의 속성은 유지된다.

04 복주머니 오브젝트와 Pattern 등록 및 적용

1 Rectangle Tool(▫ , M)로 직사각형 2개를 만든 후 Polygon Tool(⬡)로 빈 공간을 클릭하여 대화상자가 나오면 Sides : 3을 입력하고 (OK)를 클릭한다. 사각형(임의의 색, C80M60Y40)과 삼각형(C80M60Y40)에 각각 해당 색을 채운다.

삼각형을 Shift 와 함께 90도 회전한 다음 아래의 그림을 참고하여 배치한다. 대칭복사하기 위해 삼각형 오브젝트를 선택한 후 Reflect Tool(▷◁ , O)로 중심을 Alt +클릭해 기준점을 잡고 Axis : Vertical, (Copy)를 클릭한다.

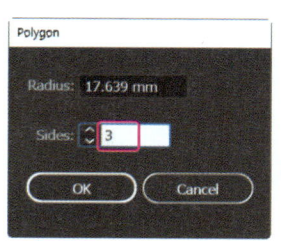 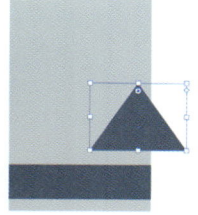  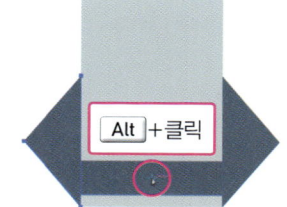

2 Selection Tool(▶ , V)로 미리 만들어 놓은 동심원을 [Swatches] 패널에 드래그하여 등록시킨다.

> **Plus @**
> 패턴 추가가 되지 않을 경우 폴더 부분에 드래그하지 않고 기본색이 있는 윗부분으로 드래그하면 추가된다.

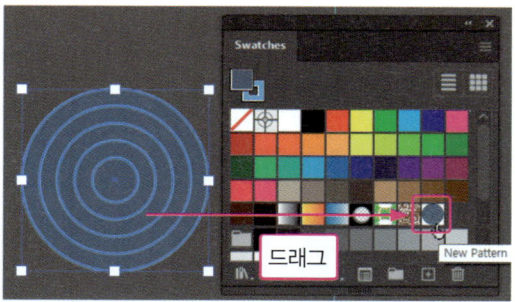

CHAPTER 4 실전 모의고사 4회 **421**

3 패턴을 편집하기 위해 반드시 빈 캔버스를 한 번 선택한 후 [Swatches] 패널에 등록된 패턴을 더블 클릭한다. Name : 동심원, Tile Type : Brick by Row, Size Tile to Art 체크, V Spacing : -15 ~ -20mm, Overlap : Bottom in Front로 설정한다. 작업이 완료되면 상단의 'Done'으로 빠져나온다.

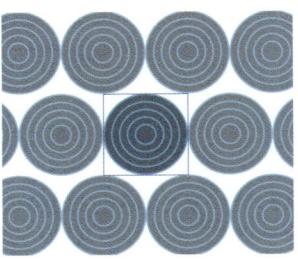

Tile Type : Brick by Row

'Size Tile to Art' 체크
V Spacing : -15 ~ -20mm
Overlap : Bottom in Front

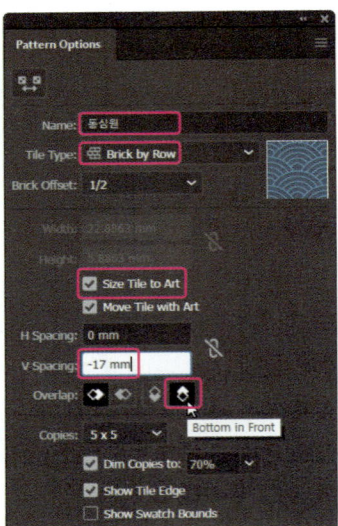

Plus α

빈 캔버스를 선택하는 이유는 기존 오브젝트가 선택된 상태에서 [Swatches] 패널의 등록된 패턴을 더블 클릭하면 기존 오브젝트에 패턴이 적용되기 때문이다.

4 Selection Tool(, V)로 패턴을 채울 직사각형을 선택한 후 [Swatches] 패널에 등록했던 패턴을 선택해 채운다. 크기 조정을 위해 Scale Tool(, S)을 더블 클릭한 후 Options : Transform Objects 체크 해제, Transform Patterns 체크, Uniform : 50%, Preview를 체크해 확인하고 OK 를 클릭한다.

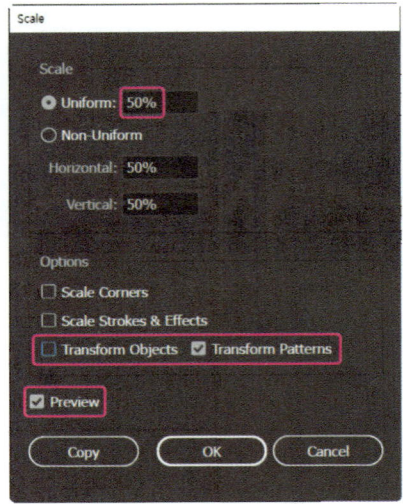

5 매듭(면 : M40Y60, 선 : M20Y60, 2pt)을 만들기 위해 Rectangle Tool(, M)로 정사각형을 만든 후 [Window]-[Stroke](Ctrl + F10) 패널에서 Weight : 2pt, Align Stroke : Align Stroke to Outside를 적용한다.

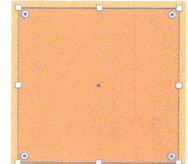
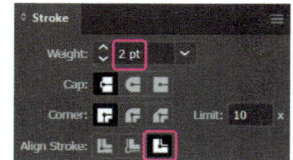

Plus α

Align Stroke : Align Stroke to Outside를 선택한 이유는 오브젝트에 가려져 있는 맨 아래 오브젝트 선의 두께를 온전히 보이게 하기 위한 것이다.

6 Selection Tool(, V)로 Shift 와 함께 45도 회전시키고 Line Segment Tool(, W)로 가로/세로선을 그린 후 모두 선택해 [Window]-[Align](Shift + F7) 패널에서 가로/세로 가운데 맞춤을 클릭한다.

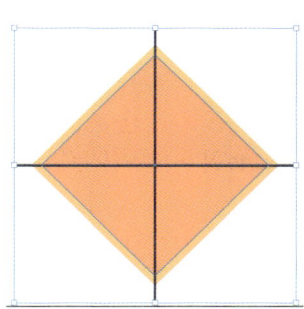
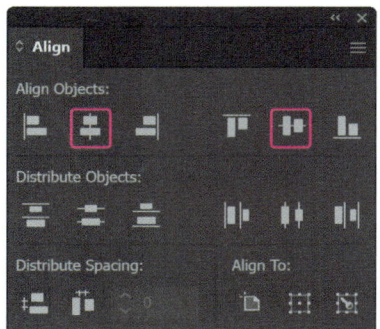

7 마름모를 선택하고 Ctrl + C , Ctrl + F 로 앞으로 붙여넣기 한 후 Shift 와 함께 2개의 선까지 선택한다. [Pathfinder](Shift + Ctrl + F9) 패널의 'Divide'를 적용한 후 선 색을 None으로 설정한다. Direct Selection Tool(, A)로 하나씩 선택하여 해당 색(C80M60Y40, C20M80Y30K20)을 채운다.

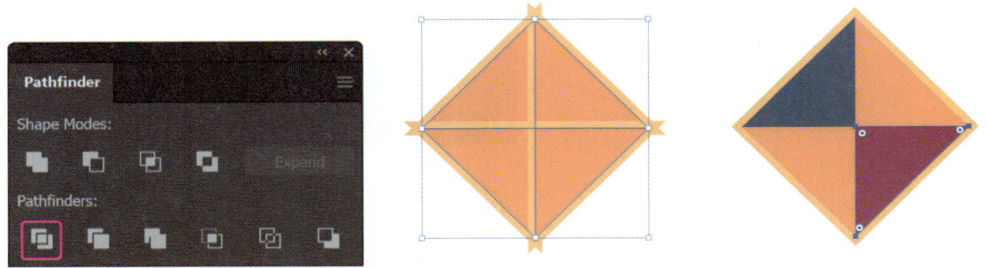

8 Line Segment Tool(, W)로 그림과 같이 선(M20Y60, 2pt)을 그려 배치한다. 가로선을 선택한 후 Ctrl + [를 눌러 한 단계 뒤로 보낸다.

9 아래의 매듭(면 : None, 선 : M20Y60, 2pt)은 Rounded Rectangle Tool( )로 만들고 Selection Tool(, V)로 Alt 와 함께 복제한다. 2개를 선택하여 Ctrl + C , Ctrl + F 로 앞으로 붙여넣기 한 후 Shift 와 함께 90도 회전한다. 모두 선택해 그룹화(Ctrl + G)한 후 Shift 와 함께 45도 회전하고 출력형태를 참고하여 배치한다.

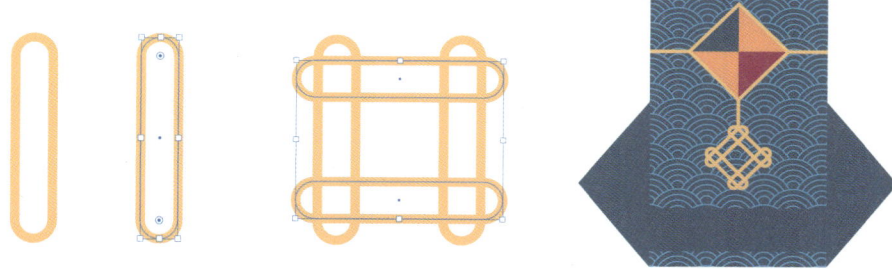

05 텍스트와 Brush

1 Type Tool(T , T)로 빈 캔버스를 클릭한 후 A Lucky Bag을 입력한다. Ctrl + A 로 전체선택한 후 [Window]-[Type]-[Character](Ctrl + T) 패널에서 Font : Arial, Style : Italic, Size : 12pt, Color : C0M0Y0K0으로 설정한다.

2 브러시를 적용하기 위하여 Pencil Tool(, N)로 자유곡선(M20Y60, 1pt)을 그린 후 [Window]-[Brushes](F5) 패널을 열고 패널 하단의 을 클릭한다. Artistic > Artistic_ChalkCharcoalPencil > Charcoal-Pencil을 선택하고 Stroke Weight : 1pt로 설정한다.

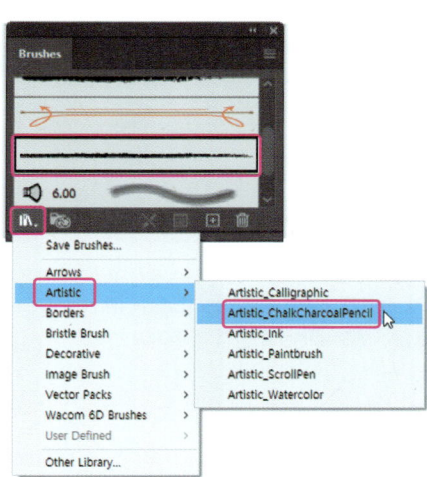

3 Selection Tool(, V)로 복주머니를 전체선택해 그룹화(Ctrl + G)한다. 그림자 적용을 위해 [Effect]−[Stylize]−[Drop Shadow]를 적용하고 Opacity : 50%, X Offset : 1mm, Y Offset : 1mm, Blur : 1mm로 설정한다.

06 부채 오브젝트와 Clipping Mask 및 텍스트

1 부채(K30) 오브젝트를 그리기 위해 가이드라인을 그린 후 오브젝트 선택 시 가이드라인이 선택되지 않도록 [View]−[Guides]−[Lock Guides](Alt + Ctrl + ;)를 적용한다.
Ellipse Tool(, L)을 선택해 중앙의 기준점을 중심으로 Alt + Shift 와 함께 정원을 그린다. [Effect]−[Distort & Transform]−[Zig Zag]를 적용한 후 Size : 1mm, Ridges per segment : 12로 설정하고 OK 를 클릭한다. '면'의 속성으로 변경하기 위해 [Object]−[Expand Appearance] 해 확장한다.

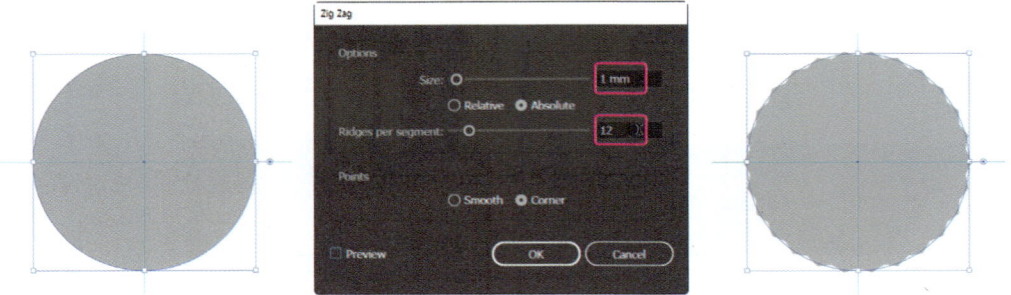

Plus@

단위가 mm가 아닌 경우에는 [Edit]−[Preferences]−[Units](Ctrl + K)를 클릭한 후 [Units] 탭을 선택하고 General : Millimeters로 변경해 주어야 한다.

2 Ellipse Tool(⬤, L)을 선택한 후 중앙의 기준점을 중심으로 Alt + Shift 와 함께 작은 정원을 그린다. Selection Tool(▶, V)로 모두 선택한 후 [Pathfinder](Shift + Ctrl + F9) 패널의 'Minus Front'를 적용하여 구멍을 낸다.

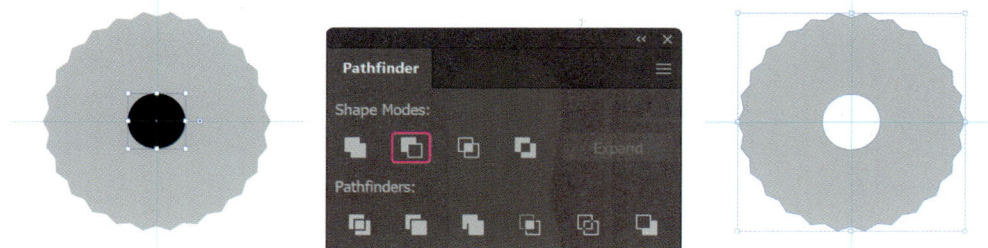

3 **1** Direct Selection Tool(▶, A)로 그림과 같이 선택한 후 **2** Delete 한다. 마지막에 Clipping Mask를 적용하기 위해 Selection Tool(▶, V)로 Alt 와 함께 드래그하여 임의의 공간에 복제해 놓는다. **3** Line Segment Tool(╱, W)로 중심점을 기준으로 그림과 같이 선(임의의 색)을 그린다.

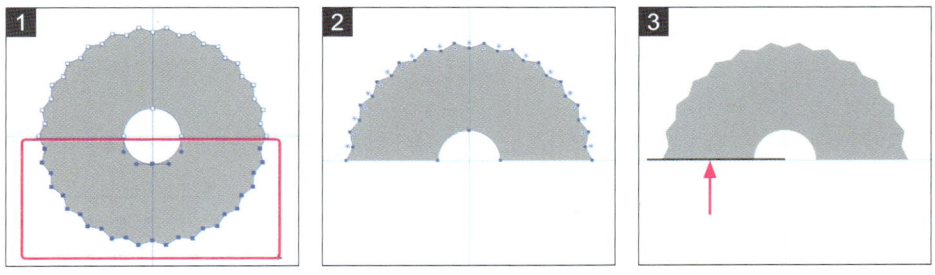

4 Rotate Tool(⟳, R)로 가이드 중심을 Alt +클릭해 기준점을 잡고 Angle : −360/52를 입력한 후 Copy 를 클릭한다. 반복하기 위해 Ctrl + D 를 25번 실행한다.

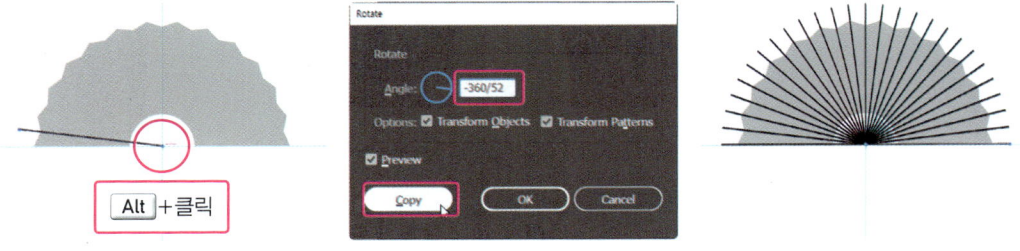

Plus@

• 90도 안의 꼭짓점 개수가 13개이므로 360도 안의 꼭짓점의 개수는 13×4 = 52개이다. 따라서 −360/52를 입력한다.
• 시계방향으로 회전하고 싶으면 음수값을 입력하면 된다.

5 Selection Tool(▶ , V)로 부채살만 선택한 후 그룹화(Ctrl + G)한다. 부채살을 경계로 부채를 분리하기 위해 Ctrl + C , Ctrl + F 로 앞으로 붙여넣기 한 후 Shift 와 부채를 복수로 선택하고 [Pathfinder](Shift + Ctrl + F9) 패널의 'Divide'로 분리한다.

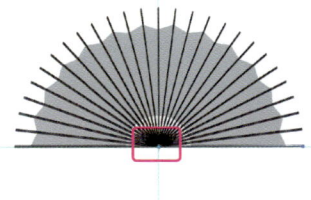 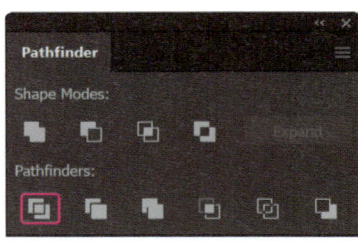 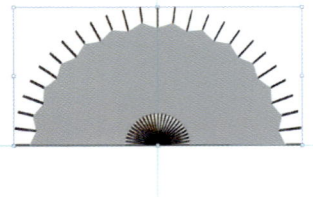

6 ① 불필요한 패스를 삭제하기 위해 Shift 와 함께 그림과 같이 아래로 내린다. ② Direct Selection Tool(▶ , A)로 그림과 같이 선택한 후 Delete 하고 ③ Selection Tool(▶ , V)로 Shift 와 함께 다시 위쪽으로 기준점을 참고해 위치시킨다.

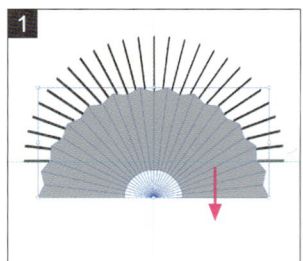 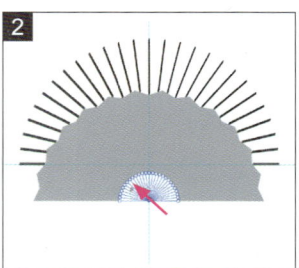 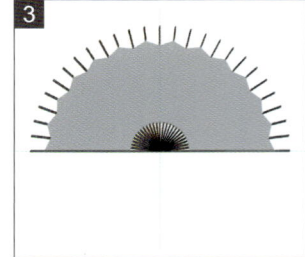

7 Direct Selection Tool(▶ , A)로 그림과 같이 13개의 영역을 선택하고 색(K10)을 채운다.

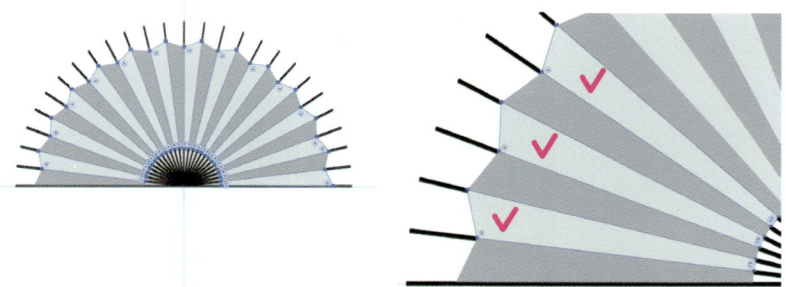

8 부채살을 안쪽으로 줄이기 위해 Selection Tool(▶ , V)로 그룹화되어 있는 부채살을 선택한다. Scale Tool(⬚ , S)을 선택하고 중심점을 Alt +클릭한 후 대화상자에서 Uniform : 50%, Preview를 체크해 확인하고 OK 를 클릭한다.

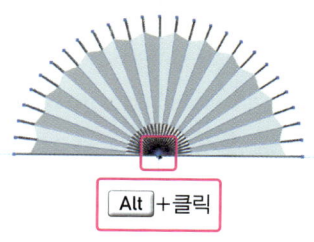 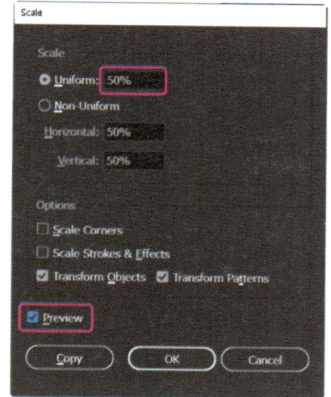 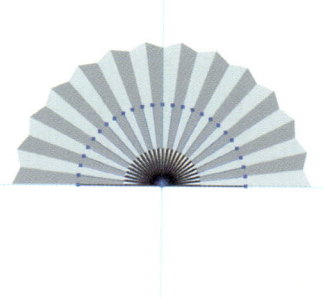

9 부채살에 색(선 : C40M70Y100K50, 1pt)을 채우고 Direct Selection Tool(, A)로 그림과 같이 하단 선분의 양 끝을 각각 선택하여 연장한다. Selection Tool(, V)로 모두 선택한 후 그룹화(Ctrl + G)한다.

10 부채의 수술 부분(선 : C40M70Y100K50, 1pt)을 표현하기 위해 Pencil Tool(, N)로 8개의 자유곡선을 그려준다. Ctrl 과 함께 수술을 모두 드래그하여 선택한 후 그룹화(Ctrl + G)한다.

Plus@

Pencil Tool(, N)을 더블 클릭해 Within : 0 pixels로 입력 후 그리면 가까이 그려도 기존 오브젝트에 연결되지 않는다.

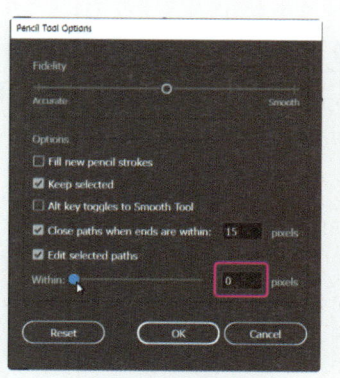

Plus α

다른 방법으로는 중간 단계를 생성하는 Blend를 사용하기 위해 ❶ 2개의 선을 선택하고 [Object]-[Blend]-[Make](Alt + Ctrl + B)를 적용한다. ❷ Blend Tool(, W)을 더블 클릭한 후 Spacing : Specified Steps, 6으로 적용하고 Blend의 속성을 없애기 위해 [Object]-[Expand]해 확장한다. ❸ Selection Tool(, V)로 더블 클릭한 후 Isolated Area(고립된 영역)로 변하면 각각 자연스럽게 조절한다. 수정이 끝나면 Esc 를 눌러 빠져나온다.

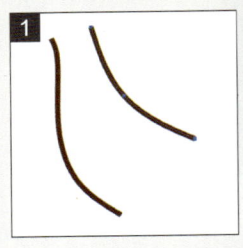 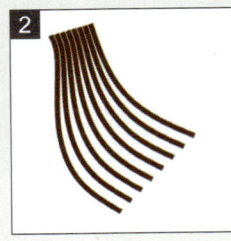 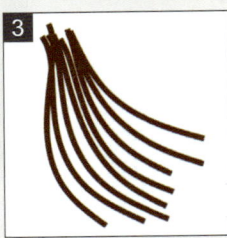

11 꽃잎을 복사해 수술과 함께 그림과 같이 배치한다.

Clipping Mask하기 위해 Selection Tool(, V)로 꽃 오브젝트를 배치한다. 맨 뒤로 가 있다면 맨 앞으로 보내기 위해 Shift + Ctrl +] 를 선택한다. 꽃 오브젝트를 좌우 대칭하기 위해 Reflect Tool(, O)을 선택한 후 Shift 와 함께 우측에서 좌측으로 드래그해 좌우 대칭을 한다.

12 꽃 오브젝트의 불투명도를 조절하기 위해 상단 [Control] 패널의 Opacity 값을 70%로 조절한다.

Selection Tool(, V)로 ❸에서 복제해 놓은 부채를 Shift + Ctrl +] 로 맨 위에 배치한다. Shift 와 함께 꽃 오브젝트를 선택한 후 마우스 오른쪽 버튼을 클릭하고 'Make Clipping Mask'를 적용한다.

> **Plus@**
> 불투명도(Opacity)는 [Properties] 패널 또는 [Window]-[Transparency] 패널에서 적용할 수 있다.

⑬ 텍스트를 입력하기 위해 Type Tool(T , T)로 빈 캔버스를 클릭한 후 Traditional Item을 입력한다. Ctrl + A 로 전체선택한 후 [Window]-[Type]-[Character](Ctrl + T) 패널에서 Font : Times New Roman, Style : Regular, Size : 12pt, Color : C90M50으로 설정한다.

07 저장하고 전송하기

1 불필요한 도형은 삭제하고 가이드라인이 보이지 않도록 [View]-[Guides]-[Hide Guides](Ctrl + ;)한다. [File]-[Save] 또는 [File]-[Save As]한 후 Save On Your Computer 를 선택하여 '내 PC\문서\GTQ' 폴더에 "수험번호-성명-2"로 저장한다.

2 [Illustrator Options] 대화상자에서 Version : Illustrator CC(Legacy)로 체크한 후 OK 를 클릭한다. 하위 버전 저장에 따른 메시지가 뜨면 계속 OK 를 클릭한다.

3 시험장의 작업표시줄에 나타나는 'Koas 수험자용'을 클릭해 우측의 답안 전송 을 클릭한 후 해당하는 번호에 체크한다. 하단의 답안 전송 을 클릭한 후 닫기 를 누르면 최종 전송된 답안으로 채점이 이루어진다.

✅ Check Point!

		O	X
01	출력형태를 제외한 나머지 오브젝트는 삭제했나요?		
02	해당 오브젝트를 출력형태의 위치에 배치했나요? (눈금자와 가이드라인 참고해 확인)		
03	작업 중 생성된 가이드라인을 `Ctrl`+`;`으로, 그리드를 `Ctrl`+`'`로 숨겼나요?		
04	Gradient가 적용된 오브젝트의 색상과 방향을 출력형태에 맞게 적용했나요?		
05	출력형태에 제시된 '선'의 두께는 정확히 설정되었나요?		
06	결과가 '면'의 속성인 오브젝트를 '선'의 속성으로 그렸을 경우 'Expand' 처리했나요?		
07	제시된 조건 이외의 오브젝트를 편의에 의해 Blend나 Envelope Distort의 기능으로 완성했을 경우 'Expand' 처리했나요?		
08	텍스트 작업 시 Font Family가 Bold인 경우 변경되어 있나요?		
09	오브젝트의 불투명도(Opacity) 값이 정확히 설정되었나요?		
10	저장을 먼저 한 후 답안 전송으로 마무리하였나요? (중요한 작업 완료 후 수시로 저장과 전송 가능)		

문제 3 광고디자인

완성 파일 : 실전모의고사4회-3.ai

01 새 캔버스 설정 및 저장

1 새 캔버스를 만들기 위해 [File]-[New]를 선택하여 Width : 210mm, Height : 297mm, Color Mode : CMYK로 설정한 후 새 캔버스를 연다.

2 [View]-[Rulers]-[Show Rulers](Ctrl + R)를 선택해 눈금자를 꺼낸다(좌측 상단 영점 확인).

3 [File]-[Save As]를 선택하고 Save On Your Computer 를 클릭한다. '내 PC₩문서₩GTQ' 하위 폴더에 파일 이름을 '수험번호-성명-3.ai'로 입력한 후 'Illustrator CC(Legacy)' 버전으로 저장한다.

4 도구상자가 모두 보이는지, 상단의 [Control] 패널이 있는지 체크한다.

> **Plus@**
> [Window]-[Workspace]-[Essentials Classic]으로 한 번에 도구상자와 [Control] 패널을 나타낼 수 있다.

5 작업에 앞서 제시된 색을 [Swatches] 패널이나 도형들을 나열해 색상을 등록해 놓는다.

6 오브젝트별로 가이드라인을 표시하고 작업하면 좋다.

02 Mesh로 배경 만들기

1 배경(C60)은 Rectangle Tool(■, M)로 빈 공간을 클릭해 대화상자가 나오면 Width : 210mm, Height : 297mm를 입력한 후 Selection Tool(▷, V)로 캔버스에 맞게 배치한다.

> **Plus@**
> 직사각형을 캔버스의 영점에 정확히 맞추려면 [Window]-[Transform] 패널에서 고정점을 좌측 상단으로 클릭한 후 X : 0mm, Y : 0mm로 입력한다.

2 Mesh Tool(▦, U)로 출력형태를 참고하여 두 부분(M20)에 클릭하고 해당하는 색을 채운다. 출력형태를 참고하여 기준점(Anchor Point)을 이동해 모양을 만든 후 배경을 고정시키기 위해 [Object]-[Lock]-[Selection](Ctrl + 2)을 클릭한다.

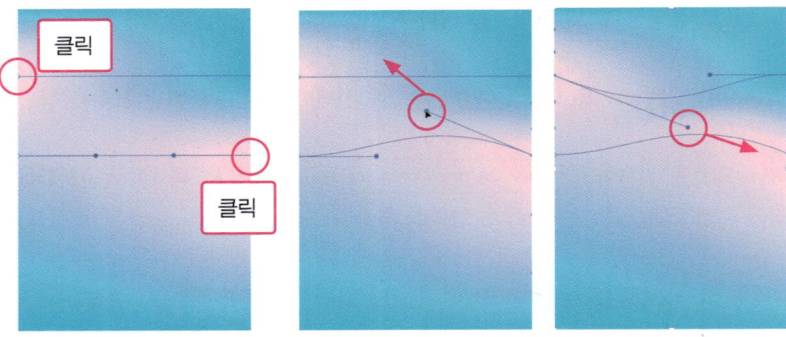

Plus α

오브젝트 잠금 : [Object]-[Lock]-[Selection](Ctrl + 2)
오브젝트 잠금 해제 : [Object]-[Unlock All](Alt + Ctrl + 2)

Plus α

Mesh를 수정하려면 Mesh Tool(, U)이나 Direct Selection Tool(, A)로 수정하고 싶은 기준점(Anchor Point)을 선택해 삭제 또는 색을 변경한다.

03 구름 오브젝트

1 Ellipse Tool(, L)로 타원을 그린 후 Pen Tool(, P)로 그림을 참고해 그린다. Direct Selection Tool(, A)로 패스를 수정한다.

2 Selection Tool(, V)로 모두 선택하고 [Pathfinder](Shift + Ctrl + F9) 패널의 'Unite'로 합친 후 색(면 : C0M0Y0K0, 선 : C80, 1pt)을 채운다.

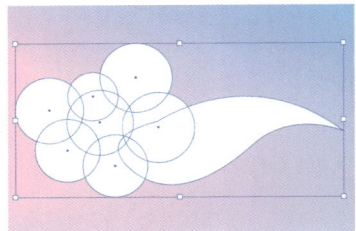
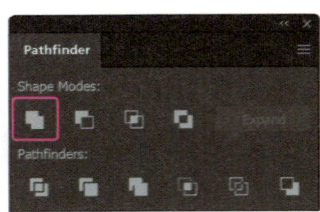

3 Spiral Tool( )을 선택하고 빈 공간을 클릭하여 대화상자가 나오면 Segments : 7, Style : 두 번째 반시계방향을 선택하고 OK 를 클릭한 후 Selection Tool(, V)로 크기를 조절해 배치한다. 모두 선택해 색(면 : C0M0Y0K0, 선 : C80, 1pt)을 채우고 그룹화(Ctrl + G)한 후 Alt 와 함께 복제하여 배치한다.

4 출력형태를 참고해 배치하고 상단 [Control] 패널의 불투명도를 Opacity : 70%로 설정한다.

04 다리/타워/남대문 오브젝트

1 가이드라인을 수직 눈금자에서 드래그해 75mm에 맞춘다.

2 아치모양(선 : C80M60, 8pt)을 만들기 위해 Arc Tool( )을 이용해 Shift 와 함께 그린다. Selection Tool(, V)로 모서리에서 Shift 와 함께 45도 회전하여 가이드라인의 중심에 맞춘다.

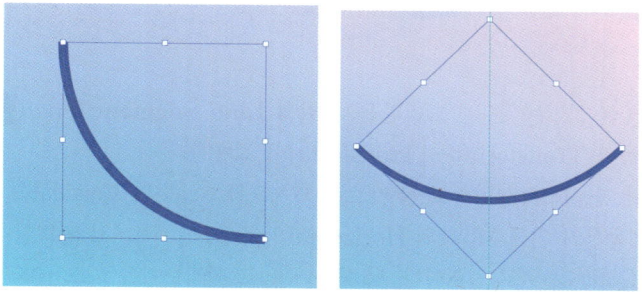

3 Line Segment Tool(, W)을 이용해 사선과 수직 수평선을 그린다. 상단 [Control] 패널에서 선의 두께를 8~10pt로 설정하고 '면'의 속성으로 변경하기 위해 [Object]-[Expand]하여 확장한다.

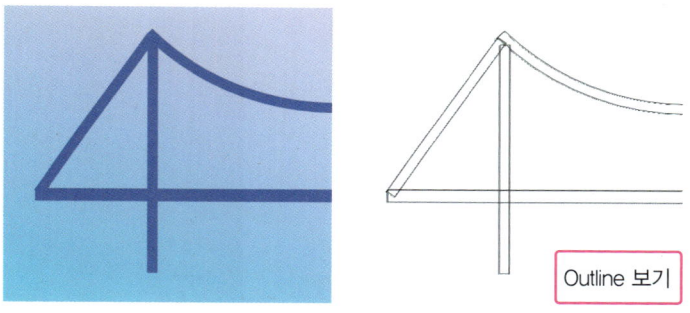

Outline 보기

Plus α

중심점이 잘 나타나지 않는다면 [View]-[Outline](Ctrl + Y)으로 확인할 수 있다.
원래대로 되돌리려면 [View]-[Preview](Ctrl + Y)한다.

4 대칭복사를 하기 위해 오브젝트를 선택한 후 Reflect Tool(, O)로 가이드라인을 Alt +클릭해 기준점을 잡고 Axis : Vertical, Copy 를 클릭한다.

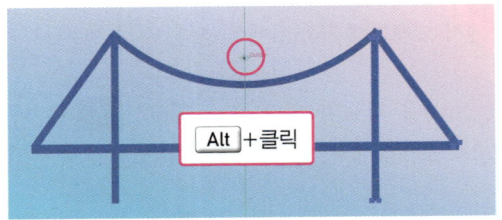

5 교각 사이의 기둥(선 : C100, 7pt)을 만들기 위해 Line Segment Tool(, ₩)로 그린 후 [Effect]-[Distort & Transform]-[Transform]을 적용한다.
❶ Anchor를 하단 가운데로 설정하고 ❷ 세로로 커지도록 Scale의 Vertical을 110% 정도로 입력한다. ❸ 좌측으로 이동하기 위해 Move의 Horizontal의 값을 -10mm로 입력한 후 ❹ 마지막으로 4개를 복사하기 위해 Copies를 4로 입력한다. ❺ Preview로 미리보기를 하고 OK 를 클릭한다.
Ctrl + [를 이용해 한 단계씩 뒤로 보낸다.

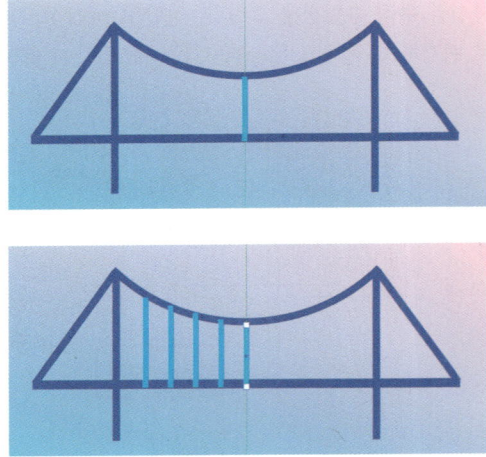
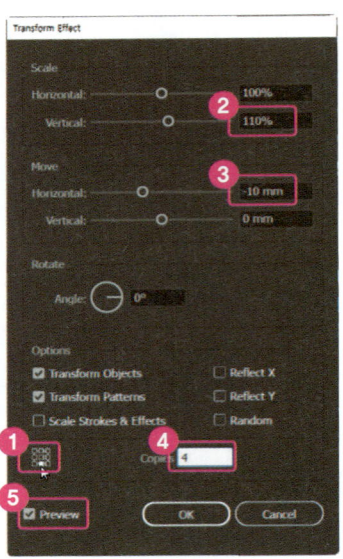

Plus ⓐ

[Transform]을 사용하지 않고 Alt 와 함께 복제하여 크기를 조절해도 된다.

6 Effect의 속성을 없애기 위해 [Object]-[Expand Appearance]를 적용하고, 이어서 '선'을 '면'의 속성으로 변경하기 위해 [Object]-[Expand]해 확장한다.

대칭복사하기 위해 오브젝트를 선택한 후 Reflect Tool(, O)로 중심을 Alt +클릭해 기준점을 잡고 Axis : Vertical, Copy 를 클릭한다.

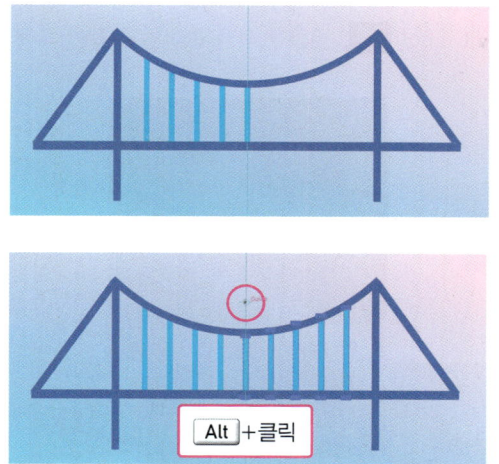
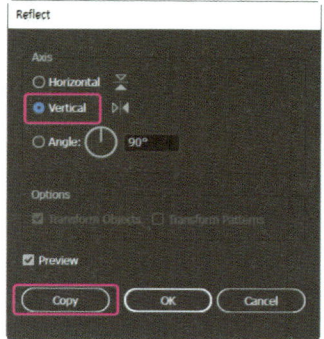

7 나머지 2개의 기둥은 Selection Tool(, V)로 더블 클릭한 후 그룹 안쪽에서 Alt 와 함께 복사한다. 추가된 2개의 기둥을 선택해 **6**과 같이 대칭복사한 후 수정이 끝나면 Esc 를 눌러 나온다. 모두 선택해 그룹화(Ctrl + G)한다.

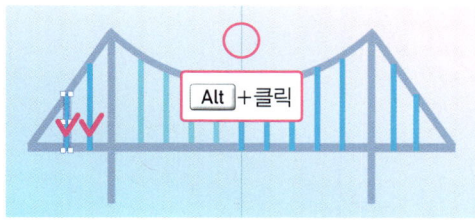
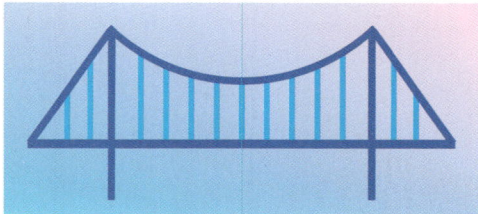

8 곡선을 표현하기 위해 Pencil Tool( ), N)을 더블 클릭하고 Smooth로 선택한 후 (OK)를 클릭한다. 그림을 참고하여 곡선을 그린 후 그래디언트를 적용하기 위해 [Window]−[Gradient](Ctrl + F9)를 선택한 후 ❶ 'Linear Gradient'를 선택한다. ❷ 하단의 좌측 조절점을 더블 클릭하고 ❸ CMYK로 변경하기 위해 우측의 메뉴( )를 선택한 후 ❹ CMYK를 눌러 색(Y90)을 적용한다. 나머지 적용을 위해 우측 조절점을 더블 클릭한 후 ❸, ❹를 반복해 색(C40Y100)을 적용한다.

그래디언트의 방향을 수정하기 위해 Gradient Tool(, G)을 선택해 그림과 같이 드래그한다.

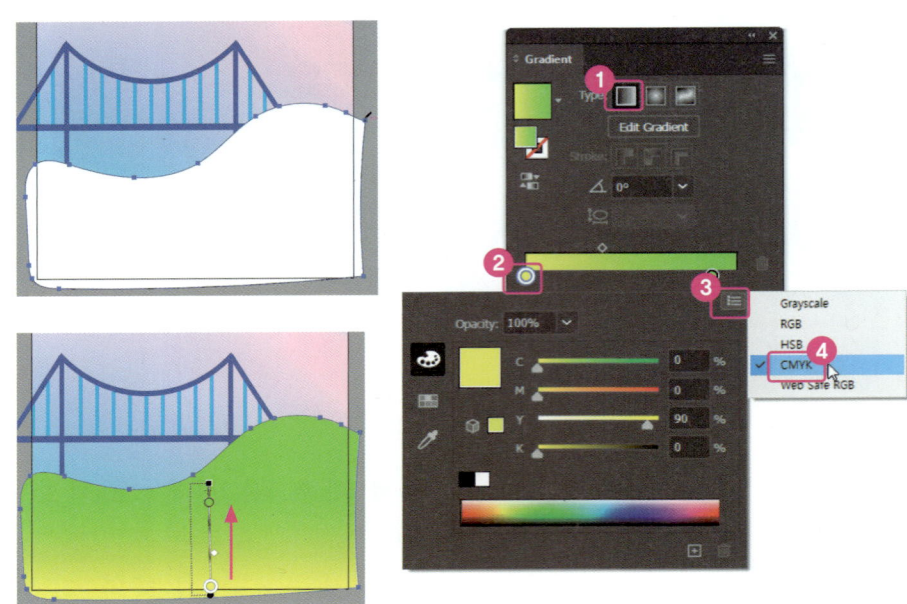

⑨ 타워(C40Y100)는 Rectangle Tool(, M)로 아랫부분을 그린 후 Selection Tool(, V)로 Alt 와 함께 드래그하여 위쪽으로 복제하고 모서리에서 Alt 와 함께 중심을 기준으로 크기를 조절해 나간다. 나머지도 같은 방법으로 만든다. 삼각형은 Polygon Tool( )로 빈 공간을 클릭하고 Sides : 3을 입력하여 배치한다.

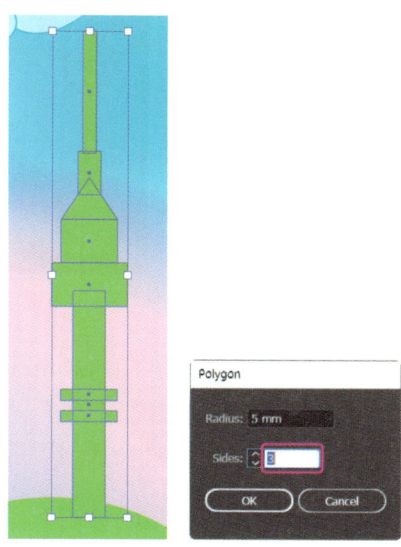

⑩ 남대문(C30M50Y70)을 표현하기 위해 수직 눈금자에서 가이드라인을 100mm에 설정한 후 Pen Tool(, P)을 이용하여 그림과 같이 그린다.

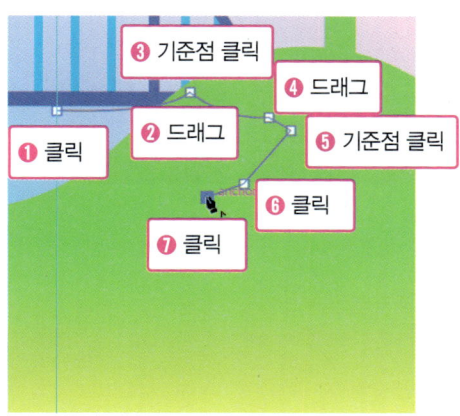 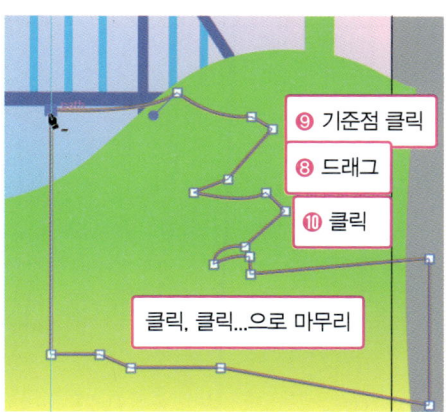

11 대칭복사를 하기 위해 Ctrl+오브젝트를 선택한 후 Reflect Tool(, O)로 중심을 Alt +클릭해 기준점을 잡고 Axis : Vertical, Copy 를 클릭한다.

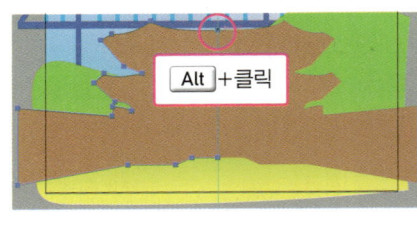 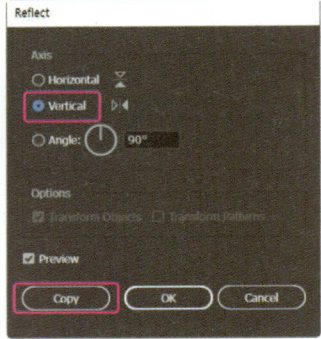

12 Selection Tool(, V)로 Shift 와 함께 선택하여 [Pathfinder](Shift + Ctrl + F9) 패널의 'Unite'로 합친다.

그림자 적용을 위해 [Effect]−[Stylize]−[Drop Shadow]를 선택하고 Opacity : 50%, X Offset : 1mm, Y Offset : 1mm, Blur : 1mm로 설정한다.

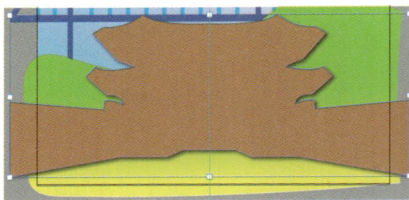 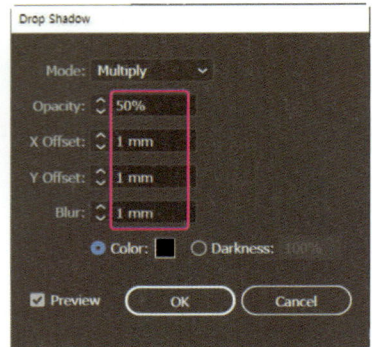

05 Blend와 Brush 적용

1 Pencil Tool(✏️, N)로 출력형태를 참고해 자유로운 곡선(C0M0Y0K0, 1pt → C70M20, 3pt)을 그린다. Selection Tool(▶, V)로 두 곡선을 선택하고 [Object]-[Blend]-[Make](Alt + Ctrl + B)를 적용한다. 단계를 조정하기 위해 Blend Tool(🎛, W)을 더블 클릭하여 Spacing : Specified Steps, 15로 적용한 후 OK 를 클릭한다.

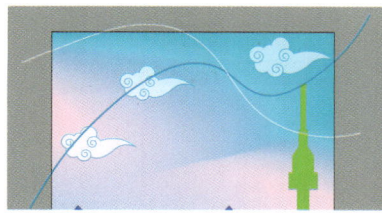
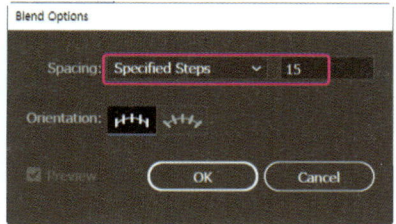
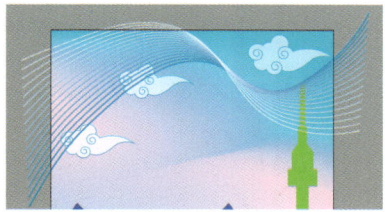

Plus@

Pencil Tool을 더블 클릭해 [Options] 대화상자에서 Smooth 쪽에 가깝게 조절하면 부드럽게 그려진다.

Plus@

[Object]-[Blend]-[Blend Options]를 이용해도 된다.

2 Brush를 적용하기 위해 Pencil Tool(, N)로 아래와 같이 자연스러운 곡선(임의의 색)을 그린다. [Window]-[Brushes](F5) 패널을 열고 패널 하단의 를 클릭하여 Decorative > Decorative_Scatter > Dot Rings를 선택한다. [Control] 패널의 Stroke Weight : 1.5pt로 설정한 후 불투명도 설정을 위해 상단 [Control] 패널의 Opacity : 50%로 설정한다.

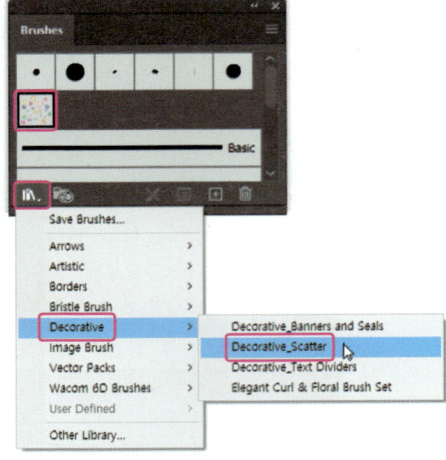

06 심볼 오브젝트 '태극선'

1 태극문양을 만들기 위해 Ellipse Tool(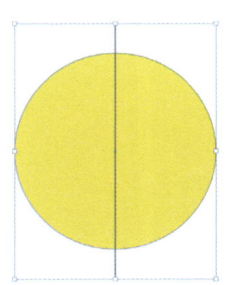, L)로 빈 공간을 클릭해 대화상자가 나오면 Width : 200mm, Height : 200mm를 입력하고 OK 를 클릭한다. Line Segment Tool(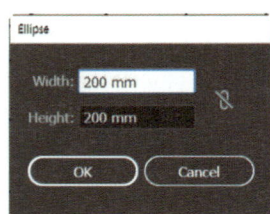, W)로 수직선을 하나 그린 후 Selection Tool(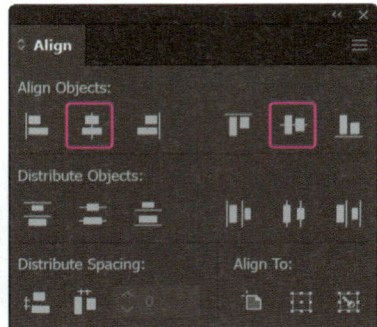, V)로 모두 선택해 [Window]-[Align](Shift + F7) 패널에서 가로/세로 가운데 맞춤을 클릭한다.

> **Plus ⓐ**
>
> [Effect]-[Distort & Transform]-[Twist] 효과는 오브젝트를 작게 그리면 매끄럽지 못한 경우가 발생하므로 크게 만든 후 알맞은 크기로 줄인다.

2 선만 선택하고 Rotate Tool(, R)을 더블 클릭해 Angle : 120을 입력한 후 (Copy)를 클릭한다. 반복하기 위해 Ctrl + D 를 한 번 실행한다.

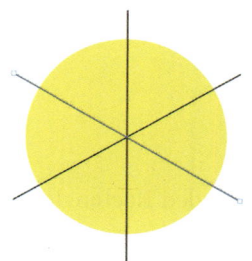 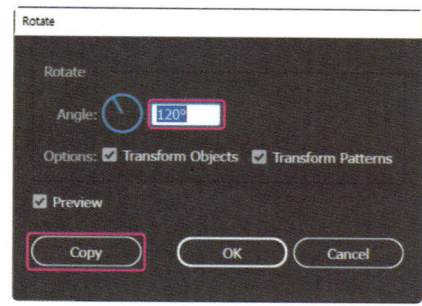

3 Selection Tool(, V)로 선 3개만 Shift 와 함께 선택한다. [Effect]-[Distort & Transform]-[Twist]를 눌러 Angle : 300을 입력하고 (OK)를 클릭한다. Effect의 속성을 없애기 위해 [Object]-[Expand Appearance]를 적용한다.

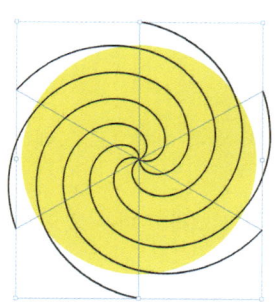 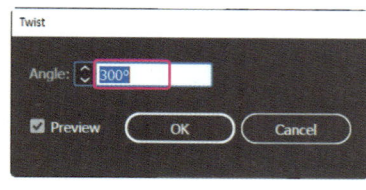 

4 선의 형태로 분리하기 위해 모두 선택하고 [Pathfinder](Shift + Ctrl + F9) 패널의 'Divide'로 분리한 후 Direct Selection Tool(, A)로 해당 색(면 : Y100, C100M100, M100Y100, 선 : None)을 채운다. Selection Tool(, V)로 크기를 알맞게 줄인다.

 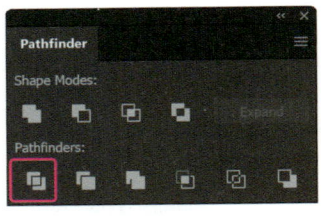 

5 태극선의 형태(면 : 임의의 색, 선 : None)를 만들기 위해 Rounded Rectangle Tool( )로 최대의 곡률로 그린 후 Direct Selection Tool(, A)로 하단 포인트를 드래그해 선택하고 Delete 한다.

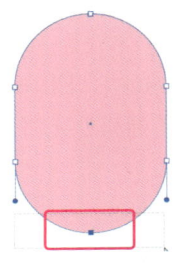 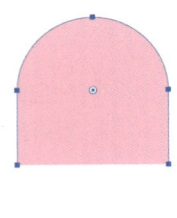

6 한 번 더 하단 두 포인트를 선택하고 Scale Tool(, S)로 바깥쪽에서 안쪽 방향으로 드래그하여 모양을 만든다.
Selection Tool(, V)로 만들어 놓았던 태극문양 위에 배치한 후 모두 선택하고 마우스 오른쪽 버튼을 클릭하여 'Make Clipping Mask'를 적용한다.

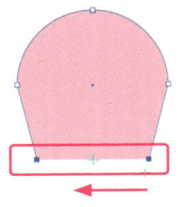  

7 손잡이(C30M50Y100K30)는 Rounded Rectangle Tool( )로 최대의 곡률로 그린 후 Add Anchor Point Tool(, =)로 두 포인트를 추가한다. Direct Selection Tool(, A)로 추가한 포인트를 선택하고 Scale Tool(, S)로 바깥쪽에서 안쪽 방향으로 드래그하여 모양을 만든다. 부드럽게 만들기 위해 상단 [Control] 패널의 Anchor Point 옵션에서 Convert : 'Convert selected anchor points to smooth'( )를 클릭해 곡선을 만든다.

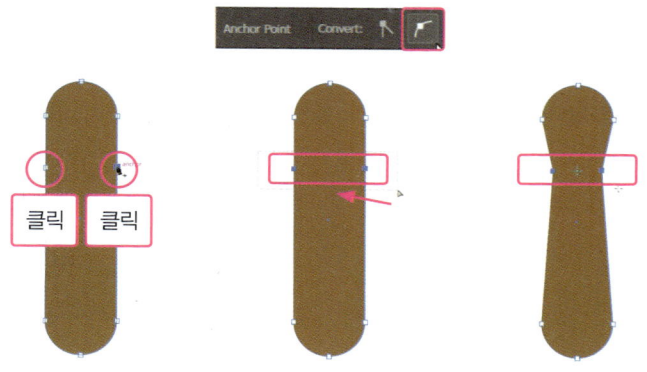

07 ▶ Symbol 등록과 적용

1 태극선을 [Symbols] 패널에 등록하기 위해 [Window]-[Symbols](Shift + Ctrl + F11)를 열고 드래그하여 추가한다. [Symbol Options] 대화상자에서 Name : 태극선이라고 입력하고 OK 를 클릭한다.

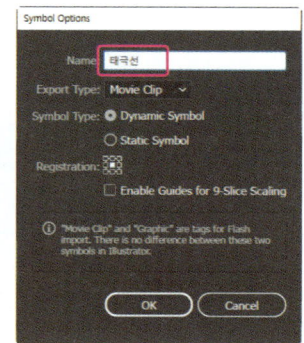

❷ Symbol을 적용하기 위해 Selection Tool(, V)로 원본 Symbol을 선택하고 Symbol Sprayer Tool(, Shift + S)로 출력형태를 참고해 클릭, 클릭하여 배치한다.

> **Plus@**
> Symbol Sprayer Tool 적용 시 여러 개의 Symbol이 추가되었을 경우 Alt 와 함께 클릭하면 삭제된다.

❸ Symbol의 크기를 조절하기 위해 Symbol Sizer Tool( )을 선택한다. 클릭, 클릭은 점점 크게, Alt 와 함께 클릭하면 작아진다. ❷ Symbol의 위치 조절은 Symbol Shifter Tool( )로 드래그하며 ❸ Symbol의 기울기는 Symbol Spinner Tool( )로 시계방향, 반시계방향으로 회전한다. ❹ Symbol의 색상 변화를 위해 Symbol Stainer Tool( )을 선택하고 [Swatches] 패널에서 해당 색(파랑, 빨강)을 선택한 후 해당 Symbol을 클릭하면 색상의 변화가 생기며 면 색에 따라 좌우된다. ❺ Symbol Screener Tool( )로 투명도를 적용한 후 마무리한다.

08 텍스트 입력 및 Envelope Distort

1 Type Tool(T , T)로 빈 캔버스를 클릭한 후 Always Festival을 입력한다. Ctrl + A 로 전체선택한 후 [Window]-[Type]-[Character](Ctrl + T) 패널에서 Font : Arial, Style : Regular, Size : 30pt, Color : C30M80으로 설정한다.
[Object]-[Envelope Distort]-[Make with Warp](Alt + Shift + Ctrl + W)를 선택한 후 [Warp Options] 대화상자에서 Style : Arc, Bend : 25%로 입력하고 OK 를 클릭한다.

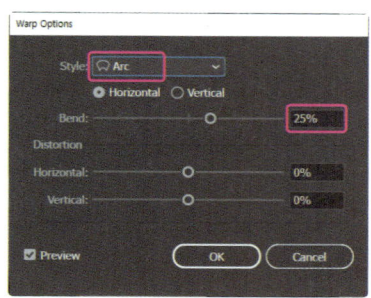

2 Type Tool( , T)로 빈 캔버스를 클릭한 후 Seoul Korea를 입력한다. Ctrl + A 로 전체선택한 후 [Window]−[Type]−[Character](Ctrl + T) 패널에서 Font : Arial, Style : Bold, Size : 70pt, Color : C80M60으로 설정한다.
[Object]−[Envelope Distort]−[Make with Warp](Alt + Shift + Ctrl + W)를 선택한 후 [Warp Options] 대화상자에서 Style : Bulge, Bend : 25%로 입력하고 OK 를 클릭한다.

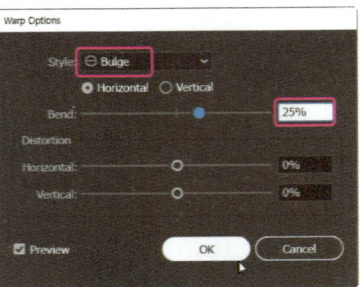

09 Clipping Mask로 마무리하기

1 Rectangle Tool(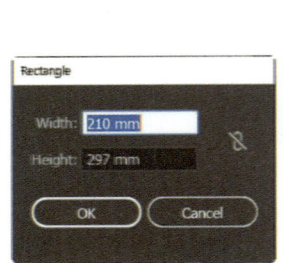 , M)로 빈 공간을 클릭하고 Width : 210mm, Height : 297mm를 입력한 후 OK 를 클릭한다. Selection Tool(, V)로 캔버스 끝에 딱 맞추고 캔버스에 있는 모든 오브젝트를 선택한 후 마우스 오른쪽 버튼을 클릭하여 'Make Clipping Mask'를 적용한다.

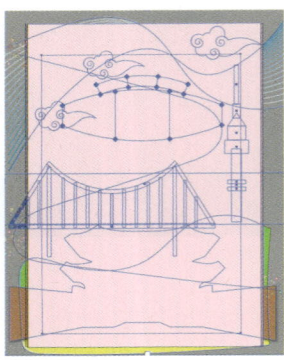 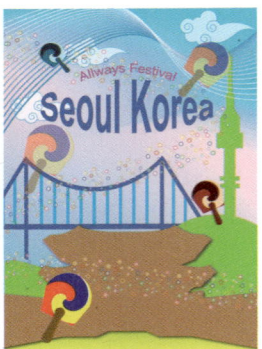

Plus α

직사각형을 캔버스의 영점에 정확히 맞추려면 [Window]-[Transform] 패널에서 고정점을 좌측 상단으로 클릭 후 X : 0mm, Y : 0mm로 입력한다.

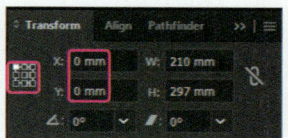

Plus α

Clipping Mask 적용 : [Object]-[Clipping Mask]-[Make](Ctrl + 7)
Clipping Mask 해제 : [Object]-[Clipping Mask]-[Release](Alt + Ctrl + 7)

Plus α

Clipping Mask 안쪽의 오브젝트를 수정하기 위하여 Selection Tool(▶ , V)로 더블 클릭하면 Isolated Area(고립된 영역)로 들어가게 되며 그 안에서 수정할 수 있다. 수정 완료 후 Esc 나 화살표를 눌러 빠져나온다.

10 저장하고 전송하기

1 불필요한 도형은 삭제하고 가이드라인이 보이지 않도록 [View]-[Guides]-[Hide Guides](Ctrl + ;)한다. [File]-[Save] 또는 [File]-[Save As]한 후 Save On Your Computer 를 선택하여 '내 PC₩문서₩GTQ' 폴더에 "수험번호-성명-3"으로 저장한다.

2 [Illustrator Options] 대화상자에서 Version : Illustrator CC(Legacy)로 체크한 후 OK 를 클릭한다. 하위 버전 저장에 따른 메시지가 뜨면 계속 OK 를 클릭한다.

3 시험장의 작업표시줄에 나타나는 'Koas 수험자용'을 클릭해 우측의 답안 전송 을 클릭한 후 해당하는 번호에 체크한다. 하단의 답안 전송 을 클릭한 후 닫기 를 누르면 최종 전송된 답안으로 채점이 이루어진다.

✓ Check Point !

		O	X
01	출력형태를 제외한 나머지 오브젝트는 삭제했나요?		
02	해당 오브젝트를 출력형태의 위치에 배치했나요? (눈금자와 가이드라인 참고해 확인)		
03	오브젝트에 'Lock'이 되어 있는 경우 'Unlock All(Alt + Ctrl + 2)'했나요?		
04	작업 중 생성된 가이드라인을 Ctrl + ; 으로, 그리드를 Ctrl + ' 로 숨겼나요?		
05	Gradient가 적용된 오브젝트의 색상과 방향을 출력형태에 맞게 적용했나요?		
06	결과가 '면'의 속성인 오브젝트를 '선'의 속성으로 그렸을 경우 'Expand' 처리했나요?		
07	제시된 조건 이외의 오브젝트를 편의에 의해 Blend나 Envelope Distort의 기능으로 완성했을 경우 'Expand' 처리했나요?		
08	텍스트 작업 시 Font Family가 Bold인 경우 변경되어 있나요?		
09	오브젝트의 불투명도(Opacity) 값이 정확히 설정되었나요?		
10	마지막 단계에서 Clipping Mask하여 마무리되었나요?		

CHAPTER 5

실전 모의고사 5회

급수	문제유형	시험시간	수험번호	성명
1급	A	90분		

수험자 유의사항

- 수험자는 문제지를 받는 즉시 응시하고자 하는 **과목 및 급수가 맞는지 확인**한 후 수험번호와 성명을 작성합니다.
- 파일명은 본인의 "수험번호-성명-문제번호"로 공백 없이 정확히 입력하고 답안 폴더(내 PC₩문서₩GTQ)에 파일 저장규칙(ai 파일 포맷)으로 저장해야 하며, '다른 파일 형식으로 저장하였을 경우' 0점 처리됩니다.
- 답안 문서 파일명이 "수험번호-성명-문제번호"와 일치하지 않거나, '답안 파일을 전송하지 않는 경우' 답안 파일 미제출로 불합격 처리됩니다.
- 수험자 정보와 저장한 파일명, 저장 위치가 다를 경우 전송이 되지 않으므로, 주의하시길 바랍니다.
- 답안 작성 중에도 주기적으로 '저장'과 '답안 전송'을 이용하여 감독위원 PC로 답안을 전송하셔야 합니다(작업한 내용을 저장하지 않고 답안을 전송할 경우 이전의 저장내용이 전송되오니 이 점 반드시 유념하시기 바랍니다).
- 모든 수험자는 동일한(초기화된) 환경에서 시험이 시작되며 '작업환경 설정'은 시험 시간 내에 진행합니다(시험 시작 전 '작업환경 설정' 불가, 소프트웨어 이상 유무만 확인).
- 답안 문서를 지정된 경로 외의 다른 보조기억장치에 저장하는 행위, 지정된 시험 시간 외에 작성된 파일을 활용한 행위, 기타 허용되지 않은 프로그램(이메일, 메신저, 게임, 네트워크, 윈도우계산기, 스톱워치 등) 이용 시 부정행위로 간주되어 **자격기본법 제32조에 의거 본 시험 및 국가공인 자격시험을 2년간 응시할 수 없습니다.**
- 시험 중 부주의 또는 고의로 시스템을 파손한 경우와 〈수험자 유의사항〉에 기재된 방법대로 이행하지 않아 생기는 불이익은 수험자의 책임임을 알려 드립니다.
- 시험을 완료한 수험자는 최종적으로 저장한 답안 파일이 전송되었는지 확인한 후 감독위원의 지시에 따라 문제지를 제출하고 퇴실합니다.

답안 작성요령

- 온라인 답안 작성 절차
  수험자 등록 ⇒ 시험 시작 ⇒ 답안 파일 저장 ⇒ 답안 전송 ⇒ 시험 종료
- 배점은 총 100점으로 이루어지며, 점수는 각 문제별로 차등 배분됩니다.
- 각 문제는 주어진 《조건》에 따라 작성하고, 《조건》을 지키지 못했을 경우에는 0점 또는 감점 처리됩니다.
- 문제 《조건》에 크기와 색상, 두께의 지정이 없을 경우 《출력형태》를 참고하여 작업해 주시기 바랍니다.
- **문제 《조건》과 《출력형태》에서 차이가 발생할 경우 문제에서 지정한 《조건》에 따라 작업해 주시기 바랍니다.**
- 《조건》에서 주어진 단위는 'mm(밀리미터)'입니다. 눈금자는 작성하지 않으며, 그 외는 출력형태(레이아웃, 색상, 문자, 규격 등)와 같게 작업하십시오.
- 문제 《조건》에 서체의 지정이 없을 경우 한글은 굴림이나 돋움, 영문은 Arial로 작업하십시오(단, 그 외에 제시되지 않은 문자 속성을 기본값으로 작성하지 않은 경우는 감점 처리됩니다).
- Color Mode(색상 모드)는 별도의 처리 조건이 없을 시 CMYK로 작업하십시오.
- 조건에서 제시한 기능을 임의로 합치거나 각 기능에 대한 속성을 해지할 경우 해당 요소는 0점 처리됩니다.

문제 1   BI, CI 디자인
25점

다음의 《조건》에 따라 아래의 《출력형태》와 같이 작업하시오.

조건

파일저장규칙	AI	파일명	문서₩GTQ₩수험번호-성명-1.ai
		크기	100 × 80mm

1. 작업 방법
   ① 도형 변형 툴과 Pathfinder 기능을 활용하여 오브젝트를 작성한다.
   ② 그 외 《출력형태》 참조

2. 문자 효과
   ① HAPPY ANIMAL DAY (Arial, Italic, 16pt, C0M0Y0K0)

출력형태

C10Y30 → C60Y30,
M40Y70K10,
C10M50Y70K10,
Y10,
M10Y10K10,
M40Y20,
C0M0Y0K0,
K30, K100,
C70M20,
C70M20K30,
C90M80Y30
[Stroke]
C0M0Y0K0, 1pt,
K70, 0.5pt

문제 2 패키지, 비즈니스디자인
35점

유선배 강의

다음의 《조건》에 따라 아래의 《출력형태》와 같이 작업하시오.

조건

파일저장규칙	AI	파일명	문서₩GTQ₩수험번호-성명-2.ai
		크기	160 × 120mm

1. 작업 방법
   ① 텀블러는 Pattern을 활용하여 작성한다(패턴 등록 : 브로콜리).
   ② 런치 박스는 Clipping Mask를 적용한다.
   ③ Brush는 《출력형태》를 참고하여 작성한다.
   ④ Effect는 《출력형태》를 참고하여 작성한다.
   ⑤ 그 외 《출력형태》 참조

2. 문자 효과
   ① Use Tumbler (Arial, Regular, 14pt, C80M70)

출력형태

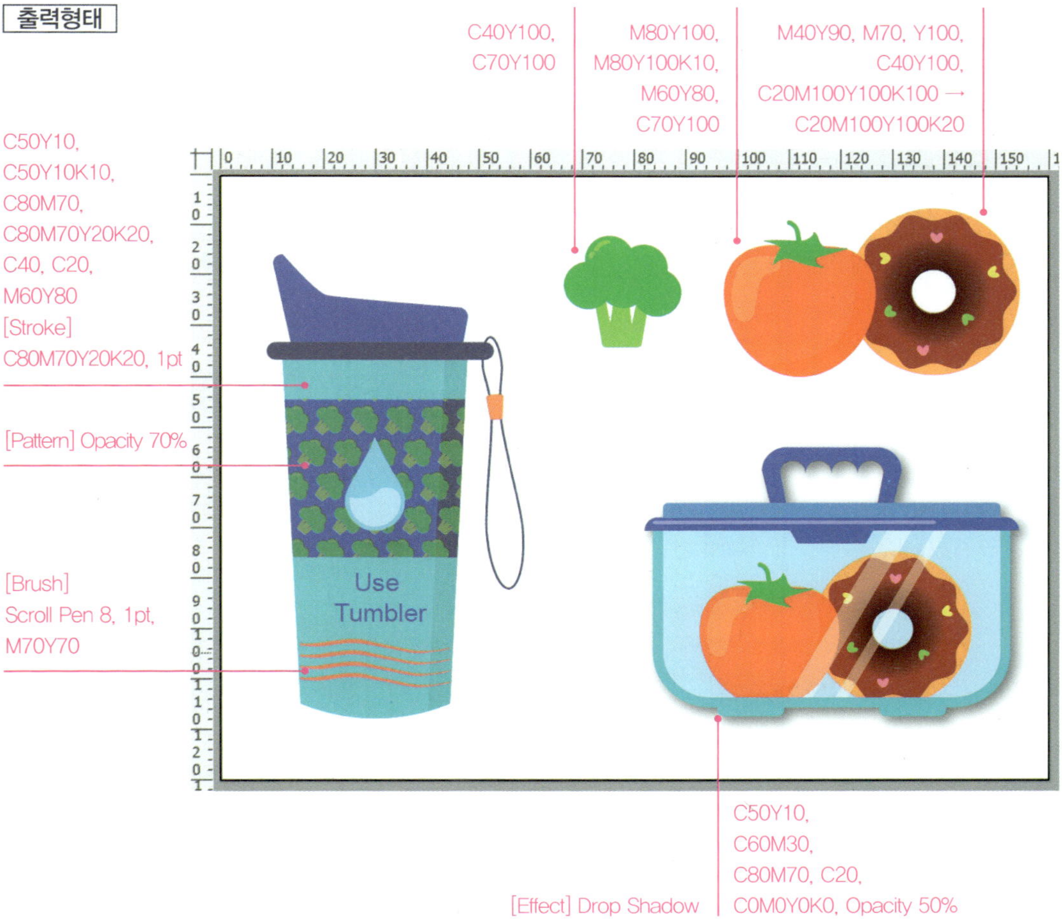

C40Y100, C70Y100

M80Y100, M80Y100K10, M60Y80, C70Y100

M40Y90, M70, Y100, C40Y100, C20M100Y100K100 → C20M100Y100K20

C50Y10,
C50Y10K10,
C80M70,
C80M70Y20K20,
C40, C20,
M60Y80
[Stroke]
C80M70Y20K20, 1pt

[Pattern] Opacity 70%

[Brush]
Scroll Pen 8, 1pt,
M70Y70

[Effect] Drop Shadow

C50Y10,
C60M30,
C80M70, C20,
C0M0Y0K0, Opacity 50%

문제 3 광고디자인
40점

다음의 《조건》에 따라 아래의 《출력형태》와 같이 작업하시오.

조건

파일저장규칙	AI	파일명	문서₩GTQ₩수험번호-성명-3.ai
		크기	210 × 297mm

1. 작업 방법
   ① 《참고도안》은 직접 제작한 후 Symbol로 활용한다(심볼 등록 : 물조리개).
   ② 'Environment Day', 'Save the Earth' 문자에 Envelope Distort를 적용한다.
   ③ Brush는 《출력형태》를 참고하여 작성한다.
   ④ Effect는 《출력형태》를 참고하여 작성한다.
   ⑤ Clipping Mask를 이용하여 디자인을 정리한다.
   ⑥ 그 외 《출력형태》 참조

2. 문자 효과
   ① Environment Day (Arial, Regular, 50pt, C90M70)
   ② GREEN START (Arial, Bold, 22pt, C0M0Y0K0)
   ③ Save the Earth (Arial, Bold, 40pt, C0M0Y0K0)

문제 1 BI, CI 디자인

완성 파일 : 실전모의고사5회-1.ai

한눈에 보는 작업과정

타원 배경 → 고양이 → 강아지 → 리본과 텍스트

01 새 캔버스 설정 및 저장

1 새 캔버스를 만들기 위해 [File]-[New]를 선택하여 Width : 100mm, Height : 80mm, Color Mode : CMYK로 설정한 후 새 캔버스를 연다.

2 [View]-[Rulers]-[Show Rulers](Ctrl + R)를 선택해 눈금자를 꺼낸다(좌측 상단 영점 확인).

3 [File]-[Save As]를 선택하고 Save On Your Computer 를 클릭한다. '내 PC₩문서₩GTQ' 하위 폴더에 파일 이름을 '수험번호-성명-1.ai'로 입력한 후 'Illustrator CC(Legacy)' 버전으로 저장한다.

4 도구상자가 모두 보이는지, 상단의 [Control] 패널이 있는지 체크한다.

Plus@

[Window]-[Workspace]-[Essentials Classic]으로 한 번에 도구상자와 [Control] 패널을 나타낼 수 있다.

5 작업에 앞서 제시된 색을 [Swatches] 패널이나 도형들을 나열해 색상을 등록해 놓는다.

6 오브젝트별로 가이드라인을 표시하고 작업하면 좋다.

02 타원 배경 오브젝트

1 Ellipse Tool(, L)로 타원을 그린다. 그래디언트를 적용하기 위해 [Window]-[Gradient](Ctrl + F9)를 선택한 후 ❶ 'Radial Gradient'를 선택한다. ❷ 하단의 좌측 조절점을 더블 클릭하고 ❸ CMYK로 변경하기 위해 우측의 메뉴( )를 선택한 후 ❹ CMYK를 누르고 색(C10Y30)을 적용한다. 나머지 적용을 위해 우측 조절점을 더블 클릭한 후 ❸, ❹를 반복해 색(C60Y30)을 적용한다.

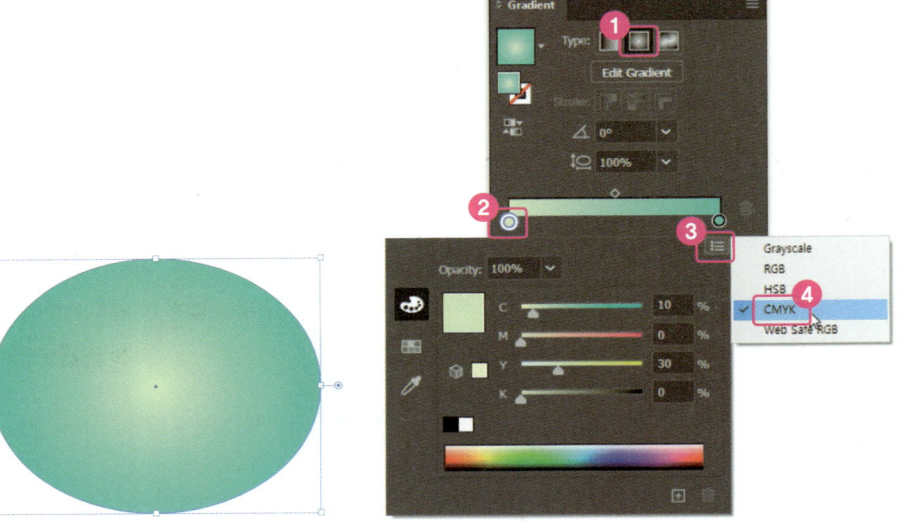

2 안쪽에 점선(C0M0Y0K0, 1pt)을 표현하기 위해 Selection Tool(, V)로 타원을 선택한 후 Ctrl + C , Ctrl + F 로 앞으로 붙여넣기 하고 모서리에서 Alt + Shift 와 함께 드래그하여 크기를 줄인다. [Window]-[Stroke](Ctrl + F10) 패널에서 Weight : 1pt, Dashed Line 체크, dash : 3pt를 적용한다.

배경을 고정시키기 위해 모두 선택한 후 [Object]-[Lock]-[Selection](Ctrl + 2)을 클릭한다.

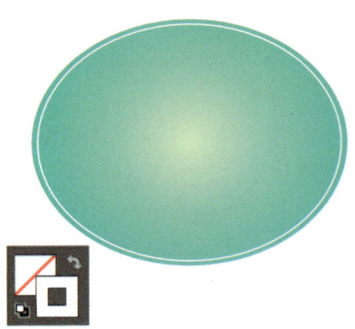 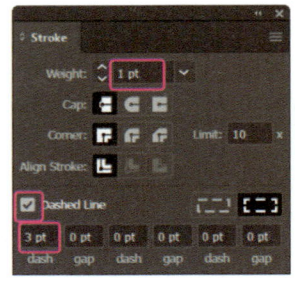 

> **Plus α**
>
> 오브젝트 잠금 : [Object]-[Lock]-[Selection](Ctrl + 2)
> 오브젝트 잠금 해제 : [Object]-[Unlock All](Alt + Ctrl + 2)

03 고양이 오브젝트

1 고양이 뒷다리(M40Y70K10)를 표현하기 위해 Rounded Rectangle Tool( )로 둥근 사각형을 그린다. Direct Selection Tool(, A)로 상단 네 포인트를 드래그하고 Scale Tool(, S)을 선택한 후 안쪽으로 드래그하여 모양을 만든다.

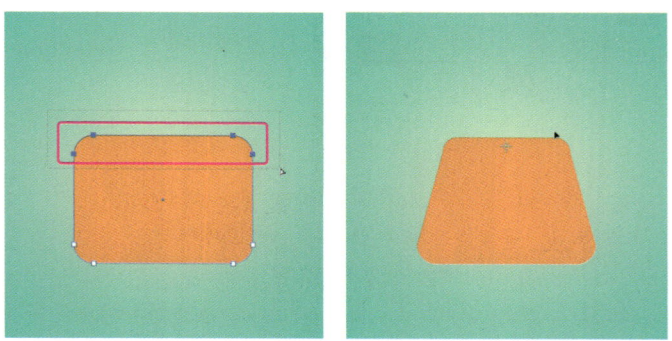

2 몸통(Y10)을 만들기 위해 Rectangle Tool(, M)로 사각형을 그린다. Direct Selection Tool(, A)로 하단 두 포인트를 드래그한 후 상단 [Control] 패널의 Anchor Point 옵션에서 Convert : 'Convert selected anchor points to smooth'( )를 클릭해 곡선으로 만든다.

 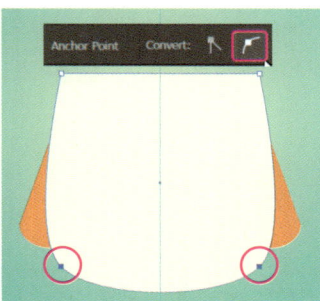

> **Plus α**
>
> 세로 가이드라인을 만들어 놓고 작업하면 대칭 시 기준점을 찾기 쉽다.

3 그림자(M10Y10K10)를 만들기 위해 Pencil Tool(, N)로 곡선을 만들고 Selection Tool(, V)로 몸통과 곡선을 Shift 와 함께 선택한 후 [Pathfinder](Shift + Ctrl + F9) 패널의 'Divide'로 분리한다. Direct Selection Tool(, A)로 윗부분을 선택한 후 색을 채운다.

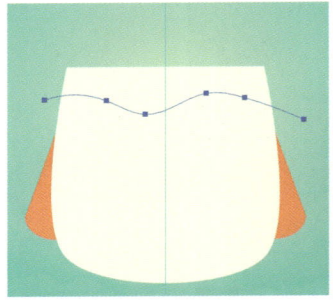 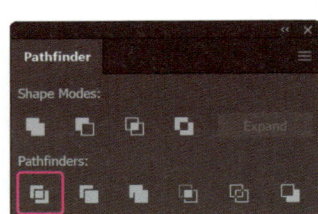 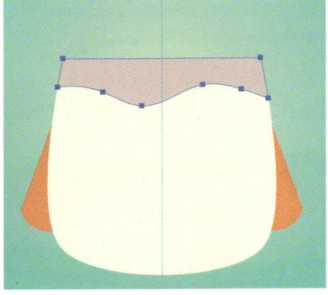

4 앞발(M10Y10K10)을 만들기 위해 Rounded Rectangle Tool( )을 이용하여 그린 후 Direct Selection Tool(, A)로 좌측 상단의 두 포인트를 선택하고 위쪽으로 살짝 이동한다. 발가락을 만들기 위해 Rounded Rectangle Tool( )을 이용하여 그린 후 Selection Tool(, V)로 Alt 와 함께 복제한다.

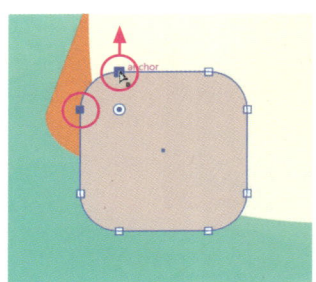 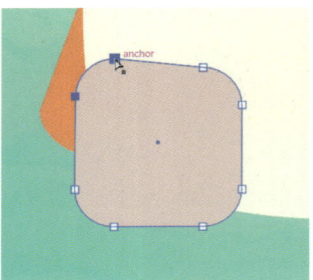 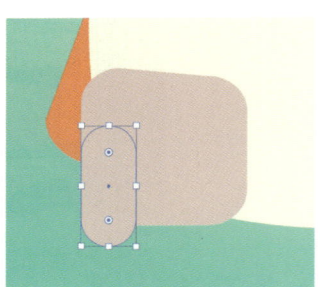

5 모두 선택한 후 [Pathfinder](Shift + Ctrl + F9) 패널의 'Unite'로 합친다. Ctrl + C , Ctrl + F 로 앞으로 붙여넣기 하고 왼쪽 아래로 살짝 이동한 후 색(Y10)을 채운다.
발가락(선 : K100, 0.75pt)은 Line Segment Tool(, ₩)로 그린 후 '면'의 속성으로 변경하기 위해 [Object]-[Expand]해 확장한다. Selection Tool(, V)로 앞발을 모두 선택한 후 그룹화(Ctrl + G)한다.

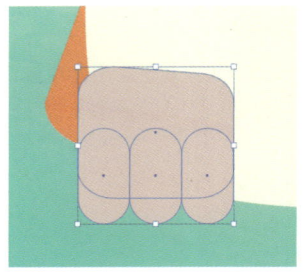 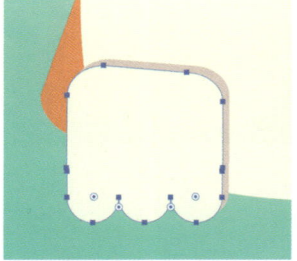 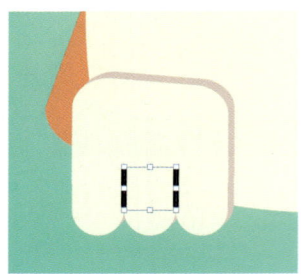

6 대칭복사를 하기 위해 오브젝트를 선택한 후 Reflect Tool(, O)로 중심을 Alt +클릭해 기준점을 잡고 Axis : Vertical, Copy 를 클릭한다.

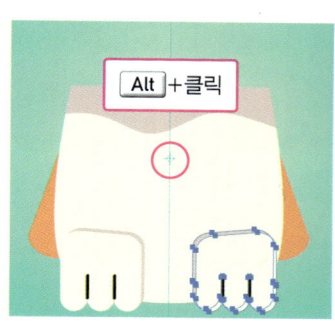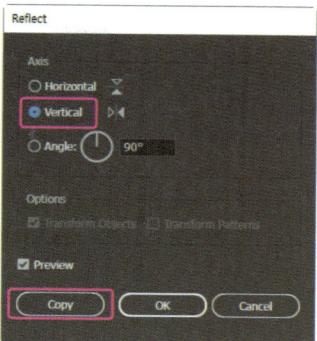

7 얼굴을 만들기 위해 Ellipse Tool(, L)로 Alt 와 함께 중심에서부터 드래그하여 타원(Y10)을 그린 후 Direct Selection Tool(, A)로 중간 두 포인트를 Shift 와 함께 선택하고 아래쪽 방향키(↓)를 두 번 정도 누른다.

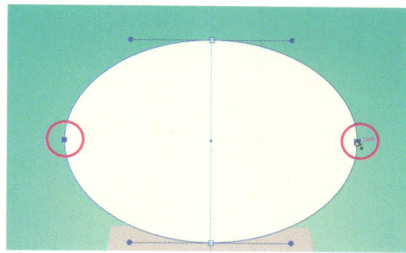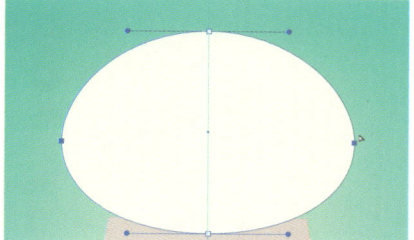

8 갈색 무늬를 만들기 위해 얼굴 오브젝트를 선택하고 Ctrl + C , Ctrl + F 로 앞으로 붙여넣기 한 후 Pen Tool(, P)로 그림을 참고하여 그린다. Selection Tool(, V)로 Shift 와 함께 얼굴을 선택하고 [Pathfinder](Shift + Ctrl + F9) 패널의 'Intersect'로 공통된 부분만 남긴 후 색(M40Y70K10)을 채운다.

대칭복사를 하기 위해 오브젝트를 선택한 후 Reflect Tool(, O)로 중심을 Alt +클릭해 기준점을 잡고 Axis : Vertical, Copy 를 클릭한다.

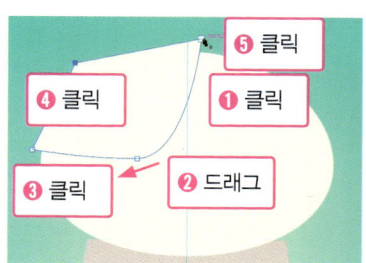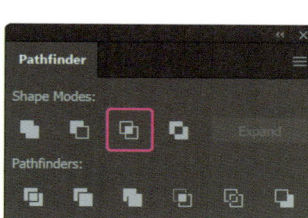

❾ 이마의 무늬(C10M50Y70K10)를 만들기 위해 Rounded Rectangle Tool( )로 좌측 2개를 그린 후 ❽과 같이 대칭복사를 한다. Selection Tool(, V)로 이마 무늬와 갈색 무늬를 함께 선택하고 [Pathfinder](Shift + Ctrl + F9) 패널의 'Divide'로 분리한 후 더블 클릭하여 바깥쪽 무늬를 삭제한다.

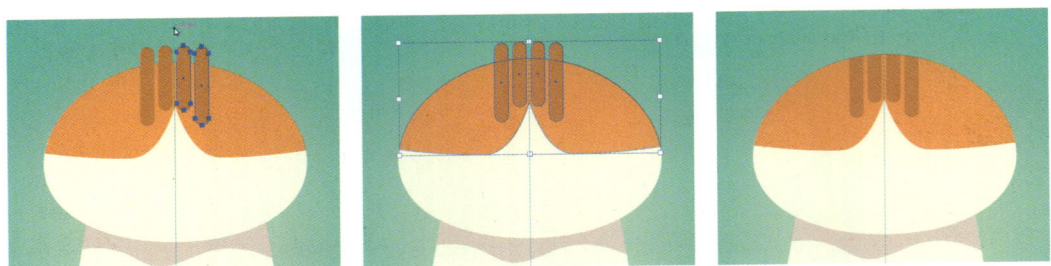

❿ 나머지 눈(K100, C0M0Y0K0)과 볼 터치(M40Y20)는 Ellipse Tool(, L)로 그린다. 수염(선 : K70, 0.5pt)은 Pen Tool(, P)로 그린 후 Selection Tool(, V)로 Alt 와 함께 복제한다. ❽과 같이 눈, 볼 터치, 수염을 모두 선택한 후 대칭복사한다.

⓫ 코(M40Y20)를 만들기 위해 Ellipse Tool(, L)로 타원을 그린 후 Direct Selection Tool(, A)로 하단 포인트를 선택하고 아래 방향으로 이동하여 모양을 만든다.

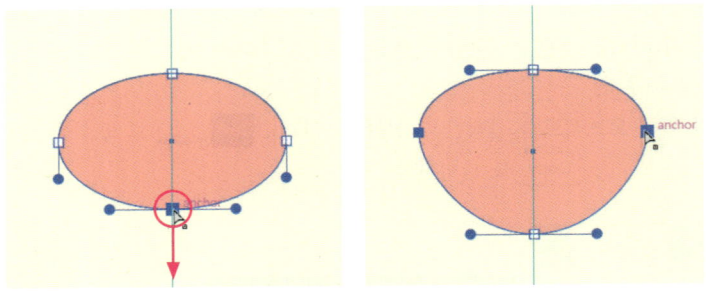

12 입(선 : K100, 1pt)은 Pen Tool(, P)을 이용해 클릭, 드래그로 그린 후 '면'의 속성으로 변경하기 위해 [Object]-[Expand]해 확장한다. 8과 같이 대칭복사한다.

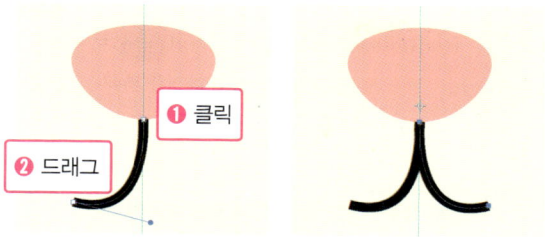

13 귀(Y10)는 Pen Tool(, P)을 이용해 그림과 같이 그린 후 Ctrl + C , Ctrl + F 로 앞으로 붙여넣기 한다. Selection Tool(, V)로 살짝 회전해 배치한 후 색(M40Y20)을 채우고, 8과 같이 대칭복사한 후 귀 부분을 Shift 와 함께 선택하고 Ctrl + [를 눌러 한 단계씩 뒤로 보낸다.

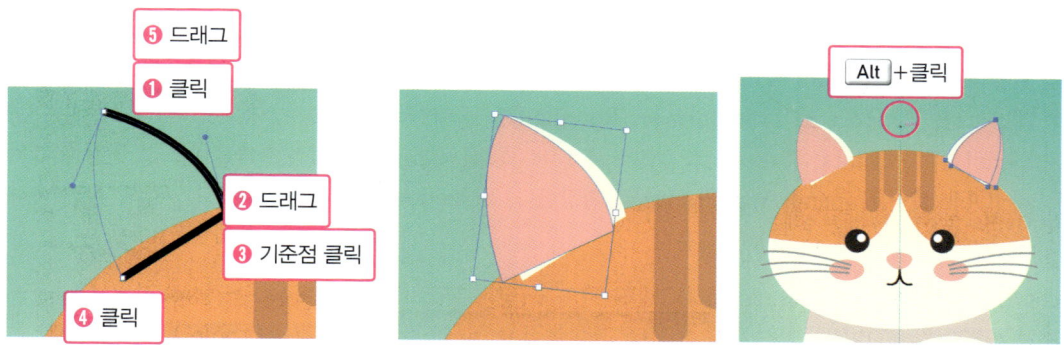

14 완성된 고양이를 모두 선택한 후 그룹화(Ctrl + G)한다.

04 강아지 오브젝트

1 강아지 얼굴(M40Y70K10)은 Rounded Rectangle Tool( )로 그린 후 Wrinkle Tool( )을 더블 클릭하고 Width / Height : 7mm 정도로 입력한다. 윗부분을 천천히 드래그하여 주름을 표현한다.

 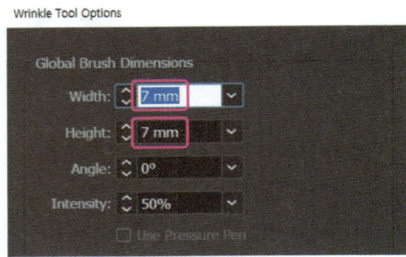 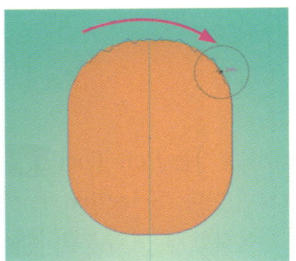

2 얼굴의 음영(C10M50Y70K10)을 표현하기 위해 Ellipse Tool(, L)로 타원을 그린 후 [Effect]-[Distort & Transform]-[Roughen]을 클릭한다. Relative에 체크하고 Size : 1%, Detail : 30, Points : Smooth로 설정한 후 OK 를 클릭한다. 만들어진 효과를 패스로 변경하기 위해 [Object]-[Expand Appearance]해 확장한다. Selection Tool(, V)로 Alt 와 함께 하나 더 복사해 색(M40Y70K10)을 채운다.

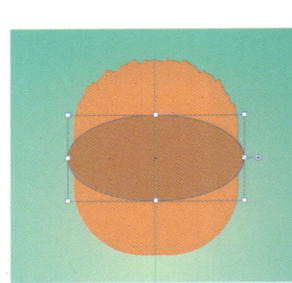 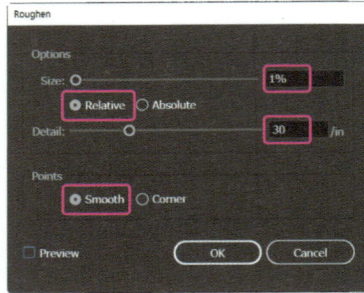 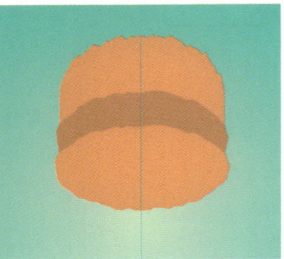

Plus@

패스가 복잡한 경우 수정하기 힘들 수 있고 속도가 느려지는 경우가 발생할 수도 있으므로 패스의 단순화가 필요하다. [Object]-[Path]-[Simplify]를 이용하면 패스의 수를 조절할 수 있다.
일부분만 주름을 적용할 경우 Wrinkle Tool을, 전체적으로 주름을 적용할 경우 Roughen을 사용한다. 상황에 따라 적절히 혼합하여 사용한다.

3 귀(C10M50Y70K10)는 Ellipse Tool(, L)로 타원을 그리고 1의 방법으로 표현한 후 Ctrl + [를 눌러 한 단계씩 얼굴보다 뒤로 배치한다. Ctrl 과 함께 모서리에서 살짝 회전한 후 대칭복사하기 위해 오브젝트를 선택한다. Reflect Tool(, O)로 중심을 Alt +클릭해 기준점을 잡고 Axis : Vertical, Copy 를 클릭한다.

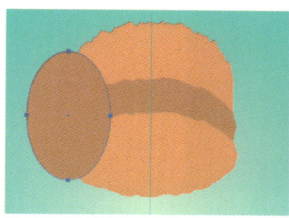 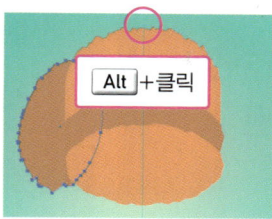 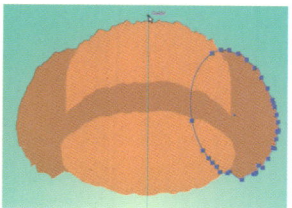

4 Ellipse Tool(, L)을 이용해 눈(K100, C0M0Y0K0)을 만든 후 Selection Tool(, V)로 눈을 모두 선택하고 Ctrl + [를 눌러 한 단계씩 뒤로 보낸다. Reflect Tool(, O)로 중심을 Alt +클릭해 기준점을 잡고 Axis : Vertical, Copy 를 클릭한다.
고양이의 코를 복제해 배치하고 색(K100)을 채운다. 코의 하이라이트(K30)를 만들기 위해 Blob Brush Tool(, Shift + B)로 브러시 사이즈를 조절하여 그림을 참고해 그린다.
입(K100, 1pt)은 Arc Tool( )을 선택하고 Shift 를 누른 채 그린 후 Shift 를 누르고 45도 회전해 배치하고 인중(K100, 1pt)은 Line Segment Tool(, W)로 수직선을 그린다. '면'의 속성으로 변경하기 위해 [Object]-[Expand]해 확장한다.

  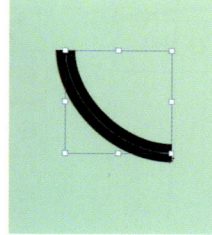 

Plus@

Blob Brush Tool(, Shift + B)의 크기는 [: 점점 작게,] : 점점 크게'로 조절할 수 있다.

5 Selection Tool(, V)로 얼굴을 전부 선택하여 그룹화(Ctrl + G)한다. 고양이의 몸통을 복사하고 더블 클릭하여 그룹의 안쪽에서 해당 색으로 채운 후 수정이 끝나면 Esc 로 빠져나온다. 전부 선택한 후 그룹화(Ctrl + G)한다.

05 리본과 텍스트

1 Pen Tool(, P)로 그림과 같이 리본 끝부분(C70M20K30)을 만든다.

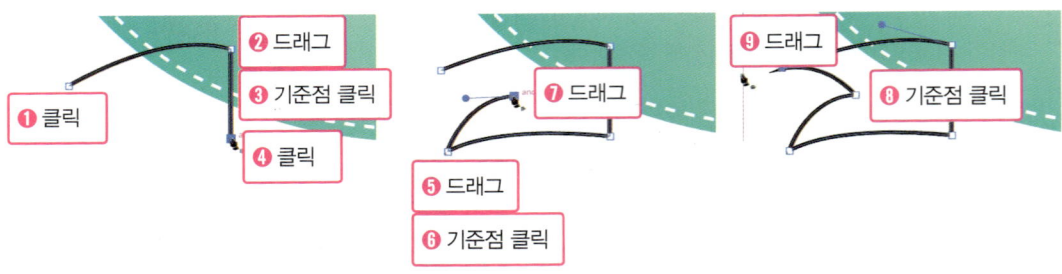

2 Rectangle Tool(, M)로 직사각형(C70M20)을 그린 후 접히는 부분(C90M80Y30)을 Pen Tool(, P)로 클릭, 클릭하여 만든다.

3 Selection Tool(, V)로 대칭할 오브젝트를 선택한 후 Reflect Tool(, O)로 중심을 Alt +클릭해 기준점을 잡고 Axis : Vertical, Copy 를 클릭한다. Ctrl + [를 눌러 한 단계씩 뒤로 보낸다.

텍스트를 입력하기 위해 Type Tool(T , T)로 빈 캔버스를 클릭한 후 HAPPY ANIMAL DAY를 입력한다. Ctrl + A 로 전체선택한 후 [Window]－[Type]－[Character](Ctrl + T) 패널에서 Font : Arial, Style : Italic, Size : 16pt, Color : C0M0Y0K0으로 설정한다.

06 저장하고 전송하기

1 불필요한 도형은 삭제하고 가이드라인이 보이지 않도록 [View]－[Guides]－[Hide Guides](Ctrl + ;)한다. [File]－[Save] 또는 [File]－[Save As]한 후 Save On Your Computer 를 선택하여 '내 PC\문서\GTQ' 폴더에 "수험번호－성명－1"로 저장한다.

2 [Illustrator Options] 대화상자에서 Version : Illustrator CC(Legacy)로 체크한 후 OK 를 클릭한다. 하위 버전 저장에 따른 메시지가 뜨면 계속 OK 를 클릭한다.

3 시험장의 작업표시줄에 나타나는 'Koas 수험자용'을 클릭해 우측의 답안 전송 을 클릭한 후 해당하는 번호에 체크한다. 하단의 답안 전송 을 클릭한 후 닫기 를 누르면 최종 전송된 답안으로 채점이 이루어진다.

✅ Check Point !

		O	X
01	출력형태를 제외한 나머지 오브젝트는 삭제했나요?		
02	해당 오브젝트를 출력형태의 위치에 배치했나요? (눈금자와 가이드라인 참고해 확인)		
03	작업 중 생성된 가이드라인을 Ctrl + ; 으로, 그리드를 Ctrl + ' 로 숨겼나요?		
04	Gradient가 적용된 오브젝트의 색상과 방향을 출력형태에 맞게 적용했나요?		
05	출력형태에 제시된 '선'의 두께는 정확히 설정되었나요?		
06	결과가 '면'의 속성인 오브젝트를 '선'의 속성으로 그렸을 경우 'Expand' 처리했나요?		
07	제시된 조건 이외의 오브젝트를 편의에 의해 Blend나 Envelope Distort의 기능으로 완성했을 경우 'Expand' 처리했나요?		
08	텍스트 작업 시 Font Family가 Bold인 경우 변경되어 있나요?		
09	오브젝트의 불투명도(Opacity) 값이 정확히 설정되었나요?		
10	저장을 먼저 한 후 답안 전송으로 마무리하였나요? (중요한 작업 완료 후 수시로 저장과 전송 가능)		

문제 2 패키지, 비즈니스디자인

완성 파일 : 실전모의고사5회-2.ai

01 새 캔버스 설정 및 저장

1 새 캔버스를 만들기 위해 [File]-[New]를 선택하여 Width : 160mm, Height : 120mm, Color Mode : CMYK로 설정한 후 새 캔버스를 연다.

2 [View]-[Rulers]-[Show Rulers](Ctrl+R)를 선택해 눈금자를 꺼낸다(좌측 상단 영점 확인).

3 [File]-[Save As]를 선택하고 (Save On Your Computer)를 클릭한다. '내 PC₩문서₩GTQ' 하위 폴더에 파일 이름을 '수험번호-성명-2.ai'로 입력한 후 'Illustrator CC(Legacy)' 버전으로 저장한다.

4 도구상자가 모두 보이는지, 상단의 [Control] 패널이 있는지 체크한다.

Plus@

[Window]-[Workspace]-[Essentials Classic]으로 한 번에 도구상자와 [Control] 패널을 나타낼 수 있다.

5 작업에 앞서 제시된 색을 [Swatches] 패널이나 도형들을 나열해 색상을 등록해 놓는다.

6 오브젝트별로 가이드라인을 표시하고 작업하면 좋다.

02 토마토와 도넛 오브젝트

1 가이드라인을 수직 눈금자에서 드래그해 90mm, 수평 눈금자에서 드래그해 45mm에 맞춘다.

2 도넛(M40Y90)은 Ellipse Tool(⬤, L)로 타원을 만들고 Ctrl + C , Ctrl + F 로 앞으로 붙여넣기 한 후 모서리에서 Alt + Shift 와 함께 드래그하여 크기를 줄인다.
지그재그 형태로 변형하기 위해 [Effect]-[Distort & Transform]-[Zig Zag]를 선택한 후 Relative에 체크하고 Size : 3%, Ridges per segment : 4, Points : Smooth로 체크한 다음 OK 를 클릭한다. 이펙트의 속성을 없애고 패스로 변환하기 위해 [Object]-[Expand Appearance]를 적용한다.

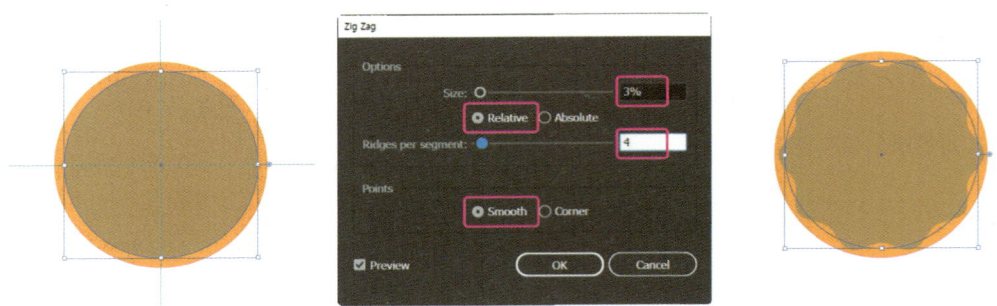

3 중앙에 작은 정원을 하나 더 그린 후 Selection Tool(▶, V)로 모두 선택한다. Shape Builder Tool(⬤, Shift + M)로 작은 원을 Alt 와 함께 클릭하면 구멍이 생긴다.

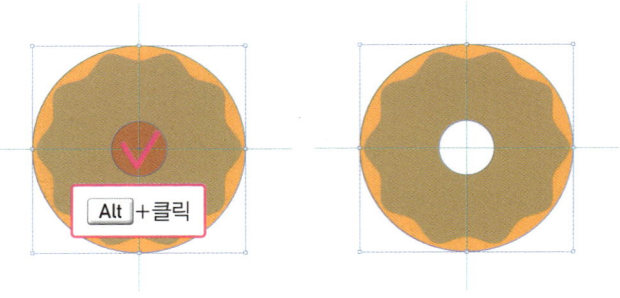

4 초코 부분에 그래디언트를 적용하기 위하여 [Window]−[Gradient](Ctrl+F9)를 선택한 후
❶ 'Radial Gradient'를 선택한다. ❷ 하단의 좌측 조절점을 더블 클릭하고 ❸ CMYK로 변경하기 위
해 우측의 메뉴(≡)를 선택한 후 ❹ CMYK를 눌러 색(C20M100Y100K100)을 적용한다. 나머지 적
용을 위해 우측 조절점을 더블 클릭한 후 ❸, ❹를 반복해 색(C20M100M100K20)을 적용한다.
그래디언트의 방향을 수정하기 위해 Gradient Tool(, G)을 선택해 출력형태를 참고하여 드래그
한다.

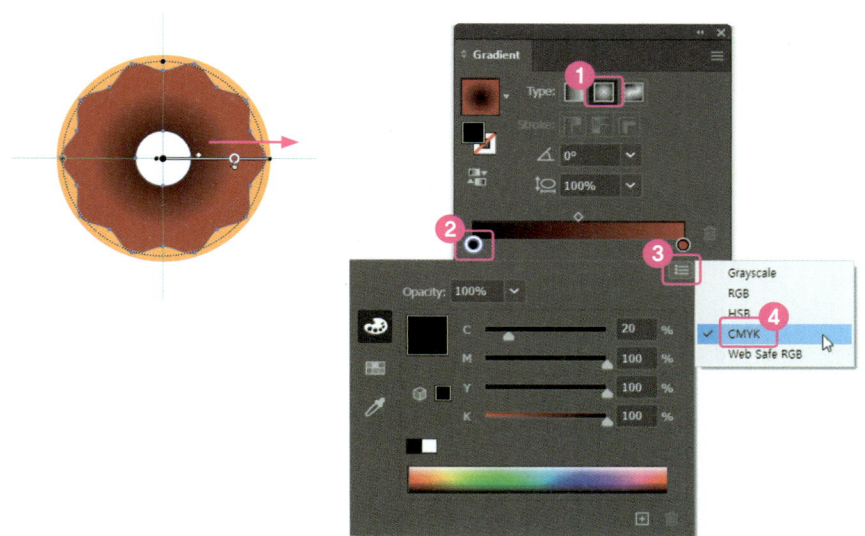

5 스프링클(M70)을 만들기 위해 Ellipse Tool(, L)로 타원을 만들어 살짝 회전한 후 대칭복사하
기 위해 오브젝트를 선택한다. Reflect Tool(, O)로 타원 하단 부분을 Alt +클릭해 기준점을
잡고 Axis : Vertical, Copy 를 클릭한다.
Selection Tool(, V)로 Shift 와 함께 2개를 선택하고 Alt 와 함께 드래그하여 복제, 배치한 후
색(Y100, C40Y100)을 채운다. 모두 선택한 후 그룹화(Ctrl+G)한다.

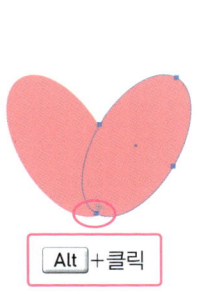
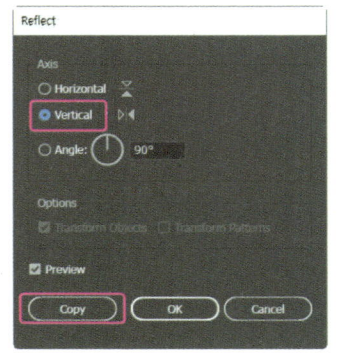
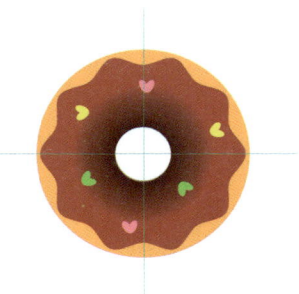

6 토마토(M80Y100)는 Ellipse Tool( ), L)로 타원을 만든 후 Direct Selection Tool(, A)로 중간 두 포인트를 드래그하여 위쪽 방향키로 조금 이동한다. 상단 포인트를 선택한 후 Alt 를 먼저 누른 상태에서 한쪽 방향선 끝의 방향점을 드래그하여 위쪽으로 변경한다. 나머지도 같은 방법으로 방향을 변경한다.

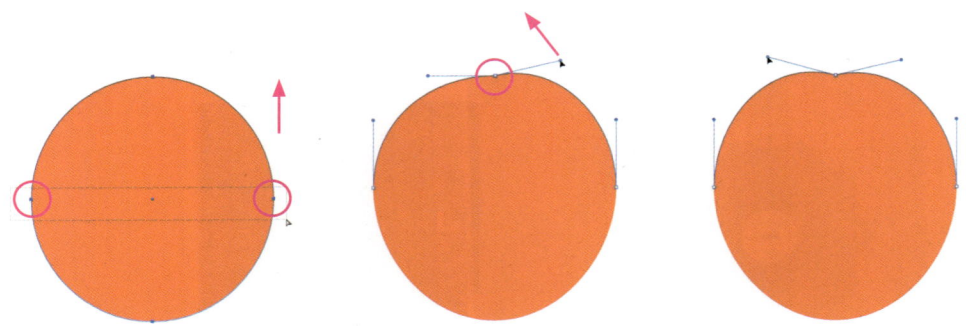

7 높이를 낮추기 위해 상단 포인트를 아래로 살짝 이동한다. 음영을 표시하기 위해 Ctrl +오브젝트를 클릭한 후 Ctrl + C , Ctrl + F 로 앞으로 붙여넣기 한다. 복사본을 만들어 두고 Knife Tool( )로 그림을 참고해 드래그하여 자른다. Selection Tool(, V)로 선택하고 색(M80Y100K10)을 채운 후 Pencil Tool(, N)로 하이라이트(M60Y80)를 자유곡선으로 드래그해 만든다.

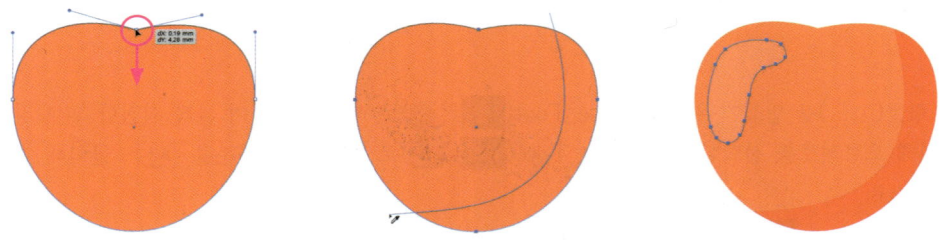

8 토마토 꼭지(C70Y100)를 만들기 위해 Star Tool( )로 별을 그린다. [Effect]－[Distort & Transform]－[Twist]를 선택하고 Angle : 50°를 입력한 후 OK 를 클릭한다. 이펙트의 속성을 없애고 패스로 변환하기 위해 [Object]－[Expand Appearance]한다. 위쪽 조절점을 아래로 드래그해 납작하게 만든다.

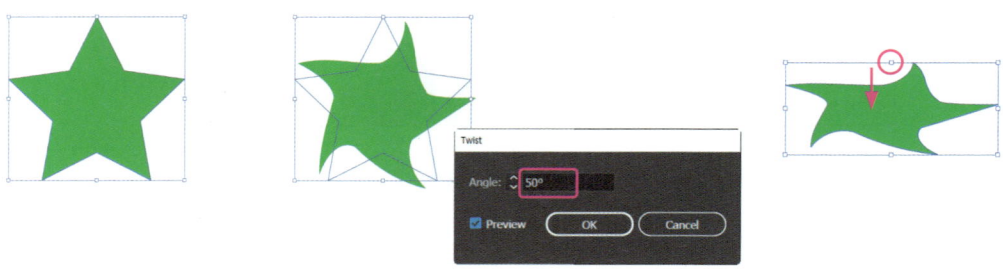

9 Blob Brush Tool(, Shift + B)을 이용하여 그림과 같이 드래그로 그려 완성한다. 모두 선택한 후 그룹화(Ctrl + G)한다.

Plus ⓐ
Blob Brush Tool(, Shift + B)의 크기는 '[: 점점 작게,] : 점점 크게'로 조절할 수 있다.

03 브로콜리 오브젝트

1 줄기(C40Y100)는 Rounded Rectangle Tool( )로 그린다. Direct Selection Tool(, A)로 상단의 네 포인트를 선택한 후 Scale Tool(, S)로 바깥쪽으로 살짝 확장하여 모양을 만든다. Pen Tool(, P)로 클릭, 클릭하여 삼각형을 만든 후 Selection Tool(, V)로 Alt 와 함께 복제한다. 모두 선택하고 [Pathfinder](Shift + Ctrl + F9) 패널의 'Minus Front'로 구멍을 낸다.

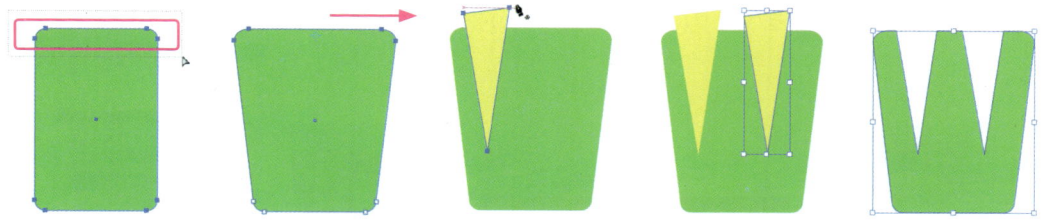

2 브로콜리 머리(C70Y100)는 Ellipse Tool(, L)로 아래와 같이 그린 후 Selection Tool(, V)로 Alt 와 함께 복제한다. Blob Brush Tool(, Shift + B)을 이용하여 그림과 같이 드래그로 하이라이트(C40Y100)를 그려 완성한다. 모두 선택해 그룹화(Ctrl + G)한다.

04 텀블러 오브젝트와 Pattern 적용

1 Rectangle Tool(, M)로 직사각형(C50Y10)을 그린 후 Direct Selection Tool(, A)로 상단 두 포인트를 선택하고 Scale Tool(, S)로 바깥쪽으로 살짝 확장하여 모양을 만든다. 하단을 볼록하게 만들기 위해 Curvature Tool(, Shift + ~)로 아래 방향으로 살짝 드래그해 모양을 만든다.

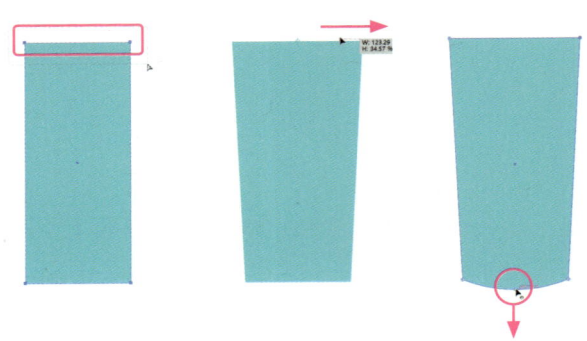

2 Line Segment Tool(, W)로 그림을 참고해 선을 그린 후 Selection Tool(, V)로 모두 선택하고 [Pathfinder](Shift + Ctrl + F9) 패널의 'Divide'로 분리한다. 작업의 용이성을 위해 그룹해제(Shift + Ctrl + G)를 한 후 색(C50Y10K10, C80M70, C80M70Y20K20)을 채운다. Rounded Rectangle Tool( )로 윗부분(C80M70Y20K20)을 만든다.

3 입구(C80M70) 부분을 만들기 위해 Rounded Rectangle Tool()을 사용하여 그림과 같이 그린 후 Selection Tool(, V)로 Shift 와 함께 하단 두 포인트를 선택하여 곡률을 없앤다.

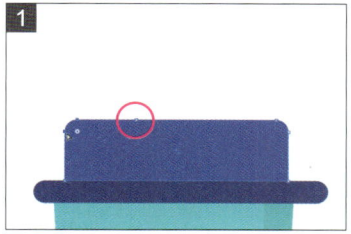

4 입구를 돌출되게 만들기 위해 ① Add Anchor Point Tool(, =)로 그림과 같이 기준점(Anchor Point)을 추가한다. ② Direct Selection Tool(, A)로 그림과 같이 두 포인트를 드래그하여 선택한 후 좌측 상단으로 이동한다. ③ 꼭짓점을 부드럽게 만들기 위해 상단 [Control] 패널의 Anchor Point 옵션에서 Convert : 'Convert selected anchor points to smooth'( )를 클릭해 곡선을 만든다.

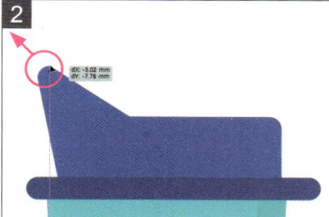

5 스트랩(선 : C80M70Y20K20, 1pt)은 Ellipse Tool(, L)로 타원을 그린 후 Direct Selection Tool(, A)로 하단 기준점(Anchor Point)을 선택하여 아래로 늘린다. Selection Tool(, V)로 Alt 와 함께 복제하고 모서리에서 Alt 와 함께 대칭으로 크기를 늘린 후 Shift 와 함께 180도 회전한다.

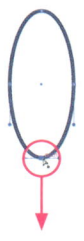  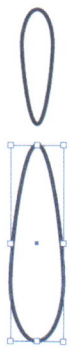

6 두 오브젝트를 겹치게 배치한 후 모두 선택하고 [Pathfinder](Shift + Ctrl + F9) 패널의 'Unite'로 합친다. Direct Selection Tool(▶ , A)로 중간 두 포인트를 선택하고 상단 [Control] 패널의 Anchor Point 옵션에서 Convert : 'Convert selected anchor points to smooth'(⌐)를 클릭하여 곡선을 만든다.

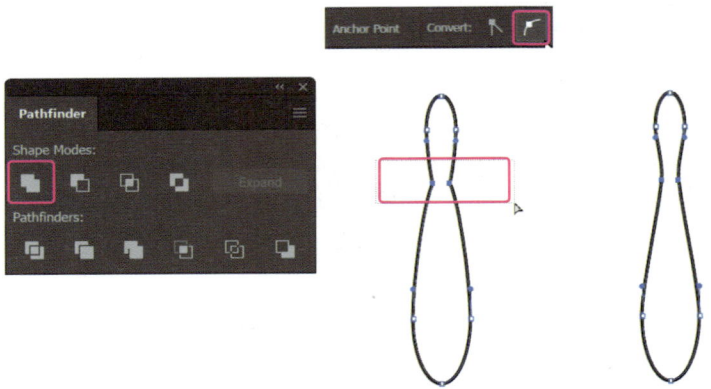

7 고정 버클(M60Y80)은 Rounded Rectangle Tool(▢)로 그린 후 Direct Selection Tool(▶ , A)로 하단의 네 포인트를 선택한다. Scale Tool(⌷ , S)로 안쪽 방향으로 드래그하여 좁히면서 모양을 만들어 배치한다.

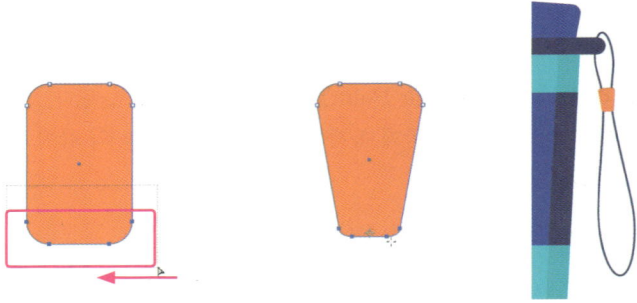

8 패턴을 등록하기 위해 Selection Tool(▶ , V)로 미리 만들어 놓은 브로콜리를 [Swatches] 패널에 드래그하여 등록시킨다.

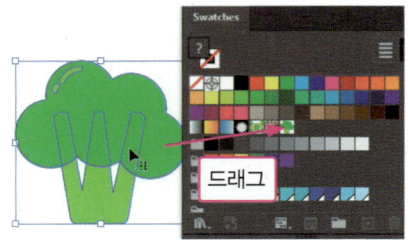

9 패턴을 편집하려면 반드시 빈 캔버스를 한 번 선택하고 [Swatches] 패널의 등록된 패턴을 더블 클릭한다. Name : 브로콜리, Tile Type : Brick by Row로 설정한 후 패턴의 상하좌우 여백을 늘리기 위해 Selection Tool(, V)로 중심패턴을 선택하고 모서리에서 살짝 줄인 다음 우측으로 45도 정도 회전한다. 작업이 완료되면 상단의 'Done'으로 빠져나온다.

Plus α

빈 캔버스를 선택하는 이유는 기존 오브젝트가 선택된 상태에서 [Swatches] 패널의 등록된 패턴을 더블 클릭하면 기존 오브젝트에 패턴이 적용되기 때문이다.

Plus α

패턴 편집에서 회전하지 않고 편집 창을 빠져나온 후 Rotate Tool을 이용할 수 있다.

10 ① 패턴을 적용하기 위해 텀블러의 파란 두 영역을 Shift 와 함께 선택하고 Ctrl + C , Ctrl + F 로 앞으로 붙여넣기 한 후 [Swatches] 패널에서 해당 패턴을 클릭한다. ② 크기 조정을 위해 Scale Tool(, S)을 더블 클릭한 후 Options : Transform Objects 체크 해제, Transform Patterns 체크, Uniform : 30%, Preview를 체크해 확인하고 OK 를 클릭한다. ③ 상단 [Control] 패널의 Opacity 값을 70%로 조절한다.

 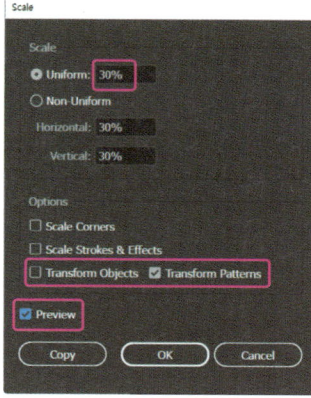  

Plus α

'Transform Objects'에 체크되어 있다면 패턴과 오브젝트 모두 작아진다.

Plus α

불투명도(Opacity)는 [Properties] 패널 또는 [Window]-[Transparency] 패널에서 적용할 수 있다.

11 **1** 물방울(C40, C20)을 만들기 위해 Ellipse Tool(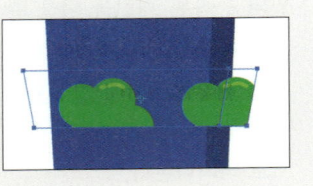, L)을 Shift 를 누른 채 함께 그려 정원을 만든다. **2** Direct Selection Tool(, A)로 상단 포인트를 선택한 후 위쪽으로 이동한다. **3** 방향선을 꺾기 위해 Alt 를 먼저 누른 상태에서 방향점을 아래로 드래그한다. **4** 반대쪽도 드래그하여 모양을 만든다.

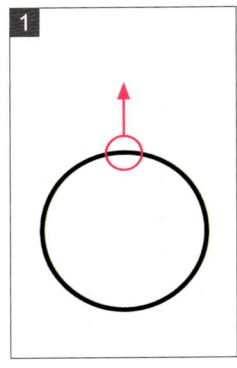 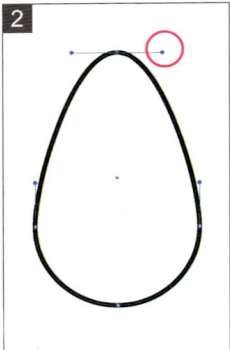 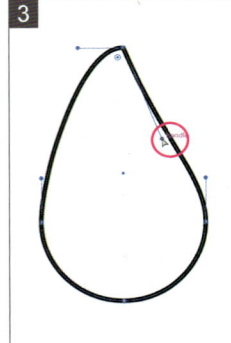 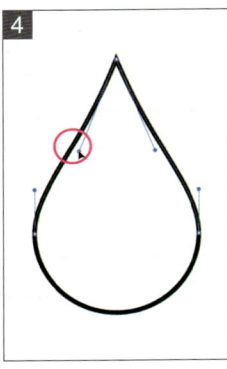

Plus α

정확한 오브젝트를 그리기 위해 [View]-[Show Grid](Ctrl + ')를 보이게 한 후 작업한다.

⓬ [Object]−[Path]−[Offset Path]를 클릭한다. Offset : −1mm를 입력하고 OK 를 클릭한다.
Eraser Tool(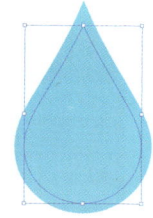, Shift + E)로 그림과 같이 모양을 만들며 지운다.

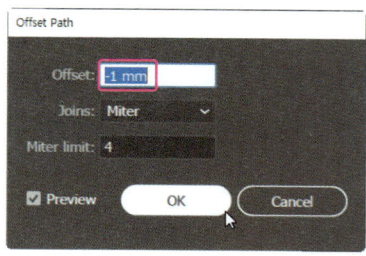 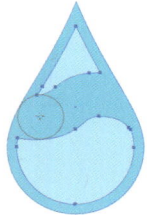

Plus α

Eraser Tool의 크기는 ' [: 점점 작게,] : 점점 크게'로 조절할 수 있다.

05 ▶ 텍스트와 Brush 적용

❶ Type Tool(T , T)로 빈 캔버스를 클릭한 후 Use Tumbler를 입력한다. Ctrl + A 로 전체선택한 후 [Window]−[Type]−[Character](Ctrl + T) 패널에서 Font : Arial, Style : Regular, Size : 14pt, Color : C80M70으로 설정한다. [Paragraph] 패널에서 가운데 맞춤을 선택한다.

 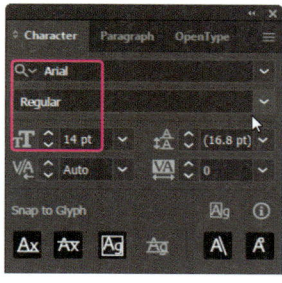 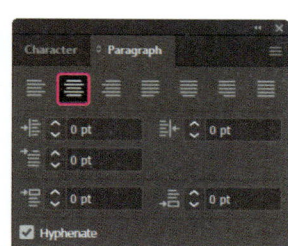

2 브러시(선 : M70Y70)를 적용하기 위해 Line Segment Tool(,)로 수평선을 그린 후 [Window]-[Brushes](F5) 패널을 열고 패널 하단의 를 클릭해 Artistic > Artistic_ScrollPen > Scroll Pen 8을 선택한다. Stroke Weight : 1pt로 설정한다.

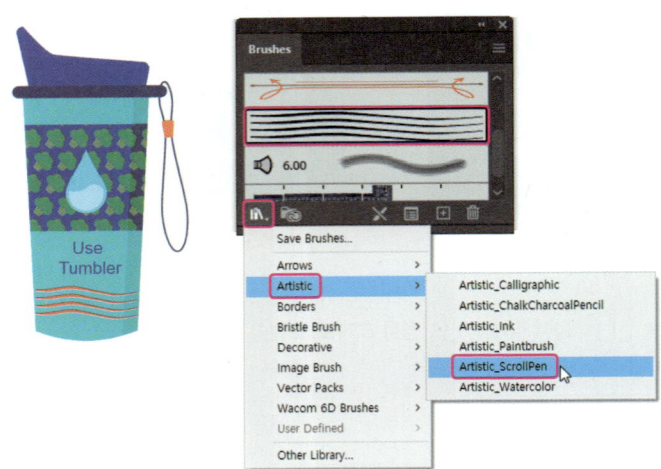

06 런치 박스 오브젝트와 Clipping Mask 적용

1 중심에 가이드라인을 그린 후 Rounded Rectangle Tool( )을 이용하여 받침대와 중심의 런치 박스를 그린다. Direct Selection Tool(, A)로 상단의 두 Live Corners(곡률 활성화)를 Shift 와 함께 선택하여 곡률을 없애고 해당 색(C50Y10)을 채운다.

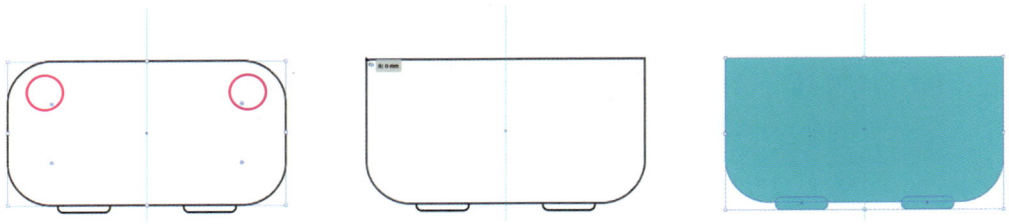

Plus α

Live Corners(곡률 활성화)는 [Window]-[Transform] 패널에서 변경할 수 있다.

> **Plus α**
> CS6 이하 버전은 상단 두 포인트를 삭제하여 모양을 만든다.

2 내부 영역(C20)을 만들기 위해 `Ctrl`+런치 박스를 클릭한 후 [Object]-[Path]-[Offset Path]를 클릭한다. Offset : −2mm를 입력한 후 `OK`를 클릭한다.

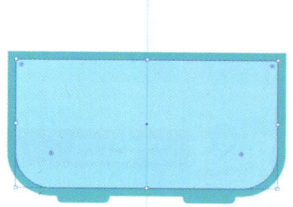 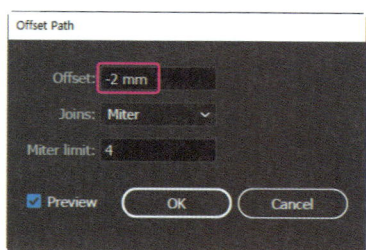

3 Clipping Mask를 하기 위해 토마토와 도넛을 Selection Tool(`▶`, `V`)로 `Alt`와 함께 드래그하여 복제한 후 출력형태를 참고해 배치한다.
❶ 맨 앞으로 보내기 위해 `Shift`+`Ctrl`+`]`를 적용한다. **❷** 내부영역을 선택하고 `Ctrl`+`C`, `Ctrl`+`F`로 앞으로 붙여넣기 한 후 맨 앞으로 보내기(`Shift`+`Ctrl`+`]`) 한다. **❸** `Shift`와 함께 두 오브젝트를 선택하고 마우스 오른쪽 버튼을 클릭한 후 'Make Clipping Mask'를 적용한다.

 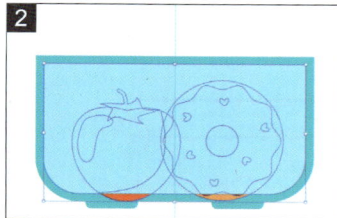 

> **Plus α**
> Clipping Mask 적용 : [Object]-[Clipping Mask]-[Make](`Ctrl`+`7`)
> Clipping Mask 해제 : [Object]-[Clipping Mask]-[Release](`Alt`+`Ctrl`+`7`)

Plus@

Clipping Mask 안쪽의 오브젝트를 수정하기 위하여 Selection Tool(▶ , V)로 더블 클릭하면 Isolated Area(고립된 영역)로 들어가게 되며 그 안에서 수정할 수 있다. 수정 완료 후 Esc 나 화살표를 눌러 빠져나온다.

4 하이라이트(C0M0Y0K0, Opacity 50%)를 표현하기 위해 Rectangle Tool(▢ , M)로 그림을 참고하여 그린다. Shear Tool(↗)로 Shift 와 함께 우측으로 기울인 후 상단 [Control] 패널의 불투명도를 Opacity : 50%로 설정한다.

5 덮개(C80M70)는 Rounded Rectangle Tool(▢)로 만든 후 Direct Selection Tool(▶ , A)로 하단의 두 포인트를 선택하고 Delete 하여 배치한다.

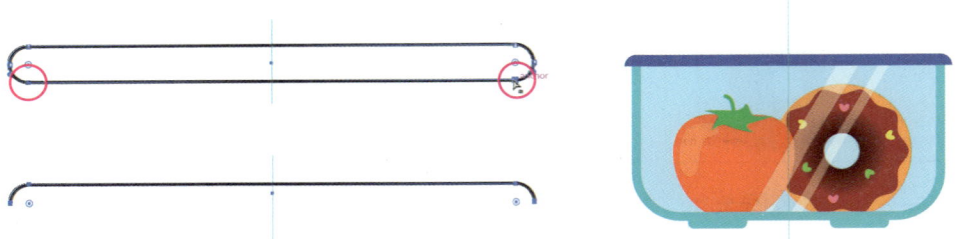

6 클립(C80M70)은 Rectangle Tool(▢ , M)로 그린다. Direct Selection Tool(▶ , A)로 상단 두 포인트를 선택한 후 Scale Tool(▣ , S)로 바깥쪽으로 드래그하여 형태를 만든다.

7 손잡이 연결 오브젝트(C60M30)는 **1**의 방법으로 완성한다. 뚜껑 부분의 하이라이트(C0M0Y0K0, Opacity 50%)는 Rounded Rectangle Tool( )로 완성한다.

8 손잡이(C80M70)는 Rounded Rectangle Tool( )로 그린 후 **5**를 참고해 Delete 하고 4개의 사각형을 추가로 그려 배치한다.

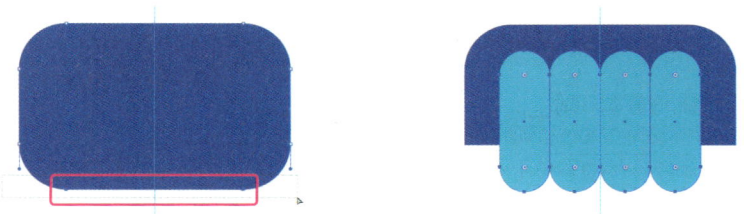

9 Selection Tool(, V)로 모두 선택한 후 [Pathfinder](Shift + Ctrl + F9) 패널의 'Minus Front'를 선택하여 구멍을 낸다. Direct Selection Tool(, A)로 하단 포인트를 드래그로 선택하고 Scale Tool(, S)로 안쪽으로 드래그하여 형태를 만든다.

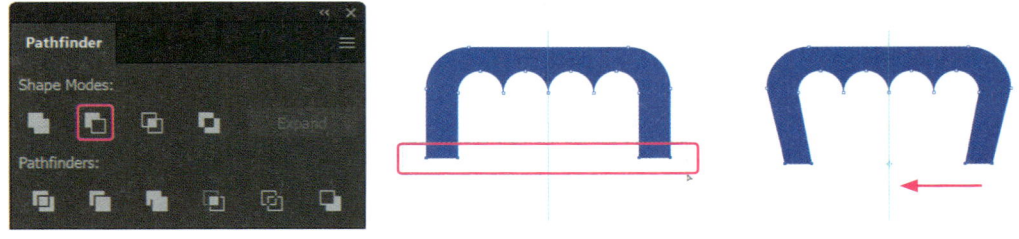

⑩ Selection Tool(, V)로 런치 박스를 전체선택한 후 그룹화(Ctrl + G)한다. 그림자 적용을 위해 [Effect]-[Stylize]-[Drop Shadow]를 선택하고 Opacity : 50%, X Offset : 1mm, Y Offset : 1mm, Blur : 1mm로 설정한다.

 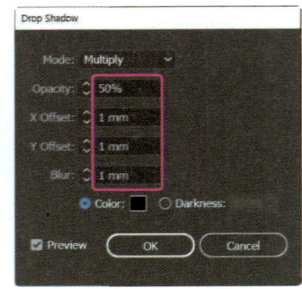

07 저장하고 전송하기

① 불필요한 도형은 삭제하고 가이드라인이 보이지 않도록 [View]-[Guides]-[Hide Guides](Ctrl + ;)한다. [File]-[Save] 또는 [File]-[Save As]한 후 Save On Your Computer 를 선택하여 '내 PC\문서\GTQ' 폴더에 "수험번호-성명-2"로 저장한다.

② [Illustrator Options] 대화상자에서 Version : Illustrator CC(Legacy)로 체크한 후 OK 를 클릭한다. 하위 버전 저장에 따른 메시지가 뜨면 계속 OK 를 클릭한다.

③ 시험장의 작업표시줄에 나타나는 'Koas 수험자용'을 클릭해 우측의 답안 전송 을 클릭한 후 해당하는 번호에 체크한다. 하단의 답안 전송 을 클릭한 후 닫기 를 누르면 최종 전송된 답안으로 채점이 이루어진다.

✓ Check Point !

		O	X
01	출력형태를 제외한 나머지 오브젝트는 삭제했나요?		
02	해당 오브젝트를 출력형태의 위치에 배치했나요? (눈금자와 가이드라인 참고해 확인)		
03	작업 중 생성된 가이드라인을 Ctrl + ; 으로, 그리드를 Ctrl + ' 로 숨겼나요?		
04	Gradient가 적용된 오브젝트의 색상과 방향을 출력형태에 맞게 적용했나요?		
05	출력형태에 제시된 '선'의 두께는 정확히 설정되었나요?		
06	결과가 '면'의 속성인 오브젝트를 '선'의 속성으로 그렸을 경우 'Expand' 처리했나요?		
07	제시된 조건 이외의 오브젝트를 편의에 의해 Blend나 Envelope Distort의 기능으로 완성했을 경우 'Expand' 처리했나요?		
08	텍스트 작업 시 Font Family가 Bold인 경우 변경되어 있나요?		
09	오브젝트의 불투명도(Opacity) 값이 정확히 설정되었나요?		
10	저장을 먼저 한 후 답안 전송으로 마무리하였나요? (중요한 작업 완료 후 수시로 저장과 전송 가능)		

문제 3 광고디자인

완성 파일 : 실전모의고사5회-3.ai

한눈에 보는 작업과정

01 새 캔버스 설정 및 저장

1 새 캔버스를 만들기 위해 [File]−[New]를 선택하여 Width : 210mm, Height : 297mm, Color Mode : CMYK로 설정한 후 새 캔버스를 연다.

2 [View]−[Rulers]−[Show Rulers](Ctrl+R)를 선택해 눈금자를 꺼낸다(좌측 상단 영점 확인).

3 [File]−[Save As]를 선택하고 Save On Your Computer 를 클릭한다. 내 PC₩문서₩GTQ' 하위 폴더에 파일 이름을 '수험번호−성명−3.ai'로 입력한 후 'Illustrator CC(Legacy)' 버전으로 저장한다.

4 도구상자가 모두 보이는지, 상단의 [Control] 패널이 있는지 체크한다.

> **Plus α**
>
> [Window]-[Workspace]-[Essentials Classic]으로 한 번에 도구상자와 [Control] 패널을 나타낼 수 있다.

5 작업에 앞서 제시된 색을 [Swatches] 패널이나 도형들을 나열해 색상을 등록해 놓는다.

6 오브젝트별로 가이드라인을 표시하고 작업하면 좋다.

02 Mesh로 배경 만들기

1 배경(M60)은 Rectangle Tool(, M)로 빈 공간을 클릭해 대화상자가 나오면 Width : 210mm, Height : 297mm를 입력하고 Selection Tool(, V)로 캔버스에 맞게 배치한다.

> **Plus α**
>
> 직사각형을 캔버스의 영점에 정확히 맞추려면 [Window]-[Transform] 패널에서 고정점을 좌측 상단으로 클릭한 후 X : 0mm, Y : 0mm로 입력한다.
>
>

2 Mesh Tool(, U)로 출력형태를 참고해 클릭한 후 해당하는 색(C0M0Y0K0)을 채운다. 한 번 더 클릭하고 색(M60)을 채운다. 출력형태를 참고하여 기준점(Anchor Point)을 이동해 모양을 만든 후 배경을 고정시키기 위해 [Object]-[Lock]-[Selection](Ctrl + 2)을 클릭한다.

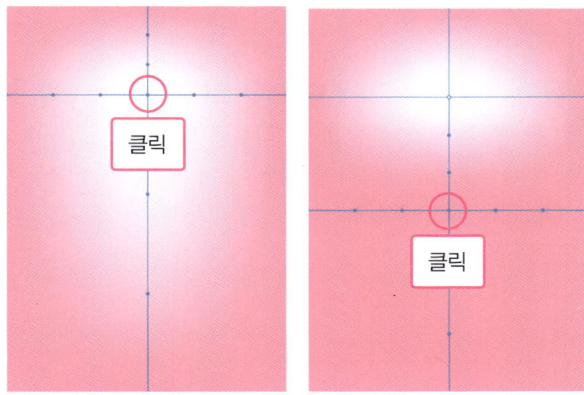

Plus α

오브젝트 잠금 : [Object]-[Lock]-[Selection](Ctrl + 2)
오브젝트 잠금 해제 : [Object]-[Unlock All](Alt + Ctrl + 2)

Plus α

Mesh를 수정하려면 Mesh Tool(, U)이나 Direct Selection Tool(, A)로 수정하고 싶은 기준점(Anchor Point)을 선택해 삭제 또는 색을 변경한다.

03 구름 오브젝트

1 Ellipse Tool(, L)과 Rectangle Tool(, M)로 타원과 직사각형을 그린 후 Selection Tool(, V)로 Alt 와 함께 복제해 크기를 조절하여 배치한다. 모두 선택한 후 [Pathfinder](Shift + Ctrl + F9) 패널의 'Unite'로 합친다.

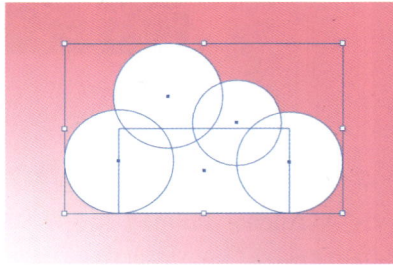

2 그래디언트를 적용하기 위해 [Window]-[Gradient](Ctrl + F9)를 선택한 후 ❶ 'Linear Gradient'를 선택한다. ❷ 하단의 좌측 조절점을 더블 클릭한 후 ❸ 색(K0)을 적용한다. 나머지 적용을 위해 우측 조절점을 더블 클릭한 후 색(K0)을 적용한다. 그래디언트의 방향을 수정하기 위해 Gradient Tool(, G)을 선택해 출력형태를 참고하여 드래그한다. ❹ 한쪽 방향을 투명하게 하기 위해 우측 조절점을 클릭한 후 ❺ Opacity : 0%로 설정한다.

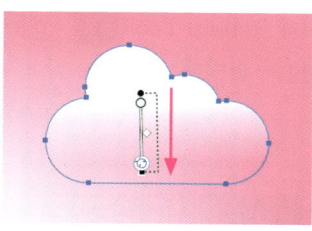

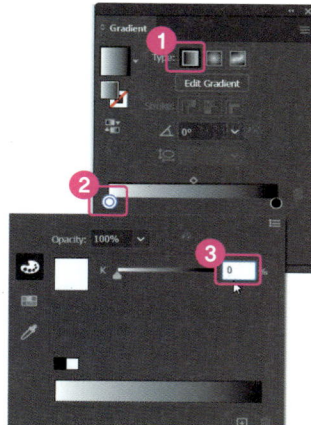
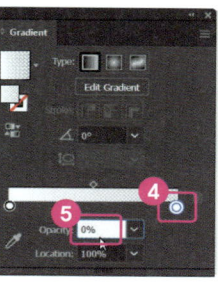

Plus @

흰색을 나타내는 색상값 중 C0M0Y0K0과 Grayscale의 K0은 같다.

04 손/지구본/풀/푯말 오브젝트

1 손(M20Y30)은 Pen Tool(, P)로 기준점을 참고하며 짧게 짧게 드래그하여 다음과 같이 그린다.

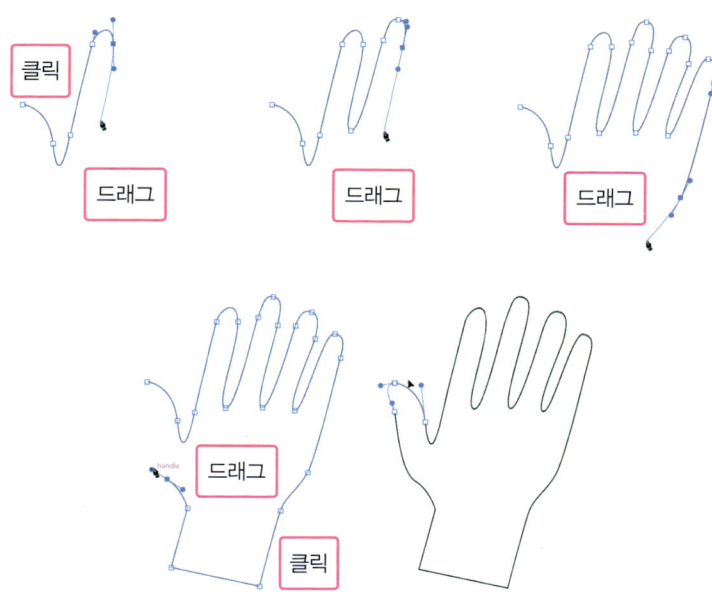

CHAPTER 5 실전 모의고사 5회 **489**

2 Direct Selection Tool(▶ , A)로 수정한다. 대칭복사하기 위해 Reflect Tool(▷◁ , O)로 손 오브젝트를 Ctrl +클릭하여 선택한 후 중심의 임의의 부분을 Alt +클릭해 기준점을 잡고 Axis : Vertical, Copy 를 클릭한다.

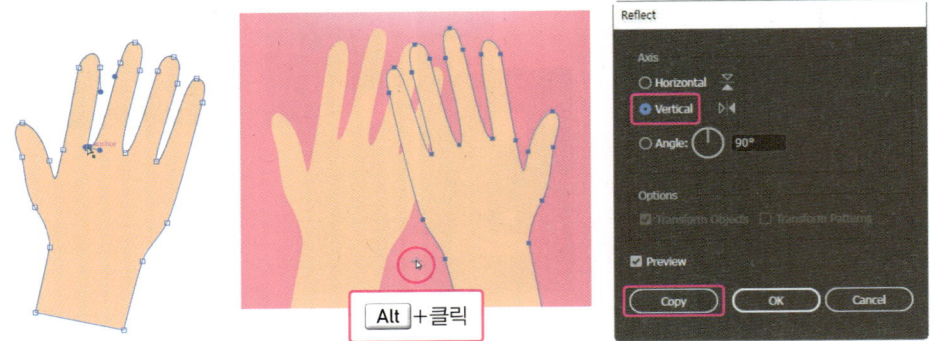

3 지구본(C50)은 Ellipse Tool(⬯ , L)로 정원을 그린 후 자유곡선을 그리기 위해 Brush Tool(🖌 , B)로 그림을 참고하여 그린다.

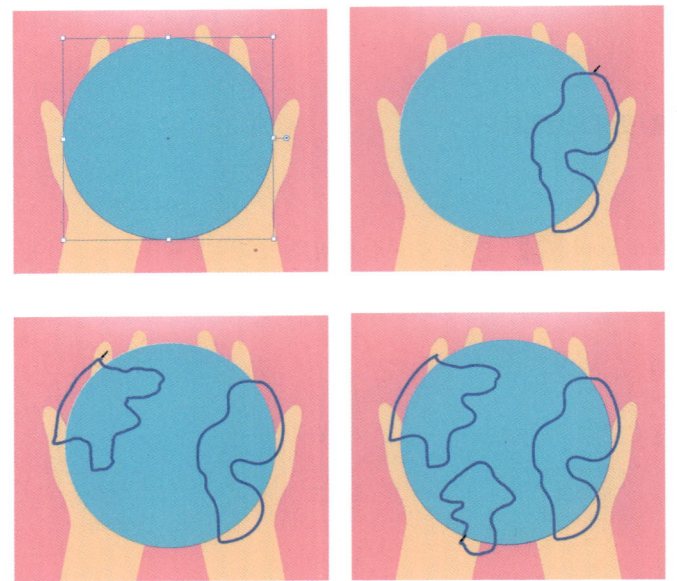

Plus@

굴곡이 많은 곡선 오브젝트를 그릴 경우 펜 툴보다는 연필 툴이나 브러시 툴을 사용하는 것을 추천한다.

④ ❶ Selection Tool(▶, V)로 Shift 와 함께 지구본 오브젝트를 모두 선택한 후 [Pathfinder](Shift + Ctrl + F9) 패널의 'Divide'로 분리한다. ❷ Direct Selection Tool(▶, A)로 Ctrl +빈 공간을 클릭한 후 육지 부분(C40Y70)을 선택하여 색을 채운다. ❸ Selection Tool(▶, V)로 지구본을 선택하고 선 색(C80M60, 3pt 정도)을 적용한 후 '면'의 속성으로 변경하기 위해 [Object]-[Expand]해 확장한다. 수정이 필요한 경우 더블 클릭하여 필요 없는 선 등을 삭제하고 Esc 로 빠져나온다.

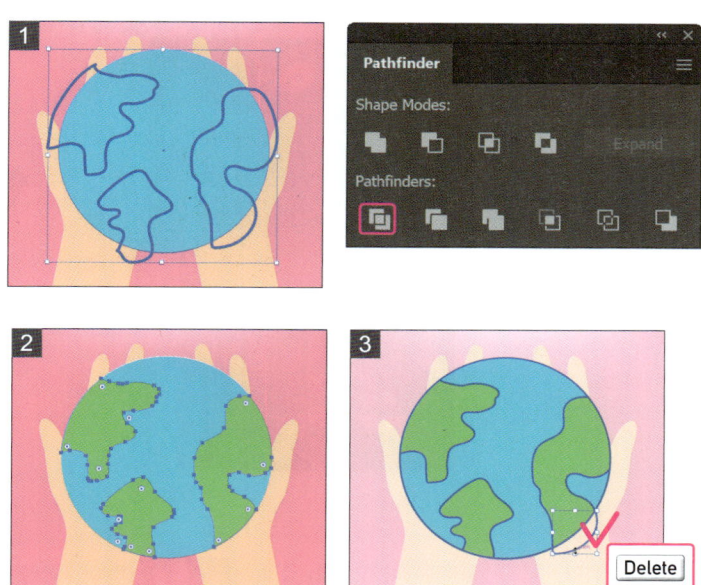

⑤ 그림자를 적용하기 위해 손 오브젝트를 선택한 후 [Effect]-[Stylize]-[Drop Shadow]를 선택하고 Opacity : 50%, X Offset : 1mm, Y Offset : 1mm, Blur : 1mm로 설정한다.

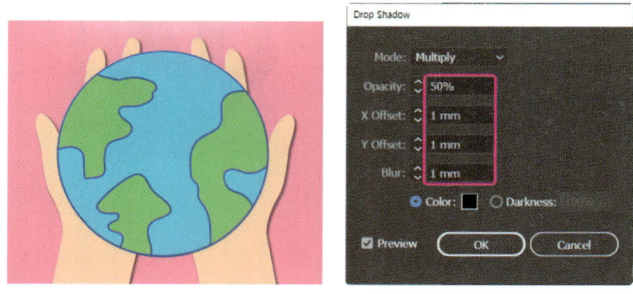

6 풀은 Brush Tool(, B)로 그림을 참고하여 그린다. 그래디언트를 적용하기 위해 [Window]－[Gradient](Ctrl + F9)를 선택한 후 ❶ 'Linear Gradient'를 선택한다. ❷ 하단의 좌측 조절점을 더블 클릭한 후 ❸ CMYK로 변경하기 위해 우측의 메뉴( )를 선택하고 ❹ CMYK를 눌러 색(면 : C90M30Y90K30, 선 : None)을 적용한다. 나머지 적용을 위해 우측 조절점을 더블 클릭한 후 ❸, ❹를 반복해 색(면 : C100Y100, 선 : None)을 적용한다. 그래디언트의 방향을 수정하기 위해 Gradient Tool(, G)을 선택한 후 출력형태를 참고하여 드래그한다.

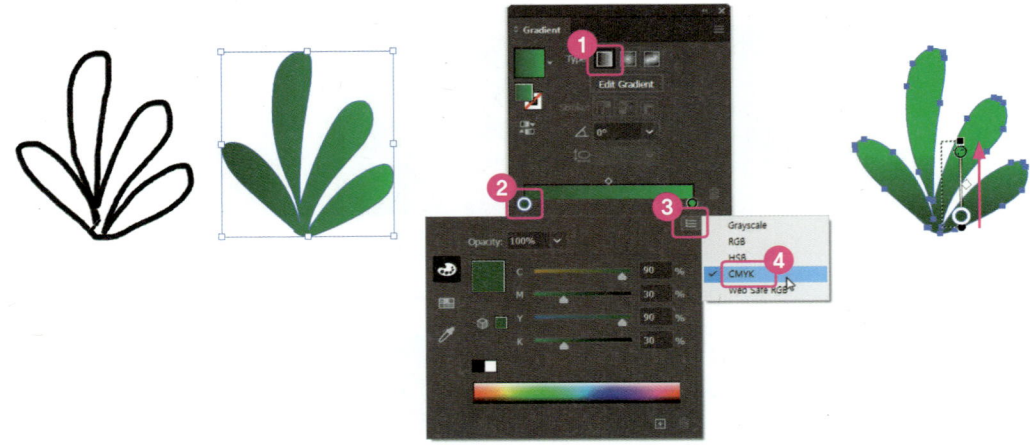

7 흙더미(면 : C20M50Y100, 선 : None)는 Brush Tool(, B)로 그림을 참고하여 그린다. Selection Tool(, V)로 모두 선택한 후 그룹화(Ctrl + G)하고 Alt 와 함께 복제해 배치한다.

8 푯말(면 : C40M70Y100K50)은 Rectangle Tool(, M)과 Rounded Rectangle Tool( )을 이용해 곡률을 조정하여 만든다. Pen Tool(, P)로 2개의 삼각형을 만들고 Selection Tool (, V)로 Shift 와 함께 선택한다. Alt 와 함께 드래그로 복사한 후 Shift 와 함께 180° 회전하여 배치한다.

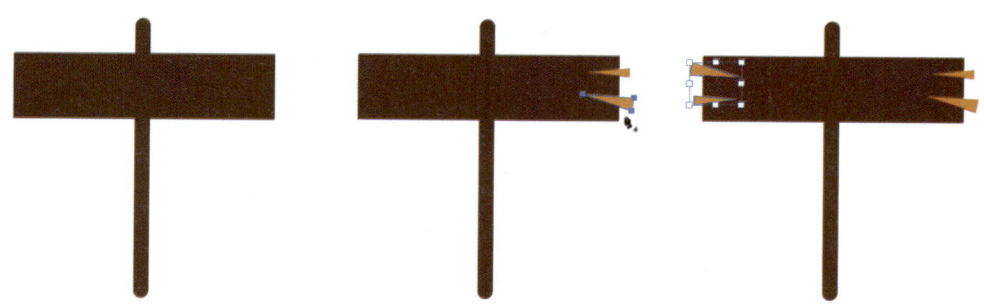

9 기둥을 제외한 나머지 오브젝트를 선택한 후 [Pathfinder](Shift + Ctrl + F9) 패널의 'Minus Front'로 구멍을 낸다. Ctrl + C , Ctrl + F 로 앞으로 붙여넣기 하고 좌측 방향키(←)로 두 번 정도 이동한 후 색(면 : C20M50Y100, 선 : C40M70Y100K50, 1pt)을 채운다. '면'의 속성으로 변경하기 위해 [Object]-[Expand]해 확장한다.

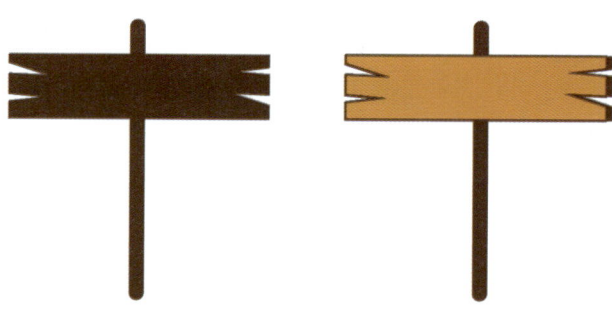

⑩ 텍스트를 입력하기 위해 Type Tool(T , T)로 빈 캔버스를 클릭한 후 GREEN START를 입력한다. Ctrl + A 로 전체선택한 후 [Window]−[Type]−[Character](Ctrl + T) 패널에서 Font : Arial, Style : Bold, Size : 22pt, Color : C0M0Y0K0으로 설정한다.
Selection Tool(▶ , V)로 팻말과 텍스트를 전체선택해 그룹화(Ctrl + G)한다. 지구본보다 뒤로 배치하기 위해 Ctrl + [를 눌러 한 단계씩 뒤로 보낸 후 출력형태를 참고하여 살짝 기울여서 배치한다.

 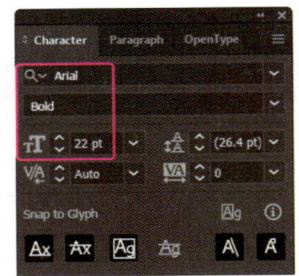

05 ▶ Blend와 Brush 적용

① Pencil Tool(✏ , N)로 출력형태를 참고해 자유로운 곡선(C0M0Y0K0, 1pt → M70, 3pt)을 그린다. Selection Tool(▶ , V)로 두 곡선을 선택한 후 [Object]−[Blend]−[Make](Alt + Ctrl + B)를 적용한다. 단계를 조정하기 위해 Blend Tool(🎨 , W)을 더블 클릭하고 Spacing : Specified Steps, 15로 적용한 후 OK 를 클릭한다. Ctrl + [를 눌러 한 단계씩 뒤로 보낸다.

Plus @

Pencil Tool을 더블 클릭한 후 [Options] 대화상자에서 Smooth 쪽에 가깝게 조절하면 부드럽게 그려진다.

[Object]-[Blend]-[Blend Options]를 이용해도 된다.

② Brush를 적용하기 위해 Pencil Tool(, N)로 그림과 같이 자연스러운 곡선(임의의 색)을 그린다. [Window]-[Brushes](F5) 패널을 열고 패널 하단의 를 클릭해 Decorative > Decorative_Scatter > Bubbles를 선택한다. [Control] 패널의 Stroke Weight : 1pt로 설정한다.

  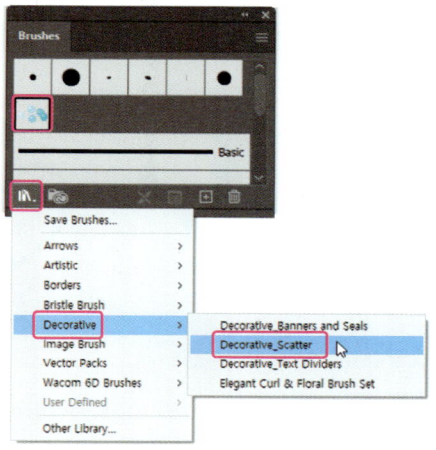

06 심볼 오브젝트 '물조리개'

① 물조리개(C60)는 Rectangle Tool(, M)과 Rounded Rectangle Tool( )로 곡률을 조정하여 다음과 같이 각각 배치한다. Line Segment Tool(, W)로 수직선을 그린 후 Selection Tool(, V)로 모두 선택하고 [Pathfinder](Shift + Ctrl + F9) 패널의 'Divide'로 분리한다. Direct Selection Tool(, A)로 빈 공간을 한 번 클릭한 후 해당 색(C70K10)을 채운다.

 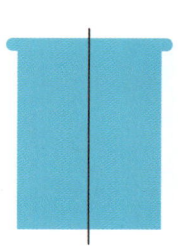 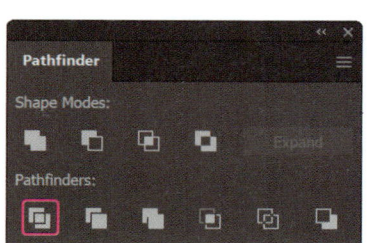 

> Plus@
> 오브젝트의 중심을 맞추기 위해 [View]-[Smart Guides](Ctrl + U)를 이용하면 중심을 쉽게 찾을 수 있다.

2 물조리개 입구(C70K10)는 Pen Tool(, P)로 그림을 참고해 클릭, 클릭으로 그린다. 손잡이 (C60)는 Blob Brush Tool(, Shift + B)로 Ctrl +빈 공간을 클릭한 후 그려준다. 하이라이트 (C0M0Y0K0) 또한 Blob Brush Tool(, Shift + B)로 Ctrl +빈 공간을 클릭한 후 Shift 를 누르면서 수직으로 그리면 면의 속성으로 그려진다. Selection Tool(, V)로 모두 선택한 후 그룹화(Ctrl + G)한다.

07 Symbol 등록과 적용

1 물조리개를 [Symbols] 패널에 등록하기 위해 [Window]-[Symbols](Shift + Ctrl + F11)를 열고 드래그하여 추가한다. [Symbol Options] 대화상자에서 Name : 물조리개라고 입력한 후 (OK)를 클릭한다.

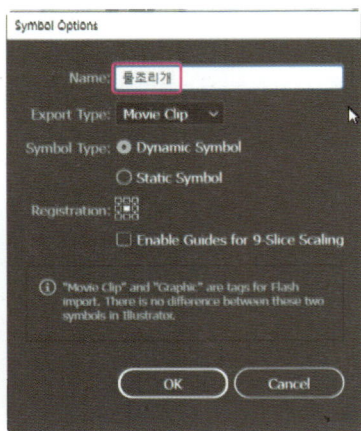

2 Symbol을 적용하기 위해 Selection Tool(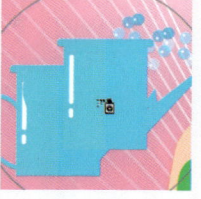 , V)로 원본 Symbol을 선택한 후 Symbol Sprayer Tool(, Shift + S)로 출력형태를 참고해 클릭, 클릭하여 배치한다.

Plus@

Symbol Sprayer Tool 적용 시 여러 개의 Symbol이 추가되었을 경우 Alt 와 함께 클릭하면 삭제된다.

3 ① Symbol의 크기를 조절하기 위해 Symbol Sizer Tool( )을 사용한다. 클릭, 클릭은 점점 크게, Alt 와 함께 클릭하면 작아진다. ② Symbol의 위치 조절은 Symbol Shifter Tool( )로 드래그하며 ③ Symbol의 기울기는 Symbol Spinner Tool( )로 시계방향, 반시계방향으로 회전한다. ④ Symbol의 색상 변화를 위해 Symbol Stainer Tool( )을 선택하고 [Swatches] 패널에서 해당색(녹색, 자주)을 선택한 후 해당 Symbol을 클릭한다. ⑤ Symbol Screener Tool( )로 투명도를 적용한 후 마무리한다.

4 심볼을 대칭복사하기 위해 오브젝트를 선택한 후 Reflect Tool(　, O)로 캔버스 임의의 중간 부분을 Alt +클릭해 기준점을 잡고 Axis : Vertical, Copy 를 클릭한다.

색상 변화를 위해 Symbol Stainer Tool(　)을 선택하고 [Swatches] 패널에서 해당 색(빨강)을 선택하여 적용한 후 Symbol Screener Tool(　)로 투명도를 적용하여 마무리한다.

Plus α

심볼을 선택하지 않은 상태에서 심볼의 기능을 적용하려면 그림과 같은 메시지가 뜬다.

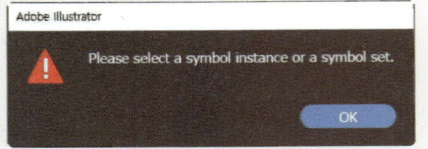

08 만국기와 텍스트

1 만국기는 Line Segment Tool(　, ₩)로 수평선(선 : C0M0Y0K0, 1pt)을 그린 후 Rectangle Tool(　, M)로 그리고 색(M70Y60)을 채운다. Add Anchor Point Tool(　, =)로 하단에 기준점(Anchor Point)을 추가한 후 Direct Selection Tool(　, A)로 선택하여 위쪽으로 살짝 이동한다.

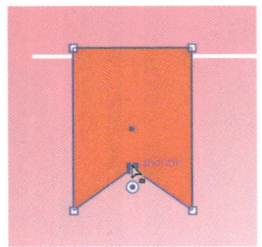

2 Selection Tool(, V)로 Alt 와 함께 복제한 후 Ctrl + D 를 4번 눌러 규칙적으로 복사하고 해당 색(C80M40Y30K10)을 채운다. 만국기 오브젝트를 모두 선택한 후 [Object]−[Envelope Distort]−[Make with Warp](Alt + Shift + Ctrl + W)를 적용한다. [Warp Options] 대화상자에서 Style : Arc, Bend : −20%를 입력하고 OK 를 클릭한다. 면의 속성으로 변경하기 위해 [Object]−[Expand]해 확장한다. 만국기 오브젝트를 모두 선택한 후 그룹화(Ctrl + G)한다.

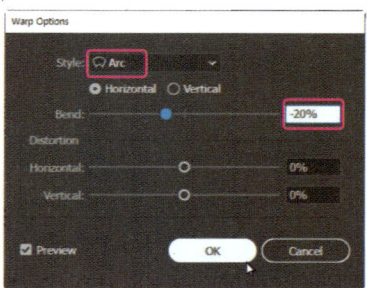

3 대칭복사하기 위해 Selection Tool(, V)로 만국기 오브젝트를 선택한 후 Reflect Tool(, O)로 중앙을 Alt +클릭해 기준점을 잡고 Axis : Vertical, Copy 를 클릭한다.

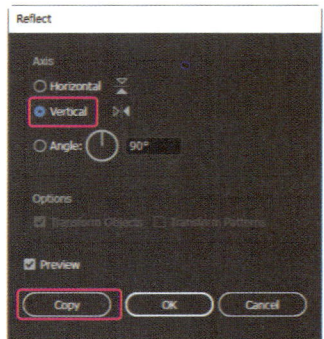

4 Type Tool(, T)로 빈 캔버스를 클릭한 후 Environment Day를 입력한다. Ctrl + A 로 전체 선택하고 [Window]−[Type]−[Character](Ctrl + T) 패널에서 Font : Arial, Style : Regular, Size : 50pt, Color : C90M70으로 설정한 후 Selection Tool(, V)로 출력형태를 참고해 배치한다. [Object]−[Envelope Distort]−[Make with Warp](Alt + Shift + Ctrl + W)를 선택한 후 Style : Bulge, Bend : 25%를 입력하고 OK 를 클릭한다.

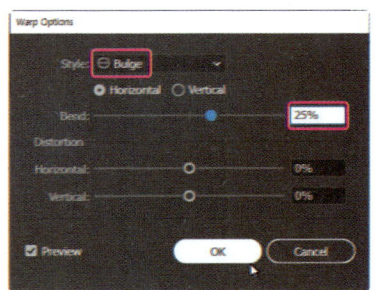

5 Type Tool(T , T)로 빈 캔버스를 클릭한 후 Save the Earth를 입력한다. Ctrl + A 로 전체선택한 후 [Window]-[Type]-[Character](Ctrl + T) 패널에서 Font : Arial, Style : Bold, Size : 40pt, Color : C0M0Y0K0으로 설정한다. [Object]-[Envelope Distort]-[Make with Warp](Alt + Shift + Ctrl + W)를 선택한 후 [Warp Options] 대화상자에서 Style : Arc, Bend : -70%를 입력하고 OK 를 클릭한다.

 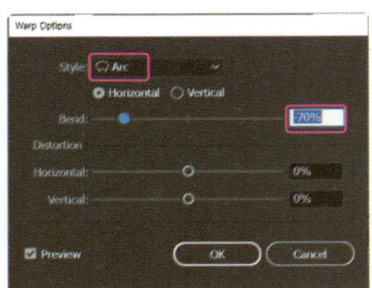

09 ▸ Clipping Mask로 마무리하기

1 Rectangle Tool(▢ , M)로 빈 공간을 클릭한 후 Width : 210mm, Height : 297mm를 입력하고 OK 를 클릭한다.
Selection Tool(▶ , V)로 캔버스 끝에 딱 맞추고 캔버스에 있는 모든 오브젝트를 선택한 후 마우스 오른쪽 버튼을 클릭하여 'Make Clipping Mask'를 적용한다.

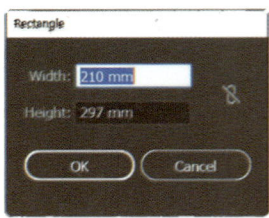 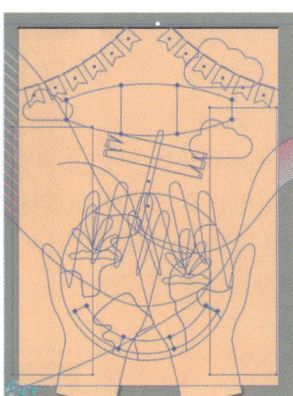 

Plus @

직사각형을 캔버스의 영점에 정확히 맞추려면 [Window]-[Transform] 패널에서 고정점을 좌측 상단으로 클릭한 후 X : 0mm, Y : 0mm로 입력한다.

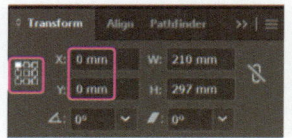

Plus @

Clipping Mask 적용 : [Object]-[Clipping Mask]-[Make](Ctrl + 7)
Clipping Mask 해제 : [Object]-[Clipping Mask]-[Release](Alt + Ctrl + 7)

Plus @

Clipping Mask 안쪽의 오브젝트를 수정하기 위하여 Selection Tool(▶ V)로 더블 클릭하면 Isolated Area(고립된 영역)로 들어가게 되며 그 안에서 수정할 수 있다. 수정 완료 후 Esc 나 화살표를 눌러 빠져나온다.

10 저장하고 전송하기

1 불필요한 도형은 삭제하고 가이드라인이 보이지 않도록 [View]-[Guides]-[Hide Guides](Ctrl + ;)한다. [File]-[Save] 또는 [File]-[Save As]한 후 Save On Your Computer 를 선택하여 '내 PC₩문서₩GTQ' 폴더에 "수험번호-성명-3"으로 저장한다.

2 [Illustrator Options] 대화상자에서 Version : Illustrator CC(Legacy)로 체크한 후 OK 를 클릭한다. 하위 버전 저장에 따른 메시지가 뜨면 계속 OK 를 클릭한다.

3 시험장의 작업표시줄에 나타나는 'Koas 수험자용'을 클릭해 우측의 답안 전송 을 클릭한 후 해당하는 번호에 체크한다. 하단의 답안 전송 을 클릭한 후 닫기 를 누르면 최종 전송된 답안으로 채점이 이루어진다.

Check Point !

		○	×
01	출력형태를 제외한 나머지 오브젝트는 삭제했나요?		
02	해당 오브젝트를 출력형태의 위치에 배치했나요? (눈금자와 가이드라인 참고해 확인)		
03	오브젝트에 'Lock'이 되어 있는 경우 'Unlock All(Alt + Ctrl + 2)'했나요?		
04	작업 중 생성된 가이드라인을 Ctrl + ; 으로, 그리드를 Ctrl + ' 로 숨겼나요?		
05	Gradient가 적용된 오브젝트의 색상과 방향을 출력형태에 맞게 적용했나요?		
06	결과가 '면'의 속성인 오브젝트를 '선'의 속성으로 그렸을 경우 'Expand' 처리했나요?		
07	제시된 조건 이외의 오브젝트를 편의에 의해 Blend나 Envelope Distort의 기능으로 완성했을 경우 'Expand' 처리했나요?		
08	텍스트 작업 시 Font Family가 Bold인 경우 변경되어 있나요?		
09	오브젝트의 불투명도(Opacity) 값이 정확히 설정되었나요?		
10	마지막 단계에서 Clipping Mask하여 마무리되었나요?		

좋은 책을 만드는 길, 독자님과 함께 하겠습니다.

유선배 GTQ 일러스트 1급 합격노트

개정2판1쇄 발행	2025년 09월 15일 (인쇄 2025년 07월 16일)
초 판 발 행	2022년 08월 05일 (인쇄 2022년 06월 17일)
발 행 인	박영일
책 임 편 집	이해욱
편　　　저	조인명
편 집 진 행	노윤재 · 최은서
표지디자인	김도연
편집디자인	장성복 · 김예슬
발 행 처	(주)시대교육
공 급 처	(주)시대고시기획
출 판 등 록	제10-1521호
주　　　소	서울시 마포구 큰우물로 75 [도화동 538 성지 B/D] 9F
전　　　화	1600-3600
팩　　　스	02-701-8823
홈 페 이 지	www.sdedu.co.kr

I S B N	979-11-383-9690-5(13000)
정 　 가	24,000원

※ 이 책은 저작권법의 보호를 받는 저작물이므로 동영상 제작 및 무단전재와 배포를 금합니다.
※ 잘못된 책은 구입하신 서점에서 바꾸어 드립니다.

유선배 과외!

자격증 다 덤벼!
나랑 한판 붙자

- ✓ 혼자 하기 어려운 공부, 도움이 필요한 학생들!
- ✓ 체계적인 커리큘럼으로 공부하고 싶은 학생들!
- ✓ 열심히는 하는데 성적이 오르지 않는 학생들!

유튜브 무료 강의 제공
핵심 내용만 쏙쏙! 개념 이해 수업

[자격증 합격은 유선배와 함께!]

맡겨주시면 결과로 보여드리겠습니다.

| SQL개발자 (SQLD) | GTQ 포토샵 / GTQ 일러스트 | 웹디자인 개발기능사 | 컴퓨터그래픽 기능사 | 정보통신기사 | 경영정보시각화 능력 |

유·선·배 시리즈로
그래픽 자격증도 정복!

▶ 유튜브 동영상 강의 무료 제공

비전공자라 막막했는데
무료 동영상 강의가 있어서 걱정 없겠어!

다음 자격증 시험도
유선배 시리즈로 공부할 거야!

시대에듀가 안내하는 IT 자격증 합격의 지름길!